本著作为西南政法大学教授文库作品

法|学|研|究|文|丛
——刑法学——

刑法揭示的数学命题与真相

——常见多发型犯罪集合研究

李永升 ◉ 著

知识产权出版社

全国百佳图书出版单位

——北京——

图书在版编目（CIP）数据

刑法揭示的数学命题与真相：常见多发型犯罪集合研究／李永升著 . —北京：知识产权出版社，2023. 2

ISBN 978 - 7 - 5130 - 8500 - 7

Ⅰ. ①刑… Ⅱ. ①李… Ⅲ. ①刑法—法律适用—研究—中国 Ⅳ. ①D924. 05

中国版本图书馆 CIP 数据核字（2022）第 240443 号

责任编辑：彭小华	**责任校对：**谷 洋
封面设计：智兴设计室	**责任印制：**刘译文

刑法揭示的数学命题与真相

——常见多发型犯罪集合研究

李永升 著

出版发行：知识产权出版社有限责任公司	**网 址：**http：//www. ipph. cn
社 址：北京市海淀区气象路 50 号院	**邮 编：**100081
责编电话：010 - 82000860 转 8115	**责编邮箱：**huapxh@ sina. com
发行电话：010 - 82000860 转 8101/8102	**发行传真：**010 - 82000893/82005070/82000270
印 刷：天津嘉恒印务有限公司	**经 销：**新华书店、各大网上书店及相关专业书店
开 本：880mm×1230mm 1/32	**印 张：**17. 25
版 次：2023 年 2 月第 1 版	**印 次：**2023 年 2 月第 1 次印刷
字 数：500 千字	**定 价：**99. 00 元

ISBN 978 - 7 - 5130 - 8500 - 7

前　言

　　《刑法揭示的数学命题与真相——常见多发型犯罪集合研究》是以数学领域的集合运用于犯罪构成理论研究的最终成果，是继本人所撰写的《犯罪构成集合论》《中国刑法邻界问题集合研究》之后于集合论领域研究的又一重要成果。本成果的诞生有赖于本人对数学领域中的集合所产生的浓厚兴趣。自从本人在大学期间学习刑法之后，就对刑法领域中的核心理论——犯罪构成理论与数学领域中的集合之间的共通性有了一些感悟。大学毕业后有幸考上全国著名学府——西南政法大学的研究生，在进一步研究刑法理论的过程中，对犯罪构成与数学领域中的集合的关系有了更为深刻的理解和领悟。研究生毕业留校任教后，对这一问题的研究有了更为清晰的思路。于是在2000年6月本人出版的《刑法学的基本范畴研究》一书中专门设立一章就"犯罪构成集合论"作了初步的研究。虽然这一章的内容仅有区区2万字，但对于本人后来的研究却打下了坚实的基础。正是有了这些前沿性研究成果，才使得本人对这一问题的研究不断向前推进，直到在经历了数年努力的基础上完成了《犯罪构成集合论》《中国刑法邻界问题集合研究》这两本专著的写作与出版，在此基础上，本人结合我国犯罪构成理论与数学集合的一般原理以及刑法分则中常见多发型犯罪，对其再次进行了较为深入系统的研究，并最终完成《刑法揭示的数学命题与真相——常见多发型犯罪集合研究》这一专著。

本书的特点主要是利用数学领域中的集合论对刑法分则领域中的常见多发型犯罪从理论和方法论上进行了大胆的尝试。从我国犯罪构成理论现有的研究方法来看，主要有犯罪构成机械论和犯罪构成系统论两大方法。虽然这两大方法就其本身而言各有千秋，都有自己的特点，但由于其研究方法的旨趣难以摆脱浓郁的学究气，因此让初登刑法殿堂的学子对犯罪构成理论总有一种高深莫测的感觉。本人之所以在以上两种研究方法的基础上创立犯罪构成集合论，主要是为了让初涉刑法核心理论的学子有一种快速入门的轻松感。因为将犯罪构成理论与数学中的集合联系起来，既可以使文科知识理科化，也可以使理科知识文科化，这一研究方法无论是对于学习文科出身的本科生、研究生还是学习理科出身的本科生、研究生均能够运用自己所学的知识较为迅速、快捷地掌握犯罪构成理论的精髓。马克思曾经指出："一种科学只有在成功地运用数学时，才算达到了真正完善的地步。"恩格斯也曾经说过："科学在两门学科的交界处是最有前途的。"上述论断不仅对学科之间的交叉研究给予了充分的肯定，同时也对这种研究方法给予了最高的褒奖。方法是掌握理论的敲门砖，任何艰深的理论只要掌握了洞悉其精髓的方法，就一定会使初学者感到酣畅淋漓而不是晦涩难懂。因此，学习任何一门科学，方法比理论本身更为重要。因而要全面正确地掌握某一方面的理论，掌握某一科学的方法就显得尤为关键。之所以如此强调方法的重要性，是因为在我们的现实生活中不是缺少各种各样的理论，而是缺少掌握各种各样理论的途径和方法。只要我们正确地掌握了学习理论的方法，就一定不会在各种各样的理论面前望而却步，相反地，它会进一步促进我们向理论的大厦大踏步地跨越，从而更有效地掌握各种理论的真谛。

本书的内容除绪论是对犯罪构成集合论一般原理与应用模式的

研究外，主要内容是针对我国刑法分则中所规定的九章类罪所包含的 100 余种具体罪名进行具体应用的研究。其主要内容涉及危害国家安全罪，危害公共安全罪，破坏社会主义市场经济秩序罪，侵犯公民人身权利、民主权利罪，侵犯财产罪，妨害社会管理秩序罪，危害国防利益罪，贪污贿赂罪，渎职罪等九章规定的各种常见多发型犯罪的概念、构成特征、罪与非罪的界限、此罪与彼罪的界限、犯罪的停止形态以及共犯形态等方面的内容，是运用数学领域中的集合方法对各种常见多发型犯罪的司法适用进行系统研究的重要成果。

需要说明的是，"集合"这个概念建立起来的动机是"想要找到一种用来区分的工具"。我国著名逻辑学家、北京大学刘壮虎教授在《素朴集合论》中指出："集合，简单地说就是一堆东西的总体，其中每个东西称为这个集合的元素，这样的集合概念是素朴的和直观的，我们可以通过对具体集合的认识和对集合性质的讨论来加深对它的理解"。"集合由它的元素惟一确定，不涉及其他因素。因此要描述一个集合，只要描述这个集合的元素就行了"。也就是说，集合是由一系列的元素构成的，不同的元素所组成的集合也有所不同。集合是具体的，不是抽象的。根据我国现有的刑法理论，虽然我国刑法通说所持的观点认为，犯罪构成是在一般意义上来使用的，但是也有少数学者认为，只存在具体的犯罪构成要件，不存在一般的犯罪构成要件。从这一方面来看，本著可以说是找到了犯罪构成理论与数学集合论的契合点。即任何一个犯罪构成的要素（元素）都是具体的，而不存在一般意义抽象的要素（元素）。集合的这些特性与犯罪构成的特点具有天然的契合性。借助集合论，要描述某罪的犯罪构成（一个具体的集合），只需要描述该罪的犯罪构成要件（元素）就行了。不具备这些犯罪构成要件（元素）的，就不是该罪的犯罪构成（集合）；不同的犯罪种类就有不同的犯罪构成（集合），因此借助集合论可以实现刑法之中罪与非罪、此罪与彼罪之间的区分。区分罪与非罪、此罪与彼罪是刑法学之中犯罪构成理论的核心任务，将集合论应用到犯罪构成理论之中，不仅可以实现犯罪构成理论的数学表达，还可以为刑事司法实践提供可供操作的数学模式，可以说本著对于刑法学的理论革新，对于刑事司法的实践完善都有极其重大的意义。

需要强调的问题是，本著只是为本科生与研究生如何掌握犯罪构成理论与数学集合基本原理之间的内在逻辑关系提供更进一步深入研究的基础，是一部具有启蒙意义的刑法性质的著作，它只是犯罪构成理论在研究方法上的一个创新，是对自然科学与社会科学二门学科之间如何相互融合的一个初步尝试，从而为刑法理论工作者和司法实务工作者提供一个更为直观的学习途径和操作范式，而不是一部纯粹数学意义上的著作。与此同时，作为文科知识的理科化，理科知识的文科化，要将两者百分之百地融为一体并使之绝对精准化，是难以且不可能做到的，而只能在犯罪构成理论与数学集合基本原理之间达到最大限度的契合。尽管如此，无庸讳言，本著能够在犯罪构成理论的研究方法上找到数学集合原理这一块敲门砖，从而廓清犯罪构成理论与数学集合基本原理之间的内在逻辑关系，这本身就是对刑法理论研究的创新，也是对刑法理论研究的一点贡献，更是本著的全部价值之所在。至于其他方面的问题，比如对于犯罪事实如何证明，对于犯罪证据如何收集，不在本著所要研究的范围之列，再比如如何通过犯罪构成集合论的原理去进行运算，从而破解犯罪构成在某一方面的密码，更不是本著所能够且所应当做到的。因为本人不是什么数学专家，更不是什么密码专家，只是一位普通的刑法理论研究工作者，只能就犯罪构成理论与数学集合基本原理之间的内在逻辑关系进行一些相关的研究，至于更深层次的问题有待于其他领域的专家去进行研究和论证。本书的研究方法是否有效还有待于广大学者和司法人员的检验，但愿本书的出版给读者带来的是一种从未有过的阅读体验。倘能如此，则本人心满意足矣！

李永升

2022 年 10 月谨识于西政

目 录

CONTENTS

第一章

绪　论

　　在我国的刑法理论中，如果说犯罪概念是刑法理论的核心，那么犯罪构成就是刑法理论核心的核心。犯罪构成的理论作为我国刑法学体系中一颗璀璨的明珠，自从 20 世纪 50 年代从苏联引进以来，已达 70 余年。70 余年以来，除了近 20 年的沉寂期外，犯罪构成的理论一直活跃在我国的刑法理论与司法实践的大舞台上。它不仅对我国刑法理论的发展与创新立下了汗马功劳，而且对我国的司法实践也起到了非常重要的指导作用。从我国的犯罪构成理论跨过的 70 余年的发展历程来看，在其研究方法上经历了两个不同的发展阶段。这两个不同的发展阶段即为犯罪构成机械论研究模式阶段与犯罪构成系统论研究模式阶段。

第一节　犯罪构成的研究模式

一、犯罪构成机械论

　　所谓犯罪构成机械论是指将整个的犯罪构成视为一台机器，将其各个要件视为具体的零件来进行研究的方法。根据这一概念，我们不难看出，这一研究方法的核心是将犯罪构成依据机械构造的原理，将其分为几个基本的单元，这些单元的相加所得的总和就组成了犯罪构成的整体。其结构模式可表述为：犯罪客体 + 犯罪客观要件＋犯罪主体＋犯罪主观要件＝犯罪构成。机械论研究的方法作为我国犯罪构成研究的基本方法，在我国长期以来的研究工作中一直处于主导地位。迄今为止，这一研究方法仍然是我国很多刑法学者在研究犯罪构成理论的过程中所惯用的方法。将机械论运用到犯罪构成理论的研究之中，就是将犯罪构成视为一系列主客观要件的总和。在这里，所谓"总和"，其基本语意是"全部加起来的数量或内容"。❶ 这一研究方法是随着犯罪构成的理论一起从苏联引进的。例如，苏联的《苏维埃刑法总论》即认为："犯罪构成就是刑事法律规定的危害社会行为，即构成要件的总和。"❷ 又如苏联著名的法学家特拉伊宁教授认为："犯罪构成乃是苏维埃法律认为决定具体的、危害社会主义国家的作为（或不作为）为犯罪的一切客观要件和主观要件（因素）的总和。"❸ 还有苏联法学博士契柯瓦则认为："所谓犯罪构成，应当理解为刑事法律所确定的说明相应的犯罪行为，也就是说明危害苏维埃制度或破坏社会主义法权秩序的行为的诸客观特征和主观特征的总和。"❹ 因受苏联这一观点的影响，我国的刑法学者在对犯罪构成进行定义时基本上都采取的是这一方法。如我国有的学者认为："我国刑法中的犯罪构成是指我国刑法规定某种行为构成犯罪所必须具备的主观要件和客观要件的总和。"❺ 还有的学者认为："犯罪构成就是我国刑法所规定的、决定某一具体行为的社会危害性及其程度而为该行为构成犯罪所必需的一切客观和主观要件的总和。"❻ 还有的学者认为："所谓犯罪构成，就是依

❶ 《现代汉语词典》，商务印书馆 1983 年版，第 1540 页。

❷ （苏）H. A. 别利亚耶夫、M. N. 科瓦廖夫编：《苏维埃刑法总论》，马改秀、张广贤译，群众出版社 1987 年版，第 78 页。

❸ A. H. 特拉伊宁：《犯罪构成的一般学说》，薛秉忠等译，中国人民大学出版社 1958 年版，第 48—49 页。

❹ 中国人民大学刑法教研室编译：《苏维埃刑法论文选译》（第一辑），中国人民大学出版社 1955 年版。

❺ 杨春洗等主编：《刑法总论》，北京大学出版社 1985 年版，第 107 页。

❻ 高铭暄主编：《刑法学》，法律出版社 1983 年版，第 97 页。

照刑法规定，决定行为的社会危害性，而为构成犯罪必须具备的客观和主观要件的总和。"❶ 还有的学者认为："犯罪构成就是我国刑法规定的某种行为构成犯罪必须具备的客观方面要件和主观方面要件的总和。"❷有关"总和说"的观点还有很多，在此不再一一列举。关于"总和说"所表达的内容在我国 20 世纪 50 年代的教科书里面，其意思与"机械论"的含义差不多，我们可以将其称为"旧机械论"。后来，由于这一主张受到一些学者的批评，关于"总和说"的含义才有了新的阐释。正如有的学者指出："'此处所谓犯罪构成是一系列主客观要件的总和'，并不是指各个要件之间互不相干，只是机械地相加在一起，而是指犯罪构成的各个要件彼此联系，相互依存，形成了犯罪构成的有机统一体。"这里的"总和说"可以将其称为"新机械论"。"新机械论"与"旧机械论"相比，有更接近系统论的意味，从而也更加符合我国犯罪构成是一个综合性评价体系的性质。

二、犯罪构成系统论

在我国，继犯罪构成机械论之后，有些学者试图冲破传统的犯罪构成研究方法，为犯罪构成的理论研究寻找一种具有中国特色的研究模式，经过多年的精心酝酿，终于推出了犯罪构成系统论研究模式。这一模式的结构可以图 1 – 1 来加以表述。

图 1 – 1　犯罪构成系统论研究模式结构

---

❶　王作富：《中国刑法研究》，中国人民大学出版社 1988 年版，第 71 页。
❷　高格主编：《刑法教程》，吉林大学出版社 1987 年版，第 52 页。

犯罪构成系统论作为我国刑法学界继机械论研究方法之后的又一重要的研究模式，是运用马克思主义唯物辩证法和现代系统论的基本原理对犯罪构成进行理论探索的又一重要的尝试。这一研究方法问世以后，虽然在刑法学界没有引起强烈的轰动，但是能够将系统论的有关原理运用于犯罪构成的研究，其本身就是一个重大的历史进步，它不仅说明了作者所具有的勇敢探索精神，同时也确实打破了传统的研究方法，为犯罪构成的理论研究开辟了一条新的途径。

根据犯罪构成系统论作者的观点，犯罪构成系统论是具有中国特色的犯罪构成理论。它是在马克思主义指导下创立的。犯罪构成系统论的主要理论基础，是为现代系统科学丰富和发展了的唯物辩证法的系统观和方法论。现代科学表明，任何事物都是作为系统而存在的，系统性是事物的根本属性。所谓系统，是指由相互联系、相互作用的诸要素按一定的方式组成的、具有特定性能的有机整体。一切系统，都是由相互联系的诸要素组成的统一体，这就是一切系统普遍的共同本质。因此，系统是一个标志着事物整体性的哲学范畴。在系统科学研究中，人们从各个方面描述了系统的具体特征，因此，从哲学的角度对现代系统科学揭示的特征进行概括，一般把它归结为整体性、结构性、层次性、开放性四个特征。所谓系统的整体性揭示的是系统整体与其组成要素之间的关系。系统的结构性揭示系统整体中诸要素的关系。所谓结构，是指系统内部诸要素之间相对稳定的相互联系、相互作用的方式，其中包括诸要素相互间一定的比例，一定的秩序，一定的结构形式等。系统的层次性揭示的是系统的等级关系。所谓系统的层次性，是指系统中各种组成部分之间在依次隶属关系中所形成的等级。系统的开放性揭示的是系统与环境之间的相互关系。所谓系统的开放性是指系统与周边环境的相互联系，相互作用。既然事物是作为系统而存在，犯罪构成这一事物也是作为系统而存在。事实上，犯罪构成就是由主体—中介—客体三个基本要素相互作用的过程系统，是一个复杂的社会系统。因此，就必须如实地把它作为一个系统整体并且用系统的观点对它进行观察和研究。犯罪构成系统论的全部理论观点，都是这种观察和研究的结果。犯罪构成系统论与我国传统的犯罪构成理论以及其他国家的犯罪构成理论的最主要的区别，就在于它是建立在唯物辩证法的系统观和系统方法论的理论基础之上的。这一理论还对各国传统的犯罪构成理论在研究方法上存在的缺陷进行了批评。他认为，各国传统的犯罪构成理论在研究方法上都是片面强调分析的方法。这是一种把整体分解为部分，把复杂事物分解为简单要素，把历史分解为片断，或者把动态凝固为静态来研究的一种思维方法和研究方法。这种方法容易把事物凝固化、割裂化、片面地、孤立地、静止地看问题。与各国传统的犯罪构成理论不同，犯罪构成系统论的研究方法总的来说是分析与综合的结合；归纳与演绎的结合；从感性具体到抽象，又从抽象到思维具体的辩证思维方法。但主要是系统分析与系统综合的方法。这种现代化的系统分析综合方法本质上仍然是唯物辩证法的矛盾分析方法，只不过是对矛盾过程的分析更丰富、更具体和更具有动态性的特点，是矛盾分析方法在系统研究中的具体运用。

三、犯罪构成集合论

从我国目前刑法学界对犯罪构成的研究模式来看，犯罪构成机械论与犯罪构成系统论两大模式在刑法学界已广为人知。尤其是犯罪构成机械论的研究模式可以说已经达到了炉火纯青的地步。笔者认为，以上两种研究方法就其方法本身而言，都不失为一种科学的方法。然而就其研究方法体系性思路而言，本人觉得，系统论研究方法较之机械论研究方法更符合犯罪构成的一次性综合评价的性质。因为这种研究方法不是将犯罪构成视为简单的机械构造，而是将其视为一个有机的不可分割的整体，是从系统的整体功能发挥的角度来对犯罪构成进行研究的。笔者认为，为了不断拓宽犯罪构成理论研究的视野，为犯罪构成的理论研究提供一种新的研究思路，可以引进数学之中的集合模式来对犯罪构成进行研究。本人采取这样一种研究方法，并无否定前述两种研究模式的科学性的意思，而是通过对这一研究方法的运用，试图为犯罪构成的研究寻找一条新的出路。

（一）集合的一般原理

集合是一个数学上的概念，但其本身却是一个不定义的概念。如人的脸就是集合的典型例证。一般地，人的脸是由人的五官组成的集合，但是要具体地给人的脸下一个定义却是一件比较困难的事情。像这种不能对其内涵进行界定的概念，在数学上就称为集合。集合虽然是一个不定义的概念，但是它却有其所叙述和表示的对象，一般地这些叙述和表示的对象的全体称为集合。在集合中，我们一般将其所表示的对象称为元素。在数学当中，一般常用大写字母 A、B、C 等表示集合，小写字母 a、b、c 表示元素。如果 a 是集合 A 的元素，就记为 $a \in A$，读作 a 属于 A；如果 a 不是集合 A 的元素，就记为 $a \notin A$，读作 a 不属于 A。集合与它的元素的关系是集合包含它的每一个元素，它的每一个元素都属于这个集合。

关于集合的表示方法，常用的有列举法和描述法。所谓列举法是把集合的元素一一列举出来，写在大括号内，每个元素仅写一次，而不分次序。例如，由 a、b、c 等元素组成的集合，可以写成 ｛a、b、c｝。所谓描述法是指把集合中元素的共同特性描述出来，用来表示集合。例如，由一个班级的全体同学组成的集合，可以表示为｛一个班里的同学｝。

集合可按它所包含的元素的个数分为有限集合、无限集合、单元素集合和空集合。所谓有限集合是指集合中所包含的元素的个数是有限的，如 ｛一个班的同学｝。无限集合是指集合中所包含的元素的个数是无限的，如 ｛沙漠中的沙子｝。所谓单元素集合是指集合中只包含一个元素的集合，如 ｛地球｝｛喜马拉雅山｝等。所谓空集合，又称为空集，是指不含任何元素的集合。

关于集合，根据其元素之间存在的关系，一般可将集合分为子集、交集、并集和补集。所谓子集，是指在两个集合当中，如果一个集合的任何一个元素都是另外一个集合的元素，我们就可以将其中一个集合称为另外一个集合的子集。所谓交集，是指在两个集合当中，如果一个集合的元素同时又是另外一个集合的元素，那么由同时属于两个集合的元素组成的集合即属于交集。所谓并集是指将两个集合所包含的所有元素合并在一起所组成的集合。所谓补集是指在一个全集当中，除去一个子集的元素外，则余下的一切元素所组成的集合，即称为补集。

（二）将集合方法运用于犯罪构成研究的意义

集合作为数学上一种最基本的概念，将其作为一种研究方法运用到犯罪构成的理论研究当中，具有哪些意义呢？关于这一方面的问题，可以从以下几个方面来考察。

第一，通过集合的研究模式来研究犯罪构成，可以为我国犯罪构成的研究提供一种新的研究方法与途径。集合是一个不定义的概念，它是由一系列的元素构成的，不同的元素所组成的集合也有所不同。集合的这一特性与犯罪构成的特性多有相似之处。这是因为，根据我国现有的刑法理论，虽然通说所持的观点均认为，犯罪构成是在一般意义上来使用的，但是也有少数学者认为，只存在具体的犯罪构成要件，不存在一般的犯罪构成要件。[1]尽管少数学者的观点在当今刑法学界没有什么影响，但是，笔者认为，从集合论的角度来考察，这种观点是有其价值的。这是因为，就集合而言，它是一个不定义的概念，只有由各个元素组成的具体不同的集合，而不存在一般意义上的抽象的集合。集合的这一性质正好暗合了少数学者所提出的观点。也就是说，犯罪构成从集合的角度来研究，都只能是具体的，有多少种不同的犯罪就有多少种不同的犯罪构成。

---

[1] 高铭暄主编：《新中国刑法学研究综述（一九四九——九八五）》，河南人民出版社 1986 年版，第 118 页。

因为不同的犯罪由不同的质决定，它在构成的诸要件上也必然有所不同，如果有两种犯罪在构成要件上带有趋同性，那么就无法将其正确地区分开来。因此，通过对犯罪构成进行集合方法的研究，有助于我们开阔视野，从不同的角度把犯罪构成的理论研究模式推向多元化。

第二，通过集合的研究模式来研究犯罪构成，可以为犯罪构成研究的进一步深化提供科学的基础，同时也可以为司法实践的具体操作提供更加直观的操作范式。在自然科学领域中，数学是一门非常严谨的学科，由于数学所论证的问题本身都具有较强的逻辑性，因此，引进集合的方法来研究犯罪构成，可以为我们在研究社会科学的过程中如何做到使自身所研究的问题更加精密，更为确切，提供一个较为科学的基础。与此同时，通过对犯罪构成的集合模式的研究，可以为我们建立起一套切实可行的具体的操作范式，使我们在运用犯罪构成理论来分析问题时，不显得那么晦涩难懂，而使其变得更加直观。这是因为，集合本身的性质就是由各种具体的元素的性质所决定的，不同的犯罪构成要件通过采用集合的方法加以处理后，就会形成千差万别的犯罪构成模式。而这些构成模式较之于机械论与系统论，则显得更加具体化。

第三，通过集合的研究模式来研究犯罪构成，可以在自然科学与社会科学之间架起一座互通的桥梁，从而为各门学科之间的相互渗透与综合运用找到一条新的途径。这样不仅可以使某门源学科（即作为另一门学科理论基础或者方法基础的学科）的理论产生更大的应用价值，而且由于受源学科理论指引的学科也可以在相互融通的过程中得到进一步的发展。将数学中的集合运用于犯罪构成的研究，不仅可以使得数学这门学科的方法找到了其应用的价值，而且通过采取集合的方法来研究犯罪构成的理论，也可以使犯罪构成的理论随着方法的改变而产生重要的历史进步。随着现代科学的日益发展进步，学科与学科之间的相互渗透，已变得越来越为普遍，尤其是在注重综合素质教育的今天，强调学习重在运用的情况之下，在两个不同的学科之间找到其结合点，然后在此基础上作进一步的理论探索，不仅可以为本学科自身的发展寻求一条新的出路，而且还有可能在此基础上创造出新的边缘学科。这既是笔者将数学上的集合运用于犯罪构成理论研究的初衷之所在，也是期望通过对这一方面的研究，为犯罪构成理论找到一个新的结合点，从而将犯罪构成理论的研究由纯社会科学性质的研究方式变成社会科学与自然科学两者兼跨的研究方式。

第二节　犯罪构成集合论模式的应用研究

一、犯罪构成的集合与元素

我们在前面已经说过，根据少数学者的观点，犯罪构成只存在具体的犯罪构成，而不存在抽象的犯罪构成，这种观点与集合是一个不定义的概念有一定的相似之处。因此，我们在研究犯罪构成的集合模式时，其对象只能是具体的构成要件。一般地，我们可以说把这些由各个具体的构成要件组成的全体称为犯罪构成的集合。而把犯罪构成的集合中各个具体的要件叫作犯罪构成的元素。例如，犯罪构成的集合是｜犯罪客体，犯罪客观要件，犯罪主体，犯罪主观要件｝。如果我们用 A 来表示犯罪构成的集合，用 a、b、c、d 来表示犯罪构成的集合的元素，即 a 为犯罪客体，b 为犯罪客观要件，c 为犯罪主体，d 为犯罪主观要件。用数学表示方法可以读作 a 属于 A，b 属于 A，c 属于 A，d 属于 A，a、b、c、d 的每一个元素均属于 A。若其中有一个集合的元素不属于 A 集，就不能将 A 称为犯罪构成的集合。又如，故意伤害罪的集合是｜客体是侵犯他人的健康权利，客观要件是非法损害他人身体健康的行为，主体是年满 12 周岁、具有刑事责任能力的人，主观要件是故意｝。如果我们用 J 来表示故意伤害罪的集合，用 e、f、 g、h 来表示故意伤害罪的集合的元素，则 e 为故意伤害罪的客体，即侵犯他人的健康权利，f 为故意伤害罪的客观要件，即非法损害他人身体健康的行为，g 为故意伤害罪的主体，即年满 12 周岁、具有刑事责任能力的人，h 为故意伤害罪的主观要件，即故意，那么在 J 的集合中就包含着 e、f、g、h 的每一个元素。用数学表示方法可以读作 e 属于 J，f 属于 J，g 属于 J，h 属于 J，e、f、g、h 的每一个元素均属于 J。若其中有一个集合的元素不属于 J 集，就不能将其以故意伤害罪予以认定。

二、犯罪构成集合的表示方法

关于犯罪构成集合的表示方法，根据数学上的表示方法有两种，即列举法和描述法。

所谓列举法是指把某一犯罪构成的集合的元素一一列举出来，写在大括号内，每个元素仅写一次而且不分次序。例如，由抢劫罪的各要件组成的集合，可以写成 ｛侵犯他人的财产权利和人身权利，使用暴力、威胁或者其他方法强行抢走他人财物，年满 14 周岁、具有刑事责任能力的人，故意｝。由盗窃罪的各个要件组成的集合，可以写成 ｛侵犯公私财产所有权，秘密窃取数额较大的财物或者多次盗窃、入户盗窃、携带凶器盗窃、扒窃的，年满 16 周岁、具有刑事责任能力的人，故意｝，等等。所谓描述法是指把犯罪构成集合中元素的共同特性描述出来，写在大括号内，用来表示集合。例如，由放火罪的所有构成要件组成的集合，可以表示为 ｛放火罪的构成要件｝。由破坏交通工具罪的所有要件组成的集合，可以表示为 ｛破坏交通工具罪的构成要件｝，等等。

三、犯罪构成集合的种类

集合的种类可分为有限集合、无限集合、单元素集合和空集合。在犯罪构成的集合中，因为不存在无限集合、单元素集合，因此，一般地，犯罪构成的集合中只存在有限集合和空集合两种类型。所谓有限集合是指集合中所包含的元素是有限的集合，由于犯罪构成的集合所包含的元素都是有限的，因此，犯罪构成的集合均属于有限集合。例如，刑法分则所规定的 486 个罪名均属于有限集合。因为从犯罪构成的角度来考察，具体的犯罪构成由于其质的差异，其构成特征是多种多样的，但是就其犯罪构成的要件来讲，都是由四个方面的要件组成的，因此，其集合属于有限集合。所谓空集合，又称空集，是指不包含任何元素的集合，用符号表示为 $\emptyset$。在犯罪构成的集合中，也同样存在空集的情况，诸如 ｛没有犯罪客体的非罪｝＝$\emptyset$，｛没有犯罪行为的非罪｝＝$\emptyset$，｛没有犯罪主体的非罪｝＝$\emptyset$，｛没有罪过的非罪｝＝$\emptyset$，以上这些情形都属于犯罪构成的空集。因为，按照犯罪构成的一般原理，以上几个方面的情形，因为欠缺犯罪构成的要件，均不存在犯罪的问题。

四、犯罪构成集合的关系

犯罪构成的集合根据其表现形式，可以将其分为犯罪构成的子集、交集、并集与补集。犯罪构成集合的这些关系，将其运用于具体的研究之中，可以解决犯罪构成要件中的主从关系、同异关系和互补关系。下面我们分别就这四个方面的关系作一一探讨。

（一）犯罪构成的子集应用模式

所谓子集，是指在两个集合当中，如果一个集合的任何一个元素都是另外一个集合的元素，我们就可以将其中一个集合称为另外一个集合的子集。犯罪构成的子集，是指在两个犯罪构成的集合当中，如果一个犯罪构成集合的任何一个元素都是另外一个犯罪构成集合的元素，我们就可以将前者称为后者的子集。例如，关于犯罪构成的系统本身就是由一系列的子集组成的集合。

{犯罪构成系统}

{犯罪客观方面，犯罪主观方面}

{犯罪客体，犯罪客观要件，犯罪主体，　犯罪主观要件}

{一般客体，　{危害行为，　{自然人犯罪主体，{故意，

同类客体，　　危害对象　　单位犯罪主体}　　过失，

直接客体}　　危害结果等}　　　　　　　　　目的与动机}

又如，新刑法分则第三章破坏社会主义市场经济秩序罪的子集的构造如下：

{破坏社会主义市场经济秩序罪}

{生产、销售伪劣商品罪}

{走私罪}

{妨害对公司、企业的管理秩序罪}

{破坏金融管理秩序罪}

{金融诈骗罪}

{危害税收征管罪}

{侵犯知识产权罪}

{扰乱市场秩序罪}

…………

{生产、销售伪劣商品罪，走私罪，妨害对公司、企业的管理秩序罪，破坏金融管理秩序罪，金融诈骗罪，危害税收征管罪，侵犯知识产权罪，扰乱市场秩序罪}

再如，新刑法分则第三章破坏社会主义市场经济秩序罪第一节生产、销售伪劣商品罪的子集的构造如下：

{生产、销售伪劣商品罪}

{生产、销售伪劣产品罪}

{生产、销售假药罪}

{生产、销售劣药罪}

{生产、销售不符合安全标准的食品罪}

{生产、销售有毒、有害食品罪}

〔生产、销售不符合标准的医用器材罪〕

〔生产、销售不符合安全标准的产品罪〕

〔生产、销售伪劣农药、兽药、化肥、种子罪〕

〔生产、销售不符合卫生标准的化妆品罪〕

…………

〔生产、销售伪劣产品罪，生产、销售假药罪，生产、销售劣药罪，生产、销售不符合安全标准的食品罪，生产、销售有毒、有害食品罪，生产、销售不符合标准的医用器材罪，生产、销售不符合安全标准的产品罪，生产、销售伪劣农药、兽药、化肥、种子罪，生产、销售不符合卫生标准的化妆品罪〕

关于研究犯罪构成的子集的意义在于，通过对犯罪构成子集的研究，可以将一个集合所包含的元素按其不同的组合方式得出不同的子集，这些子集由于它所包含的元素的多少有所不同，因此，它在总体的结构功能上也有所差异。一般来讲，通过对犯罪构成子集的研究，可以帮助我们从总体上认识犯罪构成的层次性，同时还可以通过对不同的元素的结合所形成的集合帮助我们认识不同的集合范式，从而感知集合变化的多样性。

（二）犯罪构成的交集的应用模式

所谓交集，是指在两个集合当中，如果一个集合的元素同时又是另外一个集合的元素，那么由同时属于两个集合的元素组成的集合即属于交集。犯罪构成的交集是指在两个犯罪构成的集合当中，如果一个犯罪构成集合的元素同时又是另外一个犯罪构成集合的元素，那么由同时属于两个犯罪构成的元素所组成的集合即属于犯罪构成的交集。

例如，设 A 为故意杀人罪的集合，则 A = 〔客体是侵犯他人的生命权利，客观要件是实施了非法剥夺他人生命的行为，主体是年满 12 周岁、具有刑事责任能力的人，主观要件是故意〕。

设 B 为故意伤害罪的集合，则 B = 〔客体是侵犯他人的健康权利，客观要件是实施了非法损害他人健康的行为，主体是年满 12 周岁、具有刑事责任能力的人，主观要件是故意}。

设 C 为故意杀人罪与故意伤害罪相同的集合，则 C = A∩B = {客体是侵犯他人的生命权利，客观要件是实施了非法剥夺他人生命的行为，主体是年满 12 周岁、具有刑事责任能力的人，主观要件是故意}∩{客体是侵犯他人的健康权利，客观要件是实施了非法损害他人健康的行为，主体是年满 12 周岁、具有刑事责任能力的人，主观要件是故意} = {主体是年满 12 周岁、具有刑事责任能力的人，主观方面是故意}。

又如，设 D 为抢劫罪的集合，则 D = {客体是侵犯公私财产所有权，客观要件是使用暴力、胁迫或者其他方法抢走财物的行为，主体是年满 14 周岁、具有刑事责任能力的人，主观要件是故意}。

设 E 为抢夺罪的集合，则 E = {客体是侵犯公私财产所有权，客观要件是公然夺取他人财物的行为，主体是年满 16 周岁、具有刑事责任能力的人，主观要件是故意}。

设 F 为抢劫罪与抢夺罪相同的集合，则 F = D∩E = {客体是侵犯公私财产所有权，客观要件是使用暴力、胁迫或者其他方法抢走财物的行为，主体是年满 14 周岁且精神正常的人，主观要件是故意}∩{客体是侵犯公私财产所有权，客观要件是公然夺取他人财物的行为，主体是年满 16 周岁且精神正常的人，主观要件是故意} = {客体是侵犯公私财产所有权，主观要件是故意}。

再如，设 G 为贪污罪的集合，则 G = {客体是国家廉洁制度与公共财产所有权，客观要件是利用职务上的便利，侵吞、窃取、骗取或者以其他手段非法占有公共财物，情节严重的行为，主体是国家工作人员，主观要件是故意}；

设 H 为受贿罪的集合，则 H = {客体是国家廉洁制度，客观要件是利用职务上的便利索取他人财物或者非法收受他人财物为他人谋利益的行为，主体是国家工作人员，主观要件是故意}；

设 I 为贪污罪与受贿罪相同的集合，则 I = G∩H = {客体是国家廉洁制度与公共财产所有权，客观要件是利用职务上的便利，侵吞、窃取、骗取或者以其他手段非法占有公共财物，情节严重的行为，主体是国家工作人员，主观要件是故意}∩{客体是国家廉洁制度，客观要件是利用职务上的便利，索取他人财物，或者非法收受他人财物为他人谋利益的行为，主体是国家工作人员，主观要件是故意} ＝{客体是国家廉洁制度，客观要件的前提条件是利用职务上的便利，主体是国家工作人员，主观要件是故意}。

关于研究犯罪构成的交集的意义在于，通过对犯罪构成的交集的研究，可以使我们更好地认识不同的犯罪构成在内容上存在的相同点与不同点。这种研究方式比单纯刑法意义上的各种犯罪特征所进行的比较更具有直观性。因此，对于哪些犯罪在构成上具有哪些特征，它们与相似或相近的犯罪之间的相同点何在，均可以通过犯罪构成的交集的研究方式使其得到很好的解决。

（三）犯罪构成的并集的应用模式

所谓并集是指将两个以上的集合所包含的所有元素合并在一起所组成的集合。犯罪构成的并集是指将两个以上的犯罪构成的集合所包含的所有元素合并在一起所组成的集合。这种犯罪构成的集合对于结合犯与复杂的犯罪构成均具有十分重要的研究意义与应用价值。

1. 结合犯的犯罪构成的并集

所谓结合犯是指数个原本独立的犯罪行为，根据刑法的明文规定，结合成为一个新罪的情况。从结合犯的这一特点来考察，其犯罪构成集合的特点就在于，被结合在一起形成一个犯罪构成的集合在被结合前分别是两个不同的犯罪构成的集合，这两个被结合在一起的犯罪构成的集合在形成一个新的犯罪构成集合后，就不再包含原有的犯罪构成集合的成分。如果我们用 A 来代表一个犯罪构成的集合，用 B 来代表另一个犯罪构成的集合，那么，用 C 来代表这两个犯罪构成结合后的集合，那么，即可用公式 A∪B ＝ C 来表示犯罪构成的并集的结合过程。

关于结合犯，在国外的刑事立法当中是一种比较常见的立法现象，它们不仅对结合犯的规定比较多，而且便于司法机关定罪处罚。例如，在日本刑法中，强盗强奸罪就是一个非常典型的结合犯，如果使用犯罪构成的并集来表示，那就是：｛强盗罪｝∪｛强奸罪｝=｛强盗强奸罪｝。

如果设 A 表示强盗罪的集合，则 A =｛客体是行为人占有的他人的财物，客观上是指以暴力或者胁迫强取他人财物的行为，主观上是故意，主体是一般主体｝；

设 B 表示强奸罪的集合，则 B =｛客体是妇女个人性的自由，客观上是对 13 岁以上的妇女进行奸淫或者对不满 13 岁的幼女进行奸淫的行为，主观上是故意，主体是一般主体｝；

设 C 表示强盗强奸罪，则 C = A∪B =｛客体是行为人占有的他人的财物，客观上是指以暴力或者胁迫强取他人财物的行为，主观上是故意，主体是一般主体｝∪｛客体是妇女个人性的自由，客观上是对 13 岁以上的妇女进行奸淫或者对不满 13 岁的幼女进行奸淫的行为，主观上是故意，主体是一般主体｝=｛客体是行为人占有的他人的财物和妇女个人性的自由，客观上是指以暴力或者胁迫强取他人财物并对 13 岁以上的妇女进行奸淫或者对不满 13 岁的幼女进行奸淫的行为，主观上是故意，主体是一般主体｝。

在我国的刑事立法中，属于结合犯形态的犯罪非常稀少，不像日本刑法所规定的那么多。从中华人民共和国刑事立法的内容来看，新旧刑法中均无典型的结合犯的规定，真正属于典型结合犯的例证是 1991 年全国人大常委会通过的《关于严惩拐卖、绑架妇女、儿童的犯罪分子的决定》中所规定的绑架勒索罪。从结合犯的角度来考察，绑架勒索罪就是由非法拘禁罪和敲诈勒索罪结合以后形成的新罪。如果从犯罪构成的并集的角度来分析，对于本罪的构成可作如下分析：

设 D 为非法拘禁罪的集合，则 D =｛客体是他人的人身自由，客观上表现为非法拘禁他人或者以其他方法非法剥夺他人人身自由的行为，主体是一般主体，主观上是故意}；

设 E 为敲诈勒索罪的集合，则 E = {客体是公私财产所有权，客观上表现为采取要挟或者威胁的方法强行索取他人财物的行为，主体是一般主体，主观上是故意，且以勒索财物为目的}；

设 F 为绑架勒索罪的集合，则 F = D∪E = {客体是他人的人身自由，客观上表现为采取非法拘禁他人或者以其他方法非法剥夺他人人身自由的行为，主体是一般主体，主观上是故意}∪{客体是公私财产所有权，客观上表现为采取要挟或者威胁的方法强行索取他人财物的行为，主体是一般主体，主观上是故意，且以勒索财物为目的} = {客体是双重客体，即他人的人身自由和公私财产所有权，客观上表现为采用暴力、胁迫或者麻醉的方法绑架他人以勒索财物的行为，主体是一般主体，主观上是故意，且以勒索财物为目的}。

关于结合犯的犯罪构成的并集的研究意义在于，通过两个不同的犯罪构成结合成一个新的犯罪构成，可以在原有的犯罪构成的基础上，创制一个新的犯罪构成。犯罪构成的并集的这种创制功能，不仅对于刑事立法者在进行新罪名的创立时有重要的参考价值，而且对于刑法研究人员正确地把握结合犯的特征有着十分重要的意义。

2. 复杂的犯罪构成的并集

关于犯罪构成的并集，除了对结合犯可以采取这种研究模式来进行研究外，对于复杂的犯罪构成也可以采取并集的研究方法来进行研究。在我国刑法分则中，由两个以上的犯罪客体、犯罪行为、主观罪过所组合而成的犯罪，即属于复杂的犯罪构成。关于复杂的犯罪构成根据其结合方式也可以使用并集的研究方法来解决。关于复杂的犯罪构成的并集，可以通过建立以下几种不同的研究模式来表示：

一是多重客体的犯罪构成的并集应用模式，例如，对抢劫罪的客体使用犯罪构成并集的研究方法可以表示如下：

设 A 为抢劫罪的客体的集合，则 A = {抢劫罪的客体}；

设 A1 为抢劫罪的主要客体的集合，则 A1 = {他人的财产权利}；

设 A2 为抢劫罪的次要客体的集合，则 A2 = {他人的人身权利}。

则 A = A1∪A2 = {抢劫罪的客体} = {他人的财产权利}∪{他人的人身权利} = {他人的财产权利与他人的人身权利}。

又如，对刑讯逼供罪的客体使用犯罪构成并集的研究方法可以表示如下：

设 B 为刑讯逼供罪的客体的集合，则 B = {刑讯逼供罪的客体}；

设 B1 为刑讯逼供罪的主要客体的集合，则 B1 = {公民的人身自由权利}；

设 B2 为刑讯逼供罪的次要客体的集合，则 B2 = {司法机关的正常活动}。

则 B = B1∪B2 = {刑讯逼供罪的客体} = {公民的人身自由权利}∪{司法机关的正常活动} = {公民的人身自由权利与司法机关的正常活动}。

二是多重对象的犯罪构成的并集应用模式，例如，对擅自发行股票、公司债券、企业债券罪的对象使用犯罪构成并集的研究方法可以表示如下：

设 C 为擅自发行股票、公司债券、企业债券罪的对象的集合，则 C = {擅自发行股票、公司债券、企业债券罪的对象}；

设 C1 为擅自发行股票、公司债券、企业债券罪的对象股票的集合，则 C1 = {股票}；

设 C2 为擅自发行股票、公司债券、企业债券罪的对象公司债券的集合，则 C2 = {公司债券}；

设 C3 为擅自发行股票、公司债券、企业债券罪的对象企业债券的集合，则 C3 = {企业债券}。

则 C = C1∪C2∪C3 = {擅自发行股票、公司债券、企业债券罪的对象} = {股票}∪{公司债券}∪{企业债券} = {股票，公司债券，企业债券}。

又如，对过失损坏广播电视、公用电信设施罪如果使用犯罪构成的并集的研究方法可以表示如下：

设 D 为过失损坏广播电视、公用电信设施罪的对象的集合，则 D = {过失损坏广播电视、公用电信设施罪的对象}；

设 D1 为过失损坏广播电视、公用电信设施罪的对象广播电视的集合，则 D1 = {广播电视}；

设 D2 为过失损坏广播电视、公用电信设施罪的对象公用电信设施的集合，则 D2 = {公用电信设施}。

则 D = D1∪D2 = {过失损坏广播电视、公用电信设施罪的对象} = {广播电视}∪{公用电信设施} = {广播电视，公用电信设施}。

三是多重行为的犯罪构成的并集的应用模式，例如，对出售、购买、运输假币罪的客观行为方式使用犯罪构成并集的研究方法可以表示如下：

设 E 为出售、购买、运输假币罪的客观行为方式的集合，则 E = {出售、购买、运输假币罪的客观行为方式}；

设 E1 为出售、购买、运输假币罪的行为方式出售的集合，则 E1 = {出售}；

设 E2 为出售、购买、运输假币罪的行为方式购买的集合，则 E2 = {购买}；

设 E3 为出售、购买、运输假币罪的行为方式运输的集合，则 E3 = {运输}。

则 E = E1∪E2∪E3 = {出售、购买、运输假币罪的行为方式} = {出售}∪{购买}∪{运输} = {出售，购买，运输}。

又如，对组织、领导、参加黑社会性质组织罪的客观行为方式使用犯罪构成的并集的研究方法可以表示如下：

设 F 为组织、领导、参加黑社会性质组织罪的客观行为方式的集合，则 F = {组织、领导、参加黑社会性质组织罪的客观行为方式}；

设 F1 为组织、领导、参加黑社会性质组织罪的客观行为方式的组织的集合，则 F1 = {组织}；

设 F2 为组织、领导、参加黑社会性质组织罪的客观行为方式的领导的集合，则 F2 = {领导}；

设 F3 为组织、领导、参加黑社会性质组织罪的客观行为方式的参加的集合，则 F3 = {参加}。

则 F = F1 ∪ F2 ∪ F3 = {组织、领导、参加黑社会性质组织罪的客观行为方式} = {组织} ∪ {领导} ∪ {参加} = {组织，领导，参加}。

四是多重罪过的犯罪构成的并集的应用模式，例如，对故意伤害致死罪的主观罪过使用犯罪构成并集的研究方法可以表示如下：

设 G 为故意伤害致死罪的主观罪过的集合，则 G = {故意伤害致死罪的主观罪过}；

设 G1 为故意伤害致死罪的主观罪过的故意的集合，则 G1 = {故意}；

设 G2 为故意伤害致死罪的主观罪过的过失的集合，则 G2 = {过失}。

则 G = G1 ∪ G2 = {故意伤害致死罪的主观罪过} = {故意} ∪ {过失} = {故意，过失}。

五是多重行为与多重对象的犯罪构成的并集的应用模式，例如，对非法制造、买卖、运输、邮寄、储存枪支、弹药、爆炸物罪的行为方式与对象使用犯罪构成并集的研究方法可以表示如下：

设 H 为非法制造、买卖、运输、邮寄、储存枪支、弹药、爆炸物罪的行为方式的集合，则 H = {非法制造、买卖、运输、邮寄、储存枪支、弹药、爆炸物罪的行为方式}；

设 H1 为非法制造、买卖、运输、邮寄、储存枪支、弹药、爆炸物罪的行为方式非法制造的集合，则 H1 = {非法制造}；

设 H2 为非法制造、买卖、运输、邮寄、储存枪支、弹药、爆炸物罪的行为方式非法买卖的集合，则 H2 = {非法买卖}；

设 H3 为非法制造、买卖、运输、邮寄、储存枪支、弹药、爆炸物罪的行为方式非法运输的集合，则 H3 = {非法运输}；

设 H4 为非法制造、买卖、运输、邮寄、储存枪支、弹药、爆炸物罪的行为方式非法邮寄的集合，则 H4 = {非法邮寄}；

设 H5 为非法制造、买卖、运输、邮寄、储存枪支、弹药、爆炸物罪的行为方式非法储存的集合，则 H5 = {非法储存}；

设 I 为非法制造、买卖、运输、邮寄、储存枪支、弹药、爆炸物罪的对象的集合，则 I = {非法制造、买卖、运输、邮寄、储存枪支、弹药、爆炸物罪的对象}；

设 I1 为非法制造、买卖、运输、邮寄、储存枪支、弹药、爆炸物罪的对象枪支的集合，则 I1 = {枪支}；

设 I2 为非法制造、买卖、运输、邮寄、储存枪支、弹药、爆炸物罪的对象弹药的集合，则 I2 = {弹药}；

设 I3 为非法制造、买卖、运输、邮寄、储存枪支、弹药、爆炸物罪的对象爆炸物的集合，则 I3 = {爆炸物}。

则 H∪I = H1∪H2∪H3∪H4∪H5∪I1∪I2∪I3 = {非法制造、买卖、运输、邮寄、储存枪支、弹药、爆炸物罪的行为方式}∪{非法制造、买卖、运输、邮寄、储存枪支、弹药、爆炸物罪的对象} = {非法制造}∪{非法买卖}∪{非法运输}∪{非法邮寄}∪{非法储存}∪{枪支}∪{弹药}∪{爆炸物} = {非法制造、买卖、运输、邮寄、储存枪支、弹药、爆炸物}。

六是多重客体与多重行为的犯罪构成并集的应用模式，例如，对抢劫罪的客体与行为方式使用犯罪构成的并集的研究模式可以表示如下：

设 J 为抢劫罪的客体的集合，则 J = {抢劫罪的客体}；

设 J1 为抢劫罪的主要客体的集合，则 J1 = {侵犯他人的财产权利}；

设 J2 为抢劫罪的次要客体的集合，则 J2 = {侵犯他人的人身权利}；

设 K 为抢劫罪行为方式的集合，则 K = {抢劫罪的行为方式}；

设 K1 为抢劫罪行为方式暴力的集合，则 K1 = {暴力}；

设 K2 为抢劫罪行为方式胁迫的集合，则 K2 = {胁迫}；

设 K3 为抢劫罪行为方式其他方法的集合，则 K3 = {其他方法}。

则 J∪K = J1∪J2∪K1∪K2∪K3 = {抢劫罪的客体}∪{抢劫罪的行为方式} = {侵犯他人的财产权利}∪{侵犯他人的人身权利}∪{暴力}∪{胁迫}∪{其他方法} = {采取暴力、胁迫或者其他方法侵犯他人的财产权利与人身权利}。

（四）犯罪构成补集的应用模式

所谓补集是指在一个全集当中，除去一个子集的元素外，则余下的一切元素所组成的集合，即称为补集。所谓犯罪构成的补集是指在一个犯罪构成的全集当中，除去一个犯罪构成的子集的元素外，由余下的一切元素所组成的集合。补集在犯罪构成中的意义一般是指在某一犯罪的基本构成之外，如果还有对其犯罪的构成有特别要求的，那么将基本的犯罪构成与补充的犯罪构成结合起来所形成的犯罪构成的集合，就属于全集，在基本的犯罪构成之外，由补充的犯罪构成组成的集合，则为补集。补集在我国的刑事立法中具有应用价值，可以将其运用于对情节犯、数额犯、后果犯的研究。

1. 关于情节犯的补集

所谓情节犯是指对于某一个犯罪的构成而言，除了其基本的构成要件之外，还必须具备特定的情节才能构成犯罪的情况。例如，根据我国《刑法》第 234 条之规定，捏造事实诬告陷害他人，意图使他人受刑事追究，情节严重的，构成诬告陷害罪。从刑法对诬告陷害罪的这一规定来看，如果从犯罪构成的补集的角度来分析，可以如下表示：

设 A 为诬告陷害罪的全集，则 A = {诬告陷害罪}；

设 B 为诬告陷害罪的基本构成要件，则 B = {客体是他人的人身权利与司法机关的正常活动，客观方面表现为捏造事实诬告陷害他人的行为，主体是一般主体，主观方面是故意，且具有意图使他人受刑事追究的目的}；

设 B^C 为诬告陷害罪的补充构成要件，则 B^C = {诬告陷害情节严重}。

$B \cup B^C = A$，即 {诬告陷害罪的基本构成要件}∪{诬告陷害罪的补充构成要件} = {诬告陷害罪}。

又如，根据《刑法》第411条规定，海关工作人员徇私舞弊，放纵走私，情节严重的，构成放纵走私罪。如果从犯罪构成的补集的角度来分析，可以表示如下：

设 C 为放纵走私罪的全集，则 C = {放纵走私罪}；

设 D 为放纵走私罪的基本构成要件，则 D = {客体是国家对海关的管理制度，客观上表现为徇私舞弊，放纵走私的行为，主体是海关工作人员，主观上是故意}；

设 D^C 为放纵走私罪的补充构成要件，则 D^C = {放纵走私情节严重}。

$D \cup D^C = C$，即 {放纵走私罪的基本构成要件}∪{放纵走私罪的补充构成要件} = {放纵走私罪}。

2. 关于数额犯的补集

所谓数额犯是指对于某一个特定的犯罪而言，除了其基本的构成要件之外，还必须具备一定的数额才能构成犯罪的情况。在我国刑法分则规定的犯罪中，属于数额犯的情形比较多，例如，《刑法》第267条规定，抢夺公私财物，数额较大的，或者多次抢夺的，构成抢夺罪。从刑法对抢夺罪的规定来看，如果从犯罪构成的补集的角度来分析，可以表示如下：

设 E 为抢夺罪的全集，则 E = {抢夺罪}；

设 F 为抢夺罪的基本构成要件，则 F = {客体是公私财产所有权，客观方面表现为虚构事实、隐瞒真相骗取财物的行为，主体是一般主体，主观方面是故意，且以非法占有为目的}；

设 F^c 为抢夺罪的补充构成要件，则 F^c = {抢夺数额较大或者多次抢夺}。

$F \cup F^c = E$，即 {抢夺罪的基本构成要件} $\cup$ {抢夺罪的补充要件} = {抢夺罪}。

又如，根据《刑法》第 270 条规定，将代为保管的他人财物非法占为己有，数额较大，拒不退还的，构成侵占罪。从刑法对侵占罪的规定来看，如果从犯罪构成的补集的角度来分析，可以表示如下：

设 G 为侵占罪的全集，则 G = {侵占罪}；

设 H 为侵占罪的基本构成要件，则 H = {客体是他人财物所有权，客观方面表现为将代为保管的他人财物非法占为己有、拒不退还的行为，主体是一般主体，主观方面表现为故意}；

设 H^c 为侵占罪的补充构成要件，则 H^c = {侵占财物数额较大}。

$H \cup H^c = G$，即 {侵占罪的基本构成要件} $\cup$ {侵占罪的补充要件} = {侵占罪}。

3. 关于后果犯的补集

所谓后果犯是指对于某种犯罪而言，除了具备其基本的犯罪构成要件之外，还必须产生一定的后果才能构成犯罪的情况。在我国刑法的规定中，以发生一定的严重后果作为某种犯罪是否构成的情况比较多，例如，根据《刑法》第 416 条规定，对被拐卖、绑架的妇女、儿童负有解救职责的国家机关工作人员，接到被拐卖、绑架的妇女、儿童及其家属的解救要求或者接到其他人的举报，而对被拐卖、绑架的妇女、儿童不进行解救，造成严重后果的，构成不解救被拐卖、绑架妇女、儿童罪。本罪的构成就要求行为人除了基本的构成要件之外，还必须具有造成严重后果这一补充要件。在这里，值得注意的问题是，后果犯与结果犯是两个不同的概念，切不可混为一谈。所谓结果犯是指某种犯罪的既遂形态的表现之一，它是要求某种犯罪的构成要达到既遂的状态，就必须在法定的结果发生的情况下才能形成的一种犯罪形态，结果犯中的结果是否存在是划分犯罪的既遂与未遂的标志。而所谓后果犯的含义则是指某种犯罪的成立除了具备其基本构成要件之外，还必须产生一定的后果才能构成犯罪的情况。后果犯中的后果是否产生则是划分罪与非罪的标志。

关于《刑法》第416条规定的不解救被拐卖、绑架妇女、儿童罪，如果从犯罪构成的补集的角度来分析，可以表示如下：

设 I 为不解救被拐卖、绑架妇女、儿童罪的全集，则 I ＝｛不解救被拐卖、绑架妇女、儿童罪｝；

设 J 为不解救被拐卖、绑架妇女、儿童罪的基本构成要件，则 J ＝｛客体是妇女、儿童的人身自由，客观上表现为行为人接到被拐卖、绑架的妇女、儿童及其家属的解救要求或者接到其他人的举报，而对被拐卖、绑架的妇女、儿童不进行解救的行为，主体是负有解救职责的国家机关工作人员，主观上是故意｝；

设 J^c 为不解救被拐卖、绑架妇女、儿童罪的补充构成要件，则 J^c ＝｛不解救被拐卖、绑架妇女、儿童造成严重后果｝。

$J \cup J^c$ ＝I，即 ｛不解救被拐卖、绑架妇女、儿童罪的基本构成要件｝∪｛不解救被拐卖、绑架妇女、儿童罪的补充构成要件｝＝｛不解救被拐卖、绑架妇女、儿童罪｝。

又如，根据《刑法》第419条规定，国家机关工作人员严重不负刑事责任，造成珍贵文物损毁或者流失，后果严重的，构成失职造成珍贵文物损毁、流失罪。如果从犯罪构成的补集的角度来进行分析，对本罪的集合可以表示如下：

设 K 为失职造成珍贵文物损毁、流失罪的全集，则 K ＝｛失职造成珍贵文物损毁、流失罪｝；

设 L 为失职造成珍贵文物损毁、流失罪的基本构成要件，则 L ＝｛客体是国家的文物管理制度，客观上表现为行为人严重不负刑事责任，造成珍贵文物损毁或者流失的行为，主体是国家机关工作人员，主观上是过失 ；

设 L^c 为失职造成珍贵文物损毁、流失罪的补充构成要件，则 L^c = ｛失职造成珍贵文物损毁、流失后果严重｝。

$L \cup L^c = K$，即 ｛失职造成珍贵文物损毁、流失罪的基本构成要件｝∪｛失职造成珍贵文物损毁、流失罪的补充构成要件｝=｛失职造成珍贵文物损毁、流失罪｝。

研究犯罪构成的补集的意义是通过对犯罪构成补集的研究，可以在对犯罪构成的研究方面进一步增强对犯罪构成的基本要件与补充要件的认识，从而在对犯罪构成的组合方面更好地认识到其复杂性与多样性。关于犯罪构成的补集对于司法实践的意义就在于，它可以提示司法人员在对某种犯罪进行认定时，不仅要注意对其基本构成要件的分析，而且应当注意对其补充构成要件的分析，只有对于这两个方面的构成要件均作出全面分析的基础上，才能得出正确的结论。

第二章

危害国家安全罪

第一节　危害国家安全罪集合概述

一、危害国家安全罪的概念

危害国家安全罪，是指行为人故意实施的危害中华人民共和国国家主权、领土完整、国家政权和社会主义制度安全的行为。❶

二、危害国家安全罪的共同特征

根据现行刑法对危害国家安全罪所作的规定来看，构成该类犯罪必须具备以下四个方面的共同特征，其集合表现为：

设 A 为危害国家安全罪的集合，则 A = ｛危害国家安全罪｝；

设 B 为危害国家安全罪的同类客体的集合，则 B = ｛中华人民共和国的国家安全｝；

设 C 为危害国家安全罪的客观方面的集合，则 C = ｛行为人实施了危害中华人民共和国国家主权、领土完整、国家政权和社会主义制度安全的行为｝；

设 D 为危害国家安全的犯罪主体的集合，则 D = ｛主体必须是

---

❶　朱建华主编：《刑法分论》，法律出版社 2018 年版，第 14 页。

达到法定年龄，具有刑事责任能力的人}；

设 E 为危害国家安全罪的主观方面的集合，则 E = {故意}。

A = B∪C∪D∪E，即 {危害国家安全罪} = {犯罪同类客体为中华人民共和国的国家安全}∪{客观方面表现为行为人实施了危害中华人民共和国国家主权、领土完整、国家政权和社会主义制度安全的行为}∪{犯罪主体必须是达到法定年龄，具有刑事责任能力的人}∪{主观方面是故意} = {犯罪同类客体为中华人民共和国的国家安全，客观方面表现为行为人实施了危害中华人民共和国国家主权、领土完整、国家政权和社会主义制度安全的行为，犯罪主体必须是达到法定年龄、具有刑事责任能力的人，主观方面是故意}。

三、危害国家安全的常见多发型犯罪的具体罪名

根据现行刑法对危害国家安全罪所作的规定来看，本章的犯罪共有 12 种具体罪名，其中常见多发型的犯罪共有 5 种，用子集的方式来表达，其构造表现为：

{危害国家安全罪}

{分裂国家罪}

{颠覆国家政权罪}

{叛逃罪}

{间谍罪}

{为境外窃取、刺探、收买、非法提供国家秘密、情报罪}

……

{分裂国家罪，颠覆国家政权罪，叛逃罪，间谍罪，为境外窃取、刺探、收买、非法提供国家秘密、情报罪}

第二节　危害国家安全的常见多发型犯罪集合分述

一、分裂国家罪

（一）分裂国家罪的概念

分裂国家罪，是指行为人组织、策划、实施各种分裂国家的活动，企图破坏我国各民族相互团结、国家统一的行为。❶

（二）分裂国家罪的构成特征

关于分裂国家罪的构成特征，根据现行刑法的规定，必须具备以下四个方面，其集合表现为：

设 A 为分裂国家罪的集合，则 A = ｛分裂国家罪｝；

设 A1 为分裂国家罪的客体的集合，则 A1 = ｛国家与民族的团结与统一｝；

设 A2 为分裂国家罪的客观方面的集合，则 A2 = ｛行为人实行了组织、策划、实施各种分裂国家的活动，企图破坏我国各民族相互团结、国家统一的行为｝；

设 A3 为分裂国家罪的主体的集合，则 A3 = ｛主体是年满 16 周岁、具有刑事责任能力的自然人｝；

设 A4 为分裂国家罪的主观方面的集合，则 A4 = ｛直接故意｝。

A = A1∪A2∪A3∪A4，即 ｛分裂国家罪｝= ｛客体是国家与民族的团结与统一｝∪｛客观方面表现为行为人实行了组织、策划、实施各种分裂国家的活动，企图破坏我国各民族相互团结、国家统一的行为｝∪｛主体是年满 16 周岁、具有刑事责任能力的自然人｝∪｛主观方面是直接故意｝= ｛客体是国家与民族的团结与统一，客观

❶　朱建华主编：《刑法分论》，法律出版社 2018 年版，第 18 页。

方面表现为行为人实行了组织、策划、实施各种分裂国家的活动，企图破坏我国各民族相互团结、国家统一的行为，主体是年满 16 周岁、具有刑事责任能力的自然人，主观方面是直接故意｝。

（三）分裂国家罪的司法适用

1. 本罪与非罪的界限

设 A5 为分裂国家罪的非罪的集合，则 A5 ＝｛无罪｝＝Ø；

设 A51 为分裂国家罪的非罪的客体的集合，则 A51 ＝｛行为人没有侵犯国家与民族的团结与统一｝＝Ø；

设 A52 为分裂国家罪的非罪的客观方面的集合，则 A52 ＝｛行为人没有实行组织、策划、实施各种分裂国家的活动，企图破坏我国各民族相互团结、国家统一的行为｝＝Ø；

设 A53 为分裂国家罪的非罪的主体的集合，则 A53 ＝｛行为人是未满 16 周岁、没有刑事责任能力的自然人｝＝Ø；

设 A54 为分裂国家罪的非罪的主观方面的集合，则 A54 ＝｛行为人无直接故意｝＝Ø。

则 A5 ＝｛分裂国家罪的非罪｝＝A∩A51 ＝｛分裂国家罪｝∩｛行为人没有侵犯国家与民族的团结与统一｝＝｛分裂国家罪｝∩Ø＝Ø＝｛无罪｝；

A5 ＝｛分裂国家罪的非罪｝＝A∩A52 ＝｛分裂国家罪｝∩｛行为人没有实行组织、策划、实施各种分裂国家的活动，企图破坏我国各民族相互团结、国家统一的行为｝＝｛分裂国家罪｝∩Ø＝Ø＝｛无罪｝；

A5 ＝｛分裂国家罪的非罪｝＝A∩A53 ＝｛分裂国家罪｝∩｛行为人是未满 16 周岁、没有刑事责任能力的自然人｝＝｛分裂国家罪｝∩Ø＝Ø＝｛无罪｝；

A5 ＝｛分裂国家罪的非罪｝＝A∩A54 ＝｛分裂国家罪｝∩｛行为人无直接故意｝＝｛分裂国家罪｝∩Ø＝Ø＝｛无罪｝。

2. 此罪与彼罪的界限

（1）分裂国家罪与背叛国家罪的界限

设 A 为分裂国家罪的集合，则 A＝｛分裂国家罪｝；

设 A6 为背叛国家罪的集合，则 A6＝｛背叛国家罪｝。

A∪A6－A∩A6＝｛分裂国家罪｝∪｛背叛国家罪｝－｛分裂国家罪｝∩｛背叛国家罪｝＝｛客体是国家与民族的团结与统一，客观方面表现为行为人实行了组织、策划、实施各种分裂国家的活动，企图破坏我国各民族相互团结、国家统一的行为，主体是年满 16 周岁、具有刑事责任能力的自然人，主观方面是直接故意｝∪｛客体是中华人民共和国主权、领土完整和安全，客观方面表现为行为人实施了勾结外国或者境外机构、组织、个人，危害中华人民共和国主权、领土完整和安全的行为，主体只能是具有特定身份的中国公民，主观方面是直接故意｝－｛主观方面是直接故意｝＝｛客体是国家与民族的团结与统一，客观方面表现为行为人实行了组织、策划、实施各种分裂国家的活动，企图破坏我国各民族相互团结、国家统一的行为，主体是年满 16 周岁、具有刑事责任能力的自然人，客体是中华人民共和国主权、领土完整和安全，客观方面表现为行为人实施了勾结外国或者境外机构、组织、个人，危害中华人民共和国主权、领土完整和安全的行为，主体只能是具有特定身份的中国公民｝。

（2）分裂国家罪与煽动分裂国家罪的界限

设 A 为分裂国家罪的集合，则 A＝｛分裂国家罪｝；

设 A7 为煽动分裂国家罪的集合；则 A7＝｛煽动分裂国家罪｝。

则 A∪A7－A∩A7＝｛分裂国家罪｝∪｛煽动分裂国家罪｝－｛分裂国家罪｝∩｛煽动分裂国家罪｝＝｛客体是国家与民族的团结与统一，客观方面表现为行为人实行了组织、策划、实施各种分裂国家的活动，企图破坏我国各民族相互团结、国家统一的行为，主体是年满 16 周岁、具有刑事责任能力的自然人，主观方面是直接故意｝∪｛客体是国家与民族的团结与统一，客观方面表现为行为人实行了煽动他人实施分裂国家、破坏国家统一的行为，主体是年满 16 周岁、具有刑事责任能力的自然人，主观方面是直接故意}－{客体是国家与民族的团结与统一，主体是年满 16 周岁、具有刑事责任能力的自然人，主观方面是直接故意}＝{客观方面表现为行为人实行了组织、策划、实施各种分裂国家的活动，企图破坏我国各民族相互团结、国家统一的行为，客观方面表现为行为人实行了煽动他人实施分裂国家、破坏国家统一的行为}。

3. 本罪的停止形态

（1）分裂国家罪的预备犯

设 A8 为分裂国家罪的预备犯的集合，则 A8 ＝{分裂国家罪的预备犯}；

设 A81 为分裂国家罪预备犯主观方面的集合，则 A81 ＝{行为人在主观上有破坏我国民族相互团结、国家统一的故意}；

设 A82 为分裂国家罪预备犯客观方面的集合，则 A82 ＝{行为人在客观上实行了为组织、策划、实施各种分裂国家的活动而准备工具、制造条件的行为}；

设 A83 为分裂国家罪预备犯犯罪停止原因的集合，则 A83 ＝{行为人因意志以外的原因使组织、策划、实施各种分裂国家的活动而未得逞}。

则 A8 ＝ A81 ∪ A82 ∪ A83，即 {分裂国家罪的预备犯} ＝{行为人在主观上有为了破坏我国各民族相互团结、国家统一的故意} ∪ {行为人在客观上实行了为组织、策划、实施各种分裂国家的活动而准备工具、制造条件的行为} ∪ {行为人因意志以外的原因使组织、策划、实施各种分裂国家的活动而未得逞} ＝{行为人在主观上有为了破坏我国各民族相互团结、国家统一的故意，行为人在客观上实行了为组织、策划、实施各种分裂国家的活动而准备工具、制造条件的行为，行为人因意志以外的原因使组织、策划、实施各种分裂国家的活动而未得逞} ＝{行为人为了破坏我国各民族相互团结、国家统一，在客观上实行了为组织、策划、实施各种分裂国家的活动而准备工具、制造条件的行为，但是因意志以外的原因使组织、策划、实施各种分裂国家的活动而未得逞}。

（2）分裂国家罪的未遂犯

设 A9 为分裂国家罪的未遂犯的集合，则 A9 = {分裂国家罪的未遂犯}；

设 A91 为分裂国家罪未遂犯的主观方面的集合，则 A91 = {行为人在主观上有为了破坏我国各民族相互团结、国家统一的故意}；

设 A92 为分裂国家罪未遂犯的客观方面的集合，则 A92 = {行为人已经着手实行了组织、策划、实施各种分裂国家的活动的行为}；

设 A93 为分裂国家罪未遂犯犯罪停止原因的集合，则 A93 = {行为人因意志以外的原因使组织、策划、实施各种分裂国家的活动而未得逞}。

则 A9 = A91 ∪ A92 ∪ A93，即 {分裂国家罪的未遂犯} = {行为人在主观上有为了破坏我国各民族相互团结、国家统一的故意} ∪ {行为人已经着手实行了组织、策划、实施各种分裂国家的活动的行为} ∪ {行为人因意志以外的原因使组织、策划、实施各种分裂国家的活动而未得逞} = {行为人在主观上有为了破坏我国各民族相互团结、国家统一的故意，行为人已经着手实行了组织、策划、实施各种分裂国家的活动的行为，行为人因意志以外的原因使组织、策划、实施各种分裂国家的活动而未得逞} = {行为人为了破坏我国各民族相互团结、国家统一，已经着手实行了组织、策划、实施各种分裂国家的活动的行为，但是因意志以外的原因使组织、策划、实施各种分裂国家的活动而未得逞}。

（3）分裂国家罪的中止犯

设 A10 为分裂国家罪的中止犯的集合，则 A10 = {分裂国家罪的中止犯}；

设 A101 为分裂国家罪中止犯的主观方面的集合，则 A101 = {行为人在主观上有为了破坏我国各民族相互团结、国家统一的故意}；

设 A102 为分裂国家罪中止犯的客观方面的集合，则 A102 = {行为人已经预备或者着手实行组织、策划、实施各种分裂国家的活动的行为}；

设 A103 为分裂国家罪中止犯犯罪停止原因的集合，则 A103 = {行为人在组织、策划、实施犯罪的过程中自动放弃犯罪或者自动有效地避免了分裂国家的犯罪的结果}。

则 A10 = A101 ∪ A102 ∪ A103，即 {分裂国家罪的中止犯} = {行为人在主观上有为了破坏我国各民族相互团结、国家统一的故意} ∪ {行为人已经预备或者着手实行组织、策划、实施各种分裂国家的活动的行为} ∪ {行为人在组织、策划、实施犯罪的过程中自动放弃犯罪或者自动有效地避免了分裂国家的犯罪的结果} = {行为人在主观上有为了破坏我国各民族相互团结、国家统一的故意，行为人已经预备或者着手实行组织、策划、实施各种分裂国家的活动的行为，行为人在组织、策划、实施犯罪的过程中自动放弃犯罪或者自动有效地避免了分裂国家的犯罪的结果} = {行为人为了破坏我国各民族相互团结、国家统一，已经预备或者着手实行组织、策划、实施各种分裂国家的活动，但是在组织、策划、实施犯罪的过程中自动放弃犯罪或者自动有效地避免了分裂国家的犯罪的结果发生}。

4. 本罪的共犯形态

设 A11 为分裂国家罪的共同犯罪的集合，则 A11 = {分裂国家罪的共同犯罪}；

设 A111 为分裂国家罪的共同犯罪的主体的集合，则 A111 = {主体是两个以上年满 16 周岁、具有刑事责任能力的自然人}；

设 A112 为分裂国家罪的共同犯罪的主观方面的集合，则 A112 = {行为人在主观上具有组织、策划、实施各种分裂国家活动的共同故意}；

设 A113 为分裂国家罪的共同犯罪的客观方面的集合，则 A113 = {行为人在客观上实行了组织、策划、实施各种分裂国家活动的共同行为｝。

则 A11 = A111∪A112∪A113，即 ｛分裂国家罪的共同犯罪｝ = ｛主体是两个以上年满 16 周岁、具有刑事责任能力的自然人｝∪｛行为人在主观上具有组织、策划、实施各种分裂国家活动的共同故意｝∪｛行为人在客观上实行了组织、策划、实施各种分裂国家活动的共同行为｝ = ｛主体是两个以上年满 16 周岁、具有刑事责任能力的自然人，行为人在主观上具有组织、策划、实施各种分裂国家活动的共同故意，行为人在客观上实行了组织、策划、实施各种分裂国家活动的共同行为｝。

二、颠覆国家政权罪

（一）颠覆国家政权罪的概念

颠覆国家政权罪，是指行为人组织、策划、实施颠覆国家政权、推翻社会主义制度的行为。[1]

（二）颠覆国家政权罪的构成特征

关于颠覆国家政权罪的构成特征，根据现行刑法的规定，必须具备以下四个方面，其集合表现为：

设 B 为颠覆国家政权罪的集合，则 B = ｛颠覆国家政权罪｝；

设 B1 为颠覆国家政权罪的客体的集合，则 B1 = ｛人民民主专政的国家政权和社会主义制度｝；

设 B2 为颠覆国家政权罪的客观方面的集合，则 B2 = ｛行为人实行了组织、策划、实施颠覆国家政权、推翻社会主义制度的行为｝；

设 B3 为颠覆国家政权罪的主体的集合，则 B3 = ｛主体是年满 16 周岁、具有刑事责任能力的自然人｝；

设 B4 为颠覆国家政权罪的主观方面的集合，则 B4 = ｛直接故意｝。

---

[1] 朱建华主编：《刑法分论》，法律出版社 2018 年版，第 22 页。

B = B1∪B2∪B3∪B4，即 {颠覆国家政权罪} = {客体是人民民主专政的国家政权和社会主义制度}∪{客观方面实行了组织、策划、实施颠覆国家政权、推翻社会主义制度的行为}∪{主体是年满16周岁、具有刑事责任能力的自然人}∪{主观方面是直接故意} = {客体是人民民主专政的国家政权和社会主义制度，客观方面实行了组织、策划、实施颠覆国家政权、推翻社会主义制度的行为，主体是年满16周岁、具有刑事责任能力的自然人，主观方面是直接故意}。

（三）颠覆国家政权罪的司法适用

1. 本罪与非罪的界限

设 B5 为颠覆国家政权罪的非罪的集合，则 B5 = {无罪} = Ø；

设 B51 为颠覆国家政权罪的非罪的客体的集合，则 B51 = {行为人没有侵犯人民民主专政的国家政权和社会主义制度} = Ø；

设 B52 为颠覆国家政权罪的非罪的客观方面的集合，则 B52 = {行为人没有实行组织、策划、实施颠覆国家政权、推翻社会主义制度的行为} = Ø；

设 B53 为颠覆国家政权罪的非罪的主体的集合，则 B53 = {行为人未满16周岁，或者已满16周岁但没有刑事责任能力的自然人} = Ø；

设 B54 为颠覆国家政权罪的非罪的主观方面的集合，则 B54 = {行为人无直接故意} = Ø。

则 B5 = {颠覆国家政权罪的非罪} = B∩B51 = {颠覆国家政权罪}∩{行为人没有侵犯人民民主专政的国家政权和社会主义制度} = {颠覆国家政权罪}∩Ø = Ø = {无罪}；

B5 = {颠覆国家政权罪的非罪} = B∩B52 = {颠覆国家政权罪}∩{行为人没有实行组织、策划、实施颠覆国家政权、推翻社会主义制度的行为} = {颠覆国家政权罪}∩Ø = Ø = {无罪}；

B5 = {颠覆国家政权罪的非罪} = B∩B53 = {颠覆国家政权罪}∩

行为人未满 16 周岁，或者已满 16 周岁但没有刑事责任能力的自然人} ={颠覆国家政权罪}∩∅=∅={无罪}；

B5 ={颠覆国家政权罪的非罪} = B∩B54 ={颠覆国家政权罪}∩{行为人无直接故意} ={颠覆国家政权罪}∩∅=∅={无罪}。

2. 此罪与彼罪的界限

（1）颠覆国家政权罪与背叛国家罪的界限

设 B 为颠覆国家政权罪的集合，则 B ={颠覆国家政权罪}；

设 B6 为背叛国家罪的集合，则 B6 ={背叛国家罪}。

B∪B6 − B∩B6 ={颠覆国家政权罪}∪{背叛国家罪} −{颠覆国家政权罪}∩{背叛国家罪} ={客体是人民民主专政的国家政权和社会主义制度，客观方面表现为行为人实行了组织、策划、实施颠覆国家政权、推翻社会主义制度的行为，主体是年满 16 周岁、具有刑事责任能力的自然人，主观方面是直接故意}∪{客体是中华人民共和国主权、领土完整和安全，客观方面表现为行为人实施了勾结外国或者境外机构、组织、个人，危害中华人民共和国主权、领土完整和安全的行为，主体只能是具有特定身份的中国公民，主观方面是直接故意} −{主观方面是直接故意} ={客体是人民民主专政的国家政权和社会主义制度，客观方面表现为行为人实行了组织、策划、实施颠覆国家政权、推翻社会主义制度的行为，主体是年满 16 周岁、具有刑事责任能力的自然人，客体是中华人民共和国主权、领土完整和安全，客观方面表现为行为人实施了勾结外国或者境外机构、组织、个人，危害中华人民共和国主权、领土完整和安全的行为，主体只能是具有特定身份的中国公民}。

（2）颠覆国家政权罪与煽动颠覆国家政权罪的界限

设 B 为颠覆国家政权罪的集合，则 B ={颠覆国家政权罪}；

设 B7 为煽动颠覆国家政权罪的集合，则 B7 ={煽动颠覆国家政权罪}。

则 B∪B7 − B∩B7 ={颠覆国家政权罪}∪{煽动颠覆国家政权

罪｝-｛颠覆国家政权罪｝∩｛煽动颠覆国家政权罪｝=｛客体是人民民主专政的国家政权和社会主义制度，客观方面表现为行为人实行了组织、策划、实施颠覆国家政权、推翻社会主义制度的行为，主体是年满16周岁、具有刑事责任能力的自然人，主观方面是直接故意｝∪｛客体是人民民主专政的国家政权和社会主义制度，客观方面表现为行为人实施了以造谣、诽谤或者其他方式煽动颠覆国家政权、推翻社会主义制度的行为，主体是年满16周岁、具有刑事责任能力的自然人，主观方面是直接故意｝-｛客体是人民民主专政的国家政权和社会主义制度，主体是年满16周岁、具有刑事责任能力的自然人，主观方面是直接故意｝=｛客观方面表现为行为人实行了组织、策划、实施颠覆国家政权、推翻社会主义制度的行为，客观方面表现为行为人实施了以造谣、诽谤或者其他方式煽动颠覆国家政权、推翻社会主义制度的行为｝。

3. 本罪的停止形态

（1）颠覆国家政权罪的预备犯

设 B8 为颠覆国家政权罪的预备犯的集合，则 B8 =｛颠覆国家政权罪的预备犯｝；

设 B81 为颠覆国家政权罪预备犯主观方面的集合，则 B81 =｛行为人在主观上有组织、策划、实施颠覆国家政权、推翻社会主义制度的故意｝；

设 B82 为颠覆国家政权罪预备犯客观方面的集合，则 B82 =｛行为人在客观上实行了为组织、策划、实施颠覆国家政权、推翻社会主义制度的活动而准备工具、制造条件的行为｝；

设 B83 为颠覆国家政权罪预备犯犯罪停止原因的集合，则 B83 =｛行为人因意志以外的原因使组织、策划、实施颠覆国家政权、推翻社会主义制度的活动而未得逞｝。

则 B8 = B81∪B82∪B83，即 ｛颠覆国家政权罪的预备犯｝=｛行为人在主观上有组织、策划、实施颠覆国家政权、推翻社会主义制度的故意｝∪｛行为人在客观上实行了为组织、策划、实施颠覆国家政权、推翻社会主义制度的活动而准备工具、制造条件的行为｝∪｛行为人因意志以外的原因使组织、策划、实施颠覆国家政权、推翻社会主义制度的活动而未得逞｝＝｛行为人在主观上有组织、策划、实施颠覆国家政权、推翻社会主义制度的故意，行为人在客观上实行了为组织、策划、实施颠覆国家政权、推翻社会主义制度的活动而准备工具、制造条件的行为，行为人因意志以外的原因使组织、策划、实施颠覆国家政权、推翻社会主义制度的活动而未得逞｝＝｛行为人为了组织、策划、实施颠覆国家政权、推翻社会主义制度，实行了为组织、策划、实施颠覆国家政权、推翻社会主义制度的活动而准备工具、制造条件的行为，但是因意志以外的原因使组织、策划、实施颠覆国家政权、推翻社会主义制度的活动而未得逞｝。

（2）颠覆国家政权罪的未遂犯

设 B9 为颠覆国家政权罪的未遂犯的集合，则 B9 =｛颠覆国家政权罪的未遂犯｝；

设 B91 为颠覆国家政权罪未遂犯主观方面的集合，则 B91 =｛行为人在主观上有组织、策划、实施颠覆国家政权、推翻社会主义制度的故意｝；

设 B92 为颠覆国家政权罪未遂犯客观方面的集合，则 B92 =｛行为人已经着手实行了组织、策划、实施颠覆国家政权、推翻社会主义制度的活动｝；

设 B93 为颠覆国家政权罪未遂犯犯罪停止原因的集合，则 B93 =｛行为人因意志以外的原因使组织、策划、实施颠覆国家政权、推翻社会主义制度的活动而未得逞｝。

则 B9 = B91 ∪ B92 ∪ B93，即｛颠覆国家政权罪的未遂犯｝=｛行为人在主观上有组织、策划、实施颠覆国家政权、推翻社会主义制度的故意｝∪｛行为人已经着手实行了组织、策划、实施颠覆国家政权、推翻社会主义制度的活动｝∪｛行为人因意志以外的原因使组织、策划、实施颠覆国家政权、推翻社会主义制度的活动而未得逞｝＝｛行为人在主观上有组织、策划、实施颠覆国家政权、推翻社会主义制度的故意，行为人已经着手实施了组织、策划、实施颠覆国家政权、推翻社会主义制度的活动，行为人因意志以外的原因使组织、策划、实施颠覆国家政权、推翻社会主义制度的活动而未得逞｝＝｛行为人为组织、策划、实施颠覆国家政权、推翻社会主义制度，已经着手实行了组织、策划、实施颠覆国家政权、推翻社会主义制度的活动，但是因意志以外的原因使组织、策划、实施颠覆国家政权、推翻社会主义制度的活动而未得逞｝。

（3）颠覆国家政权罪的中止犯

设 B10 为颠覆国家政权罪的中止犯的集合，则 B10 ＝｛颠覆国家政权罪的中止犯｝；

设 B101 为分裂国家罪中止犯主观方面的集合，则 B101 ＝｛行为人在主观上有组织、策划、实施颠覆国家政权、推翻社会主义制度的故意｝；

设 B102 为颠覆国家政权罪中止犯客观方面的集合，则 B102 ＝｛行为人已经预备或者着手实行组织、策划、实施颠覆国家政权、推翻社会主义制度的活动｝；

设 B103 为颠覆国家政权罪中止犯犯罪停止原因的集合，则 B103 ＝｛行为人在组织、策划、实施犯罪的过程中自动放弃了颠覆国家政权、推翻社会主义制度的犯罪活动｝。

则 B10 ＝ B101 ∪ B102 ∪ B103，即 ｛颠覆国家政权罪的中止犯｝＝｛行为人在主观上有组织、策划、实施颠覆国家政权、推翻社会主义制度的故意｝∪｛行为人已经预备或者着手实行组织、策划、实施颠覆国家政权、推翻社会主义制度的活动｝∪｛行为人在组织、策划、实施犯罪的过程中自动放弃了颠覆国家政权、推翻社会主义制度的犯罪活动｝＝｛行为人在主观上有组织、策划、实施颠覆国家政权、推翻社会主义制度的故意，行为人已经预备或者着手实行组织、策划、实施颠覆国家政权、推翻社会主义制度的活动，行为人在组织、策划、实施颠覆国家政权、推翻社会主义制度的犯罪过程中自动放弃了颠覆国家政权、推翻社会主义制度的犯罪活动}={行为人为组织、策划、实施颠覆国家政权、推翻社会主义制度，已经预备或者着手实行组织、策划、实施颠覆国家政权、推翻社会主义制度的活动，但是在组织、策划、实施颠覆国家政权、推翻社会主义制度的犯罪过程中自动放弃了颠覆国家政权、推翻社会主义制度的犯罪活动}。

4. 本罪的共犯形态

设 B11 为颠覆国家政权罪的共同犯罪的集合，则 B11 ={颠覆国家政权罪的共同犯罪}；

设 B111 为颠覆国家政权罪的共同犯罪的主体的集合，则 B111 ={主体是两个以上年满 16 周岁、具有刑事责任能力的自然人}；

设 B112 为颠覆国家政权罪的共同犯罪的主观方面的集合，则 B112 ={行为人在主观上具有组织、策划、实施颠覆国家政权、推翻社会主义制度的共同故意}；

设 B113 为颠覆国家政权罪的共同犯罪的客观方面的集合，则 B113 ={行为人在客观上实行了组织、策划、实施颠覆国家政权、推翻社会主义制度的共同行为}。

则 B11 = B111∪B112∪B113，即 {颠覆国家政权罪的共同犯罪}={主体是两个以上年满 16 周岁、具有刑事责任能力的自然人}∪{行为人在主观上具有组织、策划、实施颠覆国家政权、推翻社会主义制度的共同故意}∪{行为人在客观上实行了组织、策划、实施颠覆国家政权、推翻社会主义制度的共同行为}={主体是两个以上年满 16 周岁、具有刑事责任能力的自然人，行为人在主观上具有组织、策划、实施颠覆国家政权、推翻社会主义制度的共同故意，行为人在客观上实行了组织、策划、实施颠覆国家政权、推翻社会主义制度的共同行为}。

三、叛逃罪

（一）叛逃罪的概念

叛逃罪，是指国家机关工作人员或者其他掌握国家秘密的国家工作人员在履行公务期间，擅离岗位，叛逃境外或者在境外叛逃的行为。[1]

（二）叛逃罪的构成特征

关于叛逃罪的构成特征，根据现行刑法的规定，必须具备以下四个方面，其集合表现为：

设 C 为叛逃罪的集合，则 C = {叛逃罪}；

设 C1 为叛逃罪的客体的集合，则 C1 = {中华人民共和国的国家安全}；

设 C2 为叛逃罪的客观方面的集合，则 C2 = {行为人在履行公务期间，擅离岗位，叛逃境外或者在境外叛逃的行为}；

设 C3 为叛逃罪的主体的集合，则 C3 = {主体主要是国家机关工作人员，也包括掌握国家秘密的国家工作人员}；

设 C4 为叛逃罪的主观方面的集合，则 C4 = {直接故意}。

则 C = C1∪C2∪C3∪C4，即 {叛逃罪} = {客体是中华人民共和国的国家安全}∪{客观方面表现为行为人在履行公务期间，擅离岗位，叛逃境外或者在境外叛逃的行为}∪{主体主要是国家机关工作人员，也包括掌握国家秘密的国家工作人员}∪{主观方面是直接故意} = {客体是中华人民共和国的国家安全，客观方面表现为行为人在履行公务期间，擅离岗位，叛逃境外或者在境外叛逃的行为，主体主要是国家机关工作人员，也包括掌握国家秘密的国家工作人员，主观方面是直接故意}。

---

[1] 朱建华主编：《刑法分论》，法律出版社 2018 年版，第 26 页。

（三）叛逃罪的司法适用

1. 本罪与非罪的界限

设 C5 为叛逃罪的非罪的集合，则 C5 = ｛无罪｝= Ø；

设 C51 为叛逃罪的非罪的客体的集合，则 C51 = ｛行为人没有侵犯中华人民共和国的国家安全｝= Ø；

设 C52 为叛逃罪的非罪的客观方面的集合，则 C52 = ｛行为人没有在履行公务期间，擅离岗位，叛逃境外或者在境外叛逃的行为｝= Ø；

设 C53 为叛逃罪的非罪的主体的集合，则 C53 = ｛行为人不是国家机关工作人员与掌握国家秘密的国家工作人员｝= Ø；

设 C54 为叛逃罪的非罪的主观方面的集合，则 C54 = ｛行为人无直接故意｝= Ø。

则 C5 = ｛叛逃罪的非罪｝= C∩C51 = ｛叛逃罪｝∩｛行为人没有侵犯中华人民共和国的国家安全｝= ｛叛逃罪｝∩Ø = Ø = ｛无罪｝；

C5 = ｛叛逃罪的非罪｝= C∩C52 = ｛叛逃罪｝∩｛行为人没有在履行公务期间，擅离岗位，叛逃境外或者在境外叛逃的行为｝= ｛叛逃罪｝∩Ø = Ø = ｛无罪｝；

C5 = ｛叛逃罪的非罪｝= C∩C53 = ｛叛逃罪｝∩｛行为人不是国家机关工作人员与掌握国家秘密的国家工作人员｝= ｛叛逃罪｝∩Ø = Ø = ｛无罪｝；

C5 = ｛叛逃罪的非罪｝= C∩C54 = ｛叛逃罪｝∩｛行为人无直接故意｝= ｛叛逃罪｝∩Ø = Ø = ｛无罪｝。

2. 此罪与彼罪的界限

（1）叛逃罪与背叛国家罪的界限

设 C 为叛逃罪的集合，则 C = ｛叛逃罪｝；

设 C6 为背叛国家罪的集合，则 C6 = ｛背叛国家罪｝。

则 C∪C6 − C∩C6 = ｛叛逃罪｝∪｛背叛国家罪｝−｛叛逃罪｝∩｛背叛国家罪｝= ｛客体是中华人民共和国的国家安全，客观方面表现为行为人在履行公务期间，擅离岗位，叛逃境外或者在境外叛逃的行为，主体主要是国家机关工作人员，也包括掌握国家秘密的国家工作人员，主观方面是直接故意｝∪｛客体是中华人民共和国主权、领土完整和安全，客观方面表现为行为人实施了勾结外国或者境外机构、组织、个人，危害中华人民共和国主权、领土完整和安全的行为，主体只能是具有特定身份的中国公民，主观方面是直接故意｝－｛客体是中华人民共和国的国家安全，主观方面是直接故意｝＝｛客体是中华人民共和国的国家安全，客观方面表现为行为人在履行公务期间，擅离岗位，叛逃境外或者在境外叛逃的行为，主体主要是国家机关工作人员，也包括掌握国家秘密的国家工作人员，客体是中华人民共和国主权、领土完整和安全，客观方面表现为行为人实施了勾结外国或者境外机构、组织、个人，危害中华人民共和国主权、领土完整和安全的行为，主体只能是具有特定身份的中国公民｝。

（2）叛逃罪与投敌叛变罪的界限

设 C 为叛逃罪的集合，则 C =｛叛逃罪｝；

设 C7 为投敌叛变罪的集合，则 C7 =｛投敌叛变罪｝。

则 C∪C7－C∩C7 =｛叛逃罪｝∪｛投敌叛变罪｝－｛叛逃罪｝∩｛投敌叛变罪｝=｛客体是中华人民共和国的国家安全，客观方面表现为行为人在履行公务期间，擅离岗位，叛逃境外或者在境外叛逃的行为，主体主要是国家机关工作人员，也包括掌握国家秘密的国家工作人员，主观方面是直接故意｝∪｛客体是中华人民共和国的国家安全，客观方面表现为行为人实施了背叛国家、投奔敌方，或者在被捕、被俘后投降敌人，进行危害国家安全活动的行为，主体是年满 16 周岁、具有刑事责任能力的中国公民，主观方面是直接故意｝－｛客体是中华人民共和国的国家安全，主观方面是直接故意｝=｛客观方面行为人在履行公务期间，擅离岗位，叛逃境外或者在境外叛逃的行为，主体主要是国家机关工作人员，也包括掌握国家秘密的国家工作人员，客观方面表现为行为人实施了背叛国家、投奔敌方，或者在被捕、被俘后投降敌人，进行危害国家安全活动的行为，主体是年满 16 周岁、具有刑事责任能力的中国公民｝。

3. 本罪的停止形态

（1）叛逃罪的预备犯

设 C8 为叛逃罪的预备犯的集合，则 C8 =｛叛逃罪的预备犯｝；

设 C81 为叛逃罪预备犯主观方面的集合，则 C81 =｛行为人在主观上有叛逃境外或者在境外叛逃的故意｝；

设 C82 为叛逃罪预备犯客观方面的集合，则 C82 =｛行为人在客观上实行了为在履行公务期间，擅离岗位，叛逃境外或者在境外叛逃而准备工具、制造条件的行为｝；

设 C83 为叛逃罪预备犯犯罪停止原因的集合，则 C83 =｛行为人因意志以外的原因使行为人叛逃境外或者在境外叛逃的行为而未得逞｝。

则 C8 = C81∪C82∪C83，即 ｛叛逃罪的预备犯｝=｛行为人在主观上有叛逃境外或者在境外叛逃的故意｝∪｛行为人在客观上实行了为在履行公务期间，擅离岗位，叛逃境外或者在境外叛逃而准备工具、制造条件的行为｝∪｛行为人因意志以外的原因使行为人叛逃境外或者在境外叛逃的行为而未得逞｝=｛行为人在主观上有叛逃境外或者在境外叛逃的故意，行为人在客观上实行了为在履行公务期间，擅离岗位，叛逃境外或者在境外叛逃而准备工具、制造条件的行为，行为人因意志以外的原因使行为人叛逃境外或者在境外叛逃的行为而未得逞｝=｛行为人为了叛逃境外或者在境外叛逃，在客观上实行了为在履行公务期间，擅离岗位，叛逃境外或者在境外叛逃而准备工具、制造条件的行为，但是因意志以外的原因使行为人叛逃境外或者在境外叛逃的行为而未得逞｝。

（2）叛逃罪的未遂犯

设 C9 为叛逃罪的未遂犯的集合，则 C9 =｛叛逃罪的未遂犯｝；

设 C91 为叛逃罪未遂犯主观方面的集合，则 C91 =｛行为人在主观上有叛逃境外或者在境外叛逃的故意}；

设 C92 为叛逃罪未遂犯客观方面的集合，则 C92 = {行为人在客观上已经着手实行了为在履行公务期间，擅离岗位，叛逃境外或者在境外叛逃的行为}；

设 C93 为叛逃罪未遂犯犯罪停止原因的集合，则 C93 = {行为人因意志以外的原因使行为人叛逃境外或者在境外叛逃的行为而未得逞}。

则 C9 = C91 ∪ C92 ∪ C93，即 {叛逃罪的未遂犯} = {行为人在主观上有叛逃境外或者在境外叛逃的故意} ∪ {行为人在客观上已经着手实行了为在履行公务期间，擅离岗位，叛逃境外或者在境外叛逃的行为} ∪ {行为人因意志以外的原因使行为人叛逃境外或者在境外叛逃的行为而未得逞} = {行为人在主观上有叛逃境外或者在境外叛逃的故意，行为人在客观上已经着手实行了为在履行公务期间，擅离岗位，叛逃境外或者在境外叛逃的行为，行为人因意志以外的原因使行为人叛逃境外或者在境外叛逃的行为而未得逞} = {行为人为了叛逃境外或者在境外叛逃，已经着手实行了为在履行公务期间，擅离岗位，叛逃境外或者在境外叛逃的行为，但是因意志以外的原因使行为人叛逃境外或者在境外叛逃的行为而未得逞}。

（3）叛逃罪的中止犯

设 C10 为叛逃罪的中止犯的集合，则 C10 = {叛逃罪的中止犯}；

设 C101 为叛逃罪中止犯主观方面的集合，则 C101 = {行为人在主观上有叛逃境外或者在境外叛逃的故意}；

设 C102 为叛逃罪中止犯客观方面的集合，则 C102 = {行为人已经预备或者着手实施在履行公务期间，擅离岗位，叛逃境外或者在境外叛逃的行为}；

设 C103 为叛逃罪中止犯犯罪停止原因的集合，则 C103 = {行为人在叛逃境外或者在境外叛逃犯罪的过程中自动放弃犯罪}。

则 C10 = C101 ∪ C102 ∪ C103，即 {叛逃罪的中止犯} = {行为

人在主观上有叛逃境外或者在境外叛逃的故意}∪{行为人已经预备或者着手实施在履行公务期间，擅离岗位，叛逃境外或者在境外叛逃的行为}∪{行为人在叛逃境外或者在境外叛逃犯罪的过程中自动放弃犯罪}={行为人在主观上有叛逃境外或者在境外叛逃的故意，行为人已经预备或者着手实施在履行公务期间，擅离岗位，叛逃境外或者在境外叛逃的行为，行为人在叛逃境外或者在境外叛逃犯罪的过程中自动放弃犯罪}={行为人为叛逃境外或者在境外叛逃，已经预备或者着手实施在履行公务期间，擅离岗位，叛逃境外或者在境外叛逃的行为，但是在叛逃境外或者在境外叛逃犯罪的过程中自动放弃犯罪}。

4. 本罪的共犯形态

设 C11 为叛逃罪的共同犯罪的集合，则 C11={叛逃罪的共同犯罪}；

设 C111 为叛逃罪的共同犯罪的主体的集合，则 C111={主体是两个以上年满 16 周岁、具有刑事责任能力的国家工作人员}；

设 C112 为叛逃罪的共同犯罪的主观方面的集合，则 C112={行为人在主观上具有叛逃境外或者在境外叛逃的共同故意}；

设 C113 为叛逃罪的共同犯罪的客观方面的集合，则 C113={行为人在客观上实行了在履行公务期间，擅离岗位，叛逃境外或者在境外叛逃的共同行为}。

则 C11=C111∪C112∪C113，即 {叛逃罪的共同犯罪}={主体是两个以上年满 16 周岁、具有刑事责任能力的国家工作人员}∪{行为人在主观上具有叛逃境外或者在境外叛逃的共同故意}∪{行为人在客观上实行了在履行公务期间，擅离岗位，叛逃境外或者在境外叛逃的共同行为}={主体是两个以上年满 16 周岁、具有刑事责任能力的国家工作人员，行为人在主观上具有叛逃境外或者在境外叛逃的共同故意，行为人在客观上实行了在履行公务期间，擅离岗位，叛逃境外或者在境外叛逃的共同行为}。

四、间谍罪

(一) 间谍罪的概念

间谍罪，是指行为人参加间谍组织或者接受间谍组织及其代理人的任务以及为敌人指示轰击目标的行为。[1]

(二) 间谍罪的构成特征

关于间谍罪的构成特征，根据现行刑法的规定，必须具备以下四个方面，其集合表现为：

设 D 为间谍罪的集合，则 D = {间谍罪}；

设 D1 为间谍罪的客体的集合，则 D1 = {中华人民共和国的国家安全}；

设 D2 为间谍罪的客观方面的集合，则 D2 = {行为人参加间谍组织或者接受间谍组织及其代理人的任务以及为敌人指示轰击目标的行为}；

设 D3 为间谍罪的主体的集合，则 D3 = {主体是年满 16 周岁、具有刑事责任能力的自然人}；

设 D4 为间谍罪的主观方面的集合，则 D4 = {直接故意}。

则 D = D1∪D2∪D3∪D4，即 {间谍罪} = {客体是中华人民共和国的国家安全}∪{客观方面表现为行为人参加间谍组织或者接受间谍组织及其代理人的任务以及为敌人指示轰击目标的行为}∪{主体是年满 16 周岁、具有刑事责任能力的自然人}∪{主观方面是直接故意} = {客体是中华人民共和国的国家安全，客观方面表现为行为人实施了参加间谍组织或者接受间谍组织及其代理人的任务以及为敌人指示轰击目标的行为，主体是年满 16 周岁、具有刑事责任能力的自然人，主观方面是直接故意}。

---

[1] 朱建华主编：《刑法分论》，法律出版社 2018 年版，第 28 页。

（三）间谍罪的司法适用

1. 本罪与非罪的界限

设 D5 为间谍罪的非罪的集合，则 D5 = ｛无罪｝= Ø；

设 D51 为间谍罪的非罪的客体的集合，则 D51 = ｛行为人没有侵犯中华人民共和国的国家安全｝= Ø；

设 D52 为间谍罪的非罪的客观方面的集合，则 D52 = ｛行为人没有实施参加间谍组织或者接受间谍组织及其代理人的任务以及为敌人指示轰击目标的行为｝= Ø；

设 D53 为间谍罪的非罪的主体的集合，则 D53 = ｛行为人不是国家机关工作人员与掌握国家秘密的国家工作人员｝= Ø；

设 D54 为间谍罪的非罪的主观方面的集合，则 D54 = ｛行为人无直接故意｝= Ø。

则 D5 = ｛间谍罪的非罪｝= D ∩ D51 = ｛间谍罪｝∩｛行为人没有侵犯中华人民共和国的国家安全｝= ｛间谍罪｝∩ Ø = Ø = ｛无罪｝；

D5 = ｛间谍罪的非罪｝= D ∩ D52 = ｛间谍罪｝∩｛行为人没有实施参加间谍组织或者接受间谍组织及其代理人的任务以及为敌人指示轰击目标的行为｝= ｛间谍罪｝∩ Ø = Ø = ｛无罪｝；

D5 = ｛间谍罪的非罪｝= D ∩ C53 = ｛间谍罪｝∩｛行为人不是国家机关工作人员与掌握国家秘密的国家工作人员｝= ｛间谍罪｝∩ Ø = Ø = ｛无罪｝；

D5 = ｛间谍罪的非罪｝= D ∩ D54 = ｛间谍罪｝∩｛行为人无直接故意｝= ｛间谍罪｝∩ Ø = Ø = ｛无罪｝。

2. 此罪与彼罪的界限

（1）间谍罪与叛逃罪的界限

设 D 为间谍罪的集合，则 D = ｛间谍罪｝；

设 D6 为叛逃罪的集合，则 D6 = ｛叛逃罪｝。

则 D ∪ D6 – D ∩ D6 = ｛叛逃罪｝∪｛间谍罪｝–｛叛逃罪｝∩｛间谍罪｝= ｛客体是中华人民共和国的国家安全，客观方面表现为行为人实施了参加间谍组织或者接受间谍组织及其代理人的任务以及为敌人指示轰击目标的行为，主体是年满 16 周岁、具有刑事责任能力的自然人，主观方面是直接故意｝∪｛客体是中华人民共和国的国家安全，客观方面表现为行为人实行了在履行公务期间，擅离岗位，叛逃境外或者在境外叛逃的行为，主体主要是国家机关工作人员，也包括掌握国家秘密的国家工作人员，主观方面是直接故意｝－｛客体是中华人民共和国的国家安全，主观方面是直接故意｝＝｛客观方面表现为行为人实施了参加间谍组织或者接受间谍组织及其代理人的任务以及为敌人指示轰击目标的行为，主体是年满 16 周岁、具有刑事责任能力的自然人，客观方面表现为行为人实行了在履行公务期间，擅离岗位，叛逃境外或者在境外叛逃的行为，主体主要是国家机关工作人员，也包括掌握国家秘密的国家工作人员｝。

（2）间谍罪与投敌叛变罪的界限

设 D 为间谍罪的集合，则 D =｛间谍罪｝；

设 D7 为投敌叛变罪的集合，则 D7 =｛投敌叛变罪｝。

则 D∪D7 － D∩D7 =｛间谍罪｝∪｛投敌叛变罪｝－｛间谍罪｝∩｛投敌叛变罪｝=｛客体是中华人民共和国的国家安全，客观方面表现为行为人参加间谍组织或者接受间谍组织及其代理人的任务以及为敌人指示轰击目标的行为，主体是年满 16 周岁、具有刑事责任能力的自然人，主观方面是直接故意｝∪｛客体是中华人民共和国的国家安全，客观方面表现为行为人实施了背叛国家、投奔敌方，或者在被捕、被俘后投降敌人，进行危害国家安全活动的行为，主体是年满 16 周岁、具有刑事责任能力的中国公民，主观方面是直接故意｝－｛客体是中华人民共和国的国家安全，主观方面是直接故意｝=｛客观方面表现为行为人参加间谍组织或者接受间谍组织及其代理人的任务以及为敌人指示轰击目标的行为，主体是年满 16 周岁、具有刑事责任能力的自然人，客观方面表现为行为人实施了背叛国家、投奔敌方，或者在被捕、被俘后投降敌人，进行危害国家安全活动的行为，主体是年满 16 周岁、具有刑事责任能力的中国公民｝。

3. 本罪的停止形态

（1）间谍罪的预备犯

设 D8 为间谍罪的预备犯的集合，则 D8 = ｛间谍罪的预备犯｝；

设 D81 为间谍罪的预备犯主观方面的集合，则 D81 = ｛行为人在主观上有参加间谍组织或者接受间谍组织及其代理人的任务以及为敌人指示轰击目标的故意｝；

设 D82 为间谍罪的预备犯客观方面的集合，则 D82 = ｛行为人在客观上实施了为参加间谍组织或者接受间谍组织及其代理人的任务以及为敌人指示轰击目标而准工具、制造条件的行为｝；

设 D83 为间谍罪预备犯犯罪停止原因的集合，则 D83 = ｛行为人因意志以外的原因使行为人参加间谍组织或者接受间谍组织及其代理人的任务以及为敌人指示轰击目标的行为未得逞｝。

则 D8 = D81∪D82∪D83，即 ｛间谍罪的预备犯｝= ｛行为人在主观上有参加间谍组织或者接受间谍组织及其代理人的任务以及为敌人指示轰击目标的故意｝∪｛行为人在客观上实施了为参加间谍组织或者接受间谍组织及其代理人的任务以及为敌人指示轰击目标而准备工具、制造条件的行为｝∪｛行为人因意志以外的原因使行为人参加间谍组织或者接受间谍组织及其代理人的任务以及为敌人指示轰击目标的行为而未得逞｝= ｛行为人在主观上有参加间谍组织或者接受间谍组织及其代理人的任务以及为敌人指示轰击目标的故意，行为人在客观上实施了为参加间谍组织或者接受间谍组织及其代理人的任务以及为敌人指示轰击目标而准备工具、制造条件的行为，行为人因意志以外的原因使行为人参加间谍组织或者接受间谍组织及其代理人的任务以及为敌人指示轰击目标的行为未得逞｝= ｛行为人为参加间谍组织或者接受间谍组织及其代理人的任务以及为敌人指示轰击目标，实施了为参加间谍组织或者接受间谍组织及其代理人的任务以及为敌人指示轰击目标而准备工具、制造条件的行为，但是因意志以外的原因使行为人参加间谍组织或者接受间谍组织及其代理人的任务以及为敌人指示轰击目标的行为而未得逞}。

（2）间谍罪的未遂犯

设 D9 为间谍罪的未遂犯的集合，则 D9 ={间谍罪的未遂犯}；

设 D91 为间谍罪未遂犯主观方面的集合，则 D91 ={行为人在主观上有参加间谍组织或者接受间谍组织及其代理人的任务以及为敌人指示轰击目标的故意}；

设 D92 为间谍罪未遂犯客观方面的集合，则 D92 ={行为人在客观上已经着手实施为参加间谍组织或者接受间谍组织及其代理人的任务以及为敌人指示轰击目标的行为}；

设 D93 为间谍罪未遂犯犯罪停止原因的集合，则 D93 ={行为人因意志以外的原因使行为人参加间谍组织或者接受间谍组织及其代理人的任务以及为敌人指示轰击目标的行为而未得逞}。

则 D9 = D91∪D92∪D93，即 {间谍罪的未遂犯}={行为人在主观上有参加间谍组织或者接受间谍组织及其代理人的任务以及为敌人指示轰击目标的故意}∪{行为人在客观上已经着手实施为参加间谍组织或者接受间谍组织及其代理人的任务以及为敌人指示轰击目标的行为}∪{行为人因意志以外的原因使行为人参加间谍组织或者接受间谍组织及其代理人的任务以及为敌人指示轰击目标的行为而未得逞}={行为人在主观上有参加间谍组织或者接受间谍组织及其代理人的任务以及为敌人指示轰击目标的故意，行为人在客观上已经着手实施为参加间谍组织或者接受间谍组织及其代理人的任务以及为敌人指示轰击目标的行为，行为人因意志以外的原因使行为人参加间谍组织或者接受间谍组织及其代理人的任务以及为敌人指示轰击目标的行为而未得逞}={行为人为参加间谍组织或者接受间谍组织及其代理人的任务以及为敌人指示轰击目标，已经着手实施为参加间谍组织或者接受间谍组织及其代理人的任务以及为敌人指示轰击目标的行为，但是因意志以外的原因使行为人参加间谍组织或者接受间谍组织及其代理人的任务以及为敌人指示轰击目标的行为而未得逞}。

（3）间谍罪的中止犯

设 D10 为间谍罪的中止犯的集合，则 D10 ＝｛间谍罪的中止犯｝；

设 D101 为间谍罪的中止犯主观方面的集合，则 D101 ＝｛行为人在主观上有参加间谍组织或者接受间谍组织及其代理人的任务以及为敌人指示轰击目标的故意｝；

设 D102 为间谍罪的中止犯客观方面的集合，则 D102 ＝｛行为人在客观上已经预备或着手实施为参加间谍组织或者接受间谍组织及其代理人的任务以及为敌人指示轰击目标的行为｝；

设 D103 为间谍罪中止犯犯罪停止原因的集合，则 D103 ＝｛行为人由于自动放弃参加间谍组织或者接受间谍组织及其代理人的任务以及为敌人指示轰击目标的行为而使犯罪行为停止｝。

则 D10 ＝ D101 ∪ D102 ∪ D103，即 ｛间谍罪的中止犯｝＝｛行为人在主观上有参加间谍组织或者接受间谍组织及其代理人的任务以及为敌人指示轰击目标的故意｝∪｛行为人在客观上已经预备或着手实施为参加间谍组织或者接受间谍组织及其代理人的任务以及为敌人指示轰击目标的行为｝∪｛行为人由于自动放弃参加间谍组织或者接受间谍组织及其代理人的任务以及为敌人指示轰击目标的行为而使犯罪行为停止｝＝｛行为人在主观上有参加间谍组织或者接受间谍组织及其代理人的任务以及为敌人指示轰击目标的故意，行为人在客观上已经预备或着手实施为参加间谍组织或者接受间谍组织及其代理人的任务以及为敌人指示轰击目标而的行为，行为人由于自动放弃参加间谍组织或者接受间谍组织及其代理人的任务以及为敌人指示轰击目标的行为而使犯罪行为停止｝＝｛行为人为参加间谍组织或者接受间谍组织及其代理人的任务以及为敌人指示轰击目标，已经预备或着手实施为参加间谍组织或者接受间谍组织及其代理人的任务以及为敌人指示轰击目标的行为，但是由于行为人自动放弃参加间谍组织或者接受间谍组织及其代理人的任务以及为敌人指示轰击目标的行为而使犯罪行为停止｝。

4. 本罪的共犯形态

设 D11 为间谍罪的共同犯罪的集合，则 D11 = {间谍罪的共同犯罪}；

设 D111 为间谍罪的共同犯罪的主体的集合，则 D111 = {主体是两个以上年满 16 周岁、具有刑事责任能力的自然人}；

设 D112 为间谍罪的共同犯罪的主观方面的集合，则 D112 = {行为人在主观上具有参加间谍组织或者接受间谍组织及其代理人的任务以及为敌人指示轰击目标的共同故意}；

设 D113 为叛逃罪的共同犯罪的客观方面的集合，则 D113 = {行为人在客观上实施了参加间谍组织或者接受间谍组织及其代理人的任务以及为敌人指示轰击目标的共同行为}。

则 D11 = D111∪D112∪D113，即 {间谍罪的共同犯罪} = {主体是两个以上年满 16 周岁、具有刑事责任能力的自然人}∪{行为人在主观上具有参加间谍组织或者接受间谍组织及其代理人的任务以及为敌人指示轰击目标的共同故意}∪{行为人在客观上实施了参加间谍组织或者接受间谍组织及其代理人的任务以及为敌人指示轰击目标的共同行为} = {主体是两个以上年满 16 周岁、具有刑事责任能力的自然人，行为人在主观上具有参加间谍组织或者接受间谍组织及其代理人的任务以及为敌人指示轰击目标的共同故意，行为人在客观上实施了参加间谍组织或者接受间谍组织及其代理人的任务以及为敌人指示轰击目标的共同行为}。

五、为境外窃取、刺探、收买、非法提供国家秘密、情报罪

（一）为境外窃取、刺探、收买、非法提供国家秘密、情报罪的概念

为境外窃取、刺探、收买、非法提供国家秘密、情报罪，是指行为人故意为境外机构、组织、人员窃取、刺探、收买、非法提供

国家秘密或者情报的行为。❶

（二）为境外窃取、刺探、收买、非法提供国家秘密、情报罪的构成特征

关于为境外窃取、刺探、收买、非法提供国家秘密、情报罪的构成特征，根据现行刑法的规定，必须具备以下四个方面，其集合表现为：

设 E 为为境外窃取、刺探、收买、非法提供国家秘密、情报罪的集合，则 E ={为境外窃取、刺探、收买、非法提供国家秘密、情报罪}；

设 E1 为为境外窃取、刺探、收买、非法提供国家秘密、情报罪的客体的集合，则 E1 ={中华人民共和国的国家安全}；

设 E2 为为境外窃取、刺探、收买、非法提供国家秘密、情报罪的客观方面的集合，则 E2 ={行为人为境外机构、组织、人员窃取、刺探、收买、非法提供国家秘密或者情报的行为}；

设 E3 为为境外窃取、刺探、收买、非法提供国家秘密、情报罪的主体的集合，则 E3 ={主体是年满 16 周岁、具有刑事责任能力的自然人}；

设 E4 为为境外窃取、刺探、收买、非法提供国家秘密、情报罪的主观方面的集合，则 E4 ={故意}。

则 E = E1∪E2∪E3∪E4，即 {为境外窃取、刺探、收买、非法提供国家秘密、情报罪} = {客体是中华人民共和国的国家安全}∪{客观方面表现为行为人为境外机构、组织、收买、非法提供国家秘密或者情报的行为}∪{主体是年满 16 周岁、具有刑事责任能力的自然人}∪{主观方面是故意} = {客体是中华人民共和国的国家安全，客观方面表现为行为人为境外机构、组织、人员窃取、刺探、收买、非法提供国家秘密或者情报的行为，主体

---

❶ 朱建华主编：《刑法分论》，法律出版社 2018 年版，第 30 页。

是年满 16 周岁、具有刑事责任能力的自然人，主观方面是故意｝。

（三）为境外窃取、刺探、收买、非法提供国家秘密、情报罪的司法适用

1. 本罪与非罪的界限

设 E5 为为境外窃取、刺探、收买、非法提供国家秘密、情报罪的非罪的集合，则 E5 =｛无罪｝= Ø；

设 E51 为为境外窃取、刺探、收买、非法提供国家秘密、情报罪的非罪的客体的集合，则 E51 =｛行为人没有侵犯中华人民共和国的国家安全｝= Ø；

设 E52 为为境外窃取、刺探、收买、非法提供国家秘密、情报罪的非罪的客观方面的集合，则 E52 =｛行为人没有为境外机构、组织、人员窃取、刺探、收买、非法提供国家秘密或者情报的行为｝= Ø；

设 E53 为为境外窃取、刺探、收买、非法提供国家秘密、情报罪的非罪的主体的集合，则 E53 =｛行为人未满 16 周岁，或者已满 16 周岁但没有刑事责任能力的自然人｝= Ø；

设 E54 为为境外窃取、刺探、收买、非法提供国家秘密、情报罪的非罪的主观方面的集合，则 E54 =｛行为人无故意｝= Ø。

则 E5 =｛为境外窃取、刺探、收买、非法提供国家秘密、情报罪的非罪｝= E∩E51 =｛为境外窃取、刺探、收买、非法提供国家秘密、情报罪｝∩｛行为人没有侵犯中华人民共和国的国家安全｝=｛为境外窃取、刺探、收买、非法提供国家秘密、情报罪｝∩Ø = Ø =｛无罪｝；

E5 =｛为境外窃取、刺探、收买、非法提供国家秘密、情报罪的非罪｝= E∩E52 =｛为境外窃取、刺探、收买、非法提供国家秘密、情报罪｝∩｛行为人没有为境外机构、组织、人员窃取、刺探、收买、非法提供国家秘密或者情报的行为｝=｛为境外窃取、刺探、收买、非法提供国家秘密、情报罪｝∩Ø = Ø =｛无罪｝；

E5 =｛为境外窃取、刺探、收买、非法提供国家秘密、情报罪

的非罪｝＝E∩E53＝｛为境外窃取、刺探、收买、非法提供国家秘密、情报罪｝∩｛行为人未满16周岁，或者已满16周岁但没有刑事责任能力的自然人｝＝｛为境外窃取、刺探、收买、非法提供国家秘密、情报罪｝∩∅＝∅＝｛无罪｝；

E5＝｛为境外窃取、刺探、收买、非法提供国家秘密、情报罪的非罪｝＝E∩E54＝｛为境外窃取、刺探、收买、非法提供国家秘密、情报罪｝∩｛行为人无故意｝＝｛为境外窃取、刺探、收买、非法提供国家秘密、情报罪｝∩∅＝∅＝｛无罪｝。

2. 此罪与彼罪的界限

（1）为境外窃取、刺探、收买、非法提供国家秘密、情报罪与间谍罪的界限

设 E 为为境外窃取、刺探、收买、非法提供国家秘密、情报罪的集合，则 E＝｛为境外窃取、刺探、收买、非法提供国家秘密、情报罪｝；

设 E6 为间谍罪的集合，则 E6＝｛间谍罪｝。

则 E∪E6－E∩E6＝｛为境外窃取、刺探、收买、非法提供国家秘密、情报罪｝∪｛间谍罪｝－｛为境外窃取、再刺探、收买、非法提供国家秘密、情报罪｝∩｛间谍罪｝＝｛客体是中华人民共和国的国家安全，客观方面表现为行为人为境外机构、组织、人员窃取、刺探、收买、非法提供国家秘密或者情报的行为，主体是年满16周岁、具有刑事责任能力的自然人，主观方面是故意｝∪｛客体是中华人民共和国的国家安全，客观方面表现为行为人实施了参加间谍组织或者接受间谍组织及其代理人的任务以及为敌人指示轰击目标的行为，主体是年满16周岁、具有刑事责任能力的自然人，主观方面是故意｝－｛客体是中华人民共和国的国家安全，主体是年满16周岁、具有刑事责任能力的自然人，主观方面是故意｝＝｛客观方面表现为行为人实施了为境外机构、组织、人员窃取、刺探、收买、非法提供国家秘密或者情报的行为，客观方面表现为行为人实施了参加间

谍组织或者接受间谍组织及其代理人的任务以及为敌人指示轰击目标的行为}。

（2）为境外窃取、刺探、收买、非法提供国家秘密、情报罪与故意泄露国家秘密罪的界限

设 E 为为境外窃取、刺探、收买、非法提供国家秘密、情报罪的集合，则 E = {为境外窃取、刺探、收买、非法提供国家秘密、情报罪}；

设 E7 为故意泄露国家秘密罪的集合，则 E7 = {故意泄露国家秘密罪}。

则 E∪E7 − E∩E7 = {为境外窃取、刺探、收买、非法提供国家秘密、情报罪} ∪ {故意泄露国家秘密罪} − {为境外窃取、收买、非法提供国家秘密、情报罪} ∩ {故意泄露国家秘密罪} = {客体是中华人民共和国的国家安全，客观方面表现为行为人实施了为境外机构、组织、人员窃取、刺探、收买、非法提供国家秘密或者情报的行为，主体是年满 16 周岁、具有刑事责任能力的自然人，主观方面是故意} ∪ {客体是国家的保密制度，客观方面表现为行为人实施了违反保守国家秘密法的规定，泄露国家秘密，情节严重的行为，主体是国家机关工作人员和非国家机关工作人员，主观方面是故意} − {主观方面是故意} = {客体是中华人民共和国的国家安全，客观方面表现为行为人实施了为境外机构、组织、人员窃取、刺探、收买、非法提供国家秘密或者情报的行为，主体是年满 16 周岁、具有刑事责任能力的自然人，客体是国家的保密制度，客观方面表现为行为人实施了违反保守国家秘密法的规定，泄露国家秘密，情节严重的行为，主体是国家机关工作人员和非国家机关工作人员}。

3. 本罪的停止形态

（1）为境外窃取、刺探、收买、非法提供国家秘密、情报罪的预备犯

设 E8 为为境外窃取、刺探、收买、非法提供国家秘密、情报

罪的预备犯的集合，则 E8 = ｛为境外窃取、刺探、收买、非法提供国家秘密、情报罪的预备犯｝；

设 E81 为为境外窃取、刺探、收买、非法提供国家秘密、情报罪预备犯主观方面的集合，则 E81 = ｛行为人在主观上有为境外窃取、刺探、收买、非法提供国家秘密、情报的故意｝；

设 E82 为为境外窃取、刺探、收买、非法提供国家秘密、情报罪预备犯客观方面的集合，则 E82 = ｛行为人在客观上实施了为境外窃取、刺探、收买、非法提供国家秘密、情报而准备工具、制造条件的行为｝；

设 E83 为为境外窃取、刺探、收买、非法提供国家秘密、情报罪预备犯犯罪停止原因的集合，则 E83 = ｛行为人因意志以外的原因使行为人为境外窃取、刺探、收买、非法提供国家秘密、情报的行为未得逞｝。

则 E8 = E81 ∪ E82 ∪ E83，即 ｛为境外窃取、刺探、收买、非法提供国家秘密、情报罪的预备犯｝ = ｛行为人在主观上有为境外窃取、刺探、收买、非法提供国家秘密、情报的故意｝∪｛行为人在客观上实施了为境外窃取、刺探、收买、非法提供国家秘密、情报而准备工具、制造条件的行为｝∪｛行为人因意志以外的原因使行为人为境外窃取、刺探、收买、非法提供国家秘密、情报的行为而未得逞｝ = ｛行为人在主观上有为境外窃取、刺探、收买、非法提供国家秘密、情报的故意，行为人在客观上实施了为境外窃取、刺探、收买、非法提供国家秘密、情报而准备工具、制造条件的行为，行为人因意志以外的原因使行为人为境外窃取、刺探、收买、非法提供国家秘密、情报的行为而未得逞｝ = ｛行为人为了为境外窃取、刺探、收买、非法提供国家秘密、情报，实施了为境外窃取、刺探、收买、非法提供国家秘密、情报而准备工具、制造条件的行为，但是因意志以外的原因使行为人为境外窃取、刺探、收买、非法提供国家秘密、情报的行为而未得逞｝。

（2）为境外窃取、刺探、收买、非法提供国家秘密、情报罪的

未遂犯

设 E9 为为境外窃取、刺探、收买、非法提供国家秘密、情报罪的未遂犯的集合，则 E9 = {为境外窃取、刺探、收买、非法提供国家秘密、情报罪的未遂犯}；

设 E91 为为境外窃取、刺探、收买、非法提供国家秘密、情报罪未遂犯主观方面的集合，则 E91 = {行为人在主观上有为为境外窃取、刺探、收买、非法提供国家秘密、情报的故意}；

设 E92 为为境外窃取、刺探、收买、非法提供国家秘密、情报罪未遂犯客观方面的集合，则 E92 = {行为人在客观上已经着手实施为境外窃取、刺探、收买、非法提供国家秘密、情报的行为}；

设 E93 为为境外窃取、刺探、收买、非法提供国家秘密、情报罪未遂犯犯罪停止原因的集合，则 E93 = {行为人因意志以外的原因使行为人为境外窃取、刺探、收买、非法提供国家秘密、情报的行为而未得逞}。

则 E9 = E91∪E92∪E93，即 {为境外窃取、刺探、收买、非法提供国家秘密、情报罪的未遂犯} = {行为人在主观上有为为境外窃取、刺探、收买、非法提供国家秘密、情报的故意}∪{行为人在客观上已经着手实施为境外窃取、刺探、收买、非法提供国家秘密、情报的行为}∪{行为人因意志以外的原因使行为人为境外窃取、刺探、收买、非法提供国家秘密、情报的行为而未得逞} = {行为人在主观上有为为境外窃取、刺探、收买、非法提供国家秘密、情报的故意，行为人在客观上已经着手实施为境外窃取、刺探、收买、非法提供国家秘密、情报的行为，行为人因意志以外的原因使行为人为境外窃取、刺探、收买、非法提供国家秘密、情报的行为未得逞} = {行为人为了为境外窃取、刺探、收买、非法提供国家秘密、情报，已经着手实施为境外窃取、刺探、收买、非法提供国家秘密、情报的行为，但是因意志以外的原因使行为人为境外窃取、刺探、收买、非法提供国家秘密、情报的行为而未得逞}。

（3）为境外窃取、刺探、收买、非法提供国家秘密、情报罪的

中止犯

设 E10 为为境外窃取、刺探、收买、非法提供国家秘密、情报罪的中止犯的集合，则 E10 = {为境外窃取、刺探、收买、非法提供国家秘密、情报罪的中止犯}；

设 E101 为为境外窃取、刺探、收买、非法提供国家秘密、情报罪中止犯主观方面的集合，则 E101 = {行为人在主观上有为为境外窃取、刺探、收买、非法提供国家秘密、情报的故意}；

设 E102 为为境外窃取、刺探、收买、非法提供国家秘密、情报罪中止犯客观方面的集合，则 E102 = {行为人在客观上已经预备或着手实施为境外窃取、刺探、收买、非法提供国家秘密、情报的行为}；

设 E103 为为境外窃取、刺探、收买、非法提供国家秘密、情报罪中止犯犯罪停止原因的集合，则 E103 = {行为人由于自动放弃为境外窃取、刺探、收买、非法提供国家秘密、情报的行为而使犯罪行为停止}。

则 E10 = E101 ∪ E102 ∪ E103，即 {为境外窃取、刺探、收买、非法提供国家秘密、情报罪的中止犯} = {行为人在主观上有为为境外窃取、刺探、收买、非法提供国家秘密、情报的故意} ∪ {行为人在客观上已经预备或着手实施为境外窃取、刺探、收买、非法提供国家秘密、情报的行为} ∪ {行为人由于自动放弃为境外窃取、刺探、收买、非法提供国家秘密、情报的行为而使犯罪行为停止} = {行为人在主观上有为为境外窃取、刺探、收买、非法提供国家秘密、情报的故意，行为人在客观上已经预备或着手实施为境外窃取、刺探、收买、非法提供国家秘密、情报的行为，行为人由于自动放弃为境外窃取、刺探、收买、非法提供国家秘密、情报的行为而使犯罪行为停止} = {行为人为了为境外窃取、刺探、收买、非法提供国家秘密、情报，已经预备或着手实施为境外窃取、刺探、收买、非法提供国家秘密、情报的行为，但是由于自动放弃为境外窃取、刺探、收买、非法提供国家秘密、情报的行为而使犯罪行为停止}。

4. 为境外窃取、刺探、收买、非法提供国家秘密、情报罪的共犯形态

设 E11 为为境外窃取、刺探、收买、非法提供国家秘密、情报罪的共同犯罪的集合，则 E11 = {为境外窃取、刺探、收买、非法提供国家秘密、情报罪的共同犯罪}；

设 E111 为为境外窃取、刺探、收买、非法提供国家秘密、情报罪的共同犯罪的主体的集合，则 E111 = {主体是两个以上年满 16 周岁、具有刑事责任能力的自然人}；

设 E112 为为境外窃取、刺探、收买、非法提供国家秘密、情报罪的共同犯罪的主观方面的集合，则 E112 = {行为人在主观上具有为境外窃取、刺探、收买、非法提供国家秘密、情报的共同故意}；

设 E113 为为境外窃取、刺探、收买、非法提供国家秘密、情报罪的共同犯罪的客观方面的集合，则 E113 = {行为人在客观上实施了为境外窃取、刺探、收买、非法提供国家秘密、情报的共同行为}。

则 E11 = E111 ∪ E112 ∪ E113，即 {为境外窃取、刺探、收买、非法提供国家秘密、情报罪的共同犯罪} = {主体是两个以上年满 16 周岁、具有刑事责任能力的自然人} ∪ {行为人在主观上具有为境外窃取、刺探、收买、非法提供国家秘密、情报的共同故意} ∪ {行为人在客观上实施了为境外窃取、刺探、收买、非法提供国家秘密、情报罪的共同行为} = {主体是两个以上年满 16 周岁、具有刑事责任能力的自然人，行为人在主观上具有为境外窃取、刺探、收买、非法提供国家秘密、情报的共同故意，行为人在客观上实施了为境外窃取、刺探、收买、非法提供国家秘密、情报的共同行为}。

第三章
危害公共安全罪

第一节　危害公共安全罪集合概述

一、危害公共安全罪的概念

危害公共安全罪，是指行为人故意或者过失地危害或者足以危害不特定多数人的生命、健康，或者重大公私财产以及其他公共利益安全的行为。❶

二、危害公共安全罪的共同特征

根据现行刑法对危害公共安全罪所作的规定来看，构成该类犯罪必须具备以下四个方面的共同特征，其集合表现为：

设 A 为危害公共安全罪的集合，则 A ＝ ｛危害公共安全罪｝；

设 B 为危害公共安全罪的同类客体的集合，则 B ＝ ｛社会的公共安全｝＝｛不特定多数人的生命、健康的安全｝∪｛重大的公私财产的安全｝∪｛其他公共利益的安全｝＝｛不特定多数人的生命、健康的安全、重大的公私财产的安全与其他公共利益的安全｝；

设 C 为危害公共安全罪的客观方面的集合，则 C ＝ ｛表现为行为人实施了危害不特定多数人的生命、健康和重大的公私财产以及

---

❶　赵长青主编：《刑法学》（中），法律出版社 2000 年版，第 411 页。

其他公共利益的安全的行为};

设 D 为危害公共安全的犯罪主体的集合，则 D = {达到法定年龄，具有刑事责任能力的自然人}∪{特定身份}∪{单位}；

设 E 为危害公共安全罪的主观方面的集合，则 E = {故意}∪{过失}。

则 A = B∪C∪D∪E，即 {危害公共安全罪} = {犯罪同类客体为社会的公共安全}∪{客观方面表现为行为人实施了危害不特定多数人的生命、健康和重大的公私财产以及其他公共利益的安全的行为}∪{犯罪主体必须是达到法定年龄，具有刑事责任能力的自然人，有的必须具有特定身份，有的犯罪主体可以是单位}∪{主观方面可以是故意，也可以是过失} = {犯罪同类客体为社会的公共安全，客观方面表现为行为人实施了危害不特定多数人的生命、健康和重大的公私财产以及其他公共利益的安全的行为，犯罪主体必须是达到法定年龄、具有刑事责任能力的自然人，有的必须具有特定身份，有的犯罪主体可以是单位，主观方面可以是故意，也可以是过失}。

三、危害公共安全的常见多发型犯罪的具体罪名

根据现行刑法对危害公共安全罪所作的规定来看，本章的犯罪共有 54 种具体罪名，其中常见多发型的犯罪有 12 种，用子集的方式来表达，其构造表现为：

{危害公共安全罪}

{放火罪}

{爆炸罪}

{投放危险物质罪}

{以危险方法危害公共安全罪}

{破坏交通工具罪}

{破坏电力设备罪}

{组织、领导、参加恐怖组织罪}

{劫持航空器罪}

{破坏广播电视设施、公用电信设施罪}

{非法制造、买卖、运输、邮寄、储存枪支、弹药、爆炸物罪}

{交通肇事罪}

{重大责任事故罪}

……

{放火罪，爆炸罪，投放危险物质罪，以危险方法危害公共安全罪，破坏交通工具罪，破坏电力设备罪，组织、领导、参加恐怖组织罪，劫持航空器罪，破坏广播电视设施、公用电信设施罪，非法制造、买卖、运输、邮寄、储存枪支、弹药、爆炸物罪，交通肇事罪，重大责任事故罪}

第二节　危害公共安全的常见多发型犯罪集合分述

一、放火罪

（一）放火罪的概念和特征

放火罪，是指行为人故意地放火焚烧公私财物，危害公共安全的行为。❶

（二）放火罪的构成特征

关于放火罪的构成特征，根据现行刑法的规定，必须具备以下四个方面，其集合表现为：

设 A 为放火罪的集合，则 A ＝{放火罪}；

设 A1 为放火罪的客体的集合，则 A1 ＝{不特定多数人的生命、健康与重大公私财产的安全}；

---

❶　朱建华主编：《刑法分论》，法律出版社 2018 年版，第 37 页。

设 A2 为放火罪的客观方面的集合，则 A2 = {行为人实施了放火焚烧公私财物，危害公共安全的行为}；

设 A3 为放火罪的主体的集合，则 A3 = {年满 14 周岁、具有刑事责任能力的自然人}；

设 A4 为放火罪的主观方面的集合，则 A4 = {故意}。

则 A = A1∪A2∪A3∪A4，即 {放火罪} = {客体是不特定多数人的生命健康与重大公私财产的安全}∪{客观方面表现为行为人实施了放火焚烧公私财物、危害公共安全的行为}∪{主体是年满 14 周岁具有刑事责任能力的自然人}∪{主观方面是故意} = {客体是不特定多数人的生命、健康与重大公私财产的安全，客观方面表现为行为人实施了放火焚烧公私财物，危害公共安全的行为，主体是年满 14 周岁、具有刑事责任能力的自然人，主观方面是故意}。

（三）放火罪的司法适用

1. 本罪与非罪的界限

设 A5 为放火罪的非罪的集合，则 A5 = {无罪} = ∅；

设 A51 为放火罪的非罪的客体的集合，则 A51 = {行为人没有侵犯不特定多数人的生命健康与重大公私财产的安全} = ∅；

设 A52 为放火罪的非罪的客观方面的集合，则 A52 = {行为人没有实施放火焚烧公私财物危害公共安全的行为} = ∅；

设 A53 为放火罪的非罪的主体的集合，则 A53 = {行为人是未满 14 周岁，或者已满 14 周岁但没有刑事责任能力的自然人} = ∅；

设 A54 为放火罪的非罪的主观方面的集合，则 A54 = {行为人无故意} = ∅。

则 A5 = {放火罪的非罪} = A∩A51 = {放火罪}∩{行为人没有侵犯不特定多数人的生命健康与重大公私财产的安全} = {放火罪}∩∅ = ∅ = {无罪}；

A5 = {放火罪的非罪} = A∩A52 = {放火罪}∩{行为人没有实施放火焚烧公私财物危害公共安全的行为} = {放火罪}∩∅ = ∅ =

{无罪};

A5={放火罪的非罪}=A∩A53={放火罪}∩{行为人是未满14周岁，或者已满14周岁但没有刑事责任能力的自然人}={放火罪}∩∅=∅={无罪}；

A5={放火罪的非罪}=A∩A54={放火罪}∩{行为人无故意}={放火罪}∩∅=∅={无罪}。

2. 此罪与彼罪的界限

（1）放火罪与失火罪的界限

设A为放火罪的集合，则A={放火罪}；

设A6为失火罪的集合，则A6={失火罪}。

则A∪A6－A∩A6={放火罪}∪{失火罪}－{放火罪}∩{失火罪}={客体是不特定多数人的生命、健康与重大公私财产的安全，客观方面表现为行为人实施了放火焚烧公私财物，危害公共安全的行为，主体是年满14周岁、具有刑事责任能力的自然人，主观方面是故意}∪{客体是不特定多数人的生命、健康与重大公私财产的安全，客观方面表现为行为人实施了引起火灾，造成严重后果，危害公共安全的行为，主体是年满16周岁、具有刑事责任能力的自然人，主观方面是过失}－{客体是不特定多数人的生命、健康与重大公私财产的安全}={客观方面表现为行为人实施了放火焚烧公私财物，危害公共安全的行为，主体是年满14周岁、具有刑事责任能力的自然人，主观方面是故意，客观方面表现为行为人实施了引起火灾，造成严重后果，危害公共安全的行为，主体是年满16周岁、具有刑事责任能力的自然人，主观方面是过失}。

（2）放火罪与以放火的方法故意杀人罪的界限

设A为放火罪的集合，则A={放火罪}；

设A7以放火的方法故意杀人罪的集合，则A7={以放火的方法故意杀人罪}。

则A∪A7－A∩A7={放火罪}∪{以放火的方法故意杀人罪}－

{放火罪}∩{以放火的方法故意杀人罪}={客体是不特定多数人的生命、健康与重大公私财产的安全，客观方面表现为行为人实施了放火焚烧公私财物，危害公共安全的行为，主体是年满 14 周岁、具有刑事责任能力的自然人，主观方面是故意}∪{客体是他人的生命权，客观方面表现为行为人实施了以放火的方法非法剥夺他人生命的行为，主体是年满 14 周岁、具有刑事责任能力的自然人，主观方面是故意}−{主体是年满 14 周岁、具有刑事责任能力的自然人，主观方面是故意}={客体是不特定多数人的生命健康与重大公私财产的安全，客观方面表现为行为人实施了放火焚烧公私财物，危害公共安全的行为，客体是他人的生命权，客观方面表现为行为人实施了以放火的方法非法剥夺他人生命的行为}。

3. 本罪的停止形态

（1）放火罪的预备犯

设 A8 为放火罪的预备犯的集合，则 A8 = {放火罪的预备犯}；

设 A81 为放火罪预备犯主观方面的集合，则 A81 = {行为人在主观上有放火焚烧公私财物，危害公共安全的故意}；

设 A82 为放火罪预备犯客观方面的集合，则 A82 = {行为人在客观上实施了为放火焚烧公私财物而准备工具、制造条件的行为}；

设 A83 为放火罪预备犯犯罪停止原因的集合，则 A83 = {行为人因意志以外的原因使放火焚烧公私财物，危害公共安全的行为而未得逞}。

则 A8 = A81∪A82∪A83，即 {放火罪的预备犯} = {行为人在主观上有放火焚烧公私财物，危害公共安全的故意}∪{行为人在客观上实施了为放火焚烧公私财物而准备工具、制造条件的行为}∪{行为人因意志以外的原因使放火焚烧公私财物，危害公共安全的行为而未得逞} = {行为人在主观上有放火焚烧公私财物，危害公共安全的故意，行为人在客观上实施了为放火焚烧公私财物而准备工具、制造条件的行为，行为人因意志以外的原因使放火焚烧公私财物，危害公共安全的行为而未得逞｝＝｛行为人为放火焚烧公私财物，实施了为放火焚烧公私财物而准备工具、制造条件的行为，但是因意志以外的原因使放火焚烧公私财物，危害公共安全的行为而未得逞｝。

（2）放火罪的未遂犯

设 A9 为放火罪的未遂犯的集合，则 A9 ＝｛放火罪的未遂犯｝；

设 A91 为放火罪的未遂犯主观方面的集合，则 A91 ＝｛行为人在主观上有放火焚烧公私财物，危害公共安全的故意｝；

设 A92 为放火罪的未遂犯客观方面的集合，则 A92 ＝｛行为人在客观上已经着手实行为放火焚烧公私财物的行为｝；

设 A93 为放火罪的未遂犯犯罪停止原因的集合，则 A93 ＝｛行为人因意志以外的原因使放火焚烧公私财物，危害公共安全的行为而未得逞｝。

则 A9 ＝ A91∪A92∪A93，即 ｛放火罪的未遂犯｝＝｛行为人在主观上有放火焚烧公私财物，危害公共安全的故意｝∪｛行为人在客观上已经着手实行放火焚烧公私财物的行为｝∪｛行为人因意志以外的原因使放火焚烧公私财物，危害公共安全的行为而未得逞｝＝｛行为人在主观上有放火焚烧公私财物，危害公共安全的故意，行为人在客观上已经着手实行放火焚烧公私财物的行为，行为人因意志以外的原因使放火焚烧公私财物，危害公共安全的行为而未得逞｝＝｛行为人为放火焚烧公私财物，危害公共安全，已经着手实行放火焚烧公私财物的行为，但是因意志以外的原因使放火焚烧公私财物，危害公共安全的行为而未得逞｝。

（3）放火罪的中止犯

设 A10 为放火罪的中止犯的集合，则 A10 ＝｛放火罪的中止犯｝；

设 A101 为放火罪中止犯主观方面的集合，则 A101 ＝｛行为人在主观上有放火焚烧公私财物，危害公共安全的故意｝；

设 A102 为放火罪中止犯客观方面的集合，则 A102 ＝｛行为人在客观上已经预备或者着手实行放火焚烧公私财物的行为｝；

设 A103 为放火罪中止犯犯罪停止原因的集合，则 A103 ＝｛行为人自动放弃放火焚烧公私财物的行为或者自动有效地防止了火灾结果的发生｝。

则 A10 ＝ A101∪A102∪A103，即 ｛放火罪的中止犯｝＝｛行为人在主观上有放火焚烧公私财物，危害公共安全的故意｝∪｛行为人在客观上已经预备或者着手实行放火焚烧公私财物的行为｝∪｛行为人自动放弃放火焚烧公私财物的行为或者自动有效地防止了火灾结果的发生｝＝｛行为人在主观上有放火焚烧公私财物，危害公共安全的故意，行为人在客观上已经预备或者着手实行放火焚烧公私财物的行为，行为人自动放弃放火焚烧公私财物的行为或者自动有效地防止了火灾结果的发生｝＝｛行为人为放火焚烧公私财物，危害公共安全，已经预备或者着手实行放火焚烧公私财物的行为，但是自动放弃了放火焚烧公私财物的行为或者自动有效地防止了火灾结果的发生｝。

4. 放火罪的共犯形态

设 A11 为放火罪的共同犯罪的集合，则 A11 ＝｛放火罪的共同犯罪｝；

设 A111 为放火罪的共同犯罪的主体的集合，则 A111 ＝｛主体是两个以上年满 14 周岁、具有刑事责任能力的自然人｝；

设 A112 为放火罪的共同犯罪的主观方面的集合，则 A112 ＝｛行为人在主观上具有放火焚烧公私财物，危害公共安全的共同故意｝；

设 A113 为放火罪的共同犯罪的客观方面的集合，则 A113 ＝｛行为人在客观上实行了放火焚烧公私财物，危害公共安全的共同行为｝。

则 A11 ＝ A111∪A112∪A113，即 ｛放火罪的共同犯罪｝＝｛主体是两个以上年满 14 周岁、具有刑事责任能力的自然人｝∪｛行为

人在主观上具有放火焚烧公私财物，危害公共安全的共同故意}∪
{行为人在客观上实行了放火焚烧公私财物，危害公共安全的共同
行为}={主体是两个以上年满 14 周岁、具有刑事责任能力的自然
人，在主观上具有放火焚烧公私财物，危害公共安全的共同故意，
在客观上实行了放火焚烧公私财物，危害公共安全的共同行为}。

二、爆炸罪

（一）爆炸罪的概念

爆炸罪，是指行为人故意地使用爆炸的方法，致不特定多数人
死伤，破坏公共建筑或者其他公私财物，危害公共安全的行为。❶

（二）爆炸罪的构成特征

关于爆炸罪的构成特征，根据现行刑法的规定，必须具备以下
四个方面，其集合表现为：

设 B 为爆炸罪的集合，则 B ={爆炸罪}；

设 B1 为爆炸罪的客体的集合，则 B1 ={不特定多数人的生命、
健康与重大公私财产的安全}；

设 B2 为爆炸罪的客观方面的集合，则 B2 ={行为人实施了使
用爆炸的方法，致不特定多数人死伤，破坏公共建筑或者其他公私
财物，危害公共安全的行为}；

设 B3 为爆炸罪的主体的集合，则 B3 ={年满 14 周岁、具有刑
事责任能力的自然人}；

设 B4 为爆炸罪的主观方面的集合，则 B4 ={故意}。

则 B = B1∪B2∪B3∪B4，即 {爆炸罪}={客体是不特定多数
人的生命、健康与重大公私财产的安全}∪{客观方面表现为行为人
实施了使用爆炸的方法，致不特定多数人死伤，破坏公共建筑或者
其他公私财物，危害公共安全的行为}∪{主体是年满 14 周岁、具

---

❶ 朱建华主编：《刑法分论》，法律出版社 2018 年版，第 41 页。

有刑事责任能力的自然人}∪{主观方面是故意}={客体是不特定多数人的生命、健康与重大公私财产的安全，客观方面表现为行为人实施了使用爆炸的方法，致不特定多数人死伤，破坏公共建筑或者其他公私财物，危害公共安全的行为，主体是年满 14 周岁、具有刑事责任能力的自然人，主观方面是故意}。

（三）爆炸罪的司法适用

1. 本罪与非罪的界限

设 B5 为爆炸罪的非罪的集合，则 B5 ={无罪}=∅；

设 B51 为爆炸罪的非罪的客体的集合，则 B51 ={行为人没有侵犯不特定多数人的生命健康与重大公私财产的安全}=∅；

设 B52 为爆炸罪的非罪的客观方面的集合，则 B52 ={行为人没有实施使用爆炸的方法，致不特定多数人死伤，破坏公共建筑或者其他公私财物，危害公共安全的行为}=∅；

设 B53 为爆炸罪的非罪的主体的集合，则 B53 ={行为人是未满 14 周岁，或者已满 14 周岁但没有刑事责任能力的自然人}=∅；

设 B54 为爆炸罪的非罪的主观方面的集合，则 B54 ={行为人无故意}=∅。

则 B5 ={爆炸罪的非罪}=B∩B51 ={爆炸罪}∩{行为人没有侵犯不特定多数人的生命健康与重大公私财产的安全}={爆炸罪}∩∅=∅={无罪}；

B5 ={爆炸罪的非罪}=B∩B52 ={爆炸罪}∩{行为人没有实施使用爆炸的方法，致不特定多数人死伤，破坏公共建筑或者其他公私财物，危害公共安全的行为}={爆炸罪}∩∅=∅={无罪}；

B5 ={爆炸罪的非罪}=B∩B53 ={爆炸罪}∩{行为人是未满 14 周岁，或者已满 14 周岁但没有刑事责任能力的自然人}={爆炸罪}∩∅=∅={无罪}；

B5 ={爆炸罪的非罪}=B∩B54 ={爆炸罪}∩{行为人无故意}={爆炸罪}∩∅=∅={无罪}。

2. 此罪与彼罪的界限

（1）爆炸罪与过失爆炸罪的界限

设 B 为爆炸罪的集合，则 B =｛爆炸罪｝；

设 B6 为过失爆炸罪的集合，则 B6 =｛过失爆炸罪｝。

则 B∪B6 − B∩B6 =｛爆炸罪｝∪｛过失爆炸罪｝−｛爆炸罪｝∩｛过失爆炸罪｝=｛客体是不特定多数人的生命、健康与重大公私财产的安全，客观方面表现为行为人实施了使用爆炸的方法，致不特定多数人死伤，破坏公共建筑或者其他公私财物，危害公共安全的行为，主体是年满 14 周岁、具有刑事责任能力的自然人，主观方面是故意｝∪｛客体是不特定多数人的生命、健康与重大公私财产的安全，客观方面表现为行为人实施了引发爆炸致人重伤、死亡或使公私财产遭受重大损失，危害公共安全的行为，主体是年满 16 周岁、具有刑事责任能力的自然人，主观方面是过失｝−｛客体是不特定多数人的生命、健康与重大公私财产的安全｝=｛客观方面表现为行为人实施了使用爆炸的方法，致不特定多数人死伤，破坏公共建筑或者其他公私财物，危害公共安全的行为，主体是年满 14 周岁、具有刑事责任能力的自然人，主观方面是故意，客观方面表现为行为人实施了引发爆炸致人重伤、死亡或使公私财产遭受重大损失，危害公共安全的行为，主体是年满 16 周岁、具有刑事责任能力的自然人，主观方面是过失｝。

（2）爆炸罪与以爆炸的方法故意杀人罪的界限

设 B 为爆炸罪的集合，则 B =｛爆炸罪｝；

设 B7 以爆炸的方法故意杀人罪的集合，则 B7 =｛以爆炸的方法故意杀人罪｝。

则 B∪B7 − B∩B7 =｛爆炸罪｝∪｛以爆炸的方法故意杀人罪｝−｛爆炸罪｝∩｛以爆炸的方法故意杀人罪｝=｛客体是不特定多数人的生命、健康与重大公私财产的安全，客观方面表现为行为人实施了使用爆炸的方法，致不特定多数人死伤，破坏公共建筑或者其他公私财物,危害公共安全的行为,主体是年满 14 周岁、具有刑事责任能力的人,主观方面是故意}∪{客体是他人的生命权,客观方面表现为行为人实施了以爆炸的方法非法剥夺他人生命的行为,主体是年满 14 周岁、具有刑事责任能力的人,主观方面是故意} −{主体是年满 14 周岁、具有刑事责任能力的人,主观方面是故意}={客体是不特定多数人的生命健康与重大公私财产的安全,客观方面表现为行为人实施了使用爆炸的方法,致不特定多数人死伤,破坏公共建筑或者其他公私财物,危害公共安全的行为,客体是他人的生命权,客观方面表现为行为人实施了以爆炸的方法非法剥夺他人生命的行为}。

3. 本罪的停止形态

(1)爆炸罪的预备犯

设 B8 为爆炸罪的预备犯的集合,则 B8 ={爆炸罪的预备犯};

设 B81 为爆炸罪预备犯主观方面的集合,则 B81 ={行为人在主观上有使用爆炸的方法,致不特定多数人死伤,破坏公共建筑或者其他公私财物,危害公共安全的故意};

设 B82 为爆炸罪预备犯客观方面的集合,则 B82 ={行为人在客观上实行了为实施爆炸而采取准备工具、制造条件的行为};

设 B83 为爆炸罪预备犯犯罪停止原因的集合,则 B83 ={行为人因意志以外的原因使使用爆炸的方法,致不特定多数人死伤,破坏公共建筑或者其他公私财物,危害公共安全的行为而未得逞}。

则 B8 = B81∪B82∪B83,即 {爆炸罪的预备犯}={行为人在主观上有使用爆炸的方法,致不特定多数人死伤,破坏公共建筑或者其他公私财物,危害公共安全的行为的故意}∪{行为人在客观上实行了为实施爆炸而采取准备工具、制造条件的行为}∪{行为人因意志以外的原因使使用爆炸的方法,致不特定多数人死伤,破坏公共建筑或者其他公私财物,危害公共安全的行为而未得逞}={行为人在主观上有使用爆炸的方法,致不特定多数人死伤,破坏公共建筑或者其他公私财物，危害公共安全的行为的故意，行为人在客观上实行了为实施爆炸而采取准备工具、制造条件的行为，行为人因意志以外的原因使使用爆炸的方法，致不特定多数人死伤，破坏公共建筑或者其他公私财物，危害公共安全的行为而未得逞｝＝｛行为人为使用爆炸的方法，致不特定多数人死伤，破坏公共建筑或者其他公私财物，危害公共安全，实行了为实施爆炸而采取准备工具、制造条件的行为，但是因意志以外的原因使使用爆炸的方法，致不特定多数人死伤，破坏公共建筑或者其他公私财物，危害公共安全的行为而未得逞｝。

（2）爆炸罪的未遂犯

设 B9 为爆炸罪的未遂犯的集合，则 B9 ＝｛爆炸罪的未遂犯｝；

设 B91 为爆炸罪未遂犯主观方面的集合，则 B91 ＝｛行为人在主观上有使用爆炸的方法，致不特定多数人死伤，破坏公共建筑或者其他公私财物，危害公共安全的故意｝；

设 B92 为爆炸罪未遂犯客观方面的集合，则 B92 ＝｛行为人在客观上已经着手实行使用爆炸的方法，致不特定多数人死伤，破坏公共建筑或者其他公私财物，危害公共安全的行为｝；

设 B93 为爆炸罪未遂犯犯罪停止原因的集合，则 B93 ＝｛行为人因意志以外的原因使使用爆炸的方法，致不特定多数人死伤，破坏公共建筑或者其他公私财物，危害公共安全的行为而未得逞｝。

则 B9 ＝ B91 ∪ B92 ∪ B93，即 ｛爆炸罪的未遂犯｝＝｛行为人在主观上有使用爆炸的方法，致不特定多数人死伤，破坏公共建筑或者其他公私财物，危害公共安全的故意｝∪｛行为人在客观上已经着手实行使用爆炸的方法，致不特定多数人死伤，破坏公共建筑或者其他公私财物，危害公共安全的行为｝∪｛行为人因意志以外的原因使使用爆炸的方法，致不特定多数人死伤，破坏公共建筑或者其他公私财物，危害公共安全的行为而未得逞｝＝｛行为人在主观上有使用爆炸的方法，致不特定多数人死伤，破坏公共建筑或者其他公私财物，危害公共安全的故意，行为人在客观上已经着手实行使用爆炸的方法，致不特定多数人死伤，破坏公共建筑或者其他公私财物，危害公共安全的行为，行为人因意志以外的原因使使用爆炸的方法，致不特定多数人死伤，破坏公共建筑或者其他公私财物，危害公共安全的行为而未得逞}={行为人为使用爆炸的方法，致不特定多数人死伤，破坏公共建筑或者其他公私财物，危害公共安全，已经着手实行使用爆炸的方法，致不特定多数人死伤，破坏公共建筑或者其他公私财物，危害公共安全的行为，但是因意志以外的原因使使用爆炸的方法，致不特定多数人死伤，破坏公共建筑或者其他公私财物，危害公共安全的行为而未得逞}。

（3）爆炸罪的中止犯

设 B10 为爆炸罪的中止犯的集合，则 B10 ={爆炸罪的中止犯}；

设 B101 为爆炸罪中止犯主观方面的集合，则 B101 ={行为人在主观上有使用爆炸的方法，致不特定多数人死伤，破坏公共建筑或者其他公私财物，危害公共安全的故意}；

设 B102 为爆炸罪中止犯客观方面的集合，则 B102 ={行为人在客观上已经预备或者着手实行使用爆炸的方法，致不特定多数人死伤，破坏公共建筑或者其他公私财物，危害公共安全的行为}；

设 B103 为爆炸罪中止犯犯罪停止原因的集合，则 B103 ={行为人自动放弃了爆炸行为或者有效地防止了爆炸结果的发生}。

则 B10 = B101 ∪ B102 ∪ B103，即 {爆炸罪的中止犯} ={行为人在主观上有使用爆炸的方法，致不特定多数人死伤，破坏公共建筑或者其他公私财物，危害公共安全的故意}∪{行为人在客观上已经预备或者着手实行使用爆炸的方法，致不特定多数人死伤，破坏公共建筑或者其他公私财物，危害公共安全的行为}∪{行为人自动放弃爆炸行为或者有效地防止了爆炸结果的发生}={行为人在主观上有使用爆炸的方法，致不特定多数人死伤，破坏公共建筑或者其他公私财物，危害公共安全的故意，行为人在客观上已经预备或者着手实行使用爆炸的方法，致不特定多数人死伤，破坏公共建筑或者其他公私财物，危害公共安全的行为，行为人自动放弃爆炸行为或者有效地防止了爆炸结果的发生}={行为人为使用爆炸的方法，致不特定多数人死伤，破坏公共建筑或者其他公私财物，危害公共安全，已经预备或者着手实行使用爆炸的方法，致不特定多数人死伤，破坏公共建筑或者其他公私财物，危害公共安全的行为，但是自动放弃了爆炸行为或者有效地防止了爆炸结果的发生}。

4. 本罪的共犯形态

设 B11 为爆炸罪的共同犯罪的集合，则 B11 = {爆炸罪的共同犯罪}；

设 B111 为爆炸罪的共同犯罪的主体的集合，则 B111 = {主体是两个以上年满 14 周岁、具有刑事责任能力的自然人}；

设 B112 为爆炸罪的共同犯罪的主观方面的集合，则 B112 = {行为人在主观上有使用爆炸的方法，致不特定多数人死伤，破坏公共建筑或者其他公私财物，危害公共安全的共同故意}；

设 B113 为爆炸罪的共同犯罪的客观方面的集合，则 B113 = {行为人在客观上实行了使用爆炸的方法，致不特定多数人死伤，破坏公共建筑或者其他公私财物，危害公共安全的共同行为}。

则 B11 = B111∪B112∪B113，即 {爆炸罪的共同犯罪} = {主体是两个以上年满 14 周岁、具有刑事责任能力的自然人}∪{行为人在主观上有使用爆炸的方法，致不特定多数人死伤，破坏公共建筑或者其他公私财物，危害公共安全的共同故意}∪{行为人在客观上实行了使用爆炸的方法，致不特定多数人死伤，破坏公共建筑或者其他公私财物，危害公共安全的共同行为} = {主体是两个以上年满 14 周岁、具有刑事责任能力的自然人，在主观上有使用爆炸的方法，致不特定多数人死伤，破坏公共建筑或者其他公私财物，危害公共安全的共同故意，在客观上实行了使用爆炸的方法，致不特定多数人死伤，破坏公共建筑或者其他公私财物，危害公共安全的共同行为}。

三、投放危险物质罪

（一）投放危险物质罪的概念

投放危险物质罪，是指行为人故意地投放毒害性、放射性、传染病病原体等物质，危害公共安全的行为。[1]

（二）投放危险物质罪的构成特征

关于投放危险物质罪的构成特征，根据现行刑法的规定，必须具备以下四个方面，其集合表现为：

设 C 为投放危险物质罪的集合，则 C = {投放危险物质罪}；

设 C1 为投放危险物质罪的客体的集合，则 C1 = {不特定多数人的生命、健康与重大公私财产的安全}；

设 C2 为投放危险物质罪的客观方面的集合，则 C2 = {行为人实施了投放毒害性、放射性、传染病病原体等物质，危害公共安全的行为}；

设 C3 为投放危险物质罪的主体的集合，则 C3 = {年满 14 周岁、具有刑事责任能力的自然人}；

设 C4 为投放危险物质罪的主观方面的集合，则 C4 = {故意}。

则 C = C1∪C2∪C3∪C4，即 {投放危险物质罪} = {客体是不特定多数人的生命、健康与重大公私财产的安全}∪{客观方面表现为行为人实施了投放毒害性、放射性、传染病病原体等物质，危害公共安全的行为}∪{主体是年满 14 周岁、具有刑事责任能力的自然人}∪{主观方面是故意} = {客体是不特定多数人的生命、健康与重大公私财产的安全，客观方面表现为行为人实施了投放毒害性、放射性、传染病病原本等物质，危害公共安全的行为，主体是年满 14 周岁、具有刑事责任能力的自然人，主观方面是故意}。

---

[1] 朱建华主编：《刑法分论》，法律出版社 2018 年版，第 42 页。

(三) 投放危险物质罪的司法适用

1. 本罪与非罪的界限

设 C5 为投放危险物质罪的非罪的集合，则 C5 = {无罪} = Ø；

设 C51 为投放危险物质罪的非罪的客体的集合，则 C51 = {行为人没有侵犯不特定多数人的生命健康与重大公私财产的安全} = Ø；

设 C52 为投放危险物质罪的非罪的客观方面的集合，则 C52 = {行为人没有实施投放毒害性、放射性、传染病病原体等物质，危害公共安全的行为} = Ø；

设 C53 为投放危险物质罪的非罪的主体的集合，则 C53 = {行为人是未满 14 周岁，或者已满 14 周岁但没有刑事责任能力的自然人} = Ø；

设 C54 为投放危险物质罪的非罪的主观方面的集合，则 C54 = {行为人无故意} = Ø。

则 C5 = {投放危险物质罪的非罪} = C ∩ C51 = {投放危险物质罪} ∩ {行为人没有侵犯不特定多数人的生命健康与重大公私财产的安全} = {投放危险物质罪} ∩ Ø = Ø = {无罪}；

C5 = {投放危险物质罪的非罪} = C ∩ C52 = {投放危险物质罪} ∩ {行为人没有实施投放毒害性、放射性、传染病病原体等物质，危害公共安全的行为} = {投放危险物质罪} ∩ Ø = Ø = {无罪}；

C5 = {投放危险物质罪的非罪} = C ∩ C53 = {投放危险物质罪} ∩ {行为人是未满 14 周岁，或者已满 14 周岁但没有刑事责任能力的自然人} = {投放危险物质罪} ∩ Ø = Ø = {无罪}；

C5 = {投放危险物质罪的非罪} = C ∩ C54 = {投放危险物质罪} ∩ {行为人无故意} = {投放危险物质罪} ∩ Ø = Ø = {无罪}。

2. 此罪与彼罪的界限

(1) 投放危险物质罪与过失投放危险物质罪的界限

设 C 为投放危险物质罪的集合，则 C = {投放危险物质罪}；

设 C6 为过失投放危险物质罪的集合，则 C6 = {过失投放危险物质罪}。

则 C∪C6 – C∩C6 = {投放危险物质罪} ∪ {过失投放危险物质罪} – {投放危险物质罪} ∩ {过失投放危险物质罪} = {客体是不特定多数人的生命、健康与重大公私财产的安全，客观方面表现为行为人实施了投放毒害性、放射性、传染病病原体等物质，危害公共安全的行为，主体是年满 14 周岁、具有刑事责任能力的自然人，主观方面是故意} ∪ {客体是不特定多数人的生命、健康与重大公私财产的安全，客观方面表现为行为人实施了投放毒害性、放射性、传染病病原体等物质，造成严重后果，危害公共安全的行为，主体是年满 16 周岁、具有刑事责任能力的自然人，主观方面是过失} – {客体是不特定多数人的生命、健康与重大公私财产的安全} = {客观方面表现为行为人实施了投放毒害性、放射性、传染病病原体等物质，危害公共安全的行为，主体是年满 14 周岁、具有刑事责任能力的自然人，主观方面是故意，客观方面表现为行为人实施了投放毒害性、放射性、传染病病原体等物质，造成严重后果，危害公共安全的行为，主体是年满 16 周岁、具有刑事责任能力的自然人，主观方面是过失}。

（2）投放危险物质罪与以投放危险物质的方法故意杀人罪的界限

设 C 为投放危险物质罪的集合，则 C = {投放危险物质罪}；

设 C7 以投放危险物质的方法故意杀人罪的集合，则 C7 = {以投放危险物质的方法故意杀人罪}。

则 C∪C7 – C∩C7 = {投放危险物质罪} ∪ {以投放危险物质的方法故意杀人罪} – {投放危险物质罪} ∩ {以投放危险物质的方法故意杀人罪} = {客体是不特定多数人的生命、健康与重大公私财产的安全，客观方面表现为行为人实施了投放毒害性、放射性、传染病病原体等物质，危害公共安全的行为，主体是年满 14 周岁、具有刑事责任能力的自然人，主观方面是故意} ∪ {客体是他人的生命权，客观方面表现为行为人实施了以投放危险物质的方法非法剥夺他人生命的行为，主体是年满 14 周岁、具有刑事责任能力的自然人，主观方面是故意} － {主体是年满 14 周岁、具有刑事责任能力的自然人，主观方面是故意} = {客体是不特定多数人的生命、健康与重大公私财产的安全，客观方面表现为行为人实施了投放毒害性、放射性、传染病病原体等物质，危害公共安全的行为，客体是他人的生命权，客观方面表现为行为人实施了以投放危险物质的方法非法剥夺他人生命的行为}。

3. 本罪的停止形态

（1）投放危险物质罪的预备犯

设 C8 为投放危险物质罪的预备犯的集合，则 C8 = {投放危险物质罪的预备犯}；

设 C81 为投放危险物质罪预备犯主观方面的集合，则 C81 = {行为人在主观上有投放毒害性、放射性、传染病病原体等物质，危害公共安全的故意}；

设 C82 为投放危险物质罪预备犯客观方面的集合，则 C82 = {行为人在客观上实行了为投放毒害性、放射性、传染病病原体等物质而准备工具、制造条件的行为}；

设 C83 为投放危险物质罪预备犯犯罪停止原因的集合，则 C83 = {行为人因意志以外的原因使投放毒害性、放射性、传染病病原体等物质，危害公共安全的行为而未得逞}。

则 C8 = C81 ∪ C82 ∪ C83，即 {投放危险物质罪的预备犯} = {行为人在主观上有投放毒害性、放射性、传染病病原体等物质，危害公共安全的故意} ∪ {行为人在客观上实行了为投放毒害性、放射性、传染病病原体等物质而准备工具、制造条件的行为} ∪ {行为人因意志以外的原因使投放毒害性、放射性、传染病病原体等物质，危害公共安全的行为而未得逞} = {行为人在主观上有投放毒害性、放射性、传染病病原体等物质，危害公共安全的故意，行为人在客观上实行了为投放毒害性、放射性、传染病病原体等物质而准备工具、制造条件的行为，行为人因意志以外的原因使投放毒害性、放射性、传染病病原体等物质，危害公共安全的行为而未得逞}={行为人为实施投放毒害性、放射性、传染病病原体等物质，实行了为投放毒害性、放射性、传染病病原体等物质而准备工具、制造条件的行为，但是因意志以外的原因使投放毒害性、放射性、传染病病原体等物质，危害公共安全的行为而未得逞}。

（2）投放危险物质罪的未遂犯

设 C9 为投放危险物质罪的未遂犯的集合，则 C9 ={投放危险物质罪的未遂犯}；

设 C91 为投放危险物质罪未遂犯主观方面的集合，则 C91 ={行为人在主观上有投放毒害性、放射性、传染病病原体等物质，危害公共安全的故意}；

设 C92 为投放危险物质罪未遂犯客观方面的集合，则 C92 ={行为人在客观上已经着手实行投放毒害性、放射性、传染病病原体等物质的行为}；

设 C93 为投放危险物质罪未遂犯犯罪停止原因的集合，则 C93 ={行为人因意志以外的原因使投放毒害性、放射性、传染病病原体等物质，危害公共安全的行为而未得逞}。

则 C9 = C91 ∪ C92 ∪ C93，即 {投放危险物质罪的未遂犯}={行为人在主观上有投放毒害性、放射性、传染病病原体等物质，危害公共安全的故意}∪{行为人在客观上已经着手实行了投放毒害性、放射性、传染病病原体等物质的行为}∪{行为人因意志以外的原因使投放毒害性、放射性、传染病病原体等物质，危害公共安全的行为而未得逞}={行为人在主观上有投放毒害性、放射性、传染病病原体等物质，危害公共安全的故意，行为人在客观上已经着手实行了投放毒害性、放射性、传染病病原体等物质的行为，行为人因意志以外的原因使投放毒害性、放射性、传染病病原体等物质，危害公共安全的行为而未得逞}={行为人为了投放毒害性、放射性、传染病病原体等物质，危害公共安全，已经着手实行了投放毒害性、放射性、传染病病原体等物质的行为，但是因意志以外的原因使投放毒害性、放射性、传染病病原体等物质，危害公共安全的行为而未得逞}。

（3）投放危险物质罪的中止犯

设 C10 为投放危险物质罪的中止犯的集合，则 C10 = {投放危险物质罪的中止犯}；

设 C101 为投放危险物质罪中止犯主观方面的集合，则 C101 = {行为人在主观上有投放毒害性、放射性、传染病病原体等物质，危害公共安全的故意}；

设 C102 为投放危险物质罪中止犯客观方面的集合，则 C102 = {行为人在客观上已经预备或者着手实行投放毒害性、放射性、传染病病原体等物质的行为}；

设 C103 为投放危险物质罪中止犯犯罪停止原因的集合，则 C103 = {行为人自动放弃了投放毒害性、放射性、传染病病原体等物质的行为或者有效地防止了投放危险物质的结果的发生}。

则 C10 = C101∪C102∪C103，即 {投放危险物质罪的中止犯} = {行为人在主观上有投放毒害性、放射性、传染病病原体等物质，危害公共安全的故意}∪{行为人在客观上已经预备或者着手实行投放毒害性、放射性、传染病病原体等物质的行为}∪{行为人自动放弃了投放毒害性、放射性、传染病病原体等物质的行为或者有效地防止了投放危险物质的结果的发生} = {行为人在主观上有投放毒害性、放射性、传染病病原体等物质，危害公共安全的故意，行为人在客观上已经预备或者着手实行投放毒害性、放射性、传染病病原体等物质的行为，行为人自动放弃了投放毒害性、放射性、传染病病原体等物质的行为或者有效地防止了投放危险物质的结果的发生} = {行为人为投放毒害性、放射性、传染病病原体等物质，危害公共安全，已经预备或者着手实行投放毒害性、放射性、传染病病原体等物质的行为，但是自动放弃了投放毒害性、放射性、传染病病原体等物质的行为或者有效地防止了投放危险物质的结果的发生}。

4. 本罪的共犯形态

设 C11 为投放危险物质罪的共同犯罪，则 C11 = {投放危险物质罪的共同犯罪}；

设 C111 为投放危险物质罪的共同犯罪的主体的集合，则 C111 = {主体是两个以上年满 14 周岁、具有刑事责任能力的自然人}；

设 C112 为投放危险物质罪的共同犯罪的主观方面的集合，则 C112 = {行为人在主观上有投放毒害性、放射性、传染病病原体等物质，危害公共安全的共同故意}；

设 C113 为投放危险物质罪的共同犯罪的客观方面的集合，则 C113 = {行为人在客观上实行了投放毒害性、放射性、传染病病原体等物质，危害公共安全的行为的共同行为}。

则 C11 = C111 ∪ C112 ∪ C113，则 {投放危险物质罪的共同犯罪} = {主体是两个以上年满 14 周岁、具有刑事责任能力的自然人} ∪ {行为人在主观上有投放毒害性、放射性、传染病病原体等物质，危害公共安全的共同故意} ∪ {行为人在客观上实行了投放毒害性、放射性、传染病病原体等物质，危害公共安全的共同行为} = {主体是两个以上年满 14 周岁、具有刑事责任能力的自然人，在主观上有投放毒害性、放射性、传染病病原体等物质，危害公共安全的共同故意，在客观上实行了投放毒害性、放射性、传染病病原体等物质，危害公共安全的共同行为}。

四、以危险方法危害公共安全罪

（一）以危险方法危害公共安全罪

以危险方法危害公共安全罪，是指行为人故意地使用放火、决水、爆炸、投放危险物质以外的且危险性与前述手段相当的，能够造成不特定多数人伤亡或使公私财产遭受广泛损坏的其他危险方

法，危害公共安全的行为。❶

（二）以危险方法危害公共安全罪的构成特征

关于以危险方法危害公共安全罪的构成特征，根据现行刑法的规定，必须具备以下四个方面，其集合表现为：

设 D 为以危险方法危害公共安全罪的集合，则 D ＝｜以危险方法危害公共安全罪｜；

设 D1 为以危险方法危害公共安全罪的客体的集合，则 D1 ＝｜不特定多数人的生命、健康与重大公私财产的安全｜；

设 D2 为以危险方法危害公共安全罪的客观方面的集合，则 D2 ＝｜行为人实施了使用放火、决水、爆炸、投放危险物质以外的且危险性与前述手段相当的，能够造成不特定多数人伤亡或使公私财产遭受广泛损坏的其他危险方法，危害公共安全的行为｜；

设 D3 为以危险方法危害公共安全罪的主体的集合，则 D3 ＝｜年满 16 周岁、具有刑事责任能力的自然人｜；

设 D4 为以危险方法危害公共安全罪的主观方面的集合，则 D4 ＝｜故意｜。

则 D ＝ D1∪D2∪D3∪D4，即 ｜以危险方法危害公共安全罪｜＝｜客体是不特定多数人的生命、健康与重大公私财产的安全｜∪｜客观方面表现为行为人实施了使用放火、决水、爆炸、投放危险物质以外的且危险性与前述手段相当的，能够造成不特定多数人伤亡或使公私财产遭受广泛损坏的其他危险方法，危害公共安全的行为｜∪｜主体是年满 16 周岁、具有刑事责任能力的自然人｜∪｜主观方面是故意｜＝｜客体是不特定多数人的生命、健康与重大公私财产的安全，客观方面表现为行为人实施了使用放火、决水、爆炸、投放危险物质以外的且危险性与前述手段相当的，能够造成不特定多数人伤亡或使公私财产遭受广泛损坏的其他危险方法，危害公共安全的

❶　朱建华主编：《刑法分论》，法律出版社 2018 年版，第 44 页。

行为，主体是年满16周岁、具有刑事责任能力的自然人，主观方面是故意}。

（三）以危险方法危害公共安全罪的司法适用

1. 本罪与非罪的界限

设 D5 为以危险方法危害公共安全罪的非罪的集合，则 D5 = {无罪} = $\varnothing$；

设 D51 为以危险方法危害公共安全罪的非罪的客体的集合，则 D51 = {行为人没有侵犯不特定多数人的生命健康与重大公私财产的安全} = $\varnothing$；

设 D52 为以危险方法危害公共安全罪的非罪的客观方面的集合，则 D52 = {行为人没有实施使用放火、决水、爆炸、投放危险物质以外的且危险性与前述手段相当的，能够造成不特定多数人伤亡或使公私财产遭受广泛损坏的其他危险方法，危害公共安全的行为} = $\varnothing$；

设 D53 为以危险方法危害公共安全罪的非罪的主体的集合，则 D53 = {行为人是未满16周岁、没有刑事责任能力的自然人} = $\varnothing$；

设 D54 为以危险方法危害公共安全罪的非罪的主观方面的集合，则 D54 = {行为人无故意} = $\varnothing$。

则 D5 = {以危险方法危害公共安全罪的非罪} = D $\cap$ D51 = {以危险方法危害公共安全罪} $\cap$ {行为人没有侵犯不特定多数人的生命健康与重大公私财产的安全} = {以危险方法危害公共安全罪} $\cap$ $\varnothing$ = $\varnothing$ = {无罪}；

D5 = {以危险方法危害公共安全罪的非罪} = D $\cap$ D52 = {以危险方法危害公共安全罪} $\cap$ {行为人没有实施使用放火、决水、爆炸、投放危险物质以外的且危险性与前述手段相当的，能够造成不特定多数人伤亡或使公私财产遭受广泛损坏的其他危险方法，危害公共安全的行为} = {以危险方法危害公共安全罪} $\cap$ $\varnothing$ = $\varnothing$ = {无罪}；

D5 = {以危险方法危害公共安全罪的非罪} = D $\cap$ D53 = {以危险

方法危害公共安全罪$\}\cap\{$行为人是未满 16 周岁、没有刑事责任能力的自然人$\}=\{$以危险方法危害公共安全罪$\}\cap\varnothing=\varnothing=\{$无罪$\}$；

$D5=\{$以危险方法危害公共安全罪的非罪$\}=D\cap D54=\{$以危险方法危害公共安全罪$\}\cap\{$行为人无故意$\}=\{$以危险方法危害公共安全罪$\}\cap\varnothing=\varnothing=\{$无罪$\}$。

2. 此罪与彼罪的界限

（1）以危险方法危害公共安全罪与过失以危险方法危害公共安全罪的界限

设 D 为以危险方法危害公共安全罪的集合，则 D=$\{$以危险方法危害公共安全罪$\}$；

设 D6 为过失以危险方法危害公共安全罪的集合，则 D6=$\{$过失以危险方法危害公共安全罪$\}$。

则 $D\cup D6-D\cap D6=\{$以危险方法危害公共安全罪$\}\cup\{$过失以危险方法危害公共安全罪$\}-\{$以危险方法危害公共安全罪$\}\cap\{$过失以危险方法危害公共安全罪$\}=\{$客体是不特定多数人的生命、健康与重大公私财产的安全，客观方面表现为行为人实施了使用放火、决水、爆炸、投放危险物质以外的且危险性与前述手段相当的，能够造成不特定多数人伤亡或使公私财产遭受广泛损坏的其他危险方法，危害公共安全的行为，主体是年满 16 周岁、具有刑事责任能力的自然人，主观方面是故意$\}\cup\{$客体是不特定多数人的生命、健康与重大公私财产的安全，客观方面表现为行为人实施了以危险方法危害公共安全，致人重伤、死亡或者使公私财产遭受重大损失的行为，主体是年满 16 周岁、具有刑事责任能力的自然人，主观方面是过失$\}-\{$客体是不特定多数人的生命、健康与重大公私财产的安全，主体是年满 16 周岁、具有刑事责任能力的自然人$\}=\{$客观方面表现为行为人实施了使用放火、决水、爆炸、投放危险物质以外的且危险性与前述手段相当的，能够造成不特定多数人伤亡或使公私财产遭受广泛损坏的其他危险方法，危害公共安全的行为，主观方面是故意，客观方面表现为行为人实施了以危险方法危害公共安全，致人重伤、死亡或者使公私财产遭受重大损失的行为，主观方面是过失}。

（2）以危险方法危害公共安全罪与以危险方法故意杀人罪的界限

设 D 为以危险方法危害公共安全罪的集合，则 D = {以危险方法危害公共安全罪}；

设 D7 以危险方法故意杀人罪的集合，则 D7 = {以危险方法故意杀人罪}。

则 D∪D7 - D∩D7 = {以危险方法危害公共安全罪} ∪ {以危险方法故意杀人罪} - {以危险方法危害公共安全罪} ∩ {以危险方法故意杀人罪} = {客体是不特定多数人的生命、健康与重大公私财产的安全，客观方面表现为行为人实施了使用放火、决水、爆炸、投放危险物质以外的且危险性与前述手段相当的，能够造成不特定多数人伤亡或使公私财产遭受广泛损坏的其他危险方法，危害公共安全的行为，主体是年满 16 周岁、具有刑事责任能力的自然人，主观方面是故意} ∪ {客体是他人的生命权，客观方面表现为行为人实施了以危险方法非法剥夺他人生命的行为，主体是年满 14 周岁、具有刑事责任能力的自然人，主观方面是故意} - {主观方面是故意} = {客体是不特定多数人的生命健康与重大公私财产的安全，客观方面表现为行为人实施了以放火、决水、爆炸、投放危险物质以外的其他危险方法危害公共安全的行为，主体是年满 16 周岁、具有刑事责任能力的自然人，客体是他人的生命权，客观方面表现为行为人实施了以危险方法非法剥夺他人生命的行为，主体是年满 14 周岁、具有刑事责任能力的自然人}。

3. 本罪的停止形态

（1）以危险方法危害公共安全罪的预备犯

设 D8 为以危险方法危害公共安全罪的预备犯的集合，则 D8 =

｛以危险方法危害公共安全罪的预备犯｝；

设 D81 为以危险方法危害公共安全罪预备犯主观方面的集合，则 D81 =｛行为人在主观上有以放火、决水、爆炸、投放危险物质以外的其他危险方法危害公共安全的故意｝；

设 D82 为以危险方法危害公共安全罪预备犯客观方面的集合，则 D82 =｛行为人在客观上实施了以放火、决水、爆炸、投放危险物质以外的其他危险方法危害公共安全而准备工具、制造条件的行为｝；

设 D83 为以危险方法危害公共安全罪预备犯犯罪停止原因的集合，则 D83 =｛行为人因意志以外的原因使以放火、决水、爆炸、投放危险物质以外的其他危险方法危害公共安全的行为而未得逞｝。

则 D8 = D81∪D82∪D83，即 ｛以危险方法危害公共安全罪的预备犯｝=｛行为人在主观上有以放火、决水、爆炸、投放危险物质以外的其他危险方法危害公共安全的故意｝∪｛行为人在客观上实施了以放火、决水、爆炸、投放危险物质以外的其他危险方法危害公共安全而准备工具、制造条件的行为｝∪｛行为人因意志以外的原因使以放火、决水、爆炸、投放危险物质以外的其他危险方法危害公共安全的行为而未得逞｝=｛行为人在主观上有以放火、决水、爆炸、投放危险物质以外的其他危险方法危害公共安全的故意，行为人在客观上实施了以放火、决水、爆炸、投放危险物质以外的其他危险方法危害公共安全而准备工具、制造条件的行为，行为人因意志以外的原因使以放火、决水、爆炸、投放危险物质以外的其他危险方法危害公共安全的行为而未得逞｝=｛行为人为以放火、决水、爆炸、投放危险物质以外的其他危险方法危害公共安全，实施了以放火、决水、爆炸、投放危险物质以外的其他危险方法危害公共安全而准备工具、制造条件的行为，但是因意志以外的原因使行为人以放火、决水、爆炸、投放危险物质以外的其他危险方法危害公共安全的行为而未得逞｝。

（2）以危险方法危害公共安全罪的未遂犯

设 D9 为以危险方法危害公共安全罪的未遂犯的集合，则 D9 =

{以危险方法危害公共安全罪的未遂犯}；

设 D91 为以危险方法危害公共安全罪未遂犯主观方面的集合，则 D91 = {行为人在主观上有以放火、决水、爆炸、投放危险物质以外的其他危险方法危害公共安全的故意}；

设 D92 为以危险方法危害公共安全罪未遂犯客观方面的集合，则 D92 = {行为人在客观上已经着手实行以放火、决水、爆炸、投放危险物质以外的其他危险方法危害公共安全的行为}；

设 D93 为以危险方法危害公共安全罪未遂犯犯罪停止原因的集合，则 D93 = {行为人因意志以外的原因使以放火、决水、爆炸、投放危险物质以外的其他危险方法危害公共安全的行为而未得逞}；

则 D9 = D91 ∪ D92 ∪ D93，即 {以危险方法危害公共安全罪的未遂犯} = {行为人在主观上有以放火、决水、爆炸、投放危险物质以外的其他危险方法危害公共安全的故意} ∪ {行为人在客观上已经着手实行以放火、决水、爆炸、投放危险物质以外的其他危险方法危害公共安全的行为} ∪ {行为人因意志以外的原因使以放火、决水、爆炸、投放危险物质以外的其他危险方法危害公共安全的行为而未得逞} = {行为人在主观上有以放火、决水、爆炸、投放危险物质以外的其他危险方法危害公共安全的故意，行为人在客观上已经着手实行以放火、决水、爆炸、投放危险物质以外的其他危险方法危害公共安全的行为，行为人因意志以外的原因使以放火、决水、爆炸、投放危险物质以外的其他危险方法危害公共安全的行为而未得逞} = {行为人为了以放火、决水、爆炸、投放危险物质以外的其他危险方法危害公共安全，已经着手实行以放火、决水、爆炸、投放危险物质以外的其他危险方法危害公共安全的行为，但是因意志以外的原因使以放火、决水、爆炸、投放危险物质以外的其他危险方法危害公共安全的行为而未得逞}。

（3）以危险方法危害公共安全罪的中止犯

设 D10 为以危险方法危害公共安全罪的中止犯的集合，则 D10 = {以危险方法危害公共安全罪的中止犯}；

设 D101 为以危险方法危害公共安全罪中止犯主观方面的集合，则 D101 = {行为人在主观上有以放火、决水、爆炸、投放危险物质以外的其他危险方法危害公共安全的故意}；

设 D102 为以危险方法危害公共安全罪中止犯客观方面的集合，则 D102 = {行为人在客观上已经预备或者着手实行以放火、决水、爆炸、投放危险物质以外的其他危险方法危害公共安全的行为}；

设 D103 为以危险方法危害公共安全罪中止犯犯罪停止原因的集合，则 D103 = {行为人自动放弃以放火、决水、爆炸、投放危险物质以外的其他危险方法危害公共安全的行为或者自动有效地避免了危害结果的发生}。

则 D10 = D101 ∪ D102 ∪ D103，即 {以危害方法危害公共安全罪的中止犯} = {行为人在主观上有以放火、决水、爆炸、投放危险物质以外的其他危险方法危害公共安全的故意} ∪ {行为人在客观上已经预备或者着手实行以放火、决水、爆炸、投放危险物质以外的其他危险方法危害公共安全的行为} ∪ {行为人自动放弃以放火、决水、爆炸、投放危险物质以外的其他危险方法危害公共安全的行为或者自动有效地避免了危害结果的发生} = {行为人在主观上有以放火、决水、爆炸、投放危险物质以外的其他危险方法危害公共安全的故意，行为人在客观上已经预备或者着手实行以放火、决水、爆炸、投放危险物质以外的其他危险方法危害公共安全的行为，行为人自动放弃以放火、决水、爆炸、投放危险物质以外的其他危险方法危害公共安全的行为或者自动有效地避免了危害结果的发生} = {行为人为以放火、决水、爆炸、投放危险物质以外的其他危险方法危害公共安全，已经预备或者着手实行以放火、决水、爆炸、投放危险物质以外的其他危险方法危害公共安全的行为，但是自动放弃了以放火、决水、爆炸、投放危险物质以外的其他危险方法危害公共安全的行为或者自动有效地避免了危害结果的发生}。

4. 本罪的共犯形态

设 D11 为以危险方法危害公共安全罪的共同犯罪的集合，则

D11 = {以危险方法危害公共安全罪的共同犯罪};

设 D111 为以危险方法危害公共安全罪的共同犯罪的主体的集合，则 D111 = {主体是两个以上年满 16 周岁、具有刑事责任能力的自然人}；

设 D112 为以危险方法危害公共安全罪的共同犯罪的主观方面的集合，则 D112 = {行为人在主观上有使用放火、决水、爆炸、投放危险物质以外的且危险性与前述手段相当的，能够造成不特定多数人伤亡或使公私财产遭受广泛损坏的其他危险方法，危害公共安全的共同故意}；

设 D113 为以危险方法危害公共安全罪的共同犯罪的客观方面的集合，则 D113 = {行为人在客观上实行了使用放火、决水、爆炸、投放危险物质以外的且危险性与前述手段相当的，能够造成不特定多数人伤亡或使公私财产遭受广泛损坏的其他危险方法，危害公共安全的行为的共同行为}。

则 D11 = D111 ∪ D112 ∪ D113，即 {以危险方法危害公共安全罪的共同犯罪} = {主体是两个以上年满 16 周岁、具有刑事责任能力的自然人} ∪ {行为人在主观上有使用放火、决水、爆炸、投放危险物质以外的且危险性与前述手段相当的，能够造成不特定多数人伤亡或使公私财产遭受广泛损坏的其他危险方法，危害公共安全的共同故意} ∪ {行为人在客观上实行了使用放火、决水、爆炸、投放危险物质以外的且危险性与前述手段相当的，能够造成不特定多数人伤亡或使公私财产遭受广泛损坏的其他危险方法，危害公共安全的共同行为} = {主体是两个以上年满 16 周岁、具有刑事责任能力的自然人，在主观上有使用放火、决水、爆炸、投放危险物质以外的且危险性与前述手段相当的，能够造成不特定多数人伤亡或使公私财产遭受广泛损坏的其他危险方法，危害公共安全的共同故意，在客观上实行了使用放火、决水、爆炸、投放危险物质以外的且危险性与前述手段相当的，能够造成不特定多数人伤亡或使公私财产遭受广泛损坏的其他危险方法，危害公共安全的共同行为}。

五、破坏交通工具罪

（一）破坏交通工具罪的概念

破坏交通工具罪，是指行为人故意地破坏正在使用中的火车、汽车、电车、船只、航空器，足以使其发生倾覆、毁坏危险，尚未造成严重后果或者已经造成严重后果的行为。❶

（二）破坏交通工具罪的构成特征

关于破坏交通工具罪的构成特征，根据现行刑法的规定，必须具备以下四个方面，其集合表现为：

设 E 为破坏交通工具罪的集合，则 E = {破坏交通工具罪}；

设 E1 为破坏交通工具罪的客体的集合，则 E1 = {交通运输安全}；

设 E2 为破坏交通工具罪的客观方面的集合，则 E2 = {行为人实施了破坏正在使用中的火车、汽车、电车、船只、航空器，足以使其发生倾覆、毁坏危险，尚未造成严重后果或者已经造成严重后果的行为}；

设 E3 为破坏交通工具罪的主体的集合，则 E3 = {年满 16 周岁、具有刑事责任能力的自然人}；

设 E4 为破坏交通工具罪的主观方面的集合，则 E4 = {故意}。

则 E = E1∪E2∪E3∪E4，即破坏交通工具罪 = {客体是交通运输安全}∪{客观方面表现为行为人实施了破坏正在使用中的火车、汽车、电车、船只、航空器，足以使其发生倾覆、毁坏危险，尚未造成严重后果或者已经造成严重后果的行为}∪{主体是年满 16 周岁、具有刑事责任能力的自然人}∪{主观方面是故意} = {客体是交通运输安全，客观方面表现为行为人实施了破坏正在使用中的火车、汽车、电车、船只、航空器，足以使其发生倾覆、毁坏危险，尚未

❶　朱建华主编：《刑法分论》，法律出版社 2018 年版，第 46 页。

造成严重后果或者已经造成严重后果的行为，主体是年满 16 周岁、具有刑事责任能力的自然人，主观方面是故意｝。

（三）破坏交通工具罪的司法适用

1. 本罪与非罪的界限

设 E5 为破坏交通工具罪的非罪的集合，则 E5 =｛无罪｝= Ø；

设 E51 为破坏交通工具罪的非罪的客体的集合，则 E51 =｛行为人没有侵犯交通运输安全｝= Ø；

设 E52 为破坏交通工具罪的非罪的客观方面的集合，则 E52 =｛行为人没有实施破坏正在使用中的火车、汽车、电车、船只、航空器，足以使其发生倾覆、毁坏危险的行为｝= Ø；

设 E53 为破坏交通工具罪的非罪的主体的集合，则 E53 =｛行为人未满 16 周岁，或者已满 16 周岁但没有刑事责任能力的自然人｝= Ø；

设 E54 为破坏交通工具罪的非罪的主观方面的集合，则 E54 =｛行为人无故意｝= Ø。

则 E5 =｛破坏交通工具罪的非罪｝= E∩E51 =｛破坏交通工具罪｝∩｛行为人没有侵犯交通运输安全｝=｛破坏交通工具罪｝∩Ø = Ø =｛无罪｝；

E5 =｛破坏交通工具罪的非罪｝= E∩E52 =｛破坏交通工具罪｝∩｛行为人没有实施破坏正在使用中的火车、汽车、电车、船只、航空器，足以使其发生倾覆、毁坏危险的行为｝=｛破坏交通工具罪｝∩Ø = Ø =｛无罪｝；

E5 =｛破坏交通工具罪的非罪｝= E∩E53 =｛破坏交通工具罪｝∩｛行为人未满 16 周岁，或者已满 16 周岁没有刑事责任能力的自然人｝=｛破坏交通工具罪｝∩Ø = Ø =｛无罪｝；

E5 =｛破坏交通工具罪的非罪｝= E∩E54 =｛破坏交通工具罪｝∩｛行为人无故意｝=｛破坏交通工具罪｝∩Ø = Ø =｛无罪｝。

2. 此罪与彼罪的界限

（1）破坏交通工具罪与过失损坏交通工具罪的界限

设 E 为破坏交通工具罪的集合，则 E＝{破坏交通工具罪}；

设 E6 为过失损坏交通工具罪的集合，则 E6＝{过失损坏交通工具罪}。

则 E∪E6－E∩E6＝{破坏交通工具罪}∪{过失损坏交通工具罪}－{破坏交通工具罪}∩{过失损坏交通工具罪}＝{客体是交通运输安全，客观方面表现为行为人实施了破坏正在使用中的火车、汽车、电车、船只、航空器，足以使其发生倾覆、毁坏危险，尚未造成严重后果或者已经造成严重后果的行为，主体是年满16周岁、具有刑事责任能力的自然人，主观方面是故意}∪{客体是交通运输安全，客观方面表现为行为人实施了损坏火车、汽车、电车、船只、航空器，造成严重后果，危害交通运输安全的行为，主体是年满16周岁、具有刑事责任能力的自然人，主观方面是过失}－{客体是交通运输安全，主体是年满16周岁、具有刑事责任能力的自然人}＝{客观方面表现为行为人破坏正在使用中的火车、汽车、电车、船只、航空器，足以使其发生倾覆、毁坏危险，尚未造成严重后果或者已经造成严重后果的行为，主观方面是故意，客观方面表现为行为人实施了损坏火车、汽车、电车、船只、航空器，危害交通运输安全，造成严重后果的行为，主观方面是过失}。

（2）破坏交通工具罪与破坏交通设施罪的界限

设 E 为破坏交通工具罪的集合，则 E＝{破坏交通工具罪}；

设 E7 为破坏交通设施罪的集合，则 E7＝{破坏交通设施罪}。

则 E∪E7－E∩E7＝{破坏交通工具罪}∪{破坏交通设施罪}－{破坏交通工具罪}∩{破坏交通设施罪}＝{客体是交通运输安全，客观方面表现为行为人实施了破坏正在使用中的火车、汽车、电车、船只、航空器，足以使其发生倾覆、毁坏危险，尚未造成严重后果或者已经造成严重后果的行为，主体是年满16周岁、具有刑事责任能力的自然人，主观方面是故意$\}\cup\{$客体是交通运输安全，客观方面表现为行为人实施了破坏轨道、桥梁、隧道、公路、机场、航道、灯塔、标志或者进行其他破坏活动，已经或者足以使火车、汽车、电车、船只、航空器发生倾覆、毁坏危险或者已经造成严重后果的行为，主体是年满16周岁、具有刑事责任能力的自然人，主观方面是故意$\}-\{$客体是交通运输安全，主体是年满16周岁、具有刑事责任能力的自然人，主观方面是故意$\}=\{$客观方面表现为行为人实施了破坏正在使用中的火车、汽车、电车、船只、航空器，足以使其发生倾覆、毁坏危险，尚未造成严重后果或者已经造成严重后果的行为，客观方面表现为行为人实施了破坏轨道、桥梁、隧道、公路、机场、航道、灯塔、标志或者进行其他破坏活动，已经或者足以使火车、汽车、电车、船只、航空器发生倾覆、毁坏危险或者已经造成严重后果的行为$\}$。

3. 本罪的停止形态

（1）破坏交通工具罪的预备犯

设 E8 为破坏交通工具罪的预备形态的集合，则 E8 = $\{$破坏交通工具罪的预备犯$\}$；

设 E81 为破坏交通工具罪预备犯主观方面的集合，则 E81 = $\{$行为人在主观上有破坏正在使用中的火车、汽车、电车、船只、航空器，足以使其发生倾覆、毁坏危险的故意$\}$；

设 E82 为破坏交通工具罪预备犯客观方面的集合，则 E82 = $\{$行为人实施了为破坏正在使用中的火车、汽车、电车、船只、航空器足以使其发生倾覆、毁坏危险而准备工具、制造条件的行为$\}$；

设 E83 为破坏交通工具罪预备犯犯罪停止原因的集合，则 E83 = $\{$行为人因意志以外的原因使破坏正在使用中的火车、汽车、电车、船只、航空器足以使其发生倾覆、毁坏危险的行为而未得逞$\}$。

则 E8 = E81∪E82∪E83，即 $\{$破坏交通工具罪的预备犯$\}$ = $\{$行为人在主观上有破坏正在使用中的火车、汽车、电车、船只、航空器，足以使其发生倾覆、毁坏危险的故意｝∪｛行为人在客观方面实施了为破坏正在使用中的火车、汽车、电车、船只、航空器足以使其发生倾覆、毁坏危险而准备工具、制造条件的行为｝∪｛行为人因意志以外的原因使破坏正在使用中的火车、汽车、电车、船只、航空器足以使其发生倾覆、毁坏危险的行为而未得逞｝＝｛行为人在主观上有破坏正在使用中的火车、汽车、电车、船只、航空器，足以使其发生倾覆、毁坏危险的故意，行为人在客观上实施了为破坏正在使用中的火车、汽车、电车、船只、航空器足以使其发生倾覆、毁坏危险而准备工具、制造条件的行为，行为人因意志以外的原因使破坏正在使用中的火车、汽车、电车、船只、航空器足以使其发生倾覆、毁坏危险的行为而未得逞｝＝｛行为人为破坏正在使用中的火车、汽车、电车、船只、航空器足以使其发生倾覆、毁坏危险，实施了为破坏正在使用中的火车、汽车、电车、船只、航空器足以使其发生倾覆、毁坏危险而准备工具、制造条件的行为，但是因意志以外的原因使破坏正在使用中的火车、汽车、电车、船只、航空器足以使其发生倾覆、毁坏危险的行为而未得逞｝。

（2）破坏交通工具罪的未遂犯

设 E9 为破坏交通工具罪的未遂犯的集合，则 E9 =｛以破坏交通工具罪的未遂犯｝；

设 E91 为破坏交通工具罪未遂犯主观方面的集合，则 E91 =｛行为人在主观上有破坏正在使用中的火车、汽车、电车、船只、航空器，足以使其发生倾覆、毁坏危险的故意｝；

设 E92 为破坏交通工具罪未遂犯客观方面的集合，则 E92 =｛行为人在客观上已经着手实行了破坏正在使用中的火车、汽车、电车、船只、航空器足以使其发生倾覆、毁坏危险的行为｝；

设 E93 为破坏交通工具罪未遂犯犯罪停止原因的集合，则 E93 =｛行为人因意志以外的原因使破坏正在使用中的火车、汽车、电车、船只、航空器足以使其发生倾覆、毁坏危险的行为而未得逞｝。

则 E9 = E91∪E92∪E93，即｛破坏交通工具罪的未遂犯｝=｛行为人在主观上有破坏正在使用中的火车、汽车、电车、船只、航空器，足以使其发生倾覆、毁坏危险的故意}∪{行为人在客观上已经着手实行了破坏正在使用中的火车、汽车、电车、船只、航空器足以使其发生倾覆、毁坏危险的行为}∪{行为人因意志以外的原因使破坏正在使用中的火车、汽车、电车、船只、航空器足以使其发生倾覆、毁坏危险的行为而未得逞}={行为人在主观上有破坏正在使用中的火车、汽车、电车、船只、航空器，足以使其发生倾覆、毁坏危险的故意，行为人在客观上已经着手实行了破坏正在使用中的火车、汽车、电车、船只、航空器足以使其发生倾覆、毁坏危险的行为，行为人因意志以外的原因使破坏正在使用中的火车、汽车、电车、船只、航空器足以使其发生倾覆、毁坏危险的行为而未得逞}={行为人为破坏正在使用中的火车、汽车、电车、船只、航空器足以使其发生倾覆、毁坏危险，已经着手实行了破坏正在使用中的火车、汽车、电车、船只、航空器足以使其发生倾覆、毁坏危险的行为，但是因意志以外的原因使破坏正在使用中的火车、汽车、电车、船只、航空器足以使其发生倾覆、毁坏危险的行为而未得逞}。

（3）破坏交通工具罪的中止犯

设 E10 为破坏交通工具罪的中止犯的集合，则 E10 = {破坏交通工具罪的中止犯}；

设 E101 为破坏交通工具罪中止犯主观方面的集合，则 E101 = {行为人在主观上有破坏正在使用中的火车、汽车、电车、船只、航空器，足以使其发生倾覆、毁坏危险的故意}；

设 E102 为破坏交通工具罪中止犯客观方面的集合，则 E102 = {行为人在客观上已经预备或者着手实行破坏正在使用中的火车、汽车、电车、船只、航空器足以使其发生倾覆、毁坏危险的行为}；

设 E103 为破坏交通工具罪中止犯犯罪停止原因的集合，则 E103 = {行为人自动放弃了破坏正在使用中的火车、汽车、电车、船只、航空器足以使其发生倾覆、毁坏危险的行为或者自动有效地避免了危害结果的发生｝。

则 E10 = E101∪E102∪E103，即｛破坏交通工具罪的中止犯｝=｛行为人在主观上有破坏正在使用中的火车、汽车、电车、船只、航空器，足以使其发生倾覆、毁坏危险的故意｝∪｛行为人在客观上已经预备或者着手实行破坏正在使用中的火车、汽车、电车、船只、航空器足以使其发生倾覆、毁坏危险的行为｝∪｛行为人自动放弃了破坏正在使用中的火车、汽车、电车、船只、航空器足以使其发生倾覆、毁坏危险的行为或者自动有效地避免了危害结果的发生｝=｛行为人在主观上有破坏正在使用中的火车、汽车、电车、船只、航空器，足以使其发生倾覆、毁坏危险的故意，行为人在客观上已经预备或者着手实行破坏正在使用中的火车、汽车、电车、船只、航空器足以使其发生倾覆、毁坏危险的行为，行为人自动放弃了破坏正在使用中的火车、汽车、电车、船只、航空器足以使其发生倾覆、毁坏危险的行为或者自动有效地避免了危害结果的发生｝=｛行为人为破坏正在使用中的火车、汽车、电车、船只、航空器，足以使其发生倾覆、毁坏危险，已经预备或者着手实行破坏正在使用中的火车、汽车、电车、船只、航空器足以使其发生倾覆、毁坏危险的行为，但是行为人自动放弃了破坏正在使用中的火车、汽车、电车、船只、航空器足以使其发生倾覆、毁坏危险的行为或者自动有效地避免了危害结果的发生｝。

4. 本罪的共犯形态

设 E11 为破坏交通工具罪的共同犯罪的集合，则 E11 =｛破坏交通工具罪的共同犯罪｝；

设 E111 为破坏交通工具罪的共同犯罪的主体的集合，则 E111 =｛主体是两个以上年满 16 周岁具有刑事责任能力的自然人｝；

设 E112 为破坏交通工具罪的共同犯罪的主观方面的集合，则 E112 =｛行为人在主观上有破坏正在使用中的火车、汽车、电车、船只、航空器，足以使其发生倾覆、毁坏危险的共同故意｝；

设 E113 为破坏交通工具罪的共同犯罪的客观方面的集合，则 E113 = {行为人在客观上实行了破坏正在使用中的火车、汽车、电车、船只、航空器，足以使其发生倾覆、毁坏危险的共同行为}。

则 E11 = E111 ∪ E112 ∪ E113，则 {破坏交通工具罪的共同犯罪} = {主体是两个以上年满 16 周岁具有刑事责任能力的自然人} ∪ {行为人在主观上有破坏正在使用中的火车、汽车、电车、船只、航空器，足以使其发生倾覆、毁坏危险的共同故意} ∪ {行为人在客观上实行了破坏正在恒用中的火车、汽车、电车、船只、航空器，足以使其发生倾覆、毁坏危险的共同行为} = {主体是两个以上年满 16 周岁具有刑事责任能力的自然人，在主观上有破坏正在使用中的火车、汽车、电车、船只、航空器，足以使其发生倾覆、毁坏危险的共同故意，在客观上实行了破坏正在使用中的火车、汽车、电车、船只、航空器，足以使其发生倾覆、毁坏危险的共同行为}。

六、破坏电力设备罪

（一）破坏电力设备罪的概念

破坏电力设备罪，是指行为人故意地破坏电力设备，危害公共安全，尚未造成严重后果或者造成严重后果的行为。❶

（二）破坏电力设备罪的构成特征

关于破坏电力设备罪的构成特征，根据现行刑法的规定，必须具备以下四个方面，其集合表现为：

设 F 为破坏电力设备罪的集合，则 F = {破坏电力设备罪}；

设 F1 为破坏电力设备罪的客体的集合，则 F1 = {电力设备的安全}；

设 F2 为破坏电力设备罪的客观方面的集合，则 F2 = {行为人实施了破坏电力设备，危害公共安全，尚未造成严重后果或者造成严

---

❶ 朱建华主编：《刑法分论》，法律出版社 2018 年版，第 49 页。

重后果的行为}；

设 F3 为破坏电力设备罪的主体的集合，则 F3 = {年满 16 周岁、具有刑事责任能力的自然人}；

设 F4 为破坏电力设备罪的主观方面的集合，则 F4 = {故意}。

则 F = F1∪F2∪F3∪F4，即 {破坏电力设备罪} = {客体是电力设备的安全}∪{客观方面表现为行为人实施了破坏电力设备，危害公共安全，尚未造成严重后果或者造成严重后果的行为}∪{主体是年满 16 周岁、具有刑事责任能力的自然人}∪{主观方面是故意} = {客体是电力设备的安全，客观方面表现为行为人实施了破坏电力设备，危害公共安全，尚未造成严重后果或者造成严重后果的行为，主体是年满 16 周岁、具有刑事责任能力的自然人，主观方面是故意}。

（三）破坏电力设备罪的司法适用

1. 本罪与非罪的界限

设 F5 为破坏电力设备罪的非罪的集合，则 F5 = {无罪} = Ø；

设 F51 为破坏电力设备罪的非罪的客体的集合，则 F51 = {行为人没有侵犯电力设备的安全} = Ø；

设 F52 为破坏电力设备罪的非罪的客观方面的集合，则 F52 = {行为人没有实施破坏电力设备，危害公共安全的行为} = Ø；

设 F53 为破坏电力设备罪的非罪的主体的集合，则 F53 = {行为人是未满 16 周岁，或者已满 16 周岁但没有刑事责任能力的自然人} = Ø；

设 F54 为破坏电力设备罪的非罪的主观方面的集合，则 F54 = {行为人无故意} = Ø。

则 F5 = {破坏电力设备罪的非罪} = F∩F51 = {破坏电力设备罪}∩{行为人没有侵犯电力设备的安全} = {破坏电力设备罪}∩Ø = Ø = {无罪}；

F5 = {破坏电力设备罪的非罪} = F∩F52 = {破坏电力设备罪}∩

{行为人没有实施破坏电力设备，危害公共安全的行为} = {破坏电力设备罪} ∩ Ø = Ø = {无罪}；

F5 = {破坏电力设备罪的非罪} = F ∩ F53 = {破坏电力设备罪} ∩ {行为人未满 16 周岁，或者已满 16 周岁但没有刑事责任能力的自然人} = {破坏电力设备罪} ∩ Ø = Ø = {无罪}；

F5 = {破坏电力设备罪的非罪} = F ∩ F54 = {破坏电力设备罪} ∩ {行为人无故意} = {破坏电力设备罪} ∩ Ø = Ø = {无罪}。

2. 此罪与彼罪的界限

关于此罪与彼罪的界限主要应弄清楚破坏电力设备罪与过失损坏电力设备罪的界限。

设 F 为破坏电力设备罪的集合，则 F = {破坏电力设备罪}；

设 F6 为过失损坏电力设备罪的集合，则 F6 = {过失损坏电力设备罪}。

则 F∪F6 − F∩F6 = {破坏电力设备罪} ∪ {过失损坏电力设备罪} − {破坏电力设备罪} ∩ {过失损坏电力设备罪} = {客体是电力设备的安全，客观方面表现为行为人实施了破坏电力设备，危害公共安全，尚未造成严重后果或者造成严重后果的行为，主体是年满 16 周岁、具有刑事责任能力的自然人，主观方面是故意} ∪ {客体是电力设备的安全，客观方面表现为行为人实施了使正在使用中的电力设备受到损坏，危害公共安全，以致造成严重后果的行为，主体是年满 16 周岁、具有刑事责任能力的自然人，主观方面是过失} − {客体是电力设备的安全，主体是年满 16 周岁、具有刑事责任能力的自然人} = {客观方面表现为行为人实施了破坏电力设备，危害公共安全，尚未造成严重后果或者造成严重后果的行为，主观方面是故意，客观方面表现为行为人实施了使正在使用中的电力设备受到损坏，危害公共安全，以致造成严重后果的行为，主观方面是过失}。

3. 本罪的停止形态

（1）破坏电力设备罪的预备犯

设 F7 为破坏电力设备罪的预备犯的集合，则 F7 = {破坏电力设备罪的预备犯}；

设 F71 为破坏电力设备罪预备犯主观方面的集合，则 F71 = {行为人在主观上有破坏电力设备危害公共安全的故意}；

设 F72 破坏电力设备罪预备犯客观方面的集合，则 F72 = {行为人在客观上表现为行为人实施了为破坏电力设备危害公共安全而准备工具、制造条件的行为}；

设 F73 为破坏电力设备罪预备犯犯罪停止原因的集合，则 F73 = {行为人因意志以外的原因使破坏电力设备危害公共安全的行为而未得逞}。

则 F7 = F71∪F72∪F73，即 {破坏电力设备罪的预备犯} = {行为人在主观上有破坏电力设备危害公共安全的故意}∪{行为人在客观上实施了为破坏电力设备危害公共安全而准备工具、制造条件的行为}∪{行为人因意志以外的原因使破坏电力设备危害公共安全的行为而未得逞} = {行为人在主观上有破坏电力设备危害公共安全的故意，行为人在客观上实施了为破坏电力设备危害公共安全而准备工具、制造条件的行为，行为人因意志以外的原因使破坏电力设备危害公共安全的行为而未得逞} = {行为人为破坏电力设备危害公共安全，实施了为破坏电力设备危害公共安全而准备工具、制造条件的行为，但是因意志以外的原因使破坏电力设备危害公共安全的行为而未得逞}。

（2）破坏电力设备罪的未遂犯

设 F8 为破坏电力设备罪的未遂犯的集合，则 F8 = {破坏电力设备罪的未遂犯}；

设 F81 为破坏电力设备罪未遂犯主观方面的集合，则 F81 = {行为人在主观上有破坏电力设备危害公共安全的故意}；

设 F82 为破坏电力设备罪未遂犯客观方面的集合，则 F82 = {行为人在客观上已经着手实行了破坏电力设备危害公共安全的行为}；

设 F83 为破坏电力设备罪未遂犯犯罪停止原因的集合，则 F83 = {行为人因意志以外的原因使破坏电力设备危害公共安全的行为而未得逞}。

则 F8 = F81∪F82∪F83，即 {破坏电力设备罪的未遂犯} = {行为人在主观上有破坏电力设备危害公共安全的故意}∪{行为人在客观上已经着手实行了破坏电力设备危害公共安全的行为}∪{行为人因意志以外的原因使破坏电力设备危害公共安全的行为而未得逞} = {行为人在主观上有破坏电力设备危害公共安全的故意，行为人在客观上已经着手实行了破坏电力设备危害公共安全的行为，行为人因意志以外的原因使破坏电力设备危害公共安全的行为而未得逞} = {行为人为破坏电力设备危害公共安全，已经着手实行了破坏电力设备危害公共安全的行为，但是因意志以外的原因使破坏电力设备危害公共安全的行为而未得逞}。

（3）破坏电力设备罪的中止犯

设 F9 为破坏电力设备罪的中止犯的集合，则 F9 = {破坏电力设备罪的中止犯}；

设 F91 为以破坏电力设备罪中止犯主观方面的集合，则 F91 = {行为人在主观上有破坏电力设备危害公共安全的故意}；

设 F92 为破坏电力设备罪中止犯的客观方面的集合，则 F92 = {行为人在客观上已经预备或者着手实行破坏电力设备危害公共安全的行为}；

设 F93 为以破坏电力设备罪中止犯犯罪停止原因的集合，则 F93 = {行为人自动放弃破坏电力设备危害公共安全的行为或者自动有效地避免了危害结果的发生}。

则 F9 = F91∪F92∪F93，即 {破坏电力设备罪的中止犯} = {行为人在主观上有破坏电力设备危害公共安全的故意}∪{行为人在客观上已经预备或者着手实行破坏电力设备危害公共安全的行为}∪

{行为人自动放弃破坏电力设备危害公共安全的行为或者自动有效地避免了危害结果的发生} = {行为人在主观上有破坏电力设备危害公共安全的故意，行为人在客观上已经预备或者着手实行破坏电力设备危害公共安全的行为，行为人自动放弃破坏电力设备危害公共安全的行为或者自动有效地避免了危害结果的发生} = {行为人为破坏电力设备危害公共安全，已经预备或者着手实行破坏电力设备危害公共安全的行为，但是自动放弃破坏电力设备危害公共安全的行为或者自动有效地避免了危害结果的发生}。

4. 本罪的共犯形态

设 F10 为破坏电力设备罪的共同犯罪的集合，则 F10 = {破坏电力设备罪的共同犯罪}；

设 F101 为破坏电力设备罪的共同犯罪的主体的集合，则 F101 = {主体是两个以上年满 16 周岁具有刑事责任能力的自然人}；

设 F102 为破坏电力设备罪的共同犯罪的主观方面的集合，则 F102 = {行为人在主观上有破坏电力设备危害公共安全的共同故意}；

设 F103 为破坏电力设备罪的共同犯罪的客观方面的集合，则 F103 = {行为人在客观上实行了破坏电力设备危害公共安全的共同行为}。

则 F10 = F101 ∪ F102 ∪ F103，即 {破坏电力设备罪的共同犯罪} = {主体是两个以上年满 16 周岁具有刑事责任能力的自然人} ∪ {行为人在主观上有破坏电力设备危害公共安全的共同故意} ∪ {行为人在客观上实行了破坏电力设备危害公共安全的共同行为} = {主体是两个以上年满 16 周岁具有刑事责任能力的自然人，在主观上有破坏电力设备危害公共安全的共同故意，在客观上实行了破坏电力设备危害公共安全的共同行为}。

七、组织、领导、参加恐怖组织罪

（一）组织、领导、参加恐怖组织罪的概念

组织、领导、参加恐怖组织罪，是指行为人以进行恐怖活动为目的，组织、领导、参加恐怖组织，危害公共安全的行为。❶

（二）组织、领导、参加恐怖组织罪的构成特征

关于组织、领导、参加恐怖组织罪的构成特征，根据现行刑法的规定，必须具备以下四个方面，其集合表现为：

设 G 为组织、领导、参加恐怖组织罪的集合，则 G = ｛组织、领导、参加恐怖组织罪｝；

设 G1 为组织、领导、参加恐怖组织罪的客体的集合，则 G1 = ｛不特定的多数人的生命、健康和重大公私财产的安全｝；

设 G2 为组织、领导、参加恐怖组织罪的客观方面的集合，则 G2 = ｛行为人实施了组织、领导、参加恐怖组织，危害公共安全的行为｝；

设 G3 为组织、领导、参加恐怖组织罪的主体的集合，则 G3 = ｛年满 16 周岁、具有刑事责任能力的自然人｝；

设 G4 为组织、领导、参加恐怖组织罪的主观方面的集合，则 G4 = ｛故意｝。

则 G = G1∪G2∪G3∪G4，即 ｛组织、领导、参加恐怖组织罪｝=｛客体是不特定的多数人的生命、健康和重大公私财产的安全｝∪｛客观方面表现为行为人实施了组织、领导、参加恐怖组织，危害公共安全的行为｝∪｛主体是年满 16 周岁、具有刑事责任能力的自然人｝∪｛主观方面是故意｝=｛客体是不特定的多数人的生命、健康和重大公私财产的安全，客观方面表现为行为人实施了组织、领导、参加恐怖组织，危害公共安全的行为，主体是年满 16 周岁、

---

❶ 赵长青主编：《刑法学（中）》，法律出版社 2000 年版，第 439 页。

具有刑事责任能力的自然人，主观方面是故意｝。

（三）组织、领导、参加恐怖组织罪的司法适用

1. 本罪与非罪的界限

设 G5 为组织、领导、参加恐怖组织罪的非罪的集合，则 G5 =｛无罪｝= Ø；

设 G51 为组织、领导、参加恐怖组织罪的非罪的客体的集合，则 G51 =｛行为人没有侵犯不特定的多数人的生命健康和重大公私财产的安全｝= Ø；

设 G52 为组织、领导、参加恐怖组织罪的非罪的客观方面的集合，则 G52 =｛行为人没有实施组织、领导、参加恐怖组织，危害公共安全的行为｝= Ø；

设 G53 为组织、领导、参加恐怖组织罪的非罪的主体的集合，则 G53 =｛行为人是未满 16 周岁，或者已满 16 周岁但没有刑事责任能力的自然人｝= Ø；

设 G54 为组织、领导、参加恐怖组织罪的非罪的主观方面的集合，则 G54 =｛行为人无故意｝= Ø。

则 G5 =｛组织、领导、参加恐怖组织罪的非罪｝= G ∩ G51 =｛组织、领导、参加恐怖组织罪｝∩｛行为人没有侵犯不特定的多数人的生命健康和重大公私财产的安全｝=｛组织、领导、参加恐怖组织罪｝∩ Ø = Ø =｛无罪｝；

G5 =｛组织、领导、参加恐怖组织罪的非罪｝= G ∩ G52 =｛组织、领导、参加恐怖组织罪｝∩｛行为人没有实施组织、领导、参加恐怖组织，危害公共安全的行为｝=｛组织、领导、参加恐怖组织罪｝∩ Ø = Ø =｛无罪｝；

G5 =｛组织、领导、参加恐怖组织罪的非罪｝= G ∩ G53 =｛组织、领导、参加恐怖组织罪｝∩｛行为人是未满 16 周岁，或者已满 16 周岁但没有刑事责任能力的自然人｝=｛组织、领导、参加恐怖组织罪｝∩ Ø = Ø =｛无罪｝；

G5 = {组织、领导、参加恐怖组织罪的非罪} = G∩G54 = {组织、领导、参加恐怖组织罪}∩{行为人无故意} = {组织、领导、参加恐怖组织罪}∩Ø = Ø = {无罪}。

2. 此罪与彼罪的界限

关于此罪与彼罪的界限主要应弄清楚组织、领导、参加恐怖组织罪与资助恐怖活动罪的界限。

设 G 为组织、领导、参加恐怖组织罪的集合，则 G = {组织、领导、参加恐怖组织罪}；

设 G6 为资助恐怖活动罪的集合，则 G6 = {资助恐怖活动罪}。

则 G∪G6 – G∩G6 = {组织、领导、参加恐怖组织罪}∪{资助恐怖活动罪} – {组织、领导、参加恐怖组织罪}∩{资助恐怖活动罪} = {客体是不特定的多数人的生命、健康和重大公私财产的安全，客观方面表现为行为人实施了组织、领导、参加恐怖组织，危害公共安全的行为，主体是年满 16 周岁、具有刑事责任能力的自然人，主观方面是故意}∪{客体是不特定的多数人的生命、健康和重大公私财产的安全，客观方面表现为行为人实施了对恐怖活动组织或者从事恐怖活动的个人进行资助的行为，主体可以是年满 16 周岁、具有刑事责任能力的自然人，也可以是单位，主观方面是故意} – {客体是不特定的多数人的生命、健康和重大公私财产的安全，主观方面是故意} = {客观方面表现为行为人实施了组织、领导、参加恐怖组织，危害公共安全的行为，主体是年满 16 周岁、具有刑事责任能力的自然人，客观方面表现为行为人实施了对恐怖活动组织或者从事恐怖活动的个人进行资助的行为，主体是年满 16 周岁、具有刑事责任能力的自然人与单位}。

3. 本罪的停止形态

（1）组织、领导、参加恐怖组织罪的预备犯

设 G7 为组织、领导、参加恐怖组织罪的预备犯的集合，则 G7 = {组织、领导、参加恐怖组织罪的预备犯}；

设 G71 为组织、领导、参加恐怖组织罪预备犯主观方面的集合，则 G71 =｛行为人在主观上有组织、领导、参加恐怖组织，危害公共安全的故意｝；

设 G72 为组织、领导、参加恐怖组织罪预备犯客观方面的集合，则 G72 =｛行为人在客观上实施了为组织、领导、参加恐怖组织，危害公共安全而准备工具、制造条件的行为｝；

设 G73 为组织、领导、参加恐怖组织罪预备犯犯罪停止原因的集合，则 G73 =｛行为人因意志以外的原因使组织、领导、参加恐怖组织，危害公共安全的行为而未得逞｝。

则 G7 = G71 ∪ G72 ∪ G73，即 ｛组织、领导、参加恐怖组织罪的预备犯｝=｛行为人在主观上有组织、领导、参加恐怖组织，危害公共安全的故意｝∪｛行为人在客观上实施了为组织、领导、参加恐怖组织，危害公共安全而准备工具、制造条件的行为｝∪｛行为人因意志以外的原因使组织、领导、参加恐怖组织，危害公共安全的行为而未得逞｝=｛行为人在主观上有组织、领导、参加恐怖组织，危害公共安全的故意，行为人在客观上实施了为组织、领导、参加恐怖组织，危害公共安全而准备工具、制造条件的行为，行为人因意志以外的原因使组织、领导、参加恐怖组织，危害公共安全的行为而未得逞｝=｛行为人为组织、领导、参加恐怖组织，危害公共安全，实施了为组织、领导、参加恐怖组织，危害公共安全而准备工具、制造条件的行为，但是因意志以外的原因使组织、领导、参加恐怖组织，危害公共安全的行为而未得逞｝。

（2）组织、领导、参加恐怖组织罪的未遂犯

设 G8 为组织、领导、参加恐怖组织罪的未遂犯的集合，则 G8 =｛组织、领导、参加恐怖组织罪的未遂犯｝；

设 G81 为组织、领导、参加恐怖组织罪未遂犯主观方面的集合，则 G81 =｛行为人在主观上有组织、领导、参加恐怖组织，危害公共安全的故意｝；

设 G82 为组织、领导、参加恐怖组织罪未遂犯客观方面的集

合，则 G82 = {行为人在客观上已经着手实施了为组织、领导、参加恐怖组织，危害公共安全的行为}；

设 G83 为组织、领导、参加恐怖组织罪未遂犯犯罪停止原因的集合，则 G83 = {行为人因意志以外的原因使组织、领导、参加恐怖组织，危害公共安全的行为而未得逞}。

则 G8 = G81 ∪ G82 ∪ G83，即 {组织、领导、参加恐怖组织罪的未遂犯} = {行为人在主观上有组织、领导、参加恐怖组织，危害公共安全的故意} ∪ {行为人在客观上已经着手实施了为组织、领导、参加恐怖组织，危害公共安全的行为} ∪ {行为人因意志以外的原因使组织、领导、参加恐怖组织，危害公共安全的行为而未得逞} = {行为人在主观上有组织、领导、参加恐怖组织，危害公共安全的故意，行为人在客观上已经着手实施了为组织、领导、参加恐怖组织，危害公共安全的行为，行为人因意志以外的原因使组织、领导、参加恐怖组织，危害公共安全的行为而未得逞} = {行为人为组织、领导、参加恐怖组织，危害公共安全，已经着手实施了为组织、领导、参加恐怖组织，危害公共安全的行为，但是因意志以外的原因使组织、领导、参加恐怖组织，危害公共安全的行为而未得逞}。

（3）组织、领导、参加恐怖组织罪的中止犯

设 G9 为组织、领导、参加恐怖组织罪的中止犯的集合，则 G9 = {组织、领导、参加恐怖组织罪的中止犯}；

设 G91 为组织、领导、参加恐怖组织罪中止犯主观方面的集合，则 G91 = {行为人在主观上有组织、领导、参加恐怖组织，危害公共安全的故意}；

设 G92 为组织、领导、参加恐怖组织罪中止犯客观方面的集合，则 G92 = {行为人在客观上已经预备或者着手实施组织、领导、参加恐怖组织，危害公共安全的行为}；

设 G93 为组织、领导、参加恐怖组织罪中止犯犯罪停止原因的集合，则 G93 = {行为人自动放弃组织、领导、参加恐怖组织，危害

公共安全的行为或者自动有效地避免了危害结果的发生}。

则 G9 = G91∪G92∪G93，即 {组织、领导、参加恐怖组织罪的中止犯} = {行为人在主观上有组织、领导、参加恐怖组织，危害公共安全的故意}∪{行为人在客观上已经预备或者着手实施组织、领导、参加恐怖组织，危害公共安全的行为}∪{行为人自动放弃组织、领导、参加恐怖组织，危害公共安全的行为或者自动有效地避免了危害结果的发生} = {行为人在主观上有组织、领导、参加恐怖组织，危害公共安全的故意，行为人在客观上已经预备或者着手实施组织、领导、参加恐怖组织，危害公共安全的行为，行为人自动放弃组织、领导、参加恐怖组织，危害公共安全的行为或者自动有效地避免了危害结果的发生} = {行为人为组织、领导、参加恐怖组织，危害公共安全，已经预备或者着手实施组织、领导、参加恐怖组织，危害公共安全的行为，但是自动放弃组织、领导、参加恐怖组织，危害公共安全的行为或者自动有效地避免了危害结果的发生}。

4. 本罪的共犯形态

设 G10 为组织、领导、参加恐怖组织罪的共同犯罪的集合，则 G10 = {组织、领导、参加恐怖组织罪的共同犯罪}；

设 G101 为组织、领导、参加恐怖组织罪的共同犯罪的主体的集合，则 G101 = {主体是两个以上年满 16 周岁、具有刑事责任能力的自然人}；

设 G102 为组织、领导、参加恐怖组织罪的共同犯罪的主观方面的集合，则 G102 = {行为人在主观上有组织、领导、参加恐怖组织，危害公共安全的共同故意}；

设 G103 为组织、领导、参加恐怖组织罪的共同犯罪的客观方面的集合，则 G103 = {行为人在客观上实行了组织、领导、参加恐怖组织，危害公共安全的共同行为}。

则 G10 = G101∪G102∪G103，即 {组织、领导、参加恐怖组

织罪的共同犯罪} ={主体是两个以上年满 16 周岁、具有刑事责任能力的自然人} ∪ {行为人在主观上有组织、领导、参加恐怖组织，危害公共安全的共同故意} ∪ {行为人在客观上实行了组织、领导、参加恐怖组织，危害公共安全的共同行为} ={主体是两个以上年满 16 周岁、具有刑事责任能力的自然人，在主观上有组织、领导、参加恐怖组织，危害公共安全的共同故意，在客观上实行了组织、领导、参加恐怖组织，危害公共安全的共同行为}。

八、劫持航空器罪

（一）劫持航空器罪的概念

劫持航空器罪，是指行为人以暴力、胁迫或者其他方法劫持航空器，危害航空运输安全的行为。❶

（二）劫持航空器罪的构成特征

关于劫持航空器罪的构成特征，根据现行刑法的规定，必须具备以下四个方面，其集合表现为：

设 H 为劫持航空器罪的集合，则 H ={劫持航空器罪}；

设 H1 为劫持航空器罪的客体的集合，则 H1 ={航空器的飞行安全}；

设 H2 为劫持航空器罪的客观方面的集合，则 H2 ={行为人实施了以暴力、胁迫或者其他方法劫持航空器，危害航空运输安全的行为}；

设 H3 为劫持航空器罪的主体的集合，则 H3 ={年满 16 周岁、具有刑事责任能力的自然人}；

设 H4 为劫持航空器罪的主观方面的集合，则 H4 ={直接故意}。

则 H = H1 ∪ H2 ∪ H3 ∪ H4，即 {劫持航空器罪} ={客体是航空

---

❶ 朱建华主编：《刑法分论》，法律出版社 2018 年版，第 62 页。

器的飞行安全｝∪｛客观方面表现为行为人实施了以暴力、胁迫或者其他方法劫持航空器，危害航空运输安全的行为｝∪｛主体是年满16周岁、具有刑事责任能力的自然人｝∪｛主观方面是直接故意｝＝｛客体是航空器的飞行安全，客观方面表现为行为人实施了以暴力、胁迫或者其他方法劫持航空器，危害航空运输安全的行为，主体是年满16周岁、具有刑事责任能力的自然人，主观方面是直接故意｝。

（三）劫持航空器罪的司法适用

1. 本罪与非罪的界限

设 H5 为劫持航空器罪的非罪的集合，则 H5 ＝｛无罪｝＝∅；

设 H51 为劫持航空器罪的非罪的客体的集合，则 H51 ＝｛行为人没有侵犯不特定的多数人的生命健康和重大公私财产的安全｝＝∅；

设 H52 为劫持航空器罪的非罪的客观方面的集合，则 H52 ＝｛行为人没有实施组织、领导、参加恐怖组织，危害公共安全的行为｝＝∅；

设 H53 为劫持航空器罪的非罪的主体的集合，则 H53 ＝｛行为人是未满16周岁，或者已满16周岁但没有刑事责任能力的自然人｝＝∅；

设 H54 为劫持航空器罪的非罪的主观方面的集合，则 H54 ＝｛行为人无故意｝＝∅。

则 H5 ＝｛劫持航空器罪的非罪｝＝ H∩H51 ＝｛劫持航空器罪｝∩｛行为人没有侵犯不特定的多数人的生命健康和重大公私财产的安全｝＝｛劫持航空器罪｝∩∅＝∅＝｛无罪｝；

H5 ＝｛劫持航空器罪的非罪｝＝ H∩H52 ＝｛劫持航空器罪｝∩｛行为人没有实施组织、领导、参加恐怖组织，危害公共安全的行为｝＝｛劫持航空器罪｝∩∅＝∅＝｛无罪｝；

H5 ＝｛劫持航空器罪的非罪｝＝ H∩H53 ＝｛劫持航空器罪｝∩｛行为人是未满16周岁，或者已满16周岁但没有刑事责任能力的自

然人} = {劫持航空器罪} ∩ Ø = Ø = {无罪};

H5 = {劫持航空器罪的非罪} = H ∩ H54 = {劫持航空器罪} ∩ {行为人无故意} = {劫持航空器罪} ∩ Ø = Ø = {无罪}。

2. 此罪与彼罪的界限

（1）劫持航空器罪与破坏交通工具罪的界限

设 H 为劫持航空器罪的集合，则 H = {劫持航空器罪}；

设 H6 为破坏交通工具罪的集合，则 H6 = {破坏交通工具罪}。

则 H ∪ H6 – H ∩ H6 = {劫持航空器罪} ∪ {破坏交通工具罪} – {劫持航空器罪} ∩ {破坏交通工具罪} = {客体是航空器的飞行安全，客观方面表现为行为人实施了以暴力、胁迫或者其他方法劫持航空器，危害航空运输安全的行为，主体是年满 16 周岁、具有刑事责任能力的自然人，主观方面是故意} ∪ {客体是铁路、公路、水路交通运输安全，客观方面表现为行为人破坏正在使用中的火车、汽车、电车、船只、航空器，足以使其发生倾覆、毁坏危险，尚未造成严重后果或者已经造成严重后果的行为，主体是年满 16 周岁、具有刑事责任能力的自然人，主观方面是故意} – {主体是年满 16 周岁、具有刑事责任能力的自然人，主观方面是故意} = {客体是航空器的飞行安全，客观方面表现为行为人实施了以暴力、胁迫或者其他方法劫持航空器，危害航空运输安全的行为，客体是铁路、公路、水路交通运输安全，客观方面表现为行为人实施了破坏正在使用中的火车、汽车、电车、船只、航空器，足以使其发生倾覆、毁坏危险，尚未造成严重后果或者已经造成严重后果的行为}。

（2）劫持航空器罪与劫持船只、汽车罪的界限

设 H 为劫持航空器罪的集合，则 H = {劫持航空器罪}；

设 H7 为劫持船只、汽车罪的集合，则 H7 = {劫持船只、汽车罪}。

则 H ∪ H7 – H ∩ H7 = {劫持航空器罪} ∪ {劫持船只、汽车罪} – {劫持航空器罪} ∩ {劫持船只、汽车罪} = {客体是航空器的飞行安

全，客观方面表现为行为人实施了以暴力、胁迫或者其他方法劫持航空器，危害航空运输安全的行为，主体是年满 16 周岁、具有刑事责任能力的自然人，主观方面是直接故意｝∪｛客体是船只、汽车的运输安全，客观方面表现为行为人实施了以暴力、胁迫或者其他方法劫持船只、汽车，危害公共安全的行为，主体是年满 16 周岁、具有刑事责任能力的自然人，主观方面是直接故意｝－｛主体是年满 16 周岁、具有刑事责任能力的自然人，主观方面是直接故意｝＝｛客体是航空器的飞行安全，客观方面表现为行为人实施了以暴力、胁迫或者其他方法劫持航空器，危害航空运输安全的行为，客体是船只、汽车的运输安全，客观方面表现为行为人实施了以暴力、胁迫或者其他方法劫持船只、汽车，危害公共安全的行为｝。

3. 本罪的停止形态

（1）劫持航空器罪的预备犯

设 H8 为劫持航空器罪的预备犯的集合，则 H8 ＝｛劫持航空器罪的预备犯｝；

设 H81 为劫持航空器罪预备犯主观方面的集合，则 H81 ＝｛行为人在主观上有实施以暴力、胁迫或者其他方法劫持航空器，危害航空运输安全的故意｝；

设 H82 为劫持航空器罪预备犯客观方面的集合，则 H82 ＝｛行为人在客观上实施了以暴力、胁迫或者其他方法劫持航空器而准备工具、制造条件的行为｝；

设 H83 为劫持航空器罪预备犯犯罪停止原因的集合，则 H83 ＝｛行为人因意志以外的原因使以暴力、胁迫或者其他方法劫持航空器，危害航空运输安全的行为而未得逞｝。

则 H8 ＝ H81∪H82∪H83，即 ｛劫持航空器罪的预备犯｝＝｛行为人在主观上有企图实施以暴力、胁迫或者其他方法劫持航空器，危害航空运输安全的故意｝∪｛行为人在客观上实施了以暴力、胁迫或者其他方法劫持航空器而准备工具、制造条件的行为｝∪｛行为人因意志以外的原因使以暴力、胁迫或者其他方法劫持航空器，危害航空运输安全的行为而未得逞} = {行为人在主观上有实施以暴力、胁迫或者其他方法劫持航空器，危害航空运输安全的故意，行为人在客观上实施了以暴力、胁迫或者其他方法劫持航空器而准备工具、制造条件的行为，行为人因意志以外的原因使以暴力、胁迫或者其他方法劫持航空器，危害航空运输安全的行为而未得逞} = {行为人为实施以暴力、胁迫或者其他方法劫持航空器，危害航空运输安全，实施了以暴力、胁迫或者其他方法劫持航空器而准备工具、制造条件的行为，但是因意志以外的原因使以暴力、胁迫或者其他方法劫持航空器，危害航空运输安全的行为而未得逞}。

（2）劫持航空器罪的未遂犯

设 H9 为劫持航空器罪的未遂犯的集合，则 H9 = {劫持航空器罪的未遂犯}；

设 H91 劫持航空器罪未遂犯主观方面的集合，则 H91 = {行为人在主观上有实施以暴力、胁迫或者其他方法劫持航空器，危害航空运输安全的故意}；

设 H92 为劫持航空器罪未遂犯客观方面的集合，则 H92 = {行为人在客观上已经着手实施了以暴力、胁迫或者其他方法劫持航空器，危害航空运输安全的行为}；

设 H93 为劫持航空器罪未遂犯犯罪停止原因的集合，则 H93 = {行为人因意志以外的原因使实施以暴力、胁迫或者其他方法劫持航空器，危害航空运输安全的行为而未得逞}。

则 H9 = H91 ∪ H92 ∪ H93，即 {劫持航空器罪的未遂犯} = {行为人在主观上有实施以暴力、胁迫或者其他方法劫持航空器，危害航空运输安全的故意} ∪ {行为人在客观上已经着手实施了以暴力、胁迫或者其他方法劫持航空器，危害航空运输安全的行为} ∪ {行为人因意志以外的原因使实施以暴力、胁迫或者其他方法劫持航空器，危害航空运输安全的行为而未得逞} = {行为人在主观上有实施以暴力、胁迫或者其他方法劫持航空器，危害航空运输安全的故意，行为人在客观上已经着手实施了以暴力、胁迫或者其他方法劫持航空器，危害航空运输安全的行为，行为人因意志以外的原因使实施以暴力、胁迫或者其他方法劫持航空器，危害航空运输安全的行为而未得逞｝＝｛行为人为了实施以暴力、胁迫或者其他方法劫持航空器，危害航空运输安全，已经着手实施了以暴力、胁迫或者其他方法劫持航空器，危害航空运输安全的行为，但是因意志以外的原因使实施以暴力、胁迫或者其他方法劫持航空器，危害航空运输安全的行为而未得逞｝。

（3）劫持航空器罪的中止犯

设 H10 为劫持航空器罪的中止犯的集合，则 H10 ＝｛劫持航空器罪的中止犯｝；

设 H101 为劫持航空器罪中止犯主观方面的集合，则 H101 ＝｛行为人在主观上有以暴力、胁迫或者其他方法劫持航空器，危害航空运输安全的故意｝；

设 H102 为劫持航空器罪中止犯客观方面的集合，则 H102 ＝｛行为人在客观上已经预备或者着手实施以暴力、胁迫或者其他方法劫持航空器，危害航空运输安全的行为｝；

设 H103 为劫持航空器罪中止犯犯罪停止原因的集合，则 H103 ＝｛行为人自动放弃以暴力、胁迫或者其他方法劫持航空器，危害航空运输安全的行为或者自动有效地避免了危害结果的发生｝。

则 H10 ＝ H101∪H102∪H103，即 ｛劫持航空器罪的中止犯｝＝｛行为人在主观上有以暴力、胁迫或者其他方法劫持航空器，危害航空运输安全的故意｝∪｛行为人在客观上已经预备或者着手实施以暴力、胁迫或者其他方法劫持航空器，危害航空运输安全的行为｝∪｛行为人自动放弃以暴力、胁迫或者其他方法劫持航空器，危害航空运输安全的行为或者自动有效地避免了危害结果的发生｝＝｛行为人在主观上有以暴力、胁迫或者其他方法劫持航空器，危害航空运输安全的故意，行为人在客观上已经预备或者着手实施以暴力、胁迫或者其他方法劫持航空器，危害航空运输安全的行为，行为人自动放弃以暴力、胁迫或者其他方法劫持航空器，危害航空运输安全的行为或者自动有效地避免了危害结果的发生}={行为人为以暴力、胁迫或者其他方法劫持航空器，危害航空运输安全，已经预备或者着手实施以暴力、胁迫或者其他方法劫持航空器，危害航空运输安全的行为，但是自动放弃以暴力、胁迫或者其他方法劫持航空器，危害航空运输安全的行为或者自动有效地避免了危害结果的发生}。

4. 本罪的共犯形态

设 H11 为劫持航空器罪的共同犯罪的集合，则 H11 = {劫持航空器罪的共同犯罪}；

设 H111 为劫持航空器罪的共同犯罪的主体的集合，则 H111 = {主体是两个以上年满 16 周岁、具有刑事责任能力的自然人}；

设 H112 为劫持航空器罪的共同犯罪的主观方面的集合，则 H112 = {行为人在主观上有实施以暴力、胁迫或者其他方法劫持航空器，危害航空运输安全的共同故意}；

设 H113 为劫持航空器罪的共同犯罪的客观方面的集合，则 H113 = {行为人在客观上实施了以暴力、胁迫或者其他方法劫持航空器，危害航空运输安全的共同行为}。

则 H11 = H111∪H112∪H113，即 {劫持航空器罪的共同犯罪} = {主体是两个以上年满 16 周岁、具有刑事责任能力的自然人}∪{行为人在主观上有实施以暴力、胁迫或者其他方法劫持航空器，危害航空运输安全的共同故意}∪{行为人在客观上实施了以暴力、胁迫或者其他方法劫持航空器，危害航空运输安全的共同行为}={主体是两个以上年满 16 周岁、具有刑事责任能力的自然人，在主观上有实施以暴力、胁迫或者其他方法劫持航空器，危害航空运输安全的共同故意，在客观上实施了以暴力、胁迫或者其他方法劫持航空器，危害航空运输安全的共同行为}。

九、破坏广播电视设施、公用电信设施罪

（一）破坏广播电视设施、公用电信设施罪的概念

破坏广播电视设施、公用电信设施罪，是指行为人故意地破坏正在使用中的广播电视设施、公用电信设施，危害公共安全的行为。[1]

（二）破坏广播电视设施、公用电信设施罪的构成特征

关于破坏广播电视设施、公用电信设施罪的构成特征，根据现行刑法的规定，必须具备以下四个方面，其集合表现为：

设 I 为破坏广播电视设施、公用电信设施罪的集合，则 I＝｛破坏广播电视设施、公用电信设施罪｝；

设 I1 为破坏广播电视设施、公用电信设施罪的客体的集合，则 I1＝｛公共通讯的安全｝；

设 I2 为破坏广播电视设施、公用电信设施罪的客观方面的集合，则 I2＝｛行为人实施了破坏正在使用中的广播电视设施、公用电信设施，危害公共安全的行为｝；

设 I3 为破坏广播电视设施、公用电信设施罪的主体的集合，则 I3＝｛年满 16 周岁、具有刑事责任能力的自然人｝；

设 I4 为破坏广播电视设施、公用电信设施罪的主观方面的集合，则 I4＝｛故意｝。

则 I＝I1∪I2∪I3∪I4，即 ｛破坏广播电视设施、公用电信设施罪｝＝｛客体是公共通讯的安全｝∪｛客观方面表现为行为人实施了破坏正在使用中的广播电视设施、公用电信设施，危害公共安全的行为｝∪｛主体是年满 16 周岁、具有刑事责任能力的自然人｝∪｛主观方面是故意｝＝｛客体是公共通讯的安全，客观方面表现为行为人实施了破坏正在使用中的广播电视设施、公用电信设施，危害公共安

---

[1] 朱建华主编：《刑法分论》，法律出版社 2018 年版，第 69 页。

全的行为，主体是年满 16 周岁、具有刑事责任能力的自然人，主观方面是故意}。

（三）破坏广播电视设施、公用电信设施罪的司法适用

1. 本罪与非罪的界限

设 I5 为破坏广播电视设施、公用电信设施罪的非罪的集合，则 I5 = {无罪} = Ø；

设 I51 为破坏广播电视设施、公用电信设施罪的非罪的客体的集合，则 I51 = {行为人没有侵犯公共通讯的安全} = Ø；

设 I52 为破坏广播电视设施、公用电信设施罪的非罪的客观方面的集合，则 I52 = {行为人没有实施破坏正在使用中的广播电视设施、公用电信设施，危害公共安全的行为} = Ø；

设 I53 为破坏广播电视设施、公用电信设施罪的非罪的主体的集合，则 I53 = {行为人是未满 16 周岁，或者已满 16 周岁但没有刑事责任能力的自然人} = Ø；

设 I54 为破坏广播电视设施、公用电信设施罪的非罪的主观方面的集合，则 I54 = {行为人无故意} = Ø。

则 I5 = {破坏广播电视设施、公用电信设施罪的非罪} = I ∩ I51 = {破坏广播电视设施、公用电信设施罪} ∩ {行为人没有侵犯公共通讯的安全} = {破坏广播电视设施、公用电信设施罪} ∩ Ø = Ø = {无罪}；

I5 = {破坏广播电视设施、公用电信设施罪的非罪} = I ∩ I52 = {破坏广播电视设施、公用电信设施罪} ∩ {行为人没有实施破坏正在使用中的广播电视设施、公用电信设施，危害公共安全的行为} = {破坏广播电视设施、公用电信设施罪} ∩ Ø = Ø = {无罪}；

I5 = {破坏广播电视设施、公用电信设施罪的非罪} = I ∩ I53 = {破坏广播电视设施、公用电信设施罪} ∩ {行为人是未满 16 周岁，或者已满 16 周岁但没有刑事责任能力的自然人} = {破坏广播电视设施、公用电信设施罪} ∩ Ø = Ø = {无罪}；

I5 = {破坏广播电视设施、公用电信设施罪的非罪} = I∩I54 = {破坏广播电视设施、公用电信设施罪}∩{行为人无故意} = {破坏广播电视设施、公用电信设施罪}∩∅ = ∅ = {无罪}。

2. 此罪与彼罪的界限

关于此罪与彼罪的界限主要应弄清楚破坏广播电视设施、公用电信设施罪与过失损坏广播电视设施、公用电信设施罪的界限。

设 I 为破坏广播电视设施、公用电信设施罪的集合，则 I = {破坏广播电视设施、公用电信设施罪}；

设 I6 为过失损坏广播电视设施、公用电信设施罪的集合，则 I6 = {过失损坏广播电视设施、公用电信设施罪}。

则 I∪I6 – I∩I6 = {破坏广播电视设施、公用电信设施罪}∩{过失损坏广播电视设施、公用电信设施罪} – {破坏广播电视设施、公用电信设施罪}∩{过失损坏广播电视设施、公用电信设施罪} = {客体是公共通讯的安全，客观方面表现为行为人实施了破坏正在使用中的广播电视设施、公用电信设施，危害公共安全的行为，主体是年满 16 周岁、具有刑事责任能力的自然人，主观方面是故意}∪{客体是公共通讯的安全，客观方面表现为行为人实施了损坏广播电视设施、公用电信设施，造成严重后果，危害公共安全的行为，主体是年满 16 周岁、具有刑事责任能力的自然人，主观方面是过失} – {客体是公共通讯的安全，主体是年满 16 周岁、具有刑事责任能力的人} = {客观方面表现为行为人实施了破坏正在使用中的广播电视设施、公用电信设施，危害公共安全的行为，主观方面是故意，客观方面表现为行为人实施了损坏广播电视设施、公用电信设施，造成严重后果，危害公共安全的行为，主观方面是过失}。

3. 本罪的停止形态

（1）破坏广播电视设施、公用电信设施罪的预备犯

设 I7 为破坏广播电视设施、公用电信设施罪的预备犯的集合，则 I7 = {破坏广播电视设施、公用电信设施罪的预备犯}；

设 I71 为破坏广播电视设施、公用电信设施罪预备犯主观方面的集合，则 I71 = {行为人在主观上有实施破坏正在使用中的广播电视设施、公用电信设施，危害公共安全的故意}；

设 I72 为破坏广播电视设施、公用电信设施罪预备犯客观方面的集合，则 I72 = {行为人在客观上实施了为破坏正在使用中的广播电视设施、公用电信设施，危害公共安全的行为而准备工具、制造条件的行为}；

设 I73 为破坏正在使用中的广播电视设施、公用电信设施罪预备犯犯罪停止原因的集合，则 I73 = {行为人因意志以外的原因使实施破坏正在使用中的广播电视设施、公用电信设施，危害公共安全的行为而未得逞}。

则 I7 = I71∪I72∪I73，即 {破坏广播电视设施、公用电信设施罪的预备犯} = {行为人在主观上有实施破坏正在使用中的广播电视设施、公用电信设施，危害公共安全的故意}∪{行为人在客观上实施了为破坏正在使用中的广播电视设施、公用电信设施，危害公共安全的行为而准备工具、制造条件的行为}∪{行为人因意志以外的原因使实施破坏正在使用中的广播电视设施、公用电信设施，危害公共安全的行为而未得逞} = {行为人在主观上有实施破坏正在使用中的广播电视设施、公用电信设施，危害公共安全的故意，行为人在客观上实施了为破坏正在使用中的广播电视设施、公用电信设施，危害公共安全的行为而准备工具、制造条件的行为，行为人因意志以外的原因使实施破坏正在使用中的广播电视设施、公用电信设施，危害公共安全的行为而未得逞} = {行为人为企图实施破坏正在使用中的广播电视设施、公用电信设施，危害公共安全，实施了为破坏正在使用中的广播电视设施、公用电信设施，危害公共安全而准备工具、制造条件的行为，但是因意志以外的原因使实施破坏正在使用中的广播电视设施、公用电信设施，危害公共安全的行为而未得逞}。

（2）破坏广播电视设施、公用电信设施罪的未遂犯

设 I8 为破坏广播电视设施、公用电信设施罪的未遂犯的集合，则 I8 = ｛破坏广播电视设施、公用电信设施罪的未遂犯｝；

设 I81 为破坏广播电视设施、公用电信设施罪未遂犯主观方面的集合，则 I81 = ｛行为人在主观上有实施破坏正在使用中的广播电视设施、公用电信设施，危害公共安全的故意｝；

设 I82 为破坏正在使用中的广播电视设施、公用电信设施罪未遂犯客观方面的集合，则 I82 = ｛行为人在客观上已经着手实施了破坏正在使用中的广播电视设施、公用电信设施，危害公共安全的行为｝；

设 I83 为破坏广播电视设施、公用电信设施罪未遂犯犯罪停止原因的集合，则 I83 = ｛行为人因意志以外的原因使破坏正在使用中的广播电视设施、公用电信设施，危害公共安全的行为而未得逞｝。

则 I8 = I81 ∪ I82 ∪ I83，即 ｛破坏广播电视设施、公用电信设施罪的未遂犯｝ = ｛行为人在主观上有实施破坏正在使用中的广播电视设施、公用电信设施，危害公共安全的故意｝ ∪ ｛行为人在客观上已经着手实施了破坏正在使用中的广播电视设施、公用电信设施，危害公共安全的行为｝ ∪ ｛行为人因意志以外的原因使破坏正在使用中的广播电视设施、公用电信设施，危害公共安全的行为而未得逞｝ = ｛行为人在主观上有实施破坏正在使用中的广播电视设施、公用电信设施，危害公共安全的故意，行为人在客观上已经着手实施了破坏正在使用中的广播电视设施、公用电信设施，危害公共安全的行为，行为人因意志以外的原因使破坏正在使用中的广播电视设施、公用电信设施，危害公共安全的行为而未得逞｝ = ｛行为人为了实施破坏正在使用中的广播电视设施、公用电信设施，危害公共安全，已经着手实施了破坏正在使用中的广播电视设施、公用电信设施，危害公共安全的行为，但是因意志以外的原因使破坏正在使用中的广播电视设施、公用电信设施，危害公共安全的行为而未得逞｝。

（3）破坏广播电视设施、公用电信设施罪的中止犯

设 I9 为破坏广播电视设施、公用电信设施罪的中止犯的集合，则 I9 = {破坏广播电视设施、公用电信设施罪的中止犯}；

设 I91 为破坏广播电视设施、公用电信设施罪中止犯主观方面的集合，则 I91 = {行为人在主观上有破坏正在使用中的广播电视设施、公用电信设施，危害公共安全的故意}；

设 I92 为破坏正在使用中的广播电视设施、公用电信设施罪中止犯客观方面的集合，则 I92 = {行为人在客观上已经预备或者着手实施了破坏正在使用中的广播电视设施、公用电信设施，危害公共安全的行为}；

设 I93 为破坏广播电视设施、公用电信设施罪中止犯犯罪停止原因的集合，则 I93 = {行为人自动放弃了破坏正在使用中的广播电视设施、公用电信设施，危害公共安全的行为或者自动有效地避免了危害结果的发生}。

则 I9 = I91 ∪ I92 ∪ I93，即 {破坏广播电视设施、公用电信设施罪的中止犯} = {行为人在主观上有破坏正在使用中的广播电视设施、公用电信设施，危害公共安全的故意} ∪ {行为人在客观上已经预备或者着手实施了破坏正在使用中的广播电视设施、公用电信设施的行为} ∪ {行为人自动放弃了破坏正在使用中的广播电视设施、公用电信设施的行为或者自动有效地避免了危害结果的发生} = {行为人在主观上有破坏正在使用中的广播电视设施、公用电信设施，危害公共安全的故意，行为人在客观上已经预备或者着手实施了破坏正在使用中的广播电视设施、公用电信设施的行为，行为人自动放弃了破坏正在使用中的广播电视设施、公用电信设施的行为或者自动有效地避免了危害结果的发生} = {行为人为破坏正在使用中的广播电视设施、公用电信设施，危害公共安全，已经预备或者着手实施了破坏正在使用中的广播电视设施、公用电信设施的行为，但是自动放弃了破坏正在使用中的广播电视设施、公用电信设施的行为或者自动有效地避免了危害结果的发生}。

4. 本罪的共犯形态

设 I10 为破坏广播电视设施、公用电信设施罪的共同犯罪的集合，则 I10 = ｛破坏广播电视设施、公用电信设施罪的共同犯罪｝；

设 I101 为破坏广播电视设施、公用电信设施罪的共同犯罪的主体的集合，则 I101 =｛主体是两个以上年满 16 周岁、具有刑事责任能力的自然人｝；

设 I102 为破坏广播电视设施、公用电信设施罪的共同犯罪的主观方面的集合，则 I102 =｛行为人在主观上有破坏正在使用中的广播电视设施、公用电信设施罪的共同故意｝；

设 I103 为破坏广播电视设施、公用电信设施罪的共同犯罪的客观方面的集合，则 I103 =｛行为人在客观上实施了破坏正在使用中的广播电视设施、公用电信设施罪的共同行为｝。

则 I10 = I101∪I102∪I103，即 ｛破坏广播电视设施、公用电信设施罪的共同犯罪｝=｛主体是两个以上年满 16 周岁、具有刑事责任能力的自然人｝∪｛行为人在主观上有破坏正在使用中的广播电视设施、公用电信设施的共同故意｝∪｛行为人在客观上实施了破坏正在使用中的广播电视设施、公用电信设施的共同行为｝=｛主体是两个以上年满 16 周岁、具有刑事责任能力的自然人，在主观上有破坏正在使用中的广播电视设施、公用电信设施的共同故意，在客观上实施了破坏正在使用中的广播电视设施、公用电信设施的共同行为｝。

十、非法制造、买卖、运输、邮寄、储存枪支、弹药、爆炸物罪

（一）非法制造、买卖、运输、邮寄、储存枪支、弹药、爆炸物罪的概念

非法制造、买卖、运输、邮寄、储存枪支、弹药、爆炸物罪，是指行为人未经国家有关部门认可，违反国家枪支、弹药、爆炸物的管理制度，非法地制造、买卖、运输、邮寄、储存枪支、弹药、

爆炸物，危害公共安全的行为。[1]

（二）非法制造、买卖、运输、邮寄、储存枪支、弹药、爆炸物罪的构成特征

关于非法制造、买卖、运输、邮寄、储存枪支、弹药、爆炸物罪的构成特征，根据现行刑法的规定，必须具备以下四个方面，其集合表现为：

设 J 为非法制造、买卖、运输、邮寄、储存枪支、弹药、爆炸物罪的集合，则 J = {非法制造、买卖、运输、邮寄、储存枪支、弹药、爆炸物罪}；

设 J1 为非法制造、买卖、运输、邮寄、储存枪支、弹药、爆炸物罪的客体的集合，则 J1 = {社会的公共安全和国家对枪支、弹药、爆炸物的管理制度}；

设 J2 为非法制造、买卖、运输、邮寄、储存枪支、弹药、爆炸物罪的客观方面的集合，则 J2 = {行为人未经国家有关部门认可，违反国家枪支、弹药、爆炸物的管理制度，非法地制造、买卖、运输、邮寄、储存枪支、弹药、爆炸物，危害公共安全的行为}；

设 J3 为非法制造、买卖、运输、邮寄、储存枪支、弹药、爆炸物罪的主体的集合，则 J3 = {可以是年满 16 周岁、具有刑事责任能力的自然人，也可以是单位}；

设 J4 为非法制造、买卖、运输、邮寄、储存枪支、弹药、爆炸物罪的主观方面的集合，则 J4 = {直接故意}。

则 J = J1∪J2∪J3∪J4，即 {非法制造、买卖、运输、邮寄、储存枪支、弹药、爆炸物罪} = {客体是社会的公共安全和国家对枪支、弹药、爆炸物的管理制度}∪{客观方面表现为行为人未经国家有关部门认可，违反国家枪支、弹药、爆炸物的管理制度，非法地制造、买卖、运输、邮寄、储存枪支、弹药、爆炸物，危害公共安

---

[1] 朱建华主编：《刑法分论》，法律出版社 2018 年版，第 71 页。

全的行为｜∪｜主体可以是年满 16 周岁、具有刑事责任能力的自然人，也可以是单位｜∪｜主观方面是直接故意｝＝｜客体是社会的公共安全和国家对枪支、弹药、爆炸物的管理制度，客观方面表现为行为人未经国家有关部门认可，违反国家枪支、弹药、爆炸物的管理制度，非法地制造、买卖、运输、邮寄、储存枪支、弹药、爆炸物，危害公共安全的行为，主体可以是年满 16 周岁、具有刑事责任能力的自然人，也可以是单位，主观方面是直接故意｝。

（三）非法制造、买卖、运输、邮寄、储存枪支、弹药、爆炸物罪的司法适用

1. 本罪与非罪的界限

设 J5 为非法制造、买卖、运输、邮寄、储存枪支、弹药、爆炸物罪的非罪的集合，则 J5 ＝｜无罪｝＝∅；

设 J51 为非法制造、买卖、运输、邮寄、储存枪支、弹药、爆炸物罪的非罪的客体的集合，则 J51 ＝｜行为人没有侵犯社会的公共安全和国家对枪支、弹药、爆炸物的管理制度｝＝∅；

设 J52 为非法制造、买卖、运输、邮寄、储存枪支、弹药、爆炸物罪的非罪的客观方面的集合，则 J52 ＝｜行为人没有实施未经国家有关部门认可，违反国家枪支、弹药、爆炸物的管理制度，非法制造、买卖、运输、邮寄、储存枪支、弹药、爆炸物，危害公共安全的行为｝＝∅；

设 J53 为非法制造、买卖、运输、邮寄、储存枪支、弹药、爆炸物罪的非罪的主体的集合，则 J53 ＝｜行为人是未满 16 周岁，或者已满 16 周岁但没有刑事责任能力的自然人｝＝∅；

设 J54 为非法制造、买卖、运输、邮寄、储存枪支、弹药、爆炸物罪的非罪的主观方面的集合，则 J54 ＝｜行为人无故意｝＝∅。

则 J5 ＝｜非法制造、买卖、运输、邮寄、储存枪支、弹药、爆炸物罪的非罪｝＝ J∩J51 ＝｜非法制造、买卖、运输、邮寄、储存枪支、弹药、爆炸物罪｝∩｜行为人没有侵犯社会的公共安全和国家对

枪支、弹药、爆炸物的管理制度} = {非法制造、买卖、运输、邮寄、储存枪支、弹药、爆炸物罪} ∩ ∅ = ∅ = {无罪};

J5 = {非法制造、买卖、运输、邮寄、储存枪支、弹药、爆炸物罪的非罪} = J ∩ J52 = {非法制造、买卖、运输、邮寄、储存枪支、弹药、爆炸物罪} ∩ {行为人没有实施未经国家有关部门认可，违反国家枪支、弹药、爆炸物的管理制度，非法制造、买卖、运输、邮寄、储存枪支、弹药、爆炸物，危害公共安全的行为} = {非法制造、买卖、运输、邮寄、储存枪支、弹药、爆炸物罪} ∩ ∅ = ∅ = {无罪};

J5 = {非法制造、买卖、运输、邮寄、储存枪支、弹药、爆炸物罪的非罪} = J ∩ J53 = {非法制造、买卖、运输、邮寄、储存枪支、弹药、爆炸物罪} ∩ {行为人是未满 16 周岁，或者已满 16 周岁但没有刑事责任能力的自然人} = {非法制造、买卖、运输、邮寄、储存枪支、弹药、爆炸物罪} ∩ ∅ = ∅ = {无罪};

J5 = {非法制造、买卖、运输、邮寄、储存枪支、弹药、爆炸物罪的非罪} = J ∩ J54 = {非法制造、买卖、运输、邮寄、储存枪支、弹药、爆炸物罪} ∩ {行为人无故意} = {非法制造、买卖、运输、邮寄、储存枪支、弹药、爆炸物罪} ∩ ∅ = ∅ = {无罪}。

2. 此罪与彼罪的界限

（1）非法制造、买卖、运输、邮寄、储存枪支、弹药、爆炸物罪与非法制造、买卖、运输、储存危险物质罪的界限

设 J 为非法制造、买卖、运输、邮寄、储存枪支、弹药、爆炸物罪的集合，则 J = {非法制造、买卖、运输、邮寄、储存枪支、弹药、爆炸物罪}；

设 J6 为非法制造、买卖、运输、储存危险物质罪的集合，则 J6 = {非法制造、买卖、运输、储存危险物质罪}。

则 J ∪ J6 - J ∩ J6 = {非法制造、买卖、运输、邮寄、储存枪支、弹药、爆炸物罪} ∪ {非法制造、买卖、运输、储存危险物质罪} -

｛非法制造、买卖、运输、邮寄、储存枪支、弹药、爆炸物罪｝∩
｛非法制造、买卖、运输、储存危险物质罪｝=｛客体是社会的公共
安全和国家对枪支、弹药、爆炸物的管理制度，客观方面表现为行
为人未经国家有关部门认可，违反国家枪支、弹药、爆炸物的管理
制度，非法制造、买卖、运输、邮寄、储存枪支、弹药、爆炸物，
危害公共安全的行为，主体可以是年满16周岁、具有刑事责任能力
的自然人，也可以是单位，主观方面是直接故意｝∪｛客体是社会的
公共安全和国家对危险物质的管理制度，客观方面表现为行为人违
反国家对危险物质的管理规定，非法制造、买卖、运输、储存毒害
性、放射性、传染病病原体等物质，危害公共安全的行为，主体可
以是年满16周岁、具有刑事责任能力的自然人，也可以是单位，主
观方面是直接故意｝-｛主体可以是年满16周岁、具有刑事责任能
力的自然人，也可以是单位，主观方面是直接故意｝=｛客体是社会
的公共安全和国家对枪支、弹药、爆炸物的管理制度，客观方面表
现为行为人未经国家有关部门认可，违反国家枪支、弹药、爆炸物
的管理制度，非法制造、买卖、运输、邮寄、储存枪支、弹药、爆
炸物，危害公共安全的行为，客体是社会的公共安全和国家对危险
物质的管理制度，客观方面表现为行为人违反国家对危险物质的管
理规定，非法制造、买卖、运输、储存毒害性、放射性、传染病病
原体等物质，危害公共安全的行为｝。

（2）非法制造、买卖、运输、邮寄、储存枪支、弹药、爆炸物
罪与违规制造、销售枪支罪的界限

设 J 为非法制造、买卖、运输、邮寄、储存枪支、弹药、爆炸
物罪的集合，则 J =｛非法制造、买卖、运输、邮寄、储存枪支、弹
药、爆炸物罪｝；

设 J7 为违规制造、销售枪支罪的集合，则 J7 =｛违规制造、销
售枪支罪｝。

则 J∪J7 - J∩J7 =｛非法制造、买卖、运输、邮寄、储存枪支、
弹药、爆炸物罪｝∪｛违规制造、销售枪支罪｝-｛非法制造、买卖、

运输、邮寄、储存枪支、弹药、爆炸物罪}∩{违规制造、销售枪支罪}＝{客体是社会的公共安全和国家对枪支、弹药、爆炸物的管理制度，客观方面表现为行为人未经国家有关部门认可，违反国家枪支、弹药、爆炸物的管理制度，非法制造、买卖、运输、邮寄、储存枪支、弹药、爆炸物，危害公共安全的行为，主体可以是年满16周岁、具有刑事责任能力的自然人，也可以是单位，主观方面是直接故意}∪{客体是社会的公共安全和国家对枪支制造与销售的管理制度，客观方面表现为有关企业违反枪支管理规定，擅自制造、销售枪支的行为，主体只能是依法被指定、确定的枪支制造企业、销售企业，主观方面是直接故意}－{主观方面是直接故意}＝{客体是社会的公共安全和国家对枪支、弹药、爆炸物的管理制度，客观方面表现为行为人未经国家有关部门认可，违反国家枪支、弹药、爆炸物的管理制度，非法制造、买卖、运输、邮寄、储存枪支、弹药、爆炸物，危害公共安全的行为，主体可以是年满16周岁、具有刑事责任能力的自然人，也可以是单位，客体是社会的公共安全和国家对枪支制造与销售的管理制度，客观方面表现为有关企业违反枪支管理规定，擅自制造、销售枪支的行为，主体只能是依法被指定、确定的枪支制造企业、销售企业}。

3. 本罪的停止形态

（1）非法制造、买卖、运输、邮寄、储存枪支、弹药、爆炸物罪的预备犯

设 J8 非法制造、买卖、运输、邮寄、储存枪支、弹药、爆炸物罪的预备犯的集合，则 J8 ＝{非法制造、买卖、运输、邮寄、储存枪支、弹药、爆炸物罪的预备犯}；

设 J81 为非法制造、买卖、运输、邮寄、储存枪支、弹药、爆炸物罪预备犯主观方面的集合，则 J81 ＝{行为人在主观上有未经国家有关部门认可，违反国家枪支、弹药、爆炸物的管理制度，非法制造、买卖、运输、邮寄、储存枪支、弹药、爆炸物，危害公共安

全的故意}；

设 J82 为非法制造、买卖、运输、邮寄、储存枪支、弹药、爆炸物罪预备犯客观方面的集合，则 J82 = {行为人在客观上实施了未经国家有关部门认可，违反国家枪支、弹药、爆炸物的管理制度，非法制造、买卖、运输、邮寄、储存枪支、弹药、爆炸物，危害公共安全的行为}；

设 J83 为非法制造、买卖、运输、邮寄、储存枪支、弹药、爆炸物罪预备犯犯罪停止原因的集合，则 J83 = {行为人因意志以外的原因使未经国家有关部门认可，违反国家枪支、弹药、爆炸物的管理制度，非法制造、买卖、运输、邮寄、储存枪支、弹药、爆炸物，危害公共安全的行为而未得逞}。

则 J8 = J81∪J82∪J83，即 {非法制造、买卖、运输、邮寄、储存枪支、弹药、爆炸物罪的预备犯} = {行为人在主观上有未经国家有关部门认可，违反国家枪支、弹药、爆炸物的管理制度，非法制造、买卖、运输、邮寄、储存枪支、弹药、爆炸物，危害公共安全的故意}∪{行为人在客观上实施了未经国家有关部门认可，违反国家枪支、弹药、爆炸物的管理制度，非法制造、买卖、运输、邮寄、储存枪支、弹药、爆炸物，危害公共安全的行为}∪{行为人因意志以外的原因使未经国家有关部门认可，违反国家枪支、弹药、爆炸物的管理制度，非法制造、买卖、运输、邮寄、储存枪支、弹药、爆炸物，危害公共安全的行为而未得逞} = {行为人在主观上有未经国家有关部门认可，违反国家枪支、弹药、爆炸物的管理制度，非法制造、买卖、运输、邮寄、储存枪支、弹药、爆炸物，危害公共安全的故意，行为人在客观上实施了未经国家有关部门认可，违反国家枪支、弹药、爆炸物的管理制度，非法制造、买卖、运输、邮寄、储存枪支、弹药、爆炸物，危害公共安全的行为，行为人因意志以外的原因使未经国家有关部门认可，违反国家枪支、弹药、爆炸物的管理制度，非法制造、买卖、运输、邮寄、储存枪支、弹药、爆炸物，危害公共安全的行为而未得逞} = {行为人有未经国家有关部门认可，违反国家枪支、弹药、爆炸物的管理制度，非法制造、买卖、运输、邮寄、储存枪支、弹药、爆炸物，危害公共安全的故意，实施了为非法制造、买卖、运输、邮寄、储存枪支、弹药、爆炸物而准备工具、制造条件的行为，但是因意志以外的原因使未经国家有关部门认可，违反国家枪支、弹药、爆炸物的管理制度，非法制造、买卖、运输、邮寄、储存枪支、弹药、爆炸物，危害公共安全的行为而未得逞}。

（2）非法制造、买卖、运输、邮寄、储存枪支、弹药、爆炸物罪的未遂犯

设 J9 为非法制造、买卖、运输、邮寄、储存枪支、弹药、爆炸物罪的未遂犯的集合，则 J9 =｛非法制造、买卖、运输、邮寄、储存枪支、弹药、爆炸物罪的未遂犯｝；

设 J91 为非法制造、买卖、运输、邮寄、储存枪支、弹药、爆炸物罪未遂犯主观方面的集合，则 J91 =｛行为人在主观上有未经国家有关部门认可，违反国家枪支、弹药、爆炸物的管理制度，非法制造、买卖、运输、邮寄、储存枪支、弹药、爆炸物，危害公共安全的故意｝；

设 J92 为非法制造、买卖、运输、邮寄、储存枪支、弹药、爆炸物罪未遂犯客观方面的集合，则 J92 =｛行为人在客观上已经着手实施了非法制造、买卖、运输、邮寄、储存枪支、弹药、爆炸物罪的行为｝；

设 J93 为非法制造、买卖、运输、邮寄、储存枪支、弹药、爆炸物罪未遂犯犯罪停止原因的集合，则 J93 =｛行为人因意志以外的原因使未经国家有关部门认可，违反国家枪支、弹药、爆炸物的管理制度，非法制造、买卖、运输、邮寄、储存枪支、弹药、爆炸物，危害公共安全的行为而未得逞｝。

则 J9 = J91∪J92∪J93，即 ｛非法制造、买卖、运输、邮寄、储存枪支、弹药、爆炸物罪的未遂犯｝=｛行为人在主观上有未经国家有关部门认可，违反国家枪支、弹药、爆炸物的管理制度，非法制

造、买卖、运输、邮寄、储存枪支、弹药、爆炸物，危害公共安全的故意｝∪｛行为人在客观上已经着手实施了非法制造、买卖、运输、邮寄、储存枪支、弹药、爆炸物罪的行为｝∪｛行为人因意志以外的原因使未经国家有关部门认可，违反国家枪支、弹药、爆炸物的管理制度，非法制造、买卖、运输、邮寄、储存枪支、弹药、爆炸物，危害公共安全的行为而未得逞｝＝｛行为人在主观上有未经国家有关部门认可，违反国家枪支、弹药、爆炸物的管理制度，非法制造、买卖、运输、邮寄、储存枪支、弹药、爆炸物，危害公共安全的故意，行为人在客观上已经着手实施了非法制造、买卖、运输、邮寄、储存枪支、弹药、爆炸物罪的行为，行为人因意志以外的原因使未经国家有关部门认可，违反国家枪支、弹药、爆炸物的管理制度，非法制造、买卖、运输、邮寄、储存枪支、弹药、爆炸物，危害公共安全的行为而未得逞｝＝｛行为人为非法制造、买卖、运输、邮寄、储存枪支、弹药、爆炸物，危害公共安全，已经着手实施了为非法制造、买卖、运输、邮寄、储存枪支、弹药、爆炸物罪的行为，但是因意志以外的原因使未经国家有关部门认可，违反国家枪支、弹药、爆炸物的管理制度，非法制造、买卖、运输、邮寄、储存枪支、弹药、爆炸物，危害公共安全的行为而未得逞｝。

（3）非法制造、买卖、运输、邮寄、储存枪支、弹药、爆炸物罪的中止犯

设 J10 为非法制造、买卖、运输、邮寄、储存枪支、弹药、爆炸物罪的中止犯的集合，则 J10 = ｛非法制造、买卖、运输、邮寄、储存枪支、弹药、爆炸物罪的中止犯｝；

设 J101 为非法制造、买卖、运输、邮寄、储存枪支、弹药、爆炸物罪中止犯主观方面的集合，则 J101 = ｛行为人在主观上在主观上有未经国家有关部门认可，违反国家枪支、弹药、爆炸物的管理制度，非法制造、买卖、运输、邮寄、储存枪支、弹药、爆炸物，危害公共安全的故意｝；

设 J102 为非法制造、买卖、运输、邮寄、储存枪支、弹药、爆

炸物罪中止犯客观方面的集合，则 J102 = ｛行为人在客观上已经预备或者着手实施非法制造、买卖、运输、邮寄、储存枪支、弹药、爆炸物罪的行为｝；

设 J103 为非法制造、买卖、运输、邮寄、储存枪支、弹药、爆炸物罪中止犯犯罪停止原因的集合，则 J103 = ｛行为人自动放弃非法制造、买卖、运输、邮寄、储存枪支、弹药、爆炸物的行为或者自动有效地避免了危害结果的发生｝。

则 J10 = J101 ∪ J102 ∪ J103，即 ｛非法制造、买卖、运输、邮寄、储存枪支、弹药、爆炸物罪的中止犯｝=｛行为人在主观上有未经国家有关部门认可，违反国家枪支、弹药、爆炸物的管理制度，非法制造、买卖、运输、邮寄、储存枪支、弹药、爆炸物，危害公共安全的故意｝∪｛行为人在客观上已经预备或者着手实施非法制造、买卖、运输、邮寄、储存枪支、弹药、爆炸物的行为｝∪｛行为人自动放弃非法制造、买卖、运输、邮寄、储存枪支、弹药、爆炸物罪的行为或者自动有效地避免了危害结果的发生｝=｛行为人在主观上有未经国家有关部门认可，违反国家枪支、弹药、爆炸物的管理制度，非法制造、买卖、运输、邮寄、储存枪支、弹药、爆炸物，危害公共安全的故意，行为人在客观上已经预备或者着手实施非法制造、买卖、运输、邮寄、储存枪支、弹药、爆炸物的行为，行为人自动放弃非法制造、买卖、运输、邮寄、储存枪支、弹药、爆炸物罪的行为或者自动有效地避免了危害结果的发生｝=｛行为人为非法制造、买卖、运输、邮寄、储存枪支、弹药、爆炸物，危害公共安全，已经预备或者着手实施非法制造、买卖、运输、邮寄、储存枪支、弹药、爆炸物的行为，但是自动放弃非法制造、买卖、运输、邮寄、储存枪支、弹药、爆炸物的行为或者自动有效地避免了危害结果的发生｝。

4. 本罪的共犯形态

设 J11 为非法制造、买卖、运输、邮寄、储存枪支、弹药、爆炸物罪的共同犯罪的集合，则 J11 = {非法制造、买卖、运输、邮寄、储存枪支、弹药、爆炸物罪的共同犯罪}；

设 J111 为非法制造、买卖、运输、邮寄、储存枪支、弹药、爆炸物罪的共同犯罪的主体的集合，则 J111 = {主体是两个以上年满16 周岁、具有刑事责任能力的自然人}；

设 J112 为非法制造、买卖、运输、邮寄、储存枪支、弹药、爆炸物的共同犯罪的主观方面的集合，则 J112 = {行为人在主观上有未经国家有关部门认可，违反国家枪支、弹药、爆炸物的管理制度，非法制造、买卖、运输、邮寄、储存枪支、弹药、爆炸物，危害公共安全的共同故意}；

设 J113 为非法制造、买卖、运输、邮寄、储存枪支、弹药、爆炸物罪的共同犯罪的客观方面的集合，则 J113 = {行为人在客观上实施了未经国家有关部门认可，违反国家枪支、弹药、爆炸物的管理制度，非法制造、买卖、运输、邮寄、储存枪支、弹药、爆炸物，危害公共安全的共同行为}。

则 J11 = J111 ∪ J112 ∪ J113，即 {非法制造、买卖、运输、邮寄、储存枪支、弹药、爆炸物罪的共同犯罪} = {主体是两个以上年满16周岁、具有刑事责任能力的自然人} ∪ {行为人在主观上有未经国家有关部门认可，违反国家枪支、弹药、爆炸物的管理制度，非法制造、买卖、运输、邮寄、储存枪支、弹药、爆炸物，危害公共安全的共同故意} ∪ {行为人在客观上实施了未经国家有关部门认可，违反国家枪支、弹药、爆炸物的管理制度，非法制造、买卖、运输、邮寄、储存枪支、弹药、爆炸物，危害公共安全的共同行为} = {主体是两个以上年满16周岁、具有刑事责任能力的自然人，人在主观上有未经国家有关部门认可，违反国家枪支、弹药、爆炸物的管理制度，非法制造、买卖、运输、邮寄、储存枪支、弹药、爆炸物，危害公共安全的共同故意，在客观上实施了未经国家有关部门认可，违反国家枪支、弹药、爆炸物的管理制度，非法制造、买卖、运输、邮寄、储存枪支、弹药、爆炸物，危害公共安全的共同行为}。

十一、交通肇事罪❶

（一）交通肇事罪的概念

交通肇事罪，是指行为人违反交通运输管理法规，因而发生重大事故，致人重伤、死亡或致使公私财产遭受重大损失的行为。❷

（二）交通肇事罪的构成特征

关于交通肇事罪的构成特征，根据现行刑法的规定，必须具备以下四个方面，其集合表现为：

设 K 为交通肇事罪的集合，则 K = {交通肇事罪}；

设 K1 为交通肇事罪的客体的集合，则 K1 = {交通运输的安全}；

设 K2 交通肇事罪的客观方面的集合，则 K2 = {行为人违反交通运输管理法规，因而发生重大事故，致人重伤、死亡或致使公私财产遭受重大损失的行为}；

设 K3 为交通肇事罪的主体的集合，则 K3 = {年满 16 周岁、具有刑事责任能力的自然人}；

设 K4 为交通肇事罪的主观方面的集合，则 K4 = {过失}。

则 K = K1∪K2∪K3∪K4，即 {交通肇事罪} = {客体是交通运输的安全}∪{客观方面表现为行为人违反交通运输管理法规，因而发生重大事故，致人重伤、死亡或致使公私财产遭受重大损失的行为}∪{主体是年满 16 周岁、具有刑事责任能力的自然人}∪{主观方面是过失} = {客体是交通运输的安全，客观方面表现为行为人违反交通运输管理法规，因而发生重大事故，致人重伤、死亡或致使公私财产遭受重大损失的行为，主体是年满 16 周岁、具有刑事责任

---

❶ 因交通肇事罪系过失犯罪，不存在犯罪停止形态和共犯形态，所以本罪关于这一方面的内容从略。

❷ 朱建华主编：《刑法分论》，法律出版社 2018 年版，第 77 页。

能力的自然人，主观方面是过失｝。

（三）交通肇事罪的司法适用

1. 本罪与非罪的界限

设 K5 为交通肇事罪的非罪的集合，则 K5 = ｛无罪｝= Ø；

设 K51 为交通肇事罪的非罪的客体的集合，则 K51 = ｛行为人没有侵犯交通运输的安全｝= Ø；

设 K52 为交通肇事罪的非罪的客观方面的集合，则 K52 = ｛行为人没有实施违反交通运输管理法规，因而发生重大事故，致人重伤、死亡或致使公私财产遭受重大损失的行为｝= Ø；

设 K53 为交通肇事罪的非罪的主体的集合，则 K53 = ｛行为人未满 16 周岁，或者已满 16 周岁但没有刑事责任能力的自然人｝= Ø；

设 K54 为交通肇事罪的非罪的主观方面的集合，则 K54 = ｛行为人无过失｝= Ø。

则 K5 = ｛交通肇事罪的非罪｝= K ∩ K51 = ｛交通肇事罪｝∩｛行为人没有侵犯交通运输的安全｝= ｛交通肇事罪｝∩ Ø = Ø = ｛无罪｝；

K5 = ｛交通肇事罪的非罪｝= K ∩ K52 = ｛交通肇事罪｝∩｛行为人没有实施违反交通运输管理法规，因而发生重大事故，致人重伤、死亡或致使公私财产遭受重大损失的行为｝= ｛交通肇事罪｝∩ Ø = Ø = ｛无罪｝；

K5 = ｛交通肇事罪的非罪｝= K ∩ K53 = ｛交通肇事罪｝∩｛行为人未满 16 周岁，或者已满 16 周岁但没有刑事责任能力的自然人｝= ｛交通肇事罪｝∩ Ø = Ø = ｛无罪｝；

K5 = ｛交通肇事罪的非罪｝= K ∩ K54 = ｛交通肇事罪｝∩｛行为人无过失｝= ｛交通肇事罪｝∩ Ø = Ø = ｛无罪｝。

2. 此罪与彼罪的界限

（1）交通肇事罪与破坏交通工具罪的界限

设 K 为交通肇事罪的集合，则 K = ｛交通肇事罪｝；

设 K6 为破坏交通工具罪的集合，则 K6 = {破坏交通工具罪}。

则 K∪K6 − K∩K6 = {交通肇事罪} ∪ {破坏交通工具罪} − {交通肇事罪} ∩ {破坏交通工具罪} = {客体是交通运输安全，客观方面表现为行为人违反交通运输管理法规，因而发生重大事故，致人重伤、死亡或致使公私财产遭受重大损失的行为，主体是年满 16 周岁、具有刑事责任能力的自然人，主观方面是过失} ∪ {客体是交通运输安全，客观方面表现为行为人破坏正在使用中的火车、汽车、电车、船只、航空器，足以使其发生倾覆、毁坏危险，尚未造成严重后果或者已经造成严重后果的行为，主体是年满 16 周岁、具有刑事责任能力的自然人，主观方面是故意} − {客体是交通运输安全，主体是年满 16 周岁、具有刑事责任能力的自然人} = {客观方面表现为行为人违反交通运输管理法规，因而发生重大事故，致人重伤、死亡或致使公私财产遭受重大损失的行为，主观方面是过失，客观方面表现为行为人破坏正在使用中的火车、汽车、电车、船只、航空器，足以使其发生倾覆、毁坏危险，尚未造成严重后果或者已经造成严重后果的行为，主观方面是故意}。

（2）交通肇事罪与过失损坏交通工具罪的界限

设 K 为交通肇事罪的集合，则 K = {交通肇事罪}；

设 K7 为过失损坏交通工具罪的集合，则 K7 = {过失损坏交通工具罪}。

则 K∪K7 − K∩K7 = {交通肇事罪} ∪ {过失损坏交通工具罪} − {交通肇事罪} ∩ {过失损坏交通工具罪} = {客体是交通运输安全，客观方面表现为行为人违反交通运输管理法规，因而发生重大事故，致人重伤、死亡或致使公私财产遭受重大损失的行为，主体是年满 16 周岁、具有刑事责任能力的自然人，主观方面是过失} ∪ {客体是交通运输安全，客观方面表现为行为人实施了损坏火车、汽车、电车、船只、航空器，造成严重后果，危害交通运输安全的行为，主体是年满 16 周岁、具有刑事责任能力的自然人，主观方面是过失} − {客体是交通运输安全，主体是年满 16 周岁、具有刑事责任能力的自然人，主观方面是过失}={客观方面表现为行为人违反交通运输管理法规，因而发生重大事故，致人重伤、死亡或致使公私财产遭受重大损失的行为，客观方面表现为行为人实施了损坏火车、汽车、电车、船只、航空器，造成严重后果，危害交通运输安全的行为}。

（3）交通肇事罪与重大飞行事故罪的界限

设 K 为交通肇事罪的集合，则 K＝{交通肇事罪}；

设 K8 为重大飞行事故罪的集合，则 K8＝{重大飞行事故罪}。

则 K∪K8－K∩K8＝{交通肇事罪}∪{重大飞行事故罪}－{交通肇事罪}∩{重大飞行事故罪}＝{客体是交通运输安全，客观方面表现为行为人违反交通运输管理法规，因而发生重大事故，致人重伤、死亡或致使公私财产遭受重大损失的行为，主体是年满16周岁、具有刑事责任能力的自然人，主观方面是过失}∪{客体是飞行安全，客观方面表现为行为人违反规章制度，导致重大飞行事故，造成严重后果的行为，主体是航空人员，主观方面是过失}－{主观方面是过失}＝{客体是交通运输安全，客观方面表现为行为人违反交通运输管理法规，因而发生重大事故，致人重伤、死亡或致使公私财产遭受重大损失的行为，主体是年满16周岁、具有刑事责任能力的人，客体是飞行安全，客观方面表现为行为人违反规章制度，导致重大飞行事故，造成严重后果的行为，主体是航空人员}。

（4）交通肇事罪与铁路运营安全事故罪的界限

设 K 为交通肇事罪的集合，则 K＝{交通肇事罪}；

设 K9 为铁路运营安全事故罪的集合，则 K9＝{铁路运营安全事故罪}。

则 K∪K9－K∩K9＝{交通肇事罪}∪{铁路运营安全事故罪}－{交通肇事罪}∩{铁路运营安全事故罪}＝{客体是交通运输安全，客观方面表现为行为人违反交通运输管理法规，因而发生重大事故，致人重伤、死亡或致使公私财产遭受重大损失的行为，主体是年满16周岁、具有刑事责任能力的自然人，主观方面是过失}∪{客体是铁路运营安全，客观方面表现为行为人违反规章制度，导致发生铁路运营安全事故，造成严重后果的行为，主体是铁路职工，主观方面是过失} − {主观方面是过失} = {客体是交通运输安全，客观方面表现为行为人违反交通运输管理法规，因而发生重大事故，致人重伤、死亡或致使公私财产遭受重大损失的行为，主体是年满 16 周岁、具有刑事责任能力的自然人，客体是铁路运营安全，客观方面表现为行为人违反规章制度，导致发生铁路运营安全事故，造成严重后果的行为，主体是铁路职工}。

十二、重大责任事故罪❶

（一）重大责任事故罪的概念

重大责任事故罪，是指在生产、作业中行为人违反有关安全管理规定，因而发生重大伤亡事故或者造成其他严重后果的行为。❷

（二）重大责任事故罪的构成特征

关于重大责任事故罪的构成特征，根据现行刑法的规定，主要有以下几个方面，其集合表现为：

设 L 为重大责任事故罪的集合，则 L = {重大责任事故罪}；

设 L1 为重大责任事故罪的客体的集合，则 L1 = {企业、事业或者其他单位正常的生产、作业安全}；

设 L2 重大责任事故罪的客观方面的集合，则 L2 = {行为人在生产、作业中违反有关安全管理规定，因而发生重大伤亡事故或者造成其他严重后果的行为}；

设 L3 为重大责任事故罪的主体的集合，则 L3 = {生产、作业中的人员}；

---

❶ 因重大责任事故罪系过失犯罪，不存在犯罪停止形态和共犯形态，所以本罪关于这一方面的内容从略。

❷ 朱建华主编：《刑法分论》，法律出版社 2018 年版，第 85 页。

设 L4 为重大责任事故罪的主观方面的集合，则 L4 = {过失}。

则 L = L1∪L2∪L3∪L4，即 {重大责任事故罪} = {客体是企业、事业或者其他单位正常的生产、作业安全}∪{客观方面表现为行为人在生产、作业中违反有关安全管理规定，因而发生重大伤亡事故或者造成其他严重后果的行为}∪{主体是生产、作业中的人员}∪{主观方面是过失} = {客体是企业、事业或者其他单位正常的生产、作业安全，客观方面表现为行为人在生产、作业中违反有关安全管理规定，因而发生重大伤亡事故或者造成其他严重后果的行为，主体是生产、作业中的人员，主观方面是过失}

（三）重大责任事故罪的司法适用

1. 本罪与非罪的界限

设 L5 为重大责任事故罪的非罪的集合，则 L5 = {无罪} = ∅；

设 L51 为重大责任事故罪的非罪的客体的集合，则 L51 = {行为人没有侵犯企业、事业或者其他单位正常的生产、作业安全} = ∅；

设 L52 为重大责任事故罪的非罪的客观方面的集合，则 L52 = {行为人在生产、作业中没有实施违反有关安全管理规定，因而发生重大伤亡事故或者造成其他严重后果的行为} = ∅；

设 L53 为重大责任事故罪的非罪的主体的集合，则 L53 = {行为人不是从事生产、作业中的人员} = ∅；

设 L54 为重大责任事故罪的非罪的主观方面的集合，则 L54 = {行为人无过失} = ∅。

则 L5 = {重大责任事故罪非罪} = L∩L51 = {重大责任事故罪}∩{行为人没有侵犯企业、事业或者其他单位正常的生产、作业安全} = {重大责任事故罪}∩∅ = ∅ = {无罪}；

L5 = {重大责任事故罪的非罪} = L∩L52 = {重大责任事故罪}∩{行为人在生产、作业中没有实施违反有关安全管理规定，因而发生重大伤亡事故或者造成其他严重后果的行为} = {重大责任事故罪}∩∅ = ∅ = {无罪}；

L5 ＝｛重大责任事故罪的非罪｝＝ L∩L53 ＝｛重大责任事故罪｝∩｛行为人不是从事生产、作业中的人员｝＝｛重大责任事故罪｝∩∅ ＝ ∅ ＝｛无罪｝；

L5 ＝｛重大责任事故罪的非罪｝＝ L∩L54 ＝｛重大责任事故罪｝∩｛行为人无过失｝＝｛重大责任事故罪｝∩∅ ＝ ∅ ＝｛无罪｝。

2. 此罪与彼罪的界限

（1）重大责任事故罪与强令、组织他人违章冒险作业罪的界限

设 L 为重大责任事故罪的集合，则 L ＝｛重大责任事故罪｝；

设 L6 为强令、组织他人违章冒险作业罪的集合，则 L6 ＝｛强令、组织他人违章冒险作业罪｝。

则 L∪L6 － L∩L6 ＝｛重大责任事故罪｝∪｛强令、组织他人违章冒险作业罪｝－｛重大责任事故罪｝∩｛强令、组织他人违章冒险作业罪｝＝｛客体是企业、事业或者其他单位正常的生产、作业安全，客观方面表现为行为人在生产、作业中违反有关安全管理规定，因而发生重大伤亡事故或者造成其他严重后果的行为，主体是生产、作业中的人员，主观方面是过失｝∪｛客体是企业、事业或者其他单位正常的生产、作业安全和不特定多数人的生命、健康权，客观方面表现为行为人实施了强令他人违章冒险作业，或者明知存在重大事故隐患而不排除，仍冒险组织作业，因而发生重大伤亡事故或者造成其他严重后果的行为，主体是对生产、作业具有组织、指挥或者管理职责的负责人、管理人员、实际控制人、投资人等人员，主观方面是过失｝－｛主观方面是过失｝＝｛客体是企业、事业或者其他单位正常的生产、作业安全，客观方面表现为行为人在生产、作业中违反有关安全管理规定，因而发生重大伤亡事故或者造成其他严重后果的行为，主体是从事生产、作业中的人员，客体是企业、事业或者其他单位正常的生产、作业安全和不特定多数人的生命、健康权，客观方面表现为行为人实施了强令他人违章冒险作业，或者明知存在重大事故隐患而不排除，仍冒险组织作业，因而发生重大伤

亡事故或者造成其他严重后果的行为，主体是对生产、作业具有组织、指挥或者管理职责的负责人、管理人员、实际控制人、投资人等人员}。

（2）重大责任事故罪与重大劳动安全事故罪的界限

设 L 为重大责任事故罪的集合，则 L = {重大责任事故罪}；

设 L7 为重大劳动安全事故罪的集合，则 L7 = {重大劳动安全事故罪}。

则 L∪L7 – L∩L7 = {重大责任事故罪} ∪ {重大劳动安全事故罪} – {重大责任事故罪} ∩ {重大劳动安全事故罪} = {客体是企业、事业或者其他单位正常的生产、作业安全，客观方面表现为行为人在生产、作业中违反有关安全管理规定，因而发生重大伤亡事故或者造成其他严重后果的行为，主体是生产、作业中的人员，主观方面是过失} ∪ {客体是企业、事业单位或者其他组织正常的生产、作业安全，客观方面表现为安全生产设施或者安全生产条件不符合国家规定，因而发生重大伤亡事故或者造成其他严重后果的行为，主体是安全生产设施或者安全生产条件不符合国家规定的企业、事业单位或者其他组织中的直接负责的主管人员和其他直接责任人员，主观方面是过失} – {客体是企业、事业或者其他单位正常的生产、作业安全，主观方面是过失} = {客观方面表现为行为人在生产、作业中违反有关安全管理规定，因而发生重大伤亡事故或者造成其他严重后果的行为，主体是从事生产、作业中的人员，客观方面表现为安全生产设施或者安全生产条件不符合国家规定，因而发生重大伤亡事故或者造成其他严重后果的行为，主体是安全生产设施或者安全生产条件不符合国家规定的企业、事业单位或者其他组织中的直接负责的主管人员和其他直接责任人员}。

（3）重大责任事故罪与危险物品肇事罪的界限

设 L 为重大责任事故罪的集合，则 L = {重大责任事故罪}；

设 L8 为危险物品肇事罪的集合，则 L8 = {危险物品肇事罪}。

则 L∪L8 – L∩L8 = {重大责任事故罪} ∪ {危险物品肇事罪} –

$\{$重大责任事故罪$\}\cap\{$危险物品肇事罪$\}$ = $\{$客体是企业、事业或者其他单位正常的生产、作业安全，客观方面表现为行为人在生产、作业中违反有关安全管理规定，因而发生重大伤亡事故或者造成其他严重后果的行为，主体是生产、作业中的人员，主观方面是过失$\}\cup\{$客体是不特定多数人的生命、健康和重大公私财产的安全，客观方面表现为行为人违反爆炸性、易燃性、放射性、毒害性、腐蚀性物品的管理规定，在生产、储存、运输、使用中发生重大事故，造成严重后果的行为，主体是从事危险物品生产、储存、运输、使用的人员，主观方面是过失$\}$ – $\{$主观方面是过失$\}$ = $\{$客体是企业、事业或者其他单位正常的生产、作业安全，客观方面表现为行为人在生产、作业中违反有关安全管理规定，因而发生重大伤亡事故或者造成其他严重后果的行为，主体是从事生产、作业中的人员，客体是不特定多数人的生命、健康和重大公私财产的安全，客观方面表现为行为人违反爆炸性、易燃性、放射性、毒害性、腐蚀性物品的管理规定，在生产、储存、运输、使用中发生重大事故，造成严重后果的行为，主体是从事危险物品生产、储存、运输、使用的人员$\}$。

（4）重大责任事故罪与工程重大安全事故罪的界限

设 L 为重大责任事故罪的集合，则 L = $\{$重大责任事故罪$\}$；

设 L9 为工程重大安全事故罪的集合，则 L9 = $\{$工程重大安全事故罪$\}$。

则 L∪L9 – L∩L9 = $\{$重大责任事故罪$\}\cup\{$工程重大安全事故罪$\}$ – $\{$重大责任事故罪$\}\cap\{$工程重大安全事故罪$\}$ = $\{$客体是企业、事业或者其他单位正常的生产、作业安全，客观方面表现为行为人在生产、作业中违反有关安全管理规定，因而发生重大伤亡事故或者造成其他严重后果的行为，主体是生产、作业中的人员，主观方面是过失$\}\cup\{$客体是不特定多数人的生命、健康和重大公私财产的安全，客观方面表现为单位违反国家规定，降低工程质量标准，造成重大安全事故的行为，主体是建设单位、设计单位、施工单位、工程监理单位，主观方面是过失｝-｛主观方面是过失｝=｛客体是企业、事业或者其他单位正常的生产、作业安全，客观方面表现为行为人在生产、作业中违反有关安全管理规定，因而发生重大伤亡事故或者造成其他严重后果的行为，主体是从事生产、作业中的人员，客体是不特定多数人的生命、健康和重大公私财产的安全，客观方面表现为单位违反国家规定，降低工程质量标准，造成重大安全事故的行为，主体是建设单位、设计单位、施工单位、工程监理单位｝。

（5）重大责任事故罪与教育设施重大安全事故罪的界限

设 L 为重大责任事故罪的集合，则 L =｛重大责任事故罪｝；

设 L10 为教育设施重大安全事故罪的集合，则 L10 =｛教育设施重大安全事故罪｝。

则 L∪L10 - L∩L10 =｛重大责任事故罪｝∪｛教育设施重大安全事故罪｝-｛重大责任事故罪｝∩｛教育设施重大安全事故罪｝=｛客体是企业、事业或者其他单位正常的生产、作业安全，客观方面表现为行为人在生产、作业中违反有关安全管理规定，因而发生重大伤亡事故或者造成其他严重后果的行为，主体是从事生产、作业的人员，主观方面是过失｝∪｛客体是不特定多数人的生命、健康和重大公私财产的安全，客观方面表现为行为人明知校舍或者教育教学设施有危险，而不采取措施或者不及时报告，致使发生重大伤亡事故的行为，主体是负责校舍或者教育教学设施安全的直接责任人员，主观方面是过失｝-｛主观方面是过失｝=｛客体是企业、事业或者其他单位正常的生产、作业安全，客观方面表现为行为人在生产、作业中违反有关安全管理规定，因而发生重大伤亡事故或者造成其他严重后果的行为，主体是从事生产、作业的人员，客体是不特定多数人的生命、健康和重大公私财产的安全，客观方面表现为行为人明知校舍或者教育教学设施有危险，而不采取措施或者不及时报告，致使发生重大伤亡事故的行为，主体是负责校舍或者教育教学设施安全的直接责任人员｝。

（6）重大责任事故罪与消防责任事故罪的界限

设 L 为重大责任事故罪的集合，则 L＝{重大责任事故罪}；

设 L11 为消防责任事故罪的集合，则 L11＝{消防责任事故罪}。

则 L∪L11－L∩L11＝{重大责任事故罪}∪{消防责任事故罪}－{重大责任事故罪}∩{消防责任事故罪}＝{客体是企业、事业或者其他单位正常的生产、作业安全，客观方面表现为行为人在生产、作业中违反有关安全管理规定，因而发生重大伤亡事故或者造成其他严重后果的行为，主体是生产、作业中的人员，主观方面是过失}∪{客体是不特定多数人的生命、健康和重大公私财产的安全，客观方面表现为行为人违反消防管理法规，经消防监督机构通知采取改正措施而拒绝执行，造成严重后果的行为，主体是单位负责消防工作的直接责任人员，主观方面是过失}－{主观方面是过失}＝{客体是企业、事业或者其他单位正常的生产、作业安全，客观方面表现为行为人在生产、作业中违反有关安全管理规定，因而发生重大伤亡事故或者造成其他严重后果的行为，主体是生产、作业中的人员，客体是不特定多数人的生命、健康和重大公私财产的安全，客观方面表现为行为人违反消防管理法规，经消防监督机构通知采取改正措施而拒绝执行，造成严重后果的行为，主体是单位负责消防工作的直接责任人员}。

第四章

破坏社会主义市场经济秩序罪

第一节　破坏社会主义市场经济秩序罪集合概述

一、破坏社会主义市场经济秩序罪的概念

破坏社会主义市场经济秩序罪，是指行为人违反国家经济管理法律法规，在市场经济运行或经济管理活动中从事非法经济活动，扰乱社会主义市场经济秩序，依法应当受到刑罚处罚的行为。❶

二、破坏社会主义市场经济秩序罪的共同特征

根据现行刑法对破坏社会主义市场经济秩序罪所作的规定来看，构成该类犯罪必须具备以下四个方面的共同特征，其集合表现为：

设 A 为破坏社会主义市场经济秩序罪的集合，则 A = ｛破坏社会主义市场经济秩序罪｝；

设 B 为破坏社会主义市场经济秩序罪同类客体的集合，则 B = ｛社会主义市场经济秩序｝；

设 C 为破坏社会主义市场经济秩序罪客观方面的集合，则 C = ｛行为人违反国家经济管理法律法规，在市场经济运行或经济管理

---

❶　朱建华主编：《刑法分论》，法律出版社 2018 年版，第 93 页。

活动中从事非法经济活动，扰乱社会主义市场经济秩序，依法应当受到刑罚处罚的行为 }；

设 D 为破坏社会主义市场经济秩序犯罪主体的集合，则 D = {达到法定年龄，具有刑事责任能力的自然人} ∪ {特定身份} ∪ {单位}；

设 E 为破坏社会主义市场经济秩序罪的主观方面的集合，则 E = {故意} ∪ {过失}。

则 A = B∪C∪D∪E，即 {破坏社会主义市场经济秩序罪} = {犯罪同类客体为社会主义市场经济秩序} ∪ {客观方面表现为行为人违反国家经济管理法律法规，在市场经济运行或经济管理活动中从事非法经济活动，扰乱社会主义市场经济秩序，依法应当受到刑罚处罚的行为} ∪ {犯罪主体必须是达到法定年龄，具有刑事责任能力的自然人，有的必须具有特定身份，有的犯罪主体可以是单位} ∪ {主观方面是故意，少数也可以是过失} = {犯罪同类客体为社会主义市场经济秩序，客观方面表现为行为人违反国家经济管理法律法规，在市场经济运行或经济管理活动中从事非法经济活动，扰乱社会主义市场经济秩序，依法应当受到刑罚处罚的行为，犯罪主体必须是达到法定年龄、具有刑事责任能力的自然人，有的必须具有特定身份，有的犯罪主体可以是单位，主观方面是故意，少数也可以是过失}。

三、破坏社会主义市场经济秩序的常见多发型犯罪的具体罪名

根据现行刑法对破坏社会主义市场经济秩序罪所作的规定来看，本章的犯罪共分 8 类有 109 种具体罪名，其中常见多发型犯罪有 23 种，用子集的方式来表达，其构造表现为：

（一）生产、销售伪劣商品罪

{生产、销售伪劣商品罪}

{生产、销售伪劣产品罪}

{生产、销售、提供假药罪}

{生产、销售不符合安全标准的食品罪}

……

{生产、销售伪劣产品罪，生产、销售、提供假药罪，生产、销售不符合安全标准的食品罪}

（二）走私罪

{走私罪}

{走私武器、弹药罪}

{走私普通货物、物品罪}

……

{走私武器、弹药罪，走私普通货物、物品罪}

（三）妨害对公司、企业的管理秩序罪

{妨害对公司、企业的管理秩序罪}

{虚报注册资本罪}

{非法经营同类营业罪}

……

{虚报注册资本罪，非法经营同类营业罪}

（四）破坏金融管理秩序罪

{破坏金融管理秩序罪}

{伪造货币罪}

{擅自发行股票、公司、企业债券罪}

{内幕交易、泄露内幕信息罪}

{违法发放贷款罪}

{逃汇罪}

{洗钱罪}

……

{伪造货币罪，擅自发行股票、公司、企业债券罪，内幕交易、泄露内幕信息罪，违法发放贷款罪，逃汇罪，洗钱罪}

（五） 金融诈骗罪

｛金融诈骗罪｝

｛集资诈骗罪｝

｛信用卡诈骗罪｝

……

｛集资诈骗罪，信用卡诈骗罪｝

（六） 危害税收征管罪

｛危害税收征管罪｝

｛逃税罪｝

｛虚开增值税专用发票、用于骗取出口退税、抵扣税款发票罪｝

……

｛逃税罪，虚开增值税专用发票、用于骗取出口退税、抵扣税款发票罪｝

（七） 侵犯知识产权罪

｛侵犯知识产权罪｝

｛假冒注册商标罪｝

｛侵犯商业秘密罪｝

……

｛假冒注册商标罪，侵犯商业秘密罪｝

（八） 扰乱市场秩序罪

｛扰乱市场秩序罪｝

｛合同诈骗罪｝

｛非法经营罪｝

……

｛合同诈骗罪，非法经营罪｝

第二节　破坏社会主义市场经济秩序的
常见多发型犯罪集合分述

一、生产、销售伪劣商品罪

（一）生产、销售伪劣产品罪

1. 生产、销售伪劣产品罪的概念

生产、销售伪劣产品罪，是指行为人在产品中掺杂、掺假，以假充真、以次充好或者以不合格产品冒充合格产品，销售金额 5 万元以上的行为。❶

2. 生产、销售伪劣产品罪的构成特征

关于生产、销售伪劣产品罪的构成特征，根据现行刑法的规定，必须具备以下四个方面，其集合表现为：

设 A 为生产、销售伪劣产品罪的集合，则 A ＝｜生产、销售伪劣产品罪｜；

设 A1 为生产、销售伪劣产品罪的客体的集合，则 A1 ＝｜产品质量管理制度｜∪｜广大消费者的合法权益｜＝｜产品质量管理制度和广大消费者的合法权益｜；

设 A2 为生产、销售伪劣产品罪的客观方面的集合，则 A2 ＝｜行为人在产品中掺杂、掺假，以假充真、以次充好或者以不合格产品冒充合格产品，销售金额 5 万元以上的行为｜；

设 A3 为生产、销售伪劣产品罪的主体的集合，则 A3 ＝｜年满 16 周岁、具有刑事责任能力的自然人｜∪｜单位｜＝｜可以是年满 16 周岁、具有刑事责任能力的自然人，也可以是单位｜；

---

❶ 朱建华主编：《刑法分论》，法律出版社 2018 年版，第 97 页。

设 A4 为生产、销售伪劣产品罪的主观方面的集合，则 A4 = {故意}。

则 A = A1∪A2∪A3∪A4，即 {生产、销售伪劣产品罪} = {客体是产品质量管理制度和广大消费者的合法权益}∪{客观方面表现为行为人在产品中掺杂、掺假，以假充真、以次充好或者以不合格产品冒充合格产品，销售金额 5 万元以上的行为}∪{主体可以是年满 16 周岁、具有刑事责任能力的自然人，也可以是单位}∪{主观方面是故意} = {客体是产品质量管理制度和广大消费者的合法权益，客观方面表现为行为人在产品中掺杂、掺假，以假充真、以次充好或者以不合格产品冒充合格产品，销售金额 5 万元以上的行为，主体可以是年满 16 周岁、具有刑事责任能力的自然人，也可以是单位，主观方面是故意}。

3. 生产、销售伪劣产品罪的司法适用

（1）本罪与非罪的界限

设 A5 为生产、销售伪劣产品罪的非罪的集合，则 A5 = {无罪} = Ø；

设 A51 为生产、销售伪劣产品罪的非罪的客体的集合，则 A51 = {行为人没有侵犯产品质量管理制度和广大消费者的合法权益} = Ø；

设 A52 为生产、销售伪劣产品罪的非罪的客观方面的集合，则 A52 = {行为人没有在产品中掺杂、掺假，以假充真、以次充好或者以不合格产品冒充合格产品，销售金额达到 5 万元以上的行为} = Ø；

设 A53 为生产、锴售伪劣产品罪的非罪的主体的集合，则 A53 = {主体是未满 16 周岁，或者已满 16 周岁但没有刑事责任能力的自然人和单位} = Ø；

设 A54 为生产、销售伪劣产品罪的非罪的主观方面的集合，则 A54 = {行为人无故意} = Ø。

则 A5 = ｛生产、销售伪劣产品罪的非罪｝ = A∩A51 = ｛生产、销售伪劣产品罪｝∩｛行为人没有侵犯产品质量管理制度和广大消费者的合法权益｝ = ｛生产、销售伪劣产品罪｝∩∅ = ∅ = ｛无罪｝；

A5 = ｛生产、销售伪劣产品罪的非罪｝ = A∩A52 = ｛生产、销售伪劣产品罪｝∩｛行为人没有在产品中掺杂、掺假，以假充真、以次充好或者以不合格产品冒充合格产品，销售金额达到 5 万元以上的行为｝ = ｛生产、销售伪劣产品罪｝∩∅ = ∅ = ｛无罪｝；

A5 = ｛生产、销售伪劣产品罪的非罪｝ = A∩A53 = ｛生产、销售伪劣产品罪｝∩｛主体是未满 16 周岁，或者已满 16 周岁但没有刑事责任能力的自然人和单位｝ = ｛生产、销售伪劣产品罪｝∩∅ = ∅ = ｛无罪｝；

A5 = ｛生产、销售伪劣产品罪的非罪｝ = A∩A54 = ｛生产、销售伪劣产品罪｝∩｛行为人无故意｝ = ｛生产、销售伪劣产品罪｝∩∅ = ∅ = ｛无罪｝。

（2）此罪与彼罪的界限

1）生产、销售伪劣产品罪与生产、销售不符合标准的医用器材罪的界限

设 A 为生产、销售伪劣产品罪的集合，则 A = ｛生产、销售伪劣产品罪｝；

设 A6 为生产、销售不符合标准的医用器材罪的集合，则 A6 = ｛生产、销售不符合标准的医用器材罪｝。

则 A∪A6 - A∩A6 = ｛生产、销售伪劣产品罪｝∪｛生产、销售不符合标准的医用器材罪｝ - ｛生产、销售伪劣产品罪｝∩｛生产、销售不符合标准的医用器材罪｝ = ｛客体是产品质量管理制度和广大消费者的合法权益，客观方面表现为行为人在产品中掺杂、掺假，以假充真、以次充好或者以不合格产品冒充合格产品，销售金额 5 万元以上的行为，主体可以是年满 16 周岁、具有刑事责任能力的自然人，也可以是单位，主观方面是故意｝∪｛客体是产品质量管理制度和不特定多数人的生命、健康的安全，客观方面表现为行为人违反

医用器材质量管理法律法规，故意生产、销售不符合保障人体健康的医疗器材，足以严重危害人体健康的行为，主体可以是年满 16 周岁、具有刑事责任能力的自然人，也可以是单位，主观方面是故意｝－｛客体是产品质量管理制度，主体可以是年满 16 周岁、具有刑事责任能力的自然人，也可以是单位，主观方面是故意｝＝｛客体是广大消费者的合法权益，客观方面表现为行为人在产品中掺杂、掺假，以假充真、以次充好或者以不合格产品冒充合格产品，销售金额 5 万元以上的行为，客体是不特定多数人的生命健康安全，客观方面表现为行为人违反产品质量管理法律、法规，生产不符合保障人体健康的国家标准、行业标准的医疗器械、医用卫生材料，或者销售明知是不符合保障人体健康的国家标准、行业标准的医疗器械、医用卫生材料，足以严重危害人体健康的行为｝。

2）生产、销售伪劣产品罪与生产、销售不符合安全标准的产品罪的界限

设 A 为生产、销售伪劣产品罪的集合，则 A =｛生产、销售伪劣产品罪｝；

设 A7 为生产、销售不符合安全标准的产品罪的集合，则 A7 =｛生产、销售不符合安全标准的产品罪｝。

则 A∪A7 – A∩A7 =｛生产、销售伪劣产品罪｝∪｛生产、销售不符合安全标准的产品罪｝–｛生产、销售伪劣产品罪｝∩｛生产、销售不符合安全标准的产品罪｝=｛客体是产品质量管理制度和广大消费者的合法权益，客观方面表现为行为人在产品中掺杂、掺假，以假充真、以次充好或者以不合格产品冒充合格产品，销售金额 5 万元以上的行为，主体可以是年满 16 周岁、具有刑事责任能力的自然人，也可以是单位，主观方面是故意｝∪客体是产品质量管理制度和不特定多数人的生命、健康和重大公私财产的安全，客观方面表现为行为人违反产品质量管理法律法规，生产、销售不符合安全标准的产品，造成严重后果的行为，主体可以是年满 16 周岁、具有刑事责任能力的自然人，也可以是单位，主观方面是故意｝–｛客体是

产品质量管理制度，主体可以是年满 16 周岁、具有刑事责任能力的自然人，也可以是单位，主观方面是故意}＝{客体是广大消费者的合法权益，客观方面表现为行为人在产品中掺杂、掺假，以假充真、以次充好或者以不合格产品冒充合格产品，销售金额 5 万元以上的行为，客体是不特定多数人的生命健康和重大公私财产的安全，客观方面表现为行为人违反产品质量管理法律法规，生产、销售不符合安全标准的产品，造成严重后果的行为}。

3）生产、销售伪劣产品罪与生产、销售伪劣农药、兽药、化肥、种子罪的界限

设 A 为生产、销售伪劣产品罪的集合，则 A ＝ {生产、销售伪劣产品罪}；

设 A8 为生产、销售伪劣农药、兽药、化肥、种子罪的集合，则 A8 ＝ {生产、销售伪劣农药、兽药、化肥、种子罪}。

则 A∪A8 – A∩A8 ＝ {生产、销售伪劣产品罪} ∪ {生产、销售伪劣农药、兽药、化肥、种子罪} – {生产、销售伪劣产品罪} ∩ {生产、销售伪劣农药、兽药、化肥、种子罪} ＝ {客体是产品质量管理制度和广大消费者的合法权益，客观方面表现为行为人在产品中掺杂、掺假，以假充真、以次充好或者以不合格产品冒充合格产品，销售金额 5 万元以上的行为，主体可以是年满 16 周岁、具有刑事责任能力的自然人，也可以是单位，主观方面是故意} ∪ {客体是农业生产资料质量管理制度和农业生产资料消费者的合法权益，客观方面表现为行为人违反产品质量管理法律法规，生产假农药、假兽药、假化肥，销售明知是假的或者失去使用效能的农药、兽药、化肥、种子，或者生产者、销售者以不合格的农药、兽药、化肥、种子冒充合格的农药、兽药、化肥、种子，使生产遭受较大损失的行为，主体可以是年满 16 周岁、具有刑事责任能力的自然人，也可以是单位，主观方面是故意} – {客体是农业生产资料质量管理制度，主体可以是年满 16 周岁、具有刑事责任能力的自然人，也可以是单位，主观方面是故意} ＝ {客体是农业生产资料质量管理制度之外的产品

质量管理制度和广大消费者的合法权益，客观方面表现为行为人在产品中掺杂、掺假，以假充真、以次充好或者以不合格产品冒充合格产品，销售金额 5 万元以上的行为，客体是农业生产资料消费者的合法权益，客观方面表现为行为人违反产品质量管理法律法规，生产假农药、假兽药、假化肥，销售明知是假的或者失去使用效能的农药、兽药、化肥、种子，或者生产者、销售者以不合格的农药、兽药、化肥、种子冒充合格的农药、兽药、化肥、种子，使生产遭受较大损失的行为}。

4）生产、销售伪劣产品罪与生产、销售不符合卫生标准的化妆品罪的界限

设 A 为生产、销售伪劣产品罪的集合，则 A = {生产、销售伪劣产品罪}；

设 A9 为生产、销售不符合卫生标准的化妆品罪的集合，则 A9 = {生产、销售不符合卫生标准的化妆品罪}。

则 A∪A9 − A∩A9 = {生产、销售伪劣产品罪} ∪ {生产、销售不符合卫生标准的化妆品罪} − {生产、销售伪劣产品罪} ∩ {生产、销售不符合卫生标准的化妆品罪} = {客体是产品质量管理制度和广大消费者的合法权益，客观方面表现为行为人在产品中掺杂、掺假，以假充真、以次充好或者以不合格产品冒充合格产品，销售金额 5 万元以上的行为，主体可以是年满 16 周岁、具有刑事责任能力的自然人，也可以是单位，主观方面是故意} ∪ {客体是卫生产品质量管理制度和不特定多数人的健康安全，客观方面表现为行为人违反产品卫生质量管理法律法规，生产不符合卫生标准的化妆品，或者销售明知是不符合卫生标准的化妆品，造成严重后果的行为，主体可以是年满 16 周岁、具有刑事责任能力的自然人，也可以是单位，主观方面是故意} − {主体可以是年满 16 周岁、具有刑事责任能力的自然人，也可以是单位，主观方面是故意} = {客体是产品质量管理制度和广大消费者的合法权益，客观方面表现为行为人在产品中掺杂、掺假，以假充真、以次充好或者以不合格产品冒充合格产品，

销售金额 5 万元以上的行为，客体是卫生产品质量管理制度和不特定多数人的健康安全，客观方面表现为行为人违反卫生产品质量管理法律法规，生产不符合卫生标准的化妆品，或者销售明知是不符合卫生标准的化妆品，造成严重后果的行为｝。

（3）本罪的停止形态

1）生产、销售伪劣产品罪的预备犯

设 A10 为生产、销售伪劣产品罪的预备犯的集合，则 A10 = ｛生产、销售伪劣产品罪的预备犯｝；

设 A101 为生产、销售伪劣产品罪预备犯主观方面的集合，则 A101 = ｛行为人有在产品中掺杂、掺假，以假充真、以次充好或者以不合格产品冒充合格产品的故意｝；

设 A102 为生产、销售伪劣产品罪预备犯客观方面的集合，则 A102 = ｛行为人在客观上实施了为在产品生产、销售过程中掺杂、掺假，以假充真，以次充好，或者以不合格产品冒充合格产品而准备工具、制造条件的行为｝；

设 A103 为生产、销售伪劣产品罪预备犯犯罪停止原因的集合，则 A103 = ｛行为人因意志以外的原因使行为人在产品生产、销售过程中掺杂、掺假，以假充真，以次充好，或者以不合格产品冒充合格产品的行为而未得逞｝。

则 A10 = A101 ∪ A102 ∪ A103，即 ｛生产、销售伪劣产品罪的预备犯｝=｛行为人在主观上有在产品中掺杂、掺假，以假充真、以次充好或者以不合格产品冒充合格产品的故意｝∪｛行为人在客观上实施了为在产品生产、销售过程中掺杂、掺假，以假充真，以次充好，或者以不合格产品冒充合格产品而准备工具、制造条件的行为｝∪｛行为人因意志以外的原因使行为人在产品生产、销售过程中掺杂、掺假，以假充真，以次充好，或者以不合格产品冒充合格产品的行为而未得逞｝=｛行为人在主观上有在产品中掺杂、掺假，以假充真、以次充好或者以不合格产品冒充合格产品的故意，行为人在客观上实施了为在产品生产、销售过程中掺杂、掺假，以假充真，以次充好，或者以不合格产品冒充合格产品而准备工具、制造条件的行为，行为人因意志以外的原因使行为人在产品生产、销售过程中掺杂、掺假，以假充真，以次充好，或者以不合格产品冒充合格产品的行为而未得逞} = {行为人为了在产品中掺杂、掺假，以假充真、以次充好或者以不合格产品冒充合格产品，实施了为在产品生产、销售过程中掺杂、掺假，以假充真，以次充好，或者以不合格产品冒充合格产品而准备工具、制造条件的行为，但是因意志以外的原因使行为人在产品生产、销售过程中掺杂、掺假，以假充真，以次充好，或者以不合格产品冒充合格产品的行为而未得逞}。

2）生产、销售伪劣产品罪的未遂犯

设 A11 为生产、销售伪劣产品罪的未遂犯的集合，则 A11 = {生产、销售伪劣产品罪的未遂犯}；

设 A111 为生产、销售伪劣产品罪未遂犯主观方面的集合，则 A111 = {行为人在主观上有在产品中掺杂、掺假，以假充真、以次充好或者以不合格产品冒充合格产品的故意}；

设 A112 为生产、销售伪劣产品罪未遂犯客观方面的集合，则 A112 = {行为人在客观上已经着手实施了为在产品生产、销售过程中掺杂、掺假，以假充真，以次充好，或者以不合格产品冒充合格产品的行为}；

设 A113 为生产、销售伪劣产品罪未遂犯犯罪停止原因的集合，则 A113 = {行为人因意志以外的原因使行为人在产品生产、销售过程中掺杂、掺假，以假充真，以次充好，或者以不合格产品冒充合格产品的行为而未得逞}。

则 A11 = A111 ∪ A112 ∪ A113，即 {生产、销售伪劣产品罪的未遂犯} = {行为人在主观上有在产品中掺杂、掺假，以假充真、以次充好或者以不合格产品冒充合格产品的故意} ∪ {行为人在客观上已经着手实施了为在产品生产、销售过程中掺杂、掺假，以假充真，以次充好，或者以不合格产品冒充合格产品的行为} ∪ {行为人因意志以外的原因使行为人在产品生产、销售过程中掺杂、掺假，以假充真，以次充好，或者以不合格产品冒充合格产品的行为而未得逞} = {行为人在主观上有在产品中掺杂、掺假，以假充真、以次充好或者以不合格产品冒充合格产品的故意，行为人在客观上已经着手实施了为在产品生产、销售过程中掺杂、掺假，以假充真，以次充好，或者以不合格产品冒充合格产品的行为，行为人因意志以外的原因使行为人在产品生产、销售过程中掺杂、掺假，以假充真，以次充好，或者以不合格产品冒充合格产品的行为而未得逞} = {行为人为了在产品中掺杂、掺假，以假充真、以次充好或者以不合格产品冒充合格产品，已经着手实施了在产品生产、销售过程中掺杂、掺假，以假充真，以次充好，或者以不合格产品冒充合格产品的行为，但是因意志以外的原因使行为人在产品生产、销售过程中掺杂、掺假，以假充真，以次充好，或者以不合格产品冒充合格产品的行为而未得逞}。

3）生产、销售伪劣产品罪的中止犯

设 A12 为生产、销售伪劣产品罪的中止犯的集合，则 A12 = {生产、销售伪劣产品罪的中止犯}；

设 A121 为生产、销售伪劣产品罪中止犯主观方面的集合，则 A121 = {行为人在主观上有在产品中掺杂、掺假、以假充真、以次充好或者以不合格产品冒充合格产品的故意}；

设 A122 为生产、销售伪劣产品罪中止犯客观方面的集合，则 A122 = {行为人在客观上已经预备或者着手实施了为在产品生产、销售过程中掺杂、掺假，以假充真，以次充好，或者以不合格产品冒充合格产品的行为}；

设 A123 为生产、销售伪劣产品中止犯犯罪停止的原因的集合，则 A123 = {行为人自动放弃了在产品生产、销售过程中掺杂、掺假，以假充真，以次充好，或者以不合格产品冒充合格产品的行为或者有效地避免了危害结果的发生}。

则 A12 = A121 ∪ A122 ∪ A123，即 {生产、销售伪劣产品罪的中止犯} = {行为人在主观上有在产品中掺杂、掺假，以假充真、以次充好或者以不合格产品冒充合格产品的故意}∪{行为人在客观上已经预备或者着手实施了为在产品生产、销售过程中掺杂、掺假，以假充真，以次充好，或者以不合格产品冒充合格产品的行为}∪{行为人自动放弃了在产品生产、销售过程中掺杂、掺假，以假充真，以次充好，或者以不合格产品冒充合格产品的行为或者有效地避免了危害结果的发生}={行为人在主观上有在产品中掺杂、掺假，以假充真、以次充好或者以不合格产品冒充合格产品的故意，行为人在客观上已经预备或者着手实施了为在产品生产、销售过程中掺杂、掺假，以假充真，以次充好，或者以不合格产品冒充合格产品的行为，行为人自动放弃了在产品生产、销售过程中掺杂、掺假，以假充真，以次充好，或者以不合格产品冒充合格产品的行为或者有效地避免了危害结果的发生}={行为人为了在产品中掺杂、掺假，以假充真、以次充好或者以不合格产品冒充合格产品，已经预备或者着手实施了为在产品生产、销售过程中掺杂、掺假，以假充真，以次充好，或者以不合格产品冒充合格产品的行为，但是自动放弃了在产品生产、销售过程中掺杂、掺假，以假充真，以次充好，或者以不合格产品冒充合格产品的行为或者有效地避免了危害结果的发生}。

（4）本罪的共犯形态

设 A13 为生产、销售伪劣产品罪的共同犯罪的集合，则 A13 = {生产、销售伪劣产品罪共同犯罪}；

设 A131 为生产、销售伪劣产品罪的共同犯罪的主体的集合，则 A131 = {主体是两个以上年满 16 周岁、具有刑事责任能力的自然人和单位}；

设 A132 为生产、销售伪劣产品罪的共同犯罪的主观方面的集合，则 A132 = {行为人在主观上有在产品中掺杂、掺假，以假充真、以次充好或者以不合格产品冒充合格产品的共同故意}；

设 A133 为生产、销售伪劣产品罪的共同犯罪的客观方面的集合，则 A133 = {行为人在客观上实施了在产品中掺杂、掺假，以假充真、以次充好或者以不合格产品冒充合格产品的共同行为}。

则 A13 = A131 ∪ A132 ∪ A133，即 {生产、销售伪劣产品罪的共同犯罪} = {主体是两个以上年满 16 周岁、具有刑事责任能力的自然人和单位} ∪ {行为人在主观上有在产品中掺杂、掺假，以假充真、以次充好或者以不合格产品冒充合格产品的共同故意} ∪ {行为人在客观上实施了在产品中掺杂、掺假，以假充真、以次充好或者以不合格产品冒充合格产品的共同行为} = {主体是两个以上年满 16 周岁、具有刑事责任能力的自然人和单位，在主观上有在产品中掺杂、掺假，以假充真、以次充好或者以不合格产品冒充合格产品的共同故意，在客观上实施了在产品中掺杂、掺假，以假充真、以次充好或者以不合格产品冒充合格产品的共同行为}。

（二）生产、销售、提供假药罪

1. 生产、销售、提供假药罪的概念

生产、销售、提供假药罪，是指行为人违反药品管理法律法规，故意生产、销售、提供假药的行为。❶

2. 生产、销售、提供假药罪的构成特征

关于生产、销售、提供假药罪的构成特征，根据现行刑法的规定，必须具备以下四个方面，其集合表现为：

设 B 为生产、销售、提供假药罪的集合，则 B = {生产、销售、提供假药罪}；

设 B1 为生产、销售、提供假药罪的客体的集合，则 B1 = {国家药品管理制度} ∪ {不特定多数人的生命、健康的安全} = {国家药品管理制度和不特定多数人的生命、健康的安全}；

设 B2 为生产、销售、提供假药罪的客观方面的集合，则 B2 = {行为人违反药品管理法律法规，实施了生产、销售、提供假药的行为}；

---

❶ 朱建华主编：《刑法分论》，法律出版社 2018 年版，第 99 页。

设 B3 为生产、销售、提供假药罪的主体的集合，则 B3 = {年满 16 周岁、具有刑事责任能力的自然人}∪{单位} = {可以是年满 16 周岁、具有刑事责任能力的自然人，也可以是单位}；

设 B4 为生产、销售、提供假药罪的主观方面的集合，则 B4 = {故意}。

则 B = B1∪B2∪B3∪B4，即生产、销售、提供假药罪 = {客体是国家药品管理制度和不特定多数人的生命、健康的安全}∪{客观方面表现为行为人违反药品管理法律法规，实施了生产、销售、提供假药的行为}∪{主体可以是年满 16 周岁、具有刑事责任能力的自然人，也可以是单位}∪{主观方面是故意} = {客体是国家药品管理制度和不特定多数人的生命、健康的安全，客观方面表现为行为人违反药品管理法律法规，生产、销售、提供假药的行为，主体可以是年满 16 周岁、具有刑事责任能力的自然人，也可以是单位，主观方面是故意}。

3. 生产、销售、提供假药罪的司法适用

（1）本罪与非罪的界限

设 B5 为生产、销售、提供假药罪的非罪的集合，则 B5 = {无罪} = Ø；

设 B51 为生产、销售、提供假药罪的非罪的客体的集合，则 B51 = {行为人没有侵犯国家药品管理制度和不特定多数人的生命健康的安全} = Ø；

设 B52 为生产、销售、提供假药罪的非罪的客观方面的集合，则 B52 = {行为人没有违反药品管理法律法规，实施生产、销售、提供假药的行为} = Ø；

设 B53 为生产、销售、提供假药罪的非罪的主体的集合，则 B53 = {主体是未满 16 周岁，或者已满 16 周岁但没有刑事责任能力的自然人和单位} = Ø；

设 B54 为生产、销售、提供假药罪的非罪的主观方面的集合，则 B54 = {行为人无故意} = Ø。

则 B5 = {生产、销售、提供假药罪的非罪} = B∩B51 = {生产、销售、提供假药罪}∩{行为人没有侵犯国家药品管理制度和不特定多数人的生命健康的安全} = {生产、销售、提供假药罪}∩Ø = Ø = {无罪};

B5 = {生产、销售、提供假药罪的非罪} = B∩B52 = {生产、销售、提供假药罪}∩{行为人没有违反药品管理法律法规,实施生产、销售、提供假药的行为} = {生产、销售、提供假药罪}∩Ø = Ø = {无罪};

B5 = {生产、销售、提供假药罪的非罪} = B∩B53 = {生产、销售、提供假药罪}∩{主体是未满16周岁,或者已满16周岁但没有刑事责任能力的自然人和单位} = {生产、销售、提供假药罪}∩Ø = Ø = {无罪};

B5 = {生产、销售、提供假药罪的非罪} = B∩B54 = {生产、销售、提供假药罪}∩{行为人无故意} = {生产、销售、提供假药罪}∩Ø = Ø = {无罪}。

(2) 此罪与彼罪的界限

关于此罪与彼罪的界限主要应弄清楚生产、销售、提供假药罪与生产、销售、提供劣药罪的界限。

设 B 为生产、销售、提供假药罪的集合,则 B = {生产、销售、提供假药罪};

设 B6 为生产、销售、提供劣药罪的集合,则 B6 = {生产、销售、提供劣药罪}。

则 B∪B6 − B∩B6 = {生产、销售、提供假药罪}∪{生产、销售、提供劣药罪} − {生产、销售、提供假药罪}∩{生产、销售、提供劣药罪} = {客体是国家药品管理制度和不特定多数人的生命、健康的安全,客观方面表现为行为人违反药品管理法律法规,实施了生产、销售、提供假药的行为,主体可以是年满16周岁、具有刑事责任能力的自然人,也可以是单位,主观方面是故意}∪{客体是国家药品管理制度和不特定多数人的生命、健康的安全，客观方面表现为行为人违反药品管理法律法规，生产、销售、提供劣药，对人体健康造成严重危害的行为，主体可以是年满 16 周岁、具有刑事责任能力的自然人，也可以是单位，主观方面是故意} － {客体是国家药品管理制度和不特定多数人的生命、健康的安全，主体可以是年满 16 周岁、具有刑事责任能力的自然人，也可以是单位，主观方面是故意} = {客观方面表现为行为人违反药品管理法律法规，实施了生产、销售、提供假药的行为，客观方面表现为行为人违反药品管理法律法规，生产、销售、提供劣药，对人体健康造成严重危害的行为}。

（3）本罪的停止形态

1）生产、销售、提供假药罪的预备犯

设 B7 为生产、销售、提供假药罪的预备犯的集合，则 B7 = {生产、销售、提供假药罪的预备犯}；

设 B71 为生产、销售、提供假药罪预备犯主观方面的集合，则 B71 = {行为人在主观上有生产、销售、提供假药的故意}；

设 B72 为生产、销售、提供假药罪预备犯客观方面的集合，则 B72 = {行为人在客观上实施了违反药品管理法律法规，为生产、销售、提供假药而准备工具、制造条件的行为}；

设 B73 为生产、销售、提供假药罪预备犯犯罪停止原因的集合，则 B73 = {行为人因意志以外的原因使生产、销售、提供假药的行为而未得逞}。

则 B7 = B71∪B72∪B73，即 {生产、销售、提供假药罪的预备犯} = {行为人在主观上有生产、销售、提供假药的故意}∪{行为人在客观上实施了违反药品管理法律法规，为生产、销售、提供假药而准备工具、制造条件的行为}∪{行为人因意志以外的原因使生产、销售、提供假药的行为而未得逞} = {行为人在主观上有生产、销售、提供假药的故意，行为人在客观上实施了违反药品管理法律法规，为生产、销售、提供假药而准备工具、制造条件的行为，行为人因意志以外的原因使生产、销售、提供假药的行为而未得逞｝＝｛行为人为生产、销售、提供假药，实施了违反药品管理法律法规，为生产、销售、提供假药而准备工具、制造条件的行为，但是因意志以外的原因使生产、销售、提供假药的行为而未得逞｝。

2）生产、销售、提供假药罪的未遂犯

设 B8 为生产、销售、提供假药罪的未遂犯的集合，则 B8 =｛生产、销售、提供假药罪的未遂犯｝；

设 B81 为生产、销售、提供假药罪的未遂犯主观方面的集合，则B81 =｛行为人在主观上有违反药品管理法律法规，生产、销售、提供假药的故意｝；

设 B82 为生产、销售、提供假药罪未遂犯客观方面的集合，则B82 =｛行为人在客观上已经着手实施了违反药品管理法律、法规，生产、销售、提供假药的行为｝；

设 B83 为生产、销售、提供假药罪未遂犯犯罪停止原因的集合，则 B83 =｛行为人因意志以外的原因使生产、销售、提供假药的行为而未得逞｝。

则 B8 = B81∪B82∪B83，即 ｛生产、销售、提供假药罪的未遂犯｝=｛行为人在主观上有违反药品管理法律法规，生产、销售、提供假药的故意｝∪｛行为人在客观上已经着手实施了违反药品管理法律法规，生产、销售、提供假药的行为｝∪｛行为人因意志以外的原因使生产、销售、提供假药的行为而未得逞｝=｛行为人在主观上有违反药品管理法律法规，生产、销售、提供假药的故意，行为人在客观上已经着手实施了违反药品管理法律法规，生产、销售、提供假药的行为，行为人因意志以外的原因使生产、销售、提供假药的行为而未得逞｝=｛行为人为生产、销售、提供假药，已经着手实施了违反药品管理法律法规，生产、销售、提供假药的行为，但是因意志以外的原因使生产、销售、提供假药的行为而未得逞｝。

3）生产、销售、提供假药罪的中止犯

设 B9 为生产、销售、提供假药罪的中止犯的集合，则 B9 =

{生产、销售、提供假药罪的中止犯};

设 B91 为生产、销售、提供假药罪中止犯主观方面的集合，则 B91 = {行为人在主观上有违反药品管理法律、法规，生产、销售、提供假药的故意}；

设 B92 为生产、销售、提供假药罪中止犯客观方面的集合，则 B92 = {行为人在客观上已经预备或者着手实施了生产、销售、提供假药的行为}；

设 B93 为生产、销售、提供假药罪中止犯犯罪停止原因的集合，则 B93 = {行为人自动放弃了生产、销售、提供假药的行为或者有效地避免了危害结果的发生}。

则 B9 = B91∪B92∪B93，即 {生产、销售、提供假药罪的中止犯} = {行为人在主观上有违反药品管理法律法规，生产、销售、提供假药的故意}∪{行为人在客观上已经预备或者着手实施了生产、销售、提供假药的行为}∪{行为人自动放弃了生产、销售、提供假药的行为或者有效地避免了危害结果的发生} = {行为人在主观上有违反药品管理法律法规，生产、销售、提供假药的故意，行为人在客观上已经预备或者着手实施了生产、销售、提供假药的行为，行为人自动放弃了生产、销售、提供假药的行为或者有效地避免了危害结果的发生} = {行为人为了生产、销售、提供假药，已经预备或者着手实施了生产、销售、提供假药的行为，但行为人自动放弃了生产、销售、提供假药的行为或者有效地避免了危害结果的发生}。

4. 本罪的共犯形态

设 B10 为生产、销售、提供假药罪的共同犯罪的集合，则 B10 = {生产、销售、提供假药罪的共同犯罪}；

设 B101 为生产、销售、提供假药罪的共同犯罪的主体的集合，则 B101 = {主体是两个以上年满 16 周岁、具有刑事责任能力的自然人或单位}；

设 B102 为生产、销售、提供假药罪的共同犯罪的主观方面的集合，则 B102 = {行为人在主观上有违反药品管理法律法规，实施生产、销售、提供假药的共同故意}；

设 B103 为生产、销售、提供假药罪的共同犯罪的客观方面的集合，则 B103 = {行为人在客观上实施了违反药品管理法律、法规，生产、销售、提供假药的共同行为}。

则 B10 = B101∪B102∪B103，即 {生产、销售、提供假药罪的共同犯罪} = {主体是两个以上年满 16 周岁、具有刑事责任能力的自然人或单位}∪{行为人在主观上有实施生产、销售、提供假药的共同故意}∪{行为人在客观上实施了违反药品管理法律法规，生产、销售、提供假药的共同行为} = {主体是两个以上年满 16 周岁、具有刑事责任能力的自然人或单位，在主观上有实施生产、销售、提供假药的共同故意，在客观上实施了违反药品管理法律、法规，生产、销售、提供假药的共同行为}。

（三）生产、销售不符合安全标准的食品罪

1. 生产、销售不符合安全标准的食品罪的概念

生产、销售不符合安全标准的食品罪，是指行为人违反食品安全标准的管理法律法规，故意生产、销售不符合食品安全标准的食品，足以造成严重食物中毒事故或者其他严重食源性疾病的行为。❶

2. 生产、销售不符合安全标准的食品罪的构成特征

关于生产、销售不符合安全标准的食品罪的构成特征，根据现行刑法的规定，必须具备以下四个方面，其集合表现为：

设 C 为生产、销售不符合安全标准的食品罪的集合，则 C = {生产、销售不符合安全标准的食品罪}；

设 C1 为生产、销售不符合安全标准的食品罪的客体的集合，则 C1 = {食品安全管理制度}∪{消费者的合法权益} = {食品安全管理制度和消费者的合法权益}；

---

❶ 朱建华主编：《刑法分论》，法律出版社 2018 年版，第 102 页。

设 C2 为生产、销售不符合安全标准的食品罪的客观方面的集合，则 C2 = {行为人违反食品安全标准的管理法律法规，生产、销售不符合食品安全标准的食品，足以造成严重食物中毒事故或者其他严重食源性疾病的行为}；

设 C3 为生产、销售不符合安全标准的食品罪的主体的集合，则 C3 = {年满 16 周岁、具有刑事责任能力的自然人} ∪ {单位} = {可以是年满 16 周岁、具有刑事责任能力的自然人，也可以是单位}；

设 C4 为生产、销售不符合安全标准的食品罪的主观方面的集合，则 C4 = {故意}。

则 C = C1 ∪ C2 ∪ C3 ∪ C4，即 {生产、销售不符合安全标准的食品罪} = {客体是食品安全管理制度和消费者的合法权益} ∪ {行为人违反食品安全标准的管理法律法规，生产、销售不符合食品安全标准的食品，足以造成严重食物中毒事故或者其他严重食源性疾病的行为} ∪ {主体可以是年满 16 周岁、具有刑事责任能力的自然人，也可以是单位} ∪ {主观方面是故意} = {客体是食品安全管理制度和消费者的合法权益，行为人违反食品安全标准的管理法律法规，生产、销售不符合食品安全标准的食品，足以造成严重食物中毒事故或者其他严重食源性疾病的行为，主体可以是年满 16 周岁、具有刑事责任能力的自然人，也可以是单位，主观方面是故意}。

3. 生产、销售不符合安全标准的食品罪的司法适用

（1）本罪与非罪的界限

设 C5 为生产、销售不符合安全标准的食品罪的非罪的集合，则 C5 = {无罪} = Ø；

设 C51 为生产、销售不符合安全标准的食品罪的非罪的客体的集合，则 C51 = {行为人没有侵犯食品安全管理制度和消费者的合法权益} = Ø；

设 C52 为生产、销售不符合安全标准的食品罪的非罪的客观方

面的集合，则 C52 ＝｛行为人没有违反食品安全标准的管理法律法规，生产、销售不符合食品安全标准的食品，足以造成严重食物中毒事故或者其他严重食源性疾病的行为｝＝∅；

设 C53 为生产、销售不符合安全标准的食品罪的非罪的主体的集合，则 C53 ＝｛主体是未满 16 周岁，或者已满 16 周岁但没有刑事责任能力的自然人和单位｝＝∅；

设 C54 为生产、销售不符合安全标准的食品罪的非罪的主观方面的集合，则 C54 ＝｛行为人无故意｝＝∅。

则 C5 ＝｛生产、销售不符合安全标准的食品罪的非罪｝＝C∩C51 ＝｛生产、销售不符合安全标准的食品罪｝∩｛行为人没有侵犯食品安全管理制度和消费者的合法权益｝＝｛生产、销售不符合安全标准的食品罪｝∩∅＝∅＝｛无罪｝；

C5 ＝｛生产、销售不符合安全标准的食品罪的非罪｝＝C∩C52 ＝｛生产、销售不符合安全标准的食品罪｝∩｛行为人没有违反食品安全标准的管理法律法规，生产、销售不符合食品安全标准的食品，足以造成严重食物中毒事故或者其他严重食源性疾病的行为｝＝｛生产、销售不符合安全标准的食品罪｝∩∅＝∅＝｛无罪｝；

C5 ＝｛生产、销售不符合安全标准的食品罪的非罪｝＝C∩C53 ＝｛生产、销售不符合安全标准的食品罪｝∩｛主体是未满 16 周岁，或者已满 16 周岁但没有刑事责任能力的自然人和单位｝＝｛生产、销售不符合安全标准的食品罪｝∩∅＝∅＝｛无罪｝；

C5 ＝｛生产、销售不符合安全标准的食品罪的非罪｝＝C∩C54 ＝｛生产、销售不符合安全标准的食品罪｝∩｛行为人无故意｝＝｛生产、销售不符合安全标准的食品罪｝∩∅＝∅＝｛无罪｝。

（2）此罪与彼罪的界限

关于此罪与彼罪的界限主要应弄清楚生产、销售不符合安全标准的食品罪与生产、销售有毒、有害食品罪的界限。

设 C 为生产、销售不符合安全标准的食品罪的集合，则 C ＝｛生产、销售不符合安全标准的食品罪｝；

设 C6 为生产、销售有毒、有害食品罪的集合，则 C6 = {生产、销售有毒、有害食品罪}。

则 C∪C6 – C∩C6 = {生产、销售不符合安全标准的食品罪} ∪ {生产、销售有毒、有害食品罪} – {生产、销售不符合安全标准的食品罪} ∩ {生产、锖售有毒、有害食品罪} = {客体是食品安全管理制度和消费者的合法权益，客观方面表现为行为人违反食品安全标准的管理法律法规，生产、销售不符合食品安全标准的食品，足以造成严重食物中毒事故或者其他严重食源性疾病的行为，主体可以是年满 16 周岁、具有刑事责任能力的自然人，也可以是单位，主观方面是故意} ∪ {客体是食品安全管理制度和消费者的合法权益，客观方面表现为行为人违反食品安全管理法律法规，在生产、销售的食品中掺入有毒、有害的非食品原料，或者销售明知掺入有毒、有害的非食品原料的食品的行为，主体可以是年满 16 周岁、具有刑事责任能力的人，也可以是单位，主观方面是故意} – {客体是食品安全管理制度和消费者的合法权益，主体可以是年满 16 周岁、具有刑事责任能力的自然人，也可以是单位，主观方面是故意} = {客观方面表现为行为人违反食品安全标准的管理法律法规，生产、销售不符合食品安全标准的食品，足以造成严重食物中毒事故或者其他严重食源性疾病的行为，客观方面表现为行为人违反食品安全管理法律法规，在生产、销售的食品中掺入有毒、有害的非食品原料，或者销售明知掺入有毒、有害的非食品原料的食品的行为}。

（3）本罪的停止形态

1）生产、销售不符合卫生标准的食品罪的预备犯

设 C7 为生产、销售不符合卫生标准的食品罪的预备犯的集合，则 C7 = {生产、销售不符合卫生标准的食品罪的预备犯}；

设 C71 为生产、销售不符合卫生标准的食品罪预备犯主观方面的集合，则 C71 = {行为人在主观上有违反食品安全管理法律法规，生产、销售不符合安全标准的食品的故意}；

设 C72 为生产、销售不符合卫生标准的食品罪预备犯客观方面

的集合，则 C72 = ｛行为人在客观上实施了为违反食品安全管理法律、法规，生产、销售不符合安全标准的食品而准备工具、制造条件的行为｝；

设 C73 为生产、销售不符合卫生标准的食品罪预备犯犯罪停止原因的集合，则C73 = ｛行为人因意志以外的原因使违反食品安全管理法律、法规，生产、销售不符合安全标准的食品的行为而未得逞｝。

则 C7 = C71∪C72∪C73，即 ｛生产、销售不符合安全标准的食品罪的预备犯｝=｛行为人在主观上有违反食品安全管理法律、法规，生产、销售不符合安全标准的食品的故意｝∪｛行为人在客观上实施了为违反食品安全管理法律、法规，生产、销售不符合安全标准的食品而准备工具、制造条件的行为｝∪｛行为人因意志以外的原因使违反食品安全管理法律、法规，生产、销售不符合安全标准的食品的行为而未得逞｝=｛行为人在主观上有违反食品安全管理法律、法规，生产、销售不符合安全标准的食品的故意，行为人在客观上实施了为违反食品安全管理法律、法规，生产、销售不符合安全标准的食品而准备工具、制造条件的行为，行为人因意志以外的原因使违反食品安全管理法律、法规，生产、销售不符合安全标准的食品的行为而未得逞｝=｛行为人为生产、销售不符合安全标准的食品，实施了为违反食品安全管理法律、法规，生产、销售不符合安全标准的食品而准备工具、制造条件的行为，但是因意志以外的原因使违反食品安全管理法律、法规，生产、销售不符合安全标准的食品的行为而未得逞｝。

2）生产、销售不符合安全标准的食品罪的未遂犯

设 C8 为生产、销售不符合安全标准的食品罪的未遂犯的集合，则 C8 =｛生产、销售不符合安全标准的食品罪的未遂犯｝；

设 C81 为生产、销售不符合安全标准的食品罪未遂犯主观方面的集合，则 C81 =｛行为人在主观上有违反食品安全管理法律、法规，生产、销售不符合安全标准的食品的故意｝；

设 C82 为生产、销售不符合安全标准的食品罪未遂犯客观方面的集合，则 C82 = ｛行为人在客观上已经着手实施了违反食品安全管理法律、法规，生产、销售不符合安全标准的食品的行为｝；

设 C83 为生产、销售不符合安全标准的食品罪未遂犯犯罪停止原因的集合，则 C83 = ｛行为人因意志以外的原因使违反食品安全管理法律、法规，生产、销售不符合安全标准的食品的行为而未得逞｝。

则 C8 = C81∪C82∪C83，即 ｛生产、销售不符合安全标准的食品罪的未遂犯｝= ｛行为人在主观上有违反食品安全管理法律、法规，生产、销售不符合安全标准的食品的故意｝∪｛行为人在客观上已经着手实施了违反食品安全管理法律、法规，生产、销售不符合安全标准的食品的行为｝∪｛行为人因意志以外的原因使违反食品安全管理法律、法规，生产、销售不符合安全标准的食品的行为而未得逞｝= ｛行为人在主观上有违反食品安全管理法律、法规，生产、销售不符合安全标准的食品的故意，行为人在客观上已经着手实施了违反食品安全管理法律、法规，生产、销售不符合安全标准的食品的行为，行为人因意志以外的原因使违反食品安全管理法律、法规，生产、销售不符合安全标准的食品的行为而未得逞｝= ｛行为人为生产、销售不符合安全标准的食品，已经着手实施了违反食品安全管理法律、法规，生产、销售不符合安全标准的食品的行为，但是因意志以外的原因使违反食品安全管理法律、法规，生产、销售不符合安全标准的食品的行为而未得逞｝。

3）生产、销售不符合安全标准的食品罪的中止犯

设 C9 为生产、销售不符合安全标准的食品罪的中止犯的集合，则 C9 = ｛生产、销售不符合安全标准的食品罪的中止犯｝；

设 C91 为生产、销售不符合安全标准的食品罪中止犯主观方面的集合，则 C91 = ｛行为人在主观上有违反食品安全管理法律、法规，生产、销售不符合安全标准的食品的故意｝；

设 C92 为生产、销售不符合安全标准的食品罪中止犯客观方面的

集合，则 C92 = {行为人在客观上已经预备或者着手实施了违反食品安全管理法律、法规，生产、销售不符合安全标准的食品的行为}；

设 C93 为生产、销售不符合安全标准的食品罪中止犯犯罪停止原因的集合，则C93 = {行为人自动放弃了生产、销售不符合安全标准的食品的行为或者有效地避免了危害结果的发生}。

则 C9 = C91∪C92∪C93，即 {生产、销售不符合安全标准的食品罪的中止犯} = {行为人在主观上有违反食品安全管理法律、法规，生产、销售不符合安全标准的食品的故意}∪{行为人在客观上已经预备或者着手实施了违反食品安全管理法律、法规，生产、销售不符合安全标准的食品的行为}∪{行为人自动放弃了生产、销售不符合安全标准的食品的行为或者有效地避免了危害结果的发生} = {行为人在主观上有违反食品安全管理法律、法规，生产、销售不符合安全标准的食品的故意，行为人在客观上已经预备或者着手实施了违反食品安全管理法律、法规，生产、销售不符合安全标准的食品的行为，行为人自动放弃了生产、销售不符合安全标准的食品的行为或者有效地避免了危害结果的发生} = {行为人为了生产、销售不符合安全标准的食品，已经预备或者着手实施了违反食品安全管理法律、法规，生产、销售不符合安全标准的食品的行为，但是自动放弃了生产、销售不符合安全标准的食品的行为或者有效地避免了危害结果的发生}。

（4）本罪的共犯形态

设 C10 为生产、销售不符合安全标准的食品罪的共同犯罪的集合，则 C10 = {生产、销售不符合安全标准的食品罪的共同犯罪}；

设 C101 为生产、销售不符合安全标准的食品罪的共同犯罪的主体的集合，则 C101 = {主体是两个以上年满16周岁、具有刑事责任能力的自然人或单位}；

设 C102 为生产、销售不符合安全标准的食品罪的共同犯罪的主观方面的集合，则 C102 = {行为人在主观上有违反食品安全标准的管理法律法规，生产、销售不符合食品安全标准的食品，足以造

成严重食物中毒事故或者其他严重食源性疾病的共同故意};

设 C103 为生产、销售不符合安全标准的食品罪的共同犯罪的客观方面的集合，则 C103 ={行为人在客观上实施了违反食品安全标准的管理法律法规，生产、销售不符合食品安全标准的食品，足以造成严重食物中毒事故或者其他严重食源性疾病的共同行为}。

则 C10 = C101∪C102∪C103，即 {生产、销售不符合安全标准的食品罪的共同犯罪} ={主体是两个以上年满 16 周岁、具有刑事责任能力的自然人或单位}∪{行为人在主观上有违反食品安全标准的管理法律法规，生产、销售不符合食品安全标准的食品，足以造成严重食物中毒事故或者其他严重食源性疾病的共同故意}∪{行为人在客观上实施了违反食品安全标准的管理法律法规，生产、销售不符合食品安全标准的食品，足以造成严重食物中毒事故或者其他严重食源性疾病的共同行为}={两个以上年满 16 周岁、具有刑事责任能力的自然人或单位，在主观上有违反食品安全标准的管理法律法规，生产、销售不符合食品安全标准的食品，足以造成严重食物中毒事故或者其他严重食源性疾病的共同故意，在客观上实施了违反食品安全标准的管理法律法规，生产、销售不符合食品安全标准的食品，足以造成严重食物中毒事故或者其他严重食源性疾病的共同行为}。

二、走私罪

（一）走私武器、弹药罪

1. 走私武器、弹药罪的概念

走私武器、弹药罪，是指行为人违反海关法规，逃避海关监管，运输、携带、邮寄武器、弹药进出国（边）境，或者直接向走私人非法收购以及在内海、领海、界河、界湖运输、收购、贩卖武器、弹药的行为。❶

---

❶ 朱建华主编：《刑法分论》，法律出版社 2018 年版，第 112 页。

2. 走私武器、弹药罪的构成特征

关于走私武器、弹药罪的构成特征，根据现行刑法的规定，必须具备以下四个方面，其集合表现为：

设 A 为走私武器、弹药罪的集合，则 A = {走私武器、弹药罪}；

设 A1 为走私武器、弹药罪的客体的集合，则 A1 = {国家对外贸易管制} ∪ {不特定多数人的生命、健康和重大公私财产的安全} = {国家对外贸易管制和不特定多数人的生命、健康和重大公私财产的安全}；

设 A2 为走私武器、弹药罪的客观方面的集合，则 A2 = {行为人违反海关法规，逃避海关监管，运输、携带、邮寄武器、弹药进出国（边）境，或者直接向走私人非法收购以及在内海、领海、界河、界湖运输、收购、贩卖武器、弹药的行为}；

设 A3 为走私武器、弹药罪的主体的集合，则 A3 = {年满 16 周岁、具有刑事责任能力的自然人} ∪ {单位} = {可以是年满 16 周岁、具有刑事责任能力的自然人，也可以是单位}；

设 A4 为走私武器、弹药罪的主观方面的集合，则 A4 = {故意}。

则 A = A1 ∪ A2 ∪ A3 ∪ A4，即 {走私武器、弹药罪} = {客体是国家对外贸易管制和不特定多数人的生命、健康和重大公私财产的安全} ∪ {客观方面表现为行为人违反海关法规，逃避海关监管，运输、携带、邮寄武器、弹药进出国（边）境，或者直接向走私人非法收购以及在内海、领海、界河、界湖运输、收购、贩卖武器、弹药的行为} ∪ {主体可以是年满 16 周岁、具有刑事责任能力的自然人，也可以是单位} ∪ {主观方面是故意} = {客体是国家对外贸易管制和不特定多数人的生命、健康和重大公私财产的安全，客观方面表现为行为人违反海关法规，逃避海关监管，运输、携带、邮寄武器、弹药进出国（边）境，或者直接向走私人非法收购以及在内海、领海、界河、界湖运输、收购、贩卖武器、弹药的行为，主体可以是年满 16 周岁、具有刑事责任能力的自然人，也可以是单位，主观方面是故意｝。

3. 走私武器、弹药罪的司法适用

（1）本罪与非罪的界限

设 A5 为走私武器、弹药罪的非罪的集合，则 A5 =｛无罪｝= Ø；

设 A51 为走私武器、弹药罪的非罪的客体的集合，则 A51 =｛行为人没有侵犯国家对外贸易管制和不特定多数人的生命健康和重大公私财产的安全｝= Ø；

设 A52 为走私武器、弹药罪的非罪的客观方面的集合，则 A52 =｛行为人没有违反海关法规，逃避海关监管，运输、携带、邮寄武器、弹药进出国（边）境，或者直接向走私人非法收购以及在内海、领海、界河、界湖运输、收购、贩卖武器、弹药的行为｝= Ø；

设 A53 为走私武器、弹药罪的非罪的主体的集合，则 A53 =｛主体是未满 16 周岁，或者已满 16 周岁但没有刑事责任能力的自然人和单位｝= Ø；

设 A54 为走私武器、弹药罪的非罪的主观方面的集合，则 A54 =｛行为人无故意｝= Ø。

则 A5 =｛走私武器、弹药罪的非罪｝= A ∩ A51 =｛走私武器、弹药罪｝∩｛行为人没有侵犯国家对外贸易管制和不特定多数人的生命、健康和重大公私财产的安全｝=｛走私武器、弹药罪｝∩ Ø = Ø =｛无罪｝；

A5 =｛走私武器、弹药罪的非罪｝= A ∩ A52 =｛走私武器、弹药罪｝∩｛行为人没有违反海关法规，逃避海关监管，运输、携带、邮寄武器、弹药进出国（边）境，或者直接向走私人非法收购以及在内海、领海、界河、界湖运输、收购、贩卖武器、弹药的行为｝=｛走私武器、弹药罪｝∩ Ø = Ø =｛无罪｝；

A5 =｛走私武器、弹药罪的非罪｝= A ∩ A53 =｛走私武器、弹药罪｝∩｛主体是未满 16 周岁，或者已满 16 周岁但没有刑事责任能力的自然人和单位｝＝｛走私武器、弹药罪｝∩∅＝∅＝｛无罪｝；

A5＝｛走私武器、弹药罪的非罪｝＝A∩A54｛走私武器、弹药罪｝∩｛行为人无故意｝＝｛走私武器、弹药罪｝∩∅＝∅＝｛无罪｝。

（2）此罪与彼罪的界限

关于此罪与彼罪的界限主要应弄清楚走私武器、弹药罪与走私核材料罪的界限。

设 A 为走私武器、弹药罪的集合，则 A＝｛走私武器、弹药罪｝；

设 A6 为走私核材料罪的集合，则 A6＝｛走私核材料罪｝。

则 A∪A6－A∩A6＝｛走私武器、弹药罪｝∪｛走私核材料罪｝－｛走私武器、弹药罪｝∩｛走私核材料罪｝＝｛客体是国家对外贸易管制和不特定多数人的生命、健康和重大公私财产的安全，客观方面表现为行为人违反海关法规，逃避海关监管，运输、携带、邮寄武器、弹药进出国（边）境，或者直接向走私人非法收购以及在内海、领海、界河、界湖运输、收购、贩卖武器、弹药的行为，主体可以是年满 16 周岁、具有刑事责任能力的自然人，也可以是单位，主观方面是故意｝∪｛客体是国家对外贸易管制和不特定多数人的生命、健康和重大公私财产的安全，客观方面表现为行为人违反海关法规，逃避海关监管，运输、携带、邮寄核材料进出国（边）境，或者直接向走私人非法收购以及在内海、领海、界河、界湖运输、收购、贩卖核材料的行为，主体可以是年满 16 周岁、具有刑事责任能力的自然人，也可以是单位，主观方面是故意｝－｛客体是国家对外贸易管制和不特定多数人的生命、健康和重大公私财产的安全，主体可以是年满 16 周岁、具有刑事责任能力的自然人，也可以是单位，主观方面是故意｝＝｛客观方面表现为行为人违反海关法规，逃避海关监管，运输、携带、邮寄武器、弹药进出国（边）境，或者直接向走私人非法收购以及在内海、领海、界河、界湖运输、收购、贩卖武器、弹药的行为，客观方面表现为行为人违反海关法规，逃避海关监管，运输、携带、邮寄核材料进出国（边）境，或者直接向走私人非法收购以及在内海、领海、界河、界湖运输、收购、贩卖核材料的行为｝。

（3）本罪的停止形态

1）走私武器、弹药罪的预备犯

设 A7 为走私武器、弹药罪的预备犯的集合，则 A7 =｛走私武器、弹药罪的预备犯｝；

设 A71 为走私武器、弹药罪预备犯主观方面的集合，则 A71 =｛行为人在主观上有走私武器、弹药的故意｝；

设 A72 为走私武器、弹药罪预备犯客观方面的集合，则 A72 =｛行为人在客观上实施了为走私武器、弹药而准备工具、制造条件的行为｝；

设 A73 为走私武器、弹药罪预备犯犯罪停止原因的集合，则 A73 =｛行为人因意志以外的原因使违反海关法规，逃避海关监管，运输、携带、邮寄武器、弹药进出国（边）境，或者直接向走私人非法收购以及在内海、领海、界河、界湖运输、收购、贩卖武器、弹药的行为而未得逞｝。

则 A7 = A71∪A72∪A73，即 ｛走私武器、弹药罪的预备犯｝=｛行为人在主观上有走私武器、弹药的故意｝∪｛行为人在客观上实施了为走私武器、弹药而准备工具、制造条件的行为，行为人因意志以外的原因使违反海关法规，逃避海关监管，运输、携带、邮寄武器、弹药进出国（边）境，或者直接向走私人非法收购以及在内海、领海、界河、界湖运输、收购、贩卖武器、弹药的行为而未得逞｝=｛行为人在主观上有走私武器、弹药的故意，行为人在客观上实施了为走私武器、弹药而准备工具、制造条件的行为，行为人因意志以外的原因使违反海关法规，逃避海关监管，运输、携带、邮寄武器、弹药进出国（边）境，或者直接向走私人非法收购以及在内海、领海、界河、界湖运输、收购、贩卖武器、弹药的行为而未得逞｝=｛行为人为生产、销售假药，在客观上实施了为走私武器、弹药而准备工具、制造条件的行为，违反药品管理法律法规，为生产、销售假药而准备工具、制造条件的行为，但是因意志以外的原因使违反海关法规，逃避海关监管，运输、携带、邮寄武器、弹药进出国（边）境，或者直接向走私人非法收购以及在内海、领海、界河、界湖运输、收购、贩卖武器、弹药的行为而未得逞｝。

2）走私武器、弹药罪的未遂犯

设 A8 为走私武器、弹药罪的未遂犯的集合，则 A8 =｛走私武器、弹药罪的未遂犯｝；

设 A81 为走私武器、弹药罪未遂犯主观方面的集合，则 A81 =｛行为人在主观上有走私武器、弹药的故意｝；

设 A82 为走私武器、弹药罪未遂犯客观方面的集合，则 A82 =｛行为人在客观上实施了为走私武器、弹药的行为｝；

设 A83 为走私武器、弹药罪未遂犯犯罪停止原因的集合，则 A83 =｛行为人因意志以外的原因使违反海关法规，逃避海关监管，运输、携带、邮寄武器、弹药进出国（边）境，或者直接向走私人非法收购以及在内海、领海、界河、界湖运输、收购、贩卖武器、弹药的行为而未得逞｝。

则 A8 = A81∪A82∪A83，即 ｛走私武器、弹药罪的未遂犯｝=｛行为人在主观上有走私武器、弹药的故意｝∪｛行为人在客观上实施了走私武器、弹药的行为｝∪｛行为人因意志以外的原因使违反海关法规，逃避海关监管，运输、携带、邮寄武器、弹药进出国（边）境，或者直接向走私人非法收购以及在内海、领海、界河、界湖运输、收购、贩卖武器、弹药的行为而未得逞｝=｛行为人在主观上有走私武器、弹药的故意，行为人在客观上实施了走私武器、弹药的行为，行为人因意志以外的原因使违反海关法规，逃避海关监管，运输、携带、邮寄武器、弹药进出国（边）境，或者直接向走私人非法收购以及在内海、领海、界河、界湖运输、收购、贩卖武器、弹药的行为而未得逞｝=｛行为人为走私武器、弹药，在客观上实施了走私武器、弹药的行为，但是因意志以外的原因使违反海关法规，逃避海关监管，运输、携带、邮寄武器、弹药进出国（边）境，或者直接向走私人非法收购以及在内海、领海、界河、界湖运输、收购、贩卖武器、弹药的行为而未得逞}。

3）走私武器、弹药罪的中止犯

设 A9 为走私武器、弹药罪的中止犯的集合，则 A9 = {走私武器、弹药罪的中止犯}；

设 A91 为走私武器、弹药罪中止犯主观方面的集合，则 A91 = {行为人在主观上有走私武器、弹药的故意}；

设 A92 为走私武器、弹药罪中止犯客观方面的集合，则 A92 = {行为人在客观上已经预备或者着手走私武器、弹药的行为}；

设 A93 为走私武器、弹药中止犯犯罪停止原因的集合，则 A93 = {行为人自动放弃了走私武器、弹药的行为或者有效地避免了危害结果的发生}。

则 A9 = A91 ∪ A92 ∪ A93，即 {走私武器、弹药罪的中止犯} = {行为人在主观上有走私武器、弹药的故意} ∪ {行为人在客观上已经预备或者着手实施了走私武器、弹药的行为} ∪ {行为人自动放弃了走私武器、弹药罪的行为或者有效地避免了危害结果的发生} = {行为人在主观上有走私武器、弹药罪的故意，行为人在客观上已经预备或者着手实施了走私武器、弹药的行为，行为人自动放弃了走私武器、弹药罪的行为或者有效地避免了危害结果的发生} = {行为人为了走私武器、弹药，已经预备或者着手实施了走私武器、弹药的行为，但行为人自动放弃了走私武器、弹药罪的行为或者有效地避免了危害结果的发生}。

（4）本罪的共犯形态

设 A10 为走私武器、弹药罪的共同犯罪的集合，则 A10 = {走私武器、弹药罪的共同犯罪}；

设 A101 为走私武器、弹药罪的共同犯罪的主体的集合，则 A101 = {主体是两个以上年满 16 周岁、具有刑事责任能力的自然人或单位}；

　　设 A102 为走私武器、弹药罪的共同犯罪的主观方面的集合，则 A102 = ｛行为人在主观上有违反海关法规，逃避海关监管，运输、携带、邮寄武器、弹药进出国（边）境，或者直接向走私人非法收购以及在内海、领海、界河、界湖运输、收购、贩卖武器、弹药的共同故意｝；

　　设 A103 为走私武器、弹药罪的共同犯罪的客观方面的集合，则 A103 = ｛行为人在客观上实施了违反海关法规，逃避海关监管，运输、携带、邮寄武器、弹药进出国（边）境，或者直接向走私人非法收购以及在内海、领海、界河、界湖运输、收购、贩卖武器、弹药的共同行为｝。

　　则 A10 = A101 ∪ A102 ∪ A103，即　｛走私武器、弹药罪的共同犯罪｝=｛主体是两个以上年满 16 周岁、具有刑事责任能力的自然人或单位｝∪｛行为人在主观上有实施违反海关法规，逃避海关监管，运输、携带、邮寄武器、弹药进出国（边）境，或者直接向走私人非法收购以及在内海、领海、界河、界湖运输、收购、贩卖武器、弹药的共同故意｝∪｛行为人在客观上实施了违反海关法规，逃避海关监管，运输、携带、邮寄武器、弹药进出国（边）境，或者直接向走私人非法收购以及在内海、领海、界河、界湖运输、收购、贩卖武器、弹药的共同行为｝=｛主体是两个以上年满 16 周岁、具有刑事责任能力的自然人或单位，在主观上有实施违反海关法规，逃避海关监管，运输、携带、邮寄武器、弹药进出国（边）境，或者直接向走私人非法收购以及在内海、领海、界河、界湖运输、收购、贩卖武器、弹药的共同故意，在客观上实施了违反海关法规，逃避海关监管，运输、携带、邮寄武器、弹药进出国（边）境，或者直接向走私人非法收购以及在内海、领海、界河、界湖运输、收购、贩卖武器、弹药的共同行为｝。

（二）走私普通货物、物品罪

1. 走私普通货物、物品罪的概念

走私普通货物、物品罪，是指行为人违反海关法规，逃避海关监管，非法运输、携带、邮寄普通货物、物品进出国（边）境，偷逃应缴税额较大或者1年内曾因走私被给予2次行政处罚后又走私的行为。❶

2. 走私普通货物、物品罪的构成特征

关于走私普通货物、物品罪的构成特征，根据现行刑法的规定，必须具备以下四个方面，其集合表现为：

设 B 为走私普通货物、物品罪的集合，则 B＝{走私普通货物、物品罪}；

设 B1 为走私普通货物、物品罪的客体的集合，则 B1＝{国家对外贸易管制}∪{关税征收制度}＝{国家对外贸易管制和关税征收制度}；

设 B2 为走私普通货物、物品罪客观方面的集合，则 B2＝{行为人违反海关法规，逃避海关监管，非法运输、携带、邮寄普通货物、物品进出国（边）境，偷逃应缴税额较大或者 1 年内曾因走私被给予 2 次行政处罚后又走私的行为}；

设 B3 为走私普通货物、物品罪的主体的集合，则 B3＝{年满16 周岁、具有刑事责任能力的自然人}∪{单位}＝{可以是年满 16 周岁、具有刑事责任能力的自然人，也可以是单位}；

设 B4 为走私普通货物、物品罪的主观方面的集合，则 B4＝{故意}。

则 B＝B1∪B2∪B3∪B4，即 {走私普通货物、物品罪}＝{客体是国家对外贸易管制和关税征收制度}∪{客观方面表现为行为人违反海关法规，逃避海关监管，非法运输、携带、邮寄普通货物、

---

❶ 朱建华主编：《刑法分论》，法律出版社 2018 年版，第 117 页。

物品进出国（边）境，偷逃应缴税额较大或者 1 年内曾因走私被给予 2 次行政处罚后又走私的行为｝∪｛主体可以是年满 16 周岁、具有刑事责任能力的自然人，也可以是单位｝∪｛主观方面是故意｝＝｛客体是国家对外贸易管制和关税征收制度，客观方面表现为行为人违反海关法规，逃避海关监管，非法运输、携带、邮寄普通货物、物品进出国（边）境，偷逃应缴税额较大或者 1 年内曾因走私被给予 2 次行政处罚后又走私的行为，主体可以是年满 16 周岁、具有刑事责任能力的自然人，也可以是单位，主观方面是故意｝。

3. 走私普通货物、物品罪的司法适用

（1）本罪与非罪的界限

设 B5 为走私普通货物、物品罪的非罪的集合，则 B5 ＝｛无罪｝＝∅；

设 B51 为走私普通货物、物品罪的非罪的客体的集合，则 B51 ＝｛行为人没有侵犯国家对外贸易管制和关税征收制度｝＝∅；

设 B52 为走私普通货物、物品罪的非罪的客观方面的集合，则 B52 ＝｛行为人没有违反海关法规，逃避海关监管，非法运输、携带、邮寄普通货物、物品进出国（边）境，偷逃应缴税额较大或者 1 年内曾因走私被给予 2 次行政处罚后又走私的行为｝＝∅；

设 B53 为走私普通货物、物品罪的非罪的主体的集合，则 B53 ＝｛主体是未满 16 周岁，或者已满 16 周岁但没有刑事责任能力的自然人和单位｝＝∅；

设 B54 为走私普通货物、物品罪的非罪的主观方面的集合，则 B54 ＝｛行为人无故意｝＝∅。

则 B5 ＝｛走私普通货物、物品罪的非罪｝＝B∩B51 ＝｛走私普通货物、物品罪｝∩｛行为人没有侵犯国家对外贸易管制和关税征收制度｝＝｛走私普通货物、物品罪｝∩∅＝∅＝｛无罪｝；

B5 ＝｛走私普通货物、物品罪的非罪｝＝B∩B52 ＝｛走私普通货物、物品罪｝∩｛行为人没有违反海关法规，逃避海关监管，非法运输、携带、邮寄普通货物、物品进出国（边）境，偷逃应缴税额较大或者1年内曾因走私被给予2次行政处罚后又走私的行为｝=｛走私普通货物、物品罪｝∩∅=∅=｛无罪｝；

B5 =｛走私普通货物、物品罪的非罪｝= B∩B53 =｛走私普通货物、物品罪｝∩｛主体是未满16周岁，或者已满16周岁但没有刑事责任能力的自然人和单位｝=｛走私普通货物、物品罪｝∩∅=∅=｛无罪｝；

B5 =｛走私普通货物、物品罪的非罪｝= B∩B54 =｛走私普通货物、物品罪｝∩｛行为人无故意｝=｛走私普通货物、物品罪｝∩∅=∅=｛无罪｝。

（2）此罪与彼罪的界限

1）走私普通货物、物品罪与走私珍贵动物、珍贵动物制品罪的界限

设 B 为走私普通货物、物品罪的集合，则 B =｛走私普通货物、物品罪｝；

设 B6 为走私珍贵动物、珍贵动物制品罪的集合，则 B6 =｛走私珍贵动物、珍贵动物制品罪｝。

则 B∪B6 – B∩B6 =｛走私普通货物、物品罪｝∪｛走私珍贵动物、珍贵动物制品罪｝–｛走私普通货物、物品罪｝∩｛走私珍贵动物、珍贵动物制品罪｝=｛客体是国家对外贸易管制和关税征收制度，行为人违反海关法规，逃避海关监管，非法运输、携带、邮寄普通货物、物品进出国（边）境，偷逃应缴税额较大或者1年内曾因走私被给予2次行政处罚后又走私的行为，主体可以是年满16周岁、具有刑事责任能力的自然人，也可以是单位，主观方面是故意｝∪｛客体是国家对外贸易管制和国家对珍贵动物的保护和管理秩序，客观方面表现为行为人违反海关法规，逃避海关监管，运输、携带、邮寄国家禁止进出口的珍贵动物及其制品进出国（边）境，或者直接向走私人非法收购以及在内海、领海、界河、界湖运输、收购、贩卖国家禁止进出口的珍贵动物及其制品的行为，主体可以

是年满 16 周岁、具有刑事责任能力的自然人，也可以是单位，主观方面是故意｝－｛主体可以是年满 16 周岁、具有刑事责任能力的自然人，也可以是单位，主观方面是故意｝＝｛客体是国家对外贸易管制和关税征收制度，客观方面表现为行为人违反海关法规，逃避海关监管，非法运输、携带、邮寄普通货物、物品进出国（边）境，偷逃应缴税额较大或者 1 年内曾因走私被给予 2 次行政处罚后又走私的行为，客体是国家对外贸易管制和国家对珍贵动物的保护和管理秩序，客观方面表现为行为人违反海关法规，逃避海关监管，运输、携带、邮寄国家禁止进出口的珍贵动物及其制品进出国（边）境，或者直接向走私人非法收购以及在内海、领海、界河、界湖运输、收购、贩卖国家禁止进出口的珍贵动物及其制品的行为｝。

2）走私普通货物、物品罪与走私国家禁止进出口的货物、物品罪的界限

设 B 为走私普通货物、物品罪的集合，则 B ＝｛走私普通货物、物品罪｝；

设 B7 为走私国家禁止进出口的货物、物品罪的集合，则 B7 ＝｛走私国家禁止进出口的货物、物品罪｝。

则 B∪B7 － B∩B7 ＝｛走私普通货物、物品罪｝∪｛走私国家禁止进出口的货物、物品罪｝－｛走私普通货物、物品罪｝∩｛走私国家禁止进出口的货物、物品罪｝＝｛客体是国家对外贸易管制和关税征收制度，客观方面表现为行为人违反海关法规，逃避海关监管，非法运输、携带、邮寄普通货物、物品进出国（边）境，偷逃应缴税额较大或者 1 年内曾因走私被给予 2 次行政处罚后又走私的行为，主体可以是年满 16 周岁、具有刑事责任能力的自然人，也可以是单位，主观方面是故意｝∪｛客体是国家对外贸易管制和国家对禁止进出口货物、物品的保护和管理秩序，客观方面表现为行为人违反海关法规，逃避海关监管，运输、携带、邮寄珍稀植物及其制品等国家禁止进出口的其他货物、物品进出国（边）境，或者直接向走私人非法收购以及在内海、领海、界河、界湖运输、收购、贩卖珍稀

植物及其制品等国家禁止进出口的其他货物、物品的行为，主体可以是年满 16 周岁、具有刑事责任能力的自然人，也可以是单位，主观方面是故意 } － { 主体可以是年满 16 周岁、具有刑事责任能力的自然人，也可以是单位，主观方面是故意 } ＝ { 客体是国家对外贸易管制和关税征收制度，客观方面表现为行为人违反海关法规，逃避海关监管，非法运输、携带、邮寄普通货物、物品进出国（边）境，偷逃应缴税额较大或者 1 年内曾因走私被给予 2 次行政处罚后又走私的行为，客体是国家对外贸易管制和国家对禁止进出口货物、物品的保护和管理秩序，客观方面表现为行为人违反海关法规，逃避海关监管，运输、携带、邮寄珍稀植物及其制品等国家禁止进出口的其他货物、物品进出国（边）境，或者直接向走私人非法收购以及在内海、领海、界河、界湖运输、收购、贩卖珍稀植物及其制品等国家禁止进出口的其他货物、物品的行为 } 。

3）走私普通货物、物品罪与走私淫秽物品罪的界限

设 B 为走私普通货物、物品罪的集合，则 B ＝ { 走私普通货物、物品罪 } ；

设 B8 为走私淫秽物品罪的集合，则 B8 ＝ { 走私淫秽物品罪 } 。

则 B∪B8 － B∩B8 ＝ { 走私普通货物、物品罪 } ∪ { 走私淫秽物品罪 } － { 走私普通货物、物品罪 } ∩ { 走私淫秽物品罪 } ＝ { 客体是国家对外贸易管制和关税征收制度，客观方面表现为行为人违反海关法规，逃避海关监管，非法运输、携带、邮寄普通货物、物品进出国（边）境，偷逃应缴税额较大或者 1 年内曾因走私被给予 2 次行政处罚后又走私的行为，主体可以是年满 16 周岁、具有刑事责任能力的自然人，也可以是单位，主观方面是故意 } ∪ { 客体是国家对外贸易管制、文化市场的管理秩序和良好的社会风尚，客观方面表现为行为人违反海关法规，逃避海关监管，以牟利或者传播为目的，运输、携带、邮寄淫秽的影片、录像带、录音带、图片、书刊或者其他淫秽物品进出国（边）境，或者直接向走私人非法收购以及在内海、领海、界河、界湖运输、收购、贩卖淫秽的影片、录像带、

录音带、图片、书刊或者其他淫秽物品的行为，主体可以是年满 16周岁、具有刑事责任能力的自然人，也可以是单位，主观方面是故意，且以牟利和传播为目的} - {主体可以是年满 16 周岁、具有刑事责任能力的自然人，也可以是单位} = {客体是国家对外贸易管制和关税征收制度，客观方面表现为行为人违反海关法规，逃避海关监管，非法运输、携带、邮寄普通货物、物品进出国（边）境，偷逃应缴税额较大或者 1 年内曾因走私被给予 2 次行政处罚后又走私的行为，主观方面是故意，且以牟利和传播为目的，客体是国家对外贸易管制、文化市场的管理秩序和良好的社会风尚，客观方面表现为行为人违反海关法规，逃避海关监管，运输、携带、邮寄淫秽的影片、录像带、录音带、图片、书刊或者其他淫秽物品进出国（边）境，或者直接向走私人非法收购以及在内海、领海、界河、界湖运输、收购、贩卖淫秽的影片、录像带、录音带、图片、书刊或者其他淫秽物品的行为，主观方面是故意}。

（3）本罪的停止形态

1）走私普通货物、物品罪的预备犯

设 B9 为走私普通货物、物品罪的预备犯的集合，则 B9 = {走私普通货物、物品罪的预备犯}；

设 B91 为走私普通货物、物品罪预备犯主观方面的集合，则 B91 = {行为人在主观上有走私普通货物、物品的故意}；

设 B92 为走私普通货物、物品罪预备犯客观方面的集合，则 B92 = {行为人在客观上实施了为走私普通货物、物品而准备工具、制造条件的行为}；

设 B93 为走私普通货物、物品罪预备犯犯罪停止原因的集合，则 B93 = {行为人因意志以外的原因使违反海关法规，逃避海关监管，非法运输、携带、邮寄普通货物、物品进出国（边）境，偷逃应缴税额较大或者 1 年内曾因走私被给予 2 次行政处罚后又走私的行为而未得逞}。

则 B9 = B91 ∪ B92 ∪ B93，即 {走私普通货物、物品罪的预备犯｝＝｛行为人在主观上有走私普通货物、物品的故意｝∪｛行为人在客观上实施了为走私普通货物、物品而准备工具、制造条件的行为｝∪｛行为人因意志以外的原因使违反海关法规，逃避海关监管，非法运输、携带、邮寄普通货物、物品进出国（边）境，偷逃应缴税额较大或者 1 年内曾因走私被给予 2 次行政处罚后又走私的行为而未得逞｝＝｛行为人在主观上有走私普通货物、物品的故意，行为人在客观上实施了为走私普通货物、物品而准备工具、制造条件的行为，行为人因意志以外的原因使违反海关法规，逃避海关监管，非法运输、携带、邮寄普通货物、物品进出国（边）境，偷逃应缴税额较大或者 1 年内曾因走私被给予 2 次行政处罚后又走私的行为而未得逞｝＝｛行为人为了走私普通货物、物品，实施了为走私普通货物、物品而准备工具、制造条件的行为，但是因意志以外的原因使违反海关法规，逃避海关监管，非法运输、携带、邮寄普通货物、物品进出国（边）境，偷逃应缴税额较大或者 1 年内曾因走私被给予 2 次行政处罚后又走私的行为而未得逞｝。

2）走私普通货物、物品罪的未遂犯

设 B10 为走私普通货物、物品罪的未遂犯的集合，则 B10 ＝｛走私普通货物、物品罪的未遂犯｝；

设 B101 为走私普通货物、物品罪未遂犯主观方面的集合，则 B101 ＝｛行为人在主观上有走私武器、弹药的故意｝；

设 B102 为走私普通货物、物品罪未遂犯客观方面的集合，则 B102 ＝｛行为人在客观上实施了为走私普通货物、物品的行为｝；

设 B103 为走私普通货物、物品罪未遂犯犯罪停止原因的集合，则 B103 ＝｛行为人因意志以外的原因使违反海关法规，逃避海关监管，非法运输、携带、邮寄普通货物、物品进出国（边）境，偷逃应缴税额较大或者 1 年内曾因走私被给予 2 次行政处罚后又走私的行为而未得逞｝。

则 B10 ＝ B101∪B102∪B103，即 ｛走私普通货物、物品罪的未遂犯｝＝｛行为人在主观上有走私普通货物、物品的故意｝∪｛行为人在客观上实施了走私普通货物、物品的行为｝∪｛行为人因意志以外的原因使违反海关法规，逃避海关监管，非法运输、携带、邮寄普通货物、物品进出国（边）境，偷逃应缴税额较大或者 1 年内曾因走私被给予 2 次行政处罚后又走私的行为而未得逞｝＝｛行为人在主观上有走私普通货物、物品的故意，行为人在客观上实施了走私普通货物、物品的行为，行为人因意志以外的原因使违反海关法规逃避海关监管，非法运输、携带、邮寄普通货物、物品进出国（边）境，偷逃应缴税额较大或者 1 年内曾因走私被给予 2 次行政处罚后又走私的行为而未得逞｝＝｛行为人为走私普通货物、物品，实施了走私普通货物、物品的行为，但是因意志以外的原因使违反海关法规逃避海关监管，非法运输、携带、邮寄普通货物、物品进出国（边）境，偷逃应缴税额较大或者 1 年内曾因走私被给予 2 次行政处罚后又走私的行为而未得逞｝；

3）走私普通货物、物品罪的中止犯

设 B11 为走私普通货物、物品罪的中止犯的集合，则 B11 ＝｛走私普通货物、物品罪的中止犯｝；

设 B111 为走私普通货物、物品罪中止犯主观方面的集合，则 B111 ＝｛行为人在主观上有走私普通货物、物品的故意｝；

设 B112 为走私普通货物、物品罪中止犯客观方面的集合，则 B112 ＝｛行为人在客观上已经预备或者着手走私普通货物、物品的行为｝；

设 B113 为走私普通货物、物品罪中止犯犯罪停止原因的集合，则 B113 ＝｛行为人自动放弃了普通货物、物品的行为或者有效地避免了危害结果的发生｝。

则 B11 ＝ B111∪B112∪B113，即 ｛走私普通货物、物品罪的中止犯｝＝｛行为人在主观上有走私普通货物、物品的故意｝∪｛行为人在客观上已经预备或者着手实施了走私普通货物、物品的行为｝∪｛行为人自动放弃了普通货物、物品的行为或者有效地避免了危害结果的发生｝＝｛行为人在主观上有走私普通货物、物品的故意，行为人在客观上已经预备或者着手实施了走私普通货物、物品的行为，行为人自动放弃了走私普通货物、物品的行为或者有效地避免了危害结果的发生｝=｛行为人为了走私普通货物、物品，已经预备或者着手实施了走私普通货物、物品的行为，但是自动放弃了走私普通货物、物品的行为或者有效地避免了危害结果的发生｝。

（4）本罪的共犯形态

设 B12 为走私普通货物、物品罪的共同犯罪的集合，则 B12 =｛走私普通货物、物品罪的共同犯罪｝；

设 B121 为走私普通货物、物品罪的共同犯罪的主体的集合，则 B121 =｛主体是两个以上年满 16 周岁、具有刑事责任能力的自然人或单位｝；

设 B122 为走私武器、弹药罪的共同犯罪的主观方面的集合，则 B122 =｛行为人在主观上有违反海关法规逃避海关监管，非法运输、携带、邮寄普通货物、物品进出国（边）境，偷逃应缴税额较大或者 1 年内曾因走私被给予 2 次行政处罚后又走私的共同故意｝；

设 B123 为生产、销售假药罪的共同犯罪的客观方面的集合，则 B123 =｛行为人在客观上实施了违反海关法规逃避海关监管，非法运输、携带、邮寄普通货物、物品进出国（边）境，偷逃应缴税额较大或者 1 年内曾因走私被给予 2 次行政处罚后又走私的行为共同行为｝。

则 B12 = B121∪B122∪B123，即 ｛走私普通货物、物品罪的共同犯罪｝=｛主体是两个以上年满 16 周岁、具有刑事责任能力的自然人或单位｝∪｛行为人在主观上有违反海关法规逃避海关监管，非法运输、携带、邮寄普通货物、物品进出国（边）境，偷逃应缴税额较大或者 1 年内曾因走私被给予 2 次行政处罚后又走私的共同故意｝∪｛行为人在客观上实施了违反海关法规逃避海关监管，非法运输、携带、邮寄普通货物、物品进出国（边）境，偷逃应缴税额较大或者 1 年内曾因走私被给予 2 次行政处罚后又走私的共同行为｝=｛主体是两个以上年满 16 周岁、具有刑事责任能力的自然人或单位，在主观上有实施违反海关法规逃避海关监管，非法运输、携带、邮寄普通货物、物品进出国（边）境，偷逃应缴税额较大或者 1 年内曾因走私被给予 2 次行政处罚后又走私的共同故意，在客观上实施了违反海关法规逃避海关监管，非法运输、携带、邮寄普通货物、物品进出国（边）境，偷逃应缴税额较大或者 1 年内曾因走私被给予 2 次行政处罚后又走私的共同行为}。

三、妨害对公司、企业的管理秩序罪❶

（一）虚报注册资本罪

1. 虚报注册资本罪的概念

虚报注册资本罪，是指申请公司登记的个人或者单位，使用虚假证明文件或者采取其他欺诈手段虚报注册资本，欺骗公司登记主管部门，取得公司登记，虚报注册资本数额巨大、后果严重或者有其他严重情节的行为。❷

2. 虚报注册资本罪的构成特征

关于虚报注册资本罪的构成特征，根据现行刑法的规定，必须具备以下四个方面，其集合表现为：

设 A 为虚报注册资本罪的集合，则 A = {虚报注册资本罪}；

设 A1 为虚报注册资本罪的客体的集合，则 A1 = {公司注册资本登记管理制度} ∪ {公司未来的债权人或者其他人的合法权益} = {公司注册资本登记管理制度和公司未来的债权人或者其他人的合法权益}；

设 A2 为虚报注册资本罪的客观方面的集合，则 A2 = {行为人使用虚假证明文件或者采取其他欺诈手段虚报注册资本，欺骗公司登记主管部门，取得公司登记，虚报注册资本数额巨大、后果严重

---

❶ 在司法实践中，由于本类犯罪的停止形态与共犯形态，不是特别突出和难以把握，特此从略。

❷ 朱建华主编：《刑法分论》，法律出版社 2018 年版，第 120 页。

或者有其他严重情节的行为}；

设 A3 为虚报注册资本罪的主体的集合，则 A3 = {特殊主体，即实行注册资本实缴登记制的申请公司登记的个人} ∪ {单位} = {特殊主体，即可以是实行注册资本实缴登记制的申请公司登记的个人，也可以是单位}；

设 A4 为虚报注册资本罪的主观方面的集合，则 A4 = {故意}。

则 A = A1 ∪ A2 ∪ A3 ∪ A4，即 {虚报注册资本罪} = {客体是公司注册资本登记管理制度和公司未来的债权人或者其他人的合法权益} ∪ {客观方面表现为行为人使用虚假证明文件或者采取其他欺诈手段虚报注册资本，欺骗公司登记主管部门，取得公司登记，虚报注册资本数额巨大、后果严重或者有其他严重情节的行为} ∪ {主体是特殊主体，可以是实行注册资本实缴登记制的申请公司登记的人，也可以是单位} ∪ {主观方面是故意} = {客体是公司注册资本登记管理制度和公司未来的债权人或者其他人的合法权益，客观方面表现为行为人使用虚假证明文件或者采取其他欺诈手段虚报注册资本，欺骗公司登记主管部门，取得公司登记，虚报注册资本数额巨大、后果严重或者有其他严重情节的行为，主体可以是实行注册资本实缴登记制的申请公司登记的人，也可以是单位，主观方面是故意}。

3. 虚报注册资本罪的司法适用

（1）本罪与非罪的界限

设 A5 为虚报注册资本罪的非罪的集合，则 A5 = {无罪} = Ø；

设 A51 为虚报注册资本罪的非罪的客体的集合，则 A51 = {行为人没有侵犯公司注册资本登记管理制度和公司未来的债权人或者其他人的合法权益} = Ø；

设 A52 为虚报注册资本罪的非罪的客观方面的集合，则 A52 = {行为人没有实施使用虚假证明文件或者采取其他欺诈手段虚报注册资本，欺骗公司登记主管部门，取得公司登记，虚报注册资本数额巨大、后果严重或者有其他严重情节的行为} = Ø；

设 A53 为虚报注册资本罪的非罪的主体的集合，则 A53 ＝
｛主体不是实行注册资本实缴登记制的申请公司登记的自然人和
单位｝＝Ø；

设 A54 为虚报注册资本罪的非罪的主观方面的集合，则 A54 ＝
｛行为人无故意｝＝Ø。

则 A5 ＝｛虚报注册资本罪的非罪｝＝ A∩A51 ＝｛虚报注册资本
罪｝∩｛行为人没有侵犯公司注册资本登记管理制度和公司未来的债
权人或者其他人的合法权益｝＝｛虚报注册资本罪｝∩Ø ＝Ø ＝
｛无罪｝；

A5 ＝｛虚报注册资本罪的非罪｝＝ A∩A52 ＝｛虚报注册资本罪｝∩
｛行为人没有实施使用虚假证明文件或者采取其他欺诈手段虚报注
册资本，欺骗公司登记主管部门，取得公司登记，虚报注册资本数
额巨大、后果严重或者有其他严重情节的行为｝＝｛虚报注册资本
罪｝∩Ø ＝Ø ＝｛无罪｝；

A5 ＝｛虚报注册资本罪的非罪｝＝ A∩A53 ＝｛虚报注册资本罪｝∩
｛主体不是实行注册资本实缴登记制的申请公司登记的自然人和单
位｝＝｛虚报注册资本罪｝∩Ø ＝Ø ＝｛无罪｝；

A5 ＝｛虚报注册资本罪的非罪｝＝ A∩A54 ＝｛虚报注册资本罪｝∩
｛行为人无故意｝＝｛虚报注册资本罪｝∩Ø ＝Ø ＝｛无罪｝。

（2）此罪与彼罪的界限

关于此罪与彼罪的界限主要应弄清楚虚报注册资本罪与虚假出
资、抽逃出资罪的界限。

设 A 为虚报注册资本罪的集合，则 A ＝｛虚报注册资本罪｝；

设 A6 为虚假出资、抽逃出资罪，则 A6 ＝｛虚假出资、抽逃出
资罪｝。

则 A∪A6 － A∩A6 ＝｛虚报注册资本罪｝∪｛虚假出资、抽逃出
资罪｝－｛虚报注册资本罪｝∩｛虚假出资、抽逃出资罪｝＝｛客体是
公司注册资本登记管理制度和公司未来的债权人或者其他人的合法
权益，客观方面表现为行为人使用虚假证明文件或者采取其他欺诈

手段虚报注册资本，欺骗公司登记主管部门，取得公司登记，虚报注册资本数额巨大、后果严重或者有其他严重情节的行为，主体可以是实行注册资本实缴登记制的申请公司登记的自然人，也可以是单位，主观方面是故意｝∪｛客体是国家对公司资本的管理制度，客观方面表现为行为人违反公司法的规定未交付货币、实物或者未转移财产权，虚假出资，或者在公司成立后又抽逃其出资，数额巨大、后果严重或者有其他严重情节的行为，主体是依法实行注册资本实缴登记制的公司，主观方面是故意｝－｛主观方面是故意｝＝｛客体是公司注册资本登记管理制度和公司未来的债权人或者其他人的合法权益，客观方面表现为行为人使用虚假证明文件或者采取其他欺诈手段虚报注册资本，欺骗公司登记主管部门，取得公司登记，虚报注册资本数额巨大、后果严重或者有其他严重情节的行为，客体是国家对公司资本的管理制度，主体可以是实行注册资本实缴登记制的申请公司登记的自然人，也可以是单位，客观方面表现为行为人违反公司法的规定未交付货币、实物或者未转移财产权，虚假出资，或者在公司成立后又抽逃其出资，数额巨大、后果严重或者有其他严重情节的行为，主体是依法实行注册资本实缴登记制的公司｝。

（二）非法经营同类营业罪

1. 非法经营同类营业罪的概念

非法经营同类营业罪，是指国有公司、企业的董事、经理利用职务便利，自己经营或者为他人经营与其所任职公司、企业同类的营业，获取非法利益，数额巨大的行为。❶

2. 非法经营同类营业罪的构成特征

关于非法经营同类营业罪的构成特征，根据现行刑法的规定，必须具备以下四个方面，其集合表现为：

设 B 为非法经营同类营业罪的集合，则 B ＝｛非法经营同类营

---

❶ 朱建华主编：《刑法分论》，法律出版社 2018 年版，第 130 页。

业罪｝；

设 B1 为非法经营同类营业罪的客体的集合，则 B1 =｛国家对公司、企业的管理制度｝∪｛国有公司、企业的利益和国家利益｝=｛国家对公司、企业等单位的管理制度和国有公司、企业的利益以及国家利益｝；

设 B2 为非法经营同类营业罪的客观方面的集合，则 B2 =｛行为人利用职务便利，自己经营或者为他人经营与其所任职公司、企业同类的营业，获取非法利益，数额巨大的行为｝；

设 B3 为非法经营同类营业罪的主体的集合，则 B3 =｛国有公司、企业的董事、经理｝；

设 B4 为非法经营同类营业罪的主观方面的集合，则 B4 =｛故意｝。

则 B = B1∪B2∪B3∪B4，即 ｛非法经营同类营业罪｝=｛客体是国家对公司、企业的管理制度和国有公司、企业的利益以及国家利益｝∪｛客观方面表现为行为人利用职务便利，自己经营或者为他人经营与其所任职公司、企业同类的营业，获取非法利益，数额巨大的行为｝∪｛主体是国有公司、企业的董事、经理｝∪｛主观方面是故意｝=｛客体是国家对公司、企业的管理制度和国有公司、企业的利益以及国家利益，客观方面表现为行为人利用职务便利，自己经营或者为他人经营与其所任职公司、企业同类的营业，获取非法利益，数额巨大的行为，主体是国有公司、企业的董事、经理，主观方面是故意｝。

3. 非法经营同类营业罪的司法适用

（1）本罪与非罪的界限

设 B5 为非法经营同类营业罪的非罪的集合，则 B5 =｛无罪｝=∅；

设 B51 为非法经营同类营业罪的非罪的客体的集合，则 B51 =｛行为人没有侵犯国家对公司、企业的管理制度和国有公司、企业的利益以及国家利益｝=∅；

设 B52 为非法经营同类营业罪的非罪的客观方面的集合，则 B52 =｛行为人没有利用职务便利，自己经营或者为他人经营与其所任职公司、企业同类的营业，获取非法利益，数额巨大的行为} = Ø；

设 B53 为非法经营同类营业罪的非罪的主体的集合，则 B53 = {主体不是国有公司、企业的董事、经理} = Ø；

设 B54 为非法经营同类营业罪的非罪的主观方面的集合，则 B54 = {行为人无故意} = Ø。

则 B5 = {非法经营同类营业罪的非罪} = B∩B51 = {非法经营同类营业罪} ∩ {行为人没有侵犯国家对公司、企业的管理制度和国有公司、企业的利益以及国家利益} = {非法经营同类营业罪} ∩ Ø = Ø = {无罪}；

B5 = {非法经营同类营业罪的非罪} = B∩B52 = {非法经营同类营业罪} ∩ {行为人没有利用职务便利，自己经营或者为他人经营与其所任职公司、企业同类的营业，获取非法利益，数额巨大的行为} = {非法经营同类营业罪} ∩ Ø = Ø = {无罪}；

B5 = {非法经营同类营业罪的非罪} = B∩B53 = {非法经营同类营业罪} ∩ {主体不是国有公司、企业的董事、经理} = {非法经营同类营业罪} ∩ Ø = Ø = {无罪}；

B5 = {非法经营同类营业罪的非罪} = B∩B54 = {非法经营同类营业罪} ∩ {行为人无故意} = {非法经营同类营业罪} ∩ Ø = Ø = {无罪}。

（2）此罪与彼罪的界限

关于此罪与彼罪的界限主要应弄清楚非法经营同类营业罪与为亲友非法牟利罪的界限。

设 A 为非法经营同类营业罪的集合，则 A = {非法经营同类营业罪}；

设 A6 为为亲友非法牟利罪的集合，则 A6 = {为亲友非法牟利罪}。

则 A∪A6 - A∩A6 = {非法经营同类营业罪} ∪ {为亲友非法牟利罪} - {非法经营同类营业罪} ∩ {为亲友非法牟利罪} = {客体是国家对公司、企业的管理制度和国有公司、企业的利益以及国家利益，客观方面表现为行为人利用职务便利，自己经营或者为他人经营与其所任职公司、企业同类的营业，获取非法利益，数额巨大的行为，主体是国有公司、企业的董事、经理，主观方面是故意｝∪｛客体是国家对公司、企业的管理制度和国有公司、企业的利益以及国家利益，客观方面表现为行为人利用职务便利，将本单位的盈利业务交由自己的亲友进行经营，或者以明显高于市场的价格向自己的亲友经营管理的单位采购商品或者以明显低于市场的价格向自己的亲友经营管理的单位销售商品，或者向自己的亲友经营管理的单位采购不合格商品，使国家利益遭受重大损失的行为，主体是国有公司、企业、事业单位的工作人员，主观方面是故意｝－｛客体是国家对公司、企业的管理制度和国有公司、企业的利益以及国家利益，主观方面是故意｝＝｛客观方面表现为行为人利用职务便利，自己经营或者为他人经营与其所任职公司、企业同类的营业，获取非法利益，数额巨大的行为，主体是国有公司、企业的董事、经理，客观方面表现为行为人利用职务便利，将本单位的盈利业务交由自己的亲友进行经营，或者以明显高于市场的价格向自己的亲友经营管理的单位采购商品或者以明显低于市场的价格向自己的亲友经营管理的单位销售商品，或者向自己的亲友经营管理的单位采购不合格商品，使国家利益遭受重大损失的行为，主体是国有公司、企业、事业单位的工作人员｝。

四、破坏金融管理秩序罪❶

（一）伪造货币罪

1. 伪造货币罪的概念

伪造货币罪，是指行为人仿照货币的图案、形状、色彩、防伪技术等特征，采用机制、手工等方法，非法制造假币冒充真币的行为。❷

---

❶ 在司法实践中，由于本类犯罪的停止形态与共犯形态，不是特别突出和难以把握，特此从略。

❷ 朱建华主编：《刑法分论》，法律出版社 2018 年版，第 137 页。

2. 伪造货币罪的构成特征

关于伪造货币罪的构成特征，根据现行刑法的规定，必须具备以下四个方面，其集合表现为：

设 A 为伪造货币罪的集合，则 A = {伪造货币罪}；

设 A1 为伪造货币罪的客体的集合，则 A1 = {国家对货币的管理制度}；

设 A2 为伪造货币罪的客观方面的集合，则 A2 = {行为人仿照货币的图案、形状、色彩、防伪技术等特征，采用机制、手工等方法，非法制造假币冒充真币的行为}；

设 A3 为伪造货币罪的主体的集合，则 A3 = {年满 16 周岁、具有刑事责任能力的自然人}；

设 A4 为伪造货币罪的主观方面的集合，则 A4 = {直接故意，且以假币冒充真币投入流通为目的}。

则 A = A1∪A2∪A3∪A4，即 {伪造货币罪} = {客体是国家对货币的管理制度}∪{客观方面表现为行为人仿照货币的图案、形状、色彩、防伪技术等特征，采用机制、手工等方法，非法制造假币冒充真币的行为}∪{主体是年满 16 周岁、具有刑事责任能力的自然人}∪{主观方面是直接故意，且以假币冒充真币投入流通为目的} = {客体是国家对货币的管理制度，客观方面表现为行为人仿照货币的图案、形状、色彩、防伪技术等特征，采用机制、手工等方法，非法制造假币冒充真币的行为，主体是年满 16 周岁、具有刑事责任能力的自然人，主观方面是直接故意，且以假币冒充真币投入流通为目的}。

3. 伪造货币罪的司法适用

（1）本罪与非罪的界限

设 A5 为伪造货币罪的非罪的集合，则 A5 = {无罪} = Ø；

设 A51 为伪造货币罪的非罪的客体的集合，则 A51 = {行为人没有侵犯国家对货币的管理制度} = Ø；

设 A52 为伪造货币罪的非罪的客观方面的集合，则 A52 = ｛行为人没有实施仿照货币的图案、形状、色彩、防伪技术等特征，采用机制、手工等方法，非法制造假币冒充真币的行为｝= Ø；

设 A53 为伪造货币罪的非罪的主体的集合，则 A53 = ｛行为人是未满 16 周岁，或者已满 16 周岁但没有有刑事责任能力的自然人｝= Ø；

设 A54 为伪造货币罪的非罪的主观方面的集合，则 A54 = ｛行为人没有直接故意，且无以假币冒充真币投入流通为目的｝= Ø。

则 A5 = ｛伪造货币罪的非罪｝= A∩A51 = ｛伪造货币罪｝∩｛行为人没有侵犯国家对货币的管理制度｝=｛伪造货币罪｝∩Ø = Ø = ｛无罪｝；

A5 = ｛伪造货币罪的非罪｝= A∩A52 = ｛伪造货币罪｝∩｛行为人没有实施仿照货币的图案、形状、色彩、防伪技术等特征，采用机制、手工等方法，非法制造假币冒充真币的行为｝=｛伪造货币罪｝∩Ø = Ø = ｛无罪｝；

A5 = ｛伪造货币罪的非罪｝= A∩A53 = ｛伪造货币罪｝∩｛行为人是未满 16 周岁，或者已满 16 周岁但没有有刑事责任能力的自然人｝=｛伪造货币罪｝∩Ø = Ø = ｛无罪｝；

A5 = ｛伪造货币罪的非罪｝= A∩A54 = ｛伪造货币罪｝∩｛行为人没有直接故意，且无以假币冒充真币投入流通为目的｝=｛伪造货币罪｝∩Ø = Ø = ｛无罪｝。

（2）此罪与彼罪的界限

关于此罪与彼罪的界限主要应弄清楚伪造货币罪与变造货币罪的界限。

设 A 为伪造货币罪的集合，则 A = ｛伪造货币罪｝；

设 A6 为变造货币罪的集合，则 A6 = ｛变造货币罪｝。

则 A∪A6 – A∩A6 = ｛伪造货币罪｝∪｛变造货币罪｝–｛伪造货币罪｝∩｛变造货币罪｝=｛客体是国家对货币的管理制度，客观方面表现为行为人仿照货币的图案、形状、色彩、防伪技术等特征，采用机制、手工等方法，非法制造假币冒充真币的行为，主体是年满16周岁、具有刑事责任能力的自然人，主观方面是故意，且以假币冒充真币投入流通为目的}∪{客体是国家对货币的管理制度，客观方面表现为行为人采用挖补、揭层、涂改、拼接等手段，改变货币的真实形态、色彩、文字、面值等，使其升值，数额较大的行为，主体是年满16周岁、具有刑事责任能力的自然人，主观方面是故意，且以变造货币冒充真币投入流通为目的}={客体是国家对货币的管理制度，主体是年满16周岁、具有刑事责任能力的自然人}={客观方面表现为行为人仿照货币的图案、形状、色彩、防伪技术等特征，采用机制、手工等方法，非法制造假币冒充真币的行为，主观方面是故意，且以假币冒充真币投入流通为目的，客观方面表现为行为人采用挖补、揭层、涂改、拼接等手段，改变货币的真实形态、色彩、文字、面值等，使其升值，数额较大的行为，主观方面是故意，且以变造货币冒充真币投入流通为目的}。

（二）擅自发行股票、公司、企业债券罪

1. 擅自发行股票、公司、企业债券罪的概念

擅自发行股票、公司、企业债券罪，是指行为人未经国家有关主管部门批准，擅自发行股票或者公司、企业债券，数额巨大、后果严重或者有其他严重情节的行为。❶

2. 擅自发行股票、公司、企业债券罪的构成特征

关于擅自发行股票、公司、企业债券罪的构成特征，根据现行刑法的规定，必须具备以下四个方面，其集合表现为：

设 B 为擅自发行股票、公司、企业债券罪的集合，则 B ＝{擅自发行股票、公司、企业债券罪}；

设 B1 为擅自发行股票、公司、企业债券罪的客体的集合，则 B1 ＝{国家对股票、公司、企业债券的管理制度}∪{股票、公司、

---

❶ 朱建华主编：《刑法分论》，法律出版社2018年版，第148页。

企业债券认购者的合法权益} = {国家对股票、公司、企业债券的管理制度和股票、公司、企业债券认购者的合法权益}；

　　设 B2 为擅自发行股票、公司、企业债券罪的客观方面的集合，则 B2 = {行为人未经国家有关主管部门批准，擅自发行股票或者公司、企业债券，数额巨大、后果严重或者有其他严重情节的行为}；

　　设 B3 为擅自发行股票、公司、企业债券罪的主体的集合，则 B3 = {年满 16 周岁、具有刑事责任能力的人} ∪ {单位} = {可以是年满 16 周岁、具有刑事责任能力的人，也可以是单位}；

　　设 B4 为擅自发行股票、公司、企业债券罪的主观方面的集合，则 B4 = {故意}。

　　则 B = B1 ∪ B2 ∪ B3 ∪ B4，即 {擅自发行股票、公司、企业债券罪} = {客体是国家对股票、公司、企业债券的管理制度和股票、公司、企业债券认购者的合法权益} ∪ {客观方面表现为行为人未经国家有关主管部门批准，擅自发行股票或者公司、企业债券，数额巨大、后果严重或者有其他严重情节的行为} ∪ {主体可以是年满 16 周岁、具有刑事责任能力的自然人，也可以是单位} ∪ {主观方面是故意} = {客体是国家对股票、公司、企业债券的管理制度和股票、公司、企业债券认购者的合法权益，客观方面表现为行为人未经国家有关主管部门批准，擅自发行股票或者公司、企业债券，数额巨大、后果严重或者有其他严重情节的行为，主体可以是年满 16 周岁、具有刑事责任能力的自然人，也可以是单位，主观方面是故意}。

　　3. 擅自发行股票、公司、企业债券罪的司法适用

　　（1）本罪与非罪的界限

　　设 B5 为擅自发行股票、公司、企业债券罪的非罪的集合，则 B5 = {无罪} = Ø；

　　设 B51 为擅自发行股票、公司、企业债券罪的非罪的客体的集合，则 B51 = {行为人没有侵犯国家对股票、公司、企业债券的管理制度和股票、公司、企业债券认购者的合法权益} = Ø；

设 B52 为擅自发行股票、公司、企业债券罪的非罪的客观方面的集合，则 B52 = {行为人没有实施未经国家有关主管部门批准，擅自发行股票或者公司、企业债券的行为} = $\varnothing$；

设 B53 为擅自发行股票、公司、企业债券罪的非罪的主体的集合，则 B53 = {主体未满 16 周岁，或者已满 16 周岁但没有刑事责任能力的自然人和单位} = $\varnothing$；

设 B54 为擅自发行股票、公司、企业债券罪的非罪的主观方面的集合，则 B54 = {行为人无故意} = $\varnothing$。

则 B5 = {擅自发行股票、公司、企业债券罪的非罪} = B $\cap$ B51 = {擅自发行股票、公司、企业债券罪} $\cap$ {行为人没有侵犯国家对股票、公司、企业债券的管理制度和股票、公司、企业债券认购者的合法权益} = {擅自发行股票、公司、企业债券罪} $\cap \varnothing = \varnothing$ = {无罪}；

B5 = {擅自发行股票、公司、企业债券罪的非罪} = B $\cap$ B52 = {擅自发行股票、公司、企业债券罪} $\cap$ {行为人没有实施未经国家有关主管部门批准，擅自发行股票或者公司、企业债券的行为} = {擅自发行股票、公司、企业债券罪} $\cap \varnothing = \varnothing$ = {无罪}；

B5 = {擅自发行股票、公司、企业债券罪的非罪} = B $\cap$ B53 = {擅自发行股票、公司、企业债券罪} $\cap$ {主体未满 16 周岁，或者已满 16 周岁但没有刑事责任能力的自然人和单位} = {擅自发行股票、公司、企业债券罪} $\cap \varnothing = \varnothing$ = {无罪}；

B5 = {擅自发行股票、公司、企业债券罪的非罪} = B $\cap$ B54 = {擅自发行股票、公司、企业债券罪} $\cap$ {行为人无故意} = {擅自发行股票、公司、企业债券罪} $\cap \varnothing = \varnothing$ = {无罪}。

（2）此罪与彼罪的界限

1）擅自发行股票、公司、企业债券罪与伪造、变造股票、公司、企业债券罪的界限

设 B 为擅自发行股票、公司、企业债券罪的集合，则 B = {擅自发行股票、公司、企业债券罪}；

设 B6 为伪造、变造股票、公司、企业债券罪的集合，则 B6 =

｛伪造、变造股票、公司、企业债券罪｝。

则 B∪B6 – B∩B6 =｛擅自发行股票、公司、企业债券罪｝∪
｛伪造、变造股票、公司、企业债券罪｝–｛擅自发行股票、公司、
企业债券罪｝∩｛伪造、变造股票、公司、企业债券罪｝=｛客体是
国家对证券市场的管理制度以及投资者和债权人的合法权益，客
观方面表现为行为人未经国家有关主管部门批准，擅自发行股票
或者公司、企业债券，数额巨大、后果严重或者有其他严重情节
的行为，主体可以是年满 16 周岁、具有刑事责任能力的自然人，
也可以是单位，主观方面是故意｝∪｛客体是国家对证券市场的管
理制度和股票、公司、企业债券认购者的合法权益，客观方面表
现为行为人伪造、变造股票或者公司、企业债券，数额较大的行
为，主体可以是年满 16 周岁、具有刑事责任能力的自然人，也可
以是单位，主观方面是故意｝–｛主体可以是年满 16 周岁、具有刑
事责任能力的自然人，也可以是单位，主观方面是故意｝=｛客体
是国家对证券市场的管理制度以及投资者和债权人的合法权益，
客观方面表现为行为人未经国家有关主管部门批准，擅自发行股
票或者公司、企业债券，数额巨大、后果严重或者有其他严重情
节的行为，客体是国家对证券市场的管理制度和股票、公司、企
业债券认购者的合法权益，客观方面表现为行为人伪造、变造股
票或者公司、企业债券，数额较大的行为｝。

2）擅自发行股票、公司、企业债券罪与欺诈发行股票、债券
罪的界限

设 B 为擅自发行股票、公司、企业债券罪的集合，则 B =｛擅
自发行股票、公司、企业债券罪｝；

设 B7 为欺诈发行股票、债券罪的集合，则 B7 =｛欺诈发行股
票、债券罪｝。

则 B∪B7 – B∩B7 =｛擅自发行股票、公司、企业债券罪｝∪
｛欺诈发行股票、债券罪｝–｛擅自发行股票、公司、企业债券罪｝∩
｛欺诈发行股票、债券罪｝=｛客体是国家对股票、公司、企业债券

的管理制度和股票、公司、企业债券认购者的合法权益，客观方面表现为行为人未经国家有关主管部门批准，擅自发行股票或者公司、企业债券，数额巨大、后果严重或者有其他严重情节的行为，主体可以是年满 16 周岁、具有刑事责任能力的自然人，也可以是单位，主观方面是故意}∪{客体是股票、公司、企业债券管理制度和股票、公司、企业债券认购者的合法权益，客观方面表现为行为人在招股说明书、认股书、公司、企业债券募集办法等发行文件中隐瞒重要事实或者编造重大虚假内容，发行股票或者公司、企业债券、存托凭证或者国务院依法认定的其他证券，数额巨大、后果严重或者有其他严重情节的行为，主体是具有股票、公司、企业债券发行资格的公司发起人、公司、企业及其工作人员，主观方面是故意}－{客体是国家对股票、公司、企业债券的管理制度和股票、公司、企业债券认购者的合法权益，主观方面是故意}＝{客观方面表现为行为人未经国家有关主管部门批准，擅自发行股票或者公司、企业债券，数额巨大、后果严重或者有其他严重情节的行为，主体可以是年满 16 周岁、具有刑事责任能力的自然人，也可以是单位，客观方面表现为行为人在招股说明书、认股书、公司、企业债券募集办法等发行文件中隐瞒重要事实或者编造重大虚假内容，发行股票或者公司、企业债券、存托凭证或者国务院依法认定的其他证券，数额巨大、后果严重或者有其他严重情节的行为，主体是具有股票、公司、企业债券发行资格的公司发起人、或者公司、企业及其工作人员}。

（三）内幕交易、泄露内幕信息罪

1. 内幕交易、泄露内幕信息罪的概念

内幕交易、泄露内幕信息罪，是指证券、期货交易内幕信息的知情人员或者非法获取证券、期货交易内幕信息的人员，在涉及证券的发行，证券、期货交易或者其他对证券、期货交易价格有重大影响的信息尚未公开前，买入或者卖出该证券，或者从事与该内幕信息有关的期货交易，或者泄露该信息，或者明示、暗示他人从事

上述交易活动，情节严重的行为。❶

2. 内幕交易、泄露内幕信息罪的构成特征

关于内幕交易、泄露内幕信息罪的构成特征，根据现行刑法的规定，必须具备以下四个方面，其集合表现为：

设 C 为内幕交易、泄露内幕信息罪的集合，则 C = {内幕交易、泄露内幕信息罪}；

设 C1 为内幕交易、泄露内幕信息罪的客体的集合，则 C1 = {证券、期货交易管理制度} ∪ {其他投资者的合法权益} = {证券、期货交易管理制度和其他投资者的合法权益}；

设 C2 为内幕交易、泄露内幕信息罪的客观方面的集合，则 C2 = {行为人违反证券、期货管理法律、法规，在涉及证券的发行，证券、期货交易或者其他对证券、期货交易价格有重大影响的信息尚未公开前，买入或者卖出该证券，或者从事与该内幕信息有关的期货交易，或者泄露该信息，或者明示、暗示他人从事上述交易活动，情节严重的行为}；

设 C3 为内幕交易、泄露内幕信息罪的主体的集合，则 C3 = {证券、期货交易内幕信息的知情人员或者非法获取证券、期货交易内幕信息的人员} ∪ {单位} = {证券、期货交易内幕信息的知情人员或者非法获取证券、期货交易内幕信息的人员和单位}；

设 C4 为内幕交易、泄露内幕信息罪的主观方面的集合，则 C4 = {故意}。

则 C = C1 ∪ C2 ∪ C3 ∪ C4，即 {内幕交易、泄露内幕信息罪} = {客体是证券、期货交易管理制度和其他投资者的合法权益} ∪ {客观方面表现为行为人违反证券、期货管理法律、法规，在涉及证券的发行，证券、期货交易或者其他对证券、期货交易价格有重大影响的信息尚未公开前，买入或者卖出该证券，或者从事与该内幕信

❶ 朱建华主编：《刑法分论》，法律出版社 2018 年版，第 148 页。

息有关的期货交易，或者泄露该信息，或者明示、暗示他人从事上述交易活动，情节严重的行为｝∪｛主体是证券、期货交易内幕信息的知情人员或者非法获取证券、期货交易内幕信息的人员和单位｝∪｛主观方面是故意｝＝｛客体是证券、期货交易管理制度和其他投资者的合法权益，客观方面表现为行为人违反证券、期货管理法律、法规，在涉及证券的发行，证券、期货交易或者其他对证券、期货交易价格有重大影响的信息尚未公开前，买入或者卖出该证券，或者从事与该内幕信息有关的期货交易，或者泄露该信息，或者明示、暗示他人从事上述交易活动，情节严重的行为，主体是证券、期货交易内幕信息的知情人员或者非法获取证券、期货交易内幕信息的人员和单位，主观方面是故意｝。

3. 内幕交易、泄露内幕信息罪的司法适用

（1）本罪与非罪的界限

设 C5 为内幕交易、泄露内幕信息罪的非罪的集合，则 C5 = ｛无罪｝＝Ø；

设 C51 为内幕交易、泄露内幕信息罪的非罪的客体的集合，则 C51 =｛行为人没有侵犯证券、期货交易管理制度和其他投资者的合法权益｝＝Ø；

设 C52 为内幕交易、泄露内幕信息罪的非罪的客观方面的集合，则 C52 =｛行为人没有违反证券、期货管理法律、法规，在涉及证券的发行，证券、期货交易或者其他对证券、期货交易价格有重大影响的信息尚未公开前，买入或者卖出该证券，或者从事与该内幕信息有关的期货交易，或者泄露该信息，或者明示、暗示他人从事上述交易活动，情节严重的行为｝＝Ø；

设 C53 为内幕交易、泄露内幕信息罪的非罪的主体的集合，则 C53 =｛主体不是证券、期货交易内幕信息的知情人员或者非法获取证券、期货交易内幕信息的人员和单位｝＝Ø；

设 C54 为内幕交易、泄露内幕信息罪的非罪的主观方面的集

合，则 C54 = ｛行为人无故意｝= Ø。

则 C5 = ｛内幕交易、泄露内幕信息罪的非罪｝= C∩C51 = ｛内幕交易、泄露内幕信息罪｝∩｛行为人没有侵犯证券、期货交易管理制度和其他投资者的合法权益｝=｛内幕交易、泄露内幕信息罪｝∩Ø = Ø = ｛无罪｝；

C5 = ｛内幕交易、泄露内幕信息罪的非罪｝= C∩C52 = ｛内幕交易、泄露内幕信息罪｝∩｛行为人没有违反证券、期货管理法律、法规，在涉及证券的发行，证券、期货交易或者其他对证券、期货交易价格有重大影响的信息尚未公开前，买入或者卖出该证券，或者从事与该内幕信息有关的期货交易，或者泄露该信息，或者明示、暗示他人从事上述交易活动，情节严重的行为｝=｛内幕交易、泄露内幕信息罪｝∩Ø = Ø = ｛无罪｝；

C5 = ｛内幕交易、泄露内幕信息罪的非罪｝= C∩C53 = ｛内幕交易、泄露内幕信息罪｝∩｛主体不是证券、期货交易内幕信息的知情人员或者非法获取证券、期货交易内幕信息的人员和单位｝=｛内幕交易、泄露内幕信息罪｝∩Ø = Ø = ｛无罪｝；

C5 = ｛内幕交易、泄露内幕信息罪的非罪｝= C∩C54 = ｛内幕交易、泄露内幕信息罪｝∩｛行为人无故意｝=｛内幕交易、泄露内幕信息罪｝∩Ø = Ø = ｛无罪｝。

（2）此罪与彼罪的界限

关于此罪与彼罪和界限主要应弄清楚内幕交易、泄露内幕信息罪与利用未公开信息交易罪的界限。

设 C 为内幕交易、泄露内幕信息罪的集合，则 C = ｛内幕交易、泄露内幕信息罪｝；

设 C6 为利用未公开信息交易罪的集合，则 C6 = ｛利用未公开信息交易罪｝。

则 C∪C6 – C∩C6 = ｛内幕交易、泄露内幕信息罪｝∪｛利用未公开信息交易罪｝–｛内幕交易、泄露内幕信息罪｝∩｛利用未公开信息交易罪｝=｛客体是证券、期货交易管理制度和其他投资者的合法权益，客观方面表现为行为人违反证券、期货管理法律、法规，在涉及证券的发行，证券、期货交易或者其他对证券、期货交易价格有重大影响的信息尚未公开前，买入或者卖出该证券，或者从事与该内幕信息有关的期货交易，或者泄露该信息，或者明示、暗示他人从事上述交易活动，情节严重的行为，主体是证券、期货交易内幕信息的知情人员或者非法获取证券、期货交易内幕信息的人员和单位，主观方面是故意｝∪｛客体是证券、期货交易管理制度和其他投资者的合法权益，客观方面表现为行为人利用因职务便利获取的内幕信息以外的其他未公开的信息，违反规定，从事与该信息相关的证券、期货交易活动，或者明示、暗示他人从事相关交易活动，情节严重的行为，主体是证券交易所、期货交易所、证券公司、期货经纪公司、基金管理公司、商业银行、保险公司等金融机构的从业人员以及有关监管部门或者行业协会的工作人员和单位，主观方面是故意｝-｛客体是证券、期货交易管理制度和其他投资者的合法权益，主观方面是故意｝=｛客观方面表现为行为人违反证券、期货管理法律、法规，在涉及证券的发行，证券、期货交易或者其他对证券、期货交易价格有重大影响的信息尚未公开前，买入或者卖出该证券，或者从事与该内幕信息有关的期货交易，或者泄露该信息，或者明示、暗示他人从事上述交易活动，情节严重的行为，主体是证券、期货交易内幕信息的知情人员或者非法获取证券、期货交易内幕信息的人员和单位，客观方面表现为行为人利用因职务便利获取的内幕信息以外的其他未公开的信息，违反规定，从事与该信息相关的证券、期货交易活动，或者明示、暗示他人从事相关交易活动，情节严重的行为，主体是证券交易所、期货交易所、证券公司、期货经纪公司、基金管理公司、商业银行、保险公司等金融机构的从业人员以及有关监管部门或者行业协会的工作人员和单位｝。

（四）违法发放贷款罪

1. 违法发放贷款罪的概念

违法发放贷款罪，是指银行或者其他金融机构的工作人员违反

国家规定发放贷款，数额巨大或者造成重大损失的行为。❶

2. 违法发放贷款罪的构成特征

关于违法发放贷款罪的构成特征，根据现行刑法的规定，必须具备以下四个方面，其集合表现为：

设 D 为违法发放贷款罪的集合，则 D ＝｛违法发放贷款罪｝；

设 D1 为违法发放贷款罪的客体的集合，则 D1 ＝｛信贷管理秩序｝∪｛金融机构的单位利益或者国家利益｝＝｛信贷管理秩序和金融机构的单位利益或者国家利益｝；

设 D2 为违法发放贷款罪的客观方面的集合，则 D2 ＝｛行为人违反国家规定发放贷款，数额巨大或者造成重大损失的行为｝；

设 D3 为违法发放贷款罪的主体的集合，则 D3 ＝｛银行或者其他金融机构及其工作人员｝；

设 D4 为违法发放贷款罪的主观方面的集合，则 D4 ＝｛故意｝。

则 D ＝ D1∪D2∪D3∪D4，即 ｛违法发放贷款罪｝＝｛客体是信贷管理秩序和金融机构的单位利益或者国家利益｝∪｛客观方面表现为行为人违反国家规定发放贷款，数额巨大或者造成重大损失的行为｝∪｛主体是银行或者其他金融机构及其工作人员｝∪｛主观方面是故意｝＝｛客体是信贷管理秩序和金融机构的单位利益或者国家利益，客观方面表现为行为人违反国家规定发放贷款，数额巨大或者造成重大损失的行为，主体是银行或者其他金融机构及其工作人员，主观方面是故意｝。

3. 违法发放贷款罪的司法适用

（1）本罪与非罪的界限

设 D5 为违法发放贷款罪的非罪的集合，则 D5 ＝｛无罪｝＝∅；

设 D51 为违法发放贷款罪的非罪的客体的集合，则 D51 ＝｛行为人没有侵犯信贷管理秩序和金融机构的单位利益或者国家利

---

❶　朱建华主编：《刑法分论》，法律出版社 2018 年版，第 157 页。

益} = Ø；

设 D52 为违法发放贷款罪的非罪的客观方面的集合，则 D52 = {行为人没有实施违反国家规定发放贷款的行为} = Ø；

设 D53 为违法发放贷款罪的非罪的主体的集合，则 D53 = {主体不是银行或者其他金融机构及其工作人员} = Ø；

设 D54 为违法发放贷款罪的非罪的主观方面的集合，则 D54 = {行为人无故意} = Ø。

则 D5 = {违法发放贷款罪的非罪} = D∩D51 = {违法发放贷款罪}∩{行为人没有侵犯信贷管理秩序和金融机构的单位利益或者国家利益} = {内幕交易、泄露内幕信息罪}∩Ø = Ø = {无罪}；

D5 = {违法发放贷款罪的非罪} = D∩D52 = {违法发放贷款罪}∩{行为人没有实施违反国家规定发放贷款的行为} = {违法发放贷款罪}∩Ø = Ø = {无罪}；

D5 = {违法发放贷款罪的非罪} = D∩D53 = {违法发放贷款罪}∩{主体不是银行或者其他金融机构及其工作人员} = {违法发放贷款罪}∩Ø = Ø = {无罪}；

D5 = {违法发放贷款罪的非罪} = D∩D54 = {违法发放贷款罪}∩{行为人无故意} = {违法发放贷款罪}∩Ø = Ø = {无罪}。

（2）此罪与彼罪的界限

关于此罪与彼罪的界限主要应弄清楚违法发放贷款罪与违规运用资金罪的界限。

设 D 为违法发放贷款罪的集合，则 D = {违法发放贷款罪}；

设 D6 为违规运用资金罪的集合，则 D6 = {违规运用资金罪}。

则 D∪D6 - D∩D6 = {违法发放贷款罪}∪{违规运用资金罪} - {违法发放贷款罪}∩{违规运用资金罪} = {客体是信贷管理秩序和金融机构的单位利益或者国家利益，客观方面表现为行为人违反国家规定发放贷款，数额巨大或者造成重大损失的行为，主体是银行或者其他金融机构及其工作人员，主观方面是故意}∪{客体是金融管理秩序和客户资金及受托财产的使用权及资金安全，客观方面表现为行为人违反国家规定运用资金的行为，主体是社会保障基金管理机构、住房公积金管理机构等公众资金管理机构以及保险公司、保险资产管理公司、证券投资基金管理公司，主观方面是故意}－{主观方面是故意}＝{客体是信贷管理秩序和金融机构的单位利益或者国家利益，客观方面表现为行为人违反国家规定发放贷款，数额巨大或者造成重大损失的行为，主体是银行或者其他金融机构及其工作人员，客体是金融管理秩序和客户资金及受托财产的使用权及资金安全，客观方面表现为行为人违反国家规定运用资金的行为，主体是社会保障基金管理机构、住房公积金管理机构等公众资金管理机构以及保险公司、保险资产管理公司、证券投资基金管理公司}。

（五）逃汇罪

1. 逃汇罪的概念

逃汇罪，是指公司、企业或者其他单位，违反国家规定，擅自将外汇存放境外，或者将境内的外汇非法转移到境外，数额较大的行为。❶

2. 逃汇罪的构成特征

关于逃汇罪的构成特征，根据现行刑法的规定，必须具备以下四个方面，其集合表现为：

设 E 为逃汇罪的集合，则 E＝{逃汇罪}；

设 E 为逃汇罪的客体的集合，则 E1＝{外汇管理秩序}；

设 E2 为逃汇罪的客观方面的集合，则 E2＝{行为人违反国家规定，擅自将外汇存放境外，或者将境内的外汇非法转移到境外，数额较大的行为}；

设 E3 为逃汇罪的主体的集合，则 E3＝{公司、企业或者其他单位}；

设 E4 为对逃汇罪的主观方面的集合，则 E4＝{故意}。

---

❶ 朱建华主编：《刑法分论》，法律出版社 2018 年版，第 159 页。

则 E = E1∪E2∪E3∪E4，即逃汇罪 = {客体是外汇管理秩序}∪{客观方面表现为行为人违反国家规定，擅自将外汇存放境外，或者将境内的外汇非法转移到境外，数额较大的行为}∪{主体是公司、企业或者其他单位}∪{主观方面是故意} = {客体是外汇管理秩序，客观方面表现为行为人违反国家规定，擅自将外汇存放境外，或者将境内的外汇非法转移到境外，数额较大的行为，主体是公司、企业或者其他单位，主观方面是故意}。

3. 逃汇罪的司法适用

（1）本罪与非罪的界限

设 E5 为逃汇罪的非罪的集合，则 E5 = {无罪} = $\varnothing$；

设 E51 为逃汇罪的非罪的客体的集合，则 E51 = {行为人没有侵犯外汇管理秩序} = $\varnothing$；

设 E52 为逃汇罪的非罪的客观方面的集合，则 E52 = {行为人没有实施违反国家规定，擅自将外汇存放境外，或者将境内的外汇非法转移到境外的行为} = $\varnothing$；

设 E53 为逃汇罪的非罪的主体的集合，则 E53 = {主体不是公司、企业或者其他单位} = $\varnothing$；

设 E54 为逃汇罪的非罪的主观方面的集合，则 E54 = {行为人无故意} = $\varnothing$。

则 E5 = {逃汇的非罪} = E∩E51 = {逃汇罪}∩{行为人没有侵犯外汇管理秩序} = {逃汇罪}∩$\varnothing$ = $\varnothing$ = {无罪}；

E5 = {逃汇罪的非罪} = E∩E52 = {逃汇罪}∩{行为人没有实施违反国家规定，擅自将外汇存放境外，或者将境内的外汇非法转移到境外的行为} = {逃汇罪}∩$\varnothing$ = $\varnothing$ = {无罪}；

E5 = {逃汇罪的非罪} = E∩E53 = {逃汇罪}∩{主体不是公司、企业或者其他单位} = {逃汇罪}∩$\varnothing$ = $\varnothing$ = {无罪}；

E5 = {逃汇罪的非罪} = E∩E54 = {逃汇罪}∩{行为人无故意} = {逃汇罪}∩$\varnothing$ = $\varnothing$ = {无罪}。

（2）此罪与彼罪的界限

关于此罪与彼罪的界限主要应弄清逃汇罪与骗购外汇罪的界限。

设 E 为逃汇罪的集合，则 E = ｛逃汇罪｝；

设 E6 为骗购外汇罪的集合，则 E6 = ｛骗购外汇罪｝。

则 E∪E6 − E∩E6 = ｛逃汇罪｝∪｛骗购外汇罪｝−｛逃汇罪｝∩｛骗购外汇罪｝=｛客体是外汇管理秩序，客观方面表现为行为人违反国家规定，擅自将外汇存放境外，或者将境内的外汇非法转移到境外，数额较大的行为，主体是公司、企业或者其他单位，主观方面是故意｝∪｛客体是外汇管理秩序，客观方面表现为行为人使用伪造、变造购买外汇所需的凭证、单据，或者重复使用购买外汇所需的凭证、单据，以及用其他方式骗购外汇，数额较大的行为，主体是年满16周岁、具有刑事责任能力的自然人和单位，主观方面是故意｝−｛客体是外汇管理秩序，主观方面是故意｝=｛客观方面表现为行为人违反国家规定，擅自将外汇存放境外，或者将境内的外汇非法转移到境外，数额较大的行为，主体是公司、企业或者其他单位，客观方面表现为行为人使用伪造、变造购买外汇所需的凭证、单据，或者重复使用购买外汇所需的凭证、单据，以及用其他方式骗购外汇，数额较大的行为，主体是年满16周岁、具有刑事责任能力的自然人和单位｝。

（六）洗钱罪

1. 洗钱罪的概念

洗钱罪，是指行为人为掩饰、隐瞒毒品犯罪、黑社会性质的组织犯罪、恐怖活动犯罪、走私犯罪、贪污贿赂犯罪、破坏金融管理秩序犯罪和金融诈骗犯罪的违法所得及其产生的收益的来源和性质的行为。

2. 洗钱罪的构成特征

关于洗钱罪的构成特征，根据现行刑法的规定，必须具备以下四个方面，其集合表现为：

设 F 为洗钱罪的集合，则 F =｛洗钱罪｝；

设 F1 为洗钱罪的客体的集合，则 F1 =｛金融管理秩序｝∪｛国家司法秩序｝=｛金融管理秩序和国家司法秩序｝；

设 F2 为洗钱罪的客观方面的集合，则 F2 =｛行为人实施了掩饰、隐瞒毒品犯罪、黑社会性质的组织犯罪、恐怖活动犯罪、走私犯罪、贪污贿赂犯罪、破坏金融管理秩序犯罪和金融诈骗犯罪的违法所得及其产生的收益的来源和性质的行为｝；

设 F3 为洗钱罪的主体的集合，则 F3 =｛年满 16 周岁、具有刑事责任能力的自然人｝∪｛单位｝=｛年满 16 周岁、具有刑事责任能力的人和单位｝；

设 F4 为对洗钱罪的主观方面的集合，则 F4 =｛故意｝。

则 F = F1∪F2∪F3∪F4，即 ｛洗钱罪｝=｛客体是金融管理秩序和国家司法秩序｝∪｛客观方面表现为行为人实施了为掩饰、隐瞒毒品犯罪、黑社会性质的组织犯罪、恐怖活动犯罪、走私犯罪、贪污贿赂犯罪、破坏金融管理秩序犯罪和金融诈骗犯罪的违法所得及其产生的收益的来源和性质的行为｝∪｛主体是年满 16 周岁、具有刑事责任能力的自然人和单位｝∪｛主观方面是故意｝=｛客体是金融管理秩序和国家司法秩序，客观方面表现为行为人实施了掩饰、隐瞒毒品犯罪、黑社会性质的组织犯罪、恐怖活动犯罪、走私犯罪、贪污贿赂犯罪、破坏金融管理秩序犯罪和金融诈骗犯罪的违法所得及其产生的收益的来源和性质的行为，主体是年满 16 周岁、具有刑事责任能力的人和单位，主观方面是故意｝。

3. 洗钱罪的司法适用

（1）本罪与非罪的界限

设 F5 为洗钱罪的非罪的集合，则 F5 =｛无罪｝=∅；

设 F51 为洗钱罪的非罪的客体的集合，则 F51 =｛行为人没有侵犯金融管理秩序和国家司法秩序｝=∅；

设 F52 为洗钱罪的非罪的客观方面的集合，则 F52 =｛行为人没有实施掩饰、隐瞒毒品犯罪、黑社会性质的组织犯罪、恐怖活动犯罪、走私犯罪、贪污贿赂犯罪、破坏金融管理秩序犯罪和金融诈骗犯罪的违法所得及其产生的收益的来源和性质的行为 $\} = \emptyset$；

设 F53 为洗钱罪的非罪的主体的集合，则 F53 = $\{$主体未满 16 周岁，或者已满 16 周岁但没有刑事责任能力的自然人和单位$\} = \emptyset$；

设 F54 为洗钱罪的非罪的主观方面的集合，则 F54 = $\{$行为人无故意$\} = \emptyset$。

则 F5 = $\{$洗钱罪的非罪$\}$ = F∩F51 = $\{$洗钱罪$\}$ ∩ $\{$行为人没有侵犯金融管理秩序和国家司法秩序$\}$ = $\{$洗钱罪$\}$ ∩ $\emptyset$ = $\emptyset$ = $\{$无罪$\}$；

F5 = $\{$洗钱罪的非罪$\}$ = F∩F52 = $\{$洗钱罪$\}$ ∩ $\{$行为人没有实施掩饰、隐瞒毒品犯罪、黑社会性质的组织犯罪、恐怖活动犯罪、走私犯罪、贪污贿赂犯罪、破坏金融管理秩序犯罪和金融诈骗犯罪的违法所得及其产生的收益的来源和性质的行为$\}$ = $\{$洗钱罪$\}$ ∩ $\emptyset$ = $\emptyset$ = $\{$无罪$\}$；

F5 = $\{$洗钱罪的非罪$\}$ = F∩F53 = $\{$洗钱罪$\}$ ∩ $\{$主体未满 16 周岁，或者已满 16 周岁但没有刑事责任能力的自然人和单位$\}$ = $\{$洗钱罪$\}$ ∩ $\emptyset$ = $\emptyset$ = $\{$无罪$\}$；

F5 = $\{$洗钱罪的非罪$\}$ = F∩F54 = $\{$洗钱罪$\}$ ∩ $\{$行为人无故意$\}$ = $\{$洗钱罪$\}$ ∩ $\emptyset$ = $\emptyset$ = $\{$无罪$\}$。

（2）此罪与彼罪的界限

1）洗钱罪与掩饰、隐瞒犯罪所得、犯罪所得收益罪的界限

设 F 为洗钱罪的集合，则 F = $\{$洗钱罪$\}$；

设 F6 为掩饰、隐瞒犯罪所得、犯罪所得收益罪的集合，则 F6 = $\{$掩饰、隐瞒犯罪所得、犯罪所得收益罪$\}$。

则 F∪F6 − F∩F6 = $\{$洗钱罪$\}$ ∪ $\{$掩饰、隐瞒犯罪所得、犯罪所得收益罪$\}$ − $\{$洗钱罪$\}$ ∩ $\{$掩饰、隐瞒犯罪所得、犯罪所得收益罪$\}$ = $\{$客体是金融管理秩序和国家司法秩序，客观方面表现为行为人实施了掩饰、隐瞒毒品犯罪、黑社会性质的组织犯罪、恐怖活动犯罪、走私犯罪、贪污贿赂犯罪、破坏金融管理秩序犯罪和金融

诈骗犯罪的违法所得及其产生的收益的来源和性质的行为，主体是年满 16 周岁、具有刑事责任能力的自然人和单位，主观方面是故意}∪{客体是司法机关的刑事追诉活动，客观方面表现为行为人明知是犯罪所得及其产生的收益而予以窝藏、转移、收购、代为销售或者以其他方法掩饰、隐瞒的行为，主体是年满 16 周岁、具有刑事责任能力的人和单位，主观方面是故意}−{主体是年满 16 周岁、具有刑事责任能力的自然人和单位，主观方面是故意}={客体是金融管理秩序和国家司法秩序，客观方面表现为行为人实施了掩饰、隐瞒毒品犯罪、黑社会性质的组织犯罪、恐怖活动犯罪、走私犯罪、贪污贿赂犯罪、破坏金融管理秩序犯罪和金融诈骗犯罪的违法所得及其产生的收益的来源和性质的行为，客体是司法机关的刑事追诉活动，客观方面表现为行为人明知是犯罪所得及其产生的收益而予以窝藏、转移、收购、代为销售或者以其他方法掩饰、隐瞒的行为}。

2）洗钱罪与窝藏、转移、隐瞒毒品、毒赃罪的界限

设 F 为洗钱罪的集合，则 F = {洗钱罪}；

设 F7 为窝藏、转移、隐瞒毒品、毒赃罪的集合，则 F7 = {窝藏、转移、隐瞒毒品、毒赃罪}。

则 F∪F7 − F∩F7 = {洗钱罪}∪{窝藏、转移、隐瞒毒品、毒赃罪}−{洗钱罪}∩{窝藏、转移、隐瞒毒品、毒赃罪}={客体是金融管理秩序和国家司法秩序，客观方面表现为行为人实施了掩饰、隐瞒毒品犯罪、黑社会性质的组织犯罪、恐怖活动犯罪、走私犯罪、贪污贿赂犯罪、破坏金融管理秩序犯罪和金融诈骗犯罪的违法所得及其产生的收益的来源和性质的行为，主体是年满 16 周岁、具有刑事责任能力的自然人和单位，主观方面是故意}∪{客体是国家司法机关惩治走私、贩卖、运输、制造毒品犯罪分子的正常秩序，客观方面表现为行为人明知是走私、贩卖、运输、制造毒品的犯罪分子的毒品或者犯罪所得的财物，而予以窝藏、转移、隐瞒的行为，主体是年满 16 周岁、具有刑事责任能力的自然人，主观方面是故

意}−{主观方面是故意}={客体是金融管理秩序和国家司法秩序，客观方面表现为行为人实施了掩饰、隐瞒毒品犯罪、黑社会性质的组织犯罪、恐怖活动犯罪、走私犯罪、贪污贿赂犯罪、破坏金融管理秩序犯罪和金融诈骗犯罪的违法所得及其产生的收益的来源和性质的行为，主体是年满 16 周岁、具有刑事责任能力的自然人和单位，客体是国家司法机关惩治走私、贩卖、运输、制造毒品犯罪分子的正常秩序，客观方面表现为行为人明知是走私、贩卖、运输、制造毒品的犯罪分子的毒品或者犯罪所得的财物，而予以窝藏、转移、隐瞒的行为，主体是年满 16 周岁、具有刑事责任能力的自然人}。

五、金融诈骗罪❶

（一）集资诈骗罪

1. 集资诈骗罪的概念

集资诈骗罪，是指行为人以非法占有为目的，违反有关金融法律、法规的规定，使用诈骗方法进行非法集资，扰乱国家正常金融秩序，侵犯公私财产所有权，且数额较大的行为。❷

2. 集资诈骗罪的构成特征

关于集资诈骗罪的构成特征，根据现行刑法的规定，必须具备以下四个方面，其集合表现为：

设 A 为集资诈骗罪的集合，则 A ={集资诈骗罪}；

设 A1 为集资诈骗罪的客体的集合，则 A1 ={资金募集管理秩序}∪{公私财产所有权}={资金募集管理秩序和公私财产所有权}；

设 A2 为集资诈骗罪的客观方面的集合，则 A2 ={行为人违反有关金融法律、法规的规定，使用诈骗方法进行非法集资，扰乱国

---

❶ 在司法实践中，由于本类犯罪的停止形态与共犯形态，不是特别突出和难以把握，特此从略。

❷ 朱建华主编：《刑法分论》，法律出版社 2018 年版，第 164 页。

家正常金融秩序，侵犯公私财产所有权，且数额较大的行为}；

设 A3 为集资诈骗罪的主体的集合，则 A3 = {年满 16 周岁、具有刑事责任能力的人} ∪ {单位} = {年满 16 周岁、具有刑事责任能力的自然人和单位}；

设 A4 为集资诈骗罪的主观方面的集合，则 A4 = {直接故意，且以非法占有为目的}。

则 A = A1∪A2∪A3∪A4，即 {集资诈骗罪} = {客体是资金募集管理秩序和公私财产所有权}∪{客观方面表现为行为人违反有关金融法律、法规的规定，使用诈骗方法进行非法集资，扰乱国家正常金融秩序，侵犯公私财产所有权，且数额较大的行为}∪{主体是年满 16 周岁、具有刑事责任能力的自然人和单位}∪{主观方面是直接故意，且以非法占有为目的} = {客体是资金募集管理秩序和公私财产所有权，客观方面表现为行为人违反有关金融法律、法规的规定，使用诈骗方法进行非法集资，扰乱国家正常金融秩序，侵犯公私财产所有权，且数额较大的行为，主体是年满 16 周岁、具有刑事责任能力的自然人和单位，主观方面是直接故意，且以非法占有为目的}。

3. 集资诈骗罪的司法适用

（1）本罪与非罪的界限

设 A5 为集资诈骗罪的非罪的集合，则 A5 = {无罪} = Ø；

设 A51 为集资诈骗罪的非罪的客体的集合，则 A51 = {行为人没有侵犯资金募集管理秩序和公私财产所有权} = Ø；

设 A52 为集资诈骗罪的非罪的客观方面的集合，则 A52 = {行为人没有违反有关金融法律、法规的规定，使用诈骗方法进行非法集资，扰乱国家正常金融秩序，侵犯公私财产所有权，且数额较大的行为} = Ø；

设 A53 为集资诈骗罪的非罪的主体的集合，则 A53 = {主体未满 16 周岁，或者已满 16 周岁但没有刑事责任能力的自然人和单位｝＝∅；

设 A54 为集资诈骗罪的非罪的主观方面的集合，则 A54 ＝｛行为人没有故意且无非法占有的目的｝＝∅。

则 A5 ＝｛集资诈骗罪的非罪｝＝ A∩A51 ＝｛集资诈骗罪｝∩｛行为人没有侵犯资金募集管理秩序和公私财产所有权｝＝｛集资诈骗罪｝∩∅＝∅＝｛无罪｝；

A5 ＝｛集资诈骗罪的非罪｝＝ A∩A52 ＝｛集资诈骗罪｝∩｛行为人没有违反有关金融法律、法规的规定，使用诈骗方法进行非法集资，扰乱国家正常金融秩序，侵犯公私财产所有权，且数额较大的行为｝＝｛集资诈骗罪｝∩∅＝∅＝｛无罪｝；

A5 ＝｛集资诈骗罪的非罪｝＝ A∩A53 ＝｛集资诈骗罪｝∩｛主体未满 16 周岁，或者已满 16 周岁但没有刑事责任能力的自然人和单位｝＝｛集资诈骗罪｝∩∅＝∅＝｛无罪｝；

A5 ＝｛集资诈骗罪的非罪｝＝ A∩A54 ＝｛集资诈骗罪｝∩｛行为人没有故意且无非法占有的目的｝＝｛集资诈骗罪｝∩∅＝∅＝｛无罪｝。

（2）此罪与彼罪的界限

1）集资诈骗罪与贷款诈骗罪的界限

设 A 为集资诈骗罪的集合，则 A ＝｛集资诈骗罪｝；

设 A6 为贷款诈骗罪的集合，则 A6 ＝｛贷款诈骗罪｝。

则 A∪A6 － A∩A6 ＝｛集资诈骗罪｝∪｛贷款诈骗罪｝－｛集资诈骗罪｝∩｛贷款诈骗罪｝＝｛客体是资金募集管理秩序和公私财产所有权，客观方面表现为行为人违反有关金融法律、法规的规定，使用诈骗方法进行非法集资，扰乱国家正常金融秩序，侵犯公私财产所有权，且数额较大的行为，主体是年满 16 周岁、具有刑事责任能力的自然人和单位，主观方面是直接故意，且以非法占有为目的｝∪｛客体是信贷管理秩序和金融机构对贷款的所有权，客观方面表现为行为人采用虚构事实或者隐瞒真相等欺诈手段骗取银行或者其他金融机构的贷款，数额较大的行为，主体是年满 16 周岁、具有刑事责任能力的自然人，主观方面是直接故意，且以非法占有为目的｝－

{主观方面是直接故意，且以非法占有为目的} = {客体是资金募集管理秩序和公私财产所有权，客观方面表现为行为人违反有关金融法律、法规的规定，使用诈骗方法进行非法集资，扰乱国家正常金融秩序，侵犯公私财产所有权，且数额较大的行为，主体是年满 16 周岁、具有刑事责任能力的自然人和单位，客体是信贷管理秩序和金融机构对贷款的所有权，客观方面表现为行为人采用虚构事实或者隐瞒真相等欺诈手段骗取银行或者其他金融机构的贷款，数额较大的行为，主体是年满 16 周岁、具有刑事责任能力的自然人}。

2）集资诈骗罪与金融凭证诈骗罪的界限

设 A 为集资诈骗罪的集合，则 A = {集资诈骗罪}；

设 A7 为金融凭证诈骗罪的集合，则 A7 = {金融凭证诈骗罪}。

则 A∪A7 – A∩A7 = {集资诈骗罪} ∪ {金融凭证诈骗罪} – {集资诈骗罪} ∩ {金融凭证诈骗罪} = {客体是资金募集管理秩序和公私财产所有权，客观方面表现为行为人违反有关金融法律、法规的规定，使用诈骗方法进行非法集资，扰乱国家正常金融秩序，侵犯公私财产所有权，且数额较大的行为，主体是年满 16 周岁、具有刑事责任能力的自然人和单位，主观方面是直接故意，且以非法占有为目的} ∪ {客体是银行结算凭证管理秩序和公私财产所有权，客观方面表现为行为人使用伪造、变造的委托收款凭证、汇款凭证、银行存单等结算凭证进行诈骗活动，数额较大的行为，主体是年满 16 周岁、具有刑事责任能力的人和单位，主观方面是直接故意，且以非法占有为目的} – {主体是年满 16 周岁、具有刑事责任能力的自然人和单位，主观方面是直接故意，且以非法占有为目的} = {客体是资金募集管理秩序和公私财产所有权，客观方面表现为行为人违反有关金融法律、法规的规定，使用诈骗方法进行非法集资，扰乱国家正常金融秩序，侵犯公私财产所有权，且数额较大的行为，客体是银行结算凭证管理秩序和公私财产所有权，客观方面表现为行为人使用伪造、变造的委托收款凭证、汇款凭证、银行存单等结算凭证进行诈骗活动，数额较大的行为}。

（二）信用卡诈骗罪

1. 信用卡诈骗罪的概念

信用卡诈骗罪，是指行为人以非法占有为目的，违反信用卡管理法规，利用信用卡进行诈骗活动，骗取财物数额较大的行为。❶

2. 信用卡诈骗罪的构成特征

关于信用卡诈骗罪的构成特征，根据现行刑法的规定，必须具备以下四个方面，其集合表现为：

设 B 为信用卡诈骗罪的集合，则 B = {信用卡诈骗罪}；

设 B1 为信用卡诈骗罪的客体的集合，则 B1 = {信用卡管理秩序} ∪ {公私财产所有权} = {信用卡管理秩序和公私财产所有权}；

设 B2 为信用卡诈骗罪的客观方面的集合，则 B2 = {行为人违反信用卡管理法规，利用信用卡进行诈骗活动，骗取财物数额较大的行为}；

设 B3 为信用卡诈骗罪的主体的集合，则 B3 = {年满 16 周岁、具有刑事责任能力的人} ∪ {单位} = {年满 16 周岁、具有刑事责任能力的人和单位}；

设 B4 为信用卡诈骗罪的主观方面的集合，则 B4 = {直接故意，且以非法占有为目的}。

则 B = B1 ∪ B2 ∪ B3 ∪ B4，即 {信用卡诈骗罪} = {客体是信用卡管理秩序和公私财产所有权} ∪ {客观方面表现为行为人违反信用卡管理法规，利用信用卡进行诈骗活动，骗取财物数额较大的行为} ∪ {主体是年满 16 周岁、具有刑事责任能力的自然人和单位} ∪ {主观方面是直接故意，且以非法占有为目的} = {客体是信用卡管理秩序和公私财产所有权，客观方面表现为行为人违反信用卡管理法规，利用信用卡进行诈骗活动，骗取财物数额较大的行为，主体是年满 16 周岁、具有刑事责任能力的自然人和单位，主观方面是直

---

❶ 朱建华主编：《刑法分论》，法律出版社 2018 年版，第 170 页。

接故意，且以非法占有为目的｝。

3. 信用卡诈骗罪的司法适用

（1）本罪与非罪的界限

设 B5 为信用卡诈骗罪的非罪的集合，则 B5 = ｛无罪｝= Ø；

设 B51 为信用卡诈骗罪的非罪的客体的集合，则 B51 = ｛行为人没有侵犯信用卡管理秩序和公私财产所有权｝= Ø；

设 B52 为信用卡诈骗罪的非罪的客观方面的集合，则 B52 = ｛行为人没有违反信用卡管理法规，利用信用卡进行诈骗活动，骗取财物数额较大的行为｝= Ø；

设 B53 为信用卡诈骗罪的非罪的主体的集合，则 B53 = ｛主体未满 16 周岁，或者已满 16 周岁但没有刑事责任能力的自然人和单位｝= Ø；

设 B54 为信用卡诈骗罪的非罪的主观方面的集合，则 B54 = ｛主观方面没有直接故意，且无非法占有为目的｝= Ø。

则 B5 = ｛信用卡诈骗罪的非罪｝= B∩B51 = ｛信用卡诈骗罪｝∩｛行为人没有侵犯信用卡管理秩序和公私财产所有权｝= ｛信用卡诈骗罪｝∩Ø = Ø = ｛无罪｝；

B5 = ｛信用卡诈骗罪的非罪｝= B∩B52 = ｛信用卡诈骗罪｝∩｛行为人没有违反信用卡管理法规，利用信用卡进行诈骗活动，骗取财物数额较大的行为｝∩Ø = Ø = ｛无罪｝；

B5 = ｛信用卡诈骗罪的非罪｝= B∩B53 = ｛信用卡诈骗罪｝∩｛主体未满 16 周岁，或者已满 16 周岁但没有刑事责任能力的自然人和单位｝= ｛信用卡诈骗罪｝∩Ø = Ø = ｛无罪｝；

B5 = ｛信用卡诈骗罪的非罪｝= B∩B54 = ｛信用卡诈骗罪｝∩｛主观方面没有直接故意，且无非法占有为目的｝= ｛信用卡诈骗罪｝∩Ø = Ø = ｛无罪｝。

（2）此罪与彼罪的界限

关于此罪与彼罪的界限主要应弄清楚信用卡诈骗罪与信用证诈

骗罪的界限。

设 B 为信用卡诈骗罪的集合，则 B＝{信用卡诈骗罪}；

设 B6 为信用证诈骗罪的集合，则 B6＝{信用证诈骗罪}。

则 B∪B6－B∩B6＝{信用卡诈骗罪}∪{信用证诈骗罪}－{信用卡诈骗罪}∩{信用证诈骗罪}＝{客体是信用卡管理秩序和公私财产所有权，客观方面表现为行为人违反信用卡管理法规，利用信用卡进行诈骗活动，骗取财物数额较大的行为，主体是年满 16 周岁、具有刑事责任能力的自然人和单位，主观方面是直接故意，且以非法占有为目的}∪{客体是信用证管理秩序和公私财产所有权，客观方面表现为行为人利用信用证从事诈骗活动的行为，主体是年满 16 周岁、具有刑事责任能力的自然人和单位，主观方面是直接故意，且以非法占有为目的}－{主体是年满 16 周岁、具有刑事责任能力的自然人和单位，主观方面是直接故意，且以非法占有为目的}＝{客体是信用卡管理秩序和公私财产所有权，客观方面表现为行为人违反信用卡管理法规，利用信用卡进行诈骗活动，骗取财物数额较大的行为，客体是信用证管理秩序和公私财产所有权，客观方面表现为行为人利用信用证从事诈骗活动的行为}。

六、危害税收征管罪[1]

（一）逃税罪

1. 逃税罪的概念

逃税罪，是指纳税人、扣缴义务人违反税收管理法律、法规，采取欺骗、隐瞒手段进行虚假的纳税申报或者不申报，不缴或者少缴应纳税款以及代扣、代收的税款，情节严重的行为。[2]

---

[1] 在司法实践中，由于本类犯罪的停止形态与共犯形态，不是特别突出和难以把握，特此从略。

[2] 朱建华主编：《刑法分论》，法律出版社 2018 年版，第 175 页。

2. 逃税罪的构成特征

关于逃税罪的构成特征，根据现行刑法的规定，必须具备以下四个方面，其集合表现为：

设 A 为逃税罪的集合，则 A ＝｛逃税罪｝；

设 A1 为逃税罪的客体的集合，则 A1 ＝｛税收征管秩序｝∪｛国家对应征税款的所有权｝＝｛税收征管秩序和国家对应征税款的所有权｝；

设 A2 为逃税罪的客观方面的集合，则 A2 ＝｛行为人违反税收管理法律、法规，采取欺骗、隐瞒手段进行虚假的纳税申报或者不申报，不缴或者少缴应纳税款以及代扣、代收的税款，情节严重的行为｝；

设 A3 为逃税罪的主体的集合，则 A3 ＝｛年满 16 周岁、具有刑事责任能力的纳税人｝∪｛单位｝＝｛年满 16 周岁、具有刑事责任能力的纳税人和单位｝；

设 A4 为逃税罪的主观方面的集合，则 A4 ＝｛直接故意，且以不缴或者少缴应纳税款为目的｝。

则 A ＝A1∪A2∪A3∪A4，即 ｛逃税罪｝＝｛客体是税收征管秩序和国家对应征税款的所有权｝∪｛客观方面表现为行为人违反税收管理法律、法规，采取欺骗、隐瞒手段进行虚假的纳税申报或者不申报，不缴或者少缴应纳税款以及代扣、代收的税款，情节严重的行为｝∪｛主体是年满 16 周岁、具有刑事责任能力的纳税人和单位｝∪｛主观方面是直接故意，且以不缴或者少缴应纳税款为目的｝＝｛客体是税收征管秩序和国家对应征税款的所有权，客观方面表现为行为人违反税收管理法律、法规，采取欺骗、隐瞒手段进行虚假的纳税申报或者不申报，不缴或者少缴应纳税款以及代扣、代收的税款，情节严重的行为，主体是年满 16 周岁、具有刑事责任能力的纳税人和单位，主观方面是直接故意，且以不缴或者少缴应纳税款为目的｝。

3. 逃税罪的司法适用

（1）本罪与非罪的界限

设 A5 为逃税罪的非罪的集合，则 A5 = ｛无罪｝= Ø；

设 A51 为逃税罪的非罪的客体的集合，则 A51 = ｛行为人没有侵犯税收征管秩序和国家对应征税款的所有权｝= Ø；

设 A52 为逃税罪的非罪的客观方面的集合，则 A52 = ｛行为人没有违反税收管理法律、法规，采取欺骗、隐瞒手段进行虚假的纳税申报或者不申报，不缴或者少缴应纳税款以及代扣、代收的税款，情节严重的行为｝= Ø；

设 A53 为逃税罪的非罪的主体的集合，则 A53 = ｛主体未满 16 周岁，或者已满 16 周岁但没有刑事责任能力的纳税人和单位｝= Ø；

设 A54 为逃税罪的非罪的主观方面的集合，则 A54 = ｛行为人没有故意且无不缴或者少缴应纳税款的目的｝= Ø。

则 A5 = ｛逃税罪的非罪｝= A ∩ A51 = ｛逃税罪｝∩ ｛行为人没有侵犯税收征管秩序和国家对应征税款的所有权｝= ｛逃税罪｝∩ Ø = Ø = ｛无罪｝；

A5 = ｛逃税罪的非罪｝= A ∩ A52 = ｛逃税罪｝∩ ｛行为人没有违反税收管理法律、法规，采取欺骗、隐瞒手段进行虚假的纳税申报或者不申报，不缴或者少缴应纳税款以及代扣、代收的税款，情节严重的行为｝= ｛逃税罪｝∩ Ø = Ø = ｛无罪｝；

A5 = ｛逃税罪的非罪｝= A ∩ A53 = ｛逃税罪｝∩ ｛主体未满 16 周岁，或者已满 16 周岁但没有刑事责任能力的纳税人和单位｝= ｛逃税罪｝∩ Ø = Ø = ｛无罪｝；

A5 = ｛逃税罪的非罪｝= A ∩ A54 = ｛逃税罪｝∩ ｛行为人没有故意且无不缴或者少缴应纳税款的目的｝= ｛逃税罪｝∩ Ø = Ø = ｛无罪｝。

（2）此罪与彼罪的界限

1）逃税罪与抗税罪的界限

设 A 为逃税罪的集合，则 A = ｛逃税罪｝；

设 A6 为抗税罪的集合，则 A6 ＝｛抗税罪｝。

则 A∪A6 － A∩A6 ＝｛逃税罪｝∪｛抗税罪｝－｛逃税罪｝∩｛抗税罪｝＝｛客体是税收征管秩序和国家对应征税款的所有权，客观方面表现为行为人实施了违反税收管理法律、法规，采取欺骗、隐瞒手段进行虚假的纳税申报或者不申报，不缴或者少缴应纳税款以及代扣、代收的税款，情节严重的行为，主体是年满 16 周岁、具有刑事责任能力的纳税人和单位，主观方面是直接故意，且以不缴或者少缴应纳税款为目的｝∪｛客体是税收征管秩序和国家对应征税款以及代扣、代收税款的所有权以及税务机关工作人员的人身权利，客观方面表现为行为人实施了违反税收管理法律、法规，以暴力、威胁方法拒不缴纳应纳税款以及代扣、代收的税款的行为，主体是年满16 周岁、具有刑事责任能力的纳税人、扣缴义务人，主观方面是直接故意，且以拒缴税款为目的｝－｛主体是年满 16 周岁、具有刑事责任能力的纳税人｝＝｛客体是税收征管秩序和国家对应征税款的所有权，客观方面表现为行为人实施了违反税收管理法律、法规，采取欺骗、隐瞒手段进行虚假的纳税申报或者不申报，不缴或者少缴应纳税款以及代扣、代收的税款，情节严重的行为，主体是单位，主观方面是直接故意，且以不缴或者少缴应纳税款为目的，客体是税收征管秩序和国家对应征税款以及代扣、代收税款的所有权以及税务机关工作人员的人身权利，客观方面表现为行为人实施了违反税收管理法律、法规，以暴力、威胁方法拒不缴纳应纳税款以及代扣、代收的税款的行为，主体是年满16 周岁、具有刑事责任能力的扣缴义务人，主观方面是直接故意，且以拒缴税款为目的｝。

2）逃税罪与逃避追缴欠税罪的界限

设 A 为逃税罪的集合，则 A ＝｛逃税罪｝；

设 A7 为逃避追缴欠税罪的集合，则 A7＝｛逃避追缴欠税罪｝。

则 A∪A7 － A∩A7 ＝｛逃税罪｝∪｛逃避追缴欠税罪｝－｛逃税罪｝∩｛逃避追缴欠税罪｝＝｛客体是税收征管秩序和国家对应征税款的所有权，客观方面表现为行为人实施了违反税收管理法律、法规，采取欺骗、隐瞒手段进行虚假的纳税申报或者不申报，不缴或者少缴应纳税款以及代扣、代收的税款，情节严重的行为，主体是年满 16周岁、具有刑事责任能力的纳税人和单位，主观方面是直接故意，且以不缴或者少缴应纳税款为目的｝∪｛客体是税收征管秩序和国家对纳税人所欠税款的所有权，客观方面表现为行为人实施了违反税收管理法律、法规，采取转移或者隐匿财产的手段，致使税务机关无法追缴欠缴的税款，数额较大的行为，主体是年满 16 周岁、具有刑事责任能力的欠税人和单位，主观方面是直接故意，且以逃避追缴所欠应纳税款为目的｝－｛客体是税收征管秩序｝＝｛客体是国家对应征税款的所有权，客观方面表现为行为人实施了违反税收管理法律、法规，采取欺骗、隐瞒手段进行虚假的纳税申报或者不申报，不缴或者少缴应纳税款以及代扣、代收的税款，情节严重的行为，主体是年满 16 周岁、具有刑事责任能力的欠税人和单位，主观方面是直接故意，且以不缴或者少缴应纳税款为目的，客体是国家对纳税人所欠税款的所有权，客观方面表现为行为人实施了违反税收管理法律、法规，采取转移或者隐匿财产的手段，致使税务机关无法追缴欠缴的税款，数额较大的行为，主体是年满 16 周岁、具有刑事责任能力的欠税人和单位，主观方面是直接故意，且以逃避追缴所欠应纳税款为目的｝。

3）逃税罪与骗取出口退税罪

设 A 为逃税罪的集合，则 A ＝｛逃税罪｝；

设 A8 为骗取出口退税罪的集合，则 A8 ＝｛骗取出口退税罪｝。

则 A∪A8 － A∩A8 ＝｛逃税罪｝∪｛骗取出口退税罪｝－｛逃税罪｝∩｛骗取出口退税罪｝＝｛客体是税收征管秩序和国家对应征税款的所有权，客观方面表现为行为人实施了违反税收管理法律、法规，采取欺骗、隐瞒手段进行虚假的纳税申报或者不申报，不缴或者少缴应纳税款以及代扣、代收的税款，情节严重的行为，主体是年满16 周岁、具有刑事责任能力的纳税人和单位，主观方面是直接故意，且以不缴或者少缴应纳税款为目的｝∪｛客体是税收征管秩序和国家对被骗税款的所有权，客观方面表现为行为人实施了违反税收管理法律、法规，以假报出口或者其他欺骗手段，骗取国家出口退税款，数额较大的行为，主体是年满 16 周岁、具有刑事责任能力的纳税人和单位，主观方面是直接故意，且以非法占有国家税款为目的｝－｛主体是年满 16 周岁、具有刑事责任能力的纳税人和单位｝＝｛客体是税收征管秩序和国家对应征税款的所有权，客观方面表现为行为人实施了违反税收管理法律、法规，采取欺骗、隐瞒手段进行虚假的纳税申报或者不申报，不缴或者少缴应纳税款以及代扣、代收的税款，情节严重的行为，主观方面是直接故意，且以不缴或者少缴应纳税款为目的，客体是税收征管秩序和国家对被骗税款的所有权，客观方面表现为行为人实施了违反税收管理法律、法规，以假报出口或者其他欺骗手段，骗取国家出口退税款，数额较大的行为，主观方面是直接故意，且以非法占有国家税款为目的｝。

（二）虚开增值税专用发票、用于骗取出口退税、抵扣税款发票罪

1. 虚开增值税专用发票、用于骗取出口退税、抵扣税款发票罪的概念

虚开增值税专用发票、用于骗取出口退税、抵扣税款发票罪，是指行为人违反发票管理法律、法规，虚开增值税专用发票或者用于骗取出口退税、抵扣税款的增值税专用发票以外的其他发票的行为。❶

2. 虚开增值税专用发票、用于骗取出口退税、抵扣税款发票罪的构成特征

关于虚开增值税专用发票、用于骗取出口退税、抵扣税款发票罪的构成特征，根据现行刑法的规定，必须具备以下四个方面，其集合表现为：

设 B 为虚开增值税专用发票、用于骗取出口退税、抵扣税款发

---

❶ 朱建华主编：《刑法分论》，法律出版社 2018 年版，第 178 页。

票罪的集合，则 B ＝｜虚开增值税专用发票、用于骗取出口退税、抵扣税款发票罪｜；

设 B1 为虚开增值税专用发票、用于骗取出口退税、抵扣税款发票罪的客体的集合，则 B1 ＝｜国家对增值税专用发票以及用于骗取出口退税、抵扣税款发票的管理秩序｜；

设 B2 为虚开增值税专用发票、用于骗取出口退税、抵扣税款发票罪的客观方面的集合，则 B2 ＝｜行为人违反发票管理法律、法规，虚开增值税专用发票或者用于骗取出口退税、抵扣税款的增值税专用发票以外的其他发票的行为｜；

设 B3 为虚开增值税专用发票、用于骗取出口退税、抵扣税款发票罪的主体的集合，则 B3 ＝｜年满 16 周岁、具有刑事责任能力的自然人｜∪｜单位｜＝｜年满 16 周岁、具有刑事责任能力的自然人和单位｜；

设 B4 为虚开增值税专用发票、用于骗取出口退税、抵扣税款发票罪的主观方面的集合，则 B4 ＝｜故意｜。

则 B ＝ B1 ∪ B2 ∪ B3 ∪ B4，即 ｜虚开增值税专用发票、用于骗取出口退税、抵扣税款发票罪｜＝｜客体是国家对增值税专用发票以及用于骗取出口退税、抵扣税款发票的管理秩序｜∪｜客观方面表现为行为人违反发票管理法律、法规，虚开增值税专用发票或者用于骗取出口退税、抵扣税款的增值税专用发票以外的其他发票的行为｜∪｜主体是年满 16 周岁、具有刑事责任能力的自然人和单位｜∪｜主观方面是故意｜＝｜客体是国家对增值税专用发票以及用于骗取出口退税、抵扣税款发票的管理秩序，客观方面表现为行为人违反发票管理法律、法规，虚开增值税专用发票或者用于骗取出口退税、抵扣税款的增值税专用发票以外的其他发票的行为，主体是年满 16 周岁、具有刑事责任能力的自然人和单位，主观方面是故意｜。

3. 虚开增值税专用发票、用于骗取出口退税、抵扣税款发票罪的司法认定

（1）本罪与非罪的界限

设 B5 为虚开增值税专用发票、用于骗取出口退税、抵扣税款

发票罪的非罪的集合，则 B5 ={无罪}=∅；

设 B51 为虚开增值税专用发票、用于骗取出口退税、抵扣税款发票罪的非罪的客体的集合，则 B51 ={行为人没有侵犯国家对增值税专用发票以及用于骗取出口退税、抵扣税款发票的管理秩序}=∅；

设 B52 为虚开增值税专用发票、用于骗取出口退税、抵扣税款发票罪的非罪的客观方面的集合，则 B52 ={行为人没有违反发票管理法律、法规，虚开增值税专用发票或者用于骗取出口退税、抵扣税款的增值税专用发票以外的其他发票的行为}=∅；

设 B53 为虚开增值税专用发票、用于骗取出口退税、抵扣税款发票罪的非罪的主体的集合，则 B53 ={主体是未满 16 周岁，或者已满 16 周岁但没有刑事责任能力的人和单位}=∅；

设 B54 为虚开增值税专用发票、用于骗取出口退税、抵扣税款发票罪的非罪的主观方面的集合，则 B54 ={行为人无故意}=∅。

则 B5 ={虚开增值税专用发票、用于骗取出口退税、抵扣税款发票罪的非罪}= B∩B51 ={虚开增值税专用发票、用于骗取出口退税、抵扣税款发票罪}∩{行为人没有侵犯国家对增值税专用发票以及用于骗取出口退税、抵扣税款发票的管理秩序}={虚开增值税专用发票、用于骗取出口退税、抵扣税款发票罪}∩∅=∅={无罪}；

B5 ={虚开增值税专用发票、用于骗取出口退税、抵扣税款发票罪的非罪}= B∩B52 ={虚开增值税专用发票、用于骗取出口退税、抵扣税款发票罪}∩{行为人没有违反发票管理法律、法规，虚开增值税专用发票或者用于骗取出口退税、抵扣税款的增值税专用发票以外的其他发票的行为}={虚开增值税专用发票、用于骗取出口退税、抵扣税款发票罪}∩∅=∅={无罪}；

B5 ={虚开增值税专用发票、用于骗取出口退税、抵扣税款发票罪的非罪}= B∩B53 ={虚开增值税专用发票、用于骗取出口退税、抵扣税款发票罪}∩{主体是未满 16 周岁，或者已满 16 周岁但没有刑事责任能力的人和单位}={虚开增值税专用发票、用于骗取出口退税、抵扣税款发票罪}∩∅=∅={无罪}；

B5={虚开增值税专用发票、用于骗取出口退税、抵扣税款发票罪的非罪}=B∩B54={虚开增值税专用发票、用于骗取出口退税、抵扣税款发票罪}∩{行为人无故意}={虚开增值税专用发票、用于骗取出口退税、抵扣税款发票罪}∩∅=∅={无罪}。

（2）此罪与彼罪的界限

1）虚开增值税专用发票、用于骗取出口退税、抵扣税款发票罪与伪造、出售伪造的增值税专用发票罪的界限

设 B 为虚开增值税专用发票、用于骗取出口退税、抵扣税款发票罪的集合，则 B={虚开增值税专用发票、用于骗取出口退税、抵扣税款发票罪}；

设 B6 为伪造、出售伪造的增值税专用发票罪的集合，则 B6={伪造、出售伪造的增值税专用发票罪}。

则 B∪B6 − B∩B6={虚开增值税专用发票、用于骗取出口退税、抵扣税款发票罪}∪{伪造、出售伪造的增值税专用发票罪}−{虚开增值税专用发票、用于骗取出口退税、抵扣税款发票罪}∩{伪造、出售伪造的增值税专用发票罪}={客体是国家对增值税专用发票以及用于骗取出口退税、抵扣税款发票的管理秩序，客观方面表现为行为人实施了违反发票管理法律、法规，虚开增值税专用发票或者用于骗取出口退税、抵扣税款的增值税专用发票以外的其他发票的行为，主体是年满 16 周岁、具有刑事责任能力的自然人和单位，主观方面是故意}∪{客体是国家对增值税专用发票的管理秩序，客观方面表现为行为人实施了违反发票管理法律、法规，伪造或者出售伪造的增值税专用发票的行为，主体是年满 16 周岁、具有刑事责任能力的自然人和单位，主观方面是故意}−{主体是年满 16 周岁、具有刑事责任能力的自然人和单位，主观方面是故意}={客体是国家对增值税专用发票以及用于骗取出口退税、抵扣税款发票的管理秩序，客观方面表现为行为人实施了违反发票管理法律、法规，虚开增值税专用发票或者用于骗取出口退税、抵扣税款的增值

税专用发票以外的其他发票的行为，客体是国家对增值税专用发票的管理秩序，客观方面表现为行为人实施了违反发票管理法律、法规，伪造或者出售伪造的增值税专用发票的行为}。

2）虚开增值税专用发票、用于骗取出口退税、抵扣税款发票罪与非法出售增值税专用发票罪的界限

设 B 为虚开增值税专用发票、用于骗取出口退税、抵扣税款发票罪的集合，则 B = {虚开增值税专用发票、用于骗取出口退税、抵扣税款发票罪}；

设 B7 为非法出售增值税专用发票罪的集合，则 B7 = {非法出售增值税专用发票罪}。

则 B∪B7 − B∩B7 = {虚开增值税专用发票、用于骗取出口退税、抵扣税款发票罪}∪{非法出售增值税专用发票罪}−{虚开增值税专用发票、用于骗取出口退税、抵扣税款发票罪}∩{非法出售增值税专用发票罪} = {客体是国家对增值税专用发票以及用于骗取出口退税、抵扣税款发票的管理秩序，客观方面表现为行为人违反发票管理法律、法规，虚开增值税专用发票或者用于骗取出口退税、抵扣税款的增值税专用发票以外的其他发票的行为，主体是年满 16 周岁、具有刑事责任能力的自然人和单位，主观方面是故意}∪{客体是国家对增值税专用发票的管理秩序，客观方面表现为行为人违反发票管理法律、法规，非法出售增值税专用发票的行为，主体是年满 16 周岁、具有刑事责任能力的自然人和单位，主观方面是故意}−{主体是年满 16 周岁、具有刑事责任能力的自然人和单位，主观方面是故意} = {客体是国家对增值税专用发票以及用于骗取出口退税、抵扣税款发票的管理秩序，客观方面表现为行为人实施了违反发票管理法律、法规，虚开增值税专用发票或者用于骗取出口退税、抵扣税款的增值税专用发票以外的其他发票的行为，客体是国家对增值税专用发票的管理秩序，客观方面表现为行为人实施了违反发票管理法律、法规，非法出售增值税专用发票的行为}。

3）虚开增值税专用发票、用于骗取出口退税、抵扣税款发票罪与非法购买增值税专用发票、购买伪造的增值税专用发票罪的界限

设 B 为虚开增值税专用发票、用于骗取出口退税、抵扣税款发票罪的集合，则 B ＝｛虚开增值税专用发票、用于骗取出口退税、抵扣税款发票罪｝；

设 B8 为非法购买增值税专用发票、购买伪造的增值税专用发票罪的集合，则 B8 ＝｛非法购买增值税专用发票、购买伪造的增值税专用发票罪｝。

则 B∪B8 － B∩B8 ＝｛虚开增值税专用发票、用于骗取出口退税、抵扣税款发票罪｝∪｛非法购买增值税专用发票、购买伪造的增值税专用发票罪｝－｛虚开增值税专用发票、用于骗取出口退税、抵扣税款发票罪｝∩｛非法购买增值税专用发票、购买伪造的增值税专用发票罪｝＝｛客体是国家对增值税专用发票以及用于骗取出口退税、抵扣税款发票的管理秩序，客观方面表现为行为人实施了违反发票管理法律、法规，虚开增值税专用发票或者用于骗取出口退税、抵扣税款的增值税专用发票以外的其他发票的行为，主体是年满 16 周岁、具有刑事责任能力的自然人和单位，主观方面是故意｝∪｛客体是国家对增值税专用发票的管理秩序，客观方面表现为行为人实施了违反发票管理法律、法规，非法购买增值税专用发票，或者购买伪造的增值税专用发票的行为，主体是年满 16 周岁、具有刑事责任能力的人和单位，主观方面是故意｝－｛主体是年满 16 周岁、具有刑事责任能力的人和单位，主观方面是故意｝＝｛客体是国家对增值税专用发票以及用于骗取出口退税、抵扣税款发票的管理秩序，客观方面表现为行为人实施了违反发票管理法律、法规，虚开增值税专用发票或者用于骗取出口退税、抵扣税款的增值税专用发票以外的其他发票的行为，客体是国家对增值税专用发票的管理秩序，客观方面表现为行为人实施了违反发票管理法律、法规，非法购买增值税专用发票，或者购买伪造的增值税专用发票的行为｝。

4）虚开增值税专用发票、用于骗取出口退税、抵扣税款发票罪与非法制造、出售非法制造的用于骗取出口退税、抵扣税款发票罪的界限

设 B 为虚开增值税专用发票、用于骗取出口退税、抵扣税款发票罪的集合，则 B = {虚开增值税专用发票、用于骗取出口退税、抵扣税款发票罪}；

设 B9 为非法制造、出售非法制造的用于骗取出口退税、抵扣税款发票罪的集合，则 B9 = {非法制造、出售非法制造的用于骗取出口退税、抵扣税款发票罪}。

则 B∪B9 – B∩B9 = {虚开增值税专用发票、用于骗取出口退税、抵扣税款发票罪}∪{非法制造、出售非法制造的用于骗取出口退税、抵扣税款发票罪} – {虚开增值税专用发票、用于骗取出口退税、抵扣税款发票罪}∩{非法制造、出售非法制造的用于骗取出口退税、抵扣税款发票罪} = {客体是国家对增值税专用发票以及用于骗取出口退税、抵扣税款发票的管理秩序，客观方面表现为行为人实施了违反发票管理法律、法规，虚开增值税专用发票或者用于骗取出口退税、抵扣税款的增值税专用发票以外的其他发票的行为，主体是年满 16 周岁、具有刑事责任能力的自然人和单位，主观方面是故意}∪{客体是国家对用于骗取出口退税、抵扣税款发票的管理秩序，客观方面表现为行为人违反发票管理法律、法规，伪造、擅自制造或者出售伪造、擅自制造的用于骗取出口退税、抵扣税款发票的行为，主体是年满 16 周岁、具有刑事责任能力的自然人和单位，主观方面是故意} – {主体是年满 16 周岁、具有刑事责任能力的自然人和单位，主观方面是故意} = {客体是国家对增值税专用发票以及用于骗取出口退税、抵扣税款发票的管理秩序，客观方面表现为行为人实施了违反发票管理法律、法规，虚开增值税专用发票或者用于骗取出口退税、抵扣税款的增值税专用发票以外的其他发票的行为，客体是国家对用于骗取出口退税、抵扣税款发票的管理秩序，客观方面表现为行为人实施了违反发票管理法律、法规，伪

造、擅自制造或者出售伪造、擅自制造的用于骗取出口退税、抵扣税款发票的行为｝。

5）虚开增值税专用发票、用于骗取出口退税、抵扣税款发票罪与非法出售用于骗取出口退税、抵扣税款发票罪的界限

设 B 为虚开增值税专用发票、用于骗取出口退税、抵扣税款发票罪的集合，则 B ＝｛虚开增值税专用发票、用于骗取出口退税、抵扣税款发票罪｝；

设 B10 为非法出售用于骗取出口退税、抵扣税款发票罪的集合，则 B10 ＝｛非法出售用于骗取出口退税、抵扣税款发票罪｝。

则 B∪B10 − B∩B10 ＝｛虚开增值税专用发票、用于骗取出口退税、抵扣税款发票罪｝∪｛非法出售用于骗取出口退税、抵扣税款发票罪｝−｛虚开增值税专用发票、用于骗取出口退税、抵扣税款发票罪｝∩｛非法出售用于骗取出口退税、抵扣税款发票罪｝＝｛客体是国家对增值税专用发票以及用于骗取出口退税、抵扣税款发票的管理秩序，客观方面表现为行为人实施了违反发票管理法律、法规，虚开增值税专用发票或者用于骗取出口退税、抵扣税款的增值税专用发票以外的其他发票的行为，主体是年满 16 周岁、具有刑事责任能力的自然人和单位，主观方面是故意｝∪｛客体是国家对用于骗取出口退税、抵扣税款发票的管理秩序，客观方面表现为行为人实施了违反发票管理法律、法规，非法出售用于骗取出口退税、抵扣税款发票的行为，主体是年满 16 周岁、具有刑事责任能力的自然人和单位，主观方面是故意｝−｛主体是年满 16 周岁、具有刑事责任能力的自然人和单位，主观方面是故意｝＝｛客体是国家对增值税专用发票以及用于骗取出口退税、抵扣税款发票的管理秩序，客观方面表现为行为人实施了违反发票管理法律、法规，虚开增值税专用发票或者用于骗取出口退税、抵扣税款的增值税专用发票以外的其他发票的行为，客体是国家对用于骗取出口退税、抵扣税款发票的管理秩序，客观方面表现为行为人实施了违反发票管理法律、法规，非法出售用于骗取出口退税、抵扣税款发票的行为｝。

七、侵犯知识产权罪[1]

（一）假冒注册商标罪

1. 假冒注册商标罪的概念

假冒注册商标罪，是指行为人违反注册商标管理法律、法规，未经注册商标所有人许可，在同一种商品上、服务使用与其注册商标相同的商标，情节严重的行为。[2]

2. 假冒注册商标罪的构成特征

关于假冒注册商标罪的构成特征，根据现行刑法的规定，主要有以下几个方面，其集合表现为：

设 A 为假冒注册商标罪的集合，则 A＝{假冒注册商标罪}；

设 A1 为假冒注册商标罪的客体的集合，则 A1＝{国家对注册商标的保护和管理秩序}∪{注册商标所有人的专用权}＝{国家对注册商标的保护和管理秩序及注册商标所有人的专用权}；

设 A2 为假冒注册商标罪的客观方面的集合，则 A2＝{行为人实施了违反注册商标管理法律、法规，未经注册商标所有人许可，在同一种商品、服务上使用与其注册商标相同的商标，情节严重的行为}；

设 A3 为假冒注册商标罪的主体的集合，则 A3＝{年满 16 周岁、具有刑事责任能力的人}∪{单位}＝{年满 16 周岁、具有刑事责任能力的人和单位}；

设 A4 为假冒注册商标罪的主观方面的集合，则 A4＝{故意}。

则 A＝A1∪A2∪A3∪A4，即 {假冒注册商标罪}＝{客体是国家对注册商标的保护和管理秩序及注册商标所有人的专用权}∪{客观方面表现为行为人实施了违反注册商标管理法律、法规，未经注

---

[1] 在司法实践中，由于本类犯罪的停止形态与共犯形态，不是特别突出和难以把握，特此从略。

[2] 朱建华主编：《刑法分论》，法律出版社 2018 年版，第 183 页。

册商标所有人许可，在同一种商品、服务上使用与其注册商标相同的商标，情节严重的行为}∪{主体是年满 16 周岁、具有刑事责任能力的人和单位}∪{主观方面是故意}＝{客体是国家对注册商标的保护和管理秩序及注册商标所有人的专用权，客观方面表现为行为人实施了违反注册商标管理法律、法规，未经注册商标所有人许可，在同一种商品、服务上使用与其注册商标相同的商标，情节严重的行为，主体是年满 16 周岁、具有刑事责任能力的自然人和单位，主观方面是故意}。

3. 假冒注册商标罪的司法适用

（1）本罪与非罪的界限

设 A5 为假冒注册商标罪的非罪的集合，则 A5 ＝{无罪}＝Ø；

设 A51 为假冒注册商标罪的非罪的客体的集合，则 A51 ＝{行为人没有侵犯国家对注册商标的保护和管理秩序及注册商标所有人的专用权}＝Ø；

设 A52 为假冒注册商标罪的非罪的客观方面的集合，则 A52 ＝{行为人没有实施违反注册商标管理法律、法规，未经注册商标所有人许可，在同一种商品、服务上使用与其注册商标相同的商标的行为}＝Ø；

设 A53 为假冒注册商标罪的非罪的主体的集合，则 A53 ＝{主体未满 16 周岁，或者已满 16 周岁但没有刑事责任能力的人和单位}＝Ø；

设 A54 为假冒注册商标罪的非罪的主观方面的集合，则 A54 ＝{行为人无故意}＝Ø。

则 A5 ＝{假冒注册商标罪的非罪}＝A∩A51 ＝{假冒注册商标罪}∩{行为人没有侵犯国家对注册商标的保护和管理秩序及注册商标所有人的专用权}＝{假冒注册商标罪}∩Ø＝Ø＝{无罪}；

A5 ＝{假冒注册商标罪的非罪}＝A∩A52 ＝{假冒注册商标罪}∩{行为人没有实施违反注册商标管理法律、法规，未经注册商标所有人许可，在同一种商品、服务上使用与其注册商标相同的商标的行为} = {假冒注册商标罪} ∩ Ø = Ø = {无罪}；

A5 = {假冒注册商标罪的非罪} = A ∩ A53 = {假冒注册商标罪} ∩ {主体未满 16 周岁，或者已满 16 周岁但没有刑事责任能力的人和单位} = {假冒注册商标罪} ∩ Ø = Ø = {无罪}；

A5 = {假冒注册商标罪的非罪} = A ∩ A54 = {假冒注册商标罪} ∩ {行为人无故意} = {假冒注册商标罪} ∩ Ø = Ø = {无罪}。

（2）此罪与彼罪的界限

1）假冒注册商标罪与销售假冒注册商标的商品罪的界限

设 A 为假冒注册商标罪的集合，则 A = {假冒注册商标罪}；

设 A6 为销售假冒注册商标的商品罪的集合，则 A6 = {销售假冒注册商标的商品罪}。

则 A ∪ A6 – A ∩ A6 = {假冒注册商标罪} ∪ {销售假冒注册商标的商品罪} – {假冒注册商标罪} ∩ {销售假冒注册商标的商品罪} = {客体是国家对注册商标的保护和管理秩序及注册商标所有人的专用权，客观方面表现为行为人违反注册商标管理法律、法规，未经注册商标所有人许可，在同一种商品、服务上使用与其注册商标相同的商标，情节严重的行为，主体是年满 16 周岁、具有刑事责任能力的自然人和单位，主观方面是故意} ∪ {客体是国家对注册商标的保护和管理秩序，客观方面表现为行为人违反注册商标管理法律、法规，销售明知是假冒注册商标的商品，销售金额较大的行为，主体是年满 16 周岁、具有刑事责任能力的人和单位，主观方面是故意} – {主体是年满 16 周岁、具有刑事责任能力的人和单位，主观方面是故意} = {客体是国家对注册商标的保护和管理秩序及注册商标所有人的专用权，客观方面表现为行为人实施了违反注册商标管理法律、法规，未经注册商标所有人许可，在同一种商品上使用与其注册商标相同的商标，情节严重的行为，客体是国家对注册商标的保护和管理秩序，客观方面表现为行为人实施了违反注册商标管理法律、法规，销售明知是假冒注册商标的商品，销售金额较大的行为｝。

2）假冒注册商标罪与非法制造、销售非法制造的注册商标标识罪的界限

设 A 为假冒注册商标罪的集合，则 A ＝｛假冒注册商标罪｝；

设 A7 为非法制造、销售非法制造的注册商标标识罪的集合，则 A7 ＝｛非法制造、销售非法制造的注册商标标识罪｝。

则 A∪A7 － A∩A7 ＝｛假冒注册商标罪｝∪｛非法制造、销售非法制造的注册商标标识罪｝－｛假冒注册商标罪｝∩｛非法制造、销售非法制造的注册商标标识罪｝＝｛客体是国家对注册商标的保护和管理秩序及注册商标所有人的专用权，客观方面表现为行为人实施了违反注册商标管理法律、法规，未经注册商标所有人许可，在同一种商品、服务上使用与其注册商标相同的商标，情节严重的行为，主体是年满 16 周岁、具有刑事责任能力的自然人和单位，主观方面是故意｝∪｛客体是国家对注册商标的保护和管理秩序，客观方面表现为行为人实施了违反注册商标管理法律、法规，伪造、擅自制造他人注册商标标识，或者销售伪造、擅自制造他人注册商标标识，情节严重的行为，主体是年满 16 周岁、具有刑事责任能力的人和单位，主观方面是故意｝－｛主体是年满 16 周岁、具有刑事责任能力的人和单位，主观方面是故意｝＝｛客体是国家对注册商标的保护和管理秩序及注册商标所有人的专用权，客观方面表现为行为人实施了违反注册商标管理法律、法规，未经注册商标所有人许可，在同一种商品、服务上使用与其注册商标相同的商标，情节严重的行为，客体是国家对注册商标的保护和管理秩序，客观方面表现为行为人实施了违反注册商标管理法律、法规，伪造、擅自制造他人注册商标标识，或者销售伪造、擅自制造他人注册商标标识，情节严重的行为｝。

3）假冒注册商标罪与假冒专利罪的界限

设 A 为假冒注册商标罪的集合，则 A ＝｛假冒注册商标罪｝；

设 A8 为假冒专利罪的集合，则 A8 ＝｛假冒专利罪｝。

则 A∪A8 – A∩A8 = {假冒注册商标罪} ∪ {假冒专利罪} – {假冒注册商标罪} ∩ {假冒专利罪} = {客体是国家对注册商标的保护和管理秩序及注册商标所有人的专用权，客观方面表现为行为人实施了违反注册商标管理法律、法规，未经注册商标所有人许可，在同一种商品、服务上使用与其注册商标相同的商标，情节严重的行为，主体是年满 16 周岁、具有刑事责任能力的人和单位，主观方面是故意} ∪ {客体是国家对专利的保护和管理秩序和专利所有人的专用权，客观方面表现为行为人实施了违反专利管理法律、法规，未经专利权人许可，在非专利产品上使用其专利标记或专利号，情节严重的行为，主体是年满 16 周岁、具有刑事责任能力的人和单位，主观方面是故意} – {主体是年满 16 周岁、具有刑事责任能力的人和单位，主观方面是故意} = {客体是国家对注册商标的保护和管理秩序及注册商标所有人的专用权，客观方面表现为行为人实施了违反注册商标管理法律、法规，未经注册商标所有人许可，在同一种商品、服务上使用与其注册商标相同的商标，情节严重的行为，客体是国家对专利的保护和管理秩序及专利所有人的专用权，客观方面表现为行为人实施了违反专利管理法律、法规，未经专利权人许可，在非专利产品上使用其专利标记或专利号，情节严重的行为}。

（二）侵犯商业秘密罪

1. 侵犯商业秘密罪的概念

侵犯商业秘密罪，是指行为人违反商业秘密管理法律、法规，非法获取、披露、使用或者允许他人使用商业秘密权利人的商业秘密，给权利人造成重大损失的行为。❶

2. 侵犯商业秘密罪的构成特征

关于侵犯商业秘密罪的构成特征，根据现行刑法的规定，必须具备以下四个方面，其集合表现为：

---

❶ 朱建华主编：《刑法分论》，法律出版社 2018 年版，第 189 页。

设 B 为侵犯商业秘密罪的集合，则 B = ｛侵犯商业秘密罪｝；

设 B1 为侵犯商业秘密罪的客体的集合，则 B1 = ｛国家对商业秘密的保护和管理秩序｝∪｛商业秘密权利人依法享有的专有权｝=｛国家对商业秘密的保护和管理秩序以及商业秘密权利人依法享有的专有权｝；

设 B2 为侵犯商业秘密罪的客观方面的集合，则 B2 = ｛行为人违反商业秘密管理法律、法规，非法获取、披露、使用或者允许他人使用商业秘密权利人的商业秘密，给权利人造成重大损失的行为｝；

设 B3 为侵犯商业秘密罪的主体的集合，则 B3 = ｛年满 16 周岁、具有刑事责任能力的自然人｝∪｛单位｝=｛年满 16 周岁、具有刑事责任能力的自然人和单位｝；

设 B4 为侵犯商业秘密罪的主观方面的集合，则 B4 = ｛故意｝。

则 B = B1∪B2∪B3∪B4，即 ｛侵犯商业秘密罪｝=｛客体是国家对商业秘密的保护和管理秩序以及商业秘密权利人依法享有的专有权｝∪｛客观方面表现为行为人违反商业秘密管理法律、法规，非法获取、披露、使用或者允许他人使用商业秘密权利人的商业秘密，给权利人造成重大损失的行为｝∪｛主体是年满 16 周岁、具有刑事责任能力的自然人和单位｝∪｛主观方面是故意｝=｛客体是国家对商业秘密的保护和管理秩序以及商业秘密权利人依法享有的专有权，客观方面表现为行为人违反商业秘密管理法律、法规，非法获取、披露、使用或者允许他人使用商业秘密权利人的商业秘密，给权利人造成重大损失的行为，主体是年满 16 周岁、具有刑事责任能力的自然人和单位，主观方面是故意｝。

3. 侵犯商业秘密罪的司法适用

（1）本罪与非罪的界限

设 B5 为侵犯商业秘密罪的非罪的集合，则 B5 = ｛无罪｝= Ø；

设 B51 为侵犯商业秘密罪的非罪的客体的集合，则 B51 = ｛行为人没有侵犯国家对商业秘密的保护和管理秩序以及商业秘密权利人依法享有的专有权} = Ø；

设 B52 为侵犯商业秘密罪的非罪的客观方面的集合，则 B52 = {行为人没有实施违反商业秘密管理法律、法规，非法获取、披露、使用或者允许他人使用商业秘密权利人的商业秘密，给权利人造成重大损失的行为} = Ø；

设 B53 为侵犯商业秘密罪的非罪的主体的集合，则 B53 = {主体是未满 16 周岁，或者已满 16 周岁但没有刑事责任能力的自然人和单位} = Ø；

设 B54 为侵犯商业秘密罪的非罪的主观方面的集合，则 B54 = {行为人无故意} = Ø。

则 B5 = {侵犯商业秘密罪的非罪} = B ∩ B51 = {侵犯商业秘密罪} ∩ {行为人没有侵犯国家对商业秘密的保护和管理秩序以及商业秘密权利人依法享有的专有权} = {侵犯商业秘密罪} ∩ Ø = Ø = {无罪}；

B5 = {侵犯商业秘密罪的非罪} = B ∩ B52 = {侵犯商业秘密罪} ∩ {行为人没有实施违反商业秘密管理法律、法规，非法获取、披露、使用或者允许他人使用商业秘密权利人的商业秘密，给权利人造成重大损失的行为} = {侵犯商业秘密罪} ∩ Ø = Ø = {无罪}；

B5 = {侵犯商业秘密罪的非罪} = B ∩ B53 = {侵犯商业秘密罪} ∩ {主体是未满 16 周岁，或者已满 16 周岁但没有刑事责任能力的自然人和单位} = {侵犯商业秘密罪} ∩ Ø = Ø = {无罪}；

B5 = {侵犯商业秘密罪的非罪} = B ∩ B54 = {侵犯商业秘密罪} ∩ {行为人无故意} = {侵犯商业秘密罪} ∩ Ø = Ø = {无罪}。

（2）此罪与彼罪的界限

1）侵犯商业秘密罪与非法获取国家秘密罪的界限

设 B 为侵犯商业秘密罪的集合，则 B = {侵犯商业秘密罪}；

设 B6 为非法获取国家秘密罪的集合，则 B6 = {非法获取国家秘密罪}。

则 B∪B6 – B∩B6 ＝｛侵犯商业秘密罪｝∪｛非法获取国家秘密罪｝－｛侵犯商业秘密罪｝∩｛非法获取国家秘密罪｝＝｛客体是国家对商业秘密的保护和管理秩序以及商业秘密权利人依法享有的专有权，客观方面表现为行为人违反商业秘密管理法律、法规，非法获取、披露、使用或者允许他人使用商业秘密权利人的商业秘密，给权利人造成重大损失的行为，主体是年满 16 周岁、具有刑事责任能力的自然人和单位，主观方面是故意｝∪｛客体是国家的保密制度，客观方面表现为行为人以窃取、刺探、收买方法，非法获取国家秘密的行为，主体是年满 16 周岁、具有刑事责任能力的自然人，主观方面是故意｝－｛主体是年满 16 周岁、具有刑事责任能力的自然人，主观方面是故意｝＝｛客体是国家对商业秘密的保护和管理秩序以及商业秘密权利人依法享有的专有权，客观方面表现为行为人违反商业秘密管理法律、法规，非法获取、披露、使用或者允许他人使用商业秘密权利人的商业秘密，给权利人造成重大损失的行为，主体是单位，客体是国家的保密制度，客观方面表现为行为人以窃取、刺探、收买方法，非法获取国家秘密的行为｝。

2）侵犯商业秘密罪与故意泄露国家秘密罪的界限

设 B 为侵犯商业秘密罪的集合，则 B ＝｛侵犯商业秘密罪｝；

设 B7 为故意泄露国家秘密罪的集合，则 B7 ＝｛故意泄露国家秘密罪｝。

则 B∪B7 – B∩B7 ＝｛侵犯商业秘密罪｝∪｛故意泄露国家秘密罪｝－｛侵犯商业秘密罪｝∩｛故意泄露国家秘密罪｝＝｛客体是国家对商业秘密的保护和管理秩序以及商业秘密权利人依法享有的专有权，客观方面表现为行为人实施了违反商业秘密管理法律、法规，非法获取、披露、使用或者允许他人使用商业秘密权利人的商业秘密，给权利人造成重大损失的行为，主体是年满 16 周岁、具有刑事责任能力的自然人，也可以是单位，主观方面是故意｝∪｛客体是国家的保密制度，客观方面表现为行为人实施了违反保守国家秘密法的规定，泄露国家秘密，情节严重的行为，主体是国家机关工作人员和非国家机关工作人员，主观方面是故意}－{主观方面是故意}＝{客体是国家对商业秘密的保护和管理秩序以及商业秘密权利人依法享有的专有权，客观方面表现为行为人违反商业秘密管理法律、法规，非法获取、披露、使用或者允许他人使用商业秘密权利人的商业秘密，给权利人造成重大损失的行为，主体是年满16周岁、具有刑事责任能力的自然人，也可以是单位，客体是国家的保密制度，客观方面表现为行为人违反保守国家秘密法的规定，泄露国家秘密，情节严重的行为，主体是国家机关工作人员和非国家机关工作人员}。

八、扰乱市场秩序罪[1]

（一）合同诈骗罪

1. 合同诈骗罪的概念

合同诈骗罪，是指行为人以非法占有为目的，在签订、履行合同中，采取虚构事实或者隐瞒真相的手段骗取对方当事人的财物，数额较大的行为。[2]

2. 合同诈骗罪的构成特征

关于合同诈骗罪的构成特征，根据现行刑法的规定，必须具备以下四个方面，其集合表现为：

设 A 为合同诈骗罪的集合，则 A ＝{合同诈骗罪}；

设 A1 为合同诈骗罪的客体的集合，则 A1 ＝{合同管理秩序}∪{合同对方当事人的财产所有权}＝{合同管理秩序和合同对方当事人的财产所有权}；

设 A2 为合同诈骗罪的客观方面的集合，则 A2 ＝{行为人在签订、履行合同中，采取虚构事实或者隐瞒真相的手段骗取对方当事

---

[1] 在司法实践中，由于本类犯罪的停止形态与共犯形态，不是特别突出和难以把握，特此从略。

[2] 朱建华主编：《刑法分论》，法律出版社2018年版，第193页。

人的财物，数额较大的行为}；

设 A3 为合同诈骗罪的主体的集合，则 A3 = {年满 16 周岁、具有刑事责任能力的自然人}∪{单位} = {年满 16 周岁、具有刑事责任能力的自然人和单位}；

设 A4 为合同诈骗罪的主观方面的集合，则 A4 = {直接故意，且以非法占有为目的}。

则 A = A1∪A2∪A3∪A4，即 {合同诈骗罪} = {客体是合同管理秩序和合同对方当事人的财产所有权}∪{客观方面表现为行为人在签订、履行合同中，采取虚构事实或者隐瞒真相的手段骗取对方当事人的财物，数额较大的行为}∪{主体是年满 16 周岁、具有刑事责任能力的自然人和单位}∪{主观方面是直接故意，且以非法占有为目的} = {客体是合同管理秩序和合同对方当事人的财产所有权，客观方面表现为行为人在签订、履行合同中，采取虚构事实或者隐瞒真相的手段骗取对方当事人的财物，数额较大的行为，主体是年满 16 周岁、具有刑事责任能力的自然人和单位，主观方面是直接故意，且以非法占有为目的}。

3. 合同诈骗罪的司法适用

（1）本罪与非罪的界限

设 A5 为合同诈骗罪的非罪的集合，则 A5 = {无罪} = ∅；

设 A51 为合同诈骗罪的非罪的客体的集合，则 A51 = {行为人没有侵犯合同管理秩序和合同对方当事人的财产所有权} = ∅；

设 A52 为合同诈骗罪的非罪的客观方面的集合，则 A52 = {行为人在签订、履行合同中，没有采取虚构事实或者隐瞒真相的手段骗取对方当事人的财物的行为} = ∅；

设 A53 为合同诈骗罪的非罪的主体的集合，则 A53 = {主体是未满 16 周岁，或者已满 16 周岁但没有刑事责任能力的自然人和单位} = ∅；

设 A54 为合同诈骗罪的非罪的主观方面的集合，则 A54 = {行为人没有故意且无非法占有的目的} = ∅。

则 A5 ＝ {合同诈骗罪的非罪} ＝ A∩A51 ＝ {合同诈骗罪} ∩ {行为人没有侵犯合同管理秩序和合同对方当事人的财产所有权} ＝ {合同诈骗罪} ∩Ø ＝ Ø ＝ {无罪}；

A5 ＝ {合同诈骗罪的非罪} ＝ A∩A52 ＝ {合同诈骗罪} ∩ {行为人在签订、履行合同中，没有采取虚构事实或者隐瞒真相的手段骗取对方当事人的财物的行为} ＝ {合同诈骗罪} ∩Ø ＝ Ø ＝ {无罪}；

A5 ＝ {合同诈骗罪的非罪} ＝ A∩A53 ＝ {合同诈骗罪} ∩ {主体是未满 16 周岁，或者已满 16 周岁但没有刑事责任能力的自然人和单位} ＝ {合同诈骗罪} ∩Ø ＝ Ø ＝ {无罪}；

A5 ＝ {合同诈骗罪的非罪} ＝ A∩A54 ＝ {合同诈骗罪} ∩ {行为人没有故意且无非法占有的目的} ＝ {合同诈骗罪} ∩Ø ＝ Ø ＝ {无罪}。

（2）此罪与彼罪的界限

1）合同诈骗罪与诈骗罪的界限

设 A 为合同诈骗罪的集合，则 A ＝ {合同诈骗罪}；

设 A6 为诈骗罪的集合，则 A6 ＝ {诈骗罪}。

则 A∪A6 － A∩A6 ＝ {合同诈骗罪} ∪ {诈骗罪} － {合同诈骗罪} ∩ {诈骗罪} ＝ {客体是合同管理秩序和合同对方当事人的财产所有权，客观方面表现为行为人实施了在签订、履行合同中，采取虚构事实或者隐瞒真相的手段骗取对方当事人的财物，数额较大的行为，主体是年满 16 周岁、具有刑事责任能力的自然人和单位，主观方面是直接故意，且以非法占有为目的} ∪ {客体是公私财产所有权，客观方面表现为行为人实施了采用虚构事实或者隐瞒真相的方法，骗取数额较大的公私财物的行为，主体是年满 16 周岁、具有刑事责任能力的自然人，主观方面是直接故意，且以非法占有为目的} － {主体是年满 16 周岁、具有刑事责任能力的自然人，主观方面是直接故意，且以非法占有为目的} ＝ {客体是合同管理秩序和合同对方当事人的财产所有权，客观方面表现为行为人实施了在签订、履行合同中，采取虚构事实或者隐瞒真相的手段骗取对方当事人的财物，数额较大的行为，主体是单位，客体是公私财产所有权，客观方面表现为行为人实施了采用虚构事实或者隐瞒真相的方法，骗取数额较大的公私财物的行为}。

2）合同诈骗罪与贷款诈骗罪的界限

设 A 为合同诈骗罪的集合，则 A =｛合同诈骗罪｝；

设 A7 为贷款诈骗罪的集合，则 A7 =｛贷款诈骗罪｝。

则 A∪A7 − A∩A7 =｛合同诈骗罪｝∪｛贷款诈骗罪｝−｛合同诈骗罪｝∩｛贷款诈骗罪｝=｛客体是合同管理秩序和合同对方当事人的财产所有权，客观方面表现为行为人实施了在签订、履行合同中，采取虚构事实或者隐瞒真相的手段骗取对方当事人的财物，数额较大的行为，主体是年满 16 周岁、具有刑事责任能力的自然人和单位，主观方面是直接故意，且以非法占有为目的｝∪｛客体是信贷管理秩序和金融机构对贷款的所有权，客观方面表现为行为人实施了采用虚构事实或者隐瞒真相等欺诈手段骗取银行或者其他金融机构的贷款，数额较大的行为，主体是年满 16 周岁、具有刑事责任能力的自然人，主观方面是直接故意，且以非法占有为目的｝−｛主体是年满 16 周岁、具有刑事责任能力的自然人，主观方面是直接故意，且以非法占有为目的｝=｛客体是合同管理秩序和合同对方当事人的财产所有权，客观方面表现为行为人实施了在签订、履行合同中，采取虚构事实或者隐瞒真相的手段骗取对方当事人的财物，数额较大的行为，主体是单位，客体是信贷管理秩序和金融机构对贷款的所有权，客观方面表现为行为人实施了采用虚构事实或者隐瞒真相等欺诈手段骗取银行或者其他金融机构的贷款，数额较大的行为｝。

（二）非法经营罪

1. 非法经营罪的概念

非法经营罪，是指行为人违反国家规定，从事非法经营活动，情节严重的行为。❶

---

❶ 朱建华主编：《刑法分论》，法律出版社 2018 年版，第 195 页。

2. 非法经营罪的构成特征

关于非法经营罪的构成特征，根据现行刑法的规定，必须具备以下四个方面，其集合表现为：

设 B 为非法经营罪的集合，则 B = {非法经营罪}；

设 B1 为非法经营罪的客体的集合，则 B1 = {市场管理秩序}；

设 B2 为非法经营罪的客观方面的集合，则 B2 = {行为人违反国家规定，从事非法经营活动，情节严重的行为}；

设 B3 为非法经营罪的主体的集合，则 B3 = {年满16周岁、具有刑事责任能力的自然人} ∪ {单位} = {年满16周岁、具有刑事责任能力的自然人和单位}；

设 B4 为非法经营罪的主观方面的集合，则 B4 = {故意}。

则 B = B1 ∪ B2 ∪ B3 ∪ B4，即 {非法经营罪} = {客体是市场管理秩序} ∪ {客观方面表现为行为人违反国家规定，从事非法经营活动，情节严重的行为} ∪ {主体是年满16周岁、具有刑事责任能力的自然人和单位} ∪ {主观方面是故意} = {客体是市场管理秩序，客观方面表现为行为人违反国家规定，从事非法经营活动，情节严重的行为，主体是年满16周岁、具有刑事责任能力的人和单位，主观方面是故意}。

3. 非法经营罪的司法适用

（1）本罪与非罪的界限

设 B5 为非法经营罪的非罪的集合，则 B5 = {无罪} = Ø；

设 B51 为非法经营罪的非罪的客体的集合，则 B51 = {行为人没有侵犯市场管理秩序} = Ø；

设 B52 为非法经营罪的非罪的客观方面的集合，则 B52 = {行为人没有实施违反国家规定，从事非法经营活动，情节严重的行为} = Ø；

设 B53 为非法经营罪的非罪的主体的集合，则 B53 = {主体是未满16周岁，或者已满16周岁但没有刑事责任能力的自然人和单位}=∅；

设 B54 为非法经营罪的非罪的主观方面的集合，则 B54 = {行为人无故意}=∅。

则 B5 = {非法经营罪的非罪} = B∩B51 = {非法经营罪}∩{行为人没有侵犯市场管理秩序} = {非法经营罪}∩∅=∅={无罪}；

B5 = {非法经营罪的非罪} = B∩B52 = {非法经营罪}∩{行为人没有实施违反国家规定，从事非法经营活动，情节严重的行为} = {非法经营罪}∩∅=∅={无罪}；

B5 = {非法经营罪的非罪} = B∩B53 = {非法经营罪}∩{主体是未满16周岁，或者已满16周岁但没有刑事责任能力的自然人和单位} = {非法经营罪}∩∅=∅={无罪}；

B5 = {非法经营罪的非罪} = B∩B54 = {非法经营罪}∩{行为人无故意} = {非法经营罪}∩∅=∅={无罪}。

（2）此罪与彼罪的界限

1）非法经营罪与生产、销售伪劣产品罪的界限

设 B 为非法经营罪的集合，则 B = {非法经营罪}；

设 B6 为生产、销售伪劣产品罪的集合，则 B6 = {生产、销售伪劣产品罪}。

则 B∪B6 – B∩B6 = {非法经营罪}∪{生产、销售伪劣产品罪} – {非法经营罪}∩{生产、销售伪劣产品罪} = {客体是市场管理秩序，客观方面表现为行为人违反国家规定，从事非法经营活动情节严重的行为，主体是年满16周岁、具有刑事责任能力的自然人和单位，主观方面是故意}∪{客体是产品质量管理制度和广大消费者的合法权益，客观方面表现为行为人在产品中掺杂、掺假，以假充真、以次充好或者以不合格产品冒充合格产品，销售金额5万元以上的行为，主体可以是年满16周岁、具有刑事责任能力的自然人，也可以是单位，主观方面是故意} – {主体可以是年满16周岁、具有刑事责任能力的自然人，也可以是单位，主观方面是故意} = {客体是市场管理秩序，客观方面表现为行为人违反国家规定，从事非法经营

活动，情节严重的行为，客体是产品质量管理制度和广大消费者的合法权益，客观方面表现为行为人在产品中掺杂、掺假，以假充真、以次充好或者以不合格产品冒充合格产品，销售金额 5 万元以上的行为}。

2）非法经营罪与假冒注册商标罪的界限

设 B 为非法经营罪的集合，则 B ={非法经营罪}；

设 B7 为假冒注册商标罪的集合，则 B7 ={假冒注册商标罪}。

则 B∪B7 – B∩B7 ={非法经营罪}∪{假冒注册商标罪} –{非法经营罪}∩{假冒注册商标罪}={客体是市场管理秩序，客观方面表现为行为人实施了违反国家规定，从事非法经营活动，扰乱市场秩序，情节严重的行为，主体是年满 16 周岁、具有刑事责任能力的自然人和单位，主观方面是故意}∪{客体是国家对注册商标的保护和管理秩序及注册商标所有人的专用权，客观方面表现为行为人实施了违反注册商标管理法律、法规，未经注册商标所有人许可，在同一种商品、服务上使用与其注册商标相同的商标，情节严重的行为，主体是年满 16 周岁、具有刑事责任能力的自然人和单位，主观方面是故意} –{主体是年满 16 周岁、具有刑事责任能力的自然人和单位，主观方面是故意}={客体是市场管理秩序，客观方面表现为行为人实施了违反国家规定，从事非法经营活动，情节严重的行为，客体是国家对注册商标的保护和管理秩序及注册商标所有人的专用权，客观方面表现为行为人实施了违反注册商标管理法律、法规，未经注册商标所有人许可，在同一种商品、服务上使用与其注册商标相同的商标，情节严重的行为}。

第五章

侵犯公民人身权利、民主权利罪

第一节　侵犯公民人身权利、民主权利罪集合概述

一、侵犯公民人身权利、民主权利罪的概念

侵犯公民人身权利、民主权利罪，是指行为人故意或过失地非法侵犯他人人身和其他与人身直接有关的权利以及非法剥夺或妨害公民自由行使依法享有的管理国家事务、参加社会政治活动及其他民主权利的行为。❶

二、侵犯公民人身权利、民主权利罪的共同特征

根据现行刑法对侵犯公民人身权利、民主权利罪所作的规定来看，构成该类犯罪必须具备以下四个方面的共同特征，其集合表现为：

设 A 为侵犯公民人身权利、民主权利罪集合，则 A = ｛侵犯公民人身权利、民主权利罪｝；

设 B 为侵犯公民人身权利、民主权利罪同类客体的集合，则 B = ｛公民的人身权利｝∪｛公民的民主权利｝∪｛与人身直接有关的其他权利｝=｛公民的人身权利、民主权利以及与人身直接有关的其他

---

❶　朱建华主编：《刑法分论》，法律出版社 2018 年版，第 207 页。

权利}；

设 C 为侵犯公民人身权利、民主权利罪客观方面的集合，则 C = {行为人非法侵犯他人人身和其他与人身直接有关的权利以及非法剥夺或妨害公民自由行使依法享有的管理国家事务、参加社会政治活动及其他民主权利的行为}；

设 D 为侵犯公民人身权利、民主权利犯罪主体的集合，则 D = {多数必须是达到法定年龄，具有刑事责任能力的人} ∪ {少数必须特定身份} = {多数必须是达到法定年龄、具有刑事责任能力的人，少数必须具有特定身份}；

设 E 为侵犯公民人身权利、民主权利罪的主观方面的集合，则 E = {故意} ∪ {过失} = {故意，过失}。

则 A = B∪C∪D∪E，即 {侵犯公民人身权利、民主权利罪} = {犯罪同类客体为公民的人身权利、民主权利以及与人身直接有关的其他权利} ∪ {客观方面表现为行为人非法侵犯他人人身和其他与人身直接有关的权利以及非法剥夺或妨害公民自由行使依法享有的管理国家事务、参加社会政治活动及其他民主权利的行为} ∪ {犯罪主体多数必须是达到法定年龄，具有刑事责任能力的人，少数必须具有特定身份} ∪ {主观方面是故意，少数也可以是过失} = {犯罪同类客体为公民的人身权利、民主权利以及与人身直接有关的其他权利，客观方面表现为行为人行为人非法侵犯他人人身和其他与人身直接有关的权利以及非法剥夺或妨害公民自由行使依法享有的管理国家事务、参加社会政治活动及其他民主权利的行为，犯罪主体多数必须是达到法定年龄、具有刑事责任能力的人，少数必须具有特定身份，主观方面是故意，少数也可以是过失}。

三、侵犯公民人身权利、民主权利的常见多发型犯罪的具体罪名

根据现行刑法对侵犯公民人身权利、民主权利罪所作的规定来看，本章的犯罪共有 43 种具体罪名，其中常见多发型犯罪有 8 种，

用子集的方式来表达，其构造表现为：

$\{$侵犯公民人身权利、民主权利罪$\}$

$\{$故意杀人罪$\}$

$\{$故意伤害罪$\}$

$\{$强奸罪$\}$

$\{$绑架罪$\}$

$\{$拐卖妇女、儿童罪$\}$

$\{$诬告陷害罪$\}$

$\{$侮辱罪$\}$

$\{$刑讯逼供罪$\}$

......

$\{$故意杀人罪，故意伤害罪，强奸罪，绑架罪，拐卖妇女、儿童罪，诬告陷害罪，侮辱罪，刑讯逼供罪$\}$

第二节　侵犯公民人身权利、民主权利的
常见多发型犯罪分述

一、故意杀人罪

（一）故意杀人罪的概念

故意杀人罪，是指行为人故意非法剥夺他人生命的行为。❶

（二）故意杀人罪的构成特征

关于故意杀人罪的构成特征，根据现行刑法的规定，必须具备以下四个方面，其集合表现为：

设 A 为故意杀人罪的集合，则 A = $\{$故意杀人罪$\}$；

---

❶　朱建华主编：《刑法分论》，法律出版社 2018 年版，第 208 页。

设 A1 为故意杀人罪的客体的集合，则 A1 = {他人的生命权利}；

设 A2 为故意杀人罪的客观方面的集合，则 A2 = {行为人非法剥夺他人生命的行为}；

设 A3 为故意杀人罪的主体的集合，则 A3 = {年满 12 周岁、具有刑事责任能力的人} ∪ {年满 14 周岁、具有刑事责任能力的自然人} ∪ {年满 16 周岁、具有刑事责任能力的自然人} = {年满 12 周岁以上、具有刑事责任能力的人}；

设 A4 为故意杀人罪的主观方面的集合，则 A4 = {故意}。

则 A = A1 ∪ A2 ∪ A3 ∪ A4，即 {故意杀人罪} = {客体是他人的生命权利} ∪ {客观方面表现为行为人非法剥夺他人生命的行为} ∪ {主体是年满 12 周岁以上、具有刑事责任能力的自然人} ∪ {主观方面是故意} = {客体是他人的生命权利，客观方面表现为行为人非法剥夺他人生命的行为，主体是年满 12 周岁以上、具有刑事责任能力的自然人，主观方面是故意}。

（三）故意杀人罪的司法适用

1. 本罪与非罪的界限

设 A5 为故意杀人罪的非罪的集合，则 A5 = {无罪} = ∅；

设 A51 为故意杀人罪的非罪的客体的集合，则 A51 = {行为人没有侵犯他人的生命权利} = ∅；

设 A52 为故意杀人罪的非罪的客观方面的集合，则 A52 = {行为人没有实施非法剥夺他人生命的行为} = ∅；

设 A53 为故意杀人罪的非罪的主体的集合，则 A53 = {行为人是未满 12 周岁，或者已满 12 周岁但没有刑事责任能力的自然人} = ∅；

设 A54 为故意杀人罪的非罪的主观方面的集合，则 A54 = {行为人无故意} = ∅。

则 A5 = {故意杀人罪的非罪} = A ∩ A51 = {故意杀人罪} ∩ {行为人没有侵犯他人的生命权利} = {故意杀人罪} ∩ ∅ = ∅ = {无罪}；

A5 = {故意杀人罪的非罪} = A ∩ A52 = {故意杀人罪} ∩ {行为

人没有实施非法剥夺他人生命的行为｝＝｛故意杀人罪｝∩∅＝∅＝
｛无罪｝；

A5＝｛故意杀人罪的非罪｝＝A∩A53＝｛故意杀人罪｝∩｛行为人
是未满 12 周岁，或者已满 12 周岁但没有刑事责任能力的自然人｝＝
｛故意杀人罪｝∩∅＝∅＝｛无罪｝；

A5＝｛故意杀人罪的非罪｝＝A∩A54＝｛故意杀人罪｝∩｛行为
人无故意｝＝｛故意杀人罪｝∩∅＝∅＝｛无罪｝。

2. 此罪与彼罪的界限

关于此罪与彼罪的界限主要应弄清楚故意杀人罪与过失致人死
亡罪的界限。

设 A 为故意杀人罪的集合，则 A＝｛故意杀人罪｝；

设 A6 为过失致人死亡罪的集合，则 A6＝｛过失致人死亡罪｝。

则 A∪A6－A∩A6＝｛故意杀人罪｝∪｛过失致人死亡罪｝－｛故
意杀人罪｝∩｛过失致人死亡罪｝＝｛客体是他人的生命权利，客观方
面表现为行为人非法剥夺他人生命的行为，主体是年满 12 周岁，情
节恶劣，经最高人民检察院核准退诉的或者 14 周岁、具有刑事责任
能力的自然人，主观方面是故意｝∪｛客体是他人的生命权利，客观
方面表现为行为人实施了致使他人死亡的行为，主体是年满 16 周
岁、具有刑事责任能力的自然人，主观方面是过失｝－｛客体是他人
的生命权利｝＝｛客观方面表现为行为人非法剥夺他人生命的行为，
主体是年满 12 周岁，情节恶劣，经最高人民检察院核准退诉的或者
14 周岁、具有刑事责任能力的自然人，主观方面是故意，客观方面
表现为行为人实施了致使他人死亡的行为，主体是年满 16 周岁、具
有刑事责任能力的自然人，主观方面是过失｝。

3. 本罪的停止形态

（1）故意杀人罪的预备犯

设 A7 为故意杀人罪的预备犯的集合，则 A7＝｛故意杀人罪的
预备犯｝；

设 A71 为故意杀人罪预备犯主观方面的集合，则 A71 = {行为人在主观上有非法剥夺他人生命的行为的故意}；

设 A72 为故意杀人罪预备犯客观方面的集合，则 A72 = {行为人在客观上实施为非法剥夺他人生命而准备工具、制造条件的行为}；

设 A73 为故意杀人罪预备犯犯罪停止原因的集合，则 A73 = {行为人因意志以外的原因使企图非法剥夺他人生命的行为而未得逞}。

则 A7 = A71∪A72∪A73，即 {故意杀人罪的预备犯} = {行为人在主观上有非法剥夺他人生命的行为的故意}∪{行为人在客观上实施为非法剥夺他人生命而准备工具、制造条件的行为}∪{行为人因意志以外的原因使企图非法剥夺他人生命的行为而未得逞} = {行为人在主观上有非法剥夺他人生命的行为的故意，行为人在客观上实施为非法剥夺他人生命而准备工具、制造条件的行为，行为人因意志以外的原因使企图非法剥夺他人生命的行为而未得逞} = {行为人为非法剥夺他人的生命，实施为非法剥夺他人生命而准备工具、制造条件的行为，但是因意志以外的原因使企图非法剥夺他人生命的行为而未得逞}；

（2）故意杀人罪的未遂形犯

设 A8 为故意杀人罪的未遂犯的集合，则 A8 = {故意杀人罪的未遂犯}；

设 A81 为故意杀人罪未遂犯主观方面的集合，则 A81 = {行为人在主观上有非法剥夺他人生命的行为的故意}；

设 A82 为故意杀人罪未遂犯客观方面的集合，则 A82 = {行为人在客观上已经着手实行企图非法剥夺他人生命的行为}；

设 A83 为故意杀人罪未遂犯犯罪停止原因的集合，则 A83 = {行为人因意志以外的原因使非法剥夺他人生命的行为而未得逞}。

则 A8 = A81∪A82∪A83，即 {故意杀人罪的未遂犯} = {行为人在主观上有非法剥夺他人生命的行为的故意}∪{行为人在客观上已经着手实施非法剥夺他人生命的行为｝∪｛行为人因意志以外的原因使企图非法剥夺他人生命的行为而未得逞｝＝｛行为人在主观上有非法剥夺他人生命的行为的故意，行为人在客观上已经着手实施非法剥夺他人生命的行为，行为人因意志以外的原因使企图非法剥夺他人生命的行为而未得逞｝＝｛行为人为非法剥夺他人生命，已经着手实行非法剥夺他人生命的行为，但是因意志以外的原因使企图非法剥夺他人生命的行为而未得逞｝；

（3）故意杀人罪的中止犯

设 A9 为故意杀人罪的中止犯的集合，则 A9 ＝｛故意杀人罪的中止犯｝；

设 A91 为故意杀人罪中止犯主观方面的集合，则 A91 ＝｛行为人在主观上有非法剥夺他人生命的行为的故意｝；

设 A92 为故意杀人罪中止犯客观方面的集合，则 A92 ＝｛行为人在客观上已经预备或者着手实行企图非法剥夺他人生命的行为｝；

设 A93 为故意杀人罪中止犯犯罪停止原因的集合，则 A93 ＝｛行为人自动放弃了杀人行为或者有效地防止了死亡结果的发生｝。

则 A9 ＝ A91∪A92∪A93，即 ｛故意杀人罪的中止犯｝＝｛行为人在主观上有非法剥夺他人生命的行为的故意｝∪｛行为人在客观上已经预备或者着手实行企图非法剥夺他人生命的行为｝∪｛行为人自动放弃了杀人行为或者有效地防止了死亡结果的发生｝＝｛行为人在主观上有非法剥夺他人生命的行为的故意，行为人在客观上已经预备或者着手实行企图非法剥夺他人生命的行为，行为人自动放弃了杀人行为或者有效地防止了死亡结果的发生｝＝｛行为人为了非法剥夺他人生命，已经预备或者着手实行企图非法剥夺他人生命的行为，但是行为人自动放弃了杀人行为或者有效地防止了死亡结果的发生｝。

4. 本罪的共犯形态

设 A10 为故意杀人罪的共同犯罪的集合，则 A10 ＝｛故意杀人罪的共同犯罪｝；

设 A101 为故意杀人罪的共同犯罪的主体的集合，则 A101 = ｛主体是两个以上年满 12 周岁或者 14 周岁、具有刑事责任能力的自然人｝；

设 A102 为故意杀人罪的共同犯罪的主观方面的集合，则 A102 = ｛行为人在主观上有非法剥夺他人生命的共同故意｝；

设 A103 为故意杀人罪的共同犯罪的客观方面的集合，则 A103 = ｛行为人在客观上实行了非法剥夺他人生命的共同行为｝。

则 A10 = A101∪A102∪A103，即 ｛故意杀人罪的共同犯罪｝= ｛主体是两个以上年满 12 周岁情节恶劣，经最高人民检察院核准退诉的或者 14 周岁、具有刑事责任能力的自然人｝∪｛行为人在主观上有非法剥夺他人生命的共同故意｝∪｛行为人在客观上实行了非法剥夺他人生命的共同行为｝=｛主体是两个以上年满 12 周岁或者 14 周岁、具有刑事责任能力的自然人，在主观上有非法剥夺他人生命的共同故意，在客观上实行了非法剥夺他人生命的共同行为｝。

二、故意伤害罪

（一）故意伤害罪的概念

故意伤害罪，是指行为人故意非法损害他人身体健康的行为。❶

（二）故意伤害罪的构成特征

关于故意伤害罪的构成特征，根据现行刑法的规定，必须具备以下四个方面，其集合表现为：

设 B 为故意伤害罪的集合，则 B =｛故意伤害罪｝；

设 B1 为故意伤害罪的客体的集合，则 B1 =｛他人的健康权利｝；

设 B2 为故意伤害罪的客观方面的集合，则 B2 =｛行为人非法损害他人身体健康的行为｝；

---

❶ 朱建华主编：《刑法分论》，法律出版社 2018 年版，第 212 页。

设 B3 为故意伤害罪的主体的集合，则 B3 = ｛年满 12 周岁、具有刑事责任能力的人｝∪｛年满 14 周岁、具有刑事责任能力的人｝∪｛年满 16 周岁、具有刑事责任能力的人｝=｛年满 12 周岁以上、具有刑事责任能力的人｝；

设 B4 为故意伤害罪的主观方面的集合，则 B4 = ｛故意｝。

则 B = B1∪B2∪B3∪B4，即 ｛故意伤害罪｝=｛客体是他人的健康权利｝∪｛客观方面表现为行为人非法损害他人身体健康的行为｝∪｛主体是年满 12 周岁、14 周岁或者 16 周岁、具有刑事责任能力的自然人｝∪｛主观方面是故意｝=｛客体是他人的健康权利，客观方面表现为行为人非法损害他人身体健康的行为，主体是年满 12 周岁以上、具有刑事责任能力的人，主观方面是故意｝。

（三）故意伤害罪的司法适用

1. 本罪与非罪的界限

设 B5 为故意伤害罪的非罪的集合，则 B5 = ｛无罪｝= Ø；

设 B51 为故意伤害罪的非罪的客体的集合，则 B51 = ｛行为人没有侵犯他人的健康权利｝= Ø；

设 B52 为故意伤害罪的非罪的客观方面的集合，则 B52 = ｛行为人没有非法损害他人身体健康行为｝= Ø；

设 B53 为故意伤害罪的非罪的主体的集合，则 B53 = ｛行为人是未满 12 周岁，或者已满 12 周岁但没有刑事责任能力的自然人｝= Ø；

设 B54 为故意伤害罪的非罪的主观方面的集合，则 B54 = ｛行为人无故意｝= Ø。

则 B5 = ｛故意伤害罪的非罪｝= B∩B51 = ｛故意伤害罪｝∩｛行为人没有侵犯他人的健康权利｝=｛故意伤害罪｝∩Ø = Ø = ｛无罪｝；

B5 = ｛故意伤害罪的非罪｝= B∩B52 = ｛故意伤害罪｝∩｛行为人没有非法损害他人身体健康行为｝=｛故意伤害罪｝∩Ø = Ø = ｛无罪｝；

B5 = ｛故意伤害罪的非罪｝= B∩B53 = ｛故意伤害罪｝∩｛行为人

是未满 12 周岁，或者已满 12 周岁但没有刑事责任能力的自然人} = {故意伤害罪}∩Ø = Ø = {无罪}；

B5 = {故意伤害罪的非罪} = B∩B54 = {故意伤害罪}∩{行为人无故意} = {故意伤害罪}∩Ø = Ø = {无罪}。

2. 此罪与彼罪的界限

（1）故意伤害罪与故意杀人罪的界限

设 B 为故意伤害罪的集合，则 B = {故意伤害罪}；

设 B5 为故意杀人罪的集合，则 B5 = {故意杀人罪}。

则 B∪B5 – B∩B5 = {故意伤害罪}∪{故意杀人罪} – {故意伤害罪}∩{故意杀人罪} = {客体是他人的健康权利，客观方面表现为行为人非法损害他人身体健康的行为，主体是年满 12 周岁以上、具有刑事责任能力的自然人，主观方面是故意}∪{客体是他人的生命权利，客观方面表现为行为人非法剥夺他人生命的行为，主体是年满 12 周岁以上、具有刑事责任能力的自然人，主观方面是故意} – {主体是年满 12 周岁以上、具有刑事责任能力的自然人，主观方面是故意} = {客体是他人的健康权利，客观方面表现为行为人非法损害他人身体健康的行为，客体是他人的生命权利，客观方面表现为行为人非法剥夺他人生命的行为}。

（2）故意伤害罪与过失重伤罪的界限

设 B 为故意伤害罪的集合，则 B = {故意伤害罪}；

设 B6 为过失重伤罪的集合，则 B6 = {过失重伤罪}。

则 B∪B6 – B∩B6 = {故意伤害罪}∪{过失重伤罪} – {故意伤害罪}∩{过失重伤罪} = {客体是他人的健康权利，客观方面表现为行为人非法损害他人身体健康的行为，主体是年满 12 周岁以上、具有刑事责任能力的自然人，主观方面是故意}∪{客体是他人的健康权利，客观方面表现为行为人实施了造成他人身体重伤的行为，主体是年满 16 周岁、具有刑事责任能力的自然人，主观方面是过失} – {客体是他人的健康权利} = {客观方面表现为行为人非法损害他人身体健康的行为，主体是年满 12 周岁以上、具有刑事责任能力的自然人，主观方面是故意，客观方面表现为行为人实施了造成他人身体重伤的行为，主体是年满 16 周岁、具有刑事责任能力的自然人，主观方面是过失$\}$。

3. 本罪的停止形态

（1）故意伤害罪的预备犯

设 B7 为故意杀伤害罪的预备犯的集合，则 B7 ＝$\{$故意伤害罪的预备犯$\}$；

设 B71 为故意伤害罪预备犯主观方面的集合，则 B71 ＝$\{$行为人在主观上有非法损害他人健康的行为的故意$\}$；

设 B72 为故意伤害罪预备犯客观方面的集合，则 B72 ＝$\{$行为人在客观上实施了为非法损害他人健康而准备工具、制造条件的行为$\}$；

设 B73 为故意伤害罪预备犯犯罪停止原因的集合，则 B73 ＝$\{$行为人因意志以外的原因使非法损害他人健康的行为而未得逞$\}$。

则 B7 ＝ B71$\cup$B72$\cup$B73，即 $\{$故意伤害罪的预备犯$\}$＝$\{$行为人在主观上有非法损害他人健康的行为的故意$\}$$\cup$$\{$行为人在客观上实施了为非法损害他人健康而准备工具、制造条件的行为$\}$$\cup$$\{$行为人因意志以外的原因使企图非法损害他人健康的行为而未得逞$\}$＝$\{$行为人在主观上有非法损害他人健康的行为的故意，行为人在客观上实施了为非法损害他人健康而准备工具、制造条件的行为，行为人因意志以外的原因使企图非法损害他人健康的行为而未得逞$\}$＝$\{$行为人为非法损害他人的健康，实施了为非法损害他人健康而准备工具、制造条件的行为，但是因意志以外的原因使企图非法损害他人健康的行为而未得逞$\}$。

（2）故意伤害罪的未遂犯

设 B8 为故意伤害罪的未遂犯的集合，则 B8 = {故意伤害罪的未遂犯}；

设 B81 为故意伤害罪未遂犯主观方面的集合，则 B81 = {行为人在主观上有非法损害他人健康的行为的故意}；设 B82 为故意伤害罪未遂犯客观方面的集合，则 B82 = {行为人在客观上已经着手实行企图非法损害他人健康的行为}；设 B83 为故意伤害罪的未遂犯犯罪停止原因的集合，则 B83 = {行为人因意志以外的原因使非法损害他人健康的行为而未得逞}。

则 B8 = B81 ∪ B82 ∪ B83，即 {故意伤害罪的未遂犯} = {行为人在主观上有非法损害他人健康的行为的故意} ∪ {行为人在客观上已经着手实行非法损害他人健康的行为} ∪ {行为人因意志以外的原因使非法损害他人健康的行为而未得逞} = {行为人在主观上有非法损害他人健康的行为的故意，行为人在客观上已经着手实行非法损害他人健康的行为，行为人因意志以外的原因使非法损害他人健康的行为而未得逞} = {行为人为非法损害他人健康，已经着手实行非法损害他人健康的行为，但是因意志以外的原因使非法损害他人健康的行为而未得逞}。

（3）故意伤害罪的中止犯

设 B9 为故意伤害罪的中止犯的集合，则 B9 = {故意伤害罪的中止犯}；

设 B91 为故意伤害罪的中止犯主观方面的集合，则 B91 = {行为人在主观上有非法损害他人健康的行为的故意}；

设 B92 为故意伤害罪中止犯客观方面的集合，则 B92 = {行为人在客观上已经预备或者着手实行企图非法损害他人健康的行为}；

设 B93 为故意伤害罪中止犯犯罪停止原因的集合，则 B93 = {行为人自动放弃了伤害行为或者有效地防止了伤害结果的发生}。

则 B9 = B91 ∪ B92 ∪ B93，即 {故意伤害罪的中止犯} = {行为人在主观上有非法损害他人健康的行为的故意} ∪ {行为人在客观上已经预备或者着手实行非法损害他人健康的行为｝∪｛行为人自动放弃了伤害行为或者有效地防止了伤害结果的发生｝＝｛行为人在主观上有非法损害他人健康的行为的故意，行为人在客观上已经预备或者着手实行非法损害他人健康的行为，行为人自动放弃了伤害行为或者有效地防止了伤害结果的发生｝＝｛行为人为非法损害他人健康，已经预备或者着手实行非法损害他人健康的行为，但是自动放弃了伤害行为或者有效地防止了伤害结果的发生｝。

4. 本罪的共犯形态

设 B10 为故意伤害罪的共同犯罪的集合，则 B10 ＝｛故意伤害罪的共同犯罪｝；

设 B101 为故意伤害罪的共同犯罪的主体的集合，则 B101 ＝｛主体是两个以上年满 12 周岁、14 周岁或者 16 周岁、具有刑事责任能力的自然人｝；

设 B102 为故意伤害罪的共同犯罪的主观方面的集合，则 B102 ＝｛行为人在主观上有非法损害他人健康的共同故意｝；

设 B103 为故意伤害罪的共同犯罪的客观方面的集合，则 B103 ＝｛行为人在客观上实行了非法损害他人健康的共同行为｝。

则 B10 ＝ B101∪B102∪B103，即 ｛故意伤害罪的共同犯罪｝＝｛主体是两个以上年满 12 周岁、14 周岁或者 16 周岁、具有刑事责任能力的自然人｝∪｛行为人在主观上有非法损害他人健康的共同故意｝∪｛行为人在客观上实行了非法损害他人健康的共同行为｝＝｛主体是两个以上年满 12 周岁、14 周岁或者 16 周岁、具有刑事责任能力的自然人，在主观上有非法损害他人健康的共同故意，在客观上实行了非法损害他人健康的共同行为｝。

三、强奸罪

（一）强奸罪的概念

强奸罪，是指行为人违背妇女意志，采取暴力、胁迫或者其他

手段，强行与妇女进行性交，或者采取任何手段与不满 14 周岁的幼女性交的行为。❶

（二）强奸罪的构成特征

关于强奸罪的构成特征，根据现行刑法的规定，必须具备以下四个方面，其集合表现为：

设 C 为强奸罪的集合，则 C ＝｛强奸罪｝；

设 C1 为强奸罪的客体的集合，则 C1 ＝｛妇女的性的自主权利｝∪｛幼女的身心健康｝＝｛妇女的性的自主权利和幼女的身心健康｝；

设 C2 为强奸罪的客观方面的集合，则 C2 ＝｛行为人违背妇女意志，采取暴力、胁迫或者其他手段，强行与妇女进行性交，或者采取任何手段与不满 14 周岁的幼女性交的行为｝；

设 C3 为强奸罪的主体的集合，则 C3 ＝｛年满 14 周岁、具有刑事责任能力的自然人｝；

设 C4 为强奸罪的主观方面的集合，则 C4 ＝｛直接故意｝。

则 C ＝ C1∪C2∪C3∪C4，即 ｛强奸罪｝＝｛客体是妇女的性的自主权利和幼女的身心健康｝∪｛客观方面表现为行为人违背妇女意志，采取暴力、胁迫或者其他手段，强行与妇女进行性交，或者采取任何手段与不满 14 周岁的幼女性交的行为｝∪｛主体是年满 14 周岁、具有刑事责任能力的自然人｝∪｛主观方面是直接故意｝＝｛客体是妇女的性的自主权利和幼女的身心健康，客观方面表现为行为人违背妇女意志，采取暴力、胁迫或者其他手段，强行与妇女进行性交，或者采取任何手段与不满 14 周岁的幼女性交的行为，主体是年满 14 周岁、具有刑事责任能力的自然人，主观方面是直接故意｝。

（三）强奸罪的司法适用

1. 本罪与非罪的界限

设 C5 为强奸罪的非罪的集合，则 A5 ＝｛无罪｝＝∅；

---

❶ 朱建华主编：《刑法分论》，法律出版社 2018 年版，第 218 页。

设 C51 为强奸罪的非罪的客体的集合，则 C51 = {行为人没有侵犯妇女的性的自主权利和幼女的身心健康} = Ø；

设 C52 为强奸罪的非罪的客观方面的集合，则 C52 = {行为人没有实施违背妇女意志，采取暴力、胁迫或者其他手段，强行与妇女进行性交，或者没有采取任何手段与不满 14 周岁的幼女性交的行为} = Ø；

设 C53 为强奸罪的非罪的主体的集合，则 C53 = {行为人是未满 14 周岁，或者已满 14 周岁但没有刑事责任能力的自然人} = Ø；

设 C54 为强奸罪的非罪的主观方面的集合，则 C54 = {行为人无直接故意} = Ø。

则 C5 = {强奸罪的非罪} = C∩C51 = {强奸罪} ∩ {行为人没有侵犯妇女的性的自主权利和幼女的身心健康} = {强奸罪}∩Ø = Ø = {无罪}；

C5 = {强奸罪的非罪} = C∩C52 = {强奸罪} ∩ {行为人没有实施违背妇女意志，采取暴力、胁迫或者其他手段，强行与妇女进行性交，或者没有采取任何手段与不满 14 周岁的幼女性交的行为} = {强奸罪}∩Ø = Ø = {无罪}；

C5 = {强奸罪的非罪} = C∩C53 = {强奸罪} ∩ {行为人是未满 14 周岁，或者已满 14 周岁但没有刑事责任能力的自然人} = {强奸罪}∩Ø = Ø = {无罪}；

C5 = {强奸罪的非罪} = C∩C54 = {强奸罪} ∩ {行为人无直接故意} = {强奸罪}∩Ø = Ø = {无罪}。

2. 此罪与彼罪的界限

（1）强奸罪与强制猥亵、侮辱罪

设 C 为强奸罪的集合，则 C = {强奸罪}；

设 C6 为强制猥亵、侮辱罪的集合，则 C6 = {强制猥亵、侮辱罪}。

则 C∪C6 - C∩C6 = {强奸罪} ∪ {强制猥亵、侮辱罪} - {强奸

罪｝∩｛强制猥亵、侮辱罪｝=｛客体是妇女的性的自主权利和幼女的身心健康，客观方面表现为行为人违背妇女意志，采取暴力、胁迫或者其他手段，强行与妇女进行性交，或者采取任何手段与不满 14 周岁的幼女性交的行为，主体是年满 14 周岁、具有刑事责任能力的自然人，主观方面是直接故意｝∪｛客体是他人的身心健康、妇女的人格尊严权利，客观方面表现为行为人违背妇女意志，采取暴力、胁迫或者其他方法强制猥亵、侮辱妇女的行为，主体是年满 16 周岁、具有刑事责任能力的人，主观方面是直接故意｝–｛主观方面是直接故意｝=｛客体是妇女的性的自主权利和幼女的身心健康，客观方面表现为行为人违背妇女意志，采取暴力、胁迫或者其他手段，强行与妇女进行性交. 或者采取任何手段与不满 14 周岁的幼女性交的行为，主体是年满 14 周岁、具有刑事责任能力的自然人，客体是他人的身心健康、妇女的人格尊严权利，客观方面表现为行为人违背妇女意志，采取暴力、胁迫或者其他方法强制猥亵、侮辱妇女的行为，主体是年满 16 周岁、具有刑事责任能力的自然人｝。

（2）强奸罪与猥亵儿童罪的界限

设 C 为强奸罪的集合，则 C =｛强奸罪｝；

设 C7 为猥亵儿童罪的集合，则 C7 =｛猥亵儿童罪｝。

则 C∪C7 – C∩C7 =｛强奸罪｝∪｛猥亵儿童罪｝–｛强奸罪｝∩｛猥亵儿童罪｝=｛客体是妇女的性的自主权利和幼女的身心健康，客观方面表现为行为人违背妇女意志，采取暴力、胁迫或者其他手段，强行与妇女进行性交，或者采取任何手段与不满 14 周岁的幼女性交的行为，主体是年满 14 周岁、具有刑事责任能力的自然人，主观方面是直接故意｝∪｛客体是儿童的身心健康、人格尊严的权利，客观方面表现为行为人对不满 14 周岁的儿童实施猥亵的行为，主体是年满 16 周岁、具有刑事责任能力的自然人，主观方面是直接故意｝–｛主观方面是直接故意｝=｛客体是妇女的性的自主权利和幼女的身心健康，客观方面表现为行为人违背妇女意志，采取暴力、胁迫或者其他手段，强行与妇女进行性交，或者采取任何手段与不满

14 周岁的幼女性交的行为，主体是年满 14 周岁、具有刑事责任能力的自然人，客体是儿童的身心健康、人格尊严的权利，客观方面表现为行为人对不满 14 周岁的儿童实施猥亵的行为，主体是年满 16 周岁、具有刑事责任能力的自然人}。

3. 本罪的停止形态

（1）强奸罪的预备犯

设 C8 为强奸罪的预备犯的集合，则 C8 = {强奸罪的预备犯}；

设 C81 为强奸罪预备犯主观方面的集合，则 C81 = {行为人在主观上有违背妇女意志，采取暴力、胁迫或者其他手段，强行与妇女进行性交，或者采取任何手段与不满 14 周岁的幼女性交的故意}；

设 C82 为强奸罪预备犯客观方面的集合，则 C82 = {行为人在客观上实施了暴力、胁迫或者其他手段，强行与妇女进行性交，或者采取任何手段与不满 14 周岁的幼女性交而准备工具、制造条件的行为}；

设 C83 为强奸罪预备犯犯罪停止原因的集合，则 C83 = {行为人因意志以外的原因使违背妇女意志，采取暴力、胁迫或者其他手段，强行与妇女进行性交，或者采取任何手段与不满 14 周岁的幼女性交的行为而未得逞}。

则 C8 = C81∪C82∪C83，即 {强奸罪的预备犯} = {行为人在主观上有违背妇女意志，采取暴力、胁迫或者其他手段，强行与妇女进行性交，或者采取任何手段与不满 14 周岁的幼女性交的故意}∪{行为人在客观上实施了违背妇女意志，采取暴力、胁迫或者其他手段，强行与妇女进行性交，或者采取任何手段与不满 14 周岁的幼女性交而准备工具、制造条件的行为}∪{行为人因意志以外的原因使违背妇女意志，采取暴力、胁迫或者其他手段，强行与妇女进行性交，或者采取任何手段与不满 14 周岁的幼女性交的行为而未得逞} = {行为人在主观上有违背妇女意志，采取暴力、胁迫或者其他手段，强行与妇女进行性交，或者采取任何手段与不满 14 周岁的幼女性交的故意，行为人在客观上实施了违背妇女意志，采取暴力、胁迫或者其他手段，强行与妇女进行性交，或者采取任何手段与不满 14 周岁的幼女性交而准备工具、制造条件的行为，行为人因意志以外的原因使违背妇女意志，采取暴力、胁迫或者其他手段，强行与妇女进行性交，或者采取任何手段与不满 14 周岁的幼女性交的行为而未得逞} = {行为人为违背妇女意志，采取暴力、胁迫或者其他手段，强行与妇女进行性交，或者采取任何手段与不满 14 周岁的幼女性交，实施了违背妇女意志，采取暴力、胁迫或者其他手段，强行与妇女进行性交，或者采取任何手段与不满 14 周岁的幼女性交而准备工具、制造条件的行为，但是因意志以外的原因使违背妇女意志，采取暴力、胁迫或者其他手段，强行与妇女进行性交，或者采取任何手段与不满 14 周岁的幼女性交的行为而未得逞}。

（2）强奸罪的未遂犯

设 C9 为强奸罪的未遂犯的集合，则 C9 = {强奸罪的未遂犯}；

设 C91 为强奸罪的未遂犯主观方面的集合，则 C91 = {行为人在主观上有违背妇女意志，采取暴力、胁迫或者其他手段，强行与妇女进行性交，或者采取任何手段与不满 14 周岁的幼女性交的故意}；

设 C92 为强奸罪未遂犯客观方面的集合，则 C92 = {行为人在客观上已经着手实行违背妇女意志，采取暴力、胁迫或者其他手段，强行与妇女进行性交，或者采取任何手段与不满 14 周岁的幼女性交的行为}；

设 C93 为强奸罪未遂犯犯罪停止原因的集合，则 C93 = {行为人因意志以外的原因使违背妇女意志，采取暴力、胁迫或者其他手段，强行与妇女进行性交，或者采取任何手段与不满 14 周岁的幼女性交的行为而未得逞}。

则 C9 = C91 ∪ C92 ∪ C93，即 {强奸罪的未遂犯} = {行为人在主观上有违背妇女意志，采取暴力、胁迫或者其他手段，强行与妇女进行性交，或者采取任何手段与不满 14 周岁的幼女性交的故意} ∪

{行为人在客观上已经着手实行违背妇女意志，采取暴力、胁迫或者其他手段，强行与妇女进行性交，或者采取任何手段与不满 14 周岁的幼女性交的行为}∪{行为人因意志以外的原因使违背妇女意志，采取暴力、胁迫或者其他手段，强行与妇女进行性交，或者采取任何手段与不满 14 周岁的幼女性交的行为而未得逞}＝{行为人在主观上有违背妇女意志，采取暴力、胁迫或者其他手段，强行与妇女进行性交，或者采取任何手段与不满 14 周岁的幼女性交的故意，行为人在客观上已经着手实行违背妇女意志，采取暴力、胁迫或者其他手段，强行与妇女进行性交，或者采取任何手段与不满 14 周岁的幼女性交的行为，行为人因意志以外的原因使违背妇女意志，采取暴力、胁迫或者其他手段，强行与妇女进行性交，或者采取任何手段与不满 14 周岁的幼女性交的行为而未得逞}＝{行为人为了违背妇女意志，采取暴力、胁迫或者其他手段，强行与妇女进行性交，或者采取任何手段与不满 14 周岁的幼女性交，已经着手实行违背妇女意志，采取暴力、胁迫或者其他手段，强行与妇女进行性交，或者采取任何手段与不满 14 周岁的幼女性交的行为，但是因意志以外的原因使违背妇女意志，采取暴力、胁迫或者其他手段，强行与妇女进行性交，或者采取任何手段与不满 14 周岁的幼女性交的行为而未得逞}。

（3）强奸罪的中止犯

设 C10 为强奸罪的中止犯的集合，则 C10＝{强奸罪的中止犯}；

设 C101 为强奸罪的中止犯主观方面的集合，则 C101＝{行为人在主观上有违背妇女意志，采取暴力、胁迫或者其他手段，强行与妇女进行性交，或者采取任何手段与不满 14 周岁的幼女性交的故意}；

设 C102 为强奸罪的中止犯客观方面的集合，则 C102＝{行为人在客观上已经预备或者着手实行违背妇女意志，采取暴力、胁迫或者其他手段，强行与妇女进行性交，或者采取任何手段与不满 14 周岁的幼女性交的行为｝；

设 C103 为强奸罪中止犯犯罪停止原因的集合，则 C103 =｛行为人自动放弃了与妇女或幼女发生性交的行为或者有效地防止了强奸结果的发生｝。

则 C10 = C101 ∪ C102 ∪ C103，即 ｛强奸罪的中止犯｝=｛行为人在主观上有违背妇女意志，采取暴力、胁迫或者其他手段，强行与妇女进行性交，或者采取任何手段与不满14周岁的幼女性交的故意｝∪｛行为人在客观上已经预备或者着手实行违背妇女意志，采取暴力、胁迫或者其他手段，强行与妇女进行性交，或者采取任何手段与不满14周岁的幼女性交的行为｝∪｛行为人自动放弃了与妇女或幼女发生性交的行为或者有效地防止了强奸结果的发生｝=｛行为人在主观上有违背妇女意志，采取暴力、胁迫或者其他手段，强行与妇女进行性交，或者采取任何手段与不满14周岁的幼女性交的故意，行为人在客观上已经预备或者着手实行违背妇女意志，采取暴力、胁迫或者其他手段，强行与妇女进行性交，或者采取任何手段与不满14周岁的幼女性交的行为，行为人自动放弃了与妇女或幼女发生性交的行为或者有效地防止了强奸结果的发生｝=｛行为人为了违背妇女意志，采取暴力、胁迫或者其他手段，强行与妇女进行性交，或者采取任何手段与不满14周岁的幼女性交，已经预备或者着手实行违背妇女意志，采取暴力、胁迫或者其他手段，强行与妇女进行性交，或者采取任何手段与不满14周岁的幼女性交的行为，但是自动放弃了与妇女或幼女发生性交的行为或者有效地防止了强奸结果的发生｝。

4. 本罪的共犯形态

设 C11 为强奸罪的共同犯罪的集合，则 C11 =｛强奸罪的共同犯罪｝；

设 C111 为强奸罪的共同犯罪的主体的集合，则 C111 =｛主体是两个以上年满14周岁、具有刑事责任能力的自然人｝；

设 C112 为强奸罪的共同犯罪的主观方面的集合，则 C112 = ｛行为人在主观上有违背妇女意志，采取暴力、胁迫或者其他手段，强行与妇女进行性交，或者采取任何手段与不满 14 周岁的幼女性交的共同故意｝；

设 C113 为强奸罪的共同犯罪的客观方面的集合，则 C113 = ｛行为人在客观上实行了违背妇女意志，采取暴力、胁迫或者其他手段，强行与妇女进行性交，或者采取任何手段与不满 14 周岁的幼女性交的共同行为｝。

则 C11 = C111 ∪ C112 ∪ C113，即 ｛强奸罪的共同犯罪｝=｛主体是两个以上年满 14 周岁、具有刑事责任能力的自然人｝∪｛行为人在主观上有违背妇女意志，采取暴力、胁迫或者其他手段，强行与妇女进行性交，或者采取任何手段与不满 14 周岁的幼女性交的共同故意｝∪｛行为人在客观上实行了违背妇女意志，采取暴力、胁迫或者其他手段，强行与妇女进行性交，或者采取任何手段与不满 14 周岁的幼女性交的共同行为｝=｛主体是两个以上年满 14 周岁、具有刑事责任能力的自然人，在主观上有违背妇女意志，采取暴力、胁迫或者其他手段，强行与妇女进行性交，或者采取任何手段与不满 14 周岁的幼女性交的共同故意，在客观上实行了违背妇女意志，采取暴力、胁迫或者其他手段，强行与妇女进行性交，或者采取任何手段与不满 14 周岁的幼女性交的共同行为｝。

四、绑架罪

（一）绑架罪的概念

绑架罪，是指行为人以勒索财物为目的，使用暴力、胁迫、麻醉或其他方法，强行劫持他人或者偷盗婴幼儿，或者出于其他目的劫持他人作为人质的行为。❶

---

❶　朱建华主编：《刑法分论》，法律出版社 2018 年版，第 226 页。

（二）绑架罪的构成特征

关于绑架罪的构成特征，根据现行刑法的规定，必须具备以下四个方面，其集合表现为：

设 D 为绑架罪的集合，则 D = ｛绑架罪｝；

设 D1 为绑架罪的客体的集合，则 D1 = ｛他人的人身权利｝∪｛他人的财产权利｝= ｛他人的人身权利和财产权利｝；

设 D2 为绑架罪的客观方面的集合，则 D2 = ｛行为人实施了使用暴力、胁迫、麻醉或其他方法，强行劫持他人或者偷盗婴幼儿，或者出于其他目的劫持他人作为人质的行为｝；

设 D3 为绑架罪的主体的集合，则 D3 = ｛年满 16 周岁、具有刑事责任能力的人｝；

设 D4 为绑架罪的主观方面的集合，则 D4 = ｛直接故意，且以勒索财物或者劫持他人作为人质为目的｝。

则 D = D1∪D2∪D3∪D4，即 ｛绑架罪｝= ｛客体是他人的人身权利和财产权利｝∪｛客观方面表现为行为人实施了使用暴力、胁迫、麻醉或其他方法，强行劫持他人或者偷盗婴幼儿，或者出于其他目的劫持他人作为人质的行为｝∪｛主体是年满 16 周岁、具有刑事责任能力的自然人｝∪｛主观方面是直接故意，且以勒索财物或者劫持他人作为人质为目的｝= ｛客体是他人的人身权利和财产权利，客观方面表现为行为人实施了使用暴力、胁迫、麻醉或其他方法，强行劫持他人或者偷盗婴幼儿，或者出于其他目的劫持他人作为人质的行为，主体是年满 16 周岁、具有刑事责任能力的自然人，主观方面是直接故意，且以勒索财物或者劫持他人作为人质为目的｝。

（三）绑架罪的司法适用

1. 本罪与非罪的界限

设 D5 为绑架罪的非罪的集合，则 D5 = ｛无罪｝= Ø；

设 D51 为绑架罪的非罪的客体的集合，则 D51 = ｛行为人没有侵犯他人的人身权利和财产权利｝= Ø；

设 D52 为绑架罪的非罪的客观方面的集合，则 D52 = {行为人没有实施使用暴力、胁迫、麻醉或其他方法，强行劫持他人或者偷盗婴幼儿，或者出于其他目的劫持他人作为人质的行为} = ∅；

设 D53 为绑架罪的非罪的主体的集合，则 D53 = {行为人是未满 16 周岁，或者已满 16 周岁但没有刑事责任能力的自然人} = ∅；

设 D54 为绑架罪的非罪的主观方面的集合，则 D54 = {行为人没有直接故意且无勒索财物或者劫持他人作为人质的目的} = ∅。

则 D5 = {绑架罪的非罪} = D∩D51 = {绑架罪} ∩ {行为人没有侵犯他人的人身权利和财产权利} = {绑架罪}∩∅ = ∅ = {无罪}；

D5 = {绑架罪的非罪} = D∩D52 = {绑架罪} ∩ {行为人没有实施使用暴力、胁迫、麻醉或其他方法，强行劫持他人或者偷盗婴幼儿，或者出于其他目的劫持他人作为人质的行为} = {绑架罪}∩∅ = ∅ = {无罪}；

D5 = {绑架罪的非罪} = D∩D53 = {绑架罪} ∩ {行为人是未满 16 周岁，或者已满 16 周岁但没有刑事责任能力的自然人} = {绑架罪}∩∅ = ∅ = {无罪}；

D5 = {绑架罪的非罪} = D∩D54 = {绑架罪} ∩ {行为人没有直接故意且无勒索财物或者劫持他人作为人质的目的} = {绑架罪}∩∅ = ∅ = {无罪}。

2. 此罪与彼罪的界限

关于绑架罪与非法拘禁罪的界限主要应弄清楚绑架罪与非法拘禁罪的界限。

设 D 为绑架罪的集合，则 D = {绑架罪}；

设 D6 为非法拘禁罪的集合，则 D6 = {非法拘禁罪}。

则 D∪D6 − D∩D6 = {绑架罪} ∪ {非法拘禁罪} − {绑架罪} ∩ {非法拘禁罪} = {客体是他人的人身权利和财产权利，客观方面表现为行为人实施了使用暴力、胁迫、麻醉或其他方法，强行劫持他人或者偷盗婴幼儿，或者出于其他目的劫持他人作为人质的行为，主体是年满 16 周岁、具有刑事责任能力的自然人，主观方面是直接故意，且以勒索财物或者劫持他人作为人质为目的｝∪｛客体是他人的人身自由权利，客观方面表现为行为人以拘禁或者其他强制方法非法剥夺人身自由的行为，主体是年满 16 周岁、具有刑事责任能力的自然人，主观方面是直接故意｝-｛主体是年满 16 周岁、具有刑事责任能力的自然人｝=｛客体是他人的人身权利和财产权利，客观方面表现为行为人实施了使用暴力、胁迫、麻醉或其他方法，强行劫持他人或者偷盗婴幼儿，或者出于其他目的劫持他人作为人质的行为，主观方面是直接故意，且以勒索财物或者劫持他人作为人质为目的，客体是他人的人身自由权利，客观方面表现为行为人以拘禁或者其他强制方法非法剥夺人身自由的行为，主观方面是直接故意｝。

3. 本罪的停止形态

（1）绑架罪的预备犯

设 D7 为绑架罪的预备犯的集合，则 D7 =｛绑架罪的预备犯｝；

设 D71 为绑架罪的预备犯主观方面的集合，则 D71 =｛行为人在主观上有勒索财物或者出于其他目的劫持他人作为人质的故意｝；

设 D72 为绑架罪预备犯客观方面的集合，则 D72 =｛行为人在客观上实施了使用暴力、胁迫、麻醉或其他方法，强行劫持他人或者偷盗婴幼儿，或者出于其他目的劫持他人作为人质而准备工具、制造条件的行为｝；

设 D73 为绑架罪预备犯犯罪停止原因的集合，则 D73 =｛行为人因意志以外的原因使采用暴力、胁迫、麻醉或其他方法，强行劫持他人或者偷盗婴幼儿，或者出于其他目的劫持他人作为人质的行为而未得逞｝。

则 D7 = D71∪D72∪D73，即 ｛绑架罪的预备犯｝=｛行为人在主观上有勒索财物或者出于其他目的劫持他人作为人质的故意｝∪｛行为人在客观上实施了使用暴力、胁迫、麻醉或其他方法，强行劫持他人或者偷盗婴幼儿，或者出于其他目的劫持他人作为人质而准备工具、制造条件的行为}∪{行为人因意志以外的原因使采用暴力、胁迫、麻醉或其他方法，强行劫持他人或者偷盗婴幼儿，或者出于其他目的劫持他人作为人质的行为而未得逞}={行为人在主观上有勒索财物或者出于其他目的劫持他人作为人质的故意，行为人在客观上实施了使用暴力、胁迫、麻醉或其他方法，强行劫持他人或者偷盗婴幼儿，或者出于其他目的劫持他人作为人质而准备工具、制造条件的行为，行为人因意志以外的原因使采用暴力、胁迫、麻醉或其他方法，强行劫持他人或者偷盗婴幼儿，或者出于其他目的劫持他人作为人质的行为而未得逞}={行为人为了勒索财物或者出于其他目的劫持他人作为人质，实施了使用暴力、胁迫、麻醉或其他方法，强行劫持他人或者偷盗婴幼儿，或者出于其他目的劫持他人作为人质而准备工具、制造条件的行为，但是因意志以外的原因使采用暴力、胁迫、麻醉或其他方法，强行劫持他人或者偷盗婴幼儿，或者出于其他目的劫持他人作为人质的行为而未得逞}。

（2）绑架罪的中止犯

设 D8 为绑架罪的中止犯的集合，则 D8 =｛绑架罪的中止犯｝；

设 D81 为绑架罪中止犯主观方面的集合，则 D81 =｛行为人在主观上有勒索财物或者出于其他目的劫持他人作为人质的故意｝；

设 D82 为绑架罪中止犯客观方面的集合，则 D82 =｛行为人在客观上已经预备或者着手实施了使用暴力、胁迫、麻醉或其他方法，强行劫持他人或者偷盗婴幼儿，或者出于其他目的劫持他人作为人质的行为｝；

设 D83 为绑架罪中止犯犯罪停止原因的集合，则 D83 =｛行为人自动放弃了使用暴力、胁迫、麻醉或其他方法，强行劫持他人或者偷盗婴幼儿，或者出于其他目的劫持他人作为人质的行为或者有效地防止了绑架结果的发生｝。

则 D8 = D81∪D82∪D83，即 ｛绑架罪的中止犯｝=｛行为人在主观上有勒索财物或者出于其他目的劫持他人作为人质的故意｝∪

{行为人在客观上已经预备或者着手实施了使用暴力、胁迫、麻醉或其他方法，强行劫持他人或者偷盗婴幼儿，或者出于其他目的劫持他人作为人质的行为}∪{行为人自动放弃了使用暴力、胁迫、麻醉或其他方法，强行劫持他人或者偷盗婴幼儿，或者出于其他目的劫持他人作为人质的行为或者有效地防止了绑架结果的发生}＝{行为人在主观上有勒索财物或者出于其他目的劫持他人作为人质的故意，行为人在客观上已经预备或者着手实施了使用暴力、胁迫、麻醉或其他方法，强行劫持他人或者偷盗婴幼儿，或者出于其他目的劫持他人作为人质的行为，行为人自动放弃了使用暴力、胁迫、麻醉或其他方法，强行劫持他人或者偷盗婴幼儿，或者出于其他目的劫持他人作为人质的行为或者有效地防止了绑架结果的发生}＝{行为人为了勒索财物或者出于其他目的劫持他人作为人质，已经预备或者着手实施使用暴力、胁迫、麻醉或其他方法，强行劫持他人或者偷盗婴幼儿，或者出于其他目的劫持他人作为人质的行为，但是自动放弃了使用暴力、胁迫、麻醉或其他方法，强行劫持他人或者偷盗婴幼儿，或者出于其他目的劫持他人作为人质的行为或者有效地防止了绑架结果的发生}。

4. 本罪的共犯形态

设 D9 为绑架罪的共同犯罪的集合，则 D9 ＝{绑架罪的共同犯罪}；

设 D91 为绑架罪的共同犯罪的主体的集合，则 D91 ＝{主体是两个以上年满 16 周岁、具有刑事责任能力的自然人}；

设 D92 为绑架罪的共同犯罪的主观方面的集合，则 D92 ＝{行为人在主观上有使用暴力、胁迫、麻醉或其他方法，强行劫持他人或者偷盗婴幼儿，或者出于其他目的劫持他人作为人质的共同故意}；

设 D93 为强奸罪的共同犯罪的客观方面的集合，则 D93 ＝{行为人在客观上实施了使用暴力、胁迫、麻醉或其他方法，强行劫持他人或者偷盗婴幼儿，或者出于其他目的劫持他人作为人质的共同行为}。

则 D9 = D91∪D92∪D93，即 {绑架罪的共同犯罪} = {主体是两个以上年满 16 周岁、具有刑事责任能力的自然人}∪{行为人在主观上有使用暴力、胁迫、麻醉或其他方法，强行劫持他人或者偷盗婴幼儿，或者出于其他目的劫持他人作为人质的共同故意}∪{行为人在客观上实施了使用暴力、胁迫、麻醉或其他方法，强行劫持他人或者偷盗婴幼儿，或者出于其他目的劫持他人作为人质的共同行为} = {主体是两个以上年满 16 周岁、具有刑事责任能力的自然人，在主观上有使用暴力、胁迫、麻醉或其他方法，强行劫持他人或者偷盗婴幼儿，或者出于其他目的劫持他人作为人质的共同故意，在客观上实施了使用暴力、胁迫、麻醉或其他方法，强行劫持他人或者偷盗婴幼儿，或者出于其他目的劫持他人作为人质的共同行为}。

五、拐卖妇女、儿童罪

（一）拐卖妇女、儿童罪的概念

拐卖妇女、儿童罪，是指行为人以出卖为目的，拐骗、绑架、收买、贩卖、接送、中转妇女、儿童的行为。❶

（二）拐卖妇女、儿童罪的构成特征

关于拐卖妇女、儿童罪的构成特征，根据现行刑法的规定，必须具备以下四个方面，其集合表现为：

设 E 为拐卖妇女、儿童罪的集合，则 E = {拐卖妇女、儿童罪}；

设 E1 为拐卖妇女、儿童罪的客体的集合，则 E1 = {妇女、儿童的人身自由权利}∪{被害人的家庭幸福和婚姻关系} = {妇女、儿童的人身自由权利和被害人的家庭幸福以及婚姻关系}；

---

❶ 朱建华主编：《刑法分论》，法律出版社 2018 年版，第 227 页。

设 E2 为拐卖妇女、儿童罪的客观方面的集合，则 E2 = {行为人拐骗、绑架、收买、贩卖、接送、中转妇女、儿童的行为}；

设 E3 为拐卖妇女、儿童罪的主体的集合，则 E3 = {年满 16 周岁、具有刑事责任能力的自然人}。

设 E4 为拐卖妇女、儿童罪的主观方面的集合，则 E4 = {直接故意，且以出卖为目的}；

则 E = E1∪E2∪E3∪E4，即 {拐卖妇女、儿童罪} = {客体是妇女、儿童的人身自由权利和被害人的家庭幸福以及婚姻关系}∪{客观方面表现为行为人拐骗、绑架、收买、贩卖、接送、中转妇女、儿童的行为}∪{主体是年满 16 周岁、具有刑事责任能力的自然人}∪{主观方面是直接故意，且以出卖为目的} = {客体是妇女、儿童的人身自由权利和被害人的家庭幸福以及婚姻关系，客观方面表现为行为人拐骗、绑架、收买、贩卖、接送、中转妇女、儿童的行为，主体是年满 16 周岁、具有刑事责任能力的自然人，主观方面是直接故意，且以出卖为目的}。

（三）拐卖妇女、儿童罪的司法适用

1. 本罪与非罪的界限

设 E5 为拐卖妇女、儿童罪的非罪的集合，则 E5 = {无罪} = Ø；

设 E51 为拐卖妇女、儿童罪的非罪的客体的集合，则 E51 = {行为人没有侵犯妇女、儿童的人身自由权利和被害人的家庭幸福以及婚姻关系} = Ø；

设 E52 为拐卖妇女、儿童罪的非罪的客观方面的集合，则 E52 = {行为人没有实施拐骗、绑架、收买、贩卖、接送、中转妇女、儿童的行为} = Ø；

设 E53 为拐卖妇女、儿童罪的非罪的主体的集合，则 E53 = {行为人是未满 16 周岁，或者已满 16 周岁但没有刑事责任能力的自然人} = Ø；

设 E54 为拐卖妇女、儿童罪的非罪的主观方面的集合，则 E54 =

｛行为人没有直接故意，且无出卖的目的｝＝Ø。

则 E5＝｛拐卖妇女、儿童罪的非罪｝＝E∩E51＝｛拐卖妇女、儿童罪｝∩｛行为人没有侵犯妇女、儿童的人身自由权利和被害人的家庭幸福以及婚姻关系｝＝｛拐卖妇女、儿童罪｝∩Ø＝Ø＝｛无罪｝；

E5＝｛拐卖妇女、儿童罪的非罪｝＝E∩E52＝｛拐卖妇女、儿童罪｝∩｛行为人没有实施拐骗、绑架、收买、贩卖、接送、中转妇女、儿童的行为｝＝｛拐卖妇女、儿童罪｝∩Ø＝Ø＝｛无罪｝；

E5＝｛拐卖妇女、儿童罪的非罪｝＝E∩E53＝｛拐卖妇女、儿童罪｝∩｛行为人是未满16周岁，或者已满16周岁但没有刑事责任能力的自然人｝＝｛拐卖妇女、儿童罪｝∩Ø＝Ø＝｛无罪｝；

E5＝｛拐卖妇女、儿童罪的非罪｝＝E∩E54＝｛拐卖妇女、儿童罪｝∩｛行为人没有直接故意，且无出卖的目的｝＝｛拐卖妇女、儿童罪｝∩Ø＝Ø＝｛无罪｝。

2. 此罪与彼罪的界限

（1）拐卖妇女、儿童罪与绑架罪的界限

设 E 为拐卖妇女、儿童罪的集合，则 E＝｛拐卖妇女、儿童罪｝；

设 E6 为绑架罪的集合，则 E6＝｛绑架罪｝。

则 E∪E6－E∩E6＝｛拐卖妇女、儿童罪｝∪｛绑架罪｝－｛拐卖妇女、儿童罪｝∩｛绑架罪｝＝｛客体是妇女、儿童的人身自由权利和被害人的家庭幸福以及婚姻关系，客观方面表现为行为人拐骗、绑架、收买、贩卖、接送、中转妇女、儿童的行为，主体是年满16周岁、具有刑事责任能力的人，主观方面是直接故意，且以出卖为目的｝∪｛客体是他人的人身权利和财产权利，客观方面表现为行为人劫持他人或者使用暴力、胁迫或者其他方法劫持他人作为人质的行为，主体是年满16周岁、具有刑事责任能力的自然人，主观方面是直接故意，且以勒索财物或者劫持他人作为人质为目的｝－｛主体是年满16周岁、具有刑事责任能力的自然人｝＝｛客体是妇女、儿童的人身自由权利和被害人的家庭幸福以及婚姻关系，客观方面表现为行为人拐骗、绑架、收买、贩卖、接送、中转妇女、儿童的行为，主观方面是直接故意，且以出卖为目的，客体是他人的人身权利和财产权利，客观方面表现为行为人劫持他人或者使用暴力、胁迫或者其他方法劫持他人作为人质的行为，主观方面是直接故意，且以勒索财物或者劫持他人作为人质为目的}。

（2）拐卖妇女、儿童罪与收买被拐卖的妇女、儿童罪的界限

设 E 为拐卖妇女、儿童罪的集合，则 E = {拐卖妇女、儿童罪}；

设 E7 为收买被拐卖的妇女、儿童罪的集合，则 E7 = {收买被拐卖的妇女、儿童罪}。

则 E∪E7 － E∩E7 = {拐卖妇女、儿童罪} ∪ {收买被拐卖的妇女、儿童罪} － {拐卖妇女、儿童罪} ∩ {收买被拐卖的妇女、儿童罪} = {客体是妇女、儿童的人身自由权利和被害人的家庭幸福以及婚姻关系，客观方面表现为行为人拐骗、绑架、收买、贩卖、接送、中转妇女、儿童的行为，主体是年满 16 周岁、具有刑事责任能力的自然人，主观方面是直接故意，且以出卖为目的} ∪ {客体是妇女、儿童的人身自由权利和人格尊严，客观方面表现为行为人收买被拐卖的妇女、儿童的行为，主体是年满 16 周岁、具有刑事责任能力的自然人，主观方面是直接故意，且不以出卖被收买人为目的} － {客体是妇女、儿童的人身自由权利，主体是年满 16 周岁、具有刑事责任能力的自然人} = {客体是被害人的家庭幸福以及婚姻关系，客观方面表现为行为人拐骗、绑架、收买、贩卖、接送、中转妇女、儿童的行为，主观方面是直接故意，且以出卖为目的，客体是人格尊严，客观方面表现为行为人收买被拐卖的妇女、儿童的行为，主观方面是直接故意，且不以出卖被收买人为目的}。

（3）拐卖妇女、儿童罪与拐骗儿童罪的界限

设 E 为拐卖妇女、儿童罪的集合，则 E = {拐卖妇女、儿童罪}；

设 E8 为拐骗儿童罪的集合，则 E8 = ｛拐骗儿童罪｝。

则 E∪E8 − E∩E8 = ｛拐卖妇女、儿童罪｝∪｛拐骗儿童罪｝ − ｛拐卖妇女、儿童罪｝∩｛拐骗儿童罪｝ = ｛客体是妇女、儿童的人身自由权利和被害人的家庭幸福以及婚姻关系，客观方面表现为行为人拐骗、绑架、收买、贩卖、接送、中转妇女、儿童的行为，主体是年满 16 周岁、具有刑事责任能力的自然人，主观方面是直接故意，且以出卖为目的｝∪｛客体是他人的家庭关系和儿童的身心健康，客观方面表现为行为人以蒙骗、引诱或者其他方法，使不满 14 周岁的未成年人，脱离家庭或者监护人的行为，主体是年满 16 周岁、具有刑事责任能力的自然人，主观方面是直接故意，且以收养、奴役为目的｝ − ｛主体是年满 16 周岁、具有刑事责任能力的自然人｝ = ｛客体是妇女、儿童的人身自由权利和被害人的家庭幸福以及婚姻关系，客观方面表现为行为人拐骗、绑架、收买、贩卖、接送、中转妇女、儿童的行为，主观方面是直接故意，且以出卖为目的，客体是他人的家庭关系和儿童的身心健康，客观方面表现为行为人以蒙骗、引诱或者其他方法，使不满 14 周岁的未成年人，脱离家庭或者监护人的行为，主观方面是直接故意，且以收养、奴役为目的｝。

3. 本罪的停止形态

（1）拐卖妇女、儿童罪的预备犯

设 E9 为拐卖妇女、儿童罪的预备犯的集合，则 E9 = ｛拐卖妇女、儿童罪的预备犯｝；

设 E91 为拐卖妇女、儿童罪预备犯主观方面的集合，则 E91 = ｛行为人在主观上有出卖妇女、儿童的故意｝；

设 E92 为拐卖妇女、儿童罪预备犯客观方面的集合，则 E92 = ｛行为人在客观上实施了为拐骗、绑架、收买、贩卖、接送、中转妇女、儿童而准备工具、制造条件的行为｝；

设 E93 为拐卖妇女、儿童罪预备犯犯罪停止原因的集合，则 E93 = ｛行为人因意志以外的原因使拐骗、绑架、收买、贩卖、接送、中转妇女、儿童的行为而未得逞}。

则 E9 = E91∪E92∪E93，即 {拐卖妇女、儿童罪的预备犯} = {行为人在主观上有出卖妇女、儿童的故意}∪{行为人在客观上实施了为拐骗、绑架、收买、贩卖、接送、中转妇女、儿童而准备工具、制造条件的行为}∪{行为人因意志以外的原因使拐骗、绑架、收买、贩卖、接送、中转妇女、儿童的行为而未得逞} = {行为人在主观上有出卖妇女、儿童的故意，行为人在客观上实施了为拐骗、绑架、收买、贩卖、接送、中转妇女、儿童而准备工具、制造条件的行为，行为人因意志以外的原因使拐骗、绑架、收买、贩卖、接送、中转妇女、儿童的行为而未得逞} = {行为人为出卖妇女、儿童，实施了为拐骗、绑架、收买、贩卖、接送、中转妇女、儿童而准备工具、制造条件的行为，但是因意志以外的原因使拐骗、绑架、收买、贩卖、接送、中转妇女、儿童的行为而未得逞}。

（2）拐卖妇女、儿童罪的未遂犯

设 E10 为拐卖妇女、儿童罪的未遂犯的集合，则 E10 = {拐卖妇女、儿童罪的未遂犯}；

设 E101 为拐卖妇女、儿童罪未遂犯主观方面的集合，则 E101 = {行为人在主观上有出卖妇女、儿童的故意}；

设 E102 为拐卖妇女、儿童罪未遂犯客观方面的集合，则 E102 = {行为人在客观上已经着手实行拐骗、绑架、收买、贩卖、接送、中转妇女、儿童的行为}；

设 E103 为拐卖妇女、儿童罪未遂犯犯罪停止原因的集合，则 E103 = {行为人因意志以外的原因使拐骗、绑架、收买、贩卖、接送、中转妇女、儿童的行为而未得逞}。

则 E10 = E101∪E102∪E103，即 {拐卖妇女、儿童罪的未遂犯} = {行为人在主观上有出卖妇女、儿童的故意}∪{行为人在客观上已经着手实行拐骗、绑架、收买、贩卖、接送、中转妇女、儿童的行为}∪{行为人因意志以外的原因使拐骗、绑架、收买、贩卖、接送、中转妇女、儿童的行为而未得逞} = {行为人在主观上有出卖妇女、儿童的故意，行为人在客观上已经着手实行拐骗、绑架、收买、贩卖、接送、中转妇女、儿童的行为，行为人因意志以外的原因使拐骗、绑架、收买、贩卖、接送、中转妇女、儿童的行为而未得逞｝=｛行为人为出卖妇女、儿童，已经着手实行拐骗、绑架、收买、贩卖、接送、中转妇女、儿童的行为，但是因意志以外的原因使拐骗、绑架、收买、贩卖、接送、中转妇女、儿童的行为而未得逞｝。

（3）拐卖妇女、儿童罪的中止犯

设 E11 为拐卖妇女、儿童罪的中止犯的集合，则 E11 =｛拐卖妇女、儿童罪的中止犯｝；

设 E111 为拐卖妇女、儿童罪中止犯主观方面的集合，则 E111 =｛行为人在主观上有出卖妇女、儿童的故意｝；

设 E112 为拐卖妇女、儿童罪中止犯客观方面的集合，则 E112 =｛行为人在客观上已经预备或者着手拐骗、绑架、收买、贩卖、接送、中转妇女、儿童的行为｝；

设 E113 为拐卖妇女、儿童罪中止犯犯罪停止原因的集合，则 E113 =｛行为人自动放弃了拐卖妇女、儿童的行为或者有效地防止了拐卖妇女、儿童结果的发生｝。

则 E11 = E111∪E112∪E113，即 ｛拐卖妇女、儿童罪的中止犯｝=｛行为人在主观上有出卖妇女、儿童的故意｝∪｛行为人在客观上已经预备或者着手拐骗、绑架、收买、贩卖、接送、中转妇女、儿童的行为｝∪｛行为人自动放弃了拐卖妇女、儿童的行为或者有效地防止了拐卖妇女、儿童结果的发生｝=｛行为人在主观上有出卖妇女、儿童的故意，行为人在客观上已经预备或者着手拐骗、绑架、收买、贩卖、接送、中转妇女、儿童的行为，行为人自动放弃了拐卖妇女、儿童的行为或者有效地防止了拐卖妇女、儿童结果的发生｝=｛行为人为出卖妇女、儿童，已经预备或者着手拐骗、绑架、收买、贩卖、接送、中转妇女、儿童的行为，但是自动放弃了拐卖妇女、儿童的行为或者有效地防止了拐卖妇女、儿童结果的发生｝；

4. 本罪的共犯形态

设 E12 为拐卖妇女、儿童罪的共同犯罪的集合，则 E12 = {拐卖妇女、儿童罪的共同犯罪}；

设 E121 为拐卖妇女、儿童罪的共同犯罪的主体的集合，则 E121 = {主体是两个以上年满 16 周岁、具有刑事责任能力的自然人}；

设 E122 为拐卖妇女、儿童罪的共同犯罪的主观方面的集合，则 E122 = {行为人在主观上有拐骗、绑架、收买、贩卖、接送、中转妇女、儿童的共同故意}；

设 E123 为拐卖妇女、儿童罪的共同犯罪的客观方面的集合，则 E123 = {行为人在客观上有拐骗、绑架、收买、贩卖、接送、中转妇女、儿童的共同行为}。

则 E12 = E121∪E122∪E123，即 {拐卖妇女、儿童罪的共同犯罪} = {主体是两个以上年满 16 周岁、具有刑事责任能力的自然人}∪{行为人在主观上有拐骗、绑架、收买、贩卖、接送、中转妇女、儿童的共同故意}∪{行为人在客观上有拐骗、绑架、收买、贩卖、接送、中转妇女、儿童的共同行为} = {主体是两个以上年满 16 周岁、具有刑事责任能力的自然人，在主观上有拐骗、绑架、收买、贩卖、接送、中转妇女、儿童的共同故意，在客观上有拐骗、绑架、收买、贩卖、接送、中转妇女、儿童的共同行为}。

六、诬告陷害罪

（一）诬告陷害罪的概念

诬告陷害罪，是指行为人捏造事实陷害他人，向有关机关作虚假告发，意图使他人受刑事处分，情节严重的行为。[1]

---

[1] 朱建华主编：《刑法分论》，法律出版社 2018 年版，第 231－232 页。

（二）诬告陷害罪的构成特征

关于诬告陷害罪的构成特征，根据现行刑法的规定，必须具备以下四个方面，其集合表现为：

设 F 为诬告陷害罪的集合，则 F＝{诬告陷害罪}；

设 F1 为诬告陷害罪的客体的集合，则 F1＝{他人的人身权利}∪{司法机关的正常活动}＝{他人的人身权利和司法机关的正常活动}；

设 F2 为诬告陷害罪的客观方面的集合，则 F2＝{行为人捏造事实陷害他人，向有关机关作虚假告发，意图使他人受刑事处分，情节严重的行为}；

设 F3 为诬告陷害罪的主体的集合，则 F3＝{年满 16 周岁、具有刑事责任能力的人}；

设 F4 为诬告陷害罪的主观方面的集合，则 F4＝{直接故意，且以意图使他人受刑事追究为目的}。

则 F＝F1∪F2∪F3∪F4，即 {诬告陷害罪}＝{客体是他人的人身权利和司法机关的正常活动}∪{客观方面表现为行为人捏造事实陷害他人，向有关机关作虚假告发，意图使他人受刑事处分，情节严重的行为}∪{主体是年满 16 周岁、具有刑事责任能力的人}∪{主观方面是直接故意，且以意图使他人受刑事追究为目的}＝{客体是他人的人身权利和司法机关的正常活动，客观方面表现为行为人捏造事实陷害他人，向有关机关作虚假告发，意图使他人受刑事处分，情节严重的行为，主体是年满 16 周岁、具有刑事责任能力的自然人，主观方面是直接故意，且以意图使他人受刑事追究为目的}。

（三）诬告陷害罪的司法适用

1. 本罪与非罪的界限

设 F5 为诬告陷害罪的非罪的集合，则 F5＝{无罪}＝∅；

设 F51 为诬告陷害罪的非罪的客体的集合，则 F51＝{行为人没有侵犯他人的人身权利和司法机关的正常活动}＝∅；

设 F52 为诬告陷害罪的非罪的客观方面的集合，则 F52 = {行为人没有捏造事实陷害他人，向有关机关作虚假告发，意图使他人受刑事处分，情节严重的行为} = Ø；

设 F53 为诬告陷害罪的非罪的主体的集合，则 F53 = {行为人是未满 16 周岁，或者已满 16 周岁但没有刑事责任能力的自然人} = Ø；

设 F54 为诬告陷害罪的非罪的主观方面的集合，则 F54 = {行为人没有故意，且无意图使他人受刑事追究的目的} = Ø。

则 F5 = {诬告陷害罪的非罪} = F∩F51 = {诬告陷害罪} ∩ {行为人没有侵犯他人的人身权利和司法机关的正常活动} = {诬告陷害罪} ∩ Ø = Ø = {无罪}；

F5 = {诬告陷害罪的非罪} = F∩F52 = {诬告陷害罪} ∩ {行为人没有捏造事实陷害他人，向有关机关作虚假告发，意图使他人受刑事处分，情节严重的行为} = {诬告陷害罪} ∩ Ø = Ø = {无罪}；

F5 = {诬告陷害罪的非罪} = F∩F53 = {诬告陷害罪} ∩ {行为人是未满 16 周岁，或者已满 16 周岁但没有刑事责任能力的自然人} = {诬告陷害罪} ∩ Ø = Ø = {无罪}；

F5 = {诬告陷害罪的非罪} = F∩F54 = {诬告陷害罪} ∩ {行为人没有故意，且无意图使他人受刑事追究的目的} = {诬告陷害罪} ∩ Ø = Ø = {无罪}。

2. 此罪与彼罪的界限

关于此罪与彼罪的界限主要应弄清楚诬告陷害罪与诽谤罪的界限。

设 F 为诬告陷害罪的集合，则 F = {诬告陷害罪}；

设 F7 为诽谤罪的集合，则 F7 = {诽谤罪}。

则 F∪F7 − F∩F7 = {诬告陷害罪} ∪ {诽谤罪} − {诬告陷害罪} ∩ {诽谤罪} = {客体是他人的人身权利和司法机关的正常活动，客观方面表现为行为人捏造事实陷害他人，向有关机关作虚假告发，意图使他人受刑事处分，情节严重的行为，主体是年满 16 周岁、具有刑事责任能力的自然人，主观方面是直接故意，且以意图使他人受刑事追究为目的}∪{客体是他人的人格和名誉权利，客观方面表现为行为人捏造并散布某种事实，足以贬低他人人格，破坏他人名誉，情节严重的行为，主体是年满 16 周岁、具有刑事责任能力的自然人，主观方面是直接故意}－{主体是年满 16 周岁、具有刑事责任能力的自然人}＝{客体是他人的人身权利和司法机关的正常活动，客观方面表现为行为人捏造事实陷害他人，向有关机关作虚假告发，意图使他人受刑事处分，情节严重的行为，主观方面是直接故意，且以意图使他人受刑事追究为目的，客体是他人的人格和名誉权利，客观方面表现为行为人捏造并散布某种事实，足以贬低他人人格，破坏他人名誉，情节严重的行为，主观方面是直接故意}。

3. 本罪的停止形态

（1）诬告陷害罪的预备犯

设 F8 为诬告陷害罪的预备犯的集合，则 F8＝{诬告陷害罪的预备犯}；

设 F81 为诬告陷害罪预备犯主观方面的集合，则 F81＝{行为人在主观上有使他人受刑事处分的故意}；

设 F82 为诬告陷害罪预备犯客观方面的集合，则 F82＝{行为人在客观上实施了捏造事实陷害他人，向有关机关作虚假告发，意图使他人受刑事处分，情节严重的行为}；

设 F83 为诬告陷害罪预备犯犯罪停止原因的集合，则 F83＝{行为人因意志以外的原因使行为人捏造事实陷害他人，向有关机关作虚假告发，意图使他人受刑事处分，情节严重的行为而未得逞}。

则 F8＝F81∪F82∪F83，即 {诬告陷害罪的预备犯}＝{行为人在主观上有使他人受刑事追究的故意}∪{行为人在客观上实施了行为人捏造事实陷害他人，向有关机关作虚假告发，意图使他人受刑事处分，情节严重的行为}∪{行为人因意志以外的原因使捏造事实陷害他人，向有关机关作虚假告发，意图使他人受刑事处分，情节严重的行为而未得逞} ＝{行为人在主观上有使他人受刑事追究的故意，行为人在客观上实施了行为人捏造事实陷害他人，向有关机关作虚假告发，意图使他人受刑事处分，情节严重的行为，行为人因意志以外的原因使捏造事实陷害他人，向有关机关作虚假告发，意图使他人受刑事处分，情节严重的行为而未得逞}＝{行为人为使他人受刑事处分，实施了捏造事实陷害他人，向有关机关作虚假告发，意图使他人受刑事处分而准备工具、制造条件的行为，但是因意志以外的原因使捏造事实陷害他人，向有关机关作虚假告发，意图使他人受刑事处分的行为而未得逞}。

（2）诬告陷害罪的未遂犯

设 F9 为诬告陷害罪的未遂犯的集合，则 F9 ＝{诬告陷害罪的未遂犯}；

设 F91 为诬告陷害罪未遂犯主观方面的集合，则 F91 ＝{行为人在主观上有使他人受刑事处分的故意}；

设 F92 为诬告陷害罪未遂犯客观方面的集合，则 F92 ＝{行为人在客观上已经着手实行捏造事实陷害他人，向有关机关作虚假告发，意图使他人受刑事处分，情节严重的行为}；

设 F93 为诬告陷害罪未遂犯犯罪停止原因的集合，则 F93 ＝{行为人因意志以外的原因使捏造事实陷害他人，向有关机关作虚假告发，意图使他人受刑事处分的行为而未得逞}。

则 F9 ＝ F91 ∪ F92 ∪ F93，即 {诬告陷害罪的未遂犯}＝{行为人在主观上有使他人受刑事处分的故意}∪{行为人在客观上已经着手实行捏造事实陷害他人，向有关机关作虚假告发，意图使他人受刑事处分，情节严重的行为}∪{行为人因意志以外的原因使行为人捏造事实陷害他人，向有关机关作虚假告发，意图使他人受刑事处分的行为而未得逞}＝{行为人在主观上有使他人受刑事处分的故意，行为人在客观上已经着手实行捏造事实陷害他人，向有关机关作虚假告发，意图使他人受刑事处分，情节严重的行为，行为人因意志以外的原因使行为人捏造事实陷害他人，向有关机关作虚假告发，意图使他人受刑事处分的行为而未得逞｝＝｛行为人为使他人受刑事处分，已经着手实行捏造事实陷害他人，向有关机关作虚假告发，意图使他人受刑事处分，情节严重的行为，但是因意志以外的原因使捏造事实陷害他人，向有关机关作虚假告发，意图使他人受刑事处分的行为而未得逞｝。

（3）诬告陷害罪的中止犯

设 F10 为诬告陷害罪的中止犯的集合，则 F10 =｛诬告陷害罪的中止犯｝；

设 F101 为诬告陷害罪中止犯主观方面的集合，则 F101 =｛行为人在主观上有使他人受刑事处分的故意｝；

设 F102 为诬告陷害罪中止犯客观方面的集合，则 F102 =｛行为人在客观上已经预备或者着手实行捏造事实陷害他人，向有关机关作虚假告发，意图使他人受刑事处分，情节严重的行为｝；

设 F103 为诬告陷害罪中止犯犯罪停止原因的集合，则 F103 =｛行为人自动放弃了捏造事实陷害他人，向有关机关作虚假告发，意图使他人受刑事处分的行为或者有效地防止了捏造事实陷害他人的危害结果的发生｝。

则 F10 = F101∪F102∪F103，即 ｛诬告陷害罪的中止犯｝＝｛行为人在主观上有使他人受刑事处分的故意｝∪｛行为人在客观上已经预备或者着手实行捏造事实陷害他人，向有关机关作虚假告发，意图使他人受刑事处分，情节严重的行为｝∪｛行为人自动放弃了捏造事实陷害他人，向有关机关作虚假告发，意图使他人受刑事处分的行为或者有效地防止了捏造事实陷害他人的危害结果的发生｝＝｛行为人在主观上有使他人受刑事处分的故意，行为人在客观上已经预备或者着手实行捏造事实陷害他人，向有关机关作虚假告发，意图使他人受刑事处分，情节严重的行为，行为人自动放弃了捏造事实陷害他人，向有关机关作虚假告发，意图使他人受刑事处分的行为或者有效地防止了捏造事实陷害他人的危害结果的发生｝＝｛行为人为使他人受刑事处分，已经预备或者着手实行捏造事实陷害他人，向有关机关作虚假告发，意图使他人受刑事处分的行为，但是自动放弃了捏造事实陷害他人，向有关机关作虚假告发，意图使他人受刑事处分的行为或者有效地防止了捏造事实陷害他人的危害结果的发生｝。

4. 本罪的共犯形态

设 F11 为诬告陷害罪的共同犯罪的集合，则 F11 =｛诬告陷害罪的共同犯罪｝；

设 F111 为诬告陷害罪的共同犯罪的主体的集合，则 F111 =｛主体是两个以上年满 16 周岁、具有刑事责任能力的自然人｝；

设 F112 为诬告陷害罪的共同犯罪的主观方面的集合，则 F112 =｛行为人在主观上有意图使他人受刑事处分的共同故意｝；

设 F113 为诬告陷害罪的共同犯罪的客观方面的集合，则 F113 =｛行为人在客观上有捏造事实陷害他人，向有关机关作虚假告发，意图使他人受刑事处分的共同行为｝。

则 F11 = F111 ∪ F112 ∪ F113，即 ｛诬告陷害罪的共同犯罪｝=｛主体是两个以上年满 16 周岁、具有刑事责任能力的自然人｝∪｛行为人在主观上有意图使他人受刑事处分的共同故意｝∪｛行为人在客观上有捏造事实陷害他人，向有关机关作虚假告发，意图使他人受刑事处分的共同行为｝=｛主体是两个以上年满 16 周岁、具有刑事责任能力的自然人，在主观上有意图使他人受刑事处分的共同故意，行为人在客观上有捏造事实陷害他人，向有关机关作虚假告发，意图使他人受刑事处分的共同行为｝。

七、侮辱罪

（一）侮辱罪的概念

侮辱罪，是指行为人以暴力或者其他方法，公然贬低他人人格，破坏他人名誉，情节严重的行为。[1]

---

[1] 朱建华主编：《刑法分论》，法律出版社 2018 年版，第 235 页。

（二）侮辱罪的构成特征

关于侮辱罪的构成特征，根据现行刑法的规定，必须具备以下四个方面，其集合表现为：

设 G 为侮辱罪的集合，则 G =｛侮辱罪｝；

设 G1 为侮辱罪的客体的集合，则 G1 =｛他人的人格和名誉权利｝；

设 G2 为侮辱罪的客观方面的集合，则 G2 =｛行为人以暴力或者其他方法，公然贬低他人人格，破坏他人名誉，情节严重的行为｝；

设 G3 为侮辱罪的主体的集合，则 G3 =｛年满 16 周岁、具有刑事责任能力的自然人｝；

设 G4 为侮辱罪的主观方面的集合，则 G4 =｛直接故意｝。

则 G = G1∪G2∪G3∪G4，即 ｛侮辱罪｝=｛客体是他人的人格和名誉权利｝∪｛客观方面表现为行为人以暴力或者其他方法，公然贬低他人人格，破坏他人名誉，情节严重的行为｝∪｛主体是年满 16 周岁、具有刑事责任能力的自然人｝∪｛主观方面是直接故意｝=｛客体是他人的人格和名誉权利，客观方面表现为行为人以暴力或者其他方法，公然贬低他人人格，破坏他人名誉，情节严重的行为，主体是年满 16 周岁、具有刑事责任能力的自然人，主观方面是直接故意｝。

（三）侮辱罪的司法适用

1. 本罪与非罪的界限

设 G5 为侮辱罪的非罪的集合，则 G5 =｛无罪｝=∅；

设 G51 为侮辱罪的非罪的客体的集合，则 G51 =｛行为人没有侵犯他人的人格和名誉权利｝=∅；

设 G52 为侮辱罪的非罪的客观方面的集合，则 G52 =｛行为人没有实施以暴力或者其他方法，公然贬低他人人格，破坏他人名誉的行为｝=∅；

设 G53 为侮辱罪的非罪的主体的集合，则 G53 = {行为人是未满 16 周岁，或者已满 16 周岁但没有刑事责任能力的自然人} = $\varnothing$；

设 G54 为侮辱罪的非罪的主观方面的集合，则 G54 = {行为人无直接故意} = $\varnothing$。

则 G5 = {侮辱罪的非罪} = G∩G51 = {侮辱罪}∩{行为人没有侵犯他人的人格和名誉权利} = {侮辱罪}∩$\varnothing$ = $\varnothing$ = {无罪}；

G5 = {侮辱罪的非罪} = G∩G52 = {侮辱罪}∩{行为人没有实施以暴力或者其他方法，公然贬低他人人格，破坏他人名誉的行为} = {侮辱罪}∩$\varnothing$ = $\varnothing$ = {无罪}；

G5 = {侮辱罪的非罪} = G∩G53 = {侮辱罪}∩{行为人是未满 16 周岁，或者已满 16 周岁但没有刑事责任能力的自然人} = {侮辱罪}∩$\varnothing$ = $\varnothing$ = {无罪}；

G5 = {侮辱罪的非罪} = G∩G54 = {侮辱罪}∩{行为人无直接故意} = {侮辱罪}∩$\varnothing$ = $\varnothing$ = {无罪}。

2. 此罪与彼罪的界限

（1）侮辱罪与强制猥亵、侮辱罪的界限

设 G 为侮辱罪的集合，则 G = {侮辱罪}；

设 G6 为强制猥亵、侮辱罪的集合，则 G6 = {强制猥亵、侮辱罪}。

则 G∪G6 - G∩G5 = {侮辱罪}∪{强制猥亵、侮辱罪} - {侮辱罪}∩{强制猥亵、侮辱罪} = {客体是他人的人格和名誉权利，客观方面表现为行为人使用暴力或者其他方法，公然贬低他人人格，破坏他人名誉，情节严重的行为，主体是年满 16 周岁、具有刑事责任能力的自然人，主观方面是直接故意}∪{客体是他人的身心健康、妇女的人格尊严权利，客观方面表现为行为人违背他人意志，采取暴力、胁迫或者其他方法强制猥亵他人、侮辱妇女的行为，主体是年满 16 周岁、具有刑事责任能力的自然人，主观方面是直接故意} - {主体是年满 16 周岁、具有刑事责任能力的自然人，主观方面是直接故意｝＝｛客体是他人的人格和名誉权利，客观方面表现为行为人以暴力或者其他方法，公然贬低他人人格，破坏他人名誉，情节严重的行为，客体是他人的身心健康、妇女的人格尊严权利，客观方面表现为行为人违背他人意志，采取暴力、胁迫或者其他方法强制猥亵他人、侮辱妇女的行为｝。

（2）侮辱罪与诽谤罪的界限

设 G 为侮辱罪的集合，则 G =｛侮辱罪｝；

设 G7 为诽谤罪的集合，则 G7 =｛诽谤罪｝。

则 G∪G7 － G∩G7 =｛侮辱罪｝∪｛诽谤罪｝－｛侮辱罪｝∩｛诽谤罪｝=｛客体是他人的人格和名誉权利，客观方面表现为行为人以暴力或者其他方法，公然贬低他人人格，破坏他人名誉，情节严重的行为，主体是年满 16 周岁、具有刑事责任能力的自然人，主观方面是直接故意｝∪｛客体是他人的人格和名誉权利，客观方面表现为行为人捏造并散布某种事实，足以贬低他人人格，破坏他人名誉，情节严重的行为，主体是年满 16 周岁、具有刑事责任能力的自然人，主观方面是直接故意｝－｛客体是他人的人格和名誉权利，主体是年满 16 周岁、具有刑事责任能力的自然人，主观方面是直接故意｝=｛客观方面表现为行为人以暴力或者其他方法，公然贬低他人人格，破坏他人名誉，情节严重的行为，客观方面表现为行为人捏造并散布某种事实，足以贬低他人人格，破坏他人名誉，情节严重的行为｝。

3. 本罪的停止形态

（1）侮辱罪的预备犯

设 G8 为侮辱罪的预备犯的集合，则 G8 =｛侮辱罪的预备犯｝；

设 G81 为侮辱罪预备犯主观方面的集合，则 G81 =｛行为人在主观上有公然贬低他人人格，破坏他人名誉的故意｝；

设 G82 为侮辱罪预备犯客观方面的集合，则 G82 =｛行为人在客观上实施了以暴力或者其他方法，公然贬低他人人格，破坏他人名誉而准备工具、制造条件的行为}；

设 G83 为侮辱罪预备犯犯罪停止原因的集合，则 G83 ={行为人因意志以外的原因使以暴力或者其他方法，公然贬低他人人格，破坏他人名誉的行为而未得逞}。

则 G8 = G81∪G82∪G83，即 {侮辱罪的预备犯} ={行为人在主观上有公然贬低他人人格，破坏他人名誉的故意}∪{行为人在客观上实施了以暴力或者其他方法，公然贬低他人人格，破坏他人名誉而准备工具、制造条件的行为}∪{行为人因意志以外的原因使以暴力或者其他方法，公然贬低他人人格，破坏他人名誉的行为而未得逞}={行为人在主观上有公然贬低他人人格，破坏他人名誉的故意，行为人在客观上实施了以暴力或者其他方法，公然贬低他人人格，破坏他人名誉而准备工具、制造条件的行为，行为人因意志以外的原因使以暴力或者其他方法，公然贬低他人人格，破坏他人名誉的行为而未得逞}={行为人为公然贬低他人人格，破坏他人名誉，实施了以暴力或者其他方法，公然贬低他人人格，破坏他人名誉而准备工具、制造条件的行为，但是因意志以外的原因使以暴力或者其他方法，公然贬低他人人格，破坏他人名誉的行为而未得逞}。

（2）侮辱罪的未遂犯

设 G9 为侮辱罪的未遂犯的集合，则 G9 ={侮辱罪的未遂犯}；

设 G91 为侮辱罪未遂犯主观方面的集合，则 G91 ={行为人在主观上有公然贬低他人人格，破坏他人名誉的故意}；

设 G92 为侮辱罪未遂犯客观方面的集合，则 G92 ={行为人在客观上已经着手实行以暴力或者其他方法，公然贬低他人人格，破坏他人名誉的行为}；

设 G93 为侮辱罪未遂犯犯罪停止原因的集合，则 G93 ={行为人因意志以外的原因使以暴力或者其他方法，公然贬低他人人格，破坏他人名誉的行为而未得逞}。

则 G9 = G91∪G92∪G93，即 {侮辱罪的未遂犯} ={行为人在主观上有公然贬低他人人格，破坏他人名誉的故意｝∪｛行为人在客观上已经着手实行以暴力或者其他方法，公然贬低他人人格，破坏他人名誉的行为｝∪｛行为人因意志以外的原因使以暴力或者其他方法，公然贬低他人人格，破坏他人名誉的行为而未得逞｝＝｛行为人在主观上有公然贬低他人人格，破坏他人名誉的故意，行为人在客观上已经着手实行以暴力或者其他方法，公然贬低他人人格，破坏他人名誉的行为，行为人因意志以外的原因使以暴力或者其他方法，公然贬低他人人格，破坏他人名誉的行为而未得逞｝＝｛行为人为公然贬低他人人格，破坏他人名誉，已经着手实行以暴力或者其他方法，公然贬低他人人格，破坏他人名誉的行为，但是因意志以外的原因使以暴力或者其他方法，公然贬低他人人格，破坏他人名誉的行为而未得逞｝。

（3）侮辱罪的中止犯

设 G10 为侮辱罪的中止犯的集合，则 G10 ＝｛侮辱罪的中止犯｝；

设 G101 为侮辱罪中止犯主观方面的集合，则 G101 ＝｛行为人在主观上有公然贬低他人人格，破坏他人名誉的故意｝；

设 G102 为侮辱罪中止犯客观方面的集合，则 G102 ＝｛行为人在客观上已经预备或者着手实行以暴力或者其他方法，公然贬低他人人格，破坏他人名誉的行为｝；

设 G103 为侮辱罪中止犯犯罪停止原因的集合，则 G103 ＝｛行为人自动放弃了以暴力或者其他方法，公然贬低他人人格，破坏他人名誉的行为或者有效地防止了使用暴力或者其他方法，公然贬低他人人格，破坏他人名誉结果的发生｝。

则 G10 ＝ G101∪G102∪G103，即 ｛侮辱罪的中止犯｝＝｛行为人在主观上有公然贬低他人人格，破坏他人名誉的故意｝∪｛行为人在客观上已经预备或者着手实行以暴力或者其他方法，公然贬低他人人格，破坏他人名誉的行为｝∪｛行为人自动放弃了以暴力或者其他方法，公然贬低他人人格，破坏他人名誉的行为或者有效地防止了以暴力或者其他方法，公然贬低他人人格，破坏他人名誉结果的发生}={行为人在主观上有公然贬低他人人格，破坏他人名誉的故意，行为人在客观上已经预备或者着手实行以暴力或者其他方法，公然贬低他人人格，破坏他人名誉的行为，行为人自动放弃了以暴力或者其他方法，公然贬低他人人格，破坏他人名誉的行为或者有效地防止了以暴力或者其他方法，公然贬低他人人格，破坏他人名誉结果的发生}={行为人为公然贬低他人人格，破坏他人名誉，已经预备或者着手实行了以暴力或者其他方法，公然贬低他人人格，破坏他人名誉的行为，但是自动放弃了以暴力或者其他方法，公然贬低他人人格，破坏他人名誉的行为或者有效地防止了以暴力或者其他方法，公然贬低他人人格，破坏他人名誉结果的发生}。

4. 本罪的共犯形态

设 G11 为侮辱罪的共同犯罪的集合，则 G11 ={侮辱罪的共同犯罪}；

设 G111 为侮辱罪的共同犯罪的主体的集合，则 G111 ={主体是两个以上年满 14 周岁、具有刑事责任能力的自然人}；

设 G112 为侮辱罪的共同犯罪的主观方面的集合，则 G112 ={行为人在主观上有以暴力或者其他方法，公然贬低他人人格，破坏他人名誉的共同故意}；

设 G113 为侮辱罪的共同犯罪的客观方面的集合，则 G113 ={行为人在客观上有以暴力或者其他方法，公然贬低他人人格，破坏他人名誉的共同行为}。

则 G11 = G111∪G112∪G113，即 {侮辱罪的共同犯罪}={主体是两个以上年满 16 周岁、具有刑事责任能力的自然人}∪{行为人在主观上有以暴力或者其他方法，公然贬低他人人格，破坏他人名誉的共同故意}∪{行为人在客观上有以暴力或者其他方法，公然贬低他人人格，破坏他人名誉的共同行为}={主体是两个以上年满 16 周岁、具有刑事责任能力的自然人，在主观上有以暴力或者其他方法，公然贬低他人人格，破坏他人名誉的共同故意，在客观上有以暴力或者其他方法，公然贬低他人人格，破坏他人名誉的共同行为｝。

八、刑讯逼供罪

（一）刑讯逼供罪的概念

刑讯逼供罪，是指司法工作人员对犯罪嫌疑人、被告人使用肉刑或者变相肉刑逼取口供的行为。❶

（二）刑讯逼供罪的构成特征

关于刑讯逼供罪的构成特征，根据现行刑法的规定，必须具备以下四个方面，其集合表现为：

设 H 为刑讯逼供罪的集合，则 H =｛刑讯逼供罪｝；

设 H1 为刑讯逼供罪的客体的集合，则 H1 =｛公民的人身权利｝∪｛司法机关的正常活动｝=｛公民的人身权利和司法机关的正常活动｝；

设 H2 为刑讯逼供罪的客观方面的集合，则 H2 =｛行为人对犯罪嫌疑人、被告人使用肉刑或者变相肉刑逼取口供的行为｝；

设 H3 为刑讯逼供罪的主体的集合，则 H3 =｛司法工作人员｝；

设 H4 为刑讯逼供罪的主观方面的集合，则 H4 =｛直接故意，且以逼取口供为目的｝。

则 H = H1∪H2∪H3∪H4，即 ｛刑讯逼供罪｝=｛客体是公民的人身权利和司法机关的正常活动｝∪｛客观方面表现为行为人对犯罪嫌疑人、被告人使用肉刑或者变相肉刑逼取口供的行为｝∪｛主体是司法工作人员｝∪｛主观方面是直接故意，且以逼取口供为目的｝=｛客体是公民的人身权利和司法机关的正常活动，客观方面表现为行为人对犯罪嫌疑人、被告人使用肉刑或者变相肉刑逼取口供的行

---

❶　朱建华主编：《刑法分论》，法律出版社 2018 年版，第 236 页。

为，主体是司法工作人员，主观方面是直接故意，且以逼取口供为目的}。

（三）刑讯逼供罪的司法适用

1. 本罪与非罪的界限

设 H5 为刑讯逼供罪的非罪的集合，则 H5 = {无罪} = Ø；

设 H51 为刑讯逼供罪的非罪的客体的集合，则 H51 = {行为人没有侵犯公民的人身权利和司法机关的正常活动} = Ø；

设 H52 为刑讯逼供罪的非罪的客观方面的集合，则 H52 = {行为人没有对犯罪嫌疑人、被告人使用肉刑或者变相肉刑逼取口供的行为} = Ø；

设 H53 为刑讯逼供罪的非罪的主体的集合，则 H53 = {行为人不是司法工作人员} = Ø；

设 H54 为刑讯逼供罪的非罪的主观方面的集合，则 H54 = {行为人没有直接故意，且无逼取口供的目的} = Ø。

则 H5 = {刑讯逼供罪的非罪} = H∩H51 = {刑讯逼供罪}∩{行为人没有侵犯公民的人身权利和司法机关的正常活动} = {刑讯逼供罪}∩Ø = Ø = {无罪}；

H5 = {刑讯逼供罪的非罪} = H∩H52 = {刑讯逼供罪}∩{行为人没有对犯罪嫌疑人、被告人使用肉刑或者变相肉刑逼取口供的行为} = {刑讯逼供罪}∩Ø = Ø = {无罪}；

H5 = {刑讯逼供罪的非罪} = H∩H53 = {刑讯逼供罪}∩{行为人不是司法工作人员} = {刑讯逼供罪}∩Ø = Ø = {无罪}；

H5 = {刑讯逼供罪的非罪} = H∩H54 = {刑讯逼供罪}∩{行为人没有直接故意，且无逼取口供的目的} = {刑讯逼供罪}∩Ø = Ø = {无罪}。

2. 此罪与彼罪的界限

（1）刑讯逼供罪与非法拘禁罪的界限

设 H 为刑讯逼供罪的集合，则 H = {刑讯逼供罪}；

设 H6 为非法拘禁罪的集合，则 H6 = {非法拘禁罪}。

则 H∪H6 – H∩H6 = {刑讯逼供罪} ∪ {非法拘禁罪} – {刑讯逼供罪} ∩ {非法拘禁罪} = {客体是公民的人身权利和司法机关的正常活动，客观方面表现为行为人对犯罪嫌疑人、被告人使用肉刑或者变相肉刑逼取口供的行为，主体是自然人特殊主体，只能是司法工作人员，主观方面是直接故意，且以逼取口供为目的} ∪ {客体是他人的人身自由权利，客观方面表现为实施了非法剥夺他人人身自由的行为，主体是自然人一般主体，既可以是国家工作人员，也可以是普通公民，主观方面是直接故意} – {主体是司法工作人员} = {客体是公民的人身权利和司法机关的正常活动，客观方面表现为行为人对犯罪嫌疑人、被告人使用肉刑或者变相肉刑逼取口供的行为，主观方面是直接故意，且以逼取口供为目的，客体是他人的人身自由权利，客观方面表现为实施了非法剥夺他人人身自由的行为，主体既可以是司法工作人员之外的其他国家工作人员，也可以是普通公民，主观方面是直接故意}。

（2）刑讯逼供罪与暴力取证罪的界限

设 H 为刑讯逼供罪的集合，则 H = {刑讯逼供罪}；

设 H8 为暴力取证罪的集合，则 H8 = {暴力取证罪}。

则 H∪H8 – H∩H8 = {刑讯逼供罪} ∪ {暴力取证罪} – {刑讯逼供罪} ∩ {暴力取证罪} = {客体是公民的人身权利和司法机关的正常活动，客观方面表现为行为人对犯罪嫌疑人、被告人使用肉刑或者变相肉刑逼取口供的行为，主体是司法工作人员，主观方面是直接故意，且以逼取口供为目的} ∪ {客体是公民的人身权利和司法机关的正常活动，客观方面表现为行为人使用暴力逼取证人证言的行为，主体是司法工作人员，主观方面是直接故意，且以逼取证人证言为目的} – {客体是公民的人身权利和司法机关的正常活动，主体是司法工作人员} = {客观方面表现为行为人对犯罪嫌疑人、被告人使用肉刑或者变相肉刑逼取口供的行为，主观方面是直接故意，且以逼取口供为目的，客观方面表现为行为人使用暴力逼取证人证言的行为，主观方面是直接故意，且以逼取证人证言为目的｝。

3. 本罪的停止形态

（1）刑讯逼供罪的预备犯

设 H9 为刑讯逼供罪的预备犯的集合，则 H9 =｛刑讯逼供罪的预备犯｝；

设 H91 为刑讯逼供罪预备犯主观方面的集合，则 H91 =｛行为人在主观上有逼取他人口供的目的｝；

设 H92 为刑讯逼供罪预备犯客观方面的集合，则 H92 =｛行为人在客观上实施了对犯罪嫌疑人、被告人使用肉刑或者变相肉刑逼取口供而准备工具、制造条件的行为｝；

设 H93 为刑讯逼供罪预备犯犯罪停止原因的集合，则 H93 =｛行为人因意志以外的原因使对犯罪嫌疑人、被告人使用肉刑或者变相肉刑逼取口供的行为而未得逞｝。

则 H9 = H91∪H92∪H93，即 ｛刑讯逼供罪的预备犯｝=｛行为人在主观上有逼取他人口供的目的｝∪｛行为人在客观上实施了对犯罪嫌疑人、被告人使用肉刑或者变相肉刑逼取口供而准备工具、制造条件的行为｝∪｛行为人因意志以外的原因使对犯罪嫌疑人、被告人使用肉刑或者变相肉刑逼取口供的行为而未得逞｝=｛行为人在主观上有逼取他人口供的目的，行为人在客观上实施了对犯罪嫌疑人、被告人使用肉刑或者变相肉刑逼取口供而准备工具、制造条件的行为，行为人因意志以外的原因使对犯罪嫌疑人、被告人使用肉刑或者变相肉刑逼取口供的行为而未得逞｝=｛行为人为逼取他人口供，实施了对犯罪嫌疑人、被告人使用肉刑或者变相肉刑逼取口供而准备工具、制造条件的行为，但是因意志以外的原因使对犯罪嫌疑人、被告人使用肉刑或者变相肉刑逼取口供的行为而未得逞｝。

（2）刑讯逼供罪的未遂犯

设 H10 为刑讯逼供罪的未遂犯的集合，则 H10 =｛刑讯逼供罪的未遂犯｝；

设 H101 为刑讯逼供罪未遂犯主观方面的集合，则 H101 = {行为人在主观上有逼取他人口供的目的}；

设 H102 为刑讯逼供罪未遂犯客观方面的集合，则 H102 = {行为人在客观上已经着手实行对犯罪嫌疑人、被告人使用肉刑或者变相肉刑逼取口供行为}；

设 H103 为刑讯逼供罪未遂犯犯罪停止原因的集合，则 H103 = {行为人因意志以外的原因使对犯罪嫌疑人、被告人使用肉刑或者变相肉刑逼取口供的行为而未得逞}。

则 H10 = H101 ∪ H102 ∪ H103，即 {刑讯逼供罪的未遂犯} = {行为人在主观上有逼取他人口供的目的} ∪ {行为人在客观上已经着手实行对犯罪嫌疑人、被告人使用肉刑或者变相肉刑逼取口供行为} ∪ {行为人因意志以外的原因使对犯罪嫌疑人、被告人使用肉刑或者变相肉刑逼取口供的行为而未得逞} = {行为人在主观上有逼取他人口供的目的，行为人在客观上已经着手实行对犯罪嫌疑人、被告人使用肉刑或者变相肉刑逼取口供行为，行为人因意志以外的原因使对犯罪嫌疑人、被告人使用肉刑或者变相肉刑逼取口供的行为而未得逞} = {行为人为逼取他人口供，已经着手实行对犯罪嫌疑人、被告人使用肉刑或者变相肉刑逼取口供行为，但是因意志以外的原因使对犯罪嫌疑人、被告人使用肉刑或者变相肉刑逼取口供的行为而未得逞}。

（3）刑讯逼供罪的中止犯

设 H11 为刑讯逼供罪的中止犯的集合，则 H11 = {刑讯逼供罪的中止犯}；

设 H111 为刑讯逼供罪中止犯主观方面的集合，则 H111 = {行为人在主观上有逼取他人口供的目的}；

设 H112 为刑讯逼供罪中止犯客观方面的集合，则 H112 = {行为人在客观上已经预备或者着手实行对犯罪嫌疑人、被告人使用肉刑或者变相肉刑逼取口供的行为}；

设 H113 为刑讯逼供罪中止犯犯罪停止原因的集合，则 H113 =

｛行为人自动放弃了对犯罪嫌疑人、被告人使用肉刑或者变相肉刑，逼取口供的行为或者有效地防止了对犯罪嫌疑人、被告人使用肉刑或者变相肉刑逼取口供结果的发生｝。

则 H11 = H111∪H112∪H113，即 ｛刑讯逼供罪的中止犯｝=｛行为人在主观上有逼取他人口供的目的｝∪｛行为人在客观上已经预备或者着手实行对犯罪嫌疑人、被告人使用肉刑或者变相肉刑逼取口供的行为｝∪｛行为人自动放弃了对犯罪嫌疑人、被告人使用肉刑或者变相肉刑逼取口供的行为或者有效地防止了对犯罪嫌疑人、被告人使用肉刑或者变相肉刑逼取口供的结果发生｝=｛行为人在主观上有逼取他人口供的目的，行为人在客观上已经预备或者着手实行对犯罪嫌疑人、被告人使用肉刑或者变相肉刑逼取口供的行为，行为人自动放弃了对犯罪嫌疑人、被告人使用肉刑或者变相肉刑逼取口供的行为或者有效地防止了对犯罪嫌疑人、被告人使用肉刑或者变相肉刑逼取口供的结果发生｝=｛行为人为逼取他人口供，已经预备或者着手实行对犯罪嫌疑人、被告人使用肉刑或者变相肉刑逼取口供的行为，但是自动放弃了对犯罪嫌疑人、被告人使用肉刑或者变相肉刑逼取口供的行为或者有效地防止了对犯罪嫌疑人、被告人使用肉刑或者变相肉刑逼取口供的结果发生｝。

4. 本罪的共犯形态

设 H12 为刑讯逼供罪的共同犯罪的集合，则 H12 =｛刑讯逼供罪的共同犯罪｝；

设 H121 为刑讯逼供罪的共同犯罪的主体的集合，则 H121 =｛主体是两个以上年满 16 周岁、具有刑事责任能力的自然人｝；

设 H122 为刑讯逼供罪的共同犯罪的主观方面的集合，则 H122 =｛行为人在主观上有对犯罪嫌疑人、被告人使用肉刑或者变相肉刑逼取口供的共同故意｝；

设 H123 为刑讯逼供罪的共同犯罪的客观方面的集合，则 H123 =｛行为人在客观上有对犯罪嫌疑人、被告人使用肉刑或者变相肉刑逼取口供的共同行为｝。

　　则 H12 = H121∪H122∪H123，即 ｛刑讯逼供罪的共同犯罪｝=｛主体是两个以上年满 16 周岁、具有刑事责任能力的自然人｝∪｛行为人在主观上有对犯罪嫌疑人、被告人使用肉刑或者变相肉刑逼取口供的共同故意｝∪｛行为人在客观上有对犯罪嫌疑人、被告人使用肉刑或者变相肉刑逼取口供的共同行为｝=｛主体是两个以上年满 16 周岁、具有刑事责任能力的自然人，在主观上有对犯罪嫌疑人、被告人使用肉刑或者变相肉刑逼取口供的共同故意，在客观上有对犯罪嫌疑人、被告人使用肉刑或者变相肉刑逼取口供的共同行为｝。

第六章

侵犯财产罪

第一节　侵犯财产罪集合概述

一、侵犯财产罪的概念

侵犯财产罪，是指行为人以非法占有为目的非法占有公私财产，或者以非法使用为目的挪用特定款物和本单位资金，或者故意毁损公私财产，或者恶意拖欠劳动报酬的行为。❶

二、侵犯财产罪的共同特征

根据现行刑法对侵犯财产罪所作的规定来看，构成该类犯罪必须具备以下四个方面的共同特征，其集合表现为：

设 A 为侵犯财产罪集合，则 A ＝{侵犯财产罪}；

设 B 为侵犯财产罪同类客体的集合，则 B ＝{公私财产的所有权}；

设 C 为侵犯财产罪客观方面的集合，则 C ＝{行为人以非法占有为目的的非法占有公私财产，或者以非法使用为目的挪用特定款物和本单位资金，或者故意毁损公私财产，或者恶意拖欠劳动报酬的行为}；

---

❶　朱建华主编：《刑法分论》，法律出版社 2018 年版，第 262 页。

设 D 为侵犯财产罪主体的集合，则 D ＝ {多数必须是达到法定年龄，具有刑事责任能力的人} ∪ {少数必须特定身份} ＝ {多数必须是达到法定年龄、具有刑事责任能力的人，少数必须具有特定身份}；

设 E 为侵犯财产罪的主观方面的集合，则 E ＝ {故意}。

则 A ＝ B ∪ C ∪ D ∪ E，即 {侵犯财产罪} ＝ {犯罪同类客体为公私财产的所有权} ∪ {客观方面表现为行为人以非法占有为目的非法占有公私财产，或者以非法使用为目的挪用特定款物和本单位资金，或者故意毁损公私财产，或者恶意拖欠劳动报酬的行为} ∪ {犯罪主体多数必须是达到法定年龄，具有刑事责任能力的人，少数必须具有特定身份} ∪ {主观方面是故意} ＝ {犯罪同类客体为公私财产的所有权，客观方面表现为行为人以非法占有为目的非法占有公私财产，或者以非法使用为目的挪用特定款物和本单位资金，或者故意毁损公私财产，或者恶意拖欠劳动报酬的行为，犯罪主体多数必须是达到法定年龄、具有刑事责任能力的人，少数必须具有特定身份，主观方面是故意}。

三、侵犯财产的常见多发型犯罪的具体罪名

根据现行刑法对侵犯财产罪所作的规定来看，本章的犯罪共有 13 种具体罪名，其中常见多发型犯罪有 7 种，用子集的方式来表达，其构造表现为：

{侵犯财产罪}

{抢劫罪}

{盗窃罪}

{诈骗罪}

{侵占罪}

{敲诈勒索罪}

{挪用特定款物罪}

{故意毁坏财物罪}

……

｛抢劫罪，盗窃罪，诈骗罪，侵占罪，敲诈勒索罪，挪用特定款物罪，故意毁坏财物罪｝

第二节　侵犯财产的常见多发型犯罪集合分述

一、抢劫罪

（一）抢劫罪的概念

抢劫罪，是指行为人对他人采用暴力、威胁或者其他强制方法当场强行劫取公私财物的行为。[1]

（二）抢劫罪的构成特征

关于抢劫罪的构成特征，根据现行刑法的规定，必须具备以下四个方面，其集合表现为：

设 A 为抢劫罪的集合，则 A =｛抢劫罪｝；

设 A1 为抢劫罪的客体的集合，则 A1 =｛他人的财产权利｝∪｛他人的人身权利｝=｛他人的财产权利和他人的人身权利｝；

设 A2 为抢劫罪的客观方面的集合，则 A2 =｛行为人对他人采用暴力、威胁或者其他强制方法当场强行劫取公私财物的行为｝；

设 A3 为抢劫罪的主体的集合，则 A3 =｛年满 14 周岁、具有刑事责任能力的人｝；

设 A4 为抢劫罪的主观方面的集合，则 A4 =｛直接故意，且以非法占有为目的｝。

则 A = A1∪A2∪A3∪A4，即 ｛抢劫罪｝=｛客体是他人的财产权利和他人的人身权利｝∪｛客观方面表现为行为人对他人采用暴力、威胁或者其他强制方法当场强行劫取公私财物的行为｝∪｛主体

---

[1]　朱建华主编：《刑法分论》，法律出版社 2018 年版，第 267 页。

是年满 14 周岁、具有刑事责任能力的人｝∪｛主观方面是直接故意，且以非法占有为目的｝＝｛客体是他人的财产权利和他人的人身权利，客观方面表现为行为人对他人采用暴力、威胁或者其他强制方法当场强行劫取公私财物的行为，主体是年满 14 周岁、具有刑事责任能力的自然人，主观方面是直接故意，且以非法占有为目的｝。

（三）抢劫罪的司法适用

1. 本罪与非罪的界限

设 A5 为抢劫罪的非罪的集合，则 A5 = ｛无罪｝= Ø；

设 A51 为抢劫罪的非罪的客体的集合，则 A51 = ｛行为人没有侵犯他人的财产权利和他人的人身权利｝= Ø；

设 A52 为抢劫罪的非罪的客观方面的集合，则 A52 = ｛行为人没有对他人采用暴力、威胁或者其他强制方法当场强行劫取公私财物的行为｝= Ø；

设 A53 为抢劫罪的非罪的主体的集合，则 A53 = ｛行为人是未满 14 周岁，或者已满 14 周岁但没有刑事责任能力的自然人｝= Ø；

设 A54 为抢劫罪的非罪的主观方面的集合，则 A54 = ｛行为人没有直接故意，且无非法占有的目的｝= Ø。

则 A5 = ｛抢劫罪的非罪｝= A ∩ A51 = ｛抢劫罪｝∩ ｛行为人没有侵犯他人的财产权利和他人的人身权利｝= ｛抢劫罪｝∩ Ø = Ø = ｛无罪｝；

A5 = ｛抢劫罪的非罪｝= A ∩ A52 = ｛抢劫罪｝∩ ｛行为人没有对他人采用暴力、威胁或者其他强制方法当场强行劫取公私财物的行为｝= ｛抢劫罪｝∩ Ø = Ø = ｛无罪｝；

A5 = ｛抢劫罪的非罪｝= A ∩ A53 = ｛抢劫罪｝∩ ｛行为人是未满 14 周岁，或者已满 14 周岁但没有刑事责任能力的自然人｝= ｛抢劫罪｝∩ Ø = Ø = ｛无罪｝；

A5 = ｛抢劫罪的非罪｝= A ∩ A54 = ｛抢劫罪｝∩ ｛行为人没有直接故意，且无非法占有的目的｝= ｛抢劫罪｝∩ Ø = Ø = ｛无罪｝。

2. 此罪与彼罪的界限

（1）抢劫罪与绑架罪的界限

设 A 为抢劫罪的集合，则 A = {抢劫罪}；

设 A6 为绑架罪的集合，则 A6 = {绑架罪}。

则 A∪A6 − A∩A6 = {抢劫罪}∪{绑架罪} − {抢劫罪}∩{绑架罪} = {客体是他人的财产权利和他人的人身权利，客观方面表现为行为人对他人采用暴力、威胁或者其他强制方法当场强行劫取公私财物的行为，主体是年满 14 周岁、具有刑事责任能力的自然人，主观方面是直接故意，且以非法占有为目的}∪{客体是他人的人身权利和财产权利，客观方面表现为行为人实施了使用暴力、胁迫、麻醉或其他方法，强行劫持他人或者偷盗婴幼儿，或者出于其他目的劫持他人作为人质的行为，主体是年满 16 周岁、具有刑事责任能力的自然人，主观方面是直接故意，且以勒索财物为目的} − {客体是他人的人身权利和财产权利} = {客观方面表现为行为人对他人采用暴力、威胁或者其他强制方法当场强行劫取公私财物的行为，主体是年满 14 周岁、具有刑事责任能力的自然人，主观方面是直接故意，且以非法占有为目的，客观方面表现为行为人实施了使用暴力、胁迫、麻醉或其他方法，强行劫持他人或者偷盗婴幼儿，或者出于其他目的劫持他人作为人质的行为，主体是年满 16 周岁、具有刑事责任能力的自然人，主观方面是直接故意，且以勒索财物为目的}。

（2）抢劫罪与抢夺罪的界限

设 A 为抢劫罪的集合，则 A = {抢劫罪}；

设 A7 为抢夺罪的集合，则 A7 = {抢夺罪}。

则 A∪A7 − A∩A7 = {抢劫罪}∪{抢夺罪} − {抢劫罪}∩{抢夺罪} = {客体是他人的财产权利和他人的人身权利，客观方面表现为行为人对他人采用暴力、威胁或者其他强制方法当场强行劫取公私财物的行为，主体是年满 14 周岁、具有刑事责任能力的自然人，主观方面是直接故意，且以非法占有为目的}∪{客体是公私财产所有权，客观方面表现为行为人公然夺取数额较大的公私财物的行为，主体是年满 16 周岁、具有刑事责任能力的自然人，主观方面是直接故意，且以非法占有为目的｝－｛主观方面是直接故意，且以非法占有为目的｝＝｛客体是他人的财产权利和他人的人身权利，客观方面表现为行为人对他人采用暴力、威胁或者其他强制方法当场强行劫取公私财物的行为，主体是年满 14 周岁、具有刑事责任能力的自然人，客体是公私财产所有权，客观方面表现为行为人公然夺取数额较大的公私财物的行为，主体是年满 16 周岁、具有刑事责任能力的自然人｝。

（3）抢劫罪与聚众哄抢罪的界限

设 A 为抢劫罪的集合，则 A＝｛抢劫罪｝；

设 A8 为聚众哄抢罪的集合，则 A8＝｛聚众哄抢罪｝。

则 A∪A8－A∩A8＝｛抢劫罪｝∪｛聚众哄抢罪｝－｛抢劫罪｝∩｛聚众哄抢罪｝＝｛客体是他人的财产权利和他人的人身权利，客观方面表现为行为人对他人采用暴力、威胁或者其他强制方法当场强行劫取公私财物的行为，主体是年满 14 周岁、具有刑事责任能力的自然人，主观方面是直接故意，且以非法占有为目的｝∪｛客体是公私财产所有权，客观方面表现为行为人聚众哄抢公私财物，数额较大或者有其他严重情节的行为，主体是年满 16 周岁、具有刑事责任能力的实施聚众哄抢犯罪的首要分子和积极参加的自然人，主观方面是直接故意，且以非法占有为目的｝－｛主观方面是直接故意，且以非法占有为目的｝＝｛客体是他人的财产权利和他人的人身权利，客观方面表现为行为人对他人采用暴力、威胁或者其他强制方法当场强行劫取公私财物的行为，主体是年满 14 周岁、具有刑事责任能力的自然人，客体是公私财产所有权，客观方面表现为行为人聚众哄抢公私财物，数额较大或者有其他严重情节的行为，主体是年满 16 周岁、具有刑事责任能力的实施聚众哄抢犯罪的首要分子和积极参加的自然人｝。

（4）抢劫罪与敲诈勒索罪的界限

设 A 为抢劫罪的集合，则 A ={抢劫罪}；

设 A10 为敲诈勒索罪的集合，则 A10 ={敲诈勒索罪}。

则 A∪A10 – A∩A10 ={抢劫罪}∪{敲诈勒索罪} –{抢劫罪}∩{敲诈勒索罪} ={客体是他人的财产权利和他人的人身权利，客观方面表现为行为人对他人采用暴力、威胁或者其他强制方法当场强行劫取公私财物的行为，当场强行劫取公私财物的行为，主体是年满 14 周岁、具有刑事责任能力的自然人，主观方面是直接故意，且以非法占有为目的}∪{客体是他人的财产权利和他人的人身权利，客观方面表现为行为人对财物所有人或者保管人使用威胁、要挟等方法，勒索公私财物数额较大或者多次敲诈勒索的行为，主体是年满 16 周岁、具有刑事责任能力的自然人，主观方面是直接故意，且以非法占有为目的} –{客体是他人的财产权利和他人的人身权利，主观方面是直接故意，且以非法占有为目的} ={客观方面表现为行为人对他人采用暴力、威胁或者其他强制方法当场强行劫取公私财物的行为，主体是年满 14 周岁、具有刑事责任能力的自然人，客观方面表现为行为人对财物所有人或者保管人使用威胁、要挟等方法，勒索公私财物数额较大或者多次敲诈勒索的行为，主体是年满 16 周岁、具有刑事责任能力的自然人}。

3. 本罪的停止形态

（1）抢劫罪的预备犯

设 A11 为抢劫罪的预备犯的集合，则 A11 ={抢劫罪的预备犯}；

设 A111 为抢劫罪的预备犯主观方面的集合，则 A111 ={行为人在主观上有非法占有的目的}；

设 A112 为抢劫罪的预备犯客观方面的集合，则 A112 ={行为人在客观上实施了为对他人采用暴力、威胁或者其他强制方法当场强行劫取公私财物而准备工具、制造条件的行为}；

设 A113 为抢劫罪预备犯犯罪停止原因的集合，则 A113 = ｛行为人因意志以外的原因使对他人采用暴力、威胁或者其他强制方法当场强行劫取公私财物的行为而未得逞｝。

则 A11 = A111∪A112∪A113，即 ｛抢劫罪的预备犯｝= ｛行为人在主观上有非法占有的目的｝∪｛行为人在客观上实施了为对他人采用暴力、威胁或者其他强制方法当场强行劫取公私财物而准备工具、制造条件的行为｝∪｛行为人因意志以外的原因使对他人采用暴力、威胁或者其他强制方法当场强行劫取公私财物的行为而未得逞｝= ｛行为人在主观上有非法占有的目的，行为人在客观上实施了为对他人采用暴力、威胁或者其他强制方法当场强行劫取公私财物而准备工具、制造条件的行为，行为人因意志以外的原因使对他人采用暴力、威胁或者其他强制方法当场强行劫取公私财物的行为而未得逞｝= ｛行为人为达到非法占有的目的，实施了对他人采用暴力、威胁或者其他强制方法当场强行劫取公私财物而准备工具、制造条件的行为，但是因意志以外的原因使对他人采用暴力、威胁或者其他强制方法当场强行劫取公私财物的行为而未得逞｝。

（2）抢劫罪的未遂犯

设 A12 为抢劫罪的未遂犯的集合，则 A12 = ｛抢劫罪的未遂犯｝；

设 A121 为抢劫罪未遂犯主观方面的集合，则 A121 = ｛行为人在主观上有非法占有的目的｝；

设 A122 为抢劫罪未遂犯客观方面的集合，则 A122 = ｛行为人在客观上已经着手实行了对他人采用暴力、威胁或者其他强制方法当场强行劫取公私财物的行为｝；

设 A123 为抢劫罪未遂犯犯罪停止原因的集合，则 A123 = ｛行为人因意志以外的原因使对他人采用暴力、威胁或者其他强制方法当场强行劫取公私财物的行为而未得逞｝。

则 A12 = A121∪A122∪A123，即 ｛抢劫罪的未遂犯｝= ｛行为人在主观上有非法占有的目的｝∪｛行为人在客观上已经着手实行了对他人采用暴力、威胁或者其他强制方法当场强行劫取公私财物的行为}∪{行为人因意志以外的原因使对他人采用暴力、威胁或者其他强制方法当场强行劫取公私财物的行为而未得逞}={行为人在主观上有非法占有的目的，行为人在客观上已经着手实行了对他人采用暴力、威胁或者其他强制方法当场强行劫取公私财物的行为，行为人因意志以外的原因使对他人采用暴力、威胁或者其他强制方法当场强行劫取公私财物的行为而未得逞}={行为人有非法占有的目的，在客观上已经着手实行了对他人采用暴力、威胁或者其他强制方法当场强行劫取公私财物的行为，但是因意志以外的原因使对他人采用暴力、威胁或者其他强制方法当场强行劫取公私财物的行为而未得逞}。

（3）抢劫罪的中止犯

设 A13 为抢劫罪的中止犯的集合，则 A13 = {抢劫罪的中止犯}；

设 A131 为抢劫罪的中止犯主观方面的集合，则 A131 = {行为人在主观上有非法占有的目的}；

设 A132 为抢劫罪中止犯客观方面的集合，则 A132 = {行为人在客观上已经预备或者着手实行对他人采用暴力、威胁或者其他强制方法当场强行劫取公私财物的行为}；

设 A133 为抢劫罪中止犯犯罪停止原因的集合，则 A133 = {行为人自动放弃了对他人采用暴力、威胁或者其他强制方法当场强行劫取公私财物的行为或者有效地防止了对他人采用暴力、威胁或者其他强制方法当场强行劫取公私财物的结果发生}。

则 A13 = A131∪A132∪A133，即 {抢劫罪的中止犯} = {行为人在主观上有非法占有的目的}∪{行为人在客观上已经预备或者着手实行对他人采用暴力、威胁或者其他强制方法当场强行劫取公私财物的行为}∪{行为人自动放弃了对他人采用暴力、威胁或者其他强制方法当场强行劫取公私财物的行为或者有效地防止了对他人采用暴力、威胁或者其他强制方法当场强行劫取公私财物的结果发生}＝{行为人在主观上有非法占有的目的，行为人在客观上已经预备或者着手实行对他人采用暴力、威胁或者其他强制方法当场强行劫取公私财物的行为，行为人自动放弃了对他人采用暴力、威胁或者其他强制方法当场强行劫取公私财物的行为或者有效地防止了对他人采用暴力、威胁或者其他强制方法当场强行劫取公私财物的结果发生}＝{行为人有非法占有的目的，已经预备或者着手实行使用对他人采用暴力、威胁或者其他强制方法当场强行劫取公私财物的行为，但是自动放弃了对他人采用暴力、威胁或者其他强制方法当场强行劫取公私财物的行为或者有效地防止了对他人采用暴力、威胁或者其他强制方法当场强行劫取公私财物的结果发生}。

4. 抢劫罪的共犯形态

设 A14 为抢劫罪的共同犯罪的集合，则 A14 ＝{抢劫罪的共同犯罪}；

设 A141 为抢劫罪的共同犯罪的主体的集合，则 A141 ＝{主体是两个以上年满 14 周岁、具有刑事责任能力的自然人}；

设 A142 为抢劫罪的共同犯罪的主观方面的集合，则 A142 ＝{行为人在主观上有对他人采用暴力、威胁或者其他强制方法当场强行劫取公私财物的行为的共同故意}；

设 A143 为抢劫罪的共同犯罪的客观方面的集合，则 A143 ＝{行为人在客观上有对他人采用暴力、威胁或者其他强制方法当场强行劫取公私财物的共同行为}。

则 A14 ＝ A141∪A142∪A143，即 {抢劫罪的共同犯罪} ＝{主体是两个以上年满 14 周岁、具有刑事责任能力的自然人}∪{行为人在主观上有对他人采用暴力、威胁或者其他强制方法当场强行劫取公私财物的共同故意}∪{行为人在客观上有对他人采用暴力、威胁或者其他强制方法当场强行劫取公私财物的共同行为}＝{主体是两个以上年满 14 周岁、具有刑事责任能力的自然人，在主观上有对他人采用暴力、威胁或者其他强制方法当场强行劫取公私财物的共同故意，在客观上有对他人采用暴力、威胁或者其他强制方法当场强行劫取公私财物的共同行为｝。

二、盗窃罪

（一）盗窃罪的概念

盗窃罪，是指行为人采取自认为不被被害人知情的方法秘密窃取公私财物，数额较大或多次盗窃、入户盗窃、携带凶器盗窃、扒窃的行为。❶

（二）盗窃罪的构成特征

关于盗窃罪的构成特征，根据现行刑法的规定，必须具备以下四个方面，其集合表现为：

设 B 为盗窃罪的集合，则 B = ｛盗窃罪｝；

设 B1 为盗窃罪的客体的集合，则 B1 = ｛公私财产所有权｝；

设 B2 为盗窃罪的客观方面的集合，则 B2 = ｛行为人采取自认为不被被害人知情的方法秘密窃取公私财物，数额较大或多次盗窃、入户盗窃、携带凶器盗窃、扒窃的行为｝；

设 B3 为盗窃罪的主体的集合，则 B3 = ｛年满 16 周岁、具有刑事责任能力的人｝；

设 B4 为盗窃罪的主观方面的集合，则 B4 = ｛直接故意，且以非法占有为目的｝。

则 B = B1∪B2∪B3∪B4，即 ｛盗窃罪｝ = ｛客体是公私财产所有权｝∪｛客观方面表现为行为人采取自认为不被被害人知情的方法秘密窃取公私财物，数额较大或多次盗窃、入户盗窃、携带凶器盗窃、扒窃的行为｝∪｛主体是年满 16 周岁、具有刑事责任能力的人｝∪｛主观方面是直接故意，且以非法占有为目的｝ = ｛客体是公私财产所有权，客观方面表现为行为人采取自认为不被被害人知情的方法

---

❶ 朱建华主编：《刑法分论》，法律出版社 2018 年版，第 275 页。

秘密窃取公私财物，数额较大或多次盗窃、入户盗窃、携带凶器盗窃、扒窃的行为，主体是年满 16 周岁、具有刑事责任能力的人，主观方面是直接故意，且以非法占有为目的}。

(三) 盗窃罪的司法适用

1. 本罪与非罪的界限

设 B5 为盗窃罪的非罪的集合，则 B5 = {无罪} = Ø；

设 B51 为盗窃罪的非罪的客体的集合，则 B51 = {行为人没有侵犯公私财产所有权} = Ø；

设 B52 为盗窃罪的非罪的客观方面的集合，则 B52 = {行为人没有实施采取自认为不被被害人知情的方法秘密窃取公私财物，数额较大或多次盗窃、入户盗窃、携带凶器盗窃、扒窃的行为} = Ø；

设 B53 为盗窃罪的非罪的主体的集合，则 B53 = {行为人是未满 16 周岁，或者已满 16 周岁但没有刑事责任能力的自然人} = Ø；

设 B54 为盗窃罪的非罪的主观方面的集合，则 B54 = {行为人没有直接故意，且无非法占有的目的} = Ø。

则 B5 = {盗窃罪的非罪} = B∩B51 = {盗窃罪} ∩ {行为人没有侵犯公私财产所有权} = {盗窃罪} ∩Ø = Ø = {无罪}；

B5 = {盗窃罪的非罪} = B∩B52 = {盗窃罪} ∩ {行为人没有实施采取自认为不被被害人知情的方法秘密窃取公私财物，数额较大或多次盗窃、入户盗窃、携带凶器盗窃、扒窃的行为} = {盗窃罪} ∩ Ø = Ø = {无罪}；

B5 = {盗窃罪的非罪} = B∩B53 = {盗窃罪} ∩ {行为人是未满 16 周岁，或者已满 16 周岁但没有刑事责任能力的自然人} = {盗窃罪} ∩Ø = Ø = {无罪}；

B5 = {盗窃罪的非罪} = B∩B54 = {盗窃罪} ∩ {行为人没有直接故意，且无非法占有的目的} = {盗窃罪} ∩Ø = Ø = {无罪}。

2. 此罪与彼罪的界限

（1）盗窃罪与盗窃、抢夺枪支、弹药、爆炸物、危险物质罪的界限

设 B 为盗窃罪的集合，则 B = {盗窃罪}；

设 B6 为盗窃、抢夺枪支、弹药、爆炸物、危险物质罪的集合，则 B6 = {盗窃、抢夺枪支、弹药、爆炸物、危险物质罪}。

则 B∪B6 − B∩B6 = {盗窃罪}∪{盗窃、抢夺枪支、弹药、爆炸物、危险物质罪} − {盗窃罪}∩{盗窃、抢夺枪支、弹药、爆炸物、危险物质罪} = {客体是公私财产所有权，客观方面表现为行为人实施了采取自认为不被被害人知情的方法秘密窃取公私财物，数额较大或多次盗窃、入户盗窃、携带凶器盗窃、扒窃的行为，主体是年满16周岁、具有刑事责任能力的自然人，主观方面是直接故意，且以非法占有为目的}∪{客体是社会的公共安全和国家对枪支、弹药、爆炸物、危险物质的管理制度，客观方面表现为行为人实施了盗窃、抢夺枪支、弹药、爆炸物以及毒害性、放射性、传染病病原体等物质，危害公共安全的行为，主体是年满16周岁、具有刑事责任能力的自然人，主观方面是直接故意} − {主体是年满16周岁、具有刑事责任能力的自然人} = {客体是公私财产所有权，客观方面表现为行为人采取自认为不被被害人知情的方法秘密窃取公私财物，数额较大或多次盗窃、入户盗窃、携带凶器盗窃、扒窃的行为，主观方面是直接故意，且以非法占有为目的，客体是社会的公共安全和国家对枪支、弹药、爆炸物、危险物质的管理制度，客观方面表现为行为人实施了盗窃、抢夺枪支、弹药、爆炸物以及毒害性、放射性、传染病病原体等物质，危害公共安全的行为，主观方面是直接故意}。

（2）盗窃罪与盗窃、抢夺、毁灭国家机关公文、证件、印章罪的界限

设 B 为盗窃罪的集合，则 B = {盗窃罪}；

设 B7 为盗窃、抢夺、毁灭国家机关公文、证件、印章罪的集合，则 B7 = {盗窃、抢夺、毁灭国家机关公文、证件、印章罪}。

则 B∪B7 − B∩B7 = {盗窃罪} ∪ {盗窃、抢夺、毁灭国家机关公文、证件、印章罪} − {盗窃罪} ∩ {盗窃、抢夺、毁灭国家机关公文、证件、印章罪} = {客体是公私财产所有权，客观方面表现为行为人采取自认为不被被害人知情的方法秘密窃取公私财物，数额较大或多次盗窃、入户盗窃、携带凶器盗窃、扒窃的行为，主体是年满 16 周岁、具有刑事责任能力的人，主观方面是直接故意，且以非法占有为目的} ∪ {客体是国家机关的正常管理秩序和信誉，客观方面表现为行为人秘密窃取、公然夺取或者故意毁坏国家机关公文、证件、印章的行为，主体是年满 16 周岁、具有刑事责任能力的人，主观方面是故意} − {主体是年满 16 周岁、具有刑事责任能力的人} = {客体是公私财产所有权，客观方面表现为行为人采取自认为不被被害人知情的方法秘密窃取公私财物，数额较大或多次盗窃、入户盗窃、携带凶器盗窃、扒窃的行为，主观方面是直接故意，且以非法占有为目的，客体是国家机关的正常管理秩序和信誉，客观方面表现为行为人秘密窃取、公然夺取或者故意毁坏国家机关公文、证件、印章的行为，主观方面是故意}。

（3）盗窃罪与盗窃、侮辱、故意毁坏尸体、尸骨、骨灰罪的界限

设 B 为盗窃罪的集合，则 B = {盗窃罪}；

设 B8 为盗窃、侮辱、故意毁坏尸体、尸骨、骨灰罪的集合，则 B8 = {盗窃、侮辱、故意毁坏尸体、尸骨、骨灰罪}。

则 B∪B8 − B∩B8 = {盗窃罪} ∪ {盗窃、侮辱、故意毁坏尸体、尸骨、骨灰罪} − {盗窃罪} ∩ {盗窃、侮辱、故意毁坏尸体、尸骨、骨灰罪} = {客体是公私财产所有权，客观方面表现为行为人采取自认为不被被害人知情的方法秘密窃取公私财物，数额较大或多次盗窃、入户盗窃、携带凶器盗窃、扒窃的行为，主体是年满 16 周岁、具有刑事责任能力的人，主观方面是直接故意，且以非法占有为目

的}∪{客体是社会风化，客观方面表现为行为人秘密窃取、以一定方式公然凌辱或者故意毁坏尸体、尸骨、骨灰的行为，主体是年满16周岁、具有刑事责任能力的人，主观方面是故意}−{主体是年满16周岁、具有刑事责任能力的人}={客体是公私财产所有权，客观方面表现为行为人采取自认为不被被害人知情的方法秘密窃取公私财物，数额较大或多次盗窃、入户盗窃、携带凶器盗窃、扒窃的行为，主观方面是直接故意，且以非法占有为目的，客体是社会风化，客观方面表现为行为人秘密窃取、以一定方式公然凌辱或者故意毁坏尸体、尸骨、骨灰的行为，主观方面是故意}。

（4）盗窃罪与盗掘古文化遗址、古墓葬罪的界限

设 B 为盗窃罪的集合，则 B ={盗窃罪}；

设 B9 为盗掘古文化遗址、古墓葬罪的集合，则 B9 ={盗掘古文化遗址、古墓葬罪}。

则 B∪B9 − B∩B9 ={盗窃罪}∪{盗掘古文化遗址、古墓葬罪}−{盗窃罪}∩{盗掘古文化遗址、古墓葬罪}={客体是公私财产所有权，客观方面表现为行为人采取自认为不被被害人知情的方法秘密窃取公私财物，数额较大或多次盗窃、入户盗窃、携带凶器盗窃、扒窃的行为，主体是年满16周岁、具有刑事责任能力的自然人，主观方面是直接故意，且以非法占有为目的}∪{客体是国家的文物管理制度和对古文化遗址、古墓葬的所有权，客观方面表现为行为人盗掘具有历史、艺术、科学价值的古文化遗址、古墓葬的行为，主体是年满16周岁、具有刑事责任能力的自然人，主观方面是故意}−{主体是年满16周岁、具有刑事责任能力的自然人}={客体是公私财产所有权，客观方面表现为行为人采取自认为不被被害人知情的方法秘密窃取公私财物，数额较大或多次盗窃、入户盗窃、携带凶器盗窃、扒窃的行为，主观方面是直接故意，且以非法占有为目的，客体是国家的文物管理制度和对古文化遗址、古墓葬的所有权，客观方面表现为行为人盗掘具有历史、艺术、科学价值的古文化遗址、古墓葬的行为，主观方面是故意}。

（5）盗窃罪与盗掘古人类化石、古脊椎动物化石罪的界限

设 B 为盗窃罪的集合，则 B = {盗窃罪}；

设 B10 为盗掘古人类化石、古脊椎动物化石罪的集合，则 B10 = {盗掘古人类化石、古脊椎动物化石罪}。

则 B∪B10 − B∩B10 = {盗窃罪} ∪ {盗掘古人类化石、古脊椎动物化石罪} − {盗窃罪} ∩ {盗掘古人类化石、古脊椎动物化石罪} = {客体是公私财产所有权，客观方面表现为行为人采取自认为不被被害人知情的方法秘密窃取公私财物，数额较大或多次盗窃、入户盗窃、携带凶器盗窃、扒窃的行为，主体是年满 16 周岁、具有刑事责任能力的人，主观方面是直接故意，且以非法占有为目的} ∪ {客体是国家对古人类化石和古脊椎动物化石的保护制度及其所有权，客观方面表现为行为人盗掘国家保护的具有科学价值的古人类化石和古脊椎动物化石的行为，主体是年满 16 周岁、具有刑事责任能力的人，主观方面是故意} − {主体是年满 16 周岁、具有刑事责任能力的人，主观方面是故意} = {客体是公私财产所有权，客观方面表现为行为人采取自认为不被被害人知情的方法秘密窃取公私财物，数额较大或多次盗窃、入户盗窃、携带凶器盗窃、扒窃的行为，主观方面是直接故意，且以非法占有为目的，客体是国家对古人类化石和古脊椎动物化石的保护制度及其所有权，客观方面表现为行为人盗掘国家保护的具有科学价值的古人类化石和古脊椎动物化石的行为，主观方面是故意}。

（6）盗窃罪与盗伐林木罪的界限

设 B 为盗窃罪的集合，则 B = {盗窃罪}；

设 B11 为盗伐林木罪的集合，则 B11 = {盗伐林木罪}。

则 B∪B11 − B∩B11 = {盗窃罪} ∪ {盗伐林木罪} − {盗窃罪} ∩ {盗伐林木罪} = {客体是公私财产所有权，客观方面表现为行为人采取自认为不被被害人知情的方法秘密窃取公私财物，数额较大或多次盗窃、入户盗窃、携带凶器盗窃、扒窃的行为，主体是年满 16 周岁、具有刑事责任能力的人，主观方面是直接故意，且以非法占

有为目的}∪{客体是国家的林业管理制度和林木木质所有权，客观方面表现为行为人盗伐森林或者其他林木，数量较大的行为，主体是年满 16 周岁、具有刑事责任能力的人和单位，主观方面是故意，并且具有非法占有的目的} -{主体是年满 16 周岁、具有刑事责任能力的人，主观方面是直接故意，且以非法占有为目的}={客体是公私财产所有权，客观方面表现为行为人采取自认为不被被害人知情的方法秘密窃取公私财物，数额较大或多次盗窃、入户盗窃、携带凶器盗窃、扒窃的行为，客体是国家的林业管理制度和林木木质所有权，客观方面表现为行为人盗伐森林或者其他林木，数量较大的行为}。

3. 本罪的停止形态

（1）盗窃罪的预备犯

设 B12 为盗窃罪的预备犯的集合，则 B12 ={盗窃罪的预备犯}；

设 B12 为盗窃罪预备犯主观方面的集合，则 B121 ={行为人在主观上有非法占有的目的}；

设 B122 为盗窃罪预备犯客观方面的集合，则 B122 ={行为人在客观上为采取自认为不被被害人知情的方法秘密窃取公私财物、入户盗窃、携带凶器盗窃、扒窃而准备工具、制造条件的行为}；

设 B123 为盗窃罪预备犯犯罪停止原因的集合，则 B123 ={行为人因意志以外的原因使用采取自认为不被被害人知情的方法秘密窃取公私财物、入户盗窃、携带凶器盗窃、扒窃的行为而未得逞}。

则 B12 = B121∪B122∪B123，即 {盗窃罪的预备犯}={行为人在主观上有非法占有的目的}∪{行为人在客观上实施了为采取自认为不被被害人知情的方法秘密窃取公私财物、入户盗窃、携带凶器盗窃、扒窃而准备工具、制造条件的行为}∪{行为人因意志以外的原因使采取自认为不被被害人知情的方法秘密窃取公私财物、入户盗窃、携带凶器盗窃、扒窃的行为而未得逞}={行为人在主观上有非法占有的目的，行为人在客观上实施了为采取自认为不被被害人知情的方法秘密窃取公私财物、入户盗窃、携带凶器盗窃、扒窃而准备工具、制造条件的行为，行为人因意志以外的原因使采取自认为不被被害人知情的方法秘密窃取公私财物、入户盗窃、携带凶器盗窃、扒窃的行为而未得逞｝＝｛行为人在主观上为达到非法占有的目的，实施了为采取自认为不被被害人知情的方法秘密窃取公私财物、入户盗窃、携带凶器盗窃、扒窃而准备工具、制造条件的行为，但是因意志以外的原因使采取自认为不被被害人知情的方法秘密窃取公私财物、入户盗窃、携带凶器盗窃、扒窃的行为而未得逞｝。

（2）盗窃罪的未遂犯

设 B13 为盗窃罪的未遂犯的集合，则 B13 ＝｛盗窃罪的未遂犯｝；

设 B131 为盗窃罪未遂犯主观方面的集合，则 B131 ＝｛行为人在主观上有非法占有的目的｝；

设 B132 为盗窃罪未遂犯客观方面的集合，则 B132 ＝｛行为人在客观上已经着手实施了秘密窃取公私财物数额较大、多次盗窃、入户盗窃、携带凶器盗窃、扒窃公私财物的行为｝；

设 B133 为盗窃罪未遂犯犯罪停止原因的集合，则 B133 ＝｛行为人因意志以外的原因使实施秘密窃取公私财物数额较大、多次盗窃、入户盗窃、携带凶器盗窃、扒窃公私财物的行为而未得逞｝。

则 B13 ＝ B131 ∪ B132 ∪ B133，即 ｛盗窃罪的未遂犯｝＝｛行为人在主观上有非法占有的目的｝∪｛行为人在客观上已经着手实施了采取自认为不被被害人知情的方法秘密窃取公私财物、入户盗窃、携带凶器盗窃、扒窃的行为｝∪｛行为人因意志以外的原因使采取自认为不被被害人知情的方法秘密窃取公私财物、入户盗窃、携带凶器盗窃、扒窃的行为而未得逞｝＝｛行为人在主观上有非法占有的目的，行为人在客观上已经着手实施了采取自认为不被被害人知情的方法秘密窃取公私财物、入户盗窃、携带凶器盗窃、扒窃的行为，行为人因意志以外的原因使采取自认为不被被害人知情的方法秘密窃取公私财物、入户盗窃、携带凶器盗窃、扒窃的行为而未得逞} = {行为人为达到非法占有的目的，在客观上已经着手实施了采取自认为不被被害人知情的方法秘密窃取公私财物、入户盗窃、携带凶器盗窃、扒窃的行为，但是因意志以外的原因使实施采取自认为不被被害人知情的方法秘密窃取公私财物、入户盗窃、携带凶器盗窃、扒窃的行为而未得逞}。

（3）盗窃罪的中止犯

设 B14 为盗窃罪的中止犯的集合，则 B14 = {盗窃罪的中止犯}；

设 B141 为盗窃罪中止犯主观方面的集合，则 B141 = {行为人在主观上有非法占有的目的}；

设 B142 为盗窃罪中止犯客观方面的集合，则 B142 = {行为人在客观上已经预备或者着手实行采取自认为不被被害人知情的方法秘密窃取公私财物、入户盗窃、携带凶器盗窃、扒窃的行为}；

设 B143 为盗窃罪中止犯犯罪停止原因的集合，则 B143 = {行为人自动放弃了采取自认为不被被害人知情的方法秘密窃取公私财物、入户盗窃、携带凶器盗窃、扒窃的行为或者有效地防止了秘密窃取公私财物的结果发生}。

则 B14 = B141 ∪ B142 ∪ B143，即 {盗窃罪的中止犯} = {行为人在主观上有非法占有的目的} ∪ {行为人在客观上已经预备或者着手实行采取自认为不被被害人知情的方法秘密窃取公私财物、入户盗窃、携带凶器盗窃、扒窃的行为} ∪ {行为人自动放弃了采取自认为不被被害人知情的方法秘密窃取公私财物、入户盗窃、携带凶器盗窃、扒窃的行为或者有效地防止了秘密窃取公私财物的结果发生} = {行为人在主观上有非法占有的目的，行为人在客观上已经预备或者着手实行采取自认为不被被害人知情的方法秘密窃取公私财物、入户盗窃、携带凶器盗窃、扒窃的行为，行为人自动放弃了采取自认为不被被害人知情的方法秘密窃取公私财物、入户盗窃、携带凶器盗窃、扒窃的行为或者有效地防止了秘密窃取公私财物的结果发生}={行为人为达到非法占有的目的，已经预备或者着手实行采取自认为不被被害人知情的方法秘密窃取公私财物、入户盗窃、携带凶器盗窃、扒窃的行为，但是自动放弃了采取自认为不被被害人知情的方法秘密窃取公私财物、入户盗窃、携带凶器盗窃、扒窃的行为或者有效地防止了秘密窃取公私财物的结果发生}。

4. 本罪的共犯形态

设 B15 为盗窃罪的共同犯罪的集合，则 B15 ={盗窃罪的共同犯罪}；

设 B151 为盗窃罪的共同犯罪的主体的集合，则 B151 ={主体是两个以上年满 16 周岁、具有刑事责任能力的自然人}；

设 B152 为盗窃罪的共同犯罪的主观方面的集合，则 B152 ={行为人在主观上有采取自认为不被被害人知情的方法秘密窃取公私财物、入户盗窃、携带凶器盗窃、扒窃的共同故意}；

设 B153 为盗窃罪的共同犯罪的客观方面的集合，则 B153 ={行为人在客观上有采取自认为不被被害人知情的方法秘密窃取公私财物、入户盗窃、携带凶器盗窃、扒窃的共同行为}。

则 B15 = B151 ∪ B152 ∪ B153，即 {盗窃罪的共同犯罪}={主体是两个以上年满 16 周岁、具有刑事责任能力的自然人}∪{行为人在主观上有采取自认为不被被害人知情的方法秘密窃取公私财物、入户盗窃、携带凶器盗窃、扒窃的共同故意}∪{行为人在客观上有采取自认为不被被害人知情的方法秘密窃取公私财物、入户盗窃、携带凶器盗窃、扒窃的共同行为}={主体是两个以上年满 16 周岁、具有刑事责任能力的自然人，在主观上有采取自认为不被被害人知情的方法秘密窃取公私财物、入户盗窃、携带凶器盗窃、扒窃的共同故意，在客观上有采取自认为不被被害人知情的方法秘密窃取公私财物、入户盗窃、携带凶器盗窃、扒窃的共同行为}。

三、诈骗罪

（一）诈骗罪的概念

诈骗罪，是指行为人以非法占有为目的，采用虚构事实或者隐瞒事实真相的方法，骗取数额较大的公私财物的行为。[1]

（二）诈骗罪的构成特征

关于诈骗罪的构成特征，根据现行刑法的规定，必须具备以下四个方面，其集合表现为：

设 C 为诈骗罪的集合，则 C = {诈骗罪}；

设 C1 为诈骗罪的客体的集合，则 C1 = {公私财产所有权}；

设 C2 为诈骗罪的客观方面的集合，则 C2 = {行为人采用虚构事实或者隐瞒事实真相的方法，骗取数额较大的公私财物的行为}；

设 C3 为诈骗罪的主体的集合，则 C3 = {年满 16 周岁、具有刑事责任能力的自然人}；

设 C4 为诈骗罪的主观方面的集合，则 C4 = {直接故意，且以非法占有为目的}。

则 C = C1∪C2∪C3∪C4，即 {诈骗罪} = {客体是公私财产所有权}∪{客观方面表现为行为人采用虚构事实或者隐瞒事实真相的方法，骗取数额较大的公私财物的行为}∪{主体是年满 16 周岁、具有刑事责任能力的自然人}∪{主观方面是直接故意，且以非法占有为目的} = {客体是公私财产所有权，客观方面表现为行为人采用虚构事实或者隐瞒事实真相的方法，骗取数额较大的公私财物的行为，主体是年满 16 周岁、具有刑事责任能力的自然人，主观方面是直接故意，且以非法占有为目的}。

---

[1] 朱建华主编：《刑法分论》，法律出版社 2018 年版，第 279 页。

（三）诈骗罪的司法适用

1. 本罪与非罪的界限

设 C5 为诈骗罪的非罪的集合，则 C5 = {无罪} = Ø；

设 C51 为诈骗罪的非罪的客体的集合，则 C51 = {行为人没有侵犯公私财产所有权} = Ø；

设 C52 为诈骗罪的非罪的客观方面的集合，则 C52 = {行为人没有实施虚构事实或者隐瞒事实真相的方法，骗取数额较大的公私财物的行为} = Ø；

设 C53 为诈骗罪的非罪的主体的集合，则 C53 = {行为人是未满 16 周岁，或者已满 16 周岁但没有刑事责任能力的自然人} = Ø；

设 C54 为诈骗罪的非罪的主观方面的集合，则 C54 = {行为人没有直接故意，且无非法占有的目的} = Ø。

则 C5 = {诈骗罪的非罪} = C∩C51 = {诈骗罪} ∩ {行为人没有侵犯公私财产所有权} = {诈骗罪} ∩Ø = Ø = {无罪}；

C5 = {诈骗罪的非罪} = C∩C52 = {诈骗罪} ∩ {行为人没有实施虚构事实或者隐瞒事实真相的方法，骗取数额较大的公私财物的行为} = {诈骗罪} ∩Ø = Ø = {无罪}；

C5 = {诈骗罪的非罪} = C∩C53 = {诈骗罪} ∩ {行为人是未满 16 周岁，或者已满 16 周岁但没有刑事责任能力的自然人} = {诈骗罪} ∩ Ø = Ø = {无罪}；

C5 = {诈骗罪的非罪} = C∩C54 = {诈骗罪} ∩ {行为人没有直接故意，且无非法占有的目的} = {诈骗罪} ∩Ø = Ø = {无罪}。

2. 此罪与彼罪的界限

（1）诈骗罪与集资诈骗罪的界限

设 C 为诈骗罪的集合，则 C = {诈骗罪}；

设 C6 为集资诈骗罪的集合，则 C6 = {集资诈骗罪}。

则 C∪C6 – C∩C6 = {诈骗罪} ∪ {集资诈骗罪} – {诈骗罪} ∩ {集资诈骗罪} = {客体是公私财产所有权，客观方面表现为行为人采用虚构事实或者隐瞒事实真相的方法，骗取数额较大的公私财物的行为，主体是年满16周岁、具有刑事责任能力的人，主观方面是直接故意，且以非法占有为目的}∪{客体是资金募集管理秩序和公私财产所有权，客观方面表现为行为人采用虚构事实或者隐瞒事实真相的方法，骗取数额较大的公私财物的行为，主体是年满16周岁、具有刑事责任能力的人和单位，主观方面是直接故意，且以非法占有为目的}－{主观方面是直接故意，且以非法占有为目的}＝{客体是公私财产所有权，客观方面表现为行为人采用虚构事实或者隐瞒事实真相的方法，骗取数额较大的公私财物的行为，主体是年满16周岁、具有刑事责任能力的人，客体是资金募集管理秩序和公私财产所有权，客观方面表现为行为人非法集资，骗取集资款，数额较大的行为，主体是年满16周岁、具有刑事责任能力的人和单位}。

（2）诈骗罪与贷款诈骗罪的界限

设C为诈骗罪的集合，则C＝{诈骗罪}；

设C7为贷款诈骗罪的集合，则C7＝{贷款诈骗罪}。

则C∪C7－C∩C7＝{诈骗罪}∪{贷款诈骗罪}－{诈骗罪}∩{贷款诈骗罪}＝{客体是公私财产所有权，客观方面表现为行为人采用虚构事实或者隐瞒事实真相的方法，骗取数额较大的公私财物的行为，主体是年满16周岁、具有刑事责任能力的人，主观方面是直接故意，且以非法占有为目的}∪{客体是信贷管理秩序和金融机构对贷款的所有权，客观方面表现为行为人采用虚构事实或者隐瞒真相等欺诈手段骗取银行或者其他金融机构的贷款，数额较大的行为，主体是年满16周岁、具有刑事责任能力的人，主观方面是直接故意，且以非法占有为目的}－{主体是年满16周岁、具有刑事责任能力的人，主观方面是直接故意，且以非法占有为目的}＝{客体是公私财产所有权，客观方面表现为行为人采用虚构事实或者隐瞒事实真相的方法，骗取数额较大的公私财物的行为，客体是信贷管理秩序和金融机构对贷款的所有权，客观方面表现为行为人骗取银行或者其他金融机构的贷款，数额较大的行为}。

（3）诈骗罪与票据诈骗罪的界限

设 C 为诈骗罪的集合，则 C = ｛诈骗罪｝；

设 C8 为票据诈骗罪的集合，则 C8 = ｛票据诈骗罪｝。

则 C∪C8 – C∩C8 = ｛诈骗罪｝∪｛票据诈骗罪｝–｛诈骗罪｝∩｛票据诈骗罪｝=｛客体是公私财产所有权，客观方面表现为行为人采用虚构事实或者隐瞒事实真相的方法，骗取数额较大的公私财物的行为，主体是年满 16 周岁、具有刑事责任能力的自然人，主观方面是直接故意，且以非法占有为目的｝∪｛客体是金融票据管理秩序和公私财产所有权，客观方面表现为行为人利用金融票据进行诈骗活动，数额较大的行为，主体是年满 16 周岁、具有刑事责任能力的自然人和单位，主观方面是直接故意，且以非法占有为目的｝–｛主观方面是直接故意，且以非法占有为目的｝=｛客体是公私财产所有权，客观方面表现为行为人采用虚构事实或者隐瞒事实真相的方法，骗取数额较大的公私财物的行为，主体是年满 16 周岁、具有刑事责任能力的自然人，客体是金融票据管理秩序和公私财产所有权，客观方面表现为行为人利用金融票据进行诈骗活动，数额较大的行为，主体是年满 16 周岁、具有刑事责任能力的自然人和单位｝。

（4）诈骗罪与信用证诈骗罪的界限

设 C 为诈骗罪的集合，则 C = ｛诈骗罪｝；

设 C9 为信用证诈骗罪的集合，则 C9 = ｛信用证诈骗罪｝。

则 C∪C9 – C∩C9 = ｛诈骗罪｝∪｛信用证诈骗罪｝–｛诈骗罪｝∩｛信用证诈骗罪｝=｛客体是公私财产所有权，客观方面表现为行为人采用虚构事实或者隐瞒事实真相的方法，骗取数额较大的公私财物的行为，主体是年满 16 周岁、具有刑事责任能力的人，主观方面是直接故意，且以非法占有为目的｝∪｛客体是信用证管理秩序和公私财产所有权，客观方面表现为行为人利用信用证从事诈骗活动的行为，主体是年满 16 周岁、具有刑事责任能力的人和单位，主观方面是直接故意，且以非法占有为目的｝–｛主观方面是直接故意，且以非法占有为目的｝=｛客体是公私财产所有权，客观方面表现为行为人采用虚构事实或者隐瞒事实真相的方法，骗取数额较大的公私财物的行为，主体是年满 16 周岁、具有刑事责任能力的人，客体是信用证管理秩序和公私财产所有权，客观方面表现为行为人利用信用证从事诈骗活动的行为，主体是年满 16 周岁、具有刑事责任能力的人和单位｝。

（5）诈骗罪与信用卡诈骗罪的界限

设 C 为诈骗罪的集合，则 C = ｛诈骗罪｝；

设 C10 为信用卡诈骗罪的集合，则 C10 = ｛信用卡诈骗罪｝。

则 C∪C10 – C∩C10 = ｛诈骗罪｝∪｛信用卡诈骗罪｝–｛诈骗罪｝∩｛信用卡诈骗罪｝=｛客体是公私财产所有权，客观方面表现为行为人采用虚构事实或者隐瞒事实真相的方法，骗取数额较大的公私财物的行为，主体是年满 16 周岁、具有刑事责任能力的人，主观方面是直接故意，且以非法占有为目的｝∪｛客体是信用卡管理秩序和公私财产所有权，客观方面表现为行为人利用信用卡从事诈骗活动，数额较大的行为，主体是年满 16 周岁、具有刑事责任能力的人和单位，主观方面是直接故意，且以非法占有为目的｝–｛主观方面是直接故意，且以非法占有为目的｝=｛客体是公私财产所有权，客观方面表现为行为人采用虚构事实或者隐瞒事实真相的方法，骗取数额较大的公私财物的行为，主体是年满 16 周岁、具有刑事责任能力的人，客体是信用卡管理秩序和公私财产所有权，客观方面表现为行为人利用信用卡从事诈骗活动的行为，主体是年满 16 周岁、具有刑事责任能力的人和单位｝。

（6）诈骗罪与有价证券诈骗罪的界限

设 C 为诈骗罪的集合，则 C = ｛诈骗罪｝；

设 C11 为有价证券诈骗罪的集合，则 C11 = ｛有价证券诈骗罪｝。

则 C∪C11 – C∩C11 = ｛诈骗罪｝∪｛有价证券诈骗罪｝–｛诈骗罪｝∩｛有价证券诈骗罪｝=｛客体是公私财产所有权，客观方面表现为行为人采用虚构事实或者隐瞒事实真相的方法，骗取数额较大的公私财物的行为，主体是年满 16 周岁、具有刑事责任能力的自然人，主观方面是直接故意，且以非法占有为目的｝∪｛客体是有价证券管理秩序和公私财产所有权，客观方面表现为行为人使用伪造、变造的国库券或者国家发行的其他有价证券，进行诈骗活动，数额较大的行为，主体是年满 16 周岁、具有刑事责任能力的自然人，主观方面是直接故意，且以非法占有为目的｝－｛主体是年满 16 周岁、具有刑事责任能力的自然人，主观方面是直接故意，且以非法占有为目的｝＝｛客体是公私财产所有权，客观方面表现为行为人采用虚构事实或者隐瞒事实真相的方法，骗取数额较大的公私财物的行为，客体是有价证券管理秩序和公私财产所有权，客观方面表现为行为人使用伪造、变造的国库券或者国家发行的其他有价证券，进行诈骗活动，数额较大的行为｝。

（7）诈骗罪与保险诈骗罪的界限

设 C 为诈骗罪的集合，则 C =｛诈骗罪｝；

设 C12 为保险诈骗罪的集合，则 C12 =｛保险诈骗罪｝。

则 C∪C12－C∩C12 =｛诈骗罪｝∪｛保险诈骗罪｝－｛诈骗罪｝∩｛保险诈骗罪｝=｛客体是公私财产所有权，客观方面表现为行为人采用虚构事实或者隐瞒事实真相的方法，骗取数额较大的公私财物的行为，主体是年满 16 周岁、具有刑事责任能力的自然人，主观方面是直接故意，且以非法占有为目的｝∪｛客体是国家对保险的管理秩序和保险公司的财产所有权，客观方面表现为行为人采用欺诈手段骗取保险金，数额较大的行为，主体是投保人、被保险人或者受益人和单位，主观方面是直接故意，且以非法占有为目的｝－｛主观方面是直接故意，且以非法占有为目的｝＝｛客体是公私财产所有权，客观方面表现为行为人采用虚构事实或者隐瞒事实真相的方法，骗取数额较大的公私财物的行为，主体是年满 16 周岁、具有刑事责任能力的自然人，客体是国家对保险的管理秩序和保险公司的财产所有权，客观方面表现为行为人采用欺诈手段骗取保险金，数额较大的行为，主体是投保人、被保险人或者受益人和单位｝。

3. 本罪的停止形态

（1）诈骗罪的预备犯

设 C13 为罪的预备犯的集合，则 C13 = ｛诈骗罪的预备犯｝；

设 C131 为诈骗罪的预备犯主观方面的集合，则 C131 = ｛行为人在主观上有非法占有的目的｝；

设 C132 为诈骗罪的预备犯客观方面的集合，则 C132 = ｛行为人在客观上为实施虚构事实或者隐瞒事实真相的方法，骗取数额较大的公私财物的行为而准备工具、制造条件的行为｝；

设 C133 为诈骗罪预备犯犯罪停止原因的集合，则 C133 = ｛行为人因意志以外的原因使实施虚构事实或者隐瞒事实真相的方法，骗取数额较大的公私财物的行为而未得逞｝。

则 C13 = C131 ∪ C132 ∪ C133，即 ｛诈骗罪的预备犯｝＝｛行为人在主观上有非法占有的目的｝∪｛行为人在客观上为实施虚构事实或者隐瞒事实真相的方法，骗取数额较大的公私财物而准备工具、制造条件的行为｝∪｛行为人因意志以外的原因使实施虚构事实或者隐瞒事实真相的方法，骗取数额较大的公私财物的行为而未得逞｝＝｛行为人在主观上有非法占有的目的，行为人在客观上为实施虚构事实或者隐瞒事实真相的方法，骗取数额较大的公私财物而准备工具、制造条件的行为，行为人因意志以外的原因使实施虚构事实或者隐瞒事实真相的方法，骗取数额较大的公私财物的行为而未得逞｝＝｛行为人为达到非法占有的目的，实施了为虚构事实或者隐瞒事实真相的方法，骗取数额较大的公私财物的行为而准备工具、制造条件的行为，但是因意志以外的原因使实施虚构事实或者隐瞒事实真相的方法，骗取数额较大的公私财物的行为而未得逞｝。

（2）诈骗罪的未遂犯

设 C14 为诈骗罪的未遂犯的集合，则 C14 = ｛诈骗罪的未遂犯｝；

设 C141 为诈骗罪未遂犯主观方面的集合，则 C141 = ｛行为人在主观上有非法占有的目的}；

设 C142 为诈骗罪未遂犯客观方面的集合，则 C142 = {行为人在客观上已经着手实施了以虚构事实或者隐瞒事实真相的方法，骗取数额较大的公私财物的行为}；

设 C143 为诈骗罪未遂犯犯罪停止原因的集合，则 C143 = {行为人因意志以外的原因使虚构事实或者隐瞒事实真相的方法，骗取数额较大的公私财物的行为而未得逞}。

则 C14 = C141 ∪ C142 ∪ C143，即 {诈骗罪的未遂犯} = {行为人在主观上有非法占有的目的} ∪ {行为人在客观上已经着手实施了以虚构事实或者隐瞒事实真相的方法，骗取数额较大的公私财物的行为} ∪ {行为人因意志以外的原因使虚构事实或者隐瞒事实真相的方法，骗取数额较大的公私财物的行为而未得逞} = {行为人在主观上有非法占有的目的，行为人在客观上已经着手实施了以虚构事实或者隐瞒事实真相的方法，骗取数额较大的公私财物的行为，行为人因意志以外的原因使虚构事实或者隐瞒事实真相的方法，骗取数额较大的公私财物的行为而未得逞} = {行为人为达到非法占有的目的，已经着手实施了以虚构事实或者隐瞒事实真相的方法，骗取数额较大的公私财物的行为，但是因意志以外的原因使虚构事实或者隐瞒事实真相的方法，骗取数额较大的公私财物的行为而未得逞}。

（3）诈骗罪的中止犯

设 C15 为诈骗罪的中止犯的集合，则 C15 = {诈骗罪的中止犯}；

设 C151 为诈骗罪的中止犯主观方面的集合，则 C151 = {行为人在主观上有非法占有的目的}；

设 C152 为诈骗罪中止犯客观方面的集合，则 C152 = {行为人在客观上已经预备或者着手实行以采用虚构事实或者隐瞒事实真相的方法，骗取数额较大的公私财物的行为}；

设 C153 为诈骗罪中止犯犯罪停止原因的集合，则 C153 = {行为人自动放弃了以虚构事实或者隐瞒事实真相的方法，骗取数额较大的公私财物的行为或者有效地防止了骗取公私财物的结果发生}。

则 C15 = C151∪C152∪C153，即 {诈骗罪的中止犯} = {行为人在主观上有非法占有的目的}∪{行为人在客观上已经预备或者着手实行以虚构事实或者隐瞒事实真相的方法，骗取数额较大的公私财物的行为}∪{行为人自动放弃了以虚构事实或者隐瞒事实真相的方法，骗取数额较大的公私财物的行为或者有效地防止了骗取公私财物结果的发生} = {行为人在主观上有非法占有的目的，行为人在客观上已经预备或者着手实行以虚构事实或者隐瞒事实真相的方法，骗取数额较大的公私财物的行为，行为人自动放弃了以虚构事实或者隐瞒事实真相的方法，骗取数额较大的公私财物的行为或者有效地防止了骗取公私财物结果的发生} = {行为人为达到非法占有的目的，已经预备或者着手实行以虚构事实或者隐瞒事实真相的方法，骗取数额较大的公私财物的行为，但是自动放弃了以采用虚构事实或者隐瞒事实真相的方法，骗取数额较大的公私财物的行为或者有效地防止了骗取公私财物的结果发生}。

4. 本罪的共犯形态

设 C16 为诈骗罪的共同犯罪的集合，则 C16 = {诈骗罪的共同犯罪}；

设 C161 为诈骗罪的共同犯罪的主体的集合，则 C161 = {主体是两个以上年满 16 周岁、具有刑事责任能力的自然人}；

设 C162 为诈骗罪的共同犯罪的主观方面的集合，则 C162 = {行为人在主观上有以虚构事实或者隐瞒事实真相的方法，骗取数额较大的公私财物的共同故意}；

设 C163 为诈骗罪的共同犯罪的客观方面的集合，则 C163 = {行为人在客观上有以虚构事实或者隐瞒事实真相的方法，骗取数额较大的公私财物的共同行为}。

则 C16 = C161∪C162∪C163，即 {诈骗罪的共同犯罪} = {主体是两个以上年满 16 周岁、具有刑事责任能力的自然人}∪{行人在主观上有以虚构事实或者隐瞒事实真相的方法，骗取数额较大的公私财物的共同故意}∪{行为人在客观上有以虚构事实或者隐瞒事实真相的方法，骗取数额较大的公私财物的共同行为}={主体是两个以上年满 16 周岁、具有刑事责任能力的自然人，在主观上有以虚构事实或者隐瞒事实真相的方法，骗取数额较大的公私财物的共同故意，在客观上有以虚构事实或者隐瞒事实真相的方法，骗取数额较大的公私财物的共同行为}。

四、侵占罪

（一）侵占罪的概念

侵占罪，是指行为人将代为保管的他人财物非法占为己有，数额较大，拒不退还的，或将他人的遗忘物或者埋藏物非法占为己有，数额较大，拒不交出的行为。

（二）侵占罪的构成特征

关于侵占罪的构成特征，根据现行刑法的规定，必须具备以下四个方面，其集合表现为：

设 D 为侵占罪的集合，则 D ={侵占罪}；

设 D1 为侵占罪的客体的集合，则 D1 ={公私财产所有权}；

设 D2 为侵占罪的客观方面的集合，则 D2 ={行为人将代为保管的他人财物非法占为己有，数额较大，拒不退还的，或将他人的遗忘物或者埋藏物非法占为己有，数额较大，拒不交出的行为}；

设 D3 为侵占罪的主体的集合，则 D3 ={年满 16 周岁、具有刑事责任能力的自然人}；

设 D4 为侵占罪的主观方面的集合，则 D4 ={直接故意，且以非法占有为目的}。

则 D = D1∪D2∪D3∪D4，即 {侵占罪}={客体是公私财产所有权}∪{客观方面表现为行为人将代为保管的他人财物非法占为己有，数额较大，拒不退还的，或将他人的遗忘物或者埋藏物非法占为己有，数额较大，拒不交出的行为}∪{主体是年满 16 周岁、具有刑事责任能力的自然人}∪{主观方面是直接故意，且以非法占有为目的}={客体是公私财产所有权，客观方面表现为行为人将代为保管的他人财物非法占为己有，数额较大，拒不退还的，或将他人的遗忘物或者埋藏物非法占为己有，数额较大，拒不交出的行为，主体是年满 16 周岁、具有刑事责任能力的自然人，主观方面是直接故意，且以非法占有为目的}。

（三）侵占罪的司法适用

1. 本罪与非罪的界限

设 D5 为侵占罪的非罪的集合，则 D5={无罪}=∅；

设 D51 为侵占罪的非罪的客体的集合，则 D51={行为人没有侵犯公私财产所有权}=∅；

设 D52 为侵占罪的非罪的客观方面的集合，则 D52={行为人没有实施将代为保管的他人财物非法占为己有，数额较大，拒不退还的，或将他人的遗忘物或者埋藏物非法占为己有，数额较大，拒不交出的行为}=∅；

设 D53 为侵占罪的非罪的主体的集合，则 D53={行为人是未满 16 周岁，或者已满 16 周岁但没有刑事责任能力的自然人}=∅；

设 D54 为侵占罪的非罪的主观方面的集合，则 D54={行为人没有直接故意，且无非法占有的目的}=∅。

则 D5={侵占罪的非罪}=D∩D51={侵占罪}∩{行为人没有侵犯公私财产所有权}={侵占罪} ∩∅=∅={无罪}；

D5={侵占罪的非罪}=D∩D52={侵占罪}∩{行为人没有实施将代为保管的他人财物非法占为己有，数额较大，拒不退还的，或将他人的遗忘物或者埋藏物非法占为己有，数额较大，拒不交出的行为}={侵占罪}∩∅=∅={无罪}；

D5={侵占罪的非罪}=D∩D53={侵占罪}∩{行为人是未满 16 周岁，或者已满 16 周岁但没有刑事责任能力的自然人}={侵占罪｝∩∅＝∅＝｛无罪｝；

D5＝｛侵占罪的非罪｝＝D∩D54＝｛侵占罪｝∩｛行为人没有直接故意，且无非法占有的目的｝＝｛侵占罪｝∩∅＝∅＝｛无罪｝。

2. 此罪与彼罪的界限

关于此罪与彼罪的界限主要应当弄清楚侵占罪与职务侵占罪的界限。

设 D 为侵占罪的集合，则 D＝｛侵占罪｝；

设 D5 为职务侵占罪的集合，则 D5＝｛职务侵占罪｝。

则 D∪D5－D∩D5＝｛侵占罪｝∪｛职务侵占罪｝－｛侵占罪｝∩｛职务侵占罪｝＝｛客体是公私财产所有权，客观方面表现为行为人将代为保管的他人财物非法占为己有，数额较大，拒不退还的，或将他人的遗忘物或者埋藏物非法占为己有，数额较大，拒不交出的行为，主体是年满16周岁、具有刑事责任能力的人，主观方面是直接故意，且以非法占有为目的｝∪｛客体是公司、企业或者其他单位的财产所有权，客观方面表现为行为人利用职务上的便利，将本单位财物非法占为己有，数额较大的行为，主体是公司、企业或者其他单位的工作人员，主观方面是直接故意，且以非法占有为目的｝－｛主观方面是直接故意，且以非法占有为目的｝＝｛客体是公私财产所有权，客观方面表现为行为人将代为保管的他人财物非法占为己有，数额较大，拒不退还的，或将他人的遗忘物或者埋藏物非法占为己有，数额较大，拒不交出的行为，主体是年满16周岁、具有刑事责任能力的人，客体是公司、企业或者其他单位的财产所有权，客观方面表现为行为人利用职务上的便利，将本单位财物非法占为己有，数额较大的行为，主体是公司、企业或者其他单位的工作人员｝。

3. 本罪的停止形态

（1）侵占罪的预备犯

设 D6 为侵占罪的预备犯的集合，则 D6＝｛侵占罪的预备犯｝；

设 D61 为侵占罪的预备犯主观方面的集合，则 D61＝｛行为人在主观上有非法占有的目的｝；

设 D62 为侵占罪的预备犯客观方面的集合，则 D62 = ｛行为人在客观上实施了将代为保管的他人财物非法占为己有，数额较大，拒不退还的，或将他人的遗忘物或者埋藏物非法占为己有，数额较大，拒不交出的行为｝；

设 D63 为侵占罪预备犯犯罪停止原因的集合，则 D63 = ｛行为人因意志以外的原因使实施将自己代为保管的他人财物或者将他人的遗忘物、埋藏物非法占为己有的行为而未得逞｝。

则 D6 = D61∪D62∪D63，即 ｛侵占罪的预备犯｝= ｛行为人在主观上有非法占有的目的｝∪｛行为人在客观上实施了将代为保管的他人财物非法占为己有，数额较大，拒不退还的，或将他人的遗忘物或者埋藏物非法占为己有，数额较大，拒不交出的行为｝∪｛行为人因意志以外的原因使实施将自己代为保管的他人财物或者将他人的遗忘物、埋藏物非法占为己有的行为而未得逞｝= ｛行为人在主观上有非法占有的目的，行为人在客观上实施了将代为保管的他人财物非法占为己有，数额较大，拒不退还的，或将他人的遗忘物或者埋藏物非法占为己有，数额较大，拒不交出的行为，行为人因意志以外的原因使实施将自己代为保管的他人财物或者将他人的遗忘物、埋藏物非法占为己有的行为而未得逞｝= ｛行为人为达到非法占有的目的，实施了将代为保管的他人财物非法占为己有，数额较大，拒不退还的，或将他人的遗忘物或者埋藏物非法占为己有，数额较大，拒不交出的行为，行为人因意志以外的原因使实施将自己代为保管的他人财物或者将他人的遗忘物、埋藏物非法占为己有的行为而未得逞｝；

（2）侵占罪的未遂犯

设 D7 为侵占罪的未遂犯的集合，则 D7 = ｛侵占罪的未遂犯｝；

设 D71 为侵占罪的未遂犯主观方面的集合，则 D71 = ｛行为人在主观上有非法占有的目的｝；

设 D72 为侵占罪的未遂犯客观方面的集合，则 D72 = ｛行为人在客观上已经着手实施了将代为保管的他人财物非法占为己有，数额较大，拒不退还的，或将他人的遗忘物或者埋藏物非法占为己有，数额较大，拒不交出的行为}；

设 D73 为侵占罪未遂犯犯罪停止原因的集合，则 D73 = {行为人因意志以外的原因使将自己代为保管的他人财物或者将他人的遗忘物、埋藏物非法占为己有的行为而未得逞}。

则 D7 = D71∪D72∪D73，即 {侵占罪的未遂犯} = {行为人在主观上有非法占有的目的}∪{行为人在客观上已经着手实施了行为人将代为保管的他人财物非法占为己有，数额较大，拒不退还的，或将他人的遗忘物或者埋藏物非法占为己有，数额较大，拒不交出的行为}∪{行为人因意志以外的原因使将自己代为保管的他人财物或者将他人的遗忘物、埋藏物非法占为己有的行为而未得逞} = {行为人在主观上有非法占有的目的，行为人在客观上已经着手实施了行为人将代为保管的他人财物非法占为己有，数额较大，拒不退还的，或将他人的遗忘物或者埋藏物非法占为己有，数额较大，拒不交出的行为，行为人因意志以外的原因使将自己代为保管的他人财物或者将他人的遗忘物、埋藏物非法占为己有的行为而未得逞} = {行为人在为达到非法占有的目的，已经着手实施了将代为保管的他人财物非法占为己有，数额较大，拒不退还的，或将他人的遗忘物或者埋藏物非法占为己有，数额较大，拒不交出的行为，但是因意志以外的原因使将自己代为保管的他人财物或者将他人的遗忘物、埋藏物非法占为己有的行为而未得逞}。

（3）侵占罪的中止犯

设 D8 为侵占罪的中止犯的集合，则 D8 = {侵占罪的中止犯}；

设 D81 为侵占罪的中止犯主观方面的集合，则 D81 = {行为人在主观上有非法占有的目的}；

设 D82 为侵占罪中止犯客观方面的集合，则 D82 = {行为人在客观上已经预备或者着手实行将代为保管的他人财物非法占为己有，数额较大，拒不退还的，或将他人的遗忘物或者埋藏物非法占为己有，数额较大，拒不交出的行为}；

设 D83 为侵占罪中止犯犯罪停止原因的集合，则 D83 = {行为人自动放弃了将自己代为保管的他人财物或者将他人的遗忘物、埋藏物非法占为己有的行为或者有效地防止了侵占公私财物结果的发生}。

则 D8 = D81∪D82∪D83，即 {侵占罪的中止犯} = {行为人在主观上有非法占有的目的}∪{行为人在客观上已经预备或者着手实行将代为保管的他人财物非法占为己有，数额较大，拒不退还的，或将他人的遗忘物或者埋藏物非法占为己有，数额较大，拒不交出的行为}∪{行为人自动放弃了将自己代为保管的他人财物或者将他人的遗忘物、埋藏物非法占为己有的行为或者有效地防止了侵占公私财物结果的发生} = {行为人在主观上有非法占有的目的，行为人在客观上已经预备或者着手实行将代为保管的他人财物非法占为己有，数额较大，拒不退还的，或将他人的遗忘物或者埋藏物非法占为己有，数额较大，拒不交出的行为，行为人自动放弃了将自己代为保管的他人财物或者将他人的遗忘物、埋藏物非法占为己有的行为或者有效地防止了侵占公私财物结果的发生} = {行为人为达到非法占有的目的，已经预备或者着手实行将代为保管的他人财物非法占为己有，数额较大，拒不退还的，或将他人的遗忘物或者埋藏物非法占为己有，数额较大，拒不交出的行为，但是自动放弃了将自己代为保管的他人财物或者将他人的遗忘物、埋藏物非法占为己有的行为或者有效地防止了侵占公私财物结果的发生}。

4. 本罪的共犯形态

设 D9 为侵占罪的共同犯罪的集合，则 D9 = {侵占罪的共同犯罪}；

设 D91 为侵占罪的共同犯罪的主体的集合，则 D91 = {主体是两个以上年满 16 周岁、具有刑事责任能力的自然人}；

设 D92 为侵占罪的共同犯罪的主观方面的集合，则 D92 = {行为人在主观上有将自己代为保管的他人财物或者将他人的遗忘物、埋藏物非法占为己有的共同故意｝；

设 D93 为侵占罪的共同犯罪的客观方面的集合，则 D93 = ｛行为人在客观上有将自己代为保管的他人财物或者将他人的遗忘物、埋藏物非法占为己有的共同行为｝。

则 D9 = D91 ∪ D92 ∪ D93，即 ｛侵占罪的共同犯罪｝= ｛主体是两个以上年满 16 周岁、具有刑事责任能力的自然人｝∪｛行为人在主观上有将自己代为保管的他人财物或者将他人的遗忘物、埋藏物非法占为己有的共同故意｝∪｛行为人在客观上有将自己代为保管的他人财物或者将他人的遗忘物、埋藏物非法占为己有的共同行为｝= ｛主体是两个以上年满 16 周岁、具有刑事责任能力的自然人，在主观上有将自己代为保管的他人财物或者将他人的遗忘物、埋藏物非法占为己有的共同故意，在客观上有将自己代为保管的他人财物或者将他人的遗忘物、埋藏物非法占为己有的共同行为｝。

五、挪用特定款物罪

（一）挪用特定款物罪的概念

挪用特定款物罪，是指行为人挪用用于救灾、抢险、防汛、优抚、扶贫、移民、救济款物，情节严重，致使国家和人民群众利益遭受重大损害的行为。❶

（二）挪用特定款物罪的构成特征

关于挪用特定款物罪的构成特征，根据现行刑法的规定，必须具备以下四个方面，其集合表现为：

设 E 为挪用特定款物罪的集合，则 E = ｛挪用特定款物罪｝；

设 E1 为挪用特定款物罪的客体的集合，则 E1 = ｛国家专款专用的财经管理制度｝；

---

❶　朱建华主编：《刑法分论》，法律出版社 2018 年版，第 295 页。

设 E2 为挪用特定款物罪的客观方面的集合，则 E2 = {行为人挪用用于救灾、抢险、防汛、优抚、扶贫、移民、救济款物，情节严重，致使国家和人民群众利益遭受重大损害的行为}；

设 E3 为挪用特定款物罪的主体的集合，则 E3 = {掌管、支配、使用特定款物的直接责任人员}；

设 E4 为挪用特定款物罪的主观方面的集合，则 E4 = {故意}。

则 E = E1∪E2∪E3∪E4，即 {挪用特定款物罪} = {客体是国家专款专用的财经管理制度}∪{客观方面表现为行为人挪用用于救灾、抢险、防汛、优抚、扶贫、移民、救济款物，情节严重，致使国家和人民群众利益遭受重大损害的行为}∪{主体是掌管、支配、使用特定款物的直接责任人员}∪{主观方面是故意} = {客体是国家专款专用的财经管理制度，客观方面表现为行为人挪用用于救灾、抢险、防汛、优抚、扶贫、移民、救济款物，情节严重，致使国家和人民群众利益遭受重大损害的行为，主体是掌管、支配、使用特定款物的直接责任人员，主观方面是故意}。

（三）挪用特定款物罪的界限

1. 本罪与非罪的界限

设 E5 为挪用特定款物罪的非罪的集合，则 E5 = {无罪} = ∅；

设 E51 为挪用特定款物罪的非罪的客体的集合，则 E51 = {行为人没有侵犯国家专款专用的财经管理制度} = ∅；

设 E52 为挪用特定款物罪的非罪的客观方面的集合，则 E52 = {行为人没有实施挪用用于救灾、抢险、防汛、优抚、扶贫、移民、救济款物，情节严重，致使国家和人民群众利益遭受重大损害的行为} = ∅；

设 E53 为挪用特定款物罪的非罪的主体的集合，则 E53 = {行为人不是掌管、支配、使用特定款物的直接责任人员} = ∅；

设 E54 为挪用特定款物罪的非罪的主观方面的集合，则 E54 = {行为人无故意} = ∅。

则 E5 = {挪用特定款物罪的非罪} = E∩E51 = {挪用特定款物罪} ∩ {行为人没有侵犯国家专款专用的财经管理制度} = {挪用特定款物罪} ∩∅ = ∅ = {无罪};

E5 = {挪用特定款物罪的非罪} = E∩E52 = {挪用特定款物罪} ∩ {行为人没有实施挪用用于救灾、抢险、防汛、优抚、扶贫、移民、救济款物，情节严重，致使国家和人民群众利益遭受重大损害的行为} = {挪用特定款物罪} ∩∅ = ∅ = {无罪};

E5 = {挪用特定款物罪的非罪} = E∩E53 = {挪用特定款物罪} ∩ {行为人不是掌管、支配、使用特定款物的直接责任人员} = {挪用特定款物罪} ∩∅ = ∅ = {无罪};

E5 = {挪用特定款物罪的非罪} = E∩E54 = {挪用特定款物罪} ∩ {行为人无故意} = {挪用特定款物罪} ∩∅ = ∅ = {无罪}。

2. 此罪与彼罪的界限

关于此罪与彼罪的界限主要应弄清楚挪用特定款物罪与挪用公款罪的界限。

设 E 为挪用特定款物罪的集合，则 E = {挪用特定款物罪};

设 E6 为挪用公款罪的集合，则 E6 = {挪用公款罪}。

则 E∪E6 − E∩E6 = {挪用特定款物罪} ∪ {挪用公款罪} − {挪用特定款物罪} ∩ {挪用公款罪} = {客体是国家专款专用的财经管理制度，客观方面表现为行为人挪用用于救灾、抢险、防汛、优抚、扶贫、移民、救济款物，情节严重，致使国家和人民群众利益遭受重大损害的行为，主体是掌管、支配、使用特定款物的直接责任人员，主观方面是故意} ∪ {客体是公款的使用、收益权和国家工作人员职务行为的廉洁性，客观方面表现为利用职务上的便利，挪用公款归个人使用，进行非法活动的，或者挪用公款数额较大、进行营利活动的，或者挪用公款数额较大、超过三个月未还的行为，主体是国家工作人员，主观方面是故意} − {主观方面是故意} = {客体是国家专款专用的财经管理制度，客观方面表现为行为人挪用用于救灾、抢险、防汛、优抚、扶贫、移民、救济款物，情节严重，致使国家和人民群众利益遭受重大损害的行为，主体是掌管、支配、使用特定款物的直接责任人员，客体是公款的使用、收益权和国家工作人员职务行为的廉洁性，客观方面表现为利用职务上的便利，挪用公款归个人使用，进行非法活动的，或者挪用公款数额较大、进行营利活动的，或者挪用公款数额较大、超过三个月未还的行为，主体是国家工作人员}。

3. 本罪的停止形态

（1）挪用特定款物罪的预备犯

设 E8 为挪用特定款物罪的预备犯的集合，则 E8 = {挪用特定款物罪的预备犯}；

设 E81 为挪用特定款物罪预备犯主观方面的集合，则 E81 = {行为人在主观上有挪用特定款物的故意}；

设 E82 为挪用特定款物罪预备犯客观方面的集合，则 E82 = {行为人在客观上实施了为挪用用于救灾、抢险、防汛、优抚、扶贫、移民、救济款物而准备工具、制造条件的行为}；

设 E83 为挪用特定款物罪预备犯犯罪停止原因的集合，则 E83 = {行为人因意志以外的原因使实施挪用用于救灾、抢险、防汛、优抚、扶贫、移民、救济款物的行为而未得逞}。

则 E8 = E81∪E82∪E83，即 {挪用特定款物罪的预备犯} = {行为人在主观上有挪用特定款物的故意}∪{行为人在客观上实施了为挪用用于救灾、抢险、防汛、优抚、扶贫、移民、救济款物而准备工具、制造条件的行为}∪{行为人因意志以外的原因使实施挪用用于救灾、抢险、防汛、优抚、扶贫、移民、救济款物的行为而未得逞} = {行为人在主观上有挪用特定款物的故意，行为人在客观上实施了为挪用用于救灾、抢险、防汛、优抚、扶贫、移民、救济款物而准备工具、制造条件的行为，行为人因意志以外的原因使实施挪用用于救灾、抢险、防汛、优抚、扶贫、移民、救济款物的行为而未得逞} = {行为人有挪用特定款物的故意，实施了为挪用用于救灾、抢险、防汛、优抚、扶贫、移民、救济款物而准备工具、制造条件的行为，但是因意志以外的原因使挪用用于救灾、抢险、防汛、优抚、扶贫、移民、救济款物的行为而未得逞}。

（2）挪用特定款物罪的未遂犯

设 E9 为挪用特定款物罪的未遂犯的集合，则 E9 = {挪用特定款物罪的未遂犯}；

设 E91 为挪用特定款物罪未遂犯主观方面的集合，则 E91 = {行为人在主观上有挪用特定款物的故意的}；

设 E92 为挪用特定款物罪未遂犯客观方面的集合，则 E92 = {行为人在客观上已经着手实施了挪用用于救灾、抢险、防汛、优抚、扶贫、移民、救济款物的行为}；

设 E93 为挪用特定款物罪未遂犯犯罪停止原因的集合，则 E93 = {行为人因意志以外的原因使挪用用于救灾、抢险、防汛、优抚、扶贫、移民、救济款物的行为而未得逞}。

则 E9 = E91∪E92∪E93，即 {挪用特定款物罪的未遂犯} = {行为人在主观上有挪用特定款物的故意}∪{行为人在客观上已经着手实施了挪用用于救灾、抢险、防汛、优抚、扶贫、移民、救济款物的行为}∪{行为人因意志以外的原因使挪用用于救灾、抢险、防汛、优抚、扶贫、移民、救济款物的行为而未得逞} = {行为人在主观上有挪用特定款物的故意，行为人在客观上已经着手实施了挪用用于救灾、抢险、防汛、优抚、扶贫、移民、救济款物的行为，行为人因意志以外的原因使挪用用于救灾、抢险、防汛、优抚、扶贫、移民、救济款物的行为而未得逞} = {行为人有挪用特定款物的故意，已经着手实施了挪用用于救灾、抢险、防汛、优抚、扶贫、移民、救济款物的行为，但是因意志以外的原因使挪用用于救灾、抢险、防汛、优抚、扶贫、移民、救济款物的行为而未得逞}。

（3）挪用特定款物罪的中止犯

设 E10 为挪用特定款物罪的中止犯的集合，则 E10 = {挪用特定款物罪的中止犯｝；

设 E101 为挪用特定款物罪中止犯主观方面的集合，则 E101 = ｛行为人在主观上有挪用特定款物的故意｝；

设 E102 为挪用特定款物罪中止犯客观方面的集合，则 E102 = ｛行为人在客观上已经预备或者着手实行挪用用于救灾、抢险、防汛、优抚、扶贫、移民、救济款物的行为｝；

设 E103 为挪用特定款物罪中止犯犯罪停止原因的集合，则 E103 = ｛行为人自动放弃了挪用用于救灾、抢险、防汛、优抚、扶贫、移民、救济款物的行为或者有效地防止了挪用特定款物的结果发生｝。

则 E10 = E101∪E102∪E103，即 ｛挪用特定款物罪的中止犯｝= ｛挪用特定款物罪的中止犯｝= ｛行为人在主观上有挪用特定款物的故意｝∪｛行为人在客观上已经预备或者着手实行挪用用于救灾、抢险、防汛、优抚、扶贫、移民、救济款物的行为｝∪｛行为人自动放弃了挪用用于救灾、抢险、防汛、优抚、扶贫、移民、救济款物的行为或者有效地防止了挪用特定款物的结果发生｝= ｛行为人在主观上有挪用特定款物的故意，行为人在客观上已经预备或者着手实行挪用用于救灾、抢险、防汛、优抚、扶贫、移民、救济款物的行为，行为人自动放弃了挪用用于救灾、抢险、防汛、优抚、扶贫、移民、救济款物的行为或者有效地防止了挪用特定款物的结果发生｝= ｛行为人有挪用特定款物的故意，已经预备或者着手实行挪用用于救灾、抢险、防汛、优抚、扶贫、移民、救济款物的行为，但是自动放弃了挪用用于救灾、抢险、防汛、优抚、扶贫、移民、救济款物的行为或者有效地防止了挪用特定款物的结果发生｝。

4. 本罪的共犯形态

设 E11 为挪用特定款物罪的共同犯罪的集合，则 E11 = ｛挪用特定款物罪的共同犯罪｝；

设 E111 为挪用特定款物罪的共同犯罪的主体的集合，则 E111 =

｜主体是两个以上掌管、支配、使用特定款物的直接责任人员或者一方是掌管、支配、使用特定款物的直接责任人员｝；

设 E112 为挪用特定款物罪的共同犯罪的主观方面的集合，则 E112 =｛行为人在主观上有挪用用于救灾、抢险、防汛、优抚、扶贫、移民、救济款物的共同故意｝；

设 E113 为挪用特定款物罪的共同犯罪的客观方面的集合，则 E113 =｛行为人在客观上有挪用用于救灾、抢险、防汛、优抚、扶贫、移民、救济款物的共同行为｝。

则 E11 = E111 ∪ E112 ∪ E113，即 ｛挪用特定款物罪的共同犯罪｝=｛主体是两个以上掌管、支配、使用特定款物的直接责任人员或者一方是掌管、支配、使用特定款物的直接责任人员｝∪｛行为人在主观上有挪用用于救灾、抢险、防汛、优抚、扶贫、移民、救济款物的共同故意｝∪｛行为人在客观上有挪用用于救灾、抢险、防汛、优抚、扶贫、移民、救济款物的共同行为｝=｛主体是两个以上掌管、支配、使用特定款物的直接责任人员或者一方是掌管、支配、使用特定款物的直接责任人员，行为人在主观上有挪用用于救灾、抢险、防汛、优抚、扶贫、移民、救济款物的共同故意，行为人在客观上有挪用用于救灾、抢险、防汛、优抚、扶贫、移民、救济款物的共同行为｝。

六、敲诈勒索罪

（一）敲诈勒索罪的概念

敲诈勒索罪，是指行为人采用威胁或要挟方法使他人产生精神恐惧而被迫交付财物，数额较大或者多次敲诈勒索的行为。❶

（二）敲诈勒索罪的构成特征

关于敲诈勒索罪的构成特征，根据现行刑法的规定，必须具备

---

❶ 朱建华主编：《刑法分论》，法律出版社 2018 年版，第 297 页。

以下四个方面，其集合表现为：

设 F 为敲诈勒索罪的集合，则 F = {敲诈勒索罪}；

设 F1 为敲诈勒索罪的客体的集合，则 F1 = {公私财产所有权} ∪ {他人的人身权利} = {公私财产所有权和他人的人身权利}；

设 F2 为敲诈勒索罪的客观方面的集合，则 F2 = {行为人采用威胁或要挟方法使他人产生精神恐惧而被迫交付财物，数额较大或者多次敲诈勒索的行为}；

设 F3 为敲诈勒索罪的主体的集合，则 F3 = {年满 16 周岁、具有刑事责任能力的自然人}；

设 F4 为敲诈勒索罪的主观方面的集合，则 F4 = {直接故意，且以非法占有为目的}。

则 F = F1 ∪ F2 ∪ F3 ∪ F4，即 {敲诈勒索罪} = {客体是公私财产所有权和他人的人身权利} ∪ {客观方面表现为行为人采用威胁或要挟方法使他人产生精神恐惧而被迫交付财物，数额较大或者多次敲诈勒索的行为} ∪ {主体是年满 16 周岁、具有刑事责任能力的自然人} ∪ {主观方面是直接故意，且以非法占有为目的} = {客体是公私财产所有权和他人的人身权利，客观方面表现为行为人采用威胁或要挟方法使他人产生精神恐惧而被迫交付财物，数额较大或者多次敲诈勒索的行为，主体是年满 16 周岁、具有刑事责任能力的自然人，主观方面是直接故意，且以非法占有为目的}。

（三）敲诈勒索罪的司法适用

1. 本罪与非罪的界限

设 F5 为敲诈勒索罪的非罪的集合，则 F5 = {无罪} = Ø；

设 F51 为敲诈勒索罪的非罪的客体的集合，则 F51 = {行为人没有侵犯公私财产所有权和他人的人身权利} = Ø；

设 F52 为敲诈勒索罪的非罪的客观方面的集合，则 F52 = {行为人没有实施采用威胁或要挟方法使他人产生精神恐惧而被迫交付财物，数额较大或者多次敲诈勒索的行为} = Ø；

设 F53 为敲诈勒索罪的非罪的主体的集合，则 F53＝{行为人是未满年满 16 周岁，已满 16 周岁但没有刑事责任能力的自然人}＝∅；

设 F54 为敲诈勒索罪的非罪的主观方面的集合，则 F54＝{行为人没有直接故意，且无非法占有的目的}＝∅。

则 F5＝{敲诈勒索罪的非罪}＝F∩F51＝{敲诈勒索罪}∩{行为人没有侵犯公私财产所有权和他人的人身权利}＝{敲诈勒索罪}∩∅＝∅＝{无罪}；

F5＝{敲诈勒索罪的非罪}＝F∩F52＝{敲诈勒索罪}∩{行为人没有实施采用威胁或要挟方法使他人产生精神恐惧而被迫交付财物，数额较大或者多次敲诈勒索的行为}＝{敲诈勒索罪}∩∅＝∅＝{无罪}；

F5＝{敲诈勒索罪的非罪}＝F∩F53＝{敲诈勒索罪}∩{行为人是未满年满 16 周岁，已满 16 周岁但没有刑事责任能力的自然人}＝{敲诈勒索罪}∩∅＝∅＝{无罪}；

F5＝{敲诈勒索罪的非罪}＝F∩F54＝{敲诈勒索罪}∩{行为人没有直接故意，且无非法占有的目的}＝{敲诈勒索罪}∩∅＝∅＝{无罪}。

2. 此罪与彼罪的界限

（1）敲诈勒索罪与抢劫罪的界限

设 F 为敲诈勒索罪的集合，则 F＝{敲诈勒索罪}；

设 F6 为抢劫罪的集合，则 F6＝{抢劫罪}。

则 F∪F6－F∩F6＝{敲诈勒索罪}∪{抢劫罪}－{敲诈勒索罪}∩{抢劫罪}＝{客体是公私财产所有权和他人的人身权利，客观方面表现为行为人采用威胁或要挟方法使他人产生精神恐惧而被迫交付财物，数额较大或者多次敲诈勒索的行为，主体是年满 16 周岁、具有刑事责任能力的自然人，主观方面是直接故意，且以非法占有为目的}∪{客体是他人的财产权利和他人的人身权利，客观方面表现为行为人对他人采用暴力、威胁或其他强制方法当场强行劫取公私财物的行为，主体是年满 14 周岁、具有刑事责任能力的自然人，主观方面是直接故意，且以非法占有为目的}－{客体是他人的财产权利和他人的人身权利，主观方面是直接故意，且以非法占有为目的}＝{客观方面表现为行为人采用威胁或要挟方法使他人产生精神恐惧而被迫交付财物，数额较大或者多次敲诈勒索的行为，主体是年满 16 周岁、具有刑事责任能力的自然人，客观方面表现为行为人对他人采用暴力、威胁或其他强制方法当场强行劫取公私财物的行为，主体是年满 14 周岁、具有刑事责任能力的自然人}。

（2）敲诈勒索罪与寻衅滋事罪的界限

设 F 为敲诈勒索罪的集合，则 F＝{敲诈勒索罪}；

设 F7 为寻衅滋事罪的集合，则 F7＝{寻衅滋事罪}。

则 F∪F7－F∩F7＝{敲诈勒索罪}∪{寻衅滋事罪}－{敲诈勒索罪}∩{寻衅滋事罪}＝{客体是公私财产所有权和他人的人身权利，客观方面表现为行为人采用威胁或要挟方法使他人产生精神恐惧而被迫交付财物，数额较大或者多次敲诈勒索的行为，主体是年满 16 周岁、具有刑事责任能力的人，主观方面是直接故意，且以非法占有为目的}∪{客体是社会的公共秩序，客观方面表现为行为人随意殴打他人，追逐、拦截、辱骂、恐吓他人，情节恶劣或者强拿硬要或者任意毁损、占用公私财物，情节严重或者在公共场所起哄闹事，造成公共场所秩序严重混乱的行为，主体是年满 16 周岁、具有刑事责任能力的自然人，主观方面是故意}－{主体是年满 16 周岁、具有刑事责任能力的人}＝{客体是公私财产所有权和他人的人身权利，客观方面表现为行为人采用威胁或要挟方法使他人产生精神恐惧而被迫交付财物，数额较大或者多次敲诈勒索的行为，主观方面是直接故意，且以非法占有为目的，客体是社会的公共秩序，客观方面表现为行为人殖意殴打他人，追逐、拦截、辱骂、恐吓他人，情节恶劣或者强拿硬要或者任意损毁、占用公私财物，情节严重或者在公共场所起哄闹事，造成公共场所秩序严重混乱的行为，主观方面是故意}。

3. 本罪的停止形态

（1）敲诈勒索罪的预备犯

设为 F8 敲诈勒索罪的预备犯的集合，则 F8 = ｛敲诈勒索罪的预备犯｝；

设 F81 为敲诈勒索罪预备犯主观方面的集合，则 F81 = ｛行为人在主观上有非法占有的目的｝；

设 F82 为敲诈勒索罪预备犯客观方面的集合，则 F82 = ｛行为人在客观上实施了为采用威胁或要挟方法使他人产生精神恐惧而被迫交付财物，数额较大或者多次敲诈勒索而准备工具、制造条件的行为｝；

设 F83 为敲诈勒索罪预备犯犯罪停止原因的集合，则 F83 = ｛行为人因意志以外的原因使实施采用威胁或要挟方法使他人产生精神恐惧而被迫交付财物，数额较大或者多次敲诈勒索的行为而未得逞｝。

则 F8 = F81∪F82∪F83，即 ｛敲诈勒索罪的预备犯｝ = ｛行为人在主观上有非法占有的目的｝∪｛行为人在客观上为实施采用威胁或要挟方法使他人产生精神恐惧而被迫交付财物，数额较大或者多次敲诈勒索而准备工具、制造条件的行为｝∪｛行为人因意志以外的原因使实施采用威胁或要挟方法使他人产生精神恐惧而被迫交付财物，数额较大或者多次敲诈勒索的行为而未得逞｝ = ｛行为人在主观上有非法占有的目的，行为人在客观上为实施采用威胁或要挟方法使他人产生精神恐惧而被迫交付财物，数额较大或者多次敲诈勒索而准备工具、制造条件的行为，行为人因意志以外的原因使实施采用威胁或要挟方法使他人产生精神恐惧而被迫交付财物，数额较大或者多次敲诈勒索的行为而未得逞｝ = ｛行为人为达到非法占有的目的，实施了为采用威胁或要挟方法使他人产生精神恐惧而被迫交付财物，数额较大或者多次敲诈勒索而准备工具、制造条件的行为，但是因意志以外的原因使实施采用威胁或要挟方法使他人产生精神恐惧而被迫交付财物,数额较大或者多次敲诈勒索的行为而未得逞}。

（2）敲诈勒索罪的未遂犯

设 F9 为敲诈勒索罪的未遂犯的集合,则 F9 ={敲诈勒索罪的未遂犯};

设 F91 为敲诈勒索罪未遂犯主观方面的集合,则 F91 ={行为人在主观上有非法占有的目的};

设 F92 为敲诈勒索罪未遂犯客观方面的集合,则 F92 ={行为人在客观上已经着手实施采用威胁或要挟方法使他人产生精神恐惧而被迫交付财物,数额较大或者多次敲诈勒索的行为};

设 F93 为敲诈勒索罪未遂犯犯罪停止原因的集合,则 F93 ={行为人因意志以外的原因使采用威胁或要挟方法使他人产生精神恐惧而被迫交付财物,数额较大或者多次敲诈勒索的行为而未得逞}。

则 F9 = F91∪F92∪F93,即 {敲诈勒索罪的未遂犯} ={行为人在主观上有非法占有的目的}∪{行为人在客观上已经着手实施采用威胁或要挟方法使他人产生精神恐惧而被迫交付财物,数额较大或者多次敲诈勒索的行为}∪{行为人因意志以外的原因使采用威胁或要挟方法使他人产生精神恐惧而被迫交付财物,数额较大或者多次敲诈勒索的行为而未得逞} ={行为人在主观上有非法占有的目的,行为人在客观上已经着手实施采用威胁或要挟方法使他人产生精神恐惧而被迫交付财物,数额较大或者多次敲诈勒索的行为,行为人因意志以外的原因使采用威胁或要挟方法使他人产生精神恐惧而被迫交付财物,数额较大或者多次敲诈勒索的行为而未得逞} ={行为人为达到非法占有的目的,已经着手实施采用威胁或要挟方法使他人产生精神恐惧而被迫交付财物,数额较大或者多次敲诈勒索的行为,但是因意志以外的原因使采用威胁或要挟方法使他人产生精神恐惧而被迫交付财物,数额较大或者多次敲诈勒索的行为而未得逞}。

（3）敲诈勒索罪的中止犯

设 F10 为敲诈勒索罪的中止犯的集合，则 F10 = ｜敲诈勒索罪的中止犯｜；

设 F101 为敲诈勒索罪中止犯主观方面的集合，则 F101 = ｜行为人在主观上有非法占有的目的｜；

设 F102 为敲诈勒索罪中止犯客观方面的集合，则 F102 = ｜行为人在客观上已经预备或者着手实行采用威胁或要挟方法使他人产生精神恐惧而被迫交付财物，数额较大或者多次敲诈勒索的行为｜；

设 F103 为敲诈勒索罪中止犯犯罪停止原因的集合，则 F103 = ｜行为人自动放弃了采用威胁或要挟方法使他人产生精神恐惧而被迫交付财物，数额较大或者多次敲诈勒索的行为或者有效地防止了敲诈勒索的结果发生｜。

则 F10 = F101∪F102∪F103，即 ｜敲诈勒索罪的中止犯｜ = ｜行为人在主观上有非法占有的目的｜∪｜行为人在客观上已经预备或者着手实行采用威胁或要挟方法使他人产生精神恐惧而被迫交付财物，数额较大或者多次敲诈勒索的行为｜∪｜行为人自动放弃了采用威胁或要挟方法使他人产生精神恐惧而被迫交付财物，数额较大或者多次敲诈勒索的行为或者有效地防止了敲诈勒索的结果发生｜ = ｜行为人在主观上有非法占有的目的，行为人在客观上已经预备或者着手实行采用威胁或要挟方法使他人产生精神恐惧而被迫交付财物，数额较大或者多次敲诈勒索的行为，行为人自动放弃了采用威胁或要挟方法使他人产生精神恐惧而被迫交付财物，数额较大或者多次敲诈勒索的行为或者有效地防止了敲诈勒索的结果发生｜ = ｜行为人为达到非法占有的目的，已经预备或者着手实行采用威胁或要挟方法使他人产生精神恐惧而被迫交付财物，数额较大或者多次敲诈勒索的行为，但是自动放弃了采用威胁或要挟方法使他人产生精神恐惧而被迫交付财物，数额较大或者多次敲诈勒索的行为或者有效地防止了敲诈勒索的结果发生｜。

4. 本罪的共犯形态

设 F11 为敲诈勒索罪的共同犯罪的集合，则 F11 = {敲诈勒索罪的共同犯罪}；

设 F111 为敲诈勒索罪的共同犯罪的主体的集合，则 F111 = {主体是两个以上年满 16 周岁、具有刑事责任能力的自然人}；

设 F112 为敲诈勒索罪的共同犯罪的主观方面的集合，则 F112 = {行为人在主观上有采用威胁或要挟方法使他人产生精神恐惧而被迫交付财物，数额较大或者多次敲诈勒索的共同故意}；

设 F113 为敲诈勒索罪的共同犯罪的客观方面的集合，则 F113 = {行为人在客观上有采用威胁或要挟方法使他人产生精神恐惧而被迫交付财物，数额较大或者多次敲诈勒索的共同行为}。

则 F11 = F111∪F112∪F113，即 {敲诈勒索罪的共同犯罪} = {主体是两个以上年满 16 周岁、具有刑事责任能力的自然人}∪{行为人在主观上有采用威胁或要挟方法使他人产生精神恐惧而被迫交付财物，数额较大或者多次敲诈勒索的共同故意}∪{行为人在客观上有采用威胁或要挟方法使他人产生精神恐惧而被迫交付财物，数额较大或者多次敲诈勒索的共同行为} = {主体是两个以上年满 16 周岁、具有刑事责任能力的自然人，行为人在主观上有采用威胁或要挟方法使他人产生精神恐惧而被迫交付财物，数额较大或者多次敲诈勒索的共同故意，行为人在客观上有采用威胁或要挟方法使他人产生精神恐惧而被迫交付财物，数额较大或者多次敲诈勒索的行为的共同行为}。

七、故意毁坏财物罪

（一）故意毁坏财物罪的概念

故意毁坏财物罪，是指行为人故意毁坏公私财物，数额较大或者有其他严重情节的行为。[1]

---

[1] 朱建华主编：《刑法分论》，法律出版社 2018 年版，第 300 页。

（二）故意毁坏财物罪的构成特征

关于故意毁坏财物罪的构成特征，根据现行刑法的规定，必须具备以下四个方面，其集合表现为：

设 G 为故意毁坏财物罪的集合，则 G ＝｛故意毁坏财物罪｝；

设 G1 为故意毁坏财物罪的客体的集合，则 G1 ＝｛公私财产所有权｝；

设 G2 为故意毁坏财物罪的客观方面的集合，则 G2 ＝｛行为人毁坏公私财物，数额较大或者有其他严重情节的行为｝；

设 G3 为故意毁坏财物罪的主体的集合，则 G3 ＝｛年满 16 周岁、具有刑事责任能力的人｝；

设 G4 为故意毁坏财物罪的主观方面的集合，则 G4 ＝｛故意｝。

则 G ＝ G1∪G2∪G3∪G4，即 ｛故意毁坏财物罪｝＝｛客体是公私财产所有权｝∪｛客观方面表现为行为人毁坏公私财物，数额较大或者有其他严重情节的行为｝∪｛主体是年满 16 周岁、具有刑事责任能力的人｝∪｛主观方面是故意｝＝｛客体是公私财产所有权，客观方面表现为行为人毁坏公私财物，数额较大或者有其他严重情节的行为，主体是年满 16 周岁、具有刑事责任能力的人，主观方面是故意｝。

（三）故意毁坏财物罪的司法适用

1. 本罪与非罪的界限

设 G5 为故意毁坏财物罪的非罪的集合，则 G5 ＝｛无罪｝＝∅；

设 G51 为故意毁坏财物罪的非罪的客体的集合，则 G51 ＝｛行为人没有侵犯公私财产所有权｝＝∅；

设 G52 为故意毁坏财物罪的非罪的客观方面的集合，则 G52 ＝｛行为人没有实施毁坏公私财物，数额较大或者有其他严重情节的行为｝＝∅；

设 G53 为故意毁坏财物罪的非罪的主体的集合，则 G53 ＝｛行为人是未满年满 16 周岁，或者已满 16 周岁但没有刑事责任能力的自然人｝＝∅；

设 G54 为故意毁不财物罪的非罪的主观方面的集合，则 G54 ＝｛行为人无故意｝＝∅。

则 G5 ＝｛故意毁坏财物罪的非罪｝＝ G∩G51 ＝｛故意毁坏财物罪｝∩｛行为人没有侵犯公私财产所有权｝＝｛故意毁坏财物罪｝∩∅ ＝ ∅ ＝｛无罪｝；

G5 ＝｛故意毁坏财物罪的非罪｝＝ G∩G52 ＝｛故意毁坏财物罪｝∩｛行为人没有实施毁坏公私财物，数额较大或者有其他严重情节的行为｝＝｛故意毁坏财物罪｝∩∅ ＝ ∅ ＝｛无罪｝；

G5 ＝｛故意毁坏财物罪的非罪｝＝ G∩G53 ＝｛故意毁坏财物罪｝∩｛行为人是未满年满 16 周岁，或者已满 16 周岁但没有刑事责任能力的自然人｝＝｛故意毁坏财物罪｝∩∅ ＝ ∅ ＝｛无罪｝；

G5 ＝｛故意毁坏财物罪的非罪｝＝ G∩G54 ＝｛故意毁坏财物罪｝∩｛行为人无故意｝＝｛故意毁坏财物罪｝∩∅ ＝ ∅ ＝｛无罪｝。

2. 此罪与彼罪的界限

（1）故意毁坏财物罪与故意销毁会计凭证、会计账簿、财务会计报告罪

设 G 为故意毁坏财物罪的集合，则 G ＝｛故意毁坏财物罪｝；

设 G6 为故意销毁会计凭证、会计账簿、财务会计报告罪的集合，则 G6 ＝｛故意销毁会计凭证、会计账簿、财务会计报告罪｝。

则 G∪G6 － G∩G6 ＝｛故意毁坏财物罪｝∪｛故意销毁会计凭证、会计账簿、财务会计报告罪｝－｛故意毁坏财物罪｝∩｛故意销毁会计凭证、会计账簿、财务会计报告罪｝＝｛客体是公私财产所有权，客观方面表现为行为人毁坏公私财物，数额较大或者有其他严重情节的行为，主体是年满 16 周岁、具有刑事责任能力的人，主观方面是故意｝∪｛客体是国家对财务会计的管理制度，客观方面表现为行为人违反会计法律、法规，隐匿或者故意销毁依法应当保存的会计凭证、会计账簿、财务会计报告，情节严重的行为，主体是可以是财

务会计人员和主管负责人员，也可以是国家机关、社会团体、公司、企业、事业单位和其他组织，主观方面是故意} − {主观方面是故意} = {客体是公私财产所有权，客观方面表现为行为人毁坏公私财物，数额较大或者有其他严重情节的行为，主体是年满16周岁、具有刑事责任能力的人，主体是可以是财务会计人员和主管负责人员，客体是国家对财务会计的管理制度，客观方面表现为行为人违反会计法律、法规，隐匿或者故意销毁依法应当保存的会计凭证、会计账簿、财务会计报告，情节严重的行为，也可以是国家机关、社会团体、公司、企业、事业单位和其他组织}。

（2）故意毁坏财物罪与破坏生产经营罪的界限

设 G 为故意毁坏财物罪的集合，则 G = {故意毁坏财物罪}；

设 G7 为破坏生产经营罪的集合，则 G7 = {破坏生产经营罪}。

则 G∪G7 − G∩G7 = {故意毁坏财物罪} ∪ {破坏生产经营罪} − {故意毁坏财物罪} ∩ {破坏生产经营罪} = {客体是公私财产所有权，客观方面表现为行为人毁坏公私财物，数额较大或者有其他严重情节的行为，主体是年满16周岁、具有刑事责任能力的自然人，主观方面是故意} ∪ {客体是公私财产所有权和生产经营的正常秩序，客观方面表现为行为人毁坏机器设备、残害耕畜或者以其他方法破坏生产经营的行为，主体是年满16周岁、具有刑事责任能力的人，主观方面是故意，且具有泄愤报复或者其他个人目的} − {主体是年满16周岁、具有刑事责任能力的自然人} = {客体是公私财产所有权，客观方面表现为行为人毁坏公私财物，数额较大或者有其他严重情节的行为，主观方面是故意，客体是公私财产所有权和生产经营的正常秩序，客观方面表现为行为人毁坏机器设备、残害耕畜或者以其他方法破坏生产经营的行为，主观方面是故意，且具有泄愤报复或者其他个人目的}。

3. 本罪的停止形态

（1）故意毁坏财物罪的预备犯

设 G8 为故意毁坏财物罪的预备犯的集合，则 G8 = {故意毁坏财物罪的预备犯}；

设 G81 为故意毁坏财物罪预备犯主观方面的集合，则 G81 = {行为人在主观上有毁坏公私财物的故意}；

设 G82 为故意毁不财物罪预备犯客观方面的集合，则 G82 = {行为人在客观上为实施毁坏公私财物而准备工具、制造条件的行为}；

设 G83 为故意毁坏财物罪预备犯犯罪停止原因的集合，则 G83 = {行为人因意志以外的原因使实施毁坏公私财物的行为而未得逞}。

则 G8 = G81 ∪ G82 ∪ G83，即 {故意毁坏财物罪的预备犯} = {行为人在主观上有毁不公私财物的故意} ∪ {行为人在客观上为实施毁坏公私财物而准备工具、制造条件的行为} ∪ {行为人因意志以外的原因使实施毁坏公私财物的行为而未得逞} = {行为人在主观上有毁坏公私财物的故意，行为人在客观上为实施毁坏公私财物而准备工具、制造条件的行为，行为人因意志以外的原因使实施毁坏公私财物的行为而未得逞} = {行为人有毁坏公私财物的故意，实施了为毁坏公私财物而准备工具、制造条件的行为，但是因意志以外的原因使实施毁坏公私财物的行为而未得逞}。

（2）故意毁坏财物罪的未遂犯

设 G9 为故意毁坏财物罪的未遂犯的集合，则 G9 = {故意毁坏财物罪的未遂犯}；

设 G91 为故意毁坏财物罪未遂犯主观方面的集合，则 G91 = {行为人在主观上有毁坏公私财物的故意}；

设 G92 为故意毁坏财物罪未遂犯客观方面的集合，则 G92 = {行为人在客观上已经着手实施毁坏公私财物的行为}；

设 G93 为故意毁坏财物罪未遂犯犯罪停止原因的集合，则 G93 = {行为人因意志以外的原因使毁坏公私财物的行为而未得逞}。

则 G9 = G91 ∪ G92 ∪ G93，即 {故意毁坏财物罪的未遂犯} = {行为人在主观上有毁坏公私财物的故意} ∪ {行为人在客观上已经着手实施毁坏公私财物的行为} ∪ {行为人因意志以外的原因使毁坏公私财物的行为而未得逞}＝{行为人在主观上有毁坏公私财物的故意，行为人在客观上已经着手实施毁坏公私财物的行为，行为人因意志以外的原因使毁坏公私财物的行为而未得逞}＝{行为人有毁坏公私财物的故意，已经着手实施毁坏公私财物的行为，但是因意志以外的原因使毁坏公私财物的行为而未得逞}。

（3）故意毁坏财物罪的中止犯

设 G10 为故意毁坏财物罪的中止犯的集合，则 G10 ＝{故意毁坏财物罪的中止犯}；

设 G101 为故意毁坏财物罪中止犯主观方面的集合，则 G101 ＝{行为人在主观上有毁坏公私财物的故意}；

设 G102 为故意毁坏财物罪中止犯客观方面的集合，则 G102 ＝{行为人在客观上已经预备或者着手实行毁坏公私财物的行为}；

设 G103 为故意毁坏财物罪中止犯犯罪停止原因的集合，则 G103 ＝{行为人自动放弃了毁坏公私财物的行为或者有效地防止了毁坏公私财物的结果发生}。

则 G10 ＝ G101∪G102∪G103，即 {故意毁坏财物罪的中止犯}＝{行为人在主观上有毁坏公私财物的故意}∪{行为人在客观上已经预备或者着手实行毁坏公私财物的行为}∪{行为人自动放弃了毁坏公私财物的行为或者有效地防止了毁坏公私财物结果的发生}＝{行为人在主观上有毁坏公私财物的故意，行为人在客观上已经预备或者着手实行毁坏公私财物的行为，行为人自动放弃了毁坏公私财物的行为或者有效地防止了毁坏公私财物结果的发生}＝{行为人有毁坏公私财物的故意，已经预备或者着手实行毁坏公私财物的行为，但是自动放弃了毁坏公私财物的行为或者有效地防止了毁坏公私财物的结果发生}。

4. 本罪的共犯形态

设 G11 为故意毁坏财物罪的共同犯罪的集合，则 G11 ＝{故意毁坏财物罪的共同犯罪}；

设 G111 为故意毁坏财物罪的共同犯罪的主体的集合，则 G111 = {主体是两个以上年满 16 周岁、具有刑事责任能力的自然人}；

设 G112 为故意毁坏财物罪的共同犯罪的主观方面的集合，则 G112 = {行为人在主观上有毁坏公私财物的共同故意}；

设 G113 为故意毁坏财物罪的共同犯罪的客观方面的集合，则 G113 = {行为人在客观上有毁坏公私财物的共同行为}。

则 G11 = G111 ∪ G112 ∪ G113，即 {故意毁坏财物罪的共同犯罪} = {主体是两个以上年满 16 周岁、具有刑事责任能力的自然人} ∪ {行为人在主观上有毁坏公私财物的共同故意} ∪ {行为人在客观上有毁坏公私财物的共同行为} = {主体是两个以上年满 16 周岁、具有刑事责任能力的自然人，行为人在主观上有毁坏公私财物的共同故意，行为人在客观上有毁坏公私财物的共同行为}。

第七章

妨害社会管理秩序罪

第一节　妨害社会管理秩序罪集合概述

一、妨害社会管理秩序罪的概念

妨害社会管理秩序罪，是指行为人妨害国家机关对日常社会生活的管理活动，破坏社会秩序，且达严重程度之行为。[1]

二、妨害社会管理秩序罪的共同特征

根据现行刑法对妨害社会管理秩序罪所作的规定来看，构成该类犯罪必须具备以下四个方面的共同特征，其集合表现为：

设 A 为妨害社会管理秩序罪的集合，则 A ={妨害社会管理秩序罪}；

设 B 为妨害社会管理秩序罪的同类客体的集合，则 B ={社会管理秩序}；

设 C 为妨害社会管理秩序罪的客观方面的集合，则 C ={行为人妨害国家机关对日常社会生活的管理活动，破坏社会秩序，且达严重程度之行为}；

设 D 为妨害社会管理秩序的犯罪主体的集合，则 D ={达到法

---

[1]　朱建华主编：《刑法分论》，法律出版社 2018 年版，第 308 页。

定年龄、具有刑事责任能力的人}∪{单位}={达到法定年龄、具有刑事责任能力的人和单位};

设 E 为妨害社会管理秩序罪的主观方面的集合,则 E={大多数是故意}∪{少数是过失}={大多数是故意,少数是过失}。

则 A=B∪C∪D∪E,即 {妨害社会管理秩序罪}={犯罪同类客体社会管理秩序}∪{客观方面表现为行为人妨害国家机关对日常社会生活的管理活动,破坏社会秩序,且达严重程度之行为}∪{犯罪主体是达到法定年龄、具有刑事责任能力的人和单位}∪{主观方面大多数是故意,少数是过失}={犯罪同类客体为社会管理秩序,客观方面表现为行为人妨害国家机关对日常社会生活的管理活动,破坏社会秩序,且达严重程度之行为,犯罪主体是达到法定年龄、具有刑事责任能力的人和单位,主观方面大多数是故意,少数是过失}。

三、妨害社会管理秩序的常见多发型犯罪的具体罪名

根据现行刑法对妨害社会管理秩序罪所作的规定来看,本章的犯罪共 9 类有 147 种具体罪名,其中常见多发型犯罪有 30 种,用子集的方式来表达,其构造表现为:

(一)扰乱公共秩序罪

{扰乱公共秩序罪}

{妨害公务罪}

{招摇撞骗罪}

{伪造、变造、买卖国家机关公文、证件、印章罪}

{非法侵入计算机信息系统罪}

{聚众扰乱社会秩序罪}

{组织、领导、参加黑社会性质组织罪}

{非法集会、游行、示威罪}

{赌博罪}

……

　{妨害公务罪，招摇撞骗罪，伪造、变造、买卖国家机关公文、证件、印章罪，非法侵入计算机信息系统罪，聚众扰乱社会秩序罪，组织、领导、参加黑社会性质组织罪，非法集会、游行、示威罪，赌博罪}

（二）妨害司法罪

　{妨害司法罪}

　{伪证罪}

　{扰乱法庭秩序罪}

　{窝藏、包庇罪}

　{脱逃罪}

　……

　{伪证罪，扰乱法庭秩序罪，窝藏、包庇罪，脱逃罪}

（三）妨害国（边）境管理罪

　{妨害国（边）境管理罪}

　{组织他人偷越国（边）境罪}

　{骗取出境证件罪}

　……

　{组织他人偷越国（边）境罪，骗取出境证件罪}

（四）妨害文物管理罪

　{妨害文物管理罪}

　{故意损毁文物罪}

　{倒卖文物罪}

　……

　{故意损毁文物罪，倒卖文物罪}

（五）危害公共卫生罪

　{危害公共卫生罪}

　{妨害传染病防治罪}

｛非法组织卖血罪｝

｛医疗事故罪｝

……

｛妨害传染病防治罪，非法组织卖血罪，医疗事故罪｝

（六）破坏环境资源保护罪

｛破坏环境资源保护罪｝

｛污染环境罪｝

｛危害珍贵、濒危野生动物罪｝

｛危害国家重点保护植物罪｝

……

｛污染环境罪，危害珍贵、濒危野生动物罪，危害国家重点保护植物罪｝

（七）走私、贩卖、运输、制造毒品罪

｛走私、贩卖、运输、制造毒品罪｝

｛走私、贩卖、运输、制造毒品罪｝

｛强迫他人吸毒罪｝

……

｛走私、贩卖、运输、制造毒品罪，强迫他人吸毒罪｝

（八）组织、强迫、引诱、容留、介绍卖淫罪

｛组织、强迫、引诱、容留、介绍卖淫罪｝

｛组织卖淫罪｝

｛引诱、容留、介绍卖淫罪｝

……

｛组织卖淫罪，引诱、容留、介绍卖淫罪｝

（九）制造、贩卖、传播淫秽物品罪（类罪名）

｛制造、贩卖、传播淫秽物品罪（类罪名）｝

｛制作、复制、出版、贩卖、传播淫秽物品牟利罪（具体

罪名）}

{组织播放淫秽音像制品罪}

……

{制作、复制、出版、贩卖、传播淫秽物品牟利罪（具体罪名），组织播放淫秽音像制品罪}

第二节 妨害社会管理秩序的常见多发型犯罪集合分述❶

一、扰乱公共秩序罪

（一）妨害公务罪

1. 妨害公务罪的概念

妨害公务罪，是指行为人以暴力、威胁方法，阻碍国家机关工作人员、人大代表、红十字会工作人员依法执行职务、执行代表职务或履行职责，或者故意阻碍国家安全机关、公安机关依法执行国家安全工作任务，虽未使用暴力、威胁方法，但造成严重后果的行为。❷

2. 妨害公务罪的构成特征

关于妨害公务罪的构成特征，根据现行刑法的规定，必须具备以下四个方面，其集合表现为：

设 A 为妨害公务罪的集合，则 A ＝{妨害公务罪}；

设 A1 为妨害公务罪的客体的集合，则 A1 ＝{国家机关工作人员、人大代表等人员执行公务活动的正常秩序}；

---

❶ 在司法实践中，由于本章犯罪的停止形态与共犯形态，不是特别突出和难以把握，特此从略。

❷ 朱建华主编：《刑法分论》，法律出版社 2018 年版，第 309 页。

设 A2 为妨害公务罪的客观方面的集合，则 A2 = {行为人以暴力、威胁方法，阻碍国家机关工作人员、人大代表、红十字会工作人员依法执行职务、执行代表职务或履行职责，或者故意阻碍国家安全机关、公安机关依法执行国家安全工作任务，虽未使用暴力、威胁方法，但造成严重后果的行为}；

设 A3 为妨害公务罪的主体的集合，则 A3 = {年满 16 周岁、具有刑事责任能力的自然人}；

设 A4 为妨害公务罪的主观方面的集合，则 A4 = {故意}。

则 A = A1∪A2∪A3∪A4，即 {妨害公务罪} = {客体是国家机关工作人员、人大代表等人员执行公务活动的正常秩序}∪{客观方面表现为行为人以暴力、威胁方法，阻碍国家机关工作人员、人大代表、红十字会工作人员依法执行职务、执行代表职务或履行职责，或者故意阻碍国家安全机关、公安机关依法执行国家安全工作任务，虽未使用暴力、威胁方法，但造成严重后果的行为}∪{主体是年满 16 周岁、具有刑事责任能力的自然人}∪{主观方面是故意} = {客体是国家机关工作人员、人大代表等人员执行公务活动的正常秩序，客观方面表现为行为人以暴力、威胁方法，阻碍国家机关工作人员、人大代表、红十字会工作人员依法执行职务、执行代表职务或履行职责，或者故意阻碍国家安全机关、公安机关依法执行国家安全工作任务，虽未使用暴力、威胁方法，但造成严重后果行为，主体是年满 16 周岁、具有刑事责任能力的自然人，主观方面是故意}。

3. 妨害公务罪的司法适用

（1）本罪与非罪的界限

设 A5 为妨害公务罪的非罪的集合，则 A5 = {无罪} = Ø；

设 A51 为妨害公务罪的非罪的客体的集合，则 A51 = {行为人没有侵犯国家机关工作人员、人大代表等人员执行公务活动的正常秩序} = Ø；

设 A52 为妨害公务罪的非罪的客观方面的集合，则 A52 = {行为人没有实施以暴力、威胁方法，阻碍国家机关工作人员、人大代表、红十字会工作人员依法执行职务、执行代表职务或履行职责，或者故意阻碍国家安全机关、公安机关依法执行国家安全工作任务，虽未使用暴力、威胁方法，但造成严重后果的行为} = Ø；

设 A53 为妨害公务罪的非罪的主体的集合，则 A53 = {行为人是未满年满 16 周岁，或者已满 16 周岁但没有刑事责任能力的自然人} = Ø；

设 A54 为妨害公务罪的非罪的主观方面的集合，则 A54 = {行为人无故意 } = Ø。

则 A5 = {妨害公务罪的非罪} = A∩A51 = {妨害公务罪}∩{行为人没有侵犯国家机关工作人员、人大代表等人员执行公务活动的正常秩序} = {妨害公务罪}∩Ø = Ø = {无罪}；

A5 = {妨害公务罪的非罪} = A∩A52 = {妨害公务罪}∩{行为人没有实施以暴力、威胁方法，阻碍国家机关工作人员、人大代表、红十字会工作人员依法执行职务、执行代表职务或履行职责，或者故意阻碍国家安全机关、公安机关依法执行国家安全工作任务，虽未使用暴力、威胁方法，但造成严重后果的行为} = {妨害公务罪}∩Ø = Ø = {无罪}；

A5 = {妨害公务罪的非罪} = A∩A53 = {妨害公务罪}∩{行为人是未满年满 16 周岁，或者已满 16 周岁但没有刑事责任能力的自然人} = {妨害公务罪}∩Ø = Ø = {无罪}；

A5 = {妨害公务罪的非罪} = A∩A54 = {妨害公务罪}∩{行为人无故意} = {妨害公务罪}∩Ø = Ø = {无罪}。

（2）此罪与彼罪的界限

1）妨害公务罪与故意伤害罪的界限

设 A 为妨害公务罪的集合，则 A = {妨害公务罪}；

设 A6 为故意伤害罪的集合，则 A6 = {故意伤害罪}。

则 A∪A6 − A∩A6 = {妨害公务罪}∪{故意伤害罪} − {妨害公务罪}∩{故意伤害罪} = {客体是国家机关工作人员、人大代表等人员执行公务活动的正常秩序，客观方面表现为行为人以暴力、威胁方法，阻碍国家机关工作人员、人大代表、红十字会工作人员依法执行职务或者履行职责，或者故意阻碍国家安全机关、公安机关依法执行国家安全工作任务，虽未使用暴力、威胁方法，但造成严重后果的行为，主体是年满 16 周岁、具有刑事责任能力的自然人，主观方面是故意}∪{客体是他人的健康权利，客观方面表现为行为人非法损害他人身体健康的行为，主体是年满 12 周岁以上、具有刑事责任能力的自然人，主观方面是故意}−{主观方面是故意}={客体是国家机关工作人员、人大代表等人员执行公务活动的正常秩序，客观方面表现为行为人以暴力、威胁方法，阻碍国家机关工作人员、人大代表、红十字会工作人员依法执行职务或者履行职责，或者故意阻碍国家安全机关、公安机关依法执行国家安全工作任务，虽未使用暴力、威胁方法，但造成严重后果的行为，主体是年满 16 周岁、具有刑事责任能力的自然人，客体是他人的健康权利，客观方面表现为行为人非法损害他人身体健康的行为，主体是年满 12 周岁、具有刑事责任能力的自然人}。

2）妨害公务罪与煽动暴力抗拒法律实施罪的界限

设 A 为妨害公务罪的集合，则 A ={妨害公务罪}；

设 A7 为煽动暴力抗拒法律实施罪的集合，则 A7 ={煽动暴力抗拒法律实施罪}。

则 A∪A7 − A∩A7 ={妨害公务罪}∪{煽动暴力抗拒法律实施罪}−{妨害公务罪}∩{煽动暴力抗拒法律实施罪}={客体是国家机关工作人员、人大代表等人员执行公务活动的正常秩序，客观方面表现为行为人以暴力、威胁方法，阻碍国家机关工作人员、人大代表、红十字会工作人员依法执行职务或者履行职责，或者故意阻碍国家安全机关、公安机关依法执行国家安全工作任务，虽未使用暴力、威胁方法，但造成严重后果的行为，主体是年满 16 周岁、具有刑事责任能力的自然人，主观方面是故意}∪{客体是国家法律实施的秩序，客观方面表现为行为人蛊惑、挑动群众以暴力方法抗拒国家法律、行政法规的实施，扰乱公共秩序的行为，主体是年满 16 周岁、具有刑事责任能力的自然人，主观方面是故意｝－｛主体是年满 16 周岁、具有刑事责任能力的自然人，主观方面是故意｝＝｛客体是国家机关工作人员、人大代表等人员执行公务活动的正常秩序，客观方面表现为行为人以暴力、威胁方法，阻碍国家机关工作人员、人大代表、红十字会工作人员依法执行职务或者履行职责，或者故意阻碍国家安全机关、公安机关依法执行国家安全工作任务，虽未使用暴力、威胁方法，但造成严重后果的行为，客体是国家法律实施的秩序，客观方面表现为行为人蛊惑、挑动群众以暴力方法抗拒国家法律、行政法规的实施，扰乱公共秩序的行为｝。

（二）招摇撞骗罪

1. 招摇撞骗罪的概念

招摇撞骗罪，是指行为人冒充国家机关工作人员到处行骗，损害国家机关的威信、形象和正常活动，扰乱社会公共秩序的行为。❶

2. 招摇撞骗罪的构成特征

关于招摇撞骗罪的构成特征，根据现行刑法的规定，必须具备以下四个方面，其集合表现为：

设 B 为招摇撞骗罪的集合，则 B ＝｛招摇撞骗罪｝；

设 B1 为招摇撞骗罪的客体的集合，则 B1 ＝｛国家机关的威信、形象｝∪｛社会公共秩序｝＝｛国家机关的威信、形象和社会公共秩序｝；

设 B2 为招摇撞骗罪的客观方面的集合，则 B2 ＝｛行为人冒充国家机关工作人员到处行骗，损害国家机关的威信、形象和正常活动，扰乱社会公共秩序的行为｝；

设 B3 为招摇撞骗罪的主体的集合，则 B3 ＝｛年满 16 周岁、具有刑事责任能力的自然人｝；

---

❶ 朱建华主编：《刑法分论》，法律出版社 2018 年版，第 313 页。

设 B4 为招摇撞骗罪的主观方面的集合，则 B4 = {故意，且一般具有牟取非法利益的目的}。

则 B = B1∪B2∪B3∪B4，即 {招摇撞骗罪} = {客体是国家机关的威信、形象和社会公共秩序}∪{客观方面表现为行为人冒充国家机关工作人员到处行骗，损害国家机关的威信、形象和正常活动，扰乱社会公共秩序的行为}∪{主体是年满 16 周岁、具有刑事责任能力的自然人}∪{主观方面是故意且一般具有牟取非法利益的目的} = {客体是国家机关的威信、形象和社会公共秩序，客观方面表现为行为人冒充国家机关工作人员到处行骗，损害国家机关的威信、形象和正常活动，扰乱社会公共秩序的行为，主体是年满 16 周岁、具有刑事责任能力的自然人，主观方面是故意且一般具有牟取非法利益的目的}。

3. 招摇撞骗罪的司法适用

（1）本罪与非罪的界限

设 B5 为招摇撞骗罪的非罪的集合，则 B5 = {无罪} = ∅；

设 B51 为招摇撞骗罪的非罪的客体的集合，则 B51 = {行为人没有侵犯国家机关的威信、形象和社会公共秩序} = ∅；

设 B52 为招摇撞骗罪的非罪的客观方面的集合，则 B52 = {行为人没有实施冒充国家机关工作人员到处行骗，损害国家机关的威信、形象和正常活动，扰乱社会公共秩序的行为} = ∅；

设 B53 为招摇撞骗罪的非罪的主体的集合，则 B53 = {行为人是未满 16 周岁，或者已满 16 周岁但没有刑事责任能力的自然人} = ∅；

设 B54 为招摇撞骗罪的非罪的主观方面的集合，则 B54 = {行为人没有故意，且一般无牟取非法利益的目的} = ∅。

则 B5 = {招摇撞骗罪的非罪} = B∩B51 = {招摇撞骗罪}∩{行为人没有侵犯国家机关的威信、形象和社会公共秩序} = {招摇撞骗罪}∩∅ = ∅ = {无罪}；

B5 = {招摇撞骗罪的非罪} = B∩B52 = {招摇撞骗罪}∩{行为人

没有实施冒充国家机关工作人员到处行骗，损害国家机关的威信、形象和正常活动，扰乱社会公共秩序的行为｝＝｛招摇撞骗罪｝∩ Ø＝Ø＝｛无罪｝；

B5＝｛招摇撞骗罪的非罪｝＝B∩B53＝｛招摇撞骗罪｝∩｛行为人是未满16周岁，或者已满16周岁但没有刑事责任能力的自然人｝＝｛招摇撞骗罪｝∩Ø＝Ø＝｛无罪｝；

B5＝｛招摇撞骗罪的非罪｝＝B∩B54＝｛招摇撞骗罪｝∩｛行为人没有故意，且一般无牟取非法利益的目的｝＝｛招摇撞骗罪｝∩Ø＝ Ø＝｛无罪｝。

（2）此罪与彼罪的界限

1）招摇撞骗罪与诈骗罪的界限

设B为招摇撞骗罪的集合，则B＝｛招摇撞骗罪｝；

设B6为诈骗罪的集合，则B6＝｛诈骗罪｝。

则B∪B6－B∩B6＝｛招摇撞骗罪｝∪｛诈骗罪｝－｛招摇撞骗罪｝∩｛诈骗罪｝＝｛客体是国家机关的威信、形象和社会公共秩序，客观方面表现为行为人冒充国家机关工作人员到处行骗，损害国家机关的威信、形象和正常活动，扰乱社会公共秩序的行为，主体是年满16周岁、具有刑事责任能力的自然人，主观方面是故意，且一般具有牟取非法利益的目的｝∪｛客体是公私财产所有权，客观方面表现为行为人用虚构事实或者隐瞒真相的方法，骗取数额较大的公私财物的行为，主体是年满16周岁、具有刑事责任能力的自然人，主观方面是直接故意，且以非法占有为目的｝－｛主体是年满16周岁、具有刑事责任能力的自然人｝＝｛客体是国家机关的威信、形象和社会公共秩序，客观方面表现为行为人冒充国家机关工作人员到处行骗，损害国家机关的威信、形象和正常活动，扰乱社会公共秩序的行为，主观方面是故意，且一般具有牟取非法利益的目的，客体是公私财产所有权，客观方面表现为行为人用虚构事实或者隐瞒真相的方法，骗取数额较大的公私财物的行为，主观方面是直接故意，且以非法占有为目的｝。

2）招摇撞骗罪与冒充军人招摇撞骗罪的界限

设 B 为招摇撞骗罪的集合，则 B = ｛招摇撞骗罪｝；

设 B7 为冒充军人招摇撞骗罪的集合，则 B7 = ｛冒充军人招摇撞骗罪｝。

则 B∪B7－B∩B7 = ｛招摇撞骗罪｝∪｛冒充军人招摇撞骗罪｝－｛招摇撞骗罪｝∩｛冒充军人招摇撞骗罪｝= ｛客体是国家机关的威信、形象和社会公共秩序，客观方面表现为行为人冒充国家机关工作人员到处行骗，损害国家机关的威信、形象和正常活动，扰乱社会公共秩序的行为，主体是年满 16 周岁、具有刑事责任能力的自然人，主观方面是故意，且一般具有牟取非法利益的目的｝∪｛客体是军队的良好威信及其正常活动，客观方面表现为行为人假冒军人身份进行招摇撞骗的行为，主体是年满 16 周岁、具有刑事责任能力的自然人，主观方面是故意，且以牟取非法利益为目的｝－｛主体是年满 16 周岁、具有刑事责任能力的自然人，主观方面是故意，且一般以牟取非法利益为目的｝= ｛客体是国家机关的威信、形象和社会公共秩序，客观方面表现为行为人冒充国家机关工作人员到处行骗，损害国家机关的威信、形象和正常活动，扰乱社会公共秩序的行为，客体是军队的良好威信及其正常活动，客观方面表现为行为人假冒军人身份进行招摇撞骗的行为｝。

（三）伪造、变造、买卖国家机关公文、证件、印章罪

1. 伪造、变造、买卖国家机关公文、证件、印章罪的概念

伪造、变造、买卖国家机关公文、证件、印章罪，是指行为人伪造、变造、买卖国家机关公文、证件、印章的行为。❶

2. 伪造、变造、买卖国家机关公文、证件、印章罪的构成特征

关于伪造、变造、买卖国家机关公文、证件、印章罪的构成特征，根据现行刑法的规定，必须具备以下四个方面，其集合表现为：

---

❶ 朱建华主编：《刑法分论》，法律出版社 2018 年版，第 314 页。

设 C 为伪造、变造、买卖国家机关公文、证件、印章罪的集合，则 C＝｛伪造、变造、买卖国家机关公文、证件、印章罪｝；

设 C1 为伪造、变造、买卖国家机关公文、证件、印章罪的客体的集合，则 C1＝｛国家机关的正常管理秩序和信誉｝；

设 C2 为伪造、变造、买卖国家机关公文、证件、印章罪的客观方面的集合，则 C2＝｛行为人伪造、变造、买卖国家机关公文、证件、印章的行为｝；

设 C3 为伪造、变造、买卖国家机关公文、证件、印章罪的主体的集合，则 C3＝｛年满 16 周岁、具有刑事责任能力的自然人｝；

设 C4 为伪造、变造、买卖国家机关公文、证件、印章罪的主观方面的集合，则 C4＝｛故意｝。

则 C＝C1∪C2∪C3∪C4，即 ｛伪造、变造、买卖国家机关公文、证件、印章罪｝＝｛客体是国家机关的正常管理秩序和信誉｝∪｛客观方面表现为行为人伪造、变造、买卖国家机关公文、证件、印章的行为｝∪｛主体是年满 16 周岁、具有刑事责任能力的自然人｝∪｛主观方面是故意｝＝｛客体是国家机关的正常管理秩序和信誉，客观方面表现为行为人伪造、变造、买卖国家机关公文、证件、印章的行为，主体是年满 16 周岁、具有刑事责任能力的自然人，主观方面是故意｝。

3. 伪造、变造、买卖国家机关公文、证件、印章罪的司法适用

（1）本罪与非罪的界限

设 C5 为伪造、变造、买卖国家机关公文、证件、印章罪的非罪的集合，则 C5＝｛无罪｝＝∅；

设 C51 为伪造、变造、买卖国家机关公文、证件、印章罪的非罪的客体的集合，则 C51＝｛行为人没有侵犯国家机关的正常管理秩序和信誉｝＝∅；

设 C52 为伪造、变造、买卖国家机关公文、证件、印章罪的非罪的客观方面的集合，则 C52＝｛行为人没有伪造、变造、买卖国家

机关公文、证件、印章的行为}=∅；

设 C53 为伪造、变造、买卖国家机关公文、证件、印章罪的非罪的主体的集合，则 C53={行为人是未满 16 周岁，或者已满 16 周岁但没有刑事责任能力的自然人}=∅；

设 C54 为伪造、变造、买卖国家机关公文、证件、印章罪的非罪的主观方面的集合，则 C54={行为人无故意}=∅。

则 C5={伪造、变造、买卖国家机关公文、证件、印章罪的非罪}=C∩C51={伪造、变造、买卖国家机关公文、证件、印章罪}∩{行为人没有侵犯国家机关的正常管理秩序和信誉}={伪造、变造、买卖国家机关公文、证件、印章罪}∩∅=∅={无罪}；

C5={伪造、变造、买卖国家机关公文、证件、印章罪的非罪}=C∩C52={伪造、变造、买卖国家机关公文、证件、印章罪}∩{行为人没有伪造、变造、买卖国家机关公文、证件、印章的行为}={伪造、变造、买卖国家机关公文、证件、印章罪}∩∅=∅={无罪}；

C5={伪造、变造、买卖国家机关公文、证件、印章罪的非罪}=C∩C53={伪造、变造、买卖国家机关公文、证件、印章罪}∩{行为人是未满 16 周岁，或者已满 16 周岁但没有刑事责任能力的自然人}={伪造、变造、买卖国家机关公文、证件、印章罪}∩∅=∅={无罪}；

C5={伪造、变造、买卖国家机关公文、证件、印章罪的非罪}=C∩C54={伪造、变造、买卖国家机关公文、证件、印章罪}∩{行为人无故意}={伪造、变造、买卖国家机关公文、证件、印章罪}∩∅=∅={无罪}。

（2）此罪与彼罪的界限

1）伪造、变造、买卖国家机关公文、证件、印章罪与盗窃、抢夺、毁灭国家机关公文、证件、印章罪的界限

设 C 为伪造、变造、买卖国家机关公文、证件、印章罪的集合，则 C={伪造、变造、买卖国家机关公文、证件、印章罪}；

设 C6 为盗窃、抢夺、毁灭国家机关公文、证件、印章罪的集合，则 C6 = ｛盗窃、抢夺、毁灭国家机关公文、证件、印章罪｝。

则 C∪C6 – C∩C6 = ｛伪造、变造、买卖国家机关公文、证件、印章罪｝∪｛盗窃、抢夺、毁灭国家机关公文、证件、印章罪｝–｛伪造、变造、买卖国家机关公文、证件、印章罪｝∩｛盗窃、抢夺、毁灭国家机关公文、证件、印章罪｝=｛客体是国家机关的正常管理秩序和信誉，客观方面表现为行为人伪造、变造、买卖国家机关公文、证件、印章的行为，主体是年满 16 周岁、具有刑事责任能力的自然人，主观方面是故意｝∪｛客体是国家机关的正常管理秩序和信誉，客观方面表现为行为人秘密窃取、公然夺取或者故意毁坏国家机关公文、证件、印章的行为，主体是年满 16 周岁、具有刑事责任能力的自然人，主观方面是故意｝–｛客体是国家机关的正常管理秩序和信誉，主体是年满 16 周岁、具有刑事责任能力的自然人，主观方面是故意｝=｛客观方面表现为行为人伪造、变造、买卖国家机关公文、证件、印章的行为，客观方面表现为行为人秘密窃取、公然夺取或者故意毁坏国家机关公文、证件、印章的行为｝。

2）伪造、变造、买卖国家机关公文、证件、印章罪与伪造公司、企业、事业单位、人民团体印章罪的界限

设 C 为伪造、变造、买卖国家机关公文、证件、印章罪的集合，则 C = ｛伪造、变造、买卖国家机关公文、证件、印章罪｝；

设 C7 为伪造公司、企业、事业单位、人民团体印章罪的集合，则 C7 = ｛伪造公司、企业、事业单位、人民团体印章罪｝。

则 C∪C7 – C∩C7 = ｛伪造、变造、买卖国家机关公文、证件、印章罪｝∪｛伪造公司、企业、事业单位、人民团体印章罪｝–｛伪造、变造、买卖国家机关公文、证件、印章罪｝∩｛伪造公司、企业、事业单位、人民团体印章罪｝=｛客体是国家机关的正常管理秩序和信誉，客观方面表现为行为人伪造、变造、买卖国家机关公文、证件、印章的行为，主体是年满 16 周岁、具有刑事责任能力的自然人，主观方面是故意｝∪｛客体是公司、企业、事业单位、人民团体

的正常管理秩序和信誉，客观方面表现为行为人擅自刻制或者仿制公司、企业、事业单位、人民团体印章，损害其信誉的行为，主体是年满 16 周岁、具有刑事责任能力的自然人，主观方面是故意} - {主体是年满 16 周岁、具有刑事责任能力的自然人，主观方面是故意} = {客体是国家机关的正常管理秩序和信誉，客观方面表现为行为人伪造、变造、买卖国家机关公文、证件、印章的行为，客体是公司、企业、事业单位、人民团体的正常管理秩序和信誉，客观方面表现为行为人擅自刻制或者仿制公司、企业、事业单位、人民团体印章，损害其信誉的行为}。

3）伪造、变造、买卖国家机关公文、证件、印章罪与伪造、变造、买卖身份证件罪的界限

设 C 为伪造、变造、买卖国家机关公文、证件、印章罪的集合，则 C = {伪造、变造、买卖国家机关公文、证件、印章罪}；

设 C8 为伪造、变造居民身份证罪的集合，则 C8 = {伪造、变造、买卖身份证件罪}。

则 C∪C8 - C∩C8 = {伪造、变造、买卖国家机关公文、证件、印章罪}∪{伪造、变造、买卖身份证件罪} - {伪造、变造、买卖国家机关公文、证件、印章罪}∩{伪造、变造、买卖身份证件罪} = {客体是国家机关的正常管理秩序和信誉，客观方面表现为行为人伪造、变造、买卖国家机关公文、证件、印章的行为，主体是年满 16 周岁、具有刑事责任能力的自然人，主观方面是故意}∪{客体是国家对公民身份证件的管理制度，客观方面表现为行为人伪造、变造、买卖身份证件的行为，主体是年满 16 周岁、具有刑事责任能力的自然人，主观方面是故意} - {主体是年满 16 周岁、具有刑事责任能力的自然人，主观方面是故意} = {客体是国家机关的正常管理秩序和信誉，客观方面表现为行为人伪造、变造、买卖国家机关公文、证件、印章的行为，客体是国家对公民身份证件的管理制度，客观方面表现为行为人伪造、变造、买卖身份证件的行为}。

（四）非法侵入计算机信息系统罪

1. 非法侵入计算机信息系统罪的概念

非法侵入计算机信息系统罪，是指行为人违反国家规定，侵入国家事务、国防建设、尖端科学技术领域的计算机信息系统的行为。❶

2. 非法侵入计算机信息系统罪的构成特征

关于非法侵入计算机信息系统罪的构成特征，根据现行刑法的规定，必须具备以下四个方面，其集合表现为：

设 D 为非法侵入计算机信息系统罪的集合，则 D ＝｛非法侵入计算机信息系统罪｝；

设 D1 为非法侵入计算机信息系统罪的客体的集合，则 D1 ＝｛国家重要领域的计算机信息系统的安全｝；

设 D2 为非法侵入计算机信息系统罪的客观方面的集合，则 D2 ＝｛行为人违反国家规定，侵入国家事务、国防建设、尖端科学技术领域的计算机信息系统的行为｝；

设 D3 为非法侵入计算机信息系统罪的主体的集合，则 D3 ＝｛年满 16 周岁、具有刑事责任能力的人｝；

设 D4 为非法侵入计算机信息系统罪的主观方面的集合，则 D4 ＝｛故意｝。

则 D ＝ D1∪D2∪D3∪D4，即 ｛非法侵入计算机信息系统罪｝＝｛客体是国家重要领域的计算机信息系统的安全｝∪｛客观方面表现为行为人违反国家规定，侵入国家事务、国防建设、尖端科学技术领域的计算机信息系统的行为｝∪｛主体是年满 16 周岁、具有刑事责任能力的人｝∪｛主观方面是故意｝＝｛客体是国家重要领域的计算机信息系统的安全，客观方面表现为行为人违反国家规定，侵入国家事务、国防建设、尖端科学技术领域的计算机信息系统的行为，

---

❶　朱建华主编：《刑法分论》，法律出版社 2018 年版，第 319 页。

主体是年满 16 周岁、具有刑事责任能力的人，主观方面是故意｝。

3. 非法侵入计算机信息系统罪的司法适用

（1）本罪与非罪的界限

设 D5 为非法侵入计算机信息系统罪的非罪的集合，则 D5 = ｛无罪｝= Ø；

设 D51 为非法侵入计算机信息系统罪的非罪的客体的集合，则 D51 = ｛行为人没有侵犯国家重要领域的计算机信息系统的安全｝= Ø；

设 D52 为非法侵入计算机信息系统罪的非罪的客观方面的集合，则 D52 = ｛行为人没有实施违反国家规定，侵入国家事务、国防建设、尖端科学技术领域的计算机信息系统的行为｝= Ø；

设 D53 为非法侵入计算机信息系统罪的非罪的主体的集合，D53 = ｛行为人是未满 16 周岁，或者已满 16 周岁但没有刑事责任能力的自然人｝= Ø；

设 D54 为非法侵入计算机信息系统罪的非罪的主观方面的集合，则 D54 = ｛行为人无故意｝= Ø。

则 D5 = ｛非法侵入计算机信息系统罪的非罪｝= D ∩ D51 = ｛非法侵入计算机信息系统罪｝∩｛行为人没有侵犯国家重要领域的计算机信息系统的安全｝= ｛非法侵入计算机信息系统罪｝∩ Ø = Ø = ｛无罪｝；

D5 = ｛非法侵入计算机信息系统罪的非罪｝= D ∩ D52 = ｛非法侵入计算机信息系统罪｝∩｛行为人没有实施违反国家规定，侵入国家事务、国防建设、尖端科学技术领域的计算机信息系统的行为｝= ｛非法侵入计算机信息系统罪｝∩ Ø = Ø = ｛无罪｝；

D5 = ｛非法侵入计算机信息系统罪的非罪｝= D ∩ D53 = ｛非法侵入计算机信息系统罪｝∩｛行为人是未满 16 周岁，或者已满 16 周岁但没有刑事责任能力的自然人｝= ｛非法侵入计算机信息系统罪｝∩ Ø = Ø = ｛无罪｝；

D5 = ｛非法侵入计算机信息系统罪的非罪｝= D ∩ D54 = ｛非法侵

入计算机信息系统罪}∩{行为人无故意} = {非法侵入计算机信息系统罪}∩∅ = ∅ = {无罪}。

（2）此罪与彼罪的界限

1）非法侵入计算机信息系统罪与非法获取计算机信息系统数据、非法控制计算机信息系统罪的界限

设 D 为非法侵入计算机信息系统罪的集合，则 D = {非法侵入计算机信息系统罪}；

设 D6 为非法获取计算机信息系统数据、非法控制计算机信息系统罪的集合，则 D6 = {非法获取计算机信息系统数据、非法控制计算机信息系统罪}。

则 D∪D6 – D∩D6 = {非法侵入计算机信息系统罪}∪{非法获取计算机信息系统数据、非法控制计算机信息系统罪} – {非法侵入计算机信息系统罪}∩{非法获取计算机信息系统数据、非法控制计算机信息系统罪} = {客体是国家重要领域的计算机信息系统的安全，客观方面表现为行为人违反国家规定，侵入国家事务、国防建设、尖端科学技术领域的计算机信息系统的行为，主体是年满 16 周岁、具有刑事责任能力的自然人，主观方面是故意}∪{客体是国家重要领域以外的计算机信息系统的安全，客观方面表现为行为人违反国家规定，侵入国家事务、国防建设、尖端科学技术领域以外的计算机信息系统或者采用其他技术手段，获取该计算机信息系统中存储、处理或者传输的数据，或者对该计算机信息系统实施非法控制，情节严重的行为，主体是年满 16 周岁、具有刑事责任能力的自然人，主观方面是故意} – {主体是年满 16 周岁、具有刑事责任能力的自然人，主观方面是故意} = {客体是国家重要领域的计算机信息系统的安全，客观方面表现为行为人违反国家规定，侵入国家事务、国防建设、尖端科学技术领域的计算机信息系统的行为，客体是国家重要领域以外的计算机信息系统的安全，客观方面表现为行为人违反国家规定，侵入国家事务、国防建设、尖端科学技术领域以外的计算机信息系统或者采用其他技术手段，获取该计算机信息

系统中存储、处理或者传输的数据，或者对该计算机信息系统实施非法控制，情节严重的行为}。

2）非法侵入计算机信息系统罪与提供侵入、非法控制计算机信息系统程序、工具罪的界限

设 D 为非法侵入计算机信息系统罪的集合，则 D = {非法侵入计算机信息系统罪}；

设 D7 为提供侵入、非法控制计算机信息系统程序、工具罪的集合，则 D7 = {提供侵入、非法控制计算机信息系统程序、工具罪}。

则 D∪D7 − D∩D7 = {非法侵入计算机信息系统罪}∪{提供侵入、非法控制计算机信息系统程序、工具罪} − {非法侵入计算机信息系统罪}∩{提供侵入、非法控制计算机信息系统程序、工具罪} = {客体是国家重要领域的计算机信息系统的安全，客观方面表现为行为人违反国家规定，侵入国家事务、国防建设、尖端科学技术领域的计算机信息系统的行为，主体是年满 16 周岁、具有刑事责任能力的自然人，主观方面是故意}∪{客体是国家对计算机信息系统的保护制度，客观方面表现为行为人提供专门用于侵入、非法控制计算机信息系统的程序、工具，或者明知他人实施侵入、非法控制计算机信息系统的违法犯罪行为而为其提供程序、工具，情节严重的行为，主体是年满 16 周岁、具有刑事责任能力的自然人，主观方面是故意} − {主体是年满 16 周岁、具有刑事责任能力的自然人，主观方面是故意} = {客体是国家重要领域的计算机信息系统的安全，客观方面表现为行为人违反国家规定，侵入国家事务、国防建设、尖端科学技术领域的计算机信息系统的行为，客体是国家对计算机信息系统的保护制度，客观方面表现为行为人提供专门用于侵入、非法控制计算机信息系统的程序、工具，或者明知他人实施侵入、非法控制计算机信息系统的违法犯罪行为而为其提供程序、工具，情节严重的行为}。

3）非法侵入计算机信息系统罪与破坏计算机信息系统罪的界限

设 D 为非法侵入计算机信息系统罪的集合，则 D =｛非法侵入计算机信息系统罪｝；

设 D8 为破坏计算机信息系统罪的集合，则 D8 =｛破坏计算机信息系统罪｝。

则 D∪D8 – D∩D8 =｛非法侵入计算机信息系统罪｝∪｛破坏计算机信息系统罪｝–｛非法侵入计算机信息系统罪｝∩｛破坏计算机信息系统罪｝=｛客体是国家重要领域的计算机信息系统的安全，客观方面表现为行为人违反国家规定，侵入国家事务、国防建设、尖端科学技术领域的计算机信息系统的行为，主体是年满 16 周岁、具有刑事责任能力的自然人，主观方面是故意｝∪｛客体是国家对计算机信息系统的保护制度，客观方面表现为行为人违反国家规定，对计算机信息系统功能进行删除、修改、增加、干扰，造成计算机信息系统不能正常运行，或者对计算机信息系统中存储、处理或者传输的数据和应用程序进行删除、修改、增加的操作，以及故意制作、传播计算机病毒等破坏性程序，影响计算机系统正常运行，后果严重的行为，主体是年满 16 周岁、具有刑事责任能力的自然人，主观方面是故意｝–｛主体是年满 16 周岁、具有刑事责任能力的自然人，主观方面是故意｝=｛客体是国家重要领域的计算机信息系统的安全，客观方面表现为行为人违反国家规定，侵入国家事务、国防建设、尖端科学技术领域的计算机信息系统的行为，客体是国家对计算机信息系统的保护制度，客观方面表现为行为人违反国家规定，对计算机信息系统功能进行删除、修改、增加、干扰，造成计算机信息系统不能正常运行，或者对计算机信息系统中存储、处理或者传输的数据和应用程序进行删除、修改、增加的操作，以及故意制作、传播计算机病毒等破坏性程序，影响计算机系统正常运行，后果严重的行为｝。

（五）聚众扰乱社会秩序罪

1. 聚众扰乱社会秩序罪的概念

聚众扰乱社会秩序罪，是指行为人聚众扰乱社会秩序，情节严重，致使工作、生产、营业和教学、科研无法进行，造成严重损失的行为。❶

2. 聚众扰乱社会秩序罪的构成特征

关于聚众扰乱社会秩序罪的构成特征，根据现行刑法的规定，必须具备以下四个方面，其集合表现为：

设 E 为聚众扰乱社会秩序罪的集合，则 E = ｛聚众扰乱社会秩序罪｝；

设 E1 为聚众扰乱社会秩序罪的客体的集合，则 E1 = ｛党政机关、企事业单位或者人民团体正常的工作、生产、营业、教学和科研秩序｝；

设 E2 为聚众扰乱社会秩序罪的客观方面的集合，则 E2 = ｛行为人聚众扰乱社会秩序，情节严重，致使工作、生产、营业和教学、科研无法进行，造成严重损失的行为｝；

设 E3 为聚众扰乱社会秩序罪的主体的集合，则 E3 = ｛聚众扰乱社会秩序的首要分子和积极参加者｝；

设 E4 为聚众扰乱社会秩序罪的主观方面的集合，则 E4 = ｛故意｝。

则 E = E1∪E2∪E3∪E4，即 ｛聚众扰乱社会秩序罪｝ = ｛客体是党政机关、企事业单位或者人民团体正常的工作、生产、营业、教学和科研秩序｝∪｛客观方面表现为行为人聚众扰乱社会秩序，情节严重，致使工作、生产、营业和教学、科研无法进行，造成严重损失的行为｝∪｛主体是聚众扰乱社会秩序的首要分子和积极参加者｝∪｛主观方面是故意｝ = ｛客体是党政机关、企事业单位或者人民

---

❶ 朱建华主编：《刑法分论》，法律出版社 2018 年版，第 323 页。

团体正常的工作、生产、营业、教学和科研秩序，客观方面表现为行为人聚众扰乱社会秩序，情节严重，致使工作、生产、营业和教学、科研无法进行，造成严重损失的行为，主体是聚众扰乱社会秩序的首要分子和积极参加者，主观方面是故意｝。

3. 聚众扰乱社会秩序罪的司法适用

（1）本罪与非罪的界限

设 E5 为聚众扰乱社会秩序罪的非罪的集合，则 E5 =｛无罪｝= Ø；

设 E51 为聚众扰乱社会秩序罪的非罪的客体的集合，则 E51 =｛行为人没有侵犯党政机关、企事业单位或者人民团体正常的工作、生产、营业、教学和科研秩序｝= Ø；

设 E52 为聚众扰乱社会秩序罪的非罪的客观方面的集合，则 E52 =｛行为人没有实施聚众扰乱社会秩序，情节严重，致使工作、生产、营业和教学、科研无法进行，造成严重损失的行为｝= Ø；

设 E53 为聚众扰乱社会秩序罪的非罪的主体的集合，E53 =｛行为人不是聚众扰乱社会秩序的首要分子和积极参加者｝= Ø；

设 E54 为聚众扰乱社会秩序罪的非罪的主观方面的集合，则 E54 =｛行为人无故意｝= Ø。

则 E5 =｛聚众扰乱社会秩序罪的非罪｝= E∩E51 =｛聚众扰乱社会秩序罪｝∩｛行为人没有侵犯党政机关、企事业单位或者人民团体正常的工作、生产、营业、教学和科研秩序｝=｛聚众扰乱社会秩序罪｝∩Ø = Ø =｛无罪｝；

E5 =｛聚众扰乱社会秩序罪的非罪｝= E∩E52 =｛聚众扰乱社会秩序罪｝∩｛行为人没有实施聚众扰乱社会秩序，情节严重，致使工作、生产、营业和教学、科研无法进行，造成严重损失的行为｝=｛聚众扰乱社会秩序罪｝∩Ø = Ø =｛无罪｝；

E5 =｛聚众扰乱社会秩序罪的非罪｝= E∩E53 =｛聚众扰乱社会秩序罪｝∩｛行为人不是聚众扰乱社会秩序的首要分子和积极参加者｝=｛聚众扰乱社会秩序罪｝∩Ø = Ø =｛无罪｝；

E5 = {聚众扰乱社会秩序罪的非罪} = E∩E54 = {聚众扰乱社会秩序罪} ∩ {行为人无故意} = {聚众扰乱社会秩序罪} ∩ Ø = Ø = {无罪}。

（2）此罪与彼罪的界限

1）聚众扰乱社会秩序罪与聚众冲击国家机关罪的界限

设 E 为聚众扰乱社会秩序罪的集合，则 E = {聚众扰乱社会秩序罪}；

设 E6 为聚众冲击国家机关罪的集合，则 E6 = {聚众冲击国家机关罪}。

则 E∪E6 − E∩E6 = {聚众扰乱社会秩序罪} ∪ {聚众冲击国家机关罪} − {聚众扰乱社会秩序罪} ∩ {聚众冲击国家机关罪} = {客体是党政机关、企事业单位或者人民团体正常的工作、生产、营业、教学和科研秩序，客观方面表现为行为人聚众扰乱社会秩序，情节严重，致使工作、生产、营业和教学、科研无法进行，造成严重损失的行为，主体是聚众扰乱社会秩序的首要分子和积极参加者，主观方面是故意} ∪ {客体是国家机关的正常工作秩序，客观方面表现为行为人聚众冲击国家机关，致使国家机关工作无法进行，造成严重损失的行为，主体是聚众冲击国家机关的首要分子和积极参加者，主观方面是故意} − {主观方面是故意} = {客体是党政机关、企事业单位或者人民团体正常的工作、生产、营业、教学和科研秩序，客观方面表现为行为人聚众扰乱社会秩序，情节严重，致使工作、生产、营业和教学、科研无法进行，造成严重损失的行为，主体是聚众扰乱社会秩序的首要分子和积极参加者，客体是国家机关的正常工作秩序，客观方面表现为行为人聚众冲击国家机关，致使国家机关工作无法进行，造成严重损失的行为，主体是聚众冲击国家机关的首要分子和积极参加者}。

2）聚众扰乱社会秩序罪与聚众扰乱公共场所秩序、交通秩序罪的界限

设 E 为聚众扰乱社会秩序罪的集合，则 E = ｛聚众扰乱社会秩序罪｝；

设 E7 为聚众扰乱公共场所秩序、交通秩序罪的集合，则 E7 = ｛聚众扰乱公共场所秩序、交通秩序罪｝。

则 E∪E7 – E∩E7 = ｛聚众扰乱社会秩序罪｝∪｛聚众扰乱公共场所秩序、交通秩序罪｝–｛聚众扰乱社会秩序罪｝∩｛聚众扰乱公共场所秩序、交通秩序罪｝= ｛客体是党政机关、企事业单位或者人民团体正常的工作、生产、营业、教学和科研秩序，客观方面表现为行为人聚众扰乱社会秩序，情节严重，致使工作、生产、营业和教学、科研无法进行，造成严重损失的行为，主体是聚众扰乱社会秩序的首要分子和积极参加者，主观方面是故意｝∪｛客体是公共场所秩序和交通秩序，客观方面表现为行为人聚众扰乱车站、码头、民用航空站、商场、公园、影剧院、展览会、运动场或者其他公共场所秩序，聚众堵塞交通或者破坏交通秩序，抗拒、阻碍国家治安管理工作人员依法执行职务，情节严重的行为，主体是聚众扰乱公共场所秩序、交通秩序的首要分子，主观方面是故意｝–｛主观方面是故意｝= ｛客体是党政机关、企事业单位或者人民团体正常的工作、生产、营业、教学和科研秩序，客观方面表现为行为人聚众扰乱社会秩序，情节严重，致使工作、生产、营业和教学、科研无法进行，造成严重损失的行为，主体是聚众扰乱社会秩序的首要分子和积极参加者，客体是公共场所秩序和交通秩序，客观方面表现为行为人聚众扰乱车站、码头、民用航空站、商场、公园、影剧院、展览会、运动场或者其他公共场所秩序，聚众堵塞交通或者破坏交通秩序，抗拒、阻碍国家治安管理工作人员依法执行职务，情节严重的行为，主体是聚众扰乱公共场所秩序、交通秩序的首要分子｝。

3）聚众扰乱社会秩序罪与聚众斗殴罪的界限

设 E 为聚众扰乱社会秩序罪的集合，则 E = ｛聚众扰乱社会秩

序罪｝；

设 E8 为聚众斗殴罪的集合，则 E8 ={聚众斗殴罪}。

则 E∪E8 - E∩E8 ={聚众扰乱社会秩序罪} ∪{聚众斗殴罪} - {聚众扰乱社会秩序罪} ∩{聚众斗殴罪} ={客体是党政机关、企事业单位或者人民团体正常的工作、生产、营业、教学和科研秩序，客观方面表现为行为人聚众扰乱社会秩序，情节严重，致使工作、生产、营业和教学、科研无法进行，造成严重损失的行为，主体是聚众扰乱社会秩序的首要分子和积极参加者，主观方面是故意｝∪｛客体是社会的公共秩序，客观方面表现为行为人双方出于个人恩怨、争夺势力范围或者其他不正当目的，而纠集多人成帮结伙打架斗殴，破坏公共秩序的行为，主体是聚众斗殴的首要分子和其他积极参加者，主观方面是故意｝-｛主观方面是故意｝=｛客体是党政机关、企事业单位或者人民团体正常的工作、生产、营业、教学和科研秩序，客观方面表现为行为人聚众扰乱社会秩序，情节严重，致使工作、生产、营业、教学、科研无法进行，造成严重损失的行为，主体是聚众扰乱社会秩序的首要分子和积极参加者，客体是社会的公共秩序，客观方面表现为行为人双方出于个人恩怨、争夺势力范围或者其他不正当目的，而纠集多人成帮结伙打架斗殴，破坏公共秩序的行为，主体是聚众斗殴的首要分子和其他积极参加者｝。

（六）组织、领导、参加黑社会性质组织罪

1. 组织、领导、参加黑社会性质组织罪的概念

组织、领导、参加黑社会性质组织罪，是指行为人组织、领导或者参加以暴力、威胁或者其他手段，有组织地进行违法犯罪活动，称霸一方，为非作恶，欺压、残害群众，严重破坏经济、社会生活秩序的黑社会性质组织的行为。❶

2. 组织、领导、参加黑社会性质组织罪的构成特征

关于组织、领导、参加黑社会性质组织罪的构成特征，根据现

---

❶ 朱建华主编：《刑法分论》，法律出版社 2018 年版，第 328 页。

行刑法的规定，必须具备以下四个方面，其集合表现为：

设 F 为组织、领导、参加黑社会性质组织罪的集合，则 F = ｛组织、领导、参加黑社会性质组织罪｝；

设 F1 为组织、领导、参加黑社会性质组织罪的客体的集合，则 F1 = ｛社会治安管理秩序｝；

设 F2 为组织、领导、参加黑社会性质组织罪的客观方面的集合，则 F2 = ｛行为人组织、领导或者参加以暴力、威胁或者其他手段，有组织地进行违法犯罪活动，称霸一方，为非作恶，欺压、残害群众，严重破坏经济、社会生活秩序的黑社会性质组织的行为｝；

设 F3 为组织、领导、参加黑社会性质组织罪的主体的集合，则 F3 = ｛年满 16 周岁、具有刑事责任能力的人｝；

设 F4 为组织、领导、参加黑社会性质组织罪的主观方面的集合，则 F4 = ｛故意｝。

则 F = F1∪F2∪F3∪F4，即 ｛组织、领导、参加黑社会性质组织罪｝=｛客体是社会治安管理秩序｝∪｛客观方面表现为行为人组织、领导或者参加以暴力、威胁或者其他手段，有组织地进行违法犯罪活动，称霸一方，为非作恶，欺压、残害群众，严重破坏经济、社会生活秩序的黑社会性质组织的行为｝∪｛主体是年满 16 周岁、具有刑事责任能力的自然人｝∪｛主观方面是故意｝=｛客体是社会治安管理秩序，客观方面表现为行为人组织、领导或者参加以暴力、威胁或者其他手段，有组织地进行违法犯罪活动，称霸一方，为非作恶，欺压、残害群众，严重破坏经济、社会生活秩序的黑社会性质组织的行为，主体是年满 16 周岁、具有刑事责任能力的自然人，主观方面是故意｝。

3. 组织、领导、参加黑社会性质组织罪的司法适用

（1）本罪与非罪的界限

设 F5 为组织、领导、参加黑社会性质组织罪的非罪的集合，则 F5 = ｛无罪｝= Ø；

设 F51 为组织、领导、参加黑社会性质组织罪的非罪的客体的集合，则 F51 = {行为人没有侵犯社会治安管理秩序} = Ø；

设 F52 为组织、领导、参加黑社会性质组织罪的非罪的客观方面的集合，则 F52 = {行为人没有实施组织、领导或者参加以暴力、威胁或者其他手段，有组织地进行违法犯罪活动，称霸一方，为非作恶，欺压、残害群众，严重破坏经济、社会生活秩序的黑社会性质组织的行为} = Ø；

设 F53 为组织、领导、参加黑社会性质组织罪的非罪的主体的集合，F53 = {行为人是未满 16 周岁，或者已满 16 周岁但没有刑事责任能力的自然人} = Ø；

设 F54 为组织、领导、参加黑社会性质组织罪的非罪的主观方面的集合，则 F54 = {行为人无故意} = Ø。

则 F5 = {组织、领导、参加黑社会性质组织罪的非罪} = F∩F51 = {聚众扰乱社会秩序罪}∩{行为人没有侵犯社会治安管理秩序} = {聚众扰乱社会秩序罪}∩Ø = Ø = {无罪}；

F5 = {组织、领导、参加黑社会性质组织罪的非罪} = F∩F52 = {组织、领导、参加黑社会性质组织罪}∩{行为人没有实施组织、领导或者参加以暴力、威胁或者其他手段，有组织地进行违法犯罪活动，称霸一方，为非作恶，欺压、残害群众，严重破坏经济、社会生活秩序的黑社会性质组织的行为} = {组织、领导、参加黑社会性质组织罪}∩Ø = Ø = {无罪}；

F5 = {组织、领导、参加黑社会性质组织罪的非罪} = F∩F53 = {组织、领导、参加黑社会性质组织罪}∩{行为人是未满 16 周岁，或者已满 16 周岁但没有刑事责任能力的自然人} = {组织、领导、参加黑社会性质组织罪}∩Ø = Ø = {无罪}；

F5 = {组织、领导、参加黑社会性质组织罪的非罪} = F∩F54 = {组织、领导、参加黑社会性质组织罪}∩{行为人无故意} = {组织、领导、参加黑社会性质组织罪}∩Ø = Ø = {无罪}。

（2）此罪与彼罪的界限

1）组织、领导、参加黑社会性质组织罪与入境发展黑社会组织罪的界限

设 F 为组织、领导、参加黑社会性质组织罪的集合，则 F = {组织、领导、参加黑社会性质组织罪}；

设 F6 为入境发展黑社会组织罪的集合，则 F6 = {入境发展黑社会组织罪}。

则 F∪F6 − F∩F6 = {组织、领导、参加黑社会性质组织罪}∪{入境发展黑社会组织罪} − {组织、领导、参加黑社会性质组织罪}∩{入境发展黑社会组织罪} = {客体是社会治安管理秩序，客观方面表现为行为人组织、领导或者参加以暴力、威胁或者其他手段，有组织地进行违法犯罪活动，称霸一方，为非作恶，欺压、残害群众，严重破坏经济、社会生活秩序的黑社会性质组织的行为，主体是年满16周岁、具有刑事责任能力的自然人，主观方面是故意}∪{客体是社会治安管理秩序，客观方面表现为行为人到中华人民共和国境内发展组织成员的行为，主体是境外的黑社会组织的人员，主观方面是故意} − {客体是社会治安管理秩序，主观方面是故意} = {客观方面表现为行为人组织、领导或者参加以暴力、威胁或者其他手段，有组织地进行违法犯罪活动，称霸一方，为非作恶，欺压、残害群众，严重破坏经济、社会生活秩序的黑社会性质组织的行为，主体是年满16周岁、具有刑事责任能力的人，客观方面表现为行为人到中华人民共和国境内发展组织成员的行为，主体是境外的黑社会组织的人员}。

2）组织、领导、参加黑社会性质组织罪与包庇、纵容黑社会性质组织罪的界限

设 F 为组织、领导、参加黑社会性质组织罪的集合，则 F = {组织、领导、参加黑社会性质组织罪}；

设 F7 为包庇、纵容黑社会性质组织罪的集合，则 F7 = {包庇、纵容黑社会性质组织罪}。

则 F∪F7 – F∩F7 = ｛组织、领导、参加黑社会性质组织罪｝∪｛包庇、纵容黑社会性质组织罪｝–｛组织、领导、参加黑社会性质组织罪｝∩｛包庇、纵容黑社会性质组织罪｝=｛客体是社会治安管理秩序，客观方面表现为行为人组织、领导或者参加以暴力、威胁或者其他手段，有组织地进行违法犯罪活动，称霸一方，为非作恶，欺压、残害群众，严重破坏经济、社会生活秩序的黑社会性质组织的行为，主体是年满 16 周岁、具有刑事责任能力的自然人，主观方面是故意｝∪｛客体是社会治安管理秩序，客观方面表现为行为人包庇黑社会性质的组织，或者纵容黑社会性质的组织进行违法犯罪活动的行为，主体是国家机关工作人员，主观方面是故意｝–｛客体是社会治安管理秩序，主观方面是故意｝=｛客观方面表现为行为人组织、领导或者参加以暴力、威胁或者其他手段，有组织地进行违法犯罪活动，称霸一方，为非作恶，欺压、残害群众，严重破坏经济、社会生活秩序的黑社会性质组织的行为，主体是年满 16 周岁、具有刑事责任能力的自然人，客观方面表现为行为人包庇黑社会性质的组织，或者纵容黑社会性质的组织进行违法犯罪活动的行为，主体是国家机关工作人员｝。

（七）非法集会、游行、示威罪

1. 非法集会、游行、示威罪的概念

非法集会、游行、示威罪，是指行为人举行集会、游行、示威，未依照法律规定申请或者申请未获许可，或者未按照主管机关许可的起止时间、地点、路线进行，又拒不服从解散命令，严重破坏社会秩序的行为。❶

2. 非法集会、游行、示威罪的构成特征

关于非法集会、游行、示威罪的构成特征，根据现行刑法的规定，必须具备以下四个方面，其集合表现为：

---

❶ 朱建华主编：《刑法分论》，法律出版社 2018 年版，第 333 页。

设 G 为非法集会、游行、示威罪的集合，则 G ＝{非法集会、游行、示威罪}；

设 G1 为非法集会、游行、示威罪的客体的集合，则 G1 ＝{国家对集会、游行、示威活动的管理制度}∪{社会的公共秩序}＝{国家对集会、游行、示威活动的管理制度和社会的公共秩序}；

设 G2 为非法集会、游行、示威罪的客观方面的集合，则 G2 ＝{行为人举行集会、游行、示威，未依照法律规定申请或者申请未获许可，或者未按照主管机关许可的起止时间、地点、路线进行，又拒不服从解散命令，严重破坏社会秩序的行为}；

设 G3 为非法集会、游行、示威罪的主体的集合，则 G3 ＝{非法集会、游行、示威的负责人和直接责任人员}；

设 G4 为非法集会、游行、示威罪的主观方面的集合，则 G4 ＝{故意}。

则 G ＝ G1∪G2∪G3∪G4，即 {非法集会、游行、示威罪}＝{客体是国家对集会、游行、示威活动的管理制度和社会的公共秩序}∪{客观方面表现为行为人举行集会、游行、示威，未依照法律规定申请或者申请未获许可，或者未按照主管机关许可的起止时间、地点、路线进行，又拒不服从解散命令，严重破坏社会秩序的行为}∪{主体是非法集会、游行、示威的负责人和直接责任人员}∪{主观方面是故意}＝{客体是国家对集会、游行、示威活动的管理制度和社会的公共秩序，客观方面表现为行为人举行集会、游行、示威，未依照法律规定申请或者申请未获许可，或者未按照主管机关许可的起止时间、地点、路线进行，又拒不服从解散命令，严重破坏社会秩序的行为，主体是非法集会、游行、示威的负责人和直接责任人员，主观方面是故意}。

3. 非法集会、游行、示威罪的司法适用

（1）本罪与非罪的界限

设 G5 为非法集会、游行、示威罪的非罪的集合，则 G5 ＝{无罪｝＝∅；

设 G51 为非法集会、游行、示威罪的非罪的客体的集合，则 G51 ＝｛行为人没有侵犯国家对集会、游行、示威活动的管理制度和社会的公共秩序｝＝∅；

设 G52 为非法集会、游行、示威罪的非罪的客观方面的集合，则 G52 ＝｛行为人没有实施举行集会、游行、示威，未依照法律规定申请或者申请未获许可，或者未按照主管机关许可的起止时间、地点、路线进行，又拒不服从解散命令，严重破坏社会秩序的行为｝＝∅；

设 G53 为非法集会、游行、示威罪的非罪的主体的集合，G53 ＝｛行为人不是非法集会、游行、示威的负责人和直接责任人员｝＝∅；

设 G54 为非法集会、游行、示威罪的非罪的主观方面的集合，则 G54 ＝｛行为人无故意｝＝∅。

则 G5 ＝｛非法集会、游行、示威罪的非罪｝＝ G∩G51 ＝｛非法集会、游行、示威罪｝∩｛行为人没有侵犯国家对集会、游行、示威活动的管理制度和社会的公共秩序｝＝｛非法集会、游行、示威罪｝∩∅＝∅＝｛无罪｝；

G5 ＝｛非法集会、游行、示威罪的非罪｝＝ G∩G52 ＝｛非法集会、游行、示威罪｝∩｛行为人没有实施举行集会、游行、示威，未依照法律规定申请或者申请未获许可，或者未按照主管机关许可的起止时间、地点、路线进行，又拒不服从解散命令，严重破坏社会秩序的行为｝＝｛非法集会、游行、示威罪｝∩∅＝∅＝｛无罪｝；

G5 ＝｛非法集会、游行、示威罪的非罪｝＝ G∩G53 ＝｛非法集会、游行、示威罪｝∩｛行为人不是非法集会、游行、示威的负责人和直接责任人员｝＝｛非法集会、游行、示威罪｝∩∅＝∅＝｛无罪｝；

G5 ＝｛非法集会、游行、示威罪的非罪｝＝ G∩G54 ＝｛非法集会、游行、示威罪｝∩｛行为人无故意｝＝｛非法集会、游行、示威罪｝∩∅＝∅＝｛无罪｝。

（2）此罪与彼罪的界限

1）非法集会、游行、示威罪与非法携带武器、管制刀具、爆炸物参加集会、游行、示威罪的界限

设 G 为非法集会、游行、示威罪的集合，则 G ＝｛非法集会、游行、示威罪｝；

设 G6 为非法携带武器、管制刀具、爆炸物参加集会、游行、示威罪的集合，则 G6 ＝｛非法携带武器、管制刀具、爆炸物参加集会、游行、示威罪｝。

则 G∪G6 － G∩G6 ＝｛非法集会、游行、示威罪｝∪｛非法携带武器、管制刀具、爆炸物参加集会、游行、示威罪｝－｛非法集会、游行、示威罪｝∩｛非法携带武器、管制刀具、爆炸物参加集会、游行、示威罪｝＝｛客体是国家对集会、游行、示威活动的管理制度和社会的公共秩序，客观方面表现为行为人举行集会、游行、示威，未依照法律规定申请或者申请未获许可，或者未按照主管机关许可的起止时间、地点、路线进行，又拒不服从解散命令，严重破坏社会秩序的行为，主体是年满 16 周岁、具有刑事责任能力的非法集会、游行、示威的负责人和直接责任人员，主观方面是故意｝∪｛客体是国家对集会、游行、示威活动的管理制度和社会的公共秩序，客观方面表现为行为人违反法律规定，携带武器、管制刀具或者爆炸物参加集会、游行、示威的行为，主体是年满 16 周岁、具有刑事责任能力的自然人，主观方面是故意｝－｛客体是国家对集会、游行、示威活动的管理制度和社会的公共秩序，主体是年满 16 周岁、具有刑事责任能力的自然人，主观方面是故意｝＝｛客观方面表现为行为人举行集会、游行、示威，未依照法律规定申请或者申请未获许可，或者未按照主管机关许可的起止时间、地点、路线进行，又拒不服从解散命令，严重破坏社会秩序的行为，主体是年满 16 周岁、具有刑事责任能力的非法集会、游行、示威的负责人和直接责任人员，客观方面表现为行为人违反法律规定，携带武器、管制刀具或者爆炸物参加集会、游行、示威的行为，主体是年满 16 周岁、

具有刑事责任能力非法集会、游行、示威之外的自然人}。

2）非法集会、游行、示威罪与破坏集会、游行、示威罪的界限

设 G 为非法集会、游行、示威罪的集合，则 G = {非法集会、游行、示威罪}；

设 G7 为破坏集会、游行、示威罪的集合，则 G7 = {破坏集会、游行、示威罪}。

则 G∪G7 − G∩G7 = {非法集会、游行、示威罪}∪{破坏集会、游行、示威罪} − {非法集会、游行、示威罪}∩{破坏集会、游行、示威罪} = {客体是国家对集会、游行、示威活动的管理制度和社会的公共秩序，客观方面表现为行为人举行集会、游行、示威，未依照法律规定申请或者申请未获许可，或者未按照主管机关许可的起止时间、地点、路线进行，又拒不服从解散命令，严重破坏社会秩序的行为，主体是非法集会、游行、示威的负责人和直接责任人员，主观方面是故意}∪{客体是公民依法享有的集会、游行、示威的权利和社会的公共秩序，客观方面表现为行为人扰乱、冲击或者以其他方法破坏依法举行的集会、游行、示威，造成公共秩序混乱的行为，主体是年满 16 周岁、具有刑事责任能力的自然人，主观方面是故意} − {客体是社会的公共秩序，主观方面是故意} = {客体是国家对集会、游行、示威活动的管理制度，客观方面表现为行为人举行集会、游行、示威，未农照法律规定申请或者申请未获许可，或者未按照主管机关许可的起止时间、地点、路线进行，又拒不服从解散命令，严重破坏社会秩序的行为，主体是非法集会、游行、示威的负责人和直接责任人员，客体是公民依法享有的集会、游行、示威的权利，客观方面表现为行为人扰乱、冲击或者以其他方法破坏依法举行的集会、游行、示威，造成公共秩序混乱的行为，主体是年满 16 周岁、具有刑事责任能力的自然人}。

（八）赌博罪

1. 赌博罪的概念

赌博罪，是指行为人以营利为目的，聚众赌博或者以赌博为业的行为。❶

2. 赌博罪的构成特征

关于赌博罪的构成特征，根据现行刑法的规定，主要有以下几个方面，其集合表现为：

设 H 为赌博罪的集合，则 H = {赌博罪}；

设 H1 为赌博罪的客体的集合，则 H1 = {社会风尚} ∪ {社会管理秩序} = {社会风尚和社会管理秩序}；

设 H2 为赌博罪的客观方面的集合，则 H2 = {行为人聚众赌博或者以赌博为业的行为}；

设 H3 为赌博罪的主体的集合，则 H3 = {年满 16 周岁、具有刑事责任能力的人}；

设 H4 为赌博罪的主观方面的集合，则 H4 = {故意，且以营利为目的}。

则 H = H1∪H2∪H3∪H4，即 {赌博罪} = {客体是社会风尚和社会管理秩序} ∪ {客观方面表现为行为人聚众赌博或者以赌博为业的行为} ∪ {主体是年满 16 周岁、具有刑事责任能力的人} ∪ {主观方面是故意，且以营利为目的} = {客体是社会风尚和社会管理秩序，客观方面表现为行为人聚众赌博或者以赌博为业的行为，主体是年满 16 周岁、具有刑事责任能力的人，主观方面是故意，且以营利为目的}。

3. 赌博罪的司法适用

（1）本罪与非罪的界限

设 H5 为赌博罪的非罪的集合，则 H5 = {无罪} = Ø；

设 H51 为赌博罪的非罪的客体的集合，则 H51 = {行为人没有

---

❶　朱建华主编：《刑法分论》，法律出版社 2018 年版，第 337 页。

侵犯社会风尚和社会管理秩序} = Ø；

设 H52 为赌博罪的非罪的客观方面的集合，则 H52 = {行为人没有实施聚众赌博或者以赌博为业的行为} = Ø；

设 H53 为赌博罪的非罪的主体的集合，H53 = {行为人是未满 16 周岁，或者已满 16 周岁但没有刑事责任能力的自然人} = Ø；

设 H54 为赌博罪的非罪的主观方面的集合，则 H54 = {行为人没有故意，且不以营利为目的} = Ø。

则 H5 = {赌博罪的非罪} = H∩H51 = {赌博罪}∩{行为人没有侵犯社会风尚和社会管理秩序} = {赌博罪}∩Ø = Ø = {无罪}；

H5 = {赌博罪} = H∩H52 = {赌博罪}∩{行为人没有实施聚众赌博或者以赌博为业的行为} = {赌博罪}∩Ø = Ø = {无罪}；

H5 = {赌博罪的非罪} = H∩H53 = {赌博罪}∩{行为人是未满 16 周岁，或者已满 16 周岁但没有刑事责任能力的自然人} = {赌博罪}∩Ø = Ø = {无罪}；

H5 = {赌博罪的非罪} = H∩H54 = {赌博罪}∩{行为人没有故意，且不以营利为目的} = {赌博罪}∩Ø = Ø = {无罪}。

（2）此罪与彼罪的界限

1）赌博罪与开设赌场罪的界限

设 H 为赌博罪的集合，则 H = {赌博罪}；

设 H6 为开设赌场罪的集合，则 H6 = {开设赌场罪}。

则 H∪H6 − H∩H6 = {赌博罪}∪{开设赌场罪} − {赌博罪}∩{开设赌场罪} = {客体是社会风尚和社会管理秩序，客观方面表现为行为人聚众赌博或者以赌博为业的行为，主体是年满 16 周岁、具有刑事责任能力的自然人，主观方面是故意，且以营利为目的}∪{客体是社会风尚和社会管理秩序，客观方面表现为行为人为赌博提供场所或者在计算机网络上建立赌博网站的行为，主体是年满 16 周岁、具有刑事责任能力的人，主观方面是故意，且以营利为目的} − {客体是社会风尚和社会管理秩序，主体是年满 16 周岁、具有刑事责任能力的自然人，主观方面是故意，且以营利为目的} = {客观方面表现为行为人实施了聚众赌博或者以赌博为业的行为，客观方面表现为行为人实施了为赌博提供场所或者在计算机网络上建立赌博网站的行为}。

2）赌博罪与组织参与国（境）外赌博罪的界限

设 H 为赌博罪的集合，则 H =｛赌博罪｝；

设 H7 为组织参与国（境）外赌博罪的集合，则 H7 =｛组织参与国（境）外赌博罪｝。

则 H∪H7 – H∩H7 =｛赌博罪｝∪｛组织参与国（境）外赌博罪｝–｛赌博罪｝∩｛组织参与国（境）外赌博罪｝=｛客体是社会风尚和社会管理秩序，客观方面表现为行为人聚众赌博或者以赌博为业的行为，主体是年满 16 周岁、具有刑事责任能力的自然人，主观方面是故意，且以营利为目的｝∪｛客体是社会风尚和社会管理秩序，客观方面表现为行为人组织中华人民共和国公民参与国（境）外赌博，数额巨大或者有其他严重情节的行为，主体是年满 16 周岁、具有刑事责任能力的自然人，主观方面是故意，且以营利为目的｝–｛客体是社会风尚和社会管理秩序，主体是年满 16 周岁、具有刑事责任能力的自然人，主观方面是故意，且以营利为目的｝=｛客观方面表现为行为人实施了聚众赌博或者以赌博为业的行为，客观方面表现为行为人实施了组织中华人民共和国公民参与国（境）外赌博，数额巨大或者有其他严重情节的行为｝。

二、妨害司法罪

（一）伪证罪

1. 伪证罪的概念

伪证罪，是指在刑事诉讼中，证人、鉴定人、记录人、翻译人对与案件有重要关系的情节，故意作虚假证明、鉴定、记录、翻译，意图陷害他人或者隐匿罪证的行为。❶

---

❶ 朱建华主编：《刑法分论》，法律出版社 2018 年版，第 340 页。

2. 伪证罪的构成特征

关于伪证罪的构成特征，根据现行刑法的规定，必须具备以下四个方面，其集合表现为：

设 A 为伪证罪的集合，则 A = {伪证罪}；

设 A1 为伪证罪的客体的集合，则 A1 = {司法机关正常的刑事诉讼秩序}；

设 A2 为伪证罪的客观方面的集合，则 A2 = {行为人在刑事诉讼中对与案件有重要关系的情节，作虚假证明、鉴定、记录、翻译的行为}；

设 A3 为伪证罪的主体的集合，则 A3 = {刑事诉讼中的证人、鉴定人、记录人、翻译人}；

设 A4 为伪证罪的主观方面的集合，则 A4 = {故意，且以意图陷害他人或者隐匿罪证为目的}。

则 A = A1∪A2∪A3∪A4，即 {伪证罪} = {客体是司法机关正常的刑事诉讼秩序}∪{客观方面表现为行为人在刑事诉讼中对与案件有重要关系的情节，作虚假证明、鉴定、记录、翻译的行为}∪{主体是刑事诉讼中的证人、鉴定人、记录人、翻译人}∪{主观方面是故意，且以意图陷害他人或者隐匿罪证为目的} = {客体是司法机关正常的刑事诉讼秩序，客观方面表现为行为人在刑事诉讼中对与案件有重要关系的情节，作虚假证明、鉴定、记录、翻译的行为，主体是刑事诉讼中的证人、鉴定人、记录人、翻译人，主观方面是故意，且以意图陷害他人或者隐匿罪证为目的}。

3. 伪证罪的司法适用

（1）本罪与非罪的界限

设 A5 为伪证罪的非罪的集合，则 A5 = {无罪} = Ø；

设 A51 为伪证罪的非罪的客体的集合，则 A51 = {行为人没有侵犯司法机关正常的刑事诉讼秩序} = Ø；

设 A52 为伪证罪的非罪的客观方面的集合，则 A52 = {行为人在刑事诉讼中对与案件有重要关系的情节，没有实施作虚假证明、鉴定、记录、翻译的行为} = Ø；

设 A53 为伪证罪的非罪的主体的集合，A53 = {行为人不是刑事诉讼中的证人、鉴定人、记录人、翻译人} = Ø；

设 A54 为伪证罪的非罪的主观方面的集合，则 A54 = {行为人没有故意，且无意图陷害他人或者隐匿罪证为的目的} = Ø。

则 A5 = {伪证罪的非罪} = A ∩ A51 = {伪证罪} ∩ {行为人没有侵犯司法机关正常的刑事诉讼秩序} = {伪证罪} ∩ Ø = Ø = {无罪}；

A5 = {伪证罪的非罪} = A ∩ A52 = {伪证罪} ∩ {行为人在刑事诉讼中对与案件有重要关系的情节，没有实施作虚假证明、鉴定、记录、翻译的行为} = {伪证罪} ∩ Ø = Ø = {无罪}；

A5 = {伪证罪的非罪} = A ∩ A53 = {伪证罪} ∩ {行为人不是刑事诉讼中的证人、鉴定人、记录人、翻译人} = {伪证罪} ∩ Ø = Ø = {无罪}；

A5 = {伪证罪的非罪} = A ∩ A54 = {伪证罪} ∩ {行为人没有故意，且无意图陷害他人或者隐匿罪证为的目的} = {伪证罪} ∩ Ø = Ø = {无罪}。

（2）此罪与彼罪的界限

1）伪证罪与辩护人、诉讼代理人毁灭证据、伪造证据、妨害作证罪的界限

设 A 为伪证罪的集合，则 A = {伪证罪}；

设 A6 为辩护人、诉讼代理人毁灭证据、伪造证据、妨害作证罪的集合，则 A6 = {辩护人、诉讼代理人毁灭证据、伪造证据、妨害作证罪}。

则 A ∪ A6 − A ∩ A6 = {伪证罪} ∪ {辩护人、诉讼代理人毁灭证据、伪造证据、妨害作证罪} − {伪证罪} ∩ {辩护人、诉讼代理人毁灭证据、伪造证据、妨害作证罪} = {客体是司法机关正常的刑事诉讼秩序，客观方面表现为行为人在刑事诉讼中对与案件有重要关系的情节，作虚假证明、鉴定、记录、翻译的行为，主体是刑事诉讼

中的证人、鉴定人、记录人、翻译人，主观方面是故意，且以意图陷害他人或者隐匿罪证为目的｝∪｛客体是司法机关正常的刑事诉讼秩序，客观方面表现为行为人在刑事诉讼中，毁灭、伪造证据，帮助当事人毁灭、伪造证据，威胁、引诱证人违背事实改变证言或者作伪证的行为，主体是刑事诉讼中的辩护人、诉讼代理人，主观方面是故意｝−｛客体是司法机关正常的刑事诉讼秩序｝=｛客观方面表现为行为人在刑事诉讼中对与案件有重要关系的情节，作虚假证明、鉴定、记录、翻译的行为，主体是刑事诉讼中的证人、鉴定人、记录人、翻译人，主观方面是故意，且以意图陷害他人或者隐匿罪证为目的，客观方面表现为行为人在刑事诉讼中，毁灭、伪造证据，帮助当事人毁灭、伪造证据，威胁、引诱证人违背事实改变证言或者作伪证的行为，主体是刑事诉讼中的辩护人、诉讼代理人，主观方面是故意｝。

2）伪证罪与帮助毁灭、妨害作证罪的界限

设 A 为伪证罪的集合，则 A =｛伪证罪｝；

设 A7 为帮助毁灭、妨害作证罪的集合，则 A7 =｛帮助毁灭、妨害作证罪｝。

则 A∪A7 − A∩A7 =｛伪证罪｝∪｛帮助毁灭、妨害作证罪｝−｛伪证罪｝∩｛帮助毁灭、妨害作证罪｝=｛客体是司法机关正常的刑事诉讼秩序，客观方面表现为行为人在刑事诉讼中对与案件有重要关系的情节，作虚假证明、鉴定、记录、翻译的行为，主体是刑事诉讼中的证人、鉴定人、记录人、翻译人，主观方面是故意，且以意图陷害他人或者隐匿罪证为目的｝∪｛客体是司法机关正常的诉讼秩序，客观方面表现为行为人帮助当事人毁灭、伪造证据，情节严重的行为，主体是年满 16 周岁、具有刑事责任能力的人，主观方面是故意｝−｛客体是司法机关正常的刑事诉讼秩序｝=｛客观方面表现为行为人在刑事诉讼中对与案件有重要关系的情节，作虚假证明、鉴定、记录、翻译的行为，主体是刑事诉讼中的证人、鉴定人、记录人、翻译人，主观方面是故意，且以意图陷害他人或者隐匿罪证为目的，客观方面表现为行为人帮助当事人毁灭、伪造证据，情节严重的行为，主体是年满 16 周岁、具有刑事责任能力的人，主观方面是故意}。

（二）扰乱法庭秩序罪

1. 扰乱法庭秩序罪的概念

扰乱法庭秩序罪，是指行为人聚众哄闹、冲击法庭，或者殴打司法工作人员、诉讼参与人，或者侮辱、诽谤、威胁司法工作人员或者诉讼参与人，不听法庭制止，严重扰乱法庭秩序，或者有毁坏法庭设施，抢夺、损毁诉讼文书、证据等扰乱法庭秩序行为，情节严重的行为。❶

2. 扰乱法庭秩序罪的构成特征

关于扰乱法庭秩序罪的构成特征，根据现行刑法的规定，必须具备以下四个方面，其集合表现为：

设 B 为扰乱法庭秩序罪的集合，则 B = {扰乱法庭秩序罪}；

设 B1 为扰乱法庭秩序罪的客体的集合，则 B1 = {法庭的正常秩序}；

设 B2 为扰乱法庭秩序罪的客观方面的集合，则 B2 = {行为人聚众哄闹、冲击法庭，或者殴打司法工作人员、诉讼参与人，或者侮辱、诽谤、威胁司法工作人员或者诉讼参与人，不听法庭制止，严重扰乱法庭秩序，或者有毁坏法庭设施，抢夺、损毁诉讼文书、证据等扰乱法庭秩序行为，情节严重的行为}；

设 B3 为扰乱法庭秩序罪的主体的集合，则 B3 = {年满 16 周岁、具有刑事责任能力的人}；

设 B4 为扰乱法庭秩序罪的主观方面的集合，则 B4 = {故意}。

则 B = B1∪B2∪B3∪B4，即 {扰乱法庭秩序罪} = {客体是法庭的正常秩序}∪{客观方面表现为行为人聚众哄闹、冲击法庭，或

---

❶ 朱建华主编：《刑法分论》，法律出版社 2018 年版，第 346 页。

者殴打司法工作人员、诉讼参与人，或者侮辱、诽谤、威胁司法工作人员或者诉讼参与人，不听法庭制止，严重扰乱法庭秩序，或者有毁坏法庭设施，抢夺、损毁诉讼文书、证据等扰乱法庭秩序行为，情节严重的行为}∪{主体是年满 16 周岁、具有刑事责任能力的人}∪{主观方面是故意}={客体是法庭的正常秩序，客观方面表现为行为人聚众哄闹、冲击法庭，或者殴打司法工作人员、诉讼参与人，或者侮辱、诽谤、威胁司法工作人员或者诉讼参与人，不听法庭制止、严重扰乱法庭秩序，或者有毁坏法庭设施，抢夺、损毁诉讼文书、证据等扰乱法庭秩序行为，情节严重的行为，主体是年满 16 周岁、具有刑事责任能力的人，主观方面是故意}。

3. 扰乱法庭秩序罪的司法适用

（1）本罪与非罪的界限

设 B5 为扰乱法庭秩序罪的非罪的集合，则 B5 = {无罪} = Ø；

设 B51 为扰乱法庭秩序罪的非罪的客体的集合，则 B51 = {行为人没有扰乱法庭的正常秩序} = Ø；

设 B52 为扰乱法庭秩序罪的非罪的客观方面的集合，则 B52 = {行为人没有实施聚众哄闹、冲击法庭，或者殴打司法工作人员、诉讼参与人，或者侮辱、诽谤、威胁司法工作人员或者诉讼参与人，不听法庭制止，严重扰乱法庭秩序，或者有毁坏法庭设施，抢夺、损毁诉讼文书、证据等扰乱法庭秩序行为，情节严重的行为} = Ø；

设 B53 为扰乱法庭秩序罪的非罪的主体的集合，B53 = {行为人是未满 16 周岁，或者已满 16 周岁但没有刑事责任能力的自然人} = Ø；

设 B54 为扰乱法庭秩序罪的非罪的主观方面的集合，则 B54 = {行为人无故意} = Ø。

则 B5 = {扰乱法庭秩序罪的非罪} = B∩B51 = {扰乱法庭秩序罪}∩{行为人没有扰乱法庭的正常秩序} = {扰乱法庭秩序罪}∩Ø = Ø = {无罪}；

B5 = {扰乱法庭秩序罪} = B∩B52 = {扰乱法庭秩序罪}∩{行为人没有实施聚众哄闹、冲击法庭，或者殴打司法工作人员、诉讼参与人，或者侮辱、诽谤、威胁司法工作人员或者诉讼参与人，不听法庭制止，严重扰乱法庭秩序，或者有毁坏法庭设施，抢夺、损毁诉讼文书、证据等扰乱法庭秩序行为，情节严重的行为} = {扰乱法庭秩序罪}∩∅ = ∅ = {无罪}；

B5 = {扰乱法庭秩序罪的非罪} = B∩B53 = {扰乱法庭秩序罪}∩{行为人是未满16周岁，或者已满16周岁但没有刑事责任能力的自然人} = {扰乱法庭秩序罪}∩∅ = ∅ = {无罪}；

B5 = {扰乱法庭秩序罪的非罪} = B∩B54 = {扰乱法庭秩序罪}∩{行为人无故意} = {扰乱法庭秩序罪}∩∅ = ∅ = {无罪}。

（2）此罪与彼罪的界限

关于此罪与彼罪的界限主要应弄清楚扰乱法庭秩序罪与破坏监管秩序罪的界限。

设 B 为扰乱法庭秩序罪的集合，则 B = {扰乱法庭秩序罪}；

设 B6 为破坏监管秩序罪的集合，则 B6 = {破坏监管秩序罪}。

则 B∪B6 – B∩B6 = {扰乱法庭秩序罪}∪{破坏监管秩序罪} – {扰乱法庭秩序罪}∩{破坏监管秩序罪} = {客体是法庭的正常秩序，客观方面表现为行为人聚众哄闹、冲击法庭，或者殴打司法工作人员、诉讼参与人，或者侮辱、诽谤、威胁司法工作人员或者诉讼参与人，不听法庭制止，严重扰乱法庭秩序，或者有毁坏法庭设施，抢夺、损毁诉讼文书、证据等扰乱法庭秩序行为，情节严重的行为，主体是年满16周岁、具有刑事责任能力的人，主观方面是故意}∪{客体是司法机关依法对被关押的罪犯实施监管的正常秩序，客观方面表现为行为人以殴打监管人员、聚众闹事等方式扰乱监管秩序，情节严重的行为，主体是依法被关押的罪犯，主观方面是故意} – {主观方面是故意} = {客体是法庭的正常秩序，客观方面表现为行为人聚众哄闹、冲击法庭，或者殴打司法工作人员、诉讼参与人，或者侮辱、诽谤、威胁司法工作人员或者诉讼参与人，不听法庭制止，严重扰乱法庭秩序，或者有毁坏法庭设施，抢夺、损毁诉讼文书、证据等扰乱法庭秩序行为，情节严重的行为，主体是年满 16 周岁、具有刑事责任能力的自然人，客体是司法机关依法对被关押的罪犯实施监管的正常秩序，观方面表现为行为人以殴打监管人员、聚众闹事等方式扰乱监管秩序，情节严重的行为，主体是依法被关押的罪犯｝。

（三）窝藏、包庇罪

1. 窝藏、包庇罪的概念

窝藏、包庇罪，是指行为人明知是犯罪的人而为其提供隐藏处所、财物，帮助其逃匿或者作假证明包庇的行为。❶

2. 窝藏、包庇罪的构成特征

关于窝藏、包庇罪的构成特征，根据现行刑法的规定，必须具备以下四个方面，其集合表现为：

设 C 为窝藏、包庇罪的集合，则 C =｛窝藏、包庇罪｝；

设 C1 为窝藏、包庇罪的客体的集合，则 C1 =｛司法机关正常的刑事诉讼秩序｝；

设 C2 为窝藏、包庇罪的客观方面的集合，则 C2 =｛行为人明知是犯罪的人而为其提供隐藏处所、财物，帮助其逃匿或者作假证明帮助其逃避法律制裁的行为｝；

设 C3 为窝藏、包庇罪的主体的集合，则 C3 =｛年满 16 周岁、具有刑事责任能力的人｝；

设 C4 为窝藏、包庇罪的主观方面的集合，则 C4 =｛故意｝。

则 C = C1∪C2∪C3∪C4，即 ｛窝藏、包庇罪｝=｛客体是司法机关正常的刑事诉讼秩序｝∪｛客观方面表现为行为人明知是犯罪的人而为其提供隐藏处所、财物，帮助其逃匿或者作假证明帮助其逃避法律制裁的行为｝∪｛主体是年满 16 周岁、具有刑事责任能力的

---

❶ 朱建华主编：《刑法分论》，法律出版社 2018 年版，第 346 页。

人｝∪｛主观方面是故意｝＝｛客体是司法机关正常的刑事诉讼秩序，客观方面表现为行为人明知是犯罪的人而为其提供隐藏处所、财物，帮助其逃匿或者作假证明帮助其逃避法律制裁的行为，主体是年满16 周岁、具有刑事责任能力的人，主观方面是故意｝。

3. 窝藏、包庇罪的司法适用

（1）本罪与非罪的界限

设 C5 为窝藏、包庇罪的非罪的集合，则 C5＝｛无罪｝＝∅；

设 C51 为窝藏、包庇罪的非罪的客体的集合，则 C51＝｛行为人没有扰乱司法机关正常的刑事诉讼秩序｝＝∅；

设 C52 为窝藏、包庇罪的非罪的客观方面的集合，则 C52＝｛行为人没有实施明知是犯罪的人而为其提供隐藏处所、财物，帮助其逃匿或者作假证明帮助其逃避法律制裁的行为｝＝∅；

设 C53 为窝藏、包庇罪的非罪的主体的集合，C53＝｛行为人是未满16 周岁，或已满16 周岁但没有刑事责任能力的自然人｝＝∅；

设 C54 为窝藏、包庇罪的非罪的主观方面的集合，则 C54＝｛行为人无故意｝＝∅。

则 C5＝｛窝藏、包庇罪的非罪｝＝C∩C51＝｛窝藏、包庇罪｝∩｛行为人没有扰乱司法机关正常的刑事诉讼秩序｝＝｛窝藏、包庇罪｝∩∅＝∅＝｛无罪｝；

C5＝｛窝藏、包庇罪｝＝C∩C52＝｛窝藏、包庇罪｝∩｛行为人没有实施明知是犯罪的人而为其提供隐藏处所、财物，帮助其逃匿或者作假证明帮助其逃避法律制裁的行为｝＝｛窝藏、包庇罪｝∩∅＝∅＝｛无罪｝；

C5＝｛窝藏、包庇罪的非罪｝＝C∩C53＝｛窝藏、包庇罪｝∩｛行为人是未满16 周岁，或者已满16 周岁但没有刑事责任能力的自然人｝＝｛窝藏、包庇罪｝∩∅＝∅＝｛无罪｝；

C5＝｛窝藏、包庇罪的非罪｝＝C∩C54＝｛窝藏、包庇罪｝∩｛行为人无故意｝＝｛窝藏、包庇罪｝∩∅＝∅＝｛无罪｝。

（2）此罪与彼罪的界限

1）窝藏、包庇罪与拒绝提供间谍犯罪、恐怖主义犯罪、极端主义犯罪证据罪的界限

设 C 为窝藏、包庇罪的集合，则 C =｛窝藏、包庇罪｝；

设 C6 为拒绝提供间谍犯罪、恐怖主义犯罪、极端主义犯罪证据罪的集合，则 C6 =｛拒绝提供间谍犯罪、恐怖主义犯罪、极端主义犯罪证据罪｝。

则 C∪C6 − C∩C6 =｛窝藏、包庇罪｝∪｛拒绝提供间谍犯罪、恐怖主义犯罪、极端主义犯罪证据罪｝−｛窝藏、包庇罪｝∩｛拒绝提供间谍犯罪、恐怖主义犯罪、极端主义犯罪证据罪｝=｛客体是司法机关正常的刑事诉讼秩序，客观方面表现为行为人明知是犯罪的人而为其提供隐藏处所、财物，帮助其逃匿或者作假证明帮助其逃避法律制裁的行为，主体是年满 16 周岁、具有刑事责任能力的自然人，主观方面是故意｝∪｛客体是国家司法机关查处间谍、恐怖主义、极端主义犯罪的正常秩序，客观方面表现为行为人明知他人有间谍、恐怖主义、极端主义犯罪行为，在国家司法机关向其调查有关情况、收集有关证据时，拒绝提供，情节严重的行为，主体是年满 16 周岁、具有刑事责任能力的自然人，主观方面是故意｝−｛主体是年满 16 周岁、具有刑事责任能力的自然人，主观方面是故意｝=｛客体是司法机关正常的刑事诉讼秩序，客观方面表现为行为人明知是犯罪的人而为其提供隐藏处所、财物，帮助其逃匿或者作假证明帮助其逃避法律制裁的行为，客体是国家司法机关查处间谍、恐怖主义、极端主义犯罪的正常秩序，客观方面表现为行为人明知他人有间谍、恐怖主义、极端主义犯罪行为，在国家司法机关向其调查有关情况、收集有关证据时，拒绝提供，情节严重的行为｝。

2）窝藏、包庇罪与掩饰、隐瞒犯罪所得、犯罪所得收益罪的界限

设 C 为窝藏、包庇罪的集合，则 C =｛窝藏、包庇罪｝；

设 C7 为掩饰、隐瞒犯罪所得、犯罪所得收益罪的集合，则 C7 =

{掩饰、隐瞒犯罪所得、犯罪所得收益罪}。

则 C∪C7 − C∩C7 = {窝藏、包庇罪} ∪ {掩饰、隐瞒犯罪所得、犯罪所得收益罪} − {窝藏、包庇罪} ∩ {掩饰、隐瞒犯罪所得、犯罪所得收益罪} = {客体是司法机关正常的刑事诉讼秩序，客观方面表现为行为人明知是犯罪的人而为其提供隐藏处所、财物，帮助其逃匿或者作假证明帮助其逃避法律制裁的行为，主体是年满 16 周岁、具有刑事责任能力的自然人，主观方面是故意} ∪ {客体是司法机关刑事司法的正常秩序，客观方面表现为行为人明知是犯罪所得及其产生的收益而予以窝藏、转移、收购、代为销售或者以其他方法掩饰、隐瞒的行为，主体是年满 16 周岁、具有刑事责任能力的自然人和单位，主观方面是故意} − {主观方面是故意} = {客体是司法机关正常的刑事诉讼秩序，客观方面表现为行为人明知是犯罪的人而为其提供隐藏处所、财物，帮助其逃匿或者作假证明帮助其逃避法律制裁的行为，主体是年满 16 周岁、具有刑事责任能力的自然人，客体是司法机关刑事司法的正常秩序，客观方面表现为行为人明知是犯罪所得及其产生的收益而予以窝藏、转移、收购、代为销售或者以其他方法掩饰、隐瞒的行为，主体是年满 16 周岁、具有刑事责任能力的自然人和单位}。

（四）脱逃罪

1. 脱逃罪的概念

脱逃罪，是指依法被关押的罪犯、被告人、犯罪嫌疑人逃脱监管的行为。[1]

2. 脱逃罪的构成特征

关于脱逃罪的构成特征，根据现行刑法的规定，必须具备以下四个方面，其集合表现为：

设 D 为脱逃罪的集合，则 D = {脱逃罪}；

---

[1] 朱建华主编：《刑法分论》，法律出版社 2018 年版，第 351 页。

设 D1 为脱逃罪的客体的集合，则 D1 = {司法机关依法对被关押的罪犯、被告人、犯罪嫌疑人实施监管的正常秩序}；

设 D2 为脱逃罪的客观方面的集合，则 D2 = {行为人逃离羁押场所，以及其他摆脱司法机关监管的行为}；

设 D3 为脱逃罪的主体的集合，则 D3 = {依法被关押的罪犯、被告人、犯罪嫌疑人}；

设 D4 为脱逃罪的主观方面的集合，则 D4 = {故意}。

则 D = D1∪D2∪D3∪D4，即 {脱逃罪} = {客体是司法机关依法对被关押的罪犯、被告人、犯罪嫌疑人实施监管的正常秩序}∪{客观方面表现为行为人逃离羁押场所，以及其他摆脱司法机关监管的行为}∪{主体是依法被关押的罪犯、被告人、犯罪嫌疑人}∪{主观方面是故意} = {客体是司法机关依法对被关押的罪犯、被告人、犯罪嫌疑人实施监管的正常秩序，客观方面表现为行为人逃离羁押场所，以及其他摆脱司法机关监管的行为，主体是依法被关押的罪犯、被告人、犯罪嫌疑人，主观方面是故意}。

3. 脱逃罪的司法适用

（1）本罪与非罪的界限

设 D5 为脱逃罪的非罪的集合，则 D5 = {无罪} = Ø；

设 D51 为脱逃罪的非罪的客体的集合，则 D51 = {行为人没有侵犯司法机关依法对被关押的罪犯、被告人、犯罪嫌疑人实施监管的正常秩序} = Ø；

设 D52 为脱逃罪的非罪的客观方面的集合，则 D52 = {行为人没有实施逃离羁押场所，以及其他摆脱司法机关监管的行为} = Ø；

设 D53 为脱逃罪的非罪的主体的集合，D53 = {行为人不是依法被关押的罪犯、被告人、犯罪嫌疑人} = Ø；

设 D54 为脱逃罪的非罪的主观方面的集合，则 D54 = {行为人无故意} = Ø。

则 D5 = {脱逃罪的非罪} = D∩D51 = {脱逃罪}∩{行为人没有

侵犯司法机关依法对被关押的罪犯、被告人、犯罪嫌疑人实施监管的正常秩序}={脱逃罪}∩∅=∅={无罪}；

D5={脱逃罪}=D∩D52={脱逃罪}∩{行为人没有实施逃离羁押场所，以及其他摆脱司法机关监管的行为}={脱逃罪}∩∅=∅={无罪}；

D5={脱逃罪的非罪}=D∩D53={脱逃罪}∩{行为人不是依法被关押的罪犯、被告人、犯罪嫌疑人}={脱逃罪}∩∅=∅={无罪}；

D5={脱逃罪的非罪}=D∩D54={脱逃罪}∩{行为人无故意}={脱逃罪}∩∅=∅={无罪}。

（2）此罪与彼罪的界限

1）脱逃罪与劫夺被押解人员罪的界限

设 D 为脱逃罪的集合，则 D={脱逃罪}；

设 D6 为劫夺被押解人员罪的集合，则 D6={劫夺被押解人员罪}。

则 D∪D6−D∩D6={脱逃罪}∪{劫夺被押解人员罪}−{脱逃罪}∩{劫夺被押解人员罪}={客体是司法机关依法对被关押的罪犯、被告人、犯罪嫌疑人实施监管的正常秩序，客观方面表现为行为人逃离羁押场所，以及其他摆脱司法机关监管的行为，主体是自然人特殊主体，即依法被关押的罪犯、被告人、犯罪嫌疑人，主观方面是故意}∪{客体是司法机关对被押解人的监管秩序，客观方面表现为行为人使用暴力、胁迫以及其他方法，将押解途中的罪犯、被告人、犯罪嫌疑人夺走的行为，主体是年满16周岁、具有刑事责任能力的自然人，主观方面是故意}−{主观方面是故意}={客体是司法机关依法对被关押的罪犯、被告人、犯罪嫌疑人实施监管的正常秩序，客观方面表现为行为人逃离羁押场所，以及其他摆脱司法机关监管的行为，主体是依法被关押的罪犯、被告人、犯罪嫌疑人，客体是司法机关对被押解人的监管秩序，客观方面表现为行为人使用暴力、胁迫以及其他方法，将押解途中的罪犯、被告人、犯罪嫌疑人夺走的行为，主体是年满 16 周岁、具有刑事责任能力的人}。

2）脱逃罪与组织越狱罪的界限

设 D 为脱逃罪的集合，则 D = {脱逃罪}；

设 D7 为组织越狱罪的集合，则 D7 = {组织越狱罪}。

则 D∪D7 − D∩D7 = {脱逃罪} ∪ {组织越狱罪} − {脱逃罪} ∩ {组织越狱罪} = {客体是司法机关依法对被关押的罪犯、被告人、犯罪嫌疑人实施监管的正常秩序，客观方面表现为行为人逃离羁押场所，以及其他摆脱司法机关监管的行为，主体是自然人特殊主体，即依法被关押的罪犯、被告人、犯罪嫌疑人，主观方面是故意} ∪ {客体是司法机关对在押人员实行监管的正常秩序，客观方面表现为行为人在首要分子的组织、策划、指挥下，有组织、有计划地从羁押场所逃跑的行为，主体是自然人特殊主体，即依法被关押的罪犯、被告人、犯罪嫌疑人，主观方面是故意} − {主体是自然人特殊主体，即依法被关押的罪犯、被告人、犯罪嫌疑人，主观方面是故意} = {客体是司法机关依法对被关押的罪犯、被告人、犯罪嫌疑人实施监管的正常秩序，客观方面表现为行为人逃离羁押场所，以及其他摆脱司法机关监管的行为，客体是司法机关对在押人员实行监管的正常秩序，客观方面表现为行为人在首要分子的组织、策划、指挥下，有组织、有计划地从羁押场所逃跑的行为}。

3）脱逃罪与暴动越狱罪的界限

设 D 为脱逃罪的集合，则 D = {脱逃罪}；

设 D8 为暴动越狱罪的集合，则 D8 = {暴动越狱罪}。

则 D∪D8 − D∩D8 = {脱逃罪} ∪ {暴动越狱罪} − {脱逃罪} ∩ {暴动越狱罪} = {客体是司法机关依法对被关押的罪犯、被告人、犯罪嫌疑人实施监管的正常秩序，客观方面表现为行为人逃离羁押场所，以及其他摆脱司法机关监管的行为，主体是自然人特殊主体，即依法被关押的罪犯、被告人、犯罪嫌疑人，主观方面是故意} ∪ {客体是司法机关对被关押的人员实行监管的正常秩序，客观方面表现为行为人在首要分子的组织、策划、指挥下，采用暴力手段集体从关押场所逃跑的行为，主体是依法被关押的罪犯、被告人、犯罪嫌疑人，主观方面是故意}－{主体是依法被关押的罪犯、被告人、犯罪嫌疑人，主观方面是故意}＝{客体是司法机关依法对被关押的罪犯、被告人、犯罪嫌疑人实施监管的正常秩序，客观方面表现为行为人逃离羁押场所，以及其他摆脱司法机关监管的行为，客体是司法机关对被关押的人员实行监管的正常秩序，客观方面表现为行为人在首要分子的组织、策划、指挥下，采用暴力手段集体从关押场所逃跑的行为}。

4）脱逃罪与聚众持械越狱罪的界限

设 D 为脱逃罪的集合，则 D =｛脱逃罪｝；

设 D9 为聚众持械越狱罪的集合，则 D9 =｛聚众持械越狱罪｝。

则 D∪D9 － D∩D9 =｛脱逃罪｝∪｛聚众持械越狱罪｝－｛脱逃罪｝∩｛聚众持械越狱罪｝=｛客体是司法机关依法对被关押的罪犯、被告人、犯罪嫌疑人实施监管的正常秩序，客观方面表现为行为人逃离羁押场所，以及其他摆脱司法机关监管的行为，主体是自然人特殊主体，即依法被关押的罪犯、被告人、犯罪嫌疑人，主观方面是故意｝∪｛客体是司法机关对在押人员实行监管的正常秩序，客观方面表现为行为人纠集多人，在首要分子的组织、策划、指挥下，持凶器劫夺依法被关押人员的行为，主体是年满 16 周岁、具有刑事责任能力的人，主观方面是故意｝－｛主观方面是故意｝＝｛客体是司法机关依法对被关押的罪犯、被告人、犯罪嫌疑人实施监管的正常秩序，客观方面表现为行为人逃离羁押场所，以及其他摆脱司法机关监管的行为，主体是自然人特殊主体，即依法被关押的罪犯、被告人、犯罪嫌疑人，客体是司法机关对在押人员实行监管的正常秩序，客观方面表现为行为人纠集多人，在首要分子的组织、策划、指挥下，持凶器劫夺依法被关押人员的行为，主体是年满 16 周岁、具有刑事责任能力的人｝。

三、妨害国（边）境管理罪

（一）组织他人偷越国（边）境罪

1. 组织他人偷越国（边）境罪的概念

组织他人偷越国（边）境罪，是指非法组织他人偷越国（边）境的行为。❶

2. 组织他人偷越国（边）境罪的构成特征

关于组织他人偷越国（边）境罪的构成特征，根据现行刑法的规定，必须具备以下四个方面，其集合表现为：

设 A 为组织他人偷越国（边）境罪的集合，则 A = ｛组织他人偷越国（边）境罪｝；

设 A1 为组织他人偷越国（边）境罪的客体的集合，则 A1 = ｛国家对国（边）境的正常管理秩序｝；

设 A2 为组织他人偷越国（边）境罪的客观方面的集合，则 A2 = ｛行为人非法策划、指挥、串联、拉拢、安排他人偷越国（边）境的行为｝；

设 A3 为组织他人偷越国（边）境罪的主体的集合，则 A3 = ｛年满 16 周岁、具有刑事责任能力的自然人｝；

设 A4 为组织他人偷越国（边）境罪的主观方面的集合，则 A4 = ｛故意｝。

则 A = A1∪A2∪A3∪A4，即 ｛组织他人偷越国（边）境罪｝ = ｛客体是国家对国（边）境的正常管理秩序｝∪｛客观方面表现为行为人非法策划、指挥、串联、拉拢、安排他人偷越国（边）境的行为｝∪｛主体是年满 16 周岁、具有刑事责任能力的自然人｝∪｛主观方面是故意｝ = ｛客体是国家对国（边）境的正常管理秩序，客观方面表现为行为人非法策划、指挥、串联、拉拢、安排他人偷越国

---

❶ 朱建华主编：《刑法分论》，法律出版社 2018 年版，第 353 页。

（边）境的行为，主体是年满 16 周岁、具有刑事责任能力的自然人，主观方面是故意｝。

3. 组织他人偷越国（边）境罪的司法适用

（1）本罪与非罪的界限

设 A5 为组织他人偷越国（边）境罪的非罪的集合，则 A5 = ｛无罪｝= Ø；

设 A51 为组织他人偷越国（边）境罪的非罪的客体的集合，则 A51 = ｛行为人没有侵犯国家对国（边）境的正常管理秩序｝= Ø；

设 A52 为组织他人偷越国（边）境罪的非罪的客观方面的集合，则 A52 = ｛行为人没有实施非法策划、指挥、串联、拉拢、安排他人偷越国（边）境的行为｝= Ø；

设 A53 为组织他人偷越国（边）境罪的非罪的主体的集合，A53 = ｛行为人是未满 16 周岁，或者已满 16 周岁但没有刑事责任能力的自然人｝= Ø；

设 A54 为组织他人偷越国（边）境罪的非罪的主观方面的集合，则 A54 = ｛行为人无故意｝= Ø。

则 A5 = ｛组织他人偷越国（边）境罪的非罪｝= A∩A51 = ｛组织他人偷越国（边）境罪｝∩｛行为人没有侵犯国家对国（边）境的正常管理秩序｝= ｛组织他人偷越国（边）境罪｝∩ Ø = Ø = ｛无罪｝；

A5 = ｛组织他人偷越国（边）境罪的非罪｝= A∩A52 = ｛组织他人偷越国（边）境罪｝∩｛行为人没有实施非法策划、指挥、串联、拉拢、安排他人偷越国（边）境的行为｝= ｛组织他人偷越国（边）境罪｝∩ Ø = Ø = ｛无罪｝；

A5 = ｛组织他人偷越国（边）境罪的非罪｝= A∩A53 = ｛组织他人偷越国（边）境罪｝∩｛行为人是未满 16 周岁，或者已满 16 周岁但没有刑事责任能力的自然人｝= ｛组织他人偷越国（边）境罪｝∩ Ø = Ø = ｛无罪｝；

A5 = {组织他人偷越国（边）境罪的非罪} = A∩A54 = {组织他人偷越国（边）境罪} ∩ {行为人无故意} = {组织他人偷越国（边）境罪} ∩∅ = ∅ = {无罪}。

（2）此罪与彼罪的界限

1）组织他人偷越国（边）境罪与运送他人偷越国（边）境罪的界限

设 A 为组织他人偷越国（边）境罪的集合，则 A = {组织他人偷越国（边）境罪}；

设 A6 为运送他人偷越国（边）境罪的集合，则 A6 = {运送他人偷越国（边）境罪}。

则 A∪A6 – A∩A6 = {组织他人偷越国（边）境罪} ∪ {运送他人偷越国（边）境罪} – {组织他人偷越国（边）境罪} ∩ {运送他人偷越国（边）境罪} = {客体是国家对国（边）境的正常管理秩序，客观方面表现为行为人非法策划、指挥、串联、拉拢、安排他人偷越国（边）境的行为，主体是年满 16 周岁、具有刑事责任能力的自然人，主观方面是故意} ∪ {客体是国家对国（边）境的管理秩序，客观方面表现为行为人以一定的方式将偷越国（边）境的人运出或者运进我国国（边）境罪的行为，主体是年满 16 周岁、具有刑事责任能力的自然人，主观方面是故意} – {客体是国家对国（边）境的正常管理秩序，主体是年满 16 周岁、具有刑事责任能力的自然人，主观方面是故意} = {客观方面表现为行为人非法策划、指挥、串联、拉拢、安排他人偷越国（边）境的行为，客观方面表现为行为人以一定的方式将偷越国（边）境的人运出或者运进我国国（边）境罪的行为}。

2）组织他人偷越国（边）境罪与偷越国（边）境罪的界限

设 A 为组织他人偷越国（边）境罪的集合，则 A = {组织他人偷越国（边）境罪}；

设 A7 为偷越国（边）境罪的集合，则 A7 = {偷越国（边）境罪}。

则 A∪A7 – A∩A7 = {组织他人偷越国（边）境罪} ∪ {偷越国

（边）境罪｝－｛组织他人偷越国（边）境罪｝∩｛偷越国（边）境罪｝＝｛客体是国家对国（边）境的正常管理秩序，客观方面表现为行为人非法策划、指挥、串联、拉拢、安排他人偷越国（边）境的行为，主体是年满 16 周岁、具有刑事责任能力的自然人，主观方面是故意｝∪｛客体是国家对国（边）境的管理秩序，客观方面表现为行为人违反国（边）境管理法规，非法出入我国国（边）境，情节严重的行为，主体是年满 16 周岁、具有刑事责任能力的自然人，主观方面是故意｝－｛客体是国家对国（边）境的正常管理秩序，主体是年满 16 周岁、具有刑事责任能力的自然人，主观方面是故意｝＝｛客观方面表现为行为人非法策划、指挥、串联、拉拢、安排他人偷越国（边）境的行为，客观方面表现为行为人违反国（边）境管理法规，非法出入我国国（边）境，情节严重的行为｝。

（二）骗取出境证件罪

1. 骗取出境证件罪的概念

骗取出境证件罪，是指行为人以劳务输出、经贸往来或者其他名义，弄虚作假，骗取护照、签证等出境证件，为组织他人偷越国（边）境使用的行为。❶

2. 骗取出境证件罪的构成特征

关于骗取出境证件罪的构成特征，根据现行刑法的规定，必须具备以下四个方面，其集合表现为：

设 B 为骗取出境证件罪的集合，则 B ＝｛骗取出境证件罪｝；

设 B1 为骗取出境证件罪的客体的集合，则 B1 ＝｛国家对出境证件的管理制度｝；

设 B2 为骗取出境证件罪的客观方面的集合，则 B2 ＝｛行为人以劳务输出、经贸往来或者其他名义，弄虚作假，骗取护照、签证等出境证件，为组织他人偷越国（边）境使用的行为｝；

❶ 陈忠林主编：《刑法分论》，中国人民大学出版社 2016 年版，第 241 页。

设 B3 为骗取出境证件罪的主体的集合，则 B3 = {年满 16 周岁、具有刑事责任能力的自然人}∪{单位} = {年满 16 周岁、具有刑事责任能力的自然人和单位}；

设 B4 为骗取出境证件罪的主观方面的集合，则 B4 = {故意}。

则 B = B1∪B2∪B3∪B4，即 {骗取出境证件罪} = {客体是国家对出境证件的管理制度}∪{客观方面表现为行为人以劳务输出、经贸往来或者其他名义，弄虚作假，骗取护照、签证等出境证件，为组织他人偷越国（边）境使用的行为}∪{主体是年满 16 周岁、具有刑事责任能力的自然人和单位}∪{主观方面是故意} = {客体是国家对出境证件的管理制度，客观方面表现为行为人以劳务输出、经贸往来或者其他名义，弄虚作假，骗取护照、签证等出境证件，为组织他人偷越国（边）境使用的行为，主体是年满 16 周岁、具有刑事责任能力的自然人和单位，主观方面是故意}。

3. 骗取出境证件罪的司法适用

（1）本罪与非罪的界限

设 B5 为骗取出境证件罪的非罪的集合，则 B5 = {无罪} = Ø；

设 B51 为骗取出境证件罪的非罪的客体的集合，则 B51 = {行为人没有侵犯国家对出境证件的管理制度} = Ø；

设 B52 为骗取出境证件罪的非罪的客观方面的集合，则 B52 = {行为人没有实施以劳务输出、经贸往来或者其他名义，弄虚作假，骗取护照、签证等出境证件，为组织他人偷越国（边）境使用的行为} = Ø；

设 B53 为骗取出境证件罪的非罪的主体的集合，B53 = {主体是未满 16 周岁，或者已满 16 周岁但没有刑事责任能力的自然人和单位} = Ø；

设 B54 为骗取出境证件罪的非罪的主观方面的集合，则 B54 = {行为人无故意} = Ø。

则 B5 = {骗取出境证件罪的非罪} = B∩B51 = {骗取出境证件

罪｝∩｛行为人没有侵犯国家对出境证件的管理制度｝＝｛骗取出境证件罪｝∩∅＝∅＝｛无罪｝；

B5＝｛骗取出境证件罪的非罪｝＝B∩B52＝｛骗取出境证件罪｝∩｛行为人没有实施以劳务输出、经贸往来或者其他名义，弄虚作假，骗取护照、签证等出境证件，为组织他人偷越国（边）境使用的行为｝＝｛骗取出境证件罪｝∩∅＝∅＝｛无罪｝；

B5＝｛骗取出境证件罪的非罪｝＝B∩B53＝｛骗取出境证件罪｝∩｛主体是未满16周岁，或者已满16周岁但没有刑事责任能力的自然人和单位｝＝｛骗取出境证件罪｝∩∅＝∅＝｛无罪｝；

B5＝｛骗取出境证件罪的非罪｝＝B∩B54＝｛骗取出境证件罪｝∩｛行为人无故意｝＝｛骗取出境证件罪｝∩∅＝∅＝｛无罪｝。

（2）此罪与彼罪的界限

1）骗取出境证件罪与提供伪造、变造的出入境证件罪的界限

设B为骗取出境证件罪的集合，则B＝｛骗取出境证件罪｝；

设B6为提供伪造、变造的出入境证件罪的集合，则B6＝｛提供伪造、变造的出入境证件罪｝。

则B∪B6－B∩B6＝｛骗取出境证件罪｝∪｛提供伪造、变造的出入境证件罪｝－｛骗取出境证件罪｝∩｛提供伪造、变造的出入境证件罪｝＝｛客体是国家对出境证件的管理制度，客观方面表现为行为人以劳务输出、经贸往来或者其他名义，弄虚作假，骗取护照、签证等出境证件，为组织他人偷越国（边）境使用的行为，主体是年满16周岁、具有刑事责任能力的自然人和单位，主观方面是故意｝∪｛客体是国家对出入境证件的管理制度，客观方面表现为行为人为他人提供伪造、变造的护照、签证等出入境证件的行为，主体是年满16周岁、具有刑事责任能力的自然人，主观方面是故意｝－｛主体是年满16周岁、具有刑事责任能力的自然人，主观方面是故意｝＝｛客体是国家对出境证件的管理制度，客观方面表现为行为人以劳务输出、经贸往来或者其他名义，弄虚作假，骗取护照、签证等出境证件，为组织他人偷越国（边）境使用的行为，主体是单位，客

体是国家对出入境证件的管理制度，客观方面表现为行为人为他人提供伪造、变造的护照、签证等出入境证件的行为}。

2）骗取出境证件罪与出售出入境证件罪的界限

设 B 为骗取出境证件罪的集合，则 B = {骗取出境证件罪}；

设 B7 为出售出入境证件罪的集合，则 B7 = {出售出入境证件罪}。

则 B∪B7 – B∩B7 = {骗取出境证件罪}∪{出售出入境证件罪} – {骗取出境证件罪}∩{出售出入境证件罪} = {客体是国家对出境证件的管理制度，客观方面表现为行为人以劳务输出、经贸往来或者其他名义，弄虚作假，骗取护照、签证等出境证件，为组织他人偷越国（边）境使用的行为，主体是年满 16 周岁、具有刑事责任能力的人和单位，主观方面是故意}∪{客体是国家对出入境证件的管理制度，客观方面表现为行为人非法出售护照、签证等出入境证件的行为，主体是年满 16 周岁、具有刑事责任能力的人，主观方面是故意} – {主体是年满 16 周岁、具有刑事责任能力的人，主观方面是故意} = {客体是国家对出境证件的管理制度，客观方面表现为行为人以劳务输出、经贸往来或者其他名义，弄虚作假，骗取护照、签证等出境证件，为组织他人偷越国（边）境使用的行为，主体是单位，客体是国家对出入境证件的管理制度，客观方面表现为行为人非法出售护照、签证等出入境证件的行为}。

四、妨害文物管理罪

（一）故意损毁文物罪

1. 故意损毁文物罪的概念

故意损毁文物罪，是指行为人故意损坏国家保护的珍贵文物或者被确定为全国重点文物保护单位、省级文物保护单位的文物的行为。❶

---

❶ 朱建华主编：《刑法分论》，法律出版社 2018 年版，第 357 – 358 页。

2. 故意损毁文物罪的构成特征

关于故意损毁文物罪的构成特征，根据现行刑法的规定，必须具备以下四个方面，其集合表现为：

设 A 为故意损毁文物罪的集合，则 A = {故意损毁文物罪}；

设 A1 为故意损毁文物罪的客体的集合，则 A1 = {国家对文物的保护制度}；

设 A2 为故意损毁文物罪的客观方面的集合，则 A2 = {行为人损坏国家保护的珍贵文物或者被确定为全国重点文物保护单位、省级文物保护单位的文物的行为}；

设 A3 为故意损毁文物罪的主体的集合，则 A3 = {年满 16 周岁、具有刑事责任能力的人}；

设 A4 为故意损毁文物罪的主观方面的集合，则 A4 = {故意}。

则 A = A1∪A2∪A3∪A4，即 {故意损毁文物罪} = {客体是国家对文物的保护制度}∪{客观方面表现为行为人损坏国家保护的珍贵文物或者被确定为全国重点文物保护单位、省级文物保护单位的文物的行为}∪{主体是年满 16 周岁、具有刑事责任能力的人}∪{主观方面是故意} = {客体是国家对文物的保护制度，客观方面表现为行为人损毁国家保护的珍贵文物或者被确定为全国重点文物保护单位、省级文物保护单位的文物的行为，主体是年满 16 周岁、具有刑事责任能力的人，主观方面是故意}。

3. 故意损毁文物罪的司法适用

（1）本罪与非罪的界限

设 A5 为故意损毁文物罪的非罪的集合，则 A5 = {无罪} = Ø；

设 A51 为故意损毁文物罪的非罪的客体的集合，则 A51 = {行为人没有侵犯国家对文物的保护制度} = Ø；

设 A52 为故意损毁文物罪的非罪的客观方面的集合，则 A52 = {行为人没有实施损坏国家保护的珍贵文物或者被确定为全国重点文物保护单位、省级文物保护单位的文物的行为} = Ø；

设 A53 为故意损毁文物罪的非罪的主体的集合，A53 = {主体是未满 16 周岁，或者已满 16 周岁但没有刑事责任能力的自然人和单位} = Ø；

设 A54 为故意损毁文物罪的非罪的主观方面的集合，则 A54 = {行为人无故意} = Ø。

则 A5 = 故意损毁文物罪的非罪} = A ∩ A51 = {故意损毁文物罪} ∩ {行为人没有侵犯国家对文物的保护制度} = {故意损毁文物罪} ∩ Ø = Ø = {无罪}；

A5 = {故意损毁文物罪的非罪} = A ∩ A52 = {故意损毁文物罪} ∩ {行为人没有实施损坏国家保护的珍贵文物或者被确定为全国重点文物保护单位、省级文物保护单位的文物的行为} = {故意损毁文物罪} ∩ Ø = Ø = {无罪}；

A5 = {故意损毁文物罪的非罪} = A ∩ A53 = {故意损毁文物罪} ∩ {主体是未满 16 周岁，或者已满 16 周岁但没有刑事责任能力的自然人和单位} = {故意损毁文物罪} ∩ Ø = Ø = {无罪}；

A5 = {故意损毁文物罪的非罪} = A ∩ A54 = {故意损毁文物罪} ∩ {行为人无故意} = {故意损毁文物罪} ∩ Ø = Ø = {无罪}。

（2）此罪与彼罪的界限

1）故意损毁文物罪与故意损毁名胜古迹罪的界限

设 A 为故意损毁文物罪的集合，则 A = {故意损毁文物罪}；

设 A6 为故意损毁名胜古迹罪的集合，则 A6 = {故意损毁名胜古迹罪}。

则 A ∪ A6 – A ∩ A6 = {故意损毁文物罪} ∪ {故意损毁名胜古迹罪} – {故意损毁文物罪} ∩ {故意损毁名胜古迹罪} = {客体是国家对文物的保护制度，客观方面表现为行为人损坏国家保护的珍贵文物或者被确定为全国重点文物保护单位、省级文物保护单位的文物的行为，主体是年满 16 周岁、具有刑事责任能力的自然人，主观方面是故意} ∪ {客体是国家对名胜古迹的保护制度，客观方面表现为行为人损毁国家保护的名胜古迹，情节严重的行为，主体是年满 16 周岁、具有刑事责任能力的自然人，主观方面是故意} –{主体是年满 16 周岁、具有刑事责任能力的自然人，主观方面是故意} ={客体是国家对文物的保护制度，客观方面表现为行为人损坏国家保护的珍贵文物或者被确定为全国重点文物保护单位、省级文物保护单位的文物的行为，客体是国家对名胜古迹的保护制度，客观方面表现为行为人损毁国家保护的名胜古迹，情节严重的行为}。

2）故意损毁文物罪与过失损毁文物罪的界限

设 A 为故意损毁文物罪的集合，则 A ={故意损毁文物罪}；

设 A7 为过失损毁文物罪的集合，则 A7 ={过失损毁文物罪}。

则 A∪A7 – A∩A7 ={故意损毁文物罪}∪{过失损毁文物罪} –{故意损毁文物罪}∩{过失损毁文物罪} ={客体是国家对文物的保护制度，客观方面表现为行为人损坏国家保护的珍贵文物或者被确定为全国重点文物保护单位、省级文物保护单位的文物的行为，主体是年满 16 周岁、具有刑事责任能力的自然人，主观方面是故意}∪{客体是国家对文物的保护制度，客观方面表现为行为人损坏国家保护的珍贵文物或者被确定为全国重点文物保护单位、省级文物保护单位的文物，造成了严重后果的行为，主体是年满 16 周岁、具有刑事责任能力的自然人，主观方面是过失} –{客体是国家对文物的保护制度，主体是年满 16 周岁、具有刑事责任能力的自然人} ={客观方面表现为行为人损毁国家保护的珍贵文物或者被确定为全国重点文物保护单位、省级文物保护单位的文物的行为，主观方面是故意，客观方面表现为行为人损坏国家保护的珍贵文物或者被确定为全国重点文物保护单位、省级文物保护单位的文物，造成了严重后果的行为，主观方面是过失}。

（二）倒卖文物罪

1. 倒卖文物罪的概念

倒卖文物罪，是指行为人以牟利为目的，非法买卖国家禁止经

营的文物，情节严重的行为。❶

2. 倒卖文物罪的构成特征

关于倒卖文物罪的构成特征，根据现行刑法的规定，必须具备以下四个方面，其集合表现为：

设 B 为倒卖文物罪的集合，则 B ＝｛倒卖文物罪｝；

设 B1 为倒卖文物罪的客体的集合，则 B1 ＝｛国家对文物的管理制度｝；

设 B2 为倒卖文物罪的客观方面的集合，则 B2 ＝｛行为人非法买卖国家禁止经营的文物，情节严重的行为｝；

设 B3 为倒卖文物罪的主体的集合，则 B3 ＝｛年满 16 周岁、具有刑事责任能力的自然人｝∪｛单位｝＝｛年满 16 周岁、具有刑事责任能力的自然人和单位｝；

设 B4 为倒卖文物罪的主观方面的集合，则 B4 ＝｛故意，并且以牟利为目的｝。

则 B ＝ B1∪B2∪B3∪B4，即 ｛倒卖文物罪｝＝｛客体是国家对文物的管理制度｝∪｛客观方面表现为行为人非法买卖国家禁止经营的文物，情节严重的行为｝∪｛主体是年满 16 周岁、具有刑事责任能力的自然人和单位｝∪｛主观方面是故意，并且以牟利为目的｝＝｛客体是国家对文物的管理制度，客观方面表现为行为人非法买卖国家禁止经营的文物，情节严重的行为，主体是年满 16 周岁、具有刑事责任能力的自然人和单位，主观方面是故意，并且以牟利为目的｝。

3. 倒卖文物罪的司法适用

（1）本罪与非罪的界限

设 B5 为倒卖文物罪的非罪的集合，则 B5 ＝｛无罪｝＝∅；

设 B51 为倒卖文物罪的非罪的客体的集合，则 B51 ＝｛行为人没有侵犯国家对文物的保护制度｝＝∅；

---

❶ 朱建华主编：《刑法分论》，法律出版社 2018 年版，第 359 页。

设 B52 为倒卖文物罪的非罪的客观方面的集合，则 B52 = ｛行为人没有实施非法买卖国家禁止经营的文物，情节严重的行为｝= Ø；

设 B53 为倒卖文物罪的非罪的主体的集合，B53 = ｛主体是未满 16 周岁，或者已满 16 周岁但没有刑事责任能力的自然人和单位｝= Ø；

设 B54 为倒卖文物罪的非罪的主观方面的集合，则 B54 = ｛行为人没有故意且不以牟利为目的｝= Ø。

则 B5 = 倒卖文物罪的非罪｝= B ∩ B51 = ｛故意损毁文物罪｝∩ ｛行为人没有侵犯国家对文物的保护制度｝= ｛故意损毁文物罪｝∩ Ø = Ø = ｛无罪｝；

B5 = ｛倒卖文物罪的非罪｝= B ∩ B52 = ｛倒卖文物罪｝∩ ｛行为人没有实施非法买卖国家禁止经营的文物，情节严重的行为｝= ｛倒卖文物罪｝∩ Ø = Ø = ｛无罪｝；

B5 = ｛倒卖文物罪的非罪｝= B ∩ B53 = ｛倒卖文物罪｝∩ ｛主体是未满 16 周岁，或者已满 16 周岁但没有刑事责任能力的自然人和单位｝= ｛倒卖文物罪｝∩ Ø = Ø = ｛无罪｝；

B5 = ｛倒卖文物罪的非罪｝= B ∩ B54 = ｛倒卖文物罪｝∩ ｛行为人没有故意且不以牟利为目的｝= ｛倒卖文物罪｝∩ Ø = Ø = ｛无罪｝。

（2）此罪与彼罪的界限

关于此罪与彼罪的界限主要应弄清楚倒卖文物罪与非法向外国人出售、赠送珍贵文物罪的界限。

设 B 为倒卖文物罪的集合，则 B = ｛倒卖文物罪｝；

设 B6 为非法向外国人出售、赠送珍贵文物罪的集合，则 B6 = ｛非法向外国人出售、赠送珍贵文物罪｝。

则 B ∪ B6 – B ∩ B6 = ｛倒卖文物罪｝∪ ｛非法向外国人出售、赠送珍贵文物罪｝– ｛倒卖文物罪｝∩ ｛非法向外国人出售、赠送珍贵文物罪｝= ｛客体是国家对文物的管理制度，客观方面表现为行为人非法买卖国家禁止经营的文物，情节严重的行为，主体是年满 16 周岁、具有刑事责任能力的自然人和单位，主观方面是直接故意，并且以牟利为目的}∪{客体是国家对收藏的珍贵文物的保护制度，客观方面表现为行为人违反文物保护法规，将收藏的国家禁止出口的珍贵文物私自出售或者私自赠送给外国人的行为，主体是年满 16 周岁、具有刑事责任能力的自然人和单位，主观方面是直接故意} −{主体是年满 16 周岁、具有刑事责任能力的自然人和单位} ={客体是国家对文物的管理制度，客观方面表现为行为人非法买卖国家禁止经营的文物，情节严重的行为，主观方面是直接故意，并且以牟利为目的，客体是国家对收藏的珍贵文物的保护制度，客观方面表现为行为人违反文物保护法规，将收藏的国家禁止出口的珍贵文物私自出售或者私自赠送给外国人的行为，主观方面是直接故意}。

五、危害公共卫生罪

（一）妨害传染病防治罪

1. 妨害传染病防治罪的概念

妨害传染病防治罪，是指行为人违反传染病防治法规，实施引起甲类传染病传播或者有传播严重危险的行为。❶

2. 妨害传染病防治罪的构成特征

关于妨害传染病防治罪的构成特征，根据现行刑法的规定，必须具备以下四个方面，其集合表现为：

设 A 为妨害传染病防治罪的集合，则 A ={妨害传染病防治罪}；

设 A1 为妨害传染病防治罪的客体的集合，则 A1 ={国家对传染病防治的管理秩序}；

设 A2 为妨害传染病防治罪的客观方面的集合，则 A2 ={行为人违反传染病防治法规，实施引起甲类传染病传播或者有传播严重危险的行为}；

---

❶ 朱建华主编：《刑法分论》，法律出版社 2018 年版，第 362 页。

设 A3 为妨害传染病防治罪的主体的集合，则 A3＝{年满 16 周岁、具有刑事责任能力的人}∪{单位}＝{年满 16 周岁、具有刑事责任能力的人和单位}；

设 A4 为妨害传染病防治罪的主观方面的集合，则 A4＝{过失}。

则 A＝A1∪A2∪A3∪A4，即 {妨害传染病防治罪}＝{客体是国家对传染病防治的管理秩序}∪{客观方面表现为行为人违反传染病防治法规，实施引起甲类传染病传播或者有传播严重危险的行为}∪{主体是年满 16 周岁、具有刑事责任能力的人和单位}∪{主观方面是过失}＝{客体是国家对传染病防治的管理秩序，客观方面表现为行为人违反传染病防治法规，实施引起甲类传染病传播或者有传播严重危险的行为，主体是年满 16 周岁、具有刑事责任能力的人和单位，主观方面是过失}。

3. 妨害传染病防治罪的司法适用

（1）本罪与非罪的界限

设 A5 为妨害传染病防治罪的非罪的集合，则 A5＝{无罪}＝∅；

设 A51 为妨害传染病防治罪的非罪的客体的集合，则 A51＝{行为人没有侵犯国家对传染病防治的管理秩序}＝∅；

设 A52 为妨害传染病防治罪的非罪的客观方面的集合，则 A52＝{行为人没有实施违反传染病防治法规，引起甲类传染病传播或者有传播严重危险的行为}＝∅；

设 A53 为妨害传染病防治罪的非罪的主体的集合，A53＝{主体是未满 16 周岁，或者已满 16 周岁但没有刑事责任能力的自然人和单位}＝∅；

设 A54 为妨害传染病防治罪的非罪的主观方面的集合，则 A54＝{行为人无过失}＝∅。

则 A5＝{妨害传染病防治罪的非罪}＝A∩A51＝{妨害传染病防治罪}∩{行为人没有侵犯国家对传染病防治的管理秩序}＝{妨害

传染病防治罪$\} \cap \varnothing = \varnothing = \{$无罪$\}$；

A5 = {妨害传染病防治罪的非罪} = A∩A52 = {妨害传染病防治罪} ∩ {行为人没有实施违反传染病防治法规，引起甲类传染病传播或者有传播严重危险的行为} = {妨害传染病防治罪} ∩ $\varnothing$ = $\varnothing$ = {无罪}；

A5 = {妨害传染病防治罪的非罪} = A∩A53 = {妨害传染病防治罪} ∩ {主体是未满16周岁，或者已满16周岁但没有刑事责任能力的自然人和单位} = {妨害传染病防治罪} ∩ $\varnothing$ = $\varnothing$ = {无罪}；

A5 = {妨害传染病防治罪的非罪} = A∩A54 = {妨害传染病防治罪} ∩ {行为人无过失} = {妨害传染病防治罪} ∩ $\varnothing$ = $\varnothing$ = {无罪}。

（2）此罪与彼罪的界限

1）妨害传染病防治罪与传染病菌种、毒种扩散罪的界限

设 A 为妨害传染病防治罪的集合，则 A = {妨害传染病防治罪}；

设 A6 为传染病菌种、毒种扩散罪的集合，则 A6 = {传染病菌种、毒种扩散罪}。

则 A∪A6 – A∩A6 = {妨害传染病防治罪} ∪ {传染病菌种、毒种扩散罪} – {妨害传染病防治罪} ∩ {传染病菌种、毒种扩散罪} = {客体是国家对传染病防治的管理秩序，客观方面表现为行为人违反传染病防治法规，实施引起甲类传染病传播或者有传播严重危险的行为，主体是年满16周岁、具有刑事责任能力的自然人和单位，主观方面是过失} ∪ {客体是国家对传染病防治的管理秩序，客观方面表现为行为人违反国务院卫生行政部门的有关规定，造成传染病菌种、毒种扩散，后果严重的行为，主体是从事实验、保藏、携带、运输传染病菌种、毒种的人员，主观方面是过失} – {客体是国家对传染病防治的管理秩序，主观方面是过失} = {客观方面表现为行为人违反传染病防治法规，实施引起甲类传染病传播或者有传播严重危险的行为，主体是年满16周岁、具有刑事责任能力的自然人和单位，客观方面表现为行为人违反国务院卫生行政部门的有关规定，

造成传染病菌种、毒种扩散，后果严重的行为，主体是从事实验、保藏、携带、运输传染病菌种、毒种的人｝。

2）妨害传染病防治罪与妨害国境卫生检疫罪的界限

设 A 为妨害传染病防治罪的集合，则 A =｛妨害传染病防治罪｝；

设 A7 为妨害国境卫生检疫罪的集合，则 A7 =｛妨害国境卫生检疫罪｝。

则 A∪A7 − A∩A7 =｛妨害传染病防治罪｝∪｛妨害国境卫生检疫罪｝−｛妨害传染病防治罪｝∩｛妨害国境卫生检疫罪｝=｛客体是国家对传染病防治的管理秩序，客观方面表现为行为人违反传染病防治法规，实施引起甲类传染病传播或者有传播严重危险的行为，主体是年满16周岁、具有刑事责任能力的自然人和单位，主观方面是过失｝∪｛客体是国家对国境卫生检疫的管理秩序，客观方面表现为行为人违反国境卫生检疫规定，引起检疫传染病传播或者有传播严重危险的行为，主体是年满16周岁、具有刑事责任能力的人和单位，主观方面是过失｝−｛主体是年满16周岁、具有刑事责任能力的自然人和单位，主观方面是过失｝=｛客体是国家对传染病防治的管理秩序，客观方面表现为行为人违反传染病防治法规，实施引起甲类传染病传播或者有传播严重危险的行为，客体是国家对国境卫生检疫的管理秩序，客观方面表现为行为人违反国境卫生检疫规定，引起检疫传染病传播或者有传播严重危险的行为｝。

3）妨害传染病防治罪与妨害动植物防疫、检疫罪的界限

设 A 为妨害传染病防治罪的集合，则 A =｛妨害传染病防治罪｝；

设 A8 为妨害动植物防疫、检疫罪的集合，则 A8 =｛妨害动植物防疫、检疫罪｝。

则 A∪A8 − A∩A8 =｛妨害传染病防治罪｝∪｛妨害动植物防疫、检疫罪｝−｛妨害传染病防治罪｝∩｛妨害动植物防疫、检疫罪｝=｛客体是国家对传染病防治的管理秩序，客观方面表现为行为人违

反传染病防治法规，实施引起甲类传染病传播或者有传播严重危险的行为，主体是年满 16 周岁、具有刑事责任能力的自然人和单位，主观方面是过失}∪{客体是国家对动植物防疫、检疫的管理制度，客观方面表现为行为人违反有关动植物防疫、检疫的国家规定，引起重大动植物疫情的，或者有引起重大动植物疫情危险，情节严重的行为，主体是年满 16 周岁、具有刑事责任能力的人和单位，主观方面是故意}−{主体是年满 16 周岁、具有刑事责任能力的自然人和单位}={客体是国家对传染病防治的管理秩序，客观方面表现为行为人违反传染病防治法规，实施引起甲类传染病传播或者有传播严重危险的行为，主观方面是过失，客体是国家对动植物防疫、检疫的管理制度，客观方面表现为行为人违反有关动植物防疫、检疫的国家规定，引起重大动植物疫情的，或者有引起重大动植物疫情危险，情节严重的行为，主观方面是故意}。

（二）非法组织卖血罪

1. 非法组织卖血罪的概念

非法组织卖血罪，是指行为人未经卫生行政主管部门的批准，组织他人出卖血液的行为。❶

2. 非法组织卖血罪的构成特征

关于非法组织卖血罪的构成特征，根据现行刑法的规定，必须具备以下四个方面，其集合表现为：

设 B 为非法组织卖血罪的集合，则 B = {非法组织卖血罪}；

设 B1 为非法组织卖血罪的客体的集合，则 B1 = {国家对采供血的管理秩序}；

设 B2 为非法组织卖血罪的客观方面的集合，则 B2 = {行为人未经卫生行政主管部门的批准，组织他人出卖血液的行为}；

设 B3 为非法组织卖血罪的主体的集合，则 B3 = {年满 16 周岁、

---

❶ 朱建华主编：《刑法分论》，法律出版社 2018 年版，第 364 页。

具有刑事责任能力的自然人｝；

设 B4 为非法组织卖血罪的主观方面的集合，则 B4 =｛故意，且一般具有牟利的目的｝。

则 B = B1∪B2∪B3∪B4，即 ｛非法组织卖血罪｝=｛客体是国家对采供血的管理秩序｝∪｛客观方面表现为行为人未经卫生行政主管部门的批准，组织他人出卖血液的行为｝∪｛主体是年满 16 周岁、具有刑事责任能力的自然人｝∪｛主观方面是故意，且一般具有牟利的目的｝=｛客体是国家对采供血的管理秩序，客观方面表现为行为人未经卫生行政主管部门的批准，组织他人出卖血液的行为，主体是年满 16 周岁、具有刑事责任能力的自然人，主观方面是故意，且一般具有牟利的目的｝。

3. 非法组织卖血罪的司法适用

（1）本罪与非罪的界限

设 B5 为非法组织卖血罪的非罪的集合，则 B5 =｛无罪｝=Ø；

设 B51 为非法组织卖血罪的非罪的客体的集合，则 B51 =｛行为人没有侵犯国家对采供血的管理秩序｝=Ø；

设 B52 为非法组织卖血罪的非罪的客观方面的集合，则 B52 =｛行为人没有实施未经卫生行政主管部门的批准，组织他人出卖血液的行为｝=Ø；

设 B53 为非法组织卖血罪的非罪的主体的集合，B53 =｛行为人是未满 16 周岁，或者已满 16 周岁但没有刑事责任能力的自然人｝=Ø；

设 B54 为非法组织卖血罪的非罪的主观方面的集合，则 B54 =｛行为人没有故意，且不以牟利为目的｝=Ø。

则 B5 =｛非法组织卖血罪的非罪｝= B∩B51 =｛非法组织卖血罪｝∩｛行为人没有侵犯国家对采供血的管理秩序｝=｛非法组织卖血罪｝∩Ø=Ø=｛无罪｝；

B5 =｛非法组织卖血罪的非罪｝= B∩B52 =｛非法组织卖血罪｝∩

{行为人没有实施未经卫生行政主管部门的批准，组织他人出卖血液的行为} = {非法组织卖血罪} ∩ Ø = Ø = {无罪}；

B5 = {非法组织卖血罪的非罪} = B ∩ B53 = {非法组织卖血罪} ∩ {行为人是未满 16 周岁，或者已满 16 周岁但没有刑事责任能力的自然人} = {非法组织卖血罪} ∩ Ø = Ø = {无罪}；

B5 = {非法组织卖血罪的非罪} = B ∩ B54 = {非法组织卖血罪} ∩ {行为人没有故意，且不以牟利为目的} = {非法组织卖血罪} ∩ Ø = Ø = {无罪}。

（2）此罪与彼罪的界限

1）非法组织卖血罪与强迫卖血罪的界限

设 B 为非法组织卖血罪的集合，则 B = {非法组织卖血罪}；

设 B6 为强迫卖血罪的集合，则 B6 = {强迫卖血罪}。

则 B∪B6 – B∩B6 = {非法组织卖血罪} ∪ {强迫卖血罪} – {非法组织卖血罪} ∩ {强迫卖血罪} = {客体是国家对采供血的管理秩序，客观方面表现为行为人未经卫生行政主管部门的批准，组织他人出卖血液的行为，主体是年满 16 周岁、具有刑事责任能力的自然人，主观方面是直接故意，并且一般具有牟利的目的} ∪ {客体是国家对采供血的管理秩序和他人的人身权利，客观方面表现为行为人以暴力、威胁方法强迫他人出卖血液的行为，主体是年满 16 周岁、具有刑事责任能力的自然人，主观方面是直接故意，并且一般具有牟利的目的} – {主体是年满 16 周岁、具有刑事责任能力的自然人，主观方面是故意，并且一般具有牟利的目的} = {客体是国家对采供血的管理秩序，客观方面表现为行为人未经卫生行政主管部门的批准，组织他人出卖血液的行为，客体是国家对采供血的管理秩序和他人的人身权利，客观方面表现为行为人以暴力、威胁方法强迫他人出卖血液的行为}。

2）非法组织卖血罪与非法采集、供应血液、制作、供应血液制品罪的界限

设 B 为非法组织卖血罪的集合，则 B = {非法组织卖血罪}；

设 B7 为非法采集、供应血液、制作、供应血液制品罪的集合，则 B7 = {非法采集、供应血液、制作、供应血液制品罪}。

则 B∪B7 − B∩B7 = {非法组织卖血罪}∪{非法采集、供应血液、制作、供应血液制品罪} − {非法组织卖血罪}∩{非法采集、供应血液、制作、供应血液制品罪} = {客体是国家对采供血的管理秩序，客观方面表现为行为人未经卫生行政主管部门的批准，组织他人出卖血液的行为，主体是年满 16 周岁、具有刑事责任能力的自然人，主观方面是故意，并且一般具有牟利的目的}∪{客体是国家对采集、供应血液或者制作、供应血液制品的管理秩序和不特定多数人的健康权利，客观方面表现为行为人非法采集、供应血液或者制作、供应血液制品，不符合国家规定的标准，足以危害人体健康的行为，主体是年满 16 周岁、具有刑事责任能力的自然人，主观方面是故意} − {主体是年满 16 周岁、具有刑事责任能力的自然人，主观方面是故意} = {客体是国家对采供血的管理秩序，客观方面表现为行为人未经卫生行政主管部门的批准，组织他人出卖血液的行为，客体是国家对采集、供应血液或者制作、供应血液制品的管理秩序和不特定多数人的健康权利，客观方面表现为行为人非法采集、供应血液或者制作、供应血液制品，不符合国家规定的标准，足以危害人体健康的行为}。

（三）医疗事故罪

1. 医疗事故罪的概念

医疗事故罪，是指医务人员由于严重不负责任，造成就诊人死亡或者严重损害就诊人身体健康的行为。❶

2. 医疗事故罪的构成特征

关于医疗事故罪的构成特征，根据现行刑法的规定，必须具备以下四个方面，其集合表现为：

---

❶　朱建华主编：《刑法分论》，法律出版社 2018 年版，第 365 页。

设 C 为医疗事故罪的集合，则 C = {医疗事故罪}；

设 C1 为医疗事故罪的客体的集合，则 C1 = {医疗卫生管理制度}∪{就诊人的生命、健康权利} = {医疗卫生管理制度和就诊人的生命、健康权利}；

设 C2 为医疗事故罪的客观方面的集合，则 C2 = {行为人由于严重不负责任，造成就诊人死亡或者严重损害就诊人身体健康的行为}；

设 C3 为医疗事故罪的主体的集合，则 C3 = {医务人员}；

设 C4 为医疗事故罪的主观方面的集合，则 C4 = {过失}。

则 C = C1∪C2∪C3∪C4，即 {医疗事故罪} = {客体是医疗卫生管理制度和就诊人的生命、健康权利}∪{客观方面表现为行为人由于严重不负责任，造成就诊人死亡或者严重损害就诊人身体健康的行为}∪{主体是医务人员}∪{主观方面是过失} = {客体是医疗卫生管理制度和就诊人的生命、健康权利，客观方面表现为行为人由于严重不负责任，造成就诊人死亡或者严重损害就诊人身体健康的行为，主体是医务人员，主观方面是过失}。

3. 医疗事故罪的司法适用

（1）本罪与非罪的界限

设 C5 为医疗事故罪的非罪的集合，则 C5 = {无罪} = ∅；

设 C51 为医疗事故罪的非罪的客体的集合，则 C51 = {行为人没有侵犯医疗卫生管理制度和就诊人的生命、健康权利} = ∅；

设 C52 为医疗事故罪的非罪的客观方面的集合，则 C52 = {行为人没有实施严重不负责任，造成就诊人死亡或者严重损害就诊人身体健康的行为} = ∅；

设 C53 为医疗事故罪的非罪的主体的集合，C53 = {行为人不是医务人员} = ∅；

设 C54 为医疗事故罪的非罪的主观方面的集合，则 C54 = {行为人无过失} = ∅。

则 C5 ={医疗事故罪的非罪}= C∩C51 ={医疗事故罪}∩{行为人没有侵犯医疗卫生管理制度和就诊人的生命、健康权利}={医疗事故罪}∩∅=∅={无罪};

C5 ={医疗事故罪的非罪}= C∩C52 ={医疗事故罪}∩{行为人没有实施严重不负责任，造成就诊人死亡或者严重损害就诊人身体健康的行为}={医疗事故罪}∩∅=∅={无罪};

C5 ={医疗事故罪的非罪}= C∩C53 ={医疗事故罪}∩{行为人不是医务人员}={医疗事故罪}∩∅=∅={无罪};

C5 ={医疗事故罪的非罪}= C∩C54 ={医疗事故罪}∩{行为人无过失}={医疗事故罪}∩∅=∅={无罪}。

（2）此罪与彼罪的界限

1）医疗事故罪与非法行医罪的界限

设 C 为医疗事故罪的集合，则 C ={医疗事故罪}；

设 C6 为非法行医罪的集合，则 C6 ={非法行医罪}。

则 C∪C6 – C∩C6 ={医疗事故罪}∪{非法行医罪}–{医疗事故罪}∩{非法行医罪}={客体是医疗卫生管理制度和就诊人的生命、健康权利，客观方面表现为行为人由于严重不负责任，造成就诊人死亡或者严重损害就诊人身体健康的行为，主体是医务人员，主观方面是过失}∪{客体是医疗卫生管理秩序和就诊人的生命、健康权利，客观方面表现为行为人未取得医生执业资格而非法从事医疗业务，情节严重的行为，主体是未取得医生执业资格的人，主观方面是故意}–{客体是医疗卫生管理制度和就诊人的生命、健康权利}={客观方面表现为行为人由于严重不负责任，造成就诊人死亡或者严重损害就诊人身体健康的行为，主体是医务人员，主观方面是过失，客观方面表现为行为人未取得医生执业资格而非法从事医疗业务，情节严重的行为，主体是未取得医生执业资格的人，主观方面是故意}。

2）医疗事故罪与非法进行节育手术罪的界限

设 C 为医疗事故罪的集合，则 C ={医疗事故罪}；

设 C7 为非法进行节育手术罪的集合，则 C7 ={非法进行节育手术罪}。

则 C∪C7 – C∩C7 ={医疗事故罪}∪{非法进行节育手术罪} –{医疗事故罪}∩{非法进行节育手术罪} ={客体是医疗卫生管理制度和就诊人的生命、健康权利，客观方面表现为行为人由于严重不负责任，造成就诊人死亡或者严重损害就诊人身体健康的行为，主体是医务人员，主观方面是过失}∪{客体是国家的计划生育制度和就诊人的健康权利，客观方面表现为行为人擅自为他人进行节育复通手术、假节育手术、终止妊娠手术或者摘取宫内节育器，情节严重的行为，主体是未取得医生执业资格的人，主观方面是故意} –{客体是就诊人的健康权利} ={客体是医疗卫生管理制度和就诊人的生命权利，客观方面表现为行为人由于严重不负责任，造成就诊人死亡或者严重损害就诊人身体健康的行为，主体是医务人员，主观方面是过失，客体是国家的计划生育制度，客观方面表现为行为人擅自为他人进行节育复通手术、假节育手术、终止妊娠手术或者摘取宫内节育器，情节严重的行为，主体是未取得医生执业资格的人，主观方面是故意}。

六、破坏环境资源保护罪

（一）污染环境罪

1. 污染环境罪的概念

污染环境罪，是指行为人违反国家规定，排放、倾倒或者处置有放射性的废物、含传染病病原体的废物、有毒物质或者其他有害物质，严重污染环境的行为。[1]

2. 污染环境罪的构成特征

关于污染环境罪的构成特征，根据现行刑法的规定，必须具备

---

[1] 朱建华主编：《刑法分论》，法律出版社 2018 年版，第 369 页。

以下四个方面，其集合表现为：

设 A 为污染环境罪的集合，则 A = ｛污染环境罪｝；

设 A1 为污染环境罪的客体的集合，则 A1 = ｛国家的环境保护制度｝；

设 A2 为污染环境罪的客观方面的集合，则 A2 = ｛行为人违反国家规定，排放、倾倒或者处置有放射性的废物、含传染病病原体的废物、有毒物质或者其他有害物质，严重污染环境的行为｝；

设 A3 为污染环境罪的主体的集合，则 A3 = ｛年满 16 周岁、具有刑事责任能力的人｝∪｛单位｝= ｛年满 16 周岁、具有刑事责任能力的人和单位｝；

设 A4 为污染环境罪的主观方面的集合，则 A4 = ｛过失｝。

则 A = A1∪A2∪A3∪A4，即 ｛污染环境罪｝= ｛客体是国家的环境保护制度｝∪｛客观方面表现为行为人违反国家规定，排放、倾倒或者处置有放射性的废物、含传染病病原体的废物、有毒物质或者其他有害物质，严重污染环境的行为｝∪｛主体是年满 16 周岁、具有刑事责任能力的人和单位｝∪｛主观方面是过失｝= ｛客体是国家的环境保护制度，客观方面表现为行为人违反国家规定，排放、倾倒或者处置有放射性的废物、含传染病病原体的废物、有毒物质或者其他有害物质，严重污染环境的行为，主体是年满 16 周岁、具有刑事责任能力的人和单位，主观方面是过失｝。

3. 污染环境罪的司法适用

（1）本罪与非罪的界限

设 A5 为污染环境罪的非罪的集合，则 A5 = ｛无罪｝= Ø；

设 A51 为污染环境罪的非罪的客体的集合，则 A51 = ｛行为人没有侵犯国家的环境保护制度｝= Ø；

设 A52 为污染环境罪的非罪的客观方面的集合，则 A52 = ｛行为人没有实施违反国家规定，排放、倾倒或者处置有放射性的废物、含传染病病原体的废物、有毒物质或者其他有害物质，严重污染环

境的行为} = Ø;

设 A53 为污染环境罪的非罪的主体的集合，A53 = {主体是未满 16 周岁，或者已满 16 周岁但没有刑事责任能力的自然人和单位} = Ø;

设 A54 为污染环境罪的非罪的主观方面的集合，则 A54 = {行为人无过失} = Ø。

则 A5 = {污染环境罪的非罪} = A∩A51 = {污染环境罪}∩{行为人没有侵犯国家的环境保护制度} = {污染环境罪}∩Ø = Ø = {无罪};

A5 = {污染环境罪的非罪} = A∩A52 = {污染环境罪}∩{行为人没有实施违反国家规定，排放、倾倒或者处置有放射性的废物、含传染病病原体的废物、有毒物质或者其他有害物质，严重污染环境的行为} = {污染环境罪}∩Ø = Ø = {无罪};

A5 = {污染环境罪的非罪} = A∩A53 = {污染环境罪}∩{主体是未满 16 周岁，或者已满 16 周岁但没有刑事责任能力的自然人和单位} = {污染环境罪}∩Ø = Ø = {无罪};

A5 = {污染环境罪的非罪} = A∩A54 = {污染环境罪}∩{行为人无过失} = {污染环境罪}∩Ø = Ø = {无罪}。

（2）此罪与彼罪的界限

1）污染环境罪与非法处置进口的固体废物罪的界限

设 A 为污染环境罪的集合，则 A = {污染环境罪};

设 A6 为非法处置进口的固体废物罪的集合，则 A6 = {非法处置进口的固体废物罪}。

则 A∪A6 − A∩A6 = {污染环境罪}∪{非法处置进口的固体废物罪} − {污染环境罪}∩{非法处置进口的固体废物罪} = {客体是国家的环境保护制度，客观方面表现为行为人违反国家规定，排放、倾倒或者处置有放射性的废物、含传染病病原体的废物、有毒物质或者其他有害物质，严重污染环境的行为，主体是年满 16 周岁、具有刑事责任能力的自然人和单位，主观方面是过失}∪{客体是国家对固体废物污染环境的防治制度，客观方面表现为行为人违反国家规定，将境外的固体废物进境倾倒、堆放、处置的行为，主体是年满 16 周岁、具有刑事责任能力的自然人和单位，主观方面是故意｝－｛客观方面行为人有违反国家规定的行为，主体是年满 16 周岁、具有刑事责任能力的自然人和单位｝＝｛客体是国家的环境保护制度，客观方面表现为行为人排放、倾倒或者处置有放射性的废物、含传染病病原体的废物、有毒物质或者其他有害物质，严重污染环境的行为，主观方面是过失，客体是国家对固体废物污染环境的防治制度，客观方面表现为行为人将境外的固体废物进境倾倒、堆放、处置的行为，主观方面是故意｝。

2）污染环境罪与擅自进口固体废物罪的界限

设 A 为污染环境罪的集合，则 A =｛污染环境罪｝；

设 A7 为擅自进口固体废物罪的集合，则 A7 =｛擅自进口固体废物罪｝。

则 A∪A7 − A∩A7 =｛污染环境罪｝∪｛擅自进口固体废物罪｝−｛污染环境罪｝∩｛擅自进口固体废物罪｝=｛客体是国家的环境保护制度，客观方面表现为行为人违反国家规定，排放、倾倒或者处置有放射性的废物、含传染病病原体的废物、有毒物质或者其他有害物质，严重污染环境的行为，主体是年满 16 周岁、具有刑事责任能力的自然人和单位，主观方面是过失｝∪｛客体是国家对进口固体废物的管理秩序及固体废物污染环境防治制度，客观方面表现为行为人未经国务院有关主管部门许可，擅自进口固体废物用作原料，造成重大环境污染事故，致使公私财产遭受重大损失或者严重危害人体健康的行为，主体是年满 16 周岁、具有刑事责任能力的自然人和单位，主观方面是故意｝−｛主体是年满 16 周岁、具有刑事责任能力的自然人和单位｝＝｛客体是国家的环境保护制度，客观方面表现为行为人违反国家规定，排放、倾倒或者处置有放射性的废物、含传染病病原体的废物、有毒物质或者其他有害物质，严重污染环境的行为，主观方面是过失，客体是国家对进口固体废物的管理秩序及固体废物污染环境防治制度，客观方面表现为行为人未经国务院有关主管部门许可，擅自进口固体废物用作原料，造成重大环境污染事故，致使公私财产遭受重大损失或者严重危害人体健康的行为，主观方面是故意}。

（二）危害珍贵、濒危野生动物罪

1. 危害珍贵、濒危野生动物罪的概念

危害珍贵、濒危野生动物罪，是指行为人违反国家野生动物保护法规，猎捕、杀害国家重点保护的珍贵、濒危野生动物、非法收购、运输、出售国家重点保护的珍贵、濒危野生动物及其制品的行为。❶

2. 危害珍贵、濒危野生动物罪的构成特征

关于危害珍贵、濒危野生动物罪的构成特征，根据现行刑法的规定，必须具备以下四个方面，其集合表现为：

设 B 为危害珍贵、濒危野生动物罪的集合，则 B = {危害珍贵、濒危野生动物罪}；

设 B1 为危害珍贵、濒危野生动物罪的客体的集合，则 B1 = {国家对珍贵、濒危野生动物资源的保护制度}；

设 B2 为危害珍贵、濒危野生动物罪的客观方面的集合，则 B2 = {行为人违反国家野生动物保护法规，猎捕、杀害国家重点保护的珍贵、濒危野生动物、非法收购、运输、出售国家重点保护的珍贵、濒危野生动物及其制品的行为}；

设 B3 为非法猎捕、杀害珍贵、濒危野生动物罪的主体的集合，则 B3 = {年满 16 周岁、具有刑事责任能力的自然人} ∪ {单位} = {年满 16 周岁、具有刑事责任能力的自然人和单位}；

设 B4 为非法猎捕、杀害珍贵、濒危野生动物罪的主观方面的集合，则 B4 = {故意}。

---

❶ 此罪名规定的内容来自《中华人民共和国刑法修正案（十一）》。

则 B = B1∪B2∪B3∪B4，即 ｛危害珍贵、濒危野生动物罪｝=｛客体是国家对珍贵、濒危野生动物资源的保护制度｝∪｛客观方面表现为行为人违反国家野生动物保护法规，猎捕、杀害国家重点保护的珍贵、濒危野生动物、非法收购、运输、出售国家重点保护的珍贵、濒危野生动物及其制品的行为｝∪｛主体是年满 16 周岁、具有刑事责任能力的人和单位｝∪｛主观方面是故意｝=｛客体是国家对珍贵、濒危野生动物资源的保护制度，客观方面表现为行为人违反国家野生动物保护法规，猎捕、杀害国家重点保护的珍贵、濒危野生动物、非法收购、运输、出售国家重点保护的珍贵、濒危野生动物及其制品的行为，主体是年满 16 周岁、具有刑事责任能力的自然人和单位，主观方面是故意｝。

3. 非法猎捕、杀害珍贵、濒危野生动物罪的司法适用

（1）本罪与非罪的界限

设 B5 为危害珍贵、濒危野生动物罪的非罪的集合，则 B5 =｛无罪｝= Ø；

设 B51 为危害珍贵、濒危野生动物罪的非罪的客体的集合，则 B51 =｛行为人没有侵犯国家对珍贵、濒危野生动物资源的保护制度｝= Ø；

设 B52 为危害珍贵、濒危野生动物罪的非罪的客观方面的集合，则 B52 =｛行为人没有违反国家野生动物保护法规，没有实施猎捕、杀害国家重点保护的珍贵、濒危野生动物、非法收购、运输、出售国家重点保护的珍贵、濒危野生动物及其制品的行为｝= Ø；

设 B53 为危害珍贵、濒危野生动物罪的非罪的主体的集合，B53 =｛主体是未满 16 周岁，或者已满 16 周岁但没有刑事责任能力的自然人和单位｝= Ø；

设 B54 为危害珍贵、濒危野生动物罪的非罪的主观方面的集合，则 B54 =｛行为人无故意｝= Ø。

则 B5 =｛危害珍贵、濒危野生动物罪的非罪｝= B∩B51 =｛危害

珍贵、濒危野生动物罪} ∩ {行为人没有侵犯国家对珍贵、濒危野生动物资源的保护制度} = {危害珍贵、濒危野生动物罪} ∩ ∅ = ∅ = {无罪};

B5 = {危害珍贵、濒危野生动物罪的非罪} = B ∩ B52 = {危害珍贵、濒危野生动物罪} ∩ {行为人没有违反国家野生动物保护法规，没有实施猎捕、杀害国家重点保护的珍贵、濒危野生动物、非法收购、运输、出售国家重点保护的珍贵、濒危野生动物及其制品的行为} = {危害珍贵、濒危野生动物罪} ∩ ∅ = ∅ = {无罪};

B5 = {危害珍贵、濒危野生动物罪的非罪} = B ∩ B53 = {危害珍贵、濒危野生动物罪} ∩ {主体是未满 16 周岁，或者已满 16 周岁但没有刑事责任能力的自然人和单位} = {危害珍贵、濒危野生动物罪} ∩ ∅ = ∅ = {无罪};

B5 = {危害珍贵、濒危野生动物罪的非罪} = B ∩ B54 = {危害珍贵、濒危野生动物罪} ∩ {行为人无故意} = {危害珍贵、濒危野生动物罪} ∩ ∅ = ∅ = {无罪}。

（2）此罪与彼罪的界限

1）危害珍贵、濒危野生动物罪与非法狩猎罪的界限

设 B 为危害珍贵、濒危野生动物罪的集合，则 B = {危害珍贵、濒危野生动物罪}；

设 B6 为非法狩猎罪的集合，则 B6 = {非法狩猎罪}。

则 B ∪ B6 – B ∩ B6 = {危害珍贵、濒危野生动物罪} ∪ {非法狩猎罪} – {危害珍贵、濒危野生动物罪} ∩ {非法狩猎罪} = {客体是国家对珍贵、濒危野生动物资源的保护制度，客观方面表现为行为人违反国家野生动物保护法规，猎捕、杀害国家重点保护的珍贵、濒危野生动物、非法收购、运输、出售国家重点保护的珍贵、濒危野生动物及其制品的行为，主体是年满 16 周岁、具有刑事责任能力的自然人和单位，主观方面是故意} ∪ {客体是国家对普通野生动物资源的保护制度，客观方面表现为行为人违反狩猎法规，在禁猎区、禁猎期或者使用禁用的工具、方法进行狩猎，破坏野生动物资源，

情节严重的行为，主体是年满 16 周岁、具有刑事责任能力的自然人和单位，主观方面是故意}－{主体是年满 16 周岁、具有刑事责任能力的自然人和单位，主观方面是故意}＝{客体是国家对珍贵、濒危野生动物资源的保护制度，客观方面表现为行为人违反国家野生动物保护法规，猎捕、杀害国家重点保护的珍贵、濒危野生动物、非法收购、运输、出售国家重点保护的珍贵、濒危野生动物及其制品的行为，客体是国家对普通野生动物资源的保护制度，客观方面表现为行为人违反狩猎法规，在禁猎区、禁猎期或者使用禁用的工具、方法进行狩猎，破坏野生动物资源，情节严重的行为}。

2）危害珍贵、濒危野生动物罪与非法捕捞水产品罪的界限

设 B 为危害珍贵、濒危野生动物罪的集合，则 B = {非法猎捕、杀害珍贵、濒危野生动物罪}；

设 B7 为非法捕捞水产品罪的集合，则 B7 = {非法捕捞水产品罪}。

则 B∪B7 － B∩B7 = {危害珍贵、濒危野生动物罪}∪{非法捕捞水产品罪}－{危害珍贵、濒危野生动物罪}∩{非法捕捞水产品罪}＝{客体是国家对珍贵、濒危野生动物资源的保护制度，客观方面表现为行为人违反国家野生动物保护法规，猎捕、杀害国家重点保护的珍贵、濒危野生动物、非法收购、运输、出售国家重点保护的珍贵、濒危野生动物及其制品的行为，主体是年满 16 周岁、具有刑事责任能力的人和单位，主观方面是故意}∪{客体是国家对水产资源的保护制度，客观方面表现为行为人违反保护水产资源法规，在禁渔区、禁渔期或者使用禁用的工具、方法捕捞水产品，情节严重的行为，主体是年满 16 周岁、具有刑事责任能力的人和单位，主观方面是故意}－{主体是年满 16 周岁、具有刑事责任能力的人和单位，主观方面是故意}＝{客体是国家对珍贵、濒危野生动物资源的保护制度，客观方面表现为行为人违反国家野生动物保护法规，猎捕、杀害国家重点保护的珍贵、濒危野生动物、非法收购、运输、出售国家重点保护的珍贵、濒危野生动物及其制品的行为，客体是

国家对水产资源的保护制度，客观方面表现为行为人违反保护水产资源法规，在禁渔区、禁渔期或者使用禁用的工具、方法捕捞水产品，情节严重的行为}。

（三）危害国家重点保护植物罪

1. 危害国家重点保护植物罪的概念

危害国家重点保护植物罪，是指行为人违反国家野生动物保护法规，猎捕、杀害国家重点保护的珍贵、濒危野生动物、非法收购、运输、出售国家重点保护的珍贵、濒危野生动物及其制品的行为。❶

2. 危害国家重点保护植物罪的构成特征

关于危害国家重点保护植物罪的构成特征，根据现行刑法的规定，必须具备以下四个方面，其集合表现为：

设 C 为危害国家重点保护植物罪的集合，则 C = {危害国家重点保护植物罪}；

设 C1 为危害国家重点保护植物罪的客体的集合，则 C1 = {国家对重点保护植物资源的管理制度}；

设 C2 为危害国家重点保护植物罪的客观方面的集合，则 C2 = {行为人违反国家规定，非法采伐、毁坏国家重点保护植物、非法收购、运输、加工、出售国家重点保护植物及其制品的行为}；

设 C3 为危害国家重点保护植物罪的主体的集合，则 C3 = {年满 16 周岁、具有刑事责任能力的自然人} ∪ {单位} = {年满 16 周岁、具有刑事责任能力的自然人和单位}；

设 C4 为危害国家重点保护植物罪的主观方面的集合，则 C4 = {故意}。

则 C = C1 ∪ C2 ∪ C3 ∪ C4，即 {危害国家重点保护植物罪} = {客体是国家对重点保护植物资源的管理制度} ∪ {客观方面表现为行为人违反国家规定，非法采伐、毁坏国家重点保护植物、非法收

---

❶ 此罪名规定的内容来自《中华人民共和国刑法修正案（十一）》。

购、运输、加工、出售国家重点保护植物及其制品的行为}∪{主体是年满16周岁、具有刑事责任能力的自然人和单位}∪{主观方面是故意}={客体是国家对重点保护植物资源的管理制度，客观方面表现为行为人违反国家规定，非法采伐、毁坏国家重点保护植物、非法收购、运输、加工、出售国家重点保护植物及其制品的行为，主体是年满16周岁、具有刑事责任能力的自然人和单位，主观方面是故意}。

3. 危害国家重点保护植物罪的司法适用

（1）本罪与非罪的界限

设 C5 为危害国家重点保护植物罪的非罪的集合，则 C5 ={无罪}=∅；

设 C51 为危害国家重点保护植物罪的非罪的客体的集合，则 C51 ={行为人没有侵犯国家对重点保护植物资源的管理制度}=∅；

设 C52 为危害国家重点保护植物罪的非罪的客观方面的集合，则 C52 ={行为人没有违反国家规定，没有实施非法采伐、毁坏国家重点保护植物、非法收购、运输、加工、出售国家重点保护植物及其制品的行为}=∅；

设 C53 为危害国家重点保护植物罪的非罪的主体的集合，C53 ={主体是未满16周岁，或者已满16周岁但没有刑事责任能力的自然人和单位}=∅；

设 C54 为危害国家重点保护植物罪的非罪的主观方面的集合，则 C54 ={行为人无故意}=∅。

则 C5 ={危害国家重点保护植物罪的非罪}=C∩C51 ={危害国家重点保护植物罪}∩{行为人没有侵犯国家对重点保护植物资源的管理制度}={危害国家重点保护植物罪}∩∅=∅={无罪}；

C5 ={危害国家重点保护植物罪的非罪}=C∩C52 ={危害国家重点保护植物罪}∩{行为人没有违反国家规定，没有实施非法采伐、毁坏国家重点保护植物、非法收购、运输、加工、出售国家重

点保护植物及其制品的行为} = {危害国家重点保护植物罪} ∩∅ = ∅ = {无罪};

C5 = {危害国家重点保护植物罪的非罪} = C∩C53 = {危害国家重点保护植物罪} ∩ {主体是未满 16 周岁，或者已满 16 周岁但没有刑事责任能力的自然人和单位} = {危害国家重点保护植物罪}∩∅ = ∅ = {无罪};

C5 = {危害国家重点保护植物罪的非罪} = C∩C54 = {危害国家重点保护植物罪}∩{行为人无故意} = {危害国家重点保护植物罪}∩∅ = ∅ = {无罪}。

（2）此罪与彼罪的界限

1）危害国家重点保护植物罪与盗伐林木罪

设 C 为危害国家重点保护植物罪的集合，则 C = {危害国家重点保护植物罪}；

设 C6 为盗伐林木罪的集合，则 C6 = {盗伐林木罪}。

则 C∪C6 − C∩C6 = {危害国家重点保护植物罪} ∪ {盗伐林木罪} − {危害国家重点保护植物罪} ∩ {盗伐林木罪} = {客体是国家对重点保护植物资源的管理制度，客观方面表现为行为人违反国家规定，非法采伐、毁坏国家重点保护植物、非法收购、运输、加工、出售国家重点保护植物及其制品的行为，主体是年满 16 周岁、具有刑事责任能力的自然人和单位，主观方面是故意} ∪ {客体是国家的林业管理制度和林木所有权，客观方面表现为行为人盗伐森林或者其他林木，数量较大的行为，主体是年满 16 周岁、具有刑事责任能力的人和单位，主观方面是故意且具有非法占有的目的} − {主体是年满 16 周岁、具有刑事责任能力的人和单位} = {客体是国家对重点保护植物资源的管理制度，客观方面表现为行为人违反国家规定，非法采伐、毁坏国家重点保护植物、非法收购、运输、加工、出售国家重点保护植物及其制品的行为，主观方面是故意，客体是国家的林业管理制度和林木所有权，客观方面表现为行为人盗伐森林或者其他林木，数量较大的行为，主观方面是故意且具有非法占有的目的}。

2）危害国家重点保护植物罪与滥伐林木罪

设 C 为危害国家重点保护植物罪的集合，则 C ={危害国家重点保护植物罪}；

设 C7 为滥伐林木罪的集合，则 C7 ={滥伐林木罪}。

则 C∪C7 – C∩C7 ={危害国家重点保护植物罪}∪{滥伐林木罪} – {危害国家重点保护植物罪}∩{滥伐林木罪} ={客体是国家对重点保护植物资源的管理制度，客观方面表现为行为人违反国家规定，非法采伐、毁坏国家重点保护植物、非法收购、运输、加工、出售国家重点保护植物及其制品的行为，主体是年满 16 周岁、具有刑事责任能力的自然人和单位，主观方面是故意}∪{客体是国家的林业管理制度，客观方面表现为行为人违反森林法的规定，滥伐森林或者其他林木，数量较大的行为，主体是年满 16 周岁、具有刑事责任能力的人和单位，主观方面是故意} – {主体是年满 16 周岁、具有刑事责任能力的人和单位，主观方面是故意} ={客体是国家对重点保护植物资源的管理制度，客观方面表现为行为人违反国家规定，非法采伐、毁坏国家重点保护植物、非法收购、运输、加工、出售国家重点保护植物及其制品的行为，客体是国家的林业管理制度，客观方面表现为行为人违反森林法的规定，滥伐森林或者其他林木，数量较大的行为}。

3）危害国家重点保护植物罪与非法收购、运输盗伐、滥伐的林木罪

设 C 为危害国家重点保护植物罪的集合，则 C ={危害国家重点保护植物罪}；

设 C8 为非法收购、运输盗伐、滥伐的林木罪的集合，则 C8 ={非法收购、运输盗伐、滥伐的林木罪}。

则 C∪C8 – C∩C8 ={危害国家重点保护植物罪}∪{非法收购、运输盗伐、滥伐的林木罪} – {危害国家重点保护植物罪}∩{非法收购、运输盗伐、滥伐的林木罪} ={客体是国家对重点保护植物资源

的管理制度，客观方面表现为行为人违反国家规定，非法采伐、毁坏国家重点保护植物、非法收购、运输、加工、出售国家重点保护植物及其制品的行为，主体是年满 16 周岁、具有刑事责任能力的自然人和单位，主观方面是故意}∪{客体是国家对林业资源的保护管理制度，客观方面表现为行为人明知是盗伐、滥伐的林木而非法收购、运输，情节严重的行为，主体是年满 16 周岁、具有刑事责任能力的自然人和单位，主观方面是故意} = {主体是年满 16 周岁、具有刑事责任能力的自然人和单位，主观方面是故意} = {客体是国家对重点保护植物资源的管理制度，客观方面表现为行为人违反国家规定，非法采伐、毁坏国家重点保护植物、非法收购、运输、加工、出售国家重点保护植物及其制品的行为，客体是国家的林业资源的保护管理制度，客观方面表现为行为人明知是盗伐、滥伐的林木而非法收购、运输，情节严重的行为}。

4）盗伐林木罪与滥伐林木罪

设 C6 为盗伐林木罪的集合，则 C6 = {盗伐林木罪}；

设 C7 为滥伐林木罪的集合，则 C7 = {滥伐林木罪}。

则 C6∪C7 – C6∩C7 = {盗伐林木罪}∪{滥伐林木罪} – {盗伐林木罪}∩{滥伐林木罪} = {客体是国家的林业管理制度和林木所有权，客观方面表现为行为人盗伐森林或者其他林木，数量较大的行为，主体是年满 16 周岁、具有刑事责任能力的自然人和单位，主观方面是故意，且具有非法占有的目的}∪{客体是国家的林业管理制度，客观方面表现为行为人违反森林法的规定，滥伐森林或者其他林木，数量较大的行为，主体是年满 16 周岁、具有刑事责任能力的自然人和单位，主观方面是故意} – {主体是年满 16 周岁、具有刑事责任能力的人和单位} = {客体是国家的林业管理制度和林木所有权，客观方面表现为行为人盗伐森林或者其他林木，数量较大的行为，主观方面是故意且具有非法占有的目的，客体是国家的林业管理制度，客观方面表现为行为人违反森林法的规定，滥伐森林或者其他林木，数量较大的行为，主观方面是故意}。

七、走私、贩卖、运输、制造毒品罪

（一）走私、贩卖、运输、制造毒品罪

1. 走私、贩卖、运输、制造毒品罪的概念

走私、贩卖、运输、制造毒品罪，是指行为人走私、贩卖、运输、制造鸦片、海洛因、甲基苯丙胺、吗啡、大麻、可卡因以及其他毒品的行为。❶

2. 走私、贩卖、运输、制造毒品罪的构成特征

关于走私、贩卖、运输、制造毒品罪的构成特征，根据现行刑法的规定，必须具备以下四个方面，其集合表现为：

设 A 为走私、贩卖、运输、制造毒品罪的集合，则 A ＝｛走私、贩卖、运输、制造毒品罪｝；

设 A1 为走私、贩卖、运输、制造毒品罪的客体的集合，则 A1 ＝｛国家对毒品的管制｝；

设 A2 为走私、贩卖、运输、制造毒品罪的客观方面的集合，则 A2 ＝｛行为人走私、贩卖、运输、制造鸦片、海洛因、甲基苯丙胺、吗啡、大麻、可卡因以及其他毒品的行为｝；

设 A3 为走私、贩卖、运输、制造毒品罪的主体的集合，则 A3 ＝｛年满 16 周岁、具有刑事责任能力的自然人｝∪｛单位｝＝｛年满 16 周岁、具有刑事责任能力的自然人和单位｝；

设 A4 为走私、贩卖、运输、制造毒品罪的主观方面的集合，则 A4 ＝｛故意｝。

则 A ＝A1∪A2∪A3∪A4，即 ｛走私、贩卖、运输、制造毒品罪｝＝｛客体是国家对毒品的管制｝∪｛客观方面表现为行为人走私、贩卖、运输、制造鸦片、海洛因、甲基苯丙胺、吗啡、大麻、可卡因以及其他毒品的行为｝∪｛主体是年满 16 周岁、具有刑事责任能

❶ 朱建华主编：《刑法分论》，法律出版社 2018 年版，第 381 页。

力的自然人和单位｝∪｛主观方面是故意｝=｛客体是国家对毒品的管制，客观方面表现为行为人实施了走私、贩卖、运输、制造鸦片、海洛因、甲基苯丙胺、吗啡、大麻、可卡因以及其他毒品的行为，主体是年满 16 周岁、具有刑事责任能力的自然人和单位，主观方面是故意｝。

3. 走私、贩卖、运输、制造毒品罪的司法适用

（1）本罪与非罪的界限

设 A5 为走私、贩卖、运输、制造毒品罪的非罪的集合，则 A5 = ｛无罪｝= Ø；

设 A51 为走私、贩卖、运输、制造毒品罪的非罪的客体的集合，则 A51 = ｛行为人没有侵犯国家对毒品的管制｝= Ø；

设 A52 为走私、贩卖、运输、制造毒品罪的非罪的客观方面的集合，则 A52 = ｛行为人没有实施走私、贩卖、运输、制造鸦片、海洛因、甲基苯丙胺、吗啡、大麻、可卡因以及其他毒品的行为｝= Ø；

设 A53 为走私、贩卖、运输、制造毒品罪的非罪的主体的集合，A53 = ｛主体是未满 16 周岁，或者已满 16 周岁但没有刑事责任能力的自然人和单位｝= Ø；

设 A54 为走私、贩卖、运输、制造毒品罪的非罪的主观方面的集合，则 A54 = ｛行为人无故意｝= Ø。

则 A5 = ｛走私、贩卖、运输、制造毒品罪的非罪｝= A∩A51 = ｛走私、贩卖、运输、制造毒品罪｝∩｛行为人没有侵犯国家对毒品的管制｝= ｛走私、贩卖、运输、制造毒品罪｝∩Ø = Ø = ｛无罪｝；

A5 = ｛走私、贩卖、运输、制造毒品罪的非罪｝= A∩A52 = ｛走私、贩卖、运输、制造毒品罪｝∩｛行为人没有实施走私、贩卖、运输、制造鸦片、海洛因、甲基苯丙胺、吗啡、大麻、可卡因以及其他毒品的行为｝= ｛走私、贩卖、运输、制造毒品罪｝∩Ø = Ø = ｛无罪｝；

$A5 = \{$走私、贩卖、运输、制造毒品罪的非罪$\} = A \cap A53 = \{$走私、贩卖、运输、制造毒品罪$\} \cap \{$主体是未满 16 周岁，或者已满 16 周岁但没有刑事责任能力的自然人和单位$\} = \{$走私、贩卖、运输、制造毒品罪$\} \cap \emptyset = \emptyset = \{$无罪$\}$；

$A5 = \{$走私、贩卖、运输、制造毒品罪的非罪$\} = A \cap A54 = \{$走私、贩卖、运输、制造毒品罪$\} \cap \{$行为人无故意$\} = \{$走私、贩卖、运输、制造毒品罪$\} \cap \emptyset = \emptyset = \{$无罪$\}$。

（2）此罪与彼罪的界限

1）走私、贩卖、运输、制造毒品罪与非法持有毒品罪的界限

设 A 为走私、贩卖、运输、制造毒品罪的集合，则 A＝$\{$走私、贩卖、运输、制造毒品罪$\}$；

设 A6 为非法持有毒品罪的集合，则 A6＝$\{$非法持有毒品罪$\}$。

则 $A \cup A6 - A \cap A6 = \{$走私、贩卖、运输、制造毒品罪$\} \cup \{$非法持有毒品罪$\} - \{$走私、贩卖、运输、制造毒品罪$\} \cap \{$非法持有毒品罪$\} = \{$客体是国家对毒品的管制，客观方面表现为行为人实施了走私、贩卖、运输、制造鸦片、海洛因、甲基苯丙胺、吗啡、大麻、可卡因以及其他毒品的行为，主体是年满 16 周岁、具有刑事责任能力的自然人和单位，主观方面是故意$\} \cup \{$客体是国家对毒品的管制，客观方面表现为行为人明知是鸦片、海洛因等毒品而非法持有，数量较大的行为，主体是年满 16 周岁、具有刑事责任能力的自然人，主观方面是故意$\} - \{$客体是国家对毒品的管制，主观方面是故意$\} = \{$客观方面表现为行为人实施了走私、贩卖、运输、制造鸦片、海洛因、甲基苯丙胺、吗啡、大麻、可卡因以及其他毒品的行为，主体是年满 16 周岁、具有刑事责任能力的自然人和单位，客观方面表现为行为人明知是鸦片、海洛因等毒品而非法持有，数量较大的行为，主体是年满 16 周岁、具有刑事责任能力的自然人$\}$。

2）走私、贩卖、运输、制造毒品罪与走私制毒物品罪的界限

设 A 为走私、贩卖、运输、制造毒品罪的集合，则 A＝$\{$走私、贩卖、运输、制造毒品罪$\}$；

设 A7 为走私制毒物品罪的集合，则 A7 = {走私制毒物品罪}。

则 A∪A7 – A∩A7 = {走私、贩卖、运输、制造毒品罪} ∪ {走私制毒物品罪} – {走私、贩卖、运输、制造毒品罪} ∩ {走私制毒物品罪} = {客体是国家对毒品的管制，客观方面表现为行为人实施了走私、贩卖、运输、制造鸦片、海洛因、甲基苯丙胺、吗啡、大麻、可卡因以及其他毒品的行为，主体是年满 16 周岁、具有刑事责任能力的人和单位，主观方面是故意} ∪ {客体是国家对制毒物品进出境的管制，客观方面表现为行为人实施了违反国家规定，非法运输、携带醋酸酐、乙醚、三氯甲烷或者其他用于制造毒品的原料或者配剂进出境的行为，主体是年满 16 周岁、具有刑事责任能力的人和单位，主观方面是故意} – {主体是年满 16 周岁、具有刑事责任能力的人和单位，主观方面是故意} = {客体是国家对毒品的管制，客观方面表现为行为人实施了走私、贩卖、运输、制造鸦片、海洛因、甲基苯丙胺、吗啡、大麻、可卡因以及其他毒品的行为，客体是国家对制毒物品进出境的管制，客观方面表现为行为人实施了违反国家规定，非法运输、携带醋酸酐、乙醚、三氯甲烷或者其他用于制造毒品的原料或者配剂进出境的行为}。

3）走私、贩卖、运输、制造毒品罪与非法买卖制毒物品罪的界限

设 A 为走私、贩卖、运输、制造毒品罪的集合，则 A = {走私、贩卖、运输、制造毒品罪}；

设 A8 为非法买卖制毒物品罪的集合，则 A8 = {非法买卖制毒物品罪}。

则 A∪A8 – A∩A8 = {走私、贩卖、运输、制造毒品罪} ∪ {非法买卖制毒物品罪} – {走私、贩卖、运输、制造毒品罪} ∩ {非法买卖制毒物品罪} = {客体是国家对毒品的管制，客观方面表现为行为人实施了走私、贩卖、运输、制造鸦片、海洛因、甲基苯丙胺、吗啡、大麻、可卡因以及其他毒品的行为，主体是年满 16 周岁、具有刑事责任能力的人和单位，主观方面是故意} ∪ {客体是国家对制毒

物品的管制，客观方面表现为行为人违反国家规定，在境内非法买卖醋酸酐、乙醚、三氯甲烷或者其他用于制造毒品的原料或者配剂的行为，主体是年满16周岁、具有刑事责任能力的人和单位，主观方面是故意｝－｛主体是年满16周岁、具有刑事责任能力的人和单位，主观方面是故意｝＝｛客体是国家对毒品的管制，客观方面表现为行为人实施了走私、贩卖、运输、制造鸦片、海洛因、甲基苯丙胺、吗啡、大麻、可卡因以及其他毒品的行为，客体是国家对制毒物品的管制，客观方面表现为行为人违反国家规定，在境内非法买卖醋酸酐、乙醚、三氯甲烷或者其他用于制造毒品的原料或者配剂的行为｝。

4）走私、贩卖、运输、制造毒品罪与非法种植毒品原植物罪的界限

设 A 为走私、贩卖、运输、制造毒品罪的集合，则 A =｛走私、贩卖、运输、制造毒品罪｝；

设 A9 为非法种植毒品原植物罪的集合，则 A9 =｛非法种植毒品原植物罪｝。

则 A∪A9 – A∩A9 =｛走私、贩卖、运输、制造毒品罪｝∪｛非法种植毒品原植物罪｝－｛走私、贩卖、运输、制造毒品罪｝∩｛非法种植毒品原植物罪｝=｛客体是国家对毒品的管制，客观方面表现为行为人实施了走私、贩卖、运输、制造鸦片、海洛因、甲基苯丙胺、吗啡、大麻、可卡因以及其他毒品的行为，主体是年满16周岁、具有刑事责任能力的人和单位，主观方面是故意｝∪｛客体是国家对种植毒品原植物的管制，客观方面表现为行为人违反国家规定，非法种植罂粟、大麻等毒品原植物，情节严重的行为，主体是年满16周岁、具有刑事责任能力的人，主观方面是故意｝－｛主体是年满16周岁、具有刑事责任能力的人，主观方面是故意｝＝｛客体是国家对毒品的管制，客观方面表现为行为人实施了走私、贩卖、运输、制造鸦片、海洛因、甲基苯丙胺、吗啡、大麻、可卡因以及其他毒品的行为，主体是单位，客体是国家对种植毒品原植物的管制，客观

方面表现为行为人违反国家规定，非法种植罂粟、大麻等毒品原植物，情节严重的行为｝。

5）走私、贩卖、运输、制造毒品罪与非法买卖、运输、携带、持有毒品原植物种子、幼苗罪的界限

设 A 为走私、贩卖、运输、制造毒品罪的集合，则 A =｛走私、贩卖、运输、制造毒品罪｝；

设 A10 为非法买卖、运输、携带、持有毒品原植物种子、幼苗罪的集合，则 A10 =｛非法买卖、运输、携带、持有毒品原植物种子、幼苗罪｝。

则 A∪A10 – A∩A10 =｛走私、贩卖、运输、制造毒品罪｝∪｛非法买卖、运输、携带、持有毒品原植物种子、幼苗罪｝–｛走私、贩卖、运输、制造毒品罪｝∩｛非法买卖、运输、携带、持有毒品原植物种子、幼苗罪｝=｛客体是国家对毒品的管制，客观方面表现为行为人实施了走私、贩卖、运输、制造鸦片、海洛因、甲基苯丙胺、吗啡、大麻、可卡因以及其他毒品的行为，主体是年满 16 周岁、具有刑事责任能力的自然人和单位，主观方面是故意｝∪｛客体是国家对毒品原植物种子、幼苗的管制，客观方面表现为行为人违反国家规定，非法买卖、运输、携带、持有未经灭活的罂粟等毒品原植物种子或者幼苗，数量较大的行为，主体是年满 16 周岁、具有刑事责任能力的自然人，主观方面是故意｝–｛主体是年满 16 周岁、具有刑事责任能力的自然人，主观方面是故意｝=｛客体是国家对毒品的管制，客观方面表现为行为人实施了走私、贩卖、运输、制造鸦片、海洛因、甲基苯丙胺、吗啡、大麻、可卡因以及其他毒品的行为，主体是单位，客体是国家对毒品原植物种子、幼苗的管制，客观方面表现为行为人违反国家规定，非法买卖、运输、携带、持有未经灭活的罂粟等毒品原植物种子或者幼苗，数量较大的行为｝。

（二）强迫他人吸毒罪

1. 强迫他人吸毒罪的概念

强迫他人吸毒罪，是指行为人违背他人意志，以暴力、威胁或

者其他方法，迫使他人吸食、注射毒品的行为。❶

2. 强迫他人吸毒罪的构成特征

关于强迫他人吸毒罪的构成特征，根据现行刑法的规定，必须具备以下四个方面，其集合表现为：

设 B 为强迫他人吸毒罪的集合，则 B = {强迫他人吸毒罪}；

设 B1 为强迫他人吸毒罪的客体的集合，则 B1 = {国家对毒品的管制和他人的健康权利}；

设 B2 为强迫他人吸毒罪的客观方面的集合，则 B2 = {行为人违背他人意志，以暴力、威胁或者其他方法，迫使他人吸食、注射毒品的行为}；

设 B3 为强迫他人吸毒罪的主体的集合，则 B3 = {年满 16 周岁、具有刑事责任能力的自然人}；

设 B4 为强迫他人吸毒罪的主观方面的集合，则 B4 = {故意}。

则 B = B1∪B2∪B3∪B4，即 {强迫他人吸毒罪} = {客体是国家对毒品的管制和他人的健康权利}∪{客观方面表现为行为人违背他人意志，以暴力、威胁或者其他方法，迫使他人吸食、注射毒品的行为}∪{主体是年满 16 周岁、具有刑事责任能力的自然人}∪{主观方面是故意} = {客体是国家对毒品的管制和他人的健康权利，客观方面表现为行为人违背他人意志，以暴力、威胁或者其他方法，迫使他人吸食、注射毒品的行为，主体是年满 16 周岁、具有刑事责任能力的自然人，主观方面是故意}。

3. 强迫他人吸毒罪的司法适用

（1）本罪与非罪的界限

设 B5 为强迫他人吸毒罪的非罪的集合，则 B5 = {无罪} = Ø；

设 B51 为强迫他人吸毒罪的非罪的客体的集合，则 B51 = {行为人没有侵犯国家对毒品的管制和他人的健康权利} = Ø；

---

❶　朱建华主编:《刑法分论》，法律出版社 2018 年版，第 386 页。

设 B52 为强迫他人吸毒罪的非罪的客观方面的集合，则 B52 = {行为人没有实施违背他人意志，以暴力、威胁或者其他方法，迫使他人吸食、注射毒品的行为} = Ø；

设 B53 为强迫他人吸毒罪的非罪的主体的集合，B53 = {行为人是未满 16 周岁，或者已满 16 周岁但没有刑事责任能力的自然人} = Ø；

设 B54 为强迫他人吸毒罪的非罪的主观方面的集合，则 B54 = {行为人无故意} = Ø。

则 B5 = {强迫他人吸毒罪的非罪} = B ∩ B51 = {强迫他人吸毒罪} ∩ {行为人没有侵犯国家对毒品的管制和他人的健康权利} = {强迫他人吸毒罪} ∩ Ø = Ø = {无罪}；

B5 = {强迫他人吸毒罪的非罪} = B ∩ B52 = {强迫他人吸毒罪} ∩ {行为人没有实施违背他人意志，以暴力、威胁或者其他方法，迫使他人吸食、注射毒品的行为} = {强迫他人吸毒罪} ∩ Ø = Ø = {无罪}；

B5 = {强迫他人吸毒罪的非罪} = B ∩ B53 = {强迫他人吸毒罪} ∩ {行为人是未满 16 周岁，或者已满 16 周岁但没有刑事责任能力的自然人} = {强迫他人吸毒罪} ∩ Ø = Ø = {无罪}；

B5 = {强迫他人吸毒罪的非罪} = B ∩ B54 = {强迫他人吸毒罪} ∩ {行为人无故意} = {强迫他人吸毒罪} ∩ Ø = Ø = {无罪}。

（2）此罪与彼罪的界限

1）强迫他人吸毒罪与引诱、教唆、欺骗他人吸毒罪的界限

设 B 为强迫他人吸毒罪的集合，则 B = {强迫他人吸毒罪}；

设 B6 为引诱、教唆、欺骗他人吸毒罪的集合，则 B6 = {引诱、教唆、欺骗他人吸毒罪}。

则 B ∪ B6 - B ∩ B6 = {强迫他人吸毒罪} ∪ {引诱、教唆、欺骗他人吸毒罪} - {强迫他人吸毒罪} ∩ {引诱、教唆、欺骗他人吸毒罪} = {客体是国家对毒品的管制和他人的健康权利，客观方面表现为行为人违背他人意志，以暴力、威胁或者其他方法，迫使他人吸食、注射毒品的行为，主体是年满 16 周岁、具有刑事责任能力的自

然人，主观方面是故意｝∪｛客体是国家对毒品的管制和他人的健康权利，客观方面表现为行为人使用各种方式引诱、教唆、欺骗他人吸食、注射毒品的行为，主体是年满 16 周岁、具有刑事责任能力的自然人，主观方面是故意｝－｛客体是国家对毒品的管制和他人的健康权利，主体是年满 16 周岁、具有刑事责任能力的自然人，主观方面是故意｝＝｛客观方面表现为行为人违背他人意志，以暴力、威胁或者其他方法，迫使他人吸食、注射毒品的行为，客观方面表现为行为人使用各种方式引诱、教唆、欺骗他人吸食、注射毒品的行为｝。

2）强迫他人吸毒罪与容留他人吸毒罪的界限

设 B 为强迫他人吸毒罪的集合，则 B =｛强迫他人吸毒罪｝；

设 B7 为容留他人吸毒罪的集合，则 B7 =｛容留他人吸毒罪｝。

则 B∪B7 － B∩B7 =｛强迫他人吸毒罪｝∪｛容留他人吸毒罪｝－｛强迫他人吸毒罪｝∩｛容留他人吸毒罪｝＝｛客体是国家对毒品的管制和他人的健康权利，客观方面表现为行为人违背他人意志，以暴力、威胁或者其他方法，迫使他人吸食、注射毒品的行为，主体是年满 16 周岁、具有刑事责任能力的自然人，主观方面是故意｝∪｛客体是国家对毒品的管制和他人的健康权利，客观方面表现为行为人为他人吸食、注射毒品提供场所的行为，主体是年满 16 周岁、具有刑事责任能力的自然人，主观方面是故意｝－｛客体是国家对毒品的管制和他人的健康权利，主体是年满 16 周岁、具有刑事责任能力的自然人，主观方面是故意｝＝｛客观方面表现为行为人违背他人意志，以暴力、威胁或者其他方法，迫使他人吸食、注射毒品的行为，客观方面表现为行为人为他人吸食、注射毒品提供场所的行为｝。

3）强迫他人吸毒罪与非法提供麻醉药品、精神药品罪的界限

设 B 为强迫他人吸毒罪的集合，则 B =｛强迫他人吸毒罪｝；

设 B8 为非法提供麻醉药品、精神药品罪的集合，则 B8 =｛非法提供麻醉药品、精神药品罪｝。

则 B∪B8 – B∩B8 = ｛强迫他人吸毒罪｝∪｛非法提供麻醉药品、精神药品罪｝–｛强迫他人吸毒罪｝∩｛非法提供麻醉药品、精神药品罪｝=｛客体是国家对毒品的管制和他人的健康权利，客观方面表现为行为人违背他人意志，以暴力、威胁或者其他方法，迫使他人吸食、注射毒品的行为，主体是年满 16 周岁、具有刑事责任能力的自然人，主观方面是故意｝∪｛客体是国家对麻醉药品、精神药品的管制，客观方面表现为行为人违反国家规定，向吸食、注射毒品的人提供国家规定管制的能够使人形成瘾癖的麻醉药品、精神药品的行为，主体是依法从事生产、运输、管理、使用国家管制的麻醉药品、精神药品的人员和单位，主观方面是故意｝–｛主观方面是故意｝=｛客体是国家对毒品的管制和他人的健康权利，客观方面表现为行为人违背他人意志，以暴力、威胁或者其他方法，迫使他人吸食、注射毒品的行为，主体是年满 16 周岁、具有刑事责任能力的自然人，客体是国家对麻醉药品、精神药品的管制，客观方面表现为行为人违反国家规定，向吸食、注射毒品的人提供国家规定管制的能够使人形成瘾癖的麻醉药品、精神药品的行为，主体是依法从事生产、运输、管理、使用国家管制的麻醉药品、精神药品的人员和单位｝。

八、组织、强迫、引诱、容留、介绍卖淫罪

（一）组织卖淫罪

1. 组织卖淫罪的概念

组织卖淫罪，是指行为人以招募、雇用、强迫、引诱、容留等手段，纠集、控制多人从事卖淫的行为。[1]

2. 组织卖淫罪的构成特征

关于组织卖淫罪的构成特征，根据现行刑法的规定，主要有以

---

[1] 朱建华主编：《刑法分论》，法律出版社 2018 年版，第 387 页。

下几个方面，其集合表现为：

设 A 为组织卖淫罪的集合，则 A = {组织卖淫罪}；

设 A1 为组织卖淫罪的客体的集合，则 A1 = {社会治安管理秩序} ∪ {社会风尚} = {社会治安管理秩序和社会风尚}；

设 A2 为组织卖淫罪的客观方面的集合，则 A2 = {行为人以招募、雇用、强迫、引诱、容留等手段，纠集、控制多人从事卖淫的行为}；

设 A3 为组织卖淫罪的主体的集合，则 A3 = {年满 16 周岁、具有刑事责任能力的自然人}；

设 A4 为组织卖淫罪的主观方面的集合，则 A4 = {故意}。

则 A = A1 ∪ A2 ∪ A3 ∪ A4，即 {组织卖淫罪} = {客体是社会治安管理秩序和社会风尚} ∪ {客观方面表现为行为人以招募、雇用、强迫、引诱、容留等手段，纠集、控制多人从事卖淫的行为} ∪ {主体是年满 16 周岁、具有刑事责任能力的自然人} ∪ {主观方面是故意} = {客体是社会治安管理秩序和社会风尚，客观方面表现为以招募、雇用、强迫、引诱、容留等手段，纠集、控制多人从事卖淫的行为，主体是年满 16 周岁、具有刑事责任能力的自然人，主观方面是故意}。

3. 组织卖淫罪的司法适用

（1）本罪与非罪的界限

设 A5 为组织卖淫罪的非罪的集合，则 A5 = {无罪} = ∅；

设 A51 为组织卖淫罪的非罪的客体的集合，则 A51 = {行为人没有侵犯社会治安管理秩序和社会风尚} = ∅；

设 A52 为组织卖淫罪的非罪的客观方面的集合，则 A52 = {行为人没有实施以招募、雇用、强迫、引诱、容留等手段，纠集、控制多人从事卖淫的行为} = ∅；

设 A53 为组织卖淫罪的非罪的主体的集合，A53 = {行为人是未满 16 周岁，或者已满 16 周岁但没有刑事责任能力的自然人} = ∅；

设 A54 为组织卖淫罪的非罪的主观方面的集合，则 A54 = {行为人无故意} = Ø。

则 A5 = {组织卖淫罪的非罪} = A∩A51 = {组织卖淫罪}∩{行为人没有侵犯社会治安管理秩序和社会风尚} = {组织卖淫罪}∩Ø = Ø = {无罪}；

A5 = {组织卖淫罪的非罪} = A∩A52 = {组织卖淫罪}∩{行为人没有实施以招募、雇用、强迫、引诱、容留等手段，纠集、控制多人从事卖淫的行为} = {组织卖淫罪}∩Ø = Ø = {无罪}；

A5 = {组织卖淫罪的非罪} = A∩A53 = {组织卖淫罪}∩{行为人是未满 16 周岁，或者已满 16 周岁但没有刑事责任能力的自然人} = {组织卖淫罪}∩Ø = Ø = {无罪}；

A5 = {组织卖淫罪的非罪} = A∩A54 = {组织卖淫罪}∩{行为人无故意} = {组织卖淫罪}∩Ø = Ø = {无罪}。

（2）此罪与彼罪的界限

1）组织卖淫罪与协助组织卖淫罪的界限

设 A 为组织卖淫罪的集合，则 A = {组织卖淫罪}；

设 A6 为协助组织卖淫罪的集合，则 A6 = {协助组织卖淫罪}。

则 A∪A6 − A∩A6 = {组织卖淫罪}∪{协助组织卖淫罪} − {组织卖淫罪}∩{协助组织卖淫罪} = {客体是社会治安管理秩序和社会风尚，客观方面表现为行为人以招募、雇用、强迫、引诱、容留等手段，纠集、控制多人从事卖淫的行为，主体是年满 16 周岁、具有刑事责任能力的自然人，主观方面是故意}∪{客体是社会治安管理秩序和社会风尚，客观方面表现为行为人为他人组织卖淫活动提供帮助的行为，主体是年满 16 周岁、具有刑事责任能力的自然人，主观方面是故意} − {客体是社会治安管理秩序和社会风尚，主体是年满 16 周岁、具有刑事责任能力的自然人，主观方面是故意} = {客观方面表现为行为人以招募、雇用、强迫、引诱、容留等手段，纠集、控制多人从事卖淫的行为，客观方面表现为行为人为他人组织卖淫活动提供帮助的行为}。

2）组织卖淫罪与强迫卖淫罪的界限

设 A 为组织卖淫罪的集合，则 A ＝｛组织卖淫罪｝；

设 A7 为强迫卖淫罪的集合，则 A7 ＝｛强迫卖淫罪｝。

则 A∪A7 － A∩A7 ＝｛组织卖淫罪｝∪｛强迫卖淫罪｝－｛组织卖淫罪｝∩｛强迫卖淫罪｝＝｛客体是社会治安管理秩序和社会风尚，客观方面表现为行为人以招募、雇用、强迫、引诱、容留等手段，纠集、控制多人从事卖淫的行为，主体是年满 16 周岁、具有刑事责任能力的自然人，主观方面是故意｝∪｛客体是社会治安管理秩序和他人的性的自主权，客观方面表现为行为人以暴力、胁迫、虐待或者其他强制手段，迫使他人违背自己的意志卖淫的行为，主体是年满 16 周岁、具有刑事责任能力的自然人，主观方面是故意｝－｛主体是年满 16 周岁、具有刑事责任能力的自然人，主观方面是故意｝＝｛客体是社会治安管理秩序和社会风尚，客观方面表现为行为人以招募、雇用、强迫、引诱、容留等手段，纠集、控制多人从事卖淫的行为，客体是社会治安管理秩序和他人的性的自主权，客观方面表现为行为人以暴力、胁迫、虐待或者其他强制手段，迫使他人违背自己的意志卖淫的行为｝。

（二）引诱、容留、介绍卖淫罪

1. 引诱、容留、介绍卖淫罪的概念

引诱、容留、介绍卖淫罪，是指行为人以金钱、物质或者其他利益为手段，诱使他人卖淫，或者为他人卖淫提供场所，或者为卖淫者与嫖客牵线搭桥、居间介绍的行为。❶

2. 引诱、容留、介绍卖淫罪的构成特征

关于引诱、容留、介绍卖淫罪的构成特征，根据现行刑法的规定，必须具备以下四个方面，其集合表现为：

设 B 为引诱、容留、介绍卖淫罪的集合，则 B ＝｛引诱、容留、

---

❶　朱建华主编：《刑法分论》，法律出版社 2018 年版，第 390 页。

介绍卖淫罪｝；

设 B1 为引诱、容留、介绍卖淫罪的客体的集合，则 B1 =｛社会治安管理秩序｝∪｛社会风尚｝=｛社会治安管理秩序和社会风尚｝；

设 B2 为引诱、容留、介绍卖淫罪的客观方面的集合，则 B2 =｛行为人以金钱、物质或者其他利益为手段，诱使他人卖淫，或者为他人卖淫提供场所，或者为卖淫者与嫖客牵线搭桥、居间介绍的行为｝；

设 B3 为引诱、容留、介绍卖淫罪的主体的集合，则 B3 =｛年满 16 周岁、具有刑事责任能力的自然人｝；

设 B4 为引诱、容留、介绍卖淫罪的主观方面的集合，则 B4 =｛故意，且大多以营利为目的｝。

则 B = B1∪B2∪B3∪B4，即 ｛引诱、容留、介绍卖淫罪｝=｛客体是社会治安管理秩序和社会风尚｝∪｛客观方面表现为行为人以金钱、物质或者其他利益为手段，诱使他人卖淫，或者为他人卖淫提供场所，或者为卖淫者与嫖客牵线搭桥、居间介绍的行为｝∪｛主体是年满 16 周岁、具有刑事责任能力的自然人｝∪｛主观方面是故意，且大多以营利为目的｝=｛客体是社会治安管理秩序和社会风尚，客观方面表现为行为人以金钱、物质或者其他利益为手段，诱使他人卖淫，或者为他人卖淫提供场所，或者为卖淫者与嫖客牵线搭桥、居间介绍的行为，主体是年满 16 周岁、具有刑事责任能力的自然人，主观方面是故意，且大多以营利为目的｝。

3. 引诱、容留、介绍卖淫罪的司法适用

（1）本罪与非罪的界限

设 B5 为引诱、容留、介绍卖淫罪的非罪的集合，则 B5 =｛无罪｝= $\varnothing$；

设 B51 为引诱、容留、介绍卖淫罪的非罪的客体的集合，则 B51 =｛行为人没有侵犯社会治安管理秩序和社会风尚｝= $\varnothing$；

设 B52 为引诱、容留、介绍卖淫罪的非罪的客观方面的集合，则 B52 ＝｛行为人没有实施以金钱、物质或者其他利益为手段，诱使他人卖淫，或者为他人卖淫提供场所，或者为卖淫者与嫖客牵线搭桥、居间介绍的行为｝＝∅；

设 B53 为引诱、容留、介绍卖淫罪的非罪的主体的集合，B53 ＝｛行为人是未满 16 周岁，或者已满 16 周岁但没有刑事责任能力的自然人｝＝∅；

设 B54 为引诱、容留、介绍卖淫罪的非罪的主观方面的集合，则 B54 ＝｛行为人没有故意且大多不以营利为目的｝＝∅。

则 B5 ＝｛引诱、容留、介绍卖淫罪的非罪｝＝B∩B51 ＝｛引诱、容留、介绍卖淫罪｝∩｛行为人没有侵犯社会治安管理秩序和社会风尚｝＝｛引诱、容留、介绍卖淫罪｝∩∅＝∅＝｛无罪｝；

B5 ＝｛引诱、容留、介绍卖淫罪的非罪｝＝B∩B52 ＝｛引诱、容留、介绍卖淫罪｝∩｛行为人没有实施以金钱、物质或者其他利益为手段，诱使他人卖淫，或者为他人卖淫提供场所，或者为卖淫者与嫖客牵线搭桥、居间介绍的行为｝＝｛引诱、容留、介绍卖淫罪｝∩∅＝∅＝｛无罪｝；

B5 ＝｛引诱、容留、介绍卖淫罪的非罪｝＝B∩B53 ＝｛引诱、容留、介绍卖淫罪｝∩｛行为人是未满 16 周岁，或者已满 16 周岁但没有刑事责任能力的自然人｝＝｛引诱、容留、介绍卖淫罪｝∩∅＝∅＝｛无罪｝；

B5 ＝｛引诱、容留、介绍卖淫罪的非罪｝＝B∩B54 ＝｛引诱、容留、介绍卖淫罪｝∩｛行为人没有故意且大多不以营利为目的｝＝｛引诱、容留、介绍卖淫罪｝∩∅＝∅＝｛无罪｝。

（2）此罪与彼罪的界限

关于此罪与彼罪的界限主要应弄清楚引诱、容留、介绍卖淫罪与引诱幼女卖淫罪的界限。

设 B 为引诱、容留、介绍卖淫罪的集合，则 B ＝｛引诱、容留、介绍卖淫罪｝；

设 B6 为引诱幼女卖淫罪的集合，则 B6 ＝｛引诱幼女卖淫罪｝。

则 B∪B6−B∩B6＝{引诱、容留、介绍卖淫罪}∪{引诱幼女卖淫罪}－{引诱、容留、介绍卖淫罪}∩{引诱幼女卖淫罪}＝{客体是社会治安管理秩序和社会风尚，客观方面表现为行为人以金钱、物质或者其他利益为手段，诱使他人卖淫，或者为他人卖淫提供场所，或者为卖淫者与嫖客牵线搭桥、居间介绍的行为，主体是年满16周岁、具有刑事责任能力的自然人，主观方面是故意且大多以营利为目的}∪{客体是社会治安管理秩序和幼女的身心健康，客观方面表现为行为人以金钱、物质或者其他利益，诱使不满14周岁的幼女卖淫的行为，主体是年满16周岁、具有刑事责任能力的自然人，主观方面是故意}－{主体是年满16周岁、具有刑事责任能力的人}＝{客体是社会治安管理秩序和社会风尚，客观方面表现为行为人以金钱、物质或者其他利益为手段，诱使他人卖淫，或者为他人卖淫提供场所，或者为卖淫者与嫖客牵线搭桥、居间介绍的行为，主观方面是故意且大多以营利为目的，客体是社会治安管理秩序和幼女的身心健康，客观方面表现为行为人以金钱、物质或者其他利益，诱使不满14周岁的幼女卖淫的行为，主观方面是故意}。

九、制造、贩卖、传播淫秽物品罪

（一）制作、复制、出版、贩卖、传播淫秽物品牟利罪

1. 制作、复制、出版、贩卖、传播淫秽物品牟利罪的概念

制作、复制、出版、贩卖、传播淫秽物品牟利罪，是指以牟利为目的，制作、复制、出版、贩卖、传播淫秽物品的行为。❶

2. 制作、复制、出版、贩卖、传播淫秽物品牟利罪的构成特征

关于制作、复制、出版、贩卖、传播淫秽物品牟利罪的构成特征，根据现行刑法的规定，必须具备以下四个方面，其集合表现为：

设 A 为制作、复制、出版、贩卖、传播淫秽物品牟利罪的集

---

❶ 朱建华主编：《刑法分论》，法律出版社 2018 年版，第 393 页。

合，则 A = ｛制作、复制、出版、贩卖、传播淫秽物品牟利罪｝；

设 A1 为制作、复制、出版、贩卖、传播淫秽物品牟利罪的客体的集合，则 A1 = ｛国家对文化市场的管理秩序｝；

设 A2 为制作、复制、出版、贩卖、传播淫秽物品牟利罪的客观方面的集合，则 A2 = ｛行为人制作、复制、出版、贩卖、传播淫秽物品的行为｝；

设 A3 为制作、复制、出版、贩卖、传播淫秽物品牟利罪的主体的集合，则 A3 = ｛年满 16 周岁、具有刑事责任能力的自然人｝∪｛单位｝= ｛年满 16 周岁、具有刑事责任能力的自然人和单位｝；

设 A4 为制作、复制、出版、贩卖、传播淫秽物品牟利罪的主观方面的集合，则 A4 = ｛故意，且以牟利为目的｝。

则 A = A1∪A2∪A3∪A4，即 ｛制作、复制、出版、贩卖、传播淫秽物品牟利罪｝= ｛客体是国家对文化市场的管理秩序｝∪｛客观方面表现为行为人制作、复制、出版、贩卖、传播淫秽物品的行为｝∪｛主体是年满 16 周岁、具有刑事责任能力的自然人和单位｝∪｛主观方面是故意，且以牟利为目的｝= ｛客体是国家对文化市场的管理秩序，客观方面表现为行为人制作、复制、出版、贩卖、传播淫秽物品的行为，主体是年满 16 周岁、具有刑事责任能力的自然人和单位，主观方面是故意，且以牟利为目的｝。

3. 制作、复制、出版、贩卖、传播淫秽物品牟利罪的司法适用

（1）本罪与非罪的界限

设 A5 为制作、复制、出版、贩卖、传播淫秽物品牟利罪的非罪的集合，则 A5 = ｛无罪｝= Ø；

设 A51 为制作、复制、出版、贩卖、传播淫秽物品牟利罪的非罪的客体的集合，则 A51 = ｛行为人没有侵犯国家对文化市场的管理秩序｝= Ø；

设 A52 为制作、复制、出版、贩卖、传播淫秽物品牟利罪的非罪的客观方面的集合，则 A52 = ｛行为人没有实施制作、复制、出

版、贩卖、传播淫秽物品的行为} = Ø；

设 A53 为制作、复制、出版、贩卖、传播淫秽物品牟利罪的非罪的主体的集合，则 A53 = {主体是未满 16 周岁，或者已满 16 周岁但没有刑事责任能力的自然人和单位} = Ø；

设 A54 为制作、复制、出版、贩卖、传播淫秽物品牟利罪的非罪的主观方面的集合，则 A54 = {行为人没有故意，且不以牟利为目的} = Ø。

则 A5{制作、复制、出版、贩卖、传播淫秽物品牟利罪的非罪} = A∩A51 = {制作、复制、出版、贩卖、传播淫秽物品牟利罪}∩{行为人没有侵犯国家对文化市场的管理秩序} = {制作、复制、出版、贩卖、传播淫秽物品牟利罪}∩Ø = Ø = {无罪}；

A5 = {制作、复制、出版、贩卖、传播淫秽物品牟利罪的非罪} = A∩A52 = {制作、复制、出版、贩卖、传播淫秽物品牟利罪}∩{行为人没有实施制作、复制、出版、贩卖、传播淫秽物品的行为} = {制作、复制、出版、贩卖、传播淫秽物品牟利罪}∩Ø = Ø = {无罪}；

A5 = {制作、复制、出版、贩卖、传播淫秽物品牟利罪的非罪} = A∩A53 = {制作、复制、出版、贩卖、传播淫秽物品牟利罪}∩{主体是未满 16 周岁，或者已满 16 周岁但没有刑事责任能力的自然人和单位} = {制作、复制、出版、贩卖、传播淫秽物品牟利罪}∩Ø = Ø = {无罪}；

A5 = {制作、复制、出版、贩卖、传播淫秽物品牟利罪的非罪} = A∩A54 = {制作、复制、出版、贩卖、传播淫秽物品牟利罪}∩{行为人没有故意，且不以牟利为目的} = {制作、复制、出版、贩卖、传播淫秽物品牟利罪}∩Ø = Ø = {无罪}。

（2）此罪与彼罪的界限

1）制作、复制、出版、贩卖、传播淫秽物品牟利罪与传播淫秽物品罪的界限

设 A 为制作、复制、出版、贩卖、传播淫秽物品牟利罪的集

合，则 A＝｛制作、复制、出版、贩卖、传播淫秽物品牟利罪｝；

设 A6 为传播淫秽物品罪的集合，则 A6＝｛传播淫秽物品罪｝。

则 A∪A6－A∩A6＝｛制作、复制、出版、贩卖、传播淫秽物品牟利罪｝∪｛传播淫秽物品罪｝－｛制作、复制、出版、贩卖、传播淫秽物品牟利罪｝∩｛传播淫秽物品罪｝＝｛客体是国家对文化市场的管理秩序，客观方面表现为行为人制作、复制、出版、贩卖、传播淫秽物品的行为，主体是年满 16 周岁、具有刑事责任能力的自然人和单位，主观方面是故意，且以牟利为目的｝∪｛客体是国家对文化市场的管理秩序，客观方面表现为行为人在社会上传播淫秽的书刊、影片、音像、图片或者其他淫秽物品，情节严重的行为，主体是年满 16 周岁、具有刑事责任能力的自然人和单位，主观方面是故意，且不以牟利为目的｝－｛客体是国家对文化市场的管理秩序，主体是年满 16 周岁、具有刑事责任能力的自然人和单位｝＝｛客观方面表现为行为人制作、复制、出版、贩卖、传播淫秽物品的行为，主观方面是故意，且以牟利为目的，客观方面表现为行为人在社会上传播淫秽的书刊、影片、音像、图片或者其他淫秽物品，情节严重的行为，主观方面是故意，且不以牟利为目的｝。

2）制作、复制、出版、贩卖、传播淫秽物品牟利罪与为他人提供书号出版淫秽书刊罪的界限

设 A 为制作、复制、出版、贩卖、传播淫秽物品牟利罪的集合，则 A＝｛制作、复制、出版、贩卖、传播淫秽物品牟利罪｝；

设 A7 为为他人提供书号出版淫秽书刊罪的集合，则 A7＝｛为他人提供书号出版淫秽书刊罪｝。

则 A∪A7－A∩A7＝｛制作、复制、出版、贩卖、传播淫秽物品牟利罪｝∪｛为他人提供书号出版淫秽书刊罪｝－｛制作、复制、出版、贩卖、传播淫秽物品牟利罪｝∩｛为他人提供书号出版淫秽书刊罪｝＝｛客体是国家对文化市场的管理秩序，客观方面表现为行为人制作、复制、出版、贩卖、传播淫秽物品的行为，主体是年满 16 周岁、具有刑事责任能力的人和单位，主观方面是故意，且以牟利为

目的}∪{客体是国家对书刊出版的管理秩序，客观方面表现为行为人违反国家出版法规，为他人提供书号，出版淫秽书刊的行为，主体是年满 16 周岁、具有刑事责任能力的人和单位，主观方面是过失}−{主体是年满 16 周岁、具有刑事责任能力的人和单位}={客体是国家对文化市场的管理秩序，客观方面表现为行为人制作、复制、出版、贩卖、传播淫秽物品的行为，主观方面是故意，且以牟利为目的，客体是国家对书刊出版的管理秩序，客观方面表现为行为人违反国家出版法规，为他人提供书号，出版淫秽书刊的行为，主观方面是过失}。

（二）组织播放淫秽音像制品罪

1. 组织播放淫秽音像制品罪的概念

组织播放淫秽音像制品罪，是指行为人不以牟利为目的，组织播放淫秽的电影、录像等音像制品的行为。❶

2. 组织播放淫秽音像制品罪的构成特征

关于组织播放淫秽音像制品罪的构成特征，根据现行刑法的规定，必须具备以下四个方面，其集合表现为：

设 B 为组织播放淫秽音像制品罪的集合，则 B = {组织播放淫秽音像制品罪}；

设 B1 为组织播放淫秽音像制品罪的客体的集合，则 B1 = {国家对文化市场的管理秩序}；

设 B2 为组织播放淫秽音像制品罪的客观方面的集合，则 B2 = {行为人组织播放淫秽的电影、录像等音像制品的行为}；

设 B3 为组织播放淫秽音像制品罪的主体的集合，则 B3 = {年满 16 周岁、具有刑事责任能力的自然人}∪{单位}={年满 16 周岁、具有刑事责任能力的自然人和单位}；

设 B4 为组织播放淫秽音像制品罪的主观方面的集合，则 B4 =

---

❶ 朱建华主编：《刑法分论》，法律出版社 2018 年版，第 397 页。

｛故意，且不以牟利为目的｝。

则 B = B1∪B2∪B3∪B4，即 ｛组织播放淫秽音像制品罪｝=｛客体是国家对文化市场的管理秩序｝∪｛客观方面表现为行为人组织播放淫秽的电影、录像等音像制品的行为｝∪｛主体是年满 16 周岁、具有刑事责任能力的自然人和单位｝∪｛主观方面是故意，且不以牟利为目的｝=｛客体是国家对文化市场的管理秩序，客观方面表现为行为人组织播放淫秽的电影、录像等音像制品的行为，主体是年满 16 周岁、具有刑事责任能力的自然人和单位，主观方面是故意，且不以牟利为目的｝。

3. 组织播放淫秽音像制品罪的司法适用

（1）本罪与非罪的界限

设 B5 为组织播放淫秽音像制品罪的非罪的集合，则 B5 = ｛无罪｝=∅；

设 B51 为组织播放淫秽音像制品罪的非罪的客体的集合，则 B51 =｛行为人没有侵犯国家对文化市场的管理秩序｝=∅；

设 B52 为组织播放淫秽音像制品罪的非罪的客观方面的集合，则 B52 = ｛行为人没有组织播放淫秽的电影、录像等音像制品的行为｝=∅；

设 B53 为组织播放淫秽音像制品罪的非罪的主体的集合，B53 = ｛主体是未满 16 周岁，或者已满 16 周岁但没有刑事责任能力的自然人和单位｝=∅；

设 B54 为组织播放淫秽音像制品罪的非罪的主观方面的集合，则 B54 = ｛行为人没有故意，且不以牟利为目的｝=∅。

则 B5 = ｛组织播放淫秽音像制品罪的非罪｝= B∩B51 = ｛组织播放淫秽音像制品罪｝∩｛行为人没有侵犯国家对文化市场的管理秩序｝=｛组织播放淫秽音像制品罪｝∩∅=∅=｛无罪｝；

B5 = ｛组织播放淫秽音像制品罪的非罪｝= B∩B52 = ｛组织播放淫秽音像制品罪｝∩｛行为人没有组织播放淫秽的电影、录像等音像制品的行为} = {组织播放淫秽音像制品罪}∩∅=∅={无罪}；

B5 = {组织播放淫秽音像制品罪的非罪} = B∩B53 = {组织播放淫秽音像制品罪}∩{主体是未满 16 周岁，或者已满 16 周岁但没有刑事责任能力的自然人和单位} = {组织播放淫秽音像制品罪}∩∅=∅={无罪}；

B5 = {组织播放淫秽音像制品罪的非罪} = B∩B54 = {组织播放淫秽音像制品罪}∩{行为人没有故意，且不以牟利为目的} = {组织播放淫秽音像制品罪}∩∅=∅={无罪}。

（2）此罪与彼罪的界限

关于此罪与彼罪的界限主要应弄清楚组织播放淫秽音像制品罪与组织淫秽表演罪的界限。

设 B 为组织播放淫秽音像制品罪的集合，则 B = {组织播放淫秽音像制品罪}；

设 B6 为组织淫秽表演罪的集合，则 B6 = {组织淫秽表演罪}。

则 B∪B6 - B∩B6 = {组织播放淫秽音像制品罪}∪{组织淫秽表演罪} - {组织播放淫秽音像制品罪}∩{组织淫秽表演罪} = {客体是国家对文化市场的管理秩序，客观方面表现为行为人组织播放淫秽的电影、录像等音像制品的行为，主体是年满 16 周岁、具有刑事责任能力的人和单位，主观方面是故意，且不以牟利为目的}∪{客体是国家对文化市场的管理秩序和社会治安管理秩序，客观方面表现为行为人纠集、策划、指挥、安排他人在一定场所当众进行诲淫性演出的行为，主体是年满 16 周岁、具有刑事责任能力的人和单位，主观方面是故意} - {主体是年满 16 周岁、具有刑事责任能力的人和单位} = {客体是国家对文化市场的管理秩序，客观方面表现为行为人组织播放淫秽的电影、录像等音像制品的行为，主观方面是故意，且不以牟利为目的，客体是国家对文化市场的管理秩序和社会治安管理秩序，客观方面表现为行为人纠集、策划、指挥、安排他人在一定场所当众进行诲淫性演出的行为，主观方面是故意}。

第八章

危害国防利益罪

第一节 危害国防利益罪集合概述

一、危害国防利益罪的概念

危害国防利益罪，是指行为人违反国防管理法规，故意或过失地实施危害国防利益，依照法律应当负刑事责任的行为。❶

二、危害国防利益罪的共同特征

根据现行刑法对危害国防利益罪所作的规定来看，构成该类犯罪必须具备以下四个方面的共同特征，其集合表现为：

设 A 为危害国防利益罪集合，则 A = ｛危害国防利益罪｝；

设 B 为危害国防利益罪同类客体的集合，则 B = ｛中华人民共和国的国防利益｝；

设 C 为危害国防利益罪客观方面的集合，则 C = ｛行为人实施了违反国防管理法规，危害国防利益，依照法律应当负刑事责任的行为｝；

设 D 为危害国防利益罪主体的集合，则 D = ｛多数必须是达到法定年龄，具有刑事责任能力的人｝∪｛少数必须特定身份｝∪｛单

---

❶ 朱建华主编：《刑法分论》，法律出版社 2018 年版，第 401 页。

位} = {多数必须是达到法定年龄、具有刑事责任能力的自然人，少数必须具有特定身份，有些是单位}；

设 E 为危害国防利益罪的主观方面的集合，则 E = {故意} ∪ {过失}。

则 A = B ∪ C ∪ D ∪ E，即 {危害国防利益罪} = {犯罪同类客体为中华人民共和国的国防利益} ∪ {客观方面表现为行为人实施了违反国防管理法规，危害国防利益，依照法律应当负刑事责任的行为} ∪ {犯罪主体多数必须是达到法定年龄，具有刑事责任能力的自然人，少数必须具有特定身份，有些是单位} ∪ {主观方面多数是故意，少数是过失} = {犯罪同类客体为中华人民共和国的国防利益，客观方面表现为行为人实施了违反国防管理法规，危害国防利益，依照法律应当负刑事责任的行为，犯罪主体多数必须是达到法定年龄、具有刑事责任能力的自然人，少数必须具有特定身份，有些是单位，主观方面是多数是故意，少数是过失}。

三、危害国防利益罪的具体罪名

根据现行刑法对危害国防利益罪所作的规定来看，本章的犯罪共有 23 种具体罪名，其中常见多发型犯罪有 3 种，用子集的方式来表达，其构造表现为：

{危害国防利益罪

{阻碍军人执行职务罪}

{破坏武器装备、军事设施、军事通信罪}

{伪造、变造、买卖武装部队公文、证件、印章罪}

……

{阻碍军人执行职务罪，破坏武器装备、军事设施、军事通信罪，伪造、变造、买卖武装部队公文、证件、印章罪}

第二节　危害国防利益的常见多发型犯罪集合分述❶

一、阻碍军人执行职务罪

（一）阻碍军人执行职务罪的概念

阻碍军人执行职务罪，是指行为人以暴力、威胁方法阻碍军人依法执行职务的行为。❷

（二）阻碍军人执行职务罪的构成特征

关于阻碍军人执行职务罪的构成特征，根据现行刑法的规定，必须具备以下四个方面，其集合表现为：

设 A 为阻碍军人执行职务罪的集合，则 A = {阻碍军人执行职务罪}；

设 A1 为阻碍军人执行职务罪的客体的集合，则 A1 = {军人依法执行职务的活动}；

设 A2 为阻碍军人执行职务罪的客观方面的集合，则 A2 = {行为人以暴力、威胁方法阻碍军人依法执行职务的行为}；

设 A3 为阻碍军人执行职务罪的主体的集合，则 A3 = {年满 16 周岁、具有刑事责任能力的自然人}；

设 A4 为阻碍军人执行职务罪的主观方面的集合，则 A4 = {故意}。

则 A = A1∪A2∪A3∪A4，即 {阻碍军人执行职务罪} = {客体是军人依法执行职务的活动}∪{客观方面表现为行为人以暴力、威

---

❶ 在司法实践中，由于本章犯罪的停止形态与共犯形态，不是特别突出和难以把握，特此从略。

❷ 朱建华主编：《刑法分论》，法律出版社 2018 年版，第 403 页。

胁方法阻碍军人依法执行职务的行为} ∪ {主体是年满 16 周岁、具有刑事责任能力的自然人} ∪ {主观方面是故意} = {客体是军人依法执行职务的活动，客观方面表现为以暴力、威胁方法阻碍军人依法执行职务的行为，主体是年满 16 周岁、具有刑事责任能力的自然人，主观方面是故意}。

（三）阻碍军人执行职务罪的司法适用

1. 本罪与非罪的界限

设 A5 为阻碍军人执行职务罪的非罪的集合，则 A5 = {无罪} = Ø；

设 A51 为阻碍军人执行职务罪的非罪的客体的集合，则 A51 = {行为人没有阻碍军人依法执行职务的活动} = Ø；

设 A52 为阻碍军人执行职务罪的非罪的客观方面的集合，则 A52 = {行为人没有实施以暴力、威胁方法阻碍军人依法执行职务的行为} = Ø；

设 A53 为阻碍军人执行职务罪的非罪的主体的集合，则 A53 = {行为人是未满 16 周岁，或者已满 16 周岁但没有刑事责任能力的自然人} = Ø；

设 A54 为阻碍军人执行职务罪的非罪的主观方面的集合，则 A54 = {行为人无故意} = Ø。

则 A5 = {阻碍军人执行职务罪的非罪} = A ∩ A51 = {阻碍军人执行职务罪} ∩ {行为人没有阻碍军人依法执行职务的活动} = {阻碍军人执行职务罪} ∩ Ø = Ø = {无罪}；

A5 = {阻碍军人执行职务罪的非罪} = A ∩ A52 = {阻碍军人执行职务罪} ∩ {行为人没有实施以暴力、威胁方法阻碍军人依法执行职务的行为} = {阻碍军人执行职务罪} ∩ Ø = Ø = {无罪}；

A5 = {阻碍军人执行职务罪的非罪} = A ∩ A53 = {阻碍军人执行职务罪} ∩ {行为人是未满 16 周岁，或者已满 16 周岁但没有刑事责任能力的自然人} = {阻碍军人执行职务罪} ∩ Ø = Ø = {无罪}；

A5 = {阻碍军人执行职务罪的非罪} = A∩A54 = {阻碍军人执行职务罪} ∩ {行为人无故意} = {阻碍军人执行职务罪} ∩ ∅ = ∅ = {无罪}。

2. 此罪与彼罪的界限

关于此罪与彼罪的界限主要应弄清楚阻碍军人执行职务罪与阻碍军事行动罪的界限。

设 A 为阻碍军人执行职务罪的集合，则 A = {阻碍军人执行职务罪}；

设 A6 为阻碍军事行动罪的集合，则 A6 = {阻碍军事行动罪}。

则 A∪A6 – A∩A6 = {阻碍军人执行职务罪} ∪ {阻碍军事行动罪} – {阻碍军人执行职务罪} ∩ {阻碍军事行动罪} = {客体是军人依法执行职务的活动，客观方面表现为以暴力、威胁方法阻碍军人依法执行职务的行为，主体是年满 16 周岁、具有刑事责任能力的自然人，主观方面是故意} ∪ {客体是武装部队的军事行动秩序，客观方面表现为阻碍武装部队军事行动，造成严重后果的行为，主体是年满 16 周岁、具有刑事责任能力的自然人，主观方面是故意} – {主体是年满 16 周岁、具有刑事责任能力的自然人，主观方面是故意} = {客体是军人依法执行职务的活动，客观方面表现为以暴力、威胁方法阻碍军人依法执行职务的行为，客体是武装部队的军事行动秩序，客观方面表现为阻碍武装部队军事行动，造成严重后果的行为}。

二、破坏武器装备、军事设施、军事通信罪

（一）破坏武器装备、军事设施、军事通信罪的概念

破坏武器装备、军事设施、军事通信罪，是指行为人故意破坏武器装备、军事设施、军事通信的行为。❶

---

❶　朱建华主编：《刑法分论》，法律出版社 2018 年版，第 404 页。

（二）破坏武器装备、军事设施、军事通信罪的构成特征

关于破坏武器装备、军事设施、军事通信罪的构成特征，根据现行刑法的规定，必须具备以下四个方面，其集合表现为：

设 B 为破坏武器装备、军事设施、军事通信罪的集合，则 B = ｛破坏武器装备、军事设施、军事通信罪｝；

设 B1 为破坏武器装备、军事设施、军事通信罪的客体的集合，则 B1 = ｛武装部队的军事行动秩序｝；

设 B2 为破坏武器装备、军事设施、军事通信罪的客观方面的集合，则 B2 = ｛行为人破坏武器装备、军事设施、军事通信的行为｝；

设 B3 为破坏武器装备、军事设施、军事通信罪的主体的集合，则 B3 = ｛年满 16 周岁、具有刑事责任能力的自然人｝；

设 B4 为破坏武器装备、军事设施、军事通信罪的主观方面的集合，则 B4 = ｛故意｝。

则 B = B1∪B2∪B3∪B4，即破坏武器装备、军事设施、军事通信罪 = ｛客体是武装部队的军事行动秩序｝∪｛客观方面表现为行为人破坏武器装备、军事设施、军事通信的行为｝∪｛主体是年满 16 周岁、具有刑事责任能力的自然人｝∪｛主观方面是故意｝ = ｛客体是武装部队的军事行动秩序，客观方面表现为行为人破坏武器装备、军事设施、军事通信的行为，主体是年满 16 周岁、具有刑事责任能力的自然人，主观方面是故意｝。

（三）破坏武器装备、军事设施、军事通信罪的司法适用

1. 本罪与非罪的界限

设 B5 为破坏武器装备、军事设施、军事通信罪的非罪的集合，则 B5 = ｛无罪｝ = Ø；

设 B51 为破坏武器装备、军事设施、军事通信罪的非罪的客体的集合，则 B51 = ｛行为人没有侵犯武装部队的军事行动秩序｝ = Ø；

设 B52 为破坏武器装备、军事设施、军事通信罪的非罪的客观

方面的集合，则 B52 = ｛行为人没有破坏武器装备、军事设施、军事通信的行为｝= Ø；

设 B53 为破坏武器装备、军事设施、军事通信罪的非罪的主体的集合，则 B53 = ｛行为人是未满 16 周岁，或者已满 16 周岁但没有刑事责任能力的自然人｝= Ø；

设 B54 为破坏武器装备、军事设施、军事通信罪的非罪的主观方面的集合，则 B54 = ｛行为人无故意｝= Ø。

则 B5 = ｛破坏武器装备、军事设施、军事通信罪的非罪｝= B ∩ B51 = ｛破坏武器装备、军事设施、军事通信罪｝∩｛行为人没有侵犯武装部队的军事行动秩序｝=｛破坏武器装备、军事设施、军事通信罪｝∩ Ø = Ø = ｛无罪｝；

B5 = ｛破坏武器装备、军事设施、军事通信罪的非罪｝= B ∩ B52 = ｛破坏武器装备、军事设施、军事通信罪｝∩｛行为人没有破坏武器装备、军事设施、军事通信的行为｝= ｛破坏武器装备、军事设施、军事通信罪｝∩ Ø = Ø = ｛无罪｝；

B5 = ｛破坏武器装备、军事设施、军事通信罪的非罪｝= B ∩ B53 = ｛破坏武器装备、军事设施、军事通信罪｝∩｛行为人是未满 16 周岁，或者已满 16 周岁但没有刑事责任能力的自然人｝= ｛破坏武器装备、军事设施、军事通信罪｝∩ Ø = Ø = ｛无罪｝；

B5 = ｛破坏武器装备、军事设施、军事通信罪的非罪｝= B ∩ B54 = ｛破坏武器装备、军事设施、军事通信罪｝∩｛行为人无故意｝= ｛破坏武器装备、军事设施、军事通信罪｝∩ Ø = Ø = ｛无罪｝。

2. 此罪与彼罪的界限

关于此罪与彼罪的界限主要应弄清破坏武器装备、军事设施、军事通信罪与过失损坏武器装备、军事设施、军事通信罪的界限。

设 B 为破坏武器装备、军事设施、军事通信罪的集合，则 B = ｛破坏武器装备、军事设施、军事通信罪｝；

设 B6 为过失损坏武器装备、军事设施、军事通信罪的集合，则 B6 = {过失损坏武器装备、军事设施、军事通信罪}。

则 B∪B6 - B∩B6 = {破坏武器装备、军事设施、军事通信罪}∪{过失损坏武器装备、军事设施、军事通信罪} - {破坏武器装备、军事设施、军事通信罪}∩{过失损坏武器装备、军事设施、军事通信罪} = {客体是武装部队的军事行动秩序，客观方面表现为行为人破坏武器装备、军事设施、军事通信的行为，主体是年满 16 周岁、具有刑事责任能力的自然人，主观方面是故意}∪{客体是武器装备、军事设施的使用效能和军事通信保障秩序，客观方面表现为行为人损坏武器装备、军事设施、军事通信，造成严重后果的行为，主体是年满 16 周岁、具有刑事责任能力的自然人，主观方面是故意} - {主体是年满 16 周岁、具有刑事责任能力的自然人，主观方面是故意} = {客体是武装部队的军事行动秩序，客观方面表现为行为人破坏武器装备、军事设施、军事通信的行为，客体是武器装备、军事设施的使用效能和军事通信保障秩序，客观方面表现为行为人损坏武器装备、军事设施、军事通信，造成严重后果的行为}。

三、伪造、变造、买卖武装部队公文、证件、印章罪

（一）伪造、变造、买卖武装部队公文、证件、印章罪的概念

伪造、变造、买卖武装部队公文、证件、印章罪，是指行为人故意伪造、变造、买卖武装部队公文、证件、印章的行为。❶

（二）伪造、变造、买卖武装部队公文、证件、印章罪的构成特征

关于伪造、变造、买卖武装部队公文、证件、印章罪的构成特征，根据现行刑法的规定，必须具备以下四个方面，其集合表现为：

设 C 为伪造、变造、买卖武装部队公文、证件、印章罪的集合，则 C = {伪造、变造、买卖武装部队公文、证件、印章罪}；

---

❶ 朱建华主编：《刑法分论》，法律出版社 2018 年版，第 408 页。

设 C1 为伪造、变造、买卖武装部队公文、证件、印章罪的客体的集合，则 C1 = {武装部队公文、证件、印章的管理制度}；

设 C2 为伪造、变造、买卖武装部队公文、证件、印章罪的客观方面的集合，则 C2 = {行为人伪造、变造、买卖武装部队公文、证件、印章的行为}；

设 C3 为伪造、变造、买卖武装部队公文、证件、印章罪的主体的集合，则 C3 = {年满 16 周岁、具有刑事责任能力的自然人}；

设 C4 为伪造、变造、买卖武装部队公文、证件、印章罪的主观方面的集合，则 C4 = {故意，并且具有非法获取公文、证件、印章的目的}。

则 C = C1 ∪ C2 ∪ C3 ∪ C4，即 {伪造、变造、买卖武装部队公文、证件、印章罪} = {客体是武装部队公文、证件、印章的管理制度} ∪ {客观方面表现为行为人伪造、变造、买卖武装部队公文、证件、印章的行为} ∪ {主体是年满 16 周岁、具有刑事责任能力的自然人} ∪ {主观方面是故意，且具有非法获取公文、证件、印章的目的} = {客体是武装部队公文、证件、印章的管理制度，客观方面表现为行为人伪造、变造、买卖武装部队公文、证件、印章的行为，主体是年满 16 周岁、具有刑事责任能力的自然人，主观方面是故意，且具有非法获取公文、证件、印章的目的}。

（三）伪造、变造、买卖武装部队公文、证件、印章罪的司法适用

1. 本罪与非罪的界限

设 C5 为伪造、变造、买卖武装部队公文、证件、印章罪的非罪的集合，则 C5 = {无罪} = Ø；

设 C51 为伪造、变造、买卖武装部队公文、证件、印章罪的非罪的客体的集合，则 C51 = {行为人没有侵犯武装部队公文、证件、印章的管理制度} = Ø；

设 C52 为伪造、变造、买卖武装部队公文、证件、印章罪的非

罪的客观方面的集合，则 C52 = {行为人没有伪造、变造、买卖武装部队公文、证件、印章的行为} = $\varnothing$；

设 C53 为伪造、变造、买卖武装部队公文、证件、印章罪的非罪的主体的集合，则 C53 = {行为人是未满 16 周岁，或者已满 16 周岁但没有刑事责任能力的自然人} = $\varnothing$；

设 C54 为伪造、变造、买卖武装部队公文、证件、印章罪的非罪的主观方面的集合，则 C54 = {行为人无故意} = $\varnothing$。

则 C5 = {伪造、变造、买卖武装部队公文、证件、印章罪的非罪} = C∩C51 = {伪造、变造、买卖武装部队公文、证件、印章罪} ∩ {行为人没有侵犯武装部队公文、证件、印章的管理制度} = {伪造、变造、买卖武装部队公文、证件、印章罪} ∩ $\varnothing$ = $\varnothing$ = {无罪}；

C5 = {伪造、变造、买卖武装部队公文、证件、印章罪的非罪} = C∩C52 = {伪造、变造、买卖武装部队公文、证件、印章罪} ∩ {行为人没有伪造、变造、买卖武装部队公文、证件、印章的行为} = {阻碍军人执行职务罪} ∩ $\varnothing$ = $\varnothing$ = {无罪}；

C5 = {伪造、变造、买卖武装部队公文、证件、印章罪的非罪} = C∩C53 = {伪造、变造、买卖武装部队公文、证件、印章罪} ∩ {行为人是未满 16 周岁，或者已满 16 周岁但没有刑事责任能力的自然人} = {伪造、变造、买卖武装部队公文、证件、印章罪} ∩ $\varnothing$ = $\varnothing$ = {无罪}；

C5 = {伪造、变造、买卖武装部队公文、证件、印章罪的非罪} = C∩C54 = {伪造、变造、买卖武装部队公文、证件、印章罪} ∩ {行为人无故意} = {伪造、变造、买卖武装部队公文、证件、印章罪} ∩ $\varnothing$ = $\varnothing$ = {无罪}。

2. 此罪与彼罪的界限

（1）伪造、变造、买卖武装部队公文、证件、印章罪与盗窃、抢夺武装部队公文、证件、印章罪的界限

设 C 为伪造、变造、买卖武装部队公文、证件、印章罪的集

合，则 C = {伪造、变造、买卖武装部队公文、证件、印章罪}；

设 C6 为盗窃、抢夺武装部队公文、证件、印章罪的集合，则 C6 = {盗窃、抢夺武装部队公文、证件、印章罪}。

则 C∪C6 − C∩C6 = {伪造、变造、买卖武装部队公文、证件、印章罪} ∪ {盗窃、抢夺武装部队公文、证件、印章罪} − {伪造、变造、买卖武装部队公文、证件、印章罪} ∩ {盗窃、抢夺武装部队公文、证件、印章罪} = {客体是武装部队公文、证件、印章的管理制度，客观方面表现为行为人伪造、变造、买卖武装部队公文、证件、印章的行为，主体是年满 16 周岁、具有刑事责任能力的自然人，主观方面是故意，且具有非法获取公文、证件、印章的目的} ∪ {客体是武装部队公文、证件、印章的管理制度，客观方面表现为行为人秘密窃取、公然夺取武装部队公文、证件、印章的行为，主体是年满 16 周岁、具有刑事责任能力的自然人，主观方面是故意，且具有非法获取公文、证件、印章的目的} − {客体是武装部队公文、证件、印章的管理制度，主体是年满 16 周岁、具有刑事责任能力的自然人，主观方面是故意，且具有非法获取公文、证件、印章的目的} = {客观方面表现为行为人伪造、变造、买卖武装部队公文、证件、印章的行为，客观方面表现为行为人秘密窃取、公然夺取武装部队公文、证件、印章的行为}。

（2）伪造、变造、买卖武装部队公文、证件、印章罪与非法生产、买卖武装部队制式服装罪的界限

设 C 为伪造、变造、买卖武装部队公文、证件、印章罪的集合，则 C = {伪造、变造、买卖武装部队公文、证件、印章罪}；

设 C6 为非法生产、买卖武装部队制式服装罪的集合，则 C6 = {非法生产、买卖武装部队制式服装罪}。

则 C∪C6 − C∩C6 = {伪造、变造、买卖武装部队公文、证件、印章罪} ∪ {非法生产、买卖武装部队制式服装罪} − {伪造、变造、买卖武装部队公文、证件、印章罪} ∩ {非法生产、买卖武装部队制式服装罪} = {客体是武装部队公文、证件、印章的管理制度，客观

方面表现为行为人伪造、变造、买卖武装部队公文、证件、印章的行为，主体是年满 16 周岁、具有刑事责任能力的自然人，主观方面是故意，且具有非法获取公文、证件、印章的目的｝∪｛客体是武装部队服装的管理制度，客观方面表现为行为人非法生产、买卖武装部队制式服装，情节严重的行为，主体是年满 16 周岁、具有刑事责任能力的自然人和单位，主观方面是故意｝－｛主体是年满 16 周岁、具有刑事责任能力的自然人｝＝｛客体是武装部队公文、证件、印章的管理制度，客观方面表现为行为人伪造、变造、买卖武装部队公文、证件、印章的行为，主观方面是故意，且具有非法获取公文、证件、印章的目的，客体是武装部队服装的管理制度，客观方面表现为行为人非法生产、买卖武装部队制式服装，情节严重的行为，主观方面是故意｝。

（3）伪造、变造、买卖武装部队公文、证件、印章罪与伪造、盗窃、买卖、非法提供、非法使用武装部队专用标志罪的界限

设 C 为伪造、变造、买卖武装部队公文、证件、印章罪的集合，则 C =｛伪造、变造、买卖武装部队公文、证件、印章罪｝；

设 C7 为伪造、盗窃、买卖、非法提供、非法使用武装部队专用标志罪的集合，则 C7 =｛伪造、盗窃、买卖、非法提供、非法使用武装部队专用标志罪｝。

则 C∪C7－C∩C7 =｛伪造、变造、买卖武装部队公文、证件、印章罪｝∪｛伪造、盗窃、买卖、非法提供、非法使用武装部队专用标志罪｝－｛伪造、变造、买卖武装部队公文、证件、印章罪｝∩｛伪造、盗窃、买卖、非法提供、非法使用武装部队专用标志罪｝＝｛客体是武装部队公文、证件、印章的管理制度，客观方面表现为行为人伪造、变造、买卖武装部队公文、证件、印章的行为，主体是年满 16 周岁、具有刑事责任能力的自然人，主观方面是故意，且具有非法获取公文、证件、印章的目的｝∪｛客体是武装部队专用标志的管理制度，客观方面表现为行为人伪造、盗窃、买卖或者非法提供、使用武装部队车辆号牌等专用标志，情节严重的行为，主体是年满

16 周岁、具有刑事责任能力的自然人和单位，主观方面是故意}－
{主体是年满 16 周岁、具有刑事责任能力的自然人，主观方面是故
意}＝{客体是武装部队公文、证件、印章的管理制度，客观方面表
现为行为人伪造、变造、买卖武装部队公文、证件、印章的行为，
主观方面是故意，且以非法获取公文、证件、印章为目的，客体是
武装部队专用标志的管理制度，客观方面表现为行为人伪造、盗窃、
买卖或者非法提供、使用武装部队车辆号牌等专用标志，情节严重
的行为，主体是单位，主观方面是故意}。

第九章

贪污贿赂罪

第一节　贪污贿赂罪集合概述

一、贪污贿赂罪的概念

贪污贿赂罪，是指国家工作人员、国有单位及其他有关个人或单位，违反国家廉政制度，贪污、挪用、私分公共财物，受贿以及其他损害国家公务活动的廉洁性、公正性，依法应受刑罚处罚的行为。❶

二、贪污贿赂罪的共同特征

根据现行刑法对贪污贿赂罪所作的规定来看，构成该类犯罪必须具备以下几个方面的共同特征，其集合表现为：

设 A 为贪污贿赂罪集合，则 A ＝｛贪污贿赂罪｝；

设 B 为贪污贿赂罪同类客体的集合，则 B ＝｛国家的廉政建设制度｝；

设 C 为贪污贿赂罪客观方面的集合，则 C ＝｛行为人实施了违反国家廉政制度，贪污、挪用、私分公共财物，受贿以及其他损害国家公务活动的廉洁性、公正性，依法应受刑罚处罚的行为｝；

---

❶　朱建华主编：《刑法分论》，法律出版社 2018 年版，第 414 页。

设 D 为贪污贿赂罪主体的集合，则 D ＝｜多数为自然人犯罪主体，少数为单位犯罪主体｜；

设 E 为贪污贿赂罪的主观方面的集合，则 E ＝｜直接故意｜。

则 A ＝ B∪C∪D∪E，即｜贪污贿赂罪｜＝｜犯罪同类客体为国家的廉政建设制度｜∪｜客观方面表现为行为人实施了违反国家廉政制度，贪污、挪用、私分公共财物，受贿以及其他损害国家公务活动的廉洁性、公正性，依法应受刑罚处罚的行为｜∪｜犯罪主体多数为自然人犯罪主体，少数为单位犯罪主体｜∪｜主观方面是直接故意｜＝｜犯罪同类客体为国家的廉政建设制度，客观方面表现为行为人实施了违反国家廉政制度，贪污、挪用、私分公共财物，受贿以及其他损害国家公务活动的廉洁性、公正性，依法应受刑罚处罚的行为，犯罪主体多数为自然人犯罪主体，少数为单位犯罪主体，主观方面是直接故意｜。

三、贪污贿赂罪的具体罪名

根据现行刑法对贪污贿赂罪所作的规定来看，本章的犯罪共有 14 种具体罪名，其中常见多发型犯罪有 4 种，用子集的方式来表达，其构造表现为：

｜贪污贿赂罪｜

｜贪污罪｜

｜受贿罪｜

｜行贿罪｜

｜巨额财产来源不明罪｜

……

｜贪污罪，受贿罪，行贿罪，巨额财产来源不明罪｜

第二节 贪污贿赂的常见多发型犯罪集合分述

一、贪污罪

（一）贪污罪的概念

贪污罪，是指国家工作人员，或者受国家机关、国有公司、企业、事业单位、人民团体委托管理、经营国有财产的人员，利用职务上的便利，侵吞、窃取、骗取或者以其他手段非法占有公共财物的行为。●

（二）贪污罪的构成特征

关于贪污罪的构成特征，根据现行刑法的规定，主要有以下几个方面，其集合表现为：

设 A 为贪污罪的集合，则 A = {贪污罪}；

设 A1 为贪污罪的客体的集合，则 A1 = {国家工作人员职务行为的廉洁性} ∪ {公共财产的所有权} = {国家工作人员职务行为的廉洁性和公共财产的所有权}；

设 A2 为贪污罪的客观方面的集合，则 A2 = {行为人利用职务上的便利，侵吞、窃取、骗取或者以其他手段非法占有公共财物的行为}；

设 A3 为贪污罪的主体的集合，则 A3 = {国家工作人员，或者受国家机关、国有公司、企业、事业单位、人民团体委托管理、经营国有财产的人员}；

设 A4 为贪污罪的主观方面的集合，则 A4 = {故意，且以非法占有公共财物为目的}。

● 朱建华主编：《刑法分论》，法律出版社 2018 年版，第 416 页。

则 $A = A1 \cup A2 \cup A3 \cup A4$，即 {贪污罪} = {客体是国家工作人员职务行为的廉洁性和公共财产的所有权} ∪ {客观方面表现为行为人利用职务上的便利，侵吞、窃取、骗取或者以其他手段非法占有公共财物的行为} ∪ {主体是国家工作人员或者受国家机关、国有公司、企业、事业单位、人民团体委托管理、经营国有财产的人员} ∪ {主观方面是故意，且以非法占有公共财物为目的} = {客体是国家工作人员职务行为的廉洁性和公共财产的所有权，客观方面表现为行为人利用职务上的便利，侵吞、窃取、骗取或者以其他手段非法占有公共财物的行为，主体是国家工作人员，或者受国家机关、国有公司、企业、事业单位、人民团体委托管理、经营国有财产的人员，主观方面是故意，且以非法占有公共财物为目的}。

（三）贪污罪的司法适用

1. 本罪与非罪的界限

设 A5 为贪污罪的非罪的集合，则 A5 = {无罪} = Ø；

设 A51 为贪污罪的非罪的客体的集合，则 A51 = {行为人没有国家工作人员职务行为的廉洁性和公共财产的所有权} = Ø；

设 A52 为贪污罪的非罪的客观方面的集合，则 A52 = {行为人没有实施利用职务上的便利，侵吞、窃取、骗取或者以其他手段非法占有公共财物的行为} = Ø；

设 A53 为贪污罪的非罪的主体的集合，则 A53 = {行为人不是国家工作人员或者受国家机关、国有公司、企业、事业单位、人民团体委托管理、经营国有财产的人员} = Ø；

设 A54 为贪污罪的非罪的主观方面的集合，则 A54 = {行为人没有故意，且不以非法占有公共财物为目的} = Ø。

则 A5 = {贪污罪的非罪} = A ∩ A51 = {贪污罪} ∩ {行为人没有国家工作人员职务行为的廉洁性和公共财产的所有权} = {贪污罪} ∩ Ø = Ø = {无罪}；

A5 = {贪污罪的非罪} = A ∩ A52 = {贪污罪} ∩ {行为人没有实

施利用职务上的便利，侵吞、窃取、骗取或者以其他手段非法占有公共财物的行为} = {贪污罪} ∩ ∅ = ∅ = {无罪}；

A5 = {贪污罪的非罪} = A∩A53 = {贪污罪} ∩ {行为人不是国家工作人员或者受国家机关、国有公司、企业、事业单位、人民团体委托管理、经营国有财产的人员} = {贪污罪} ∩ ∅ = ∅ = {无罪}；

A5 = {贪污罪的非罪} = A∩A54 = {贪污罪} ∩ {行为人没有故意，且不以非法占有公共财物为目的} = {贪污罪} ∩ ∅ = ∅ = {无罪}。

2. 此罪与彼罪的界限

（1）贪污罪与侵占罪的界限

设 A 为贪污罪的集合，则 A = {贪污罪}；

设 A6 为侵占罪的集合，则 A6 = {侵占罪}。

则 A∪A6 − A∩A6 = {贪污罪} ∪ {侵占罪} − {贪污罪} ∩ {侵占罪} = {客体是国家工作人员职务行为的廉洁性和公共财产的所有权，客观方面表现为行为人利用职务上的便利，侵吞、窃取、骗取或者以其他手段非法占有公共财物的行为，主体是国家工作人员或者受国家机关、国有公司、企业、事业单位、人民团体委托管理、经营国有财产的人员，主观方面是直接故意，且以非法占有公共财物为目的} ∪ {客体是公私财产所有权，客观方面表现为行为人将自己代为保管的他人财物或者将他人的遗忘物、埋藏物非法占为己有，拒不交还，数额较大的行为，主体是年满16周岁、具有刑事责任能力的人，主观方面是直接故意，且以非法占有为目的} − {客体是公共财产所有权} = {客体是国家工作人员职务行为的廉洁性，客观方面表现为行为人利用职务上的便利，侵吞、窃取、骗取或者以其他手段非法占有公共财物的行为，主体是国家工作人员或者受国家机关、国有公司、企业、事业单位、人民团体委托管理、经营国有财产的人员，主观方面是直接故意，且以非法占有公共财物为目的，客体是私人财产所有权，客观方面表现为行为人将自己代为保管的他人财物或者将他人的遗忘物、埋藏物非法占为己有，拒不交还，数额较大的行为，主体是年满 16 周岁、具有刑事责任能力的人，主观方面是直接故意，且以非法占有为目的}。

（2）贪污罪与职务侵占罪的界限

设 A 为贪污罪的集合，则 A = {贪污罪}；

设 A7 为职务侵占罪的集合，则 A7 = {职务侵占罪}。

则 A∪A7 − A∩A7 = {贪污罪} ∪ {职务侵占罪} − {贪污罪} ∩ {职务侵占罪} = {客体是国家工作人员职务行为的廉洁性和公共财产的所有权，客观方面表现为行为人利用职务上的便利，侵吞、窃取、骗取或者以其他手段非法占有公共财物的行为，主体是国家工作人员或者受国家机关、国有公司、企业、事业单位、人民团体委托管理、经营国有财产的人员，主观方面是直接故意，且以非法占有公共财物为目的} ∪ {客体是公司、企业或者其他单位的财产所有权，客观方面表现为行为人利用职务上的便利，将本单位财物非法占为己有，数额较大的行为，主体是公司、企业或者其他单位的工作人员，主观方面是直接故意，且以非法占有为目的} − {主观方面是直接故意，且以非法占有财物为目的} = {客体是国家工作人员职务行为的廉洁性和公共财产的所有权，客观方面表现为行为人利用职务上的便利，侵吞、窃取、骗取或者以其他手段非法占有公共财物的行为，主体是国家工作人员或者受国家机关、国有公司、企业、事业单位、人民团体委托管理、经营国有财产的人员，主观方面是直接故意，且以非法占有国家公共财物为目的，客体是公司、企业或者其他单位的财产所有权，客观方面表现为行为人利用职务上的便利，将本单位财物非法占为己有，数额较大的行为，主体是公司、企业或者其他单位的工作人员，主观方面是直接故意，且以非法占有公司、企业或者其他单位的财物为目的}。

（3）贪污罪与盗窃罪的界限

设 A 为贪污罪的集合，则 A = {贪污罪}；

设 A7 为盗窃罪的集合，则 A7 = {盗窃罪}。

则 $A \cup A7 - A \cap A7 = \{贪污罪\} \cup \{盗窃罪\} - \{贪污罪\} \cap \{盗窃罪\} = \{$客体是国家工作人员职务行为的廉洁性和公共财产的所有权，客观方面表现为行为人利用职务上的便利，侵吞、窃取、骗取或者以其他手段非法占有公共财物的行为，主体是国家工作人员或者受国家机关、国有公司、企业、事业单位、人民团体委托管理、经营国有财产的人员，主观方面是直接故意，且以非法占有公共财物为目的$\} \cup \{$客体是公私财产所有权，客观方面表现为行为人实施了秘密窃取公私财物数额较大、多次盗窃、入户盗窃、携带凶器盗窃、扒窃公私财物的行为，主体是年满 16 周岁、具有刑事责任能力的自然人，主观方面是直接故意，且以非法占有公私财物为目的$\} - \{$主观方面是直接故意，且以非法占有财物为目的$\} = \{$客体是国家工作人员职务行为的廉洁性和公共财产的所有权，客观方面表现为行为人利用职务上的便利，侵吞、窃取、骗取或者以其他手段非法占有公共财物的行为，主体是国家工作人员或者受国家机关、国有公司、企业、事业单位、人民团体委托管理、经营国有财产的人员，主观方面是直接故意，且以非法占有公共财物为目的，客体是公私财产所有权，客观方面表现为行为人实施了秘密窃取公私财物数额较大、多次盗窃、入户盗窃、携带凶器盗窃、扒窃公私财物的行为，主体是年满 16 周岁、具有刑事责任能力的自然人，主观方面直接故意，且以非法占有公私财物为目的$\}$。

（4）贪污罪与诈骗罪的界限

设 A 为贪污罪的集合，则 $A = \{贪污罪\}$；

设 A8 为诈骗罪的集合，则 $A8 = \{诈骗罪\}$。

则 $A \cup A8 - A \cap A8 = \{贪污罪\} \cup \{诈骗罪\} - \{贪污罪\} \cap \{诈骗罪\} = \{$客体是国家工作人员职务行为的廉洁性和公共财产的所有权，客观方面表现为行为人利用职务上的便利，侵吞、窃取、骗取或者以其他手段非法占有公共财物的行为，主体是国家工作人员或者受国家机关、国有公司、企业、事业单位、人民团体委托管理、经营国有财产的人员，三观方面是直接故意，且以非法占有公共财物为目的｝∪｛客体是公私财产所有权，客观方面表现为行为人用虚构事实或者隐瞒真相的方法，骗取数额较大的公私财物的行为，主体是年满 16 周岁、具有刑事责任能力的人，主观方面是直接故意，且以非法占有公私财物为目的｝－｛主观方面是直接故意，且以非法占有财物为目的｝＝｛客体是国家工作人员职务行为的廉洁性和公共财产的所有权，客观方面表现为行为人利用职务上的便利，侵吞、窃取、骗取或者以其他手段非法占有公共财物的行为，主体是国家工作人员或者受国家机关、国有公司、企业、事业单位、人民团体委托管理、经营国有财产的人员，主观方面是直接故意，且以非法占有公共财物为目的，客体是公私财产所有权，客观方面表现为行为人用虚构事实或者隐瞒真相的方法，骗取数额较大的公私财物的行为，主体是年满 16 周岁、具有刑事责任能力的人，主观方面是直接故意，且以非法占有公私财物为目的｝。

（5）贪污罪与私分国有资产罪的界限

设 A 为贪污罪的集合，则 A =｛贪污罪｝；

设 A9 为私分国有资产罪的集合，则 A9 =｛私分国有资产罪｝。

则 A∪A9 － A∩A9 =｛贪污罪｝∪｛私分国有资产罪｝－｛贪污罪｝∩｛私分国有资产罪｝=｛客体是国家工作人员职务行为的廉洁性和公共财产的所有权，客观方面表现为行为人利用职务上的便利，侵吞、窃取、骗取或者以其他手段非法占有公共财物的行为，主体是国家工作人员或者受国家机关、国有公司、企业、事业单位、人民团体委托管理、经营国有财产的人员，主观方面是直接故意，且以非法占有公共财物为目的｝∪｛客体是国家机关、国有公司、企业、事业单位、人民团体的正常活动和国有资产的所有权，客观方面表现为国家机关、国有公司、企业、事业单位、人民团体，违反国家规定，以单位名义将国有资产集体私分给个人，数额较大的行为，主体是国家机关、国有公司、企业、事业单位、人民团体，主观方面是故意，且具有非法集体私分国有资产的目的｝－｛客体是公共财产所有权｝=｛客体是国家工作人员职务行为的廉洁性，客观方面表现为行为人利用职务上的便利，侵吞、窃取、骗取或者以其他手段非法占有公共财物的行为，主体是国家工作人员或者受国家机关、国有公司、企业、事业单位、人民团体委托管理、经营国有财产的人员，主观方面是直接故意，且以非法占有公共财物为目的，客体是国家机关、国有公司、企业、事业单位、人民团体的正常活动和国有资产的所有权，客观方面表现为国家机关、国有公司、企业、事业单位、人民团体，违反国家规定，以单位名义将国有资产集体私分给个人，数额较大的行为，主体是国家机关、国有公司、企业、事业单位、人民团体，主观方面是故意，且具有非法集体私分国有资产的目的｝。

（6）贪污罪与私分罚没财物罪的界限

设 A 为贪污罪的集合，则 A = ｛贪污罪｝；

设 A10 为私分罚没财物罪的集合，则 A10 = ｛私分罚没财物罪｝。

则 A∪A10 – A∩A10 = ｛贪污罪｝∪｛私分罚没财物罪｝–｛贪污罪｝∩｛私分罚没财物罪｝= ｛客体是国家工作人员职务行为的廉洁性和公共财产的所有权，客观方面表现为行为人利用职务上的便利，侵吞、窃取、骗取或者以其他手段非法占有公共财物的行为，主体是国家工作人员或者受国家机关、国有公司、企业、事业单位、人民团体委托管理、经营国有财产的人员，主观方面是直接故意，并且以非法占有公共财物为目的｝∪｛客体是国家机关、国有公司、企业、事业单位、人民团体的正常活动和国有资产的所有权，客观方面表现为行为人违反国家规定，将应上缴国家的罚没财物，以单位名义集体私分给个人的行为，主体是司法机关和行政执法机关，主观方面是直接故意，并且具有非法私分罚没财物的目的｝–｛客体是公共财产所有权｝= ｛客体是国家工作人员职务行为的廉洁性和公共财产的所有权，客观方面表现为行为人利用职务上的便利，侵吞、窃取、骗取或者以其他手段非法占有公共财物的行为，主体是国家工作人员或者受国家机关、国有公司、企业、事业单位、人民团体委托管理、经营国有财产的人员，主观方面是直接故意，且以非法占有公共财物为目的，客体是国家机关、国有公司、企业、事业单位、人民团体的正常活动和国有资产的所有权，客观方面表现为行为人违反国家规定，将应上缴国家的罚没财物，以单位名义集体私分给个人的行为，主体是司法机关和行政执法机关，主观方面是直接故意，且以非法私分罚没财物为目的｝。

3. 本罪的停止形态

（1）贪污罪的预备犯

设 A11 为贪污罪的预备犯的集合，则 A11 =｛贪污罪的预备犯｝；

设 A111 为贪污罪预备犯主观方面的集合，则 A111 =｛行为人在主观上有非法占有公共财物的故意｝；

设 A112 为贪污罪预备犯客观方面的集合，则 A112 =｛行为人在客观上为实施利用职务上的便利，侵吞、窃取、骗取或者以其他手段非法占有公共财物而准备工具、制造条件的行为｝；

设 A113 为贪污罪预备犯犯罪停止原因的集合，则 A113 =｛行为人因意志以外的原因使实施利用职务上的便利，侵吞、窃取、骗取或者以其他手段非法占有公共财物的行为而未得逞｝。

则 A11 = A111∪A112∪A113，即｛贪污罪的预备犯｝=｛行为人在主观上有非法占有公共财物的故意｝∪｛行为人在客观上为利用职务上的便利，侵吞、窃取、骗取或者以其他手段非法占有公共财物而准备工具、制造条件的行为｝∪｛行为人因意志以外的原因使实施利用职务上的便利，侵吞、窃取、骗取或者以其他手段非法占有公共财物的行为而未得逞｝=｛行为人在主观上有非法占有公共财物的故意，行为人在客观上为利用职务上的便利，侵吞、窃取、骗取或者以其他手段非法占有公共财物而准备工具、制造条件的行为，行为人因意志以外的原因使实施利用职务上的便利，侵吞、窃取、骗取或者以其他手段非法占有公共财物的行为而未得逞｝=｛行为人有非法占有公共财物的故意，为了实施利用职务上的便利，侵吞、窃取、骗取或者以其他手段非法占有公共财物而准备工具、制造条件的行为，但是因意志以外的原因使实施利用职务上的便利，侵吞、窃取、骗取或者以其他手段非法占有公共财物的行为而未得逞｝。

（2）贪污罪的未遂犯

设 A12 为贪污罪的未遂犯的集合，则 A12 = ｛贪污罪的未遂犯｝；

设 A121 为贪污罪未遂犯主观方面的集合，则 A121 = ｛行为人在主观上有非法占有公共财物的故意｝；

设 A122 为贪污罪未遂犯客观方面的集合，则 A122 = ｛行为人在客观上已经着手实施利用职务上的便利，侵吞、窃取、骗取或者以其他手段非法占有公共财物的行为｝；

设 A123 为贪污罪未遂犯犯罪停止原因的集合，则 A123 = ｛行为人因意志以外的原因使利用职务上的便利，侵吞、窃取、骗取或者以其他手段非法占有公共财物的行为而未得逞｝。

则 A12 = A121 ∪ A122 ∪ A123，即 ｛贪污罪的未遂犯｝=｛行为人在主观上有非法占有公共财物的故意｝∪｛行为人在客观上已经着手实施利用职务上的便利，侵吞、窃取、骗取或者以其他手段非法占有公共财物的行为｝∪｛行为人因意志以外的原因使利用职务上的便利，侵吞、窃取、骗取或者以其他手段非法占有公共财物的行为而未得逞｝=｛行为人在主观上有非法占有公共财物的故意，行为人在客观上已经着手实施利用职务上的便利，侵吞、窃取、骗取或者以其他手段非法占有公共财物的行为，行为人因意志以外的原因使利用职务上的便利，侵吞、窃取、骗取或者以其他手段非法占有公共财物的行为而未得逞｝=｛行为人有非法占有公共财物的故意，已经着手实施利用职务上的便利，侵吞、窃取、骗取或者以其他手段非法占有公共财物的行为，但是因意志以外的原因使利用职务上的便利，侵吞、窃取、骗取或者以其他手段非法占有公共财物的行为而未得逞｝；

（3）贪污罪的中止犯

设 A13 为贪污罪的中止犯的集合，则 A13 = ｛贪污罪的中止犯｝；

设 A131 为贪污罪中止犯主观方面的集合，则 A131 = ｛行为人在主观上有非法占有公共财物的故意｝；

设 A132 为贪污罪中止犯客观方面的集合，则 A132 = ｛行为人在客观上已经预备或者着手实行利用职务上的便利，侵吞、窃取、骗取或者以其他手段非法占有公共财物的行为｝；

设 A133 为贪污罪中止犯犯罪停止原因的集合，则 A133 = ｛行为人自动放弃了利用职务上的便利，侵吞、窃取、骗取或者以其他手段非法占有公共财物的行为或者有效地防止了非法占有公共财物结果的发生｝。

则 A13 = A131 ∪ A132 ∪ A133，即 ｛贪污罪的中止犯｝ = ｛行为人在主观上有非法占有公共财物的故意｝∪｛行为人在客观上已经预备或者着手实行利用职务上的便利，侵吞、窃取、骗取或者以其他手段非法占有公共财物的行为｝∪｛行为人自动放弃了利用职务上的便利，侵吞、窃取、骗取或者以其他手段非法占有公共财物的行为或者有效地防止了非法占有公共财物结果的发生｝ = ｛行为人在主观上有非法占有公共财物的故意，行为人在客观上已经预备或者着手实行利用职务上的便利，侵吞、窃取、骗取或者以其他手段非法占有公共财物的行为，行为人自动放弃了利用职务上的便利，侵吞、窃取、骗取或者以其他手段非法占有公共财物的行为或者有效地防止了非法占有公共财物结果的发生｝ = ｛行为人有非法占有公共财物的故意，已经预备或者着手实行利用职务上的便利，侵吞、窃取、骗取或者以其他手段非法占有公共财物的行为，但是自动放弃了利用职务上的便利，侵吞、窃取、骗取或者以其他手段非法占有公共财物的行为或者有效地防止了非法占有公共财物结果的发生｝。

4. 本罪的共犯形态

设 A14 为贪污罪的共同犯罪的集合，则 A14 = ｛贪污罪的共同犯罪｝；

设 A141 为贪污罪的共同犯罪的主体的集合，则 A141 = ｛主体是两个以上的国家工作人员或者一方为国家工作人员｝；

设 A142 为贪污罪的共同犯罪的主观方面的集合，则 A142 = ｛行为人在主观上有利用职务上的便利，侵吞、窃取、骗取或者以其他手段非法占有公共财物的共同故意｝；

设 A143 为贪污罪的共同犯罪的客观方面的集合，则 A143 = ｛行为人在客观上有利用职务上的便利，侵吞、窃取、骗取或者以其他手段非法占有公共财物的共同行为｝。

则 A14 = A141 ∪ A142 ∪ A143，即 ｛贪污罪的共同犯罪｝= ｛主体是两个以上的国家工作人员或者一方为国家工作人员｝∪｛行为人在主观上有利用职务上的便利，侵吞、窃取、骗取或者以其他手段非法占有公共财物的共同故意｝∪｛行为人在客观上有利用职务上的便利，侵吞、窃取、骗取或者以其他手段非法占有公共财物的共同行为｝= ｛主体是两个以上的国家工作人员或者一方为国家工作人员，行为人在主观上有利用职务上的便利，侵吞、窃取、骗取或者以其他手段非法占有公共财物的共同故意，行为人在客观上有利用职务上的便利，侵吞、窃取、骗取或者以其他手段非法占有公共财物的共同行为｝。

二、受贿罪

（一）受贿罪的概念

受贿罪，是指国家工作人员利用职务上的便利，索取他人财物的，或者非法收受他人财物，为他人谋取利益的，或者在经济往来中违反国家规定收受各种名义的回扣、手续费归个人所有的，或者国家工作人员利用本人职权或者地位形成的便利条件，通过其他国家工作人员职务上的行为，为请托人谋取不正当利益，索取或者收

受请托人财物的行为。❶

（二）受贿罪的构成特征

关于受贿罪的构成特征，根据现行刑法的规定，必须具备以下四个方面，其集合表现为：

设 B 为受贿罪的集合，则 B ＝｛受贿罪｝；

设 B1 为受贿罪的客体的集合，则 B1 ＝｛国家工作人员职务行为的廉洁性｝∪｛国家机关的正常活动和声誉｝＝｛国家工作人员职务行为的廉洁性和国家机关的正常活动和声誉｝；

设 B2 为受贿罪的客观方面的集合，则 B2 ＝｛行为人利用职务上的便利，索取他人财物的，或者非法收受他人财物，为他人谋取利益的，或者在经济往来中违反国家规定收受各种名义的回扣、手续费归个人所有的，或者国家工作人员利用本人职权或者地位形成的便利条件，通过其他国家工作人员职务上的行为，为请托人谋取不正当利益，索取或者收受请托人财物的行为｝；

设 B3 为受贿罪的主体的集合，则 B3 ＝｛国家工作人员｝；

设 B4 为受贿罪的主观方面的集合，则 B4 ＝｛故意，且具有获取贿赂的目的｝。

则 B ＝B1∪B2∪B3∪B4，即 ｛受贿罪｝＝｛客体是国家工作人员职务行为的廉洁性和国家机关的正常活动和声誉｝∪｛客观方面表现为行为人利用职务上的便利，索取他人财物的，或者非法收受他人财物，为他人谋取利益的，或者在经济往来中违反国家规定收受各种名义的回扣、手续费归个人所有的，或者国家工作人员利用本人职权或者地位形成的便利条件，通过其他国家工作人员职务上的行为，为请托人谋取不正当利益，索取或者收受请托人财物的行为｝∪｛主体是国家工作人员｝∪｛主观方面是故意，且具有获取贿赂的目的｝＝｛客体是国家工作人员职务行为的廉洁性和国家机关的正

----

❶ 朱建华主编：《刑法分论》，法律出版社 2018 年版，第 423 页。

常活动和声誉，客观方面表现为行为人利用职务上的便利，索取他人财物的，或者非法收受他人财物，为他人谋取利益的，或者在经济往来中违反国家规定收受各种名义的回扣、手续费归个人所有的，或者国家工作人员利用本人职权或者地位形成的便利条件，通过其他国家工作人员职务上的行为，为请托人谋取不正当利益，索取或者收受请托人财物的行为，主体是国家工作人员，主观方面是故意，且具有获取贿赂的目的｝。

（三）受贿罪的司法适用

1. 本罪与非罪的界限

设 B5 为受贿罪的非罪的集合，则 B5 =｛无罪｝= Ø；

设 B51 为受贿罪的非罪的客体的集合，则 B51 =｛行为人没有侵犯国家工作人员职务行为的廉洁性和国家机关的正常活动和声誉｝= Ø；

设 B52 为受贿罪的非罪的客观方面的集合，则 B52 =｛行为人没有利用职务上的便利，索取他人财物的，或者非法收受他人财物，为他人谋取利益的，或者在经济往来中违反国家规定收受各种名义的回扣、手续费归个人所有的，或者国家工作人员利用本人职权或者地位形成的便利条件，通过其他国家工作人员职务上的行为，为请托人谋取不正当利益，索取或者收受请托人财物的行为｝= Ø；

设 B53 为受贿罪的非罪的主体的集合，则 B53 =｛行为人不是国家工作人员｝= Ø；

设 B54 为受贿罪的非罪的主观方面的集合，则 B54 =｛行为人没有故意，且无获取贿赂的目的｝= Ø。

则 B5 =｛受贿罪的非罪｝= B∩B51 =｛受贿罪｝∩｛行为人没有侵犯国家工作人员职务行为的廉洁性和国家机关的正常活动和声誉｝=｛受贿罪｝∩ Ø = Ø =｛无罪｝；

B5 =｛受贿罪的非罪｝= B∩B52 =｛受贿罪｝∩｛行为人没有利用职务上的便利，索取他人财物的，或者非法收受他人财物，为他人谋取利益的，或者在经济往来中违反国家规定收受各种名义的回扣、手续费归个人所有的，或者国家工作人员利用本人职权或者地位形成的便利条件，通过其他国家工作人员职务上的行为，为请托人谋取不正当利益，索取或者收受请托人财物的行为} = {受贿罪} ∩ Ø = Ø = {无罪}；

B5 = {受贿罪的非罪} = B∩B53 = {受贿罪} ∩ {行为人不是国家工作人员} = {受贿罪} ∩ Ø = Ø = {无罪}；

B5 = {受贿罪的非罪} = B∩B54 = {受贿罪} ∩ {行为人没有故意，且无获取贿赂的目的} = {受贿罪} ∩ Ø = Ø = {无罪}。

2. 此罪与彼罪的界限

（1）受贿罪与贪污罪的界限

设 B 为受贿罪的集合，则 B = {受贿罪}；

设 B6 为贪污罪的集合，则 B6 = {贪污罪}。

则 B∪B6 – B∩B6 = {受贿罪} ∪ {贪污罪} – {受贿罪} ∩ {贪污罪} = {客体是国家工作人员职务行为的廉洁性和国家机关的正常活动和声誉，客观方面表现为行为人利用职务上的便利，索取他人财物的，或者非法收受他人财物，为他人谋取利益的，或者在经济往来中违反国家规定收受各种名义的回扣、手续费归个人所有的，或者国家工作人员利用本人职权或者地位形成的便利条件，通过其他国家工作人员职务上的行为，为请托人谋取不正当利益，索取或者收受请托人财物的行为，主体是国家工作人员，主观方面是故意，且具有获取贿赂的目的} ∪ {客体是国家工作人员职务行为的廉洁性和公共财产的所有权，客观方面表现为行为人利用职务上的便利，索取他人财物的，或者非法收受他人财物，为他人谋取利益的，或者在经济往来中违反国家规定收受各种名义的回扣、手续费归个人所有的，或者国家工作人员利用本人职权或者地位形成的便利条件，通过其他国家工作人员职务上的行为，为请托人谋取不正当利益，索取或者收受请托人财物的行为，主体是国家工作人员，主观方面是故意，且以非法占有公共财物为目的｝－｛客体是国家工作人员职务行为的廉洁性，主体是国家工作人员｝＝｛客体是国家机关的正常活动和声誉，客观方面表现为行为人利用职务上的便利，索取他人财物的，或者非法收受他人财物，为他人谋取利益的，或者在经济往来中违反国家规定收受各种名义的回扣、手续费归个人所有的，或者国家工作人员利用本人职权或者地位形成的便利条件，通过其他国家工作人员职务上的行为，为请托人谋取不正当利益，索取或者收受请托人财物的行为，主观方面是故意，且有获取贿赂的目的，客体是公共财产的所有权，客观方面表现为行为人利用职务上的便利，侵吞、窃取、骗取或者以其他手段非法占有公共财物的行为，主观方面是故意，且以非法占有公共财物为目的｝。

（2）受贿罪与利用影响力受贿罪的界限

设 B 为受贿罪的集合，则 B ＝｛受贿罪｝；

设 B7 为利用影响力受贿罪的集合，则 B7 ＝｛利用影响力受贿罪｝。

则 B∪B7－B∩B7 ＝｛受贿罪｝∪｛利用影响力受贿罪｝－｛受贿罪｝∩｛利用影响力受贿罪｝＝｛客体是国家工作人员职务行为的廉洁性和国家机关的正常活动和声誉，客观方面表现为行为人利用职务上的便利，索取他人财物的，或者非法收受他人财物，为他人谋取利益的，或者在经济往来中违反国家规定收受各种名义的回扣、手续费归个人所有的，或者国家工作人员利用本人职权或者地位形成的便利条件，通过其他国家工作人员职务上的行为，为请托人谋取不正当利益，索取或者收受请托人财物的行为，主体是国家工作人员，主观方面是故意，且具有获取贿赂的目的｝∪｛客体是国家工作人员职务行为的廉洁性和国家机关的正常活动和声誉，客观方面表现为行为人通过该国家工作人员职务上的行为，或者利用该国家工作人员职权或者地位形成的便利条件，通过其他国家工作人员职务上的行为，为请托人谋取不正当利益，索取请托人财物或者收受请托人财物，数额较大或者有其他较重情节的行为，主体是国家工作人员的近亲属或者其他与该国家工作人员关系密切的人，主观方面是故意，且具有获取贿赂的目的}－{客体是国家工作人员职务行为的廉洁性和国家机关的正常活动和声誉，主观方面是故意，并且具有获取贿赂的目的}＝{客观方面表现为行为人利用职务上的便利，索取他人财物的，或者非法收受他人财物，为他人谋取利益的，或者在经济往来中违反国家规定收受各种名义的回扣、手续费归个人所有的，或者国家工作人员利用本人职权或者地位形成的便利条件，通过其他国家工作人员职务上的行为，为请托人谋取不正当利益，索取或者收受请托人财物的行为，主体是国家工作人员的近亲属或者其他与该国家工作人员关系密切的人，客观方面表现为行为人通过该国家工作人员职务上的行为，或者利用该国家工作人员职权或者地位形成的便利条件，通过其他国家工作人员职务上的行为，为请托人谋取不正当利益，索取请托人财物或者收受请托人财物，数额较大或者有其他较重情节的行为，主体是国家工作人员}。

（3）受贿罪与单位受贿罪的界限

设 B 为受贿罪的集合，则 B ={受贿罪}；

设 B8 为单位受贿罪的集合，则 B8 ={单位受贿罪}。

则 B∪B8－B∩B8 ={受贿罪}∪{单位受贿罪}－{受贿罪}∩{单位受贿罪}＝{客体是国家工作人员职务行为的廉洁性和国家机关的正常活动和声誉，客观方面表现为行为人利用职务上的便利，索取他人财物的，或者非法收受他人财物，为他人谋取利益的，或者在经济往来中违反国家规定收受各种名义的回扣、手续费归个人所有的，或者国家工作人员利用本人职权或者地位形成的便利条件，通过其他国家工作人员职务上的行为，为请托人谋取不正当利益，索取或者收受请托人财物的行为，主体是国家工作人员，主观方面是故意，且具有获取贿赂的目的}∪{客体是国家机关、国有公司、企业、事业单位、人民团体的正常活动与威信，客观方面表现为单位索取、非法收受他人财物，为他人谋取利益，情节严重的行为，主体是国家机关、国有公司、企业、事业单位、人民团体，主观方面是故意，且具有获取贿赂的目的｝－｛主观方面是故意，且具有获取贿赂的目的｝＝｛客体是国家工作人员职务行为的廉洁性和国家机关的正常活动和声誉，客观方面表现为行为人利用职务上的便利，索取他人财物的，或者非法收受他人财物，为他人谋取利益的，或者在经济往来中违反国家规定收受各种名义的回扣、手续费归个人所有的，或者国家工作人员利用本人职权或者地位形成的便利条件，通过其他国家工作人员职务上的行为，为请托人谋取不正当利益，索取或者收受请托人财物的行为，主体是国家工作人员，客体是国家机关、国有公司、企业、事业单位、人民团体的正常活动与威信，客观方面表现为单位索取、非法收受他人财物，为他人谋取利益，情节严重的行为，主体是国家机关、国有公司、企业、事业单位、人民团体｝。

（4）受贿罪与非国家工作人员受贿罪的界限

设 B 为受贿罪的集合，则 B ＝｛受贿罪｝；

设 B9 为非国家工作人员受贿罪的集合，则 B9 ＝｛非国家工作人员受贿罪｝。

则 B∪B9－B∩B9 ＝｛受贿罪｝∪｛非国家工作人员受贿罪｝－｛受贿罪｝∩｛非国家工作人员受贿罪｝＝｛客体是国家工作人员职务行为的廉洁性和国家机关的正常活动和声誉，客观方面表现为行为人利用职务上的便利，索取他人财物的，或者非法收受他人财物，为他人谋取利益的，或者在经济往来中违反国家规定收受各种名义的回扣、手续费归个人所有的，或者国家工作人员利用本人职权或者地位形成的便利条件，通过其他国家工作人员职务上的行为，为请托人谋取不正当利益，索取或者收受请托人财物的行为，主体是国家工作人员，主观方面是故意，并且具有获取贿赂的目的｝∪｛客体是国家对公司、企业等单位的管理制度和单位员工职务行为的廉洁性，客观方面表现为行为人利用职务上的便利，索取他人财物，或者非法收受他人财物为他人谋取利益，或者在经济往来中违反国家规定，收受各种名义的回扣、手续费归个人所有，数额较大的行为，主体是公司、企业或者其他单位的工作人员，主观方面是故意}－{客体是单位工作人员职务行为的廉洁性，客观方面表现为行为人利用职务上的便利，索取他人财物的，或者非法收受他人财物，为他人谋取利益的，或者在经济往来中违反国家规定收受各种名义的回扣、手续费归个人所有的行为}＝{客体是国家工作人员职务行为的廉洁性和国家机关的正常活动和声誉，客观方面表现为行为人利用职务上的便利，索取他人财物的，或者非法收受他人财物，为他人谋取利益的，或者在经济往来中违反国家规定收受各种名义的回扣、手续费归个人所有，国家工作人员利用本人职权或者地位形成的便利条件，通过其他国家工作人员职务上的行为，为请托人谋取不正当利益，索取或者收受请托人财物的行为，主体是国家工作人员，主观方面是故意，并且具有获取贿赂的目的，客体是国家对公司、企业等单位的管理制度和单位员工职务行为的廉洁性，客观方面表现为行为人利用职务上的便利，索取他人财物，或者非法收受他人财物为他人谋取利益，或者在经济往来中违反国家规定，收受各种名义的回扣、手续费归个人所有，数额较大的行为，主体是公司、企业或者其他单位的工作人员，主观方面是故意}。

3. 本罪的停止形态

（1）受贿罪的预备犯

设 B10 为受贿罪的预备犯的集合，则 B10 = {受贿罪的预备犯}；

设 B101 为受贿罪预备犯主观方面的集合，则 B101 = {行为人在主观上有获取贿赂的目的}；

设 B102 为受贿罪预备犯客观方面的集合，则 B102 = {行为人在客观上实施了利用职务上的便利，索取他人财物的，或者非法收受他人财物，为他人谋取利益的，或者在经济往来中违反国家规定收受各种名义的回扣、手续费归个人所有的，或者利用职权或者地位形成的便利条件，通过其他国家工作人员职务上的行为，为请托人谋取不正当利益，索取或者收受请托人财物的行为｝；

设 B103 为受贿罪预备犯犯罪停止原因的集合，则 B103 =｛行为人因意志以外的原因使实施利用职务上的便利，索取他人财物的，或者非法收受他人财物，为他人谋取利益的，或者在经济往来中违反国家规定收受各种名义的回扣、手续费归个人所有的，或者利用职权或者地位形成的便利条件，通过其他国家工作人员职务上的行为，为请托人谋取不正当利益，索取或者收受请托人财物的行为而未得逞｝。

则 B10 = B101 ∪ B102 ∪ B103，即 ｛受贿罪的预备犯｝=｛行为人在主观上有获取贿赂的目的｝∪｛行为人在客观上实施了利用职务上的便利，索取他人财物的，或者非法收受他人财物，为他人谋取利益的，或者在经济往来中违反国家规定收受各种名义的回扣、手续费归个人所有的，或者利用职权或者地位形成的便利条件，通过其他国家工作人员职务上的行为，为请托人谋取不正当利益，索取或者收受请托人财物的行为｝∪｛行为人因意志以外的原因使实施利用职务上的便利，索取他人财物的，或者非法收受他人财物，为他人谋取利益的，或者在经济往来中违反国家规定收受各种名义的回扣、手续费归个人所有的，或者利用职权或者地位形成的便利条件，通过其他国家工作人员职务上的行为，为请托人谋取不正当利益，索取或者收受请托人财物的行为而未得逞｝=｛行为人在主观上有获取贿赂的目的，行为人在客观上实施了利用职务上的便利，索取他人财物的，或者非法收受他人财物，为他人谋取利益的，或者在经济往来中违反国家规定收受各种名义的回扣、手续费归个人所有的，或者利用职权或者地位形成的便利条件，通过其他国家工作人员职务上的行为，为请托人谋取不正当利益，索取或者收受请托人财物的行为，行为人因意志以外的原因使实施利用职务上的便利，索取他人财物的，或者非法收受他人财物，为他人谋取利益的，或者在经济往来中违反国家规定收受各种名义的回扣、手续费归个人所有的，或者利用职权或者地位形成的便利条件，通过其他国家工作人员职务上的行为，为请托人谋取不正当利益，索取或者收受请托人财物的行为而未得逞}={行为人为达到获取贿赂的目的，实施了利用职务上的便利，索取他人财物的，或者非法收受他人财物，为他人谋取利益的，或者在经济往来中违反国家规定收受各种名义的回扣、手续费归个人所有的，或者利用职权或者地位形成的便利条件，通过其他国家工作人员职务上的行为，为请托人谋取不正当利益，索取或者收受请托人财物的行为，但是因意志以外的原因使实施利用职务上的便利，索取他人财物的，或者非法收受他人财物，为他人谋取利益的，或者在经济往来中违反国家规定收受各种名义的回扣、手续费归个人所有的，或者利用职权或者地位形成的便利条件，通过其他国家工作人员职务上的行为，为请托人谋取不正当利益，索取或者收受请托人财物的行为而未得逞}。

（2）受贿罪的未遂犯

设 B11 为受贿罪的未遂犯的集合，则 B11 = {受贿罪的未遂犯}；

设 B111 为受贿罪未遂犯主观方面的集合，则 B111 = {行为人在主观上有获取贿赂的目的}；

设 B112 为受贿罪未遂犯客观方面的集合，则 B112 = {行为人在客观上实施了利用职务上的便利，索取他人财物的，或者非法收受他人财物，为他人谋取利益的，或者在经济往来中违反国家规定收受各种名义的回扣、手续费归个人所有的，或者利用职权或者地位形成的便利条件，通过其他国家工作人员职务上的行为，为请托人谋取不正当利益，索取或者收受请托人财物的行为}；

设 B113 为受贿罪未遂犯犯罪停止原因的集合，则 B113 = {行为人因意志以外的原因使实施利用职务上的便利，索取他人财物的，或者非法收受他人财物，为他人谋取利益的，或者在经济往来中违反国家规定收受各种名义的回扣、手续费归个人所有的，或者利用职权或者地位形成的便利条件，通过其他国家工作人员职务上的行为，为请托人谋取不正当利益，索取或者收受请托人财物的行为而未得逞｝。

则 $B11 = B111 \cup B112 \cup B113$，即 ｛受贿罪的未遂犯｝＝｛行为人在主观上有获取贿赂的目的｝∪｛行为人在客观上实施了利用职务上的便利，索取他人财物的，或者非法收受他人财物，为他人谋取利益的，或者在经济往来中违反国家规定收受各种名义的回扣、手续费归个人所有的，或者利用职权或者地位形成的便利条件，通过其他国家工作人员职务上的行为，为请托人谋取不正当利益，索取或者收受请托人财物的行为｝∪｛行为人因意志以外的原因使实施利用职务上的便利，索取他人财物的，或者非法收受他人财物，为他人谋取利益的，或者在经济往来中违反国家规定收受各种名义的回扣、手续费归个人所有的，或者利用职权或者地位形成的便利条件，通过其他国家工作人员职务上的行为，为请托人谋取不正当利益，索取或者收受请托人财物的行为而未得逞｝＝｛行为人在主观上有获取贿赂的目的，行为人在客观上实施了利用职务上的便利，索取他人财物的，或者非法收受他人财物，为他人谋取利益的，或者在经济往来中违反国家规定收受各种名义的回扣、手续费归个人所有的，或者利用职权或者地位形成的便利条件，通过其他国家工作人员职务上的行为，为请托人谋取不正当利益，索取或者收受请托人财物的行为，行为人因意志以外的原因使实施利用职务上的便利，索取他人财物的，或者非法收受他人财物，为他人谋取利益的，或者在经济往来中违反国家规定收受各种名义的回扣、手续费归个人所有的，或者利用职权或者地位形成的便利条件，通过其他国家工作人员职务上的行为，为请托人谋取不正当利益，索取或者收受请托人财物的行为而未得逞｝＝｛行为人为达到获取贿赂的目的，实施了利用职务上的便利，索取他人财物的，或者非法收受他人财物，为他人谋取利益的，或者在经济往来中违反国家规定收受各种名义的回扣、手续费归个人所有的，或者利用职权或者地位形成的便利条件，通过其他国家工作人员职务上的行为，为请托人谋取不正当利益，索取或者收受请托人财物的行为，但是因意志以外的原因使实施利用职务上的便利，索取他人财物的，或者非法收受他人财物，为他人谋取利益的，或者在经济往来中违反国家规定收受各种名义的回扣、手续费归个人所有的，或者利用职权或者地位形成的便利条件，通过其他国家工作人员职务上的行为，为请托人谋取不正当利益，索取或者收受请托人财物的行为而未得逞｝。

（3）受贿罪的中止犯

设 B12 为受贿罪的中止犯的集合，则 B12 =｛受贿罪的中止犯｝；

设 B121 为受贿罪中止犯主观方面的集合，则 B121 =｛行为人在主观上有获取贿赂的目的｝；

设 B122 为受贿罪中止犯客观方面的集合，则 B122 =｛行为人在客观上已经预备或者着手实行利用职务上的便利，索取他人财物的，或者非法收受他人财物，为他人谋取利益的，或者在经济往来中违反国家规定收受各种名义的回扣、手续费归个人所有的，或者利用职权或者地位形成的便利条件，通过其他国家工作人员职务上的行为，为请托人谋取不正当利益，索取或者收受请托人财物的行为｝；

设 B123 为受贿罪中止犯犯罪停止原因的集合，则 B123 =｛行为人自动放弃了利用职务上的便利，索取他人财物的，或者非法收受他人财物，为他人谋取利益的，或者在经济往来中违反国家规定收受各种名义的回扣、手续费归个人所有的，或者利用职权或者地位形成的便利条件，通过其他国家工作人员职务上的行为，为请托人谋取不正当利益，索取或者收受请托人财物的行为或者有效地防止了这一行为造成的结果的发生｝。

则 B12 = B121∪B122∪B123，即 ｛受贿罪的中止犯｝=｛行为人在主观上有获取贿赂的目的｝∪｛行为人在客观上已经预备或者着手实行利用职务上的便利，索取他人财物的，或者非法收受他人财物，为他人谋取利益的，或者在经济往来中违反国家规定收受各种名义的回扣、手续费归个人所有的，或者利用职权或者地位形成的

便利条件，通过其他国家工作人员职务上的行为，为请托人谋取不正当利益，索取或者收受请托人财物的行为 | ∪ |行为人自动放弃了利用职务上的便利，索取他人财物的，或者非法收受他人财物，为他人谋取利益的，或者在经济往来中违反国家规定收受各种名义的回扣、手续费归个人所有的，或者利用职权或者地位形成的便利条件，通过其他国家工作人员职务上的行为，为请托人谋取不正当利益，索取或者收受请托人财物的行为或者有效地防止了这一行为造成的结果的发生 = |行为人在主观上有获取贿赂的目的，行为人在客观上已经预备或者着手实行利用职务上的便利，索取他人财物的，或者非法收受他人财物，为他人谋取利益的，或者在经济往来中违反国家规定收受各种名义的回扣、手续费归个人所有的，或者利用职权或者地位形成的便利条件，通过其他国家工作人员职务上的行为，为请托人谋取不正当利益，索取或者收受请托人财物的行为，行为人自动放弃了利用职务上的便利，索取他人财物的，或者非法收受他人财物，为他人谋取利益的，或者在经济往来中违反国家规定收受各种名义的回扣、手续费归个人所有的，或者利用职权或者地位形成的便利条件，通过其他国家工作人员职务上的行为，为请托人谋取不正当利益，索取或者收受请托人财物的行为或者有效地防止了这一行为造成的结果的发生| = |行为人为达到获取贿赂的目的，已经预备或者着手实行利用职务上的便利，索取他人财物的，或者非法收受他人财物，为他人谋取利益的，或者在经济往来中违反国家规定收受各种名义的回扣、手续费归个人所有的，或者利用职权或者地位形成的便利条件，通过其他国家工作人员职务上的行为，为请托人谋取不正当利益，索取或者收受请托人财物的行为，但是自动放弃了利用职务上的便利，索取他人财物的，或者非法收受他人财物，为他人谋取利益的，或者在经济往来中违反国家规定收受各种名义的回扣、手续费归个人所有的，或者利用职权或者地位形成的便利条件，通过其他国家工作人员职务上的行为，为请托人谋取不正当利益，索取或者收受请托人财物的行为或者有效地防

止了这一行为造成的结果的发生}。

（四）本罪的共犯形态

设 B13 为受贿罪的共同犯罪的集合，则 B13 = {受贿罪的共同犯罪}；

设 B131 为受贿罪的共同犯罪的主体的集合，则 B131 = {主体是两个以上的国家工作人员}；

设 B132 为受贿罪的共同犯罪的主观方面的集合，则 B132 = {行为人在主观上有利用职务上的便利，索取他人财物的，或者非法收受他人财物，为他人谋取利益的，或者在经济往来中违反国家规定收受各种名义的回扣、手续费归个人所有的，或者利用职权或者地位形成的便利条件，通过其他国家工作人员职务上的行为，为请托人谋取不正当利益，索取或者收受请托人财物的共同故意}；

设 B133 为受贿罪的共同犯罪的客观方面的集合，则 B133 = {行为人在客观上有利用职务上的便利，索取他人财物的，或者非法收受他人财物，为他人谋取利益的，或者在经济往来中违反国家规定收受各种名义的回扣、手续费归个人所有的，或者利用职权或者地位形成的便利条件，通过其他国家工作人员职务上的行为，为请托人谋取不正当利益，索取或者收受请托人财物的共同行为}。

则 B13 = B131 ∪ B132 ∪ B133，即 {受贿罪的共同犯罪} = {主体是两个以上的国家工作人员} ∪ {行为人在主观上有利用职务上的便利，索取他人财物的，或者非法收受他人财物，为他人谋取利益的，或者在经济往来中违反国家规定收受各种名义的回扣、手续费归个人所有的，或者利用职权或者地位形成的便利条件，通过其他国家工作人员职务上的行为，为请托人谋取不正当利益，索取或者收受请托人财物的共同故意} ∪ {行为人在客观上有利用职务上的便利，索取他人财物的，或者非法收受他人财物，为他人谋取利益的，或者在经济往来中违反国家规定收受各种名义的回扣、手续费归个人所有的，或者利用职权或者地位形成的便利条件，通过其他国家}

工作人员职务上的行为，为请托人谋取不正当利益，索取或者收受请托人财物的共同行为} = {主体是两个以上的国家工作人员，行为人在主观上有利用职务上的便利，索取他人财物的，或者非法收受他人财物，为他人谋取利益的，或者在经济往来中违反国家规定收受各种名义的回扣、手续费归个人所有的，或者利用职权或者地位形成的便利条件，通过其他国家工作人员职务上的行为，为请托人谋取不正当利益，索取或者收受请托人财物的共同故意，行为人在客观上有利用职务上的便利，索取他人财物的，或者非法收受他人财物，为他人谋取利益的，或者在经济往来中违反国家规定收受各种名义的回扣、手续费归个人所有的，或者利用职权或者地位形成的便利条件，通过其他国家工作人员职务上的行为，为请托人谋取不正当利益，索取或者收受请托人财物的共同行为}。

三、行贿罪

（一）行贿罪的概念

行贿罪，是指行为人为谋取不正当利益，给予国家工作人员以财物的行为。[1]

（二）行贿罪的构成特征

关于行贿罪的构成特征，根据现行刑法的规定，必须具备以下四个方面，其集合表现为：

设 C 为行贿罪的集合，则 C = {行贿罪}；

设 C1 为行贿罪的客体的集合，则 C1 = {国家工作人员职务行为的不可收买性} ∪ {国家机关的正常活动} = {国家工作人员职务行为的不可收买性和国家机关的正常活动}；

设 C2 为行贿罪的客观方面的集合，则 C2 = {行为人给予国家工作人员以财物的行为}；

---

[1]　陈忠林主编：《刑法分论》，中国人民大学出版社 2016 年版，第 314 页。

设 C3 为行贿罪的主体的集合，则 C3 ＝｛年满 16 周岁、具有刑事责任能力的人｝；

设 C4 为行贿罪的主观方面的集合，则 C4 ＝｛故意，且具有为谋取不正当利益而收买国家工作人员的目的｝。

则 C ＝ C1 ∪ C2 ∪ C3 ∪ C4，即 ｛行贿罪｝＝｛客体是国家工作人员职务行为的不可收买性和国家机关的正常活动｝∪｛客观方面表现为行为人给予国家工作人员以财物的行为｝∪｛主体是年满 16 周岁、具有刑事责任能力的人｝∪｛主观方面是故意，且具有为谋取不正当利益而收买国家工作人员的目的｝＝｛客体是国家工作人员职务行为的不可收买性和国家机关的正常活动，客观方面表现为行为人给予国家工作人员以财物的行为，主体是年满 16 周岁、具有刑事责任能力人，主观方面是故意，且具有为谋取不正当利益而收买国家工作人员的目的｝。

（三）行贿罪的司法适用

1. 本罪与非罪的界限

设 C5 为行贿罪的非罪的集合，则 C5 ＝｛无罪｝＝∅；

设 C51 为行贿罪的非罪的客体的集合，则 C51 ＝｛行为人没有侵犯国家工作人员职务行为的不可收买性和国家机关的正常活动｝＝∅；

设 C52 为行贿罪的非罪的客观方面的集合，则 C52 ＝｛行为人没有实施给予国家工作人员以财物的行为｝＝∅；

设 C53 为行贿罪的非罪的主体的集合，则 C53 ＝｛行为人是未满 16 周岁，或者已满 16 周岁但没有刑事责任能力的自然人｝＝∅；

设 C54 为行贿罪的非罪的主观方面的集合，则 C54 ＝｛行为人没有故意，且不具有为谋取不正当利益而收买国家工作人员的目的｝＝∅。

则 C5 ＝｛行贿罪的非罪｝＝ C ∩ C51 ＝｛行贿罪｝∩｛行为人没有侵犯国家工作人员职务行为的不可收买性和国家机关的正常活动｝＝｛行贿罪｝∩∅＝∅＝｛无罪｝；

C5 = {行贿罪的非罪} = C∩C52 = {行贿罪} ∩ {行为人没有实施给予国家工作人员以财物的行为} = {行贿罪} ∩∅ = ∅ = {无罪};

C5 = {行贿罪的非罪} = C∩C53 = {行贿罪} ∩ {行为人是未满16周岁，或者已满16周岁但没有刑事责任能力的自然人} = {行贿罪} ∩∅ = ∅ = {无罪};

C5 = {行贿罪的非罪} = C∩C54 = {行贿罪} ∩ {行为人没有故意，且不具有为谋取不正当利益而收买国家工作人员的目的} = {行贿罪} ∩∅ = ∅ = {无罪}。

2. 此罪与彼罪的界限

（1）行贿罪与单位行贿罪的界限

设 C 为行贿罪的集合，则 C = {行贿罪}；

设 C6 为单位行贿罪的集合，则 C6 = {单位行贿罪}。

则 C∪C6 − C∩C6 = {行贿罪} ∪ {单位行贿罪} − {行贿罪} ∩ {单位行贿罪} = {客体是国家工作人员职务行为的不可收买性和国家机关的正常活动，客观方面表现为行为人给予国家工作人员以财物的行为，主体是年满16周岁、具有刑事责任能力的自然人，主观方面是故意，且具有为谋取不正当利益而收买国家工作人员的目的} ∪ {客体是公司、企业、事业、机关、团体的正常活动和声誉，客观方面表现为单位为谋取不正当利益而行贿，或者违反国家规定，给予国家工作人员以回扣、手续费，情节严重的行为，主体是公司、企业、事业单位、机关、团体，主观方面是故意，且具有谋取不正当利益的目的} − {主观方面是故意，且具有谋取不正当利益的目的} = {客体是国家工作人员职务行为的不可收买性和国家机关的正常活动，客观方面表现为行为人给予国家工作人员以财物的行为，主体是年满16周岁、具有刑事责任能力的自然人，主观方面是故意，且以为谋取不正当利益而收买国家工作人员为目的，客体是公司、企业、事业、机关、团体的正常活动和声誉，客观方面表现为单位为谋取不正当利益而行贿，或者违反国家规定，给予国家工作人员以回扣、手续费，情节严重的行为，主体是公司、企业、事业单位、机关、团体，主观方面是故意，且以谋取不正当利益为目的}。

（2）行贿罪与对单位行贿罪的界限

设 C 为行贿罪的集合，则 C = {行贿罪}；

设 C7 为对单位行贿罪的集合，则 C7 = {对单位行贿罪}。

则 C∪C7 − C∩C7 = {行贿罪} ∪ {对单位行贿罪} − {行贿罪} ∩ {对单位行贿罪} = {客体是国家工作人员职务行为的不可收买性和国家机关的正常活动，客观方面表现为行为人给予国家工作人员以财物的行为，主体是年满 16 周岁、具有刑事责任能力的自然人，主观方面是故意，并且具有为谋取不正当利益而收买国家工作人员的目的} ∪ {客体是国家机关、国有公司、企业、事业单位、人民团体的正常活动和声誉，客观方面表现为行为人给予国家机关、国有公司、企业、事业单位、人民团体以财物的，或者要经济往来中，违反国家规定，给予各种名义的回扣、手续费的行为，主体是年满 16 周岁、具有刑事责任能力的自然人和单位，主观方面是故意，并且具有为谋取不正当利益而收买特定单位的目的} − {主体是年满 16 周岁、具有刑事责任能力的自然人，主观方面是故意，并且具有谋取不正当利益的目的} = {客体是国家工作人员职务行为的不可收买性和国家机关的正常活动，客观方面表现为行为人给予国家工作人员以财物的行为，主观方面是故意，且以为谋取不正当利益而收买国家工作人员为目的，客体是国家机关、国有公司、企业、事业单位、人民团体的正常活动和声誉，客观方面表现为行为人给予国家机关、国有公司、企业、事业单位、人民团体以财物的，或者要经济往来中，违反国家规定，给予各种名义的回扣、手续费的行为，主体是单位，主观方面是故意，且以为谋取不正当利益而收买特定单位为目的}。

（3）行贿罪与对有影响力的人行贿罪的界限

设 C 为行贿罪的集合，则 C = {行贿罪}；

设 C8 为对有影响力的人行贿罪的集合，则 C8 = {对有影响力的人行贿罪}。

则 C∪C8 − C∩C8 = {行贿罪} ∪ {对有影响力的人行贿罪} − {行贿罪} ∩ {对有影响力的人行贿罪} = {客体是国家工作人员职务行为的不可收买性和国家机关的正常活动，客观方面表现为行为人给予国家工作人员以财物的行为，主体是年满 16 周岁、具有刑事责任能力的自然人，主观方面是直接故意，且具有为谋取不正当利益而收买国家工作人员的目的} ∪ {客体是国家工作人员职务行为的公正性与不可收买性，客观方面表现为向国家工作人员的近亲属或者其他与该国家工作人员关系密切的人，或者向离职的国家工作人员或者其近亲属以及其他与其关系密切的人行贿的行为，主体是年满 16 周岁、具有刑事责任能力的自然人和单位，主观方面是直接故意，且具有为谋取不正当利益而收买对国家工作人员有影响力的人员的目的} − {客体是国家工作人员职务行为的不可收买性，主体是年满 16 周岁、具有刑事责任能力的自然人，主观方面是故意，且具有谋取不正当利益的目的} = {客体是国家机关的正常活动，客观方面表现为行为人给予国家工作人员以财物的行为，主观方面是故意，且以为谋取不正当利益而收买国家工作人员为目的，客体是国家工作人员职务行为的公正性，客观方面表现为向国家工作人员的近亲属或者其他与该国家工作人员关系密切的人，或者向离职的国家工作人员或者其近亲属以及其他与其关系密切的人行贿的行为，主体是单位，主观方面是故意，且以为谋取不正当利益而收买对国家工作人员有影响力的人员为目的}。

（4）行贿罪与对非国家工作人员行贿罪的界限

设 C 为行贿罪的集合，则 C = {行贿罪}；

设 C9 为对非国家工作人员行贿罪的集合，则 C9 = {对非国家工作人员行贿罪}。

则 C∪C9 − C∩C9 = {行贿罪} ∪ {对非国家工作人员行贿罪} − {行贿罪} ∩ {对非国家工作人员行贿罪} = {客体是国家工作人员职

务行为的不可收买性和国家机关的正常活动，客观方面表现为行为人给予国家工作人员以财物的行为，主体是年满 16 周岁、具有刑事责任能力的自然人，主观方面是故意，且具有为谋取不正当利益而收买国家工作人员的目的｝∪｛客体是国家对公司、企业等单位的管理制度和单位员工职务行为的廉洁性，客观方面表现为行为人为谋取不正当利益，给予公司、企业或者其他单位的工作人员以财物，或者在经济往来中违反国家规定，给予公司、企业或者其他单位的工作人员以各种名义的回扣、手续费，数额较大的行为，主体是年满 16 周岁、具有刑事责任能力的自然人和单位，主观方面是故意，且以谋取不正当权益为目的｝－｛主体是年满 16 周岁、具有刑事责任能力的自然人｝＝｛客体是国家工作人员职务行为的不可收买性和国家机关的正常活动，客观方面表现为行为人给予国家工作人员以财物的行为，主观方面是故意，且以为收买国家工作人员为目的，客体是国家对公司、企业等单位的管理制度和单位员工职务行为的廉洁性，客观方面表现为行为人为谋取不正当利益，给予公司、企业或者其他单位的工作人员以财物，或者在经济往来中违反国家规定，给予公司、企业或者其他单位的工作人员以各种名义的回扣、手续费，数额较大的行为，主体是单位，主观方面是故意，且具有谋取不正当利益的目的｝。

四、巨额财产来源不明罪[1]

（一）巨额财产来源不明罪的概念

巨额财产来源不明罪，是指国家工作人员的财产或者支出明显超过合法收入，且差额巨大，而本人不能说明其来源是合法的行为。[2]

---

[1] 在司法实践中，由于该罪的犯罪停止形态与共犯形态，不是特别突出、难以把握，特此从略。

[2] 朱建华主编：《刑法分论》，法律出版社 2018 年版，第 434－435 页。

（二）巨额财产来源不明罪的构成特征

关于巨额财产来源不明罪的构成特征，根据现行刑法的规定，必须具备以下四个方面，其集合表现为：

设 D 为巨额财产来源不明罪的集合，则 D = ｛巨额财产来源不明罪｝；

设 D1 为巨额财产来源不明罪的客体的集合，则 D1 = ｛国家工作人员职务行为的廉洁性｝∪｛国家机关的正常活动｝∪｛公私财产的所有权｝= ｛国家工作人员职务行为的廉洁性和国家机关的正常活动以及公私财产的所有权｝；

设 D2 为巨额财产来源不明罪的客观方面的集合，则 D2 = ｛行为人的财产或者支出明显超过合法收入，且差额巨大，而本人不能说明其来源是合法的行为｝；

设 D3 为巨额财产来源不明罪的主体的集合，则 D3 = ｛国家工作人员｝；

设 D4 为巨额财产来源不明罪的主观方面的集合，则 D4 = ｛故意，且具有非法占有公私财物的目的｝。

则 D = D1∪D2∪D3∪D4，即 ｛巨额财产来源不明罪｝= ｛客体是国家工作人员职务行为的廉洁性和国家机关的正常活动以及公私财产的所有权｝∪｛客观方面表现为行为人的财产或者支出明显超过合法收入，且差额巨大，而本人不能说明其来源是合法的行为｝∪｛主体是国家工作人员｝∪｛主观方面是故意，且具有非法占有公私财物的目的｝= ｛客体是国家工作人员职务行为的廉洁性和国家机关的正常活动以及公私财产的所有权，客观方面表现为行为人的财产或者支出明显超过合法收入，且差额巨大，而本人不能说明其来源是合法的行为，主体是国家工作人员，主观方面是故意，且具有非法占有公私财物的目的｝。

（三）巨额财产来源不明罪的司法适用

1. 本罪与非罪的界限

设 D5 为巨额财产来源不明罪的非罪的集合，则 D5 = ｛无罪｝= Ø；

设 D51 为巨额财产来源不明罪的非罪的客体的集合，则 D51 = ｛行为人没有侵犯国家工作人员职务行为的廉洁性和国家机关的正常活动以及公私财产的所有权｝= Ø；

设 D52 为巨额财产来源不明罪的非罪的客观方面的集合，则 D52 = ｛行为人的财产或者支出没有明显超过合法收入，且差额巨大，而本人能说明其来源是合法的行为｝= Ø；

设 D53 为巨额财产来源不明罪的非罪的主体的集合，则 D53 = ｛行为人不是国家工作人员｝= Ø；

设 D54 为巨额财产来源不明罪的非罪的主观方面的集合，则 D54 = ｛行为人没有故意，且不具有为谋取不正当利益而收买国家工作人员的目的｝= Ø。

则 D5 = ｛巨额财产来源不明罪的非罪｝= D∩D51 = ｛巨额财产来源不明罪｝∩｛行为人没有侵犯国家工作人员职务行为的廉洁性和国家机关的正常活动以及公私财产的所有权｝= ｛巨额财产来源不明罪｝∩Ø = Ø = ｛无罪｝；

D5 = ｛巨额财产来源不明罪的非罪｝= D∩D52 = ｛巨额财产来源不明罪｝∩｛行为人的财产或者支出没有明显超过合法收入，且差额巨大，而本人能说明其来源是合法的行为｝= ｛巨额财产来源不明罪｝∩Ø = Ø = ｛无罪｝；

D5 = ｛巨额财产来源不明罪的非罪｝= D∩D53 = ｛巨额财产来源不明罪｝∩｛行为人不是国家工作人员｝= ｛巨额财产来源不明罪｝∩Ø = Ø = ｛无罪｝；

D5 = ｛巨额财产来源不明罪的非罪｝= D∩D54 = ｛巨额财产来源不明罪｝∩｛行为人没有故意，且无非法占有公私财物的目的｝= ｛巨额财产来源不明罪｝∩Ø = Ø = ｛无罪｝。

2. 此罪与彼罪的界限

（1）巨额财产来源不明罪与贪污罪的界限

设 D 为巨额财产来源不明罪的集合，则 D =｛巨额财产来源不明罪｝；

设 D6 为贪污罪的集合，则 D6 =｛贪污罪｝。

则 D∪D6 － D∩D6 =｛巨额财产来源不明罪｝∪｛贪污罪｝－｛巨额财产来源不明罪｝∩｛贪污罪｝=｛客体是国家工作人员职务行为的廉洁性和国家机关的正常活动以及公私财产的所有权，客观方面表现为行为人的财产或者支出明显超过合法收入，且差额巨大，而本人不能说明其来源是合法的行为，主体是国家工作人员，主观方面是故意，且具有非法占有公私财物的目的｝∪｛客体是国家工作人员职务行为的廉洁性和公共财产的所有权，客观方面表现为行为人利用职务上的便利，侵吞、窃取、骗取或者以其他手段非法占有公共财物的行为，主体是国家工作人员，主观方面是故意，且以非法占有公共财物为目的｝－｛客体是国家工作人员职务行为的廉洁性，主体是国家工作人员，主观方面是故意，并且以非法占有公共财物为目的｝=｛客体是国家机关的正常活动以及公私财产的所有权，客观方面表现为行为人的财产或者支出明显超过合法收入，且差额巨大，而本人不能说明其来源是合法的行为，客体是公共财产的所有权，客观方面表现为行为人利用职务上的便利，侵吞、窃取、骗取或者以其他手段非法占有公共财物的行为｝。

（2）巨额财产来源不明罪与受贿罪的界限

设 D 为巨额财产来源不明罪的集合，则 D =｛巨额财产来源不明罪｝；

设 D7 为受贿罪的集合，则 D7 =｛受贿罪｝。

则 D∪D7 － D∩D7 =｛巨额财产来源不明罪｝∪｛受贿罪｝－｛巨额财产来源不明罪｝∩｛受贿罪｝=｛客体是国家工作人员职务行为的廉洁性和国家机关的正常活动以及公私财产的所有权，客观方面表现为行为人的财产或者支出明显超过合法收入，且差额巨大，而本人不能说明其来源是合法的行为，主体是国家工作人员，主观方面是故意，且具有非法占有公私财物的目的｝∪｛客体是国家工作人员职务行为的廉洁性和国家机关的正常活动和声誉，客观方面表现为行为人利用职务上的便利，索取他人财物的，或者非法收受他人财物，为他人谋取利益的行为，主体是国家工作人员，主观方面是故意，且具有获取贿赂的目的｝−｛客体是国家工作人员职务行为的廉洁性，主体是国家工作人员｝＝｛客体是国家机关的正常活动以及公私财产的所有权，客观方面表现为行为人的财产或者支出明显超过合法收入，且差额巨大，而本人不能说明其来源是合法的行为，主观方面是故意，且以非法占有公私财物为目的，客体是国家机关的正常活动和声誉，客观方面表现为行为人利用职务上的便利，索取他人财物，或者非法收受他人财物，为他人谋取利益的行为，主观方面是故意，且以获取贿赂为目的｝。

（3）巨额财产来源不明罪与隐瞒境外存款罪的界限

设 D 为巨额财产来源不明罪的集合，则 D＝｛巨额财产来源不明罪｝；

设 D8 为隐瞒境外存款罪的集合，则 D8＝｛隐瞒境外存款罪｝。

则 D∪D8−D∩D8＝｛巨额财产来源不明罪｝∪｛隐瞒境外存款罪｝−｛巨额财产来源不明罪｝∩｛隐瞒境外存款罪｝＝｛客体是国家工作人员职务行为的廉洁性和国家机关的正常活动以及公私财产的所有权，客观方面表现为行为人的财产或者支出明显超过合法收入，且差额巨大，而本人不能说明其来源是合法的行为，主体是国家工作人员，主观方面是故意，且具有非法占有公私财物的目的｝∪｛客体是国家工作人员职务行为的廉洁性，客观方面表现为行为人在境外存款，应当依照国家规定申报而隐瞒不报，数额较大的行为，主体是国家工作人员，主观方面是故意，且具有隐瞒境外存款的目的｝−｛客体是国家工作人员职务行为的廉洁性，主体是国家工作人员｝＝｛客体是国家机关的正常活动以及公私财产的所有权，客观方面表现为行为人的财产或者支出明显超过合法收入，且差额巨大，而本人不能说明其来源是合法的行为，主观方面是故意，且以非法占有公私财物为目的，客观方面表现为行为人在境外存款，应当依照国家规定申报而隐瞒不报，数额较大的行为，主观方面是故意，且以隐瞒境外存款为目的。

第十章

渎职罪

第一节　渎职罪集合概述

一、渎职罪的概念

渎职罪，是指国家机关工作人员在履行自己职务过程中，徇私舞弊、滥用职权、玩忽职守、妨害国家机关正常工作程序，实施损害国家机关的公信力，致使国家和社会利益遭受重大损失的行为。❶

二、渎职罪的共同特征

根据现行刑法对渎职罪所作的规定来看，构成该类犯罪必须具备以下四个方面的共同特征，其集合表现为：

设 A 为渎职罪集合，则 A = {渎职罪}；

设 B 为渎职罪同类客体的集合，则 B = {国家机关工作的公信力}；

设 C 为渎职罪客观方面的集合，则 C = {行为人在履行自己职务过程中，徇私舞弊、滥用职权、玩忽职守、妨害国家机关正常工作程序，实施损害国家机关的公信力，致使国家和社会利益遭受重大损失的行为}；

---

❶　陈忠林主编：《刑法（分论）》，中国人民大学出版社 2016 年版，第318页。

设 D 为渎职罪主体的集合，则 D = {国家机关工作人员}；

设 E 为渎职罪的主观方面的集合，则 E = {故意}∪{过失}。

则 A = B∪C∪D∪E，即 {渎职罪} = {犯罪同类客体为国家机关工作的公信力}∪{客观方面表现为行为人在履行自己职务过程中、徇私舞弊、滥用职权、玩忽职守、妨害国家机关正常工作程序，实施损害国家机关的公信力，致使国家和社会利益遭受重大损失的行为}∪{犯罪主体是国家机关工作人员}∪{主观方面既有故意，也有过失} = {犯罪同类客体为国家机关工作的公信力，客观方面表现为行为人在履行自己职务过程中，徇私舞弊、滥用职权、玩忽职守、妨害国家机关正常工作程序，实施损害国家机关的公信力，致使国家和社会利益遭受重大损失的行为，犯罪主体是国家机关工作人员，主观方面既有故意，也有过失}。

三、渎职罪的具体罪名

根据现行刑法对渎职罪所作的规定来看，本章的犯罪共有 37 种具体罪名，其中常见多发型犯罪有 6 种，用子集的方式来表达，其构造表现为：

{渎职罪}

{滥用职权罪}

{故意泄露国家秘密罪}

{徇私枉法罪}

{执行判决、裁定失职罪}

{私放在押人员罪}

{徇私舞弊不移交刑事案件罪}

……

{滥用职权罪，故意泄露国家秘密罪，徇私枉法罪，执行判决、裁定失职罪，私放在押人员罪，徇私舞弊不移交刑事案件罪}

第二节　渎职的常见多发型犯罪集合分述❶

一、滥用职权罪

（一）滥用职权罪的概念

滥用职权罪，是指国家机关工作人员违法行使职权，致使公共财产、国家和人民利益遭受重大损失的行为。❷

（二）滥用职权罪的构成特征

关于滥用职权罪的构成特征，根据现行刑法的规定，必须具备以下四个方面，其集合表现为：

设 A 为滥用职权罪的集合，则 A ＝｛滥用职权罪｝；

设 A1 为滥用职权罪的客体的集合，则 A1 ＝｛国家机关依法行使管理职能的秩序｝；

设 A2 为滥用职权罪的客观方面的集合，则 A2 ＝｛行为人违法行使职权，致使公共财产、国家和人民利益遭受重大损失的行为｝；

设 A3 为滥用职权罪的主体的集合，则 A3 ＝｛国家机关工作人员｝；

设 A4 为滥用职权罪的主观方面的集合，则 A4 ＝｛故意｝。

则 A ＝ A1∪A2∪A3∪A4，即 ｛滥用职权罪｝＝｛客体是国家机关依法行使管理职能的秩序｝∪｛客观方面表现为行为人违法行使职权，致使公共财产、国家和人民利益遭受重大损失的行为｝∪｛主体是国家机关工作人员｝∪｛主观方面是故意｝＝｛客体是国家机关依法

❶ 在司法实践中，由于本章犯罪的停止形态与共犯形态，不是特别突出和难以把握，特此从略。

❷ 陈忠林主编：《刑法（分论）》，中国人民大学出版社 2016 年版，第 320 页。

行使管理职能的秩序，客观方面表现为行为人违法行使职权，致使公共财产、国家和人民利益遭受重大损失的行为，主体是国家机关工作人员，主观方面是故意}。

（三）滥用职权罪的司法适用

1. 本罪与非罪的界限

设 A5 为滥用职权罪的非罪的集合，则 A5 = {无罪} = Ø；

设 A51 为滥用职权罪的非罪的客体的集合，则 A51 = {行为人没有侵犯国家机关依法行使管理职能的秩序} = Ø；

设 A52 为滥用职权罪的非罪的客观方面的集合，则 A52 = {行为人没有实施违法行使职权，致使公共财产、国家和人民利益遭受重大损失的行为} = Ø；

设 A53 为滥用职权罪的非罪的主体的集合，则 A53 = {行为人不是国家工作人员} = Ø；

设 A54 为滥用职权罪的非罪的主观方面的集合，则 A54 = {行为人无故意} = Ø。

则 A5 = {滥用职权罪的非罪} = A∩A51 = {滥用职权罪} ∩ {行为人没有侵犯国家机关依法行使管理职能的秩序} = {滥用职权罪} ∩ Ø = Ø = {无罪}；

A5 = {滥用职权罪的非罪} = A∩A52 = {滥用职权罪} ∩ {行为人没有实施违法行使职权，致使公共财产、国家和人民利益遭受重大损失的行为} = {滥用职权罪} ∩ Ø = Ø = {无罪}；

A5 = {滥用职权罪的非罪} = A∩A53 = {滥用职权罪} ∩ {行为人不是国家工作人员} = {滥用职权罪} ∩ Ø = Ø = {无罪}；

A5 = {滥用职权罪的非罪} = A∩A54 = {滥用职权罪} ∩ {行为人无故意} = {滥用职权罪} ∩ Ø = Ø = {无罪}。

2. 此罪与彼罪的界限

关于此罪与彼罪的界限主要应弄清滥用职权罪与玩忽职守罪的界限。

设 A 为滥用职权罪的集合，则 A ＝｛滥用职权罪｝；

设 A6 为玩忽职守罪的集合，则 A6 ＝｛玩忽职守罪｝。

则 A∪A6 － A∩A6 ＝｛滥用职权罪｝∪｛玩忽职守罪｝－｛滥用职权罪｝∩｛玩忽职守罪｝＝｛客体是国家机关依法行使管理职能的秩序，客观方面表现为行为人违法行使职权，致使公共财产、国家和人民利益遭受重大损失的行为，主体是国家机关工作人员，主观方面是故意｝∪｛客体是国家机关依法行使管理职能的秩序，客观方面表现为行为人严重不负责任，不履行或者不正确履行职责，致使公共财产、国家和人民利益遭受重大损失的行为，主体是国家机关工作人员，主观方面是过失｝－｛客体是国家机关依法行使管理职能的秩序，主体是国家机关工作人员｝＝｛客观方面表现为行为人违法行使职权，致使公共财产、国家和人民利益遭受重大损失的行为，主观方面是故意，客观方面表现为行为人严重不负责任，不履行或者不正确履行职责，致使公共财产、国家和人民利益遭受重大损失的行为，主观方面是过失｝。

二、故意泄露国家秘密罪

（一）故意泄露国家秘密罪的概念

故意泄露国家秘密罪，是指国家机关工作人员或者非国家机关工作人员违反保守国家秘密法的规定，故意泄露国家秘密，情节严重的行为。❶

（二）故意泄露国家秘密罪的构成特征

关于故意泄露国家秘密罪的构成特征，根据现行刑法的规定，必须具备以下四个方面，其集合表现为：

设 B 为故意泄露国家秘密罪的集合，则 B ＝｛故意泄露国家秘密罪｝；

---

❶ 陈忠林主编：《刑法（分论）》，中国人民大学出版社 2016 年版，第 322 页。

设 B1 为故意泄露国家秘密罪的客体的集合，则 B1 = {国家的保密制度}；

设 B2 为故意泄露国家秘密罪的客观方面的集合，则 B2 = {行为人违反保守国家秘密法的规定，泄露国家秘密，情节严重的行为}；

设 B3 为故意泄露国家秘密罪的主体的集合，则 B3 = {国家机关工作人员}∪{非国家机关工作人员} = {国家机关工作人员和非国家机关工作人员}；

设 B4 为故意泄露国家秘密罪的主观方面的集合，则 B4 = {故意}。

则 B = B1∪B2∪B3∪B4，即 {故意泄露国家秘密罪} = {客体是国家的保密制度}∪{客观方面表现为行为人违反保守国家秘密法的规定，泄露国家秘密，情节严重的行为}∪{主体是年满 16 周岁、具有刑事责任能力的国家机关工作人员和非国家机关工作人员}∪{主观方面是故意} = {客体是国家的保密制度，客观方面表现为行为人违反保守国家秘密法的规定，泄露国家秘密，情节严重的行为，主体是年满 16 周岁、具有刑事责任能力的国家机关工作人员和非国家机关工作人员，主观方面是故意}。

（三）故意泄露国家秘密罪的司法适用

1. 本罪与非罪的界限

设 A5 为故意泄露国家秘密罪的非罪的集合，则 A5 = {无罪} = Ø；

设 A51 为故意泄露国家秘密罪的非罪的客体的集合，则 A51 = {行为人没有侵犯国家的保密制度} = Ø；

设 A52 为故意泄露国家秘密罪的非罪的客观方面的集合，则 A52 = {行为人没有实施违反保守国家秘密法的规定，泄露国家秘密，情节严重的行为} = Ø；

设 A53 为故意泄露国家秘密罪的非罪的主体的集合，则 A53 = {行为人是未满 16 周岁，或者已满 16 周岁但没有刑事责任能力的国家机关工作人员和非国家机关工作人员} = Ø；

设 A54 为故意泄露国家秘密罪的非罪的主观方面的集合，则 A54 = {行为人无故意} = Ø。

则 A5 = {故意泄露国家秘密罪的非罪} = A∩A51 = {故意泄露国家秘密罪}∩{行为人没有侵犯国家的保密制度} = {故意泄露国家秘密罪}∩Ø = Ø = {无罪}；

A5 = {故意泄露国家秘密罪的非罪} = A∩A52 = {故意泄露国家秘密罪}∩{行为人没有实施违反保守国家秘密法的规定，泄露国家秘密，情节严重的行为} = {故意泄露国家秘密罪}∩Ø = Ø = {无罪}；

A5 = {故意泄露国家秘密罪的非罪} = A∩A53 = {故意泄露国家秘密罪}∩{行为人是未满 16 周岁，或者已满 16 周岁但没有刑事责任能力的国家机关工作人员和非国家机关工作人员} = {故意泄露国家秘密罪}∩Ø = Ø = {无罪}；

A5 = {故意泄露国家秘密罪的非罪} = A∩A54 = {故意泄露国家秘密罪}∩{行为人无故意} = {故意泄露国家秘密罪}∩Ø = Ø = {无罪}。

2. 此罪与彼罪的界限

关于此罪与彼罪的界限主要应弄清故意泄露国家秘密罪与过失泄露国家秘密罪的界限。

设 B 为故意泄露国家秘密罪的集合，则 B = {故意泄露国家秘密罪}；

设 B6 为过失泄露国家秘密罪的集合，则 B6 = {过失泄露国家秘密罪}。

则 B∪B6 – B∩B6 = {故意泄露国家秘密罪}∪{过失泄露国家秘密罪} – {故意泄露国家秘密罪}∩{过失泄露国家秘密罪} = {客体是国家的保密制度，客观方面表现为行为人违反保守国家秘密法的规定，泄露国家秘密，情节严重的行为，主体是年满 16 周岁、具有刑事责任能力的国家机关工作人员和非国家机关工作人员，主观方面是故意}∪{客体是国家的保密制度，客观方面表现为行为人违反保守国家秘密法的规定，泄露国家秘密，情节严重的行为，主体是年满16周岁、具有刑事责任能力的国家机关工作人员和非国家机关工作人员，主观方面是过失}−{客体是国家的保密制度，客观方面表现为行为人违反保守国家秘密法的规定，泄露国家秘密，情节严重的行为，主体是年满16周岁、具有刑事责任能力的国家机关工作人员和非国家机关工作人员}={主观方面是故意，主观方面是过失}。

三、徇私枉法罪

（一）徇私枉法罪的概念

徇私枉法罪，是指司法工作人员徇私枉法、徇情枉法，对明知是无罪的人而使他受追诉、对明知是有罪的人而故意包庇不使他受追诉，或者在刑事审判活动中故意违背事实和法律作枉法裁判的行为。❶

（二）徇私枉法罪的构成特征

关于徇私枉法罪的构成特征，根据现行刑法的规定，必须具备以下四个方面，其集合表现为：

设 C 为徇私枉法罪的集合，则 C ={徇私枉法罪}；

设 C1 为徇私枉法罪的客体的集合，则 C1 ={国家司法机关的正常活动}；

设 C2 为徇私枉法罪的客观方面的集合，则 C2 ={行为人徇私枉法、徇情枉法，对明知是无罪的人而使他受追诉、对明知是有罪的人而故意包庇不使他受追诉，或者在刑事审判活动中故意违背事实和法律作枉法裁判的行为}；

---

❶ 朱建华主编：《刑法分论》，法律出版社2018年版，第446页。

设 C3 为徇私枉法罪的主体的集合，则 C3 = {司法工作人员}；

设 C4 为徇私枉法罪的主观方面的集合，则 C4 = {直接故意}。

则 C = C1∪C2∪C3∪C4，即 {徇私枉法罪} = {客体是国家司法机关的正常活动}∪{客观方面表现为行为人徇私枉法、徇情枉法，对明知是无罪的人而使他受追诉、对明知是有罪的人而故意包庇不使他受追诉，或者在刑事审判活动中故意违背事实和法律作枉法裁判的行为}∪{主体是司法工作人员}∪{主观方面是直接故意} = {客体是国家司法机关的正常活动，客观方面表现为行为人徇私枉法、徇情枉法，对明知是无罪的人而使他受追诉、对明知是有罪的人而故意包庇不使他受追诉，或者在刑事审判活动中故意违背事实和法律作枉法裁判的行为，主体是司法工作人员，主观方面是直接故意}。

（三）徇私枉法罪的司法适用

1. 本罪与非罪的界限

设 C5 为徇私枉法罪的非罪的集合，则 C5 = {无罪} = Ø；

设 C51 为徇私枉法罪的非罪的客体的集合，则 C51 = {行为人没有侵犯国家司法机关的正常活动} = Ø；

设 C52 为徇私枉法罪的非罪的客观方面的集合，则 C52 = {行为人没有实施徇私枉法、徇情枉法，对明知是无罪的人而使他受追诉、对明知是有罪的人而故意包庇不使他受追诉，或者在刑事审判活动中故意违背事实和法律作枉法裁判的行为} = Ø；

设 C53 为徇私枉法罪的非罪的主体的集合，则 C53 = {行为人不是司法工作人员} = Ø；

设 C54 为徇私枉法罪的非罪的主观方面的集合，则 C54 = {行为人无直接故意} = Ø。

则 C5 = {徇私枉法罪的非罪} = C∩C51 = {徇私枉法罪}∩{行为人没有侵犯国家司法机关的正常活动} = {徇私枉法罪}∩Ø = Ø = {无罪}；

C5 = {徇私枉法罪的非罪} = C∩C52 = {徇私枉法罪} ∩ {行为人没有实施徇私枉法、徇情枉法，对明知是无罪的人而使他受追诉、对明知是有罪的人而故意包庇不使他受追诉，或者在刑事审判活动中故意违背事实和法律作枉法裁判的行为} = {徇私枉法罪} ∩ Ø = Ø = {无罪}；

C5 = {徇私枉法罪的非罪} = C∩C53 = {徇私枉法罪} ∩ {行为人不是司法工作人员} = {徇私枉法罪} ∩ Ø = Ø = {无罪}；

C5 = {徇私枉法罪的非罪} = C∩C54 = {徇私枉法罪} ∩ {行为人无直接故意} = {徇私枉法罪} ∩ Ø = Ø = {无罪}。

2. 此罪与彼罪的界限

（1）徇私枉法罪与民事、行政枉法裁判罪的界限

设 C 为徇私枉法罪的集合，则 C = {徇私枉法罪}；

设 C6 为民事、行政枉法裁判罪的集合，则 C6 = {民事、行政枉法裁判罪}。

则 C∪C6 − C∩C6 = {徇私枉法罪} ∪ {民事、行政枉法裁判罪} − {徇私枉法罪} ∩ {民事、行政枉法裁判罪} = {客体是国家司法机关的正常活动，客观方面表现为行为人徇私枉法、徇情枉法，对明知是无罪的人而使他受追诉、对明知是有罪的人而故意包庇不使他受追诉，或者在刑事审判活动中故意违背事实和法律作枉法裁判的行为，主体是司法工作人员，主观方面是直接故意} ∪ {客体是人民法院的正常民事、行政审判职能，客观方面表现为行为人在民事、行政审判活动中故意违背事实和法律作枉法裁判，情节严重的行为，主体是行使民事、行政审判职能的审判人员，主观方面是直接故意} − {主观方面是直接故意} = {客体是国家司法机关的正常活动，客观方面表现为行为人徇私枉法、徇情枉法，对明知是无罪的人而使他受追诉、对明知是有罪的人而故意包庇不使他受追诉，或者在刑事审判活动中故意违背事实和法律作枉法裁判的行为，主体是司法工作人员，客体是人民法院的正常民事、行政审判职能，客观方面表现为行为人在民事、行政审判活动中故意违背事实和法律作枉法裁判，情节严重的行

为，主体是行使民事、行政审判职能的审判人员｝。

（2）徇私枉法罪与枉法仲裁罪的界限

设 C 为徇私枉法罪的集合，则 C =｛徇私枉法罪｝；

设 C7 为枉法仲裁罪的集合，则 C7 =｛枉法仲裁罪｝。

则 C∪C7 – C∩C7 =｛徇私枉法罪｝∪｛枉法仲裁罪｝–｛徇私枉法罪｝∩｛枉法仲裁罪｝=｛客体是国家司法机关的正常活动，客观方面表现为行为人徇私枉法、徇情枉法，对明知是无罪的人而使他受追诉、对明知是有罪的人而故意包庇不使他受追诉，或者在刑事审判活动中故意违背事实和法律作枉法裁判的行为，主体是司法工作人员，主观方面是直接故意｝∪｛客体是仲裁机关仲裁活动的正常秩序，客观方面表现为行为人在仲裁活动中故意违背事实和法律作枉法裁决，情节严重的行为，主体是依法承担仲裁职责的人员，主观方面是直接故意｝–｛主观方面是直接故意｝=｛客体是国家司法机关的正常活动，客观方面表现为行为人徇私枉法、徇情枉法，对明知是无罪的人而使他受追诉、对明知是有罪的人而故意包庇不使他受追诉，或者在刑事审判活动中故意违背事实和法律作枉法裁判的行为，主体是司法工作人员，客体是仲裁机关仲裁活动的正常秩序，客观方面表现为行为人在仲裁活动中故意违背事实和法律作枉法裁决，情节严重的行为，主体是依法承担仲裁职责的人员｝。

四、执行判决、裁定失职罪

（一）执行判决、裁定失职罪的概念

执行判决、裁定失职罪，是指行为人在执行判决、裁定活动中，严重不负责任，不依法采取诉讼保全措施、不履行法定执行职责，或者违法采取诉讼保全措施、强制执行措施，致使当事人或者其他人的利益遭受重大损失的行为。❶

---

❶ 陈忠林主编：《刑法（分论）》，中国人民大学出版社 2016 年版，第 325 – 326 页。

（二）执行判决、裁定失职罪的构成特征

关于执行判决、裁定失职罪的构成特征，根据现行刑法的规定，必须具备以下四个方面，其集合表现为：

设 D 为执行判决、裁定失职罪的集合，则 D ＝ ｛执行判决、裁定失职罪｝；

设 D1 为执行判决、裁定失职罪的客体的集合，则 D1 ＝ ｛司法机关执行判决、裁定的正常秩序｝；

设 D2 为执行判决、裁定失职罪的客观方面的集合，则 D2 ＝ ｛行为人在执行判决、裁定活动中，严重不负责任，不依法采取诉讼保全措施、不履行法定执行职责，或者违法采取诉讼保全措施、强制执行措施，致使当事人或者其他人的利益遭受重大损失的行为｝；

设 D3 为执行判决、裁定失职罪的主体的集合，则 D3 ＝ ｛法院中担负执行职能的工作人员｝；

设 D4 为执行判决、裁定失职罪的主观方面的集合，则 D4 ＝ ｛过失｝。

则 D ＝ D1∪D2∪D3∪D4，即 ｛执行判决、裁定失职罪｝＝｛客体是司法机关执行判决、裁定的正常秩序｝∪｛客观方面表现为行为人在执行判决、裁定活动中，严重不负责任，不依法采取诉讼保全措施、不履行法定执行职责，或者违法采取诉讼保全措施、强制执行措施，致使当事人或者其他人的利益遭受重大损失的行为｝∪｛主体是法院中担负执行职能的工作人员｝∪｛主观方面是过失｝＝｛客体是司法机关执行判决、裁定的正常秩序，客观方面表现为行为人在执行判决、裁定活动中，严重不负责任，不依法采取诉讼保全措施、不履行法定执行职责，或者违法采取诉讼保全措施、强制执行措施，致使当事人或者其他人的利益遭受重大损失的行为，主体是法院中担负执行职能的工作人员，主观方面是过失｝。

（三）执行判决、裁定失职罪的司法适用

1. 本罪与非罪的界限

设 D5 为执行判决、裁定失职罪的非罪的集合，则 D5 = ｛无罪｝= Ø；

设 D51 为执行判决、裁定失职罪的非罪的客体的集合，则 D51 = ｛行为人没有侵犯司法机关执行判决、裁定的正常秩序｝= Ø；

设 D52 为执行判决、裁定失职罪的非罪的客观方面的集合，则 D52 = ｛行为人在执行判决、裁定活动中，没有实施严重不负责任，不依法采取诉讼保全措施、不履行法定执行职责，或者违法采取诉讼保全措施、强制执行措施，致使当事人或者其他人的利益遭受重大损失的行为｝= Ø；

设 D53 为执行判决、裁定失职罪的非罪的主体的集合，则 D53 = ｛行为人不是法院中担负执行职能的工作人员｝= Ø；

设 D54 为执行判决、裁定失职罪的非罪的主观方面的集合，则 D54 = ｛行为人无过失｝= Ø。

则 D5 = ｛执行判决、裁定失职罪的非罪｝= D ∩ D51 = ｛执行判决、裁定失职罪｝∩｛行为人没有侵犯司法机关执行判决、裁定的正常秩序｝=｛执行判决、裁定失职罪｝∩ Ø = Ø =｛无罪｝；

D5 = ｛执行判决、裁定失职罪的非罪｝= D ∩ D52 = ｛执行判决、裁定失职罪｝∩｛行为人在执行判决、裁定活动中，没有实施严重不负责任，不依法采取诉讼保全措施、不履行法定执行职责，或者违法采取诉讼保全措施、强制执行措施，致使当事人或者其他人的利益遭受重大损失的行为｝=｛执行判决、裁定失职罪｝∩ Ø = Ø = ｛无罪｝；

D5 = ｛执行判决、裁定失职罪的非罪｝= D ∩ D53 = ｛执行判决、裁定失职罪｝∩｛行为人不是法院中担负执行职能的工作人员｝=｛执行判决、裁定失职罪｝∩ Ø = Ø = ｛无罪｝；

D5 = ｛执行判决、裁定失职罪的非罪｝= D ∩ D54 = ｛执行判决、裁定失职罪｝∩｛行为人无过失｝＝｛执行判决、裁定失职罪｝∩∅＝∅＝｛无罪｝。

2. 此罪与彼罪的界限

关于此罪与彼罪的界限主要应弄清执行判决、裁定失职罪与执行判决、裁定滥用职权罪的界限。

设 D 为执行判决、裁定失职罪的集合，则 D＝｛执行判决、裁定失职罪｝；

设 D6 为执行判决、裁定滥用职权罪的集合，则 D6＝｛执行判决、裁定滥用职权罪｝。

则 D∪D6－D∩D6＝｛执行判决、裁定失职罪｝∪｛执行判决、裁定滥用职权罪｝－｛执行判决、裁定失职罪｝∩｛执行判决、裁定滥用职权罪｝＝｛客体是司法机关执行判决、裁定的正常秩序，客观方面表现为行为人在执行判决、裁定活动中，严重不负责任，不依法采取诉讼保全措施、不履行法定执行职责，或者违法采取诉讼保全措施、强制执行措施，致使当事人或者其他人的利益遭受重大损失的行为，主体是法院中担负执行职能的工作人员，主观方面是过失｝∪｛客体是司法机关执行判决、裁定的正常秩序，客观方面表现为行为人在执行判决、裁定活动中，滥用职权，不依法采取诉讼保全措施、不履行法定执行职责，或者违法采取诉讼保全措施、强制执行措施，致使当事人或者其他人的利益遭受重大损失的行为，主体是法院中担负执行职能的工作人员，主观方面是故意｝－｛客体是司法机关执行判决、裁定的正常秩序，主体是法院中担负执行职能的工作人员｝＝｛客观方面表现为行为人在执行判决、裁定活动中，严重不负责任，不依法采取诉讼保全措施、不履行法定执行职责，或者违法采取诉讼保全措施、强制执行措施，致使当事人或者其他人的利益遭受重大损失的行为，主观方面是过失，客观方面表现为行为人在执行判决、裁定活动中，滥用职权，不依法采取诉讼保全措施、不履行法定执行职责，或者违法采取诉讼保全措施、强制执行措施，致使当事人或者其他人的利益遭受重大损失的行为，主观方面是故意｝。

五、私放在押人员罪

（一）私放在押人员罪的概念

私放在押人员罪，是指司法工作人员私放在押的犯罪嫌疑人、被告人或者犯罪人的行为。[1]

（二）私放在押人员罪的构成特征

关于私放在押人员罪的构成特征，根据现行刑法的规定，必须具备以下四个方面，其集合表现为：

设 E 为私放在押人员罪的集合，则 E = ｛私放在押人员罪｝；

设 E1 为私放在押人员罪的客体的集合，则 E1 = ｛国家制裁犯罪的职能｝；

设 E2 为私放在押人员罪的客观方面的集合，则 E2 = ｛行为人私放在押的犯罪嫌疑人、被告人或者犯罪人的行为｝；

设 E3 为私放在押人员罪的主体的集合，则 E3 = ｛司法工作人员｝；

设 E4 为私放在押人员罪的主观方面的集合，则 E4 = ｛故意｝。

则 E = E1∪E2∪E3∪E4，即 ｛私放在押人员罪｝=｛客体是国家制裁犯罪的职能｝∪｛客观方面表现为行为人私放在押的犯罪嫌疑人、被告人或者犯罪人的行为｝∪｛主体是司法工作人员｝∪｛主观方面是故意｝=｛客体是国家制裁犯罪的职能，客观方面表现为行为人私放在押的犯罪嫌疑人、被告人或者犯罪人的行为，主体是司法工作人员，主观方面是故意｝。

---

[1] 陈忠林主编：《刑法（分论）》，中国人民大学出版社 2016 年版，第 327 页。

（三）私放在押人员罪的司法适用

1. 本罪与非罪的界限

设 E5 为私放在押人员罪的非罪的集合，则 E5 = {无罪} = Ø；

设 E51 为私放在押人员罪的非罪的客体的集合，则 E51 = {行为人没有侵犯国家制裁犯罪的职能} = Ø；

设 E52 为私放在押人员罪的非罪的客观方面的集合，则 E52 = {行为人没有实施私放在押的犯罪嫌疑人、被告人或者犯罪人的行为} = Ø；

设 E53 为私放在押人员罪的非罪的主体的集合，则 E53 = {行为人不是司法工作人员} = Ø；

设 E54 为私放在押人员罪的非罪的主观方面的集合，则 E54 = {行为人无过失} = Ø。

则 E5 = {私放在押人员罪的非罪} = E∩E51 = {私放在押人员罪}∩{行为人没有侵犯国家制裁犯罪的职能} = {私放在押人员罪}∩Ø = Ø = {无罪}；

E5 = {私放在押人员罪的非罪} = E∩E52 = {私放在押人员罪}∩{行为人没有实施私放在押的犯罪嫌疑人、被告人或者犯罪人的行为} = {私放在押人员罪}∩Ø = Ø = {无罪}；

E5 = {私放在押人员罪的非罪} = E∩E53 = {私放在押人员罪}∩{行为人不是司法工作人员} = {私放在押人员罪}∩Ø = Ø = {无罪}；

E5 = {私放在押人员罪的非罪} = E∩E54 = {私放在押人员罪}∩{行为人无过失} = {私放在押人员罪}∩Ø = Ø = {无罪}。

2. 此罪与彼罪的界限

关于此罪与彼罪的界限主要应弄清楚私放在押人员罪与失职致使在押人员脱逃罪的界限。

设 E 为私放在押人员罪的集合，则 E = {私放在押人员罪}；

设 E6 为失职致使在押人员脱逃罪的集合，则 E6 = {失职致使在押人员脱逃罪}。

则 E∪E6 − E∩E6 = ｛私放在押人员罪｝∪｛失职致使在押人员脱逃罪｝−｛私放在押人员罪｝∩｛失职致使在押人员脱逃罪｝=｛客体是国家制裁犯罪的职能，客观方面表现为行为人私放在押的犯罪嫌疑人、被告人或者犯罪人的行为，主体是司法工作人员，主观方面是故意｝∪｛客体是国家制裁犯罪的职能，客观方面表现为行为人由于严重不负责任，致使在押的犯罪嫌疑人、被告人或者罪犯脱逃，造成严重后果的行为，主体是司法工作人员，主观方面是过失｝−｛客体是国家制裁犯罪的职能，主体是司法工作人员｝=｛客观方面表现为行为人私放在押的犯罪嫌疑人、被告人或者犯罪人的行为，主观方面是故意，客观方面表现为行为人由于严重不负责任，致使在押的犯罪嫌疑人、被告人或者罪犯脱逃，造成严重后果的行为，主观方面是过失｝。

六、徇私舞弊不移交刑事案件罪

（一）徇私舞弊不移交刑事案件罪的概念

徇私舞弊不移交刑事案件罪，是指行政执法人员徇私舞弊，对已经构成犯罪，依法应当移交司法机关追究刑事责任的刑事案件不移交，情节严重的行为。❶

（二）徇私舞弊不移交刑事案件罪的构成特征

关于徇私舞弊不移交刑事案件罪的构成特征，根据现行刑法的规定，必须具备以下四个方面，其集合表现为：

设 F 为徇私舞弊不移交刑事案件罪的集合，则 F=｛徇私舞弊不移交刑事案件罪｝；

设 F1 为徇私舞弊不移交刑事案件罪的客体的集合，则 F1 =｛国家的刑罚权｝；

设 F2 为徇私舞弊不移交刑事案件罪的客观方面的集合，则

---

❶　陈忠林主编：《刑法（分论）》，中国人民大学出版社 2016 年版，第 329 页。

F2 = {行为人徇私舞弊，对已经构成犯罪，依法应当移交司法机关追究刑事责任的刑事案件不移交，情节严重的行为}；

设 F3 为徇私舞弊不移交刑事案件罪的主体的集合，则 F3 = {行政执法人员}；

设 F4 为徇私舞弊不移交刑事案件罪的主观方面的集合，则 F4 = {故意}。

则 F = F1∪F2∪F3∪F4，即 {徇私舞弊不移交刑事案件罪} = {客体是国家的刑罚权}∪{客观方面表现为行为人徇私舞弊，对已经构成犯罪，依法应当移交司法机关追究刑事责任的刑事案件不移交，情节严重的行为}∪{主体是行政执法人员}∪{主观方面是故意} = {客体是国家的刑罚权，客观方面表现为行为人徇私舞弊，对已经构成犯罪，依法应当移交司法机关追究刑事责任的刑事案件不移交，情节严重的行为，主体是行政执法人员，主观方面是故意}。

（三）徇私舞弊不移交刑事案件罪的司法适用

1. 本罪与非罪的界限

设 F5 为徇私舞弊不移交刑事案件罪的非罪的集合，则 F5 = {无罪} = Ø；

设 F51 为徇私舞弊不移交刑事案件罪的非罪的客体的集合，则 F51 = {行为人没有侵犯国家的刑罚权} = Ø；

设 F52 为徇私舞弊不移交刑事案件罪的非罪的客观方面的集合，则 F52 = {行为人没有实施徇私舞弊，对已经构成犯罪，依法应当移交司法机关追究刑事责任的刑事案件不移交，情节严重的行为} = Ø；

设 F53 为徇私舞弊不移交刑事案件罪的非罪的主体的集合，则 F53 = {行为人不是行政执法人员} = Ø；

设 F54 为徇私舞弊不移交刑事案件罪的非罪的主观方面的集合，则 F54 = {行为人无故意} = Ø。

则 F5 = {徇私舞弊不移交刑事案件罪的非罪} = F∩F51 = {徇私

舞弊不移交刑事案件罪} ∩ {行为人没有侵犯国家的刑罚权} = {徇私舞弊不移交刑事案件罪} ∩∅ = ∅ = {无罪}；

F5 = {徇私舞弊不移交刑事案件罪的非罪} = F∩F52 = {徇私舞弊不移交刑事案件罪} ∩ {行为人没有实施徇私舞弊，对已经构成犯罪，依法应当移交司法机关追究刑事责任的刑事案件不移交，情节严重的行为} = {徇私舞弊不移交刑事案件罪} ∩∅ = ∅ = {无罪}；

F5 = {徇私舞弊不移交刑事案件罪的非罪} = F∩F53 = {徇私舞弊不移交刑事案件罪} ∩ {行为人不是行政执法人员} = {徇私舞弊不移交刑事案件罪} ∩∅ = ∅ = {无罪}；

F5 = {徇私舞弊不移交刑事案件罪的非罪} = F∩F54 = {徇私舞弊不移交刑事案件罪} ∩ {行为人无故意} = {徇私舞弊不移交刑事案件罪} ∩∅ = ∅ = {无罪}。

2. 此罪与彼罪的界限

关于此罪与彼罪的界限主要应弄清楚徇私舞弊不移交刑事案件罪与徇私舞弊减刑、假释、暂予监外执行罪的界限。

设 F 为徇私舞弊不移交刑事案件罪的集合，则 F = {徇私舞弊不移交刑事案件罪}；

设 F6 为徇私舞弊减刑、假释、暂予监外执行罪的集合，则 F6 = {徇私舞弊减刑、假释、暂予监外执行罪}；

则 F∪F6 – F∩F6 = {徇私舞弊不移交刑事案件罪} ∪{徇私舞弊减刑、假释、暂予监外执行罪} – {徇私舞弊不移交刑事案件罪} ∩ {徇私舞弊减刑、假释、暂予监外执行罪} = {客体是国家的刑罚权，客观方面表现为行为人徇私舞弊，对已经构成犯罪，依法应当移交司法机关追究刑事责任的刑事案件不移交，情节严重的行为，主体是行政执法人员，主观方面是故意} ∪{客体是国家的行刑职能，客观方面表现为行为人徇私舞弊，对不符合减刑、假释、暂予监外执行条件的罪犯，予以减刑、假释或者暂予监外执行的行为，主体是司法工作人员，主观方面是故意} – {主观方面是故意} = {客体是国家的刑罚权，客观方面表现为行为人徇私舞弊，对已经构成犯罪，依法应当移交司法机关追究刑事责任的刑事案件不移交，情节严重的行为，主体是行政执法人员，客体是国家的行刑职能，客观方面表现为行为人徇私舞弊，对不符合减刑、假释、暂予监外执行条件的罪犯，予以减刑、假释或者暂予监外执行的行为，主体是司法工作人员｝。

主要参考文献

1. 高铭暄 . 刑法学 ［M］. 北京：法律出版社 . 1983.

2. 高铭暄 . 新中国刑法学研究综述（1949—1985）［M］：郑州 . 河南人民出版社 . 1986.

3. 高铭暄、马克昌、赵秉志 . 刑法学 ［M］. 北京：中国法制出版社 . 1999.

4. 杨春洗、杨敦先、杨殿光 . 刑法总论 ［M］. 北京：北京大学出版社 . 1985.

5. 王作富 . 中国刑法研究 ［M］. 北京：中国人民大学出版社 . 1988.

6. 高格 . 刑法教程 ［M］. 长春：吉林大学出版社 . 1987.

7. 赵长青 . 刑法学 ［M］. 北京：法律出版社 . 2000.

8. 陈忠林 . 刑法（分论）［M］. 4 版 . 北京：中国人民大学出版社 . 2016.

9. 陈忠林 . 刑法学（下）［M］. 北京：法律出版社 . 2006.

10. 陈忠林 . 刑法分论 ［M］. 北京：高等教育出版社 . 2007.

11. 李永升 . 刑法总论 ［M］. 2 版 . 北京：法律出版社 . 2016.

12. 朱建华 . 刑法分论 ［M］. 3 版 . 北京：法律出版社 . 2018.

13. 王作富、黄京平 . 刑法 ［M］. 7 版 . 北京：中国人民大学出版社 . 2021.

14. H. A. 别利亚耶夫、M. N. 科瓦廖夫 . 苏维埃刑法总论（中译本）［M］．北京：群众出版社．1987.

15. A. H. 特拉伊宁．犯罪构成的一般学说（中译本）［M］．北京：中国人民大学出版社．1958.

16. 中国人民大学刑法教研室．苏维埃刑法论文选译（1）（中译本）［M］．北京：中国人民大学出版社．1956.

后 记

本人撰写的这本《刑法揭示的数学命题与真相——常见多发型犯罪集合研究》一书即将面世，值此书付梓之际，略述数语，权作后记。

本人之所以在 2021 年推出这部专著，其主要原因是 2021 年是本人研究生毕业暨任教 32 周年，虽然 32 年来，在科研方面不敢妄称成绩斐然，但自感没有落伍于时代，这也是出版本书之一大动机。从教 32 年以来，本人在董鑫教授、邓又天教授、高绍先教授、赵长青教授等老一辈刑法学家的亲切关怀、教研室各位同人的鼎力协助以及各位研究生的共同努力下，撰写专著、教材、论文集达 100 余部，撰写学术论文 220 余篇，其中被中国人民大学复印报刊资料《法学》《刑事法学》和中国社科院法学研究所《中国法学研究年鉴》全文转载和摘登的论文有 10 余篇。以上成果有 10 多项荣获司法部、四川省、重庆市和西南政法大学社会科学优秀成果一、二、三等奖和优秀成果奖。这些成绩的取得，除了前述原因之外，亦与中华学人与生俱来的历史使命感和对学术无止境的追求精神有着千丝万缕的联系。因此，出版此书，以作 32 年学海求索之印记。

需要特别说明的是，本书除绪论、各章概述和分述部分的内容引用了有关专著、教材的观点外，其他内容均系本人独立完成的成果。另外，借此书出版之际，特向西南政法大学校长，全国十大杰出青年法学家，著名法理学家，博士研究生导师付子堂教授，重庆大学法学院原院长、全国著名刑法学家、博士研究生导师陈忠林教授，西南政法大学法学院院长、全国知名刑法学家、博士研究生导师梅传强教授，全国知名刑法学家、西南政法大学刑法教研室博士研究生导师朱建华教授，王利荣教授，石经海教授，袁林教授，高维俭教授等人表示衷心感谢，本人 32 年来在科研方面所取得的每一点进步，都与他们的亲切教诲有着十分重要的关系。此外，本人还要特别向全国刑法学泰斗高铭暄教授、王作富教授、储槐植教授、中国刑法学研究会原会长赵秉志教授、中国犯罪学学会原会长王牧教授以及全国著名刑法学家陈兴良教授、王新教授、张明楷教授、胡云腾教授、谢望原教授、冯军教授、黄京平教授、莫洪宪教授、康均心教授、曾粤兴教授、唐大森教授等人表示衷心感谢，正因为有了他们的大力鼓励、支持和帮助，本人的治学之路才没有那样的艰辛和孤寂。最后，我要感谢西南政法大学能够赐予本人这么好的学术环境和学术氛围，没有各方的鼎力支持，此书就不可能得以如此顺利的出版。在本书出版之际，亦对本书编辑所倾注的心血和劳动表示衷心的感谢！

李永升谨识

2021 年 12 月于西南政法大学